Theodosius Archbishop of Alexandria

Saint Michael the Archangel

Three enconiums by Theodosius, archbishop of Alexandria; Severus, patriarch of Antioch; and Eustathius, bishop of Trake: the Coptic texts with extracts from Arabic and Ethiopian versions

Theodosius Archbishop of Alexandria

Saint Michael the Archangel

Three enconiums by Theodosius, archbishop of Alexandria; Severus, patriarch of Antioch; and Eustathius, bishop of Trake: the Coptic texts with extracts from Arabic and Ethiopian versions

ISBN/EAN: 9783744796880

Printed in Europe, USA, Canada, Australia, Japan

Cover: Foto ©Lupo / pixelio.de

More available books at **www.hansebooks.com**

THREE ENCOMIUMS

BY THEODOSIUS, ARCHBISHOP OF ALEXANDRIA,
SEVERUS, PATRIARCH OF ANTIOCH, AND
EUSTATHIUS, BISHOP OF TRAKE

THE COPTIC TEXTS WITH EXTRACTS FROM
ARABIC AND ETHIOPIC VERSIONS, EDITED, WITH A TRANSLATION BY

E. A. WALLIS BUDGE, Litt. D.,

FORMERLY SCHOLAR OF CHRIST'S COLLEGE, CAMBRIDGE, AND TYRWHITT
HEBREW SCHOLAR, KEEPER OF THE DEPARTMENT OF EGYPTIAN
AND ASSYRIAN ANTIQUITIES BRITISH MUSEUM.

LONDON:
KEGAN PAUL, TRENCH, TRÜBNER & Co., Ltd.
PATERNOSTER HOUSE, CHARING CROSS ROAD.
1894.

CONTENTS

	PAGE
PREFACE	V
INTRODUCTION	IX
ENGLISH TRANSLATION OF THE COPTIC TEXTS	1*—108*
THE ENCOMIUM BY ABBA THEODOSIUS, ARCHBISHOP OF ALEXANDRIA	1
THE ENCOMIUM BY SEVERUS, PATRIARCH OF ANTIOCH	63
THE ENCOMIUM BY EUSTATHIUS, BISHOP OF TRAKE	93
THE ARABIC VERSION OF THE ENCOMIUM BY THEODOSIUS (EXTRACT)	137
THE ARABIC VERSION OF THE ENCOMIUM BY SEVERUS (EXTRACT)	155
THE ARABIC VERSION OF THE ENCOMIUM BY EUSTATHIUS (EXTRACT)	170
THE ETHIOPIC VERSION OF THE ENCOMIUM BY SEVERUS	193
THE COPTIC FORMS OF GREEK WORDS WHICH OCCUR IN THE ENCOMIUMS	217
LIST OF PROPER NAMES	238

PREFACE.

In the summer of the year 1892 I had the pleasure of showing to the Marquess of Bute, at the British Museum, a bilingual Coptic and Arabic manuscript containing three unpublished Encomiums upon Saint Michael the Archangel by Abba Theodosius, Archbishop of Alexandria, Severus of Antioch, and Eustathius, Bishop of Trake, respectively; this manuscript is the property of Lord Zouche, who was so kind as to allow me to take a complete copy of it so far back as 1885. Lord Bute enquired concerning the contents of the Encomiums, and regretted that these interesting documents were not accessible to the students of the early history and literature of Egyptian Christianity, and subsequently he undertook to defray the expenses connected with the printing of the same.

To Lord Bute we already owe a work on the Coptic Liturgy,* and it is to his help that those who occupy themselves with the Christian literature of Egypt owe the appearance of this contribution to printed Coptic texts.

There is no reason for doubting that the three Encomiums were written about the beginning of the

---

* *The Coptic Morning Service for the Lord's Day*, translated into English by John, Marquess of Bute, K. T., with the original Coptic of those parts said aloud, London, 1882.

VIIIth century of our era, and in them we see some of the earliest specimens of this class of Coptic literature in existence. The most ardent lover of Coptic literature must confess that the lives of Coptic saints and the Encomiums upon them are generally too full of miracles and somewhat monotonous exhortations to the listener and reader, but the Encomiums now published for the first time are interesting exceptions to the rule, for they contain narratives which are full of importance, not only for the philologist and antiquary, but also for the student of comparative folk-lore and demonology. To the Coptic texts are appended the complete narrative portions of the Arabic translation of the Encomiums, and the Ethiopic version of the Encomium upon Saint Michael by Severus of Antioch, edited from a venerable manuscript of the XVth century in the British Museum.

The Encomium by Eustathius, Bishop of Trake, is of special interest, for it supplies details concerning the making of an εἰκών of Saint Michael, and contains an extract from the Coptic version of *Physiologus*, which we now know existed. To my friend Prof. I. Guidi of Rome I am indebted for valuable assistance in reading the proof sheets of the Arabic portion of the work.

May 15. 1894.

E. A. WALLIS BUDGE.

INTRODUCTION.

The manuscript from which the Coptic texts printed in this volume are taken is the property of Lord Zouche, and was brought from Cairo by Curzon, the famous author of *Visits to Monasteries in the Levant*, London, 1849, some fifty years ago. It consists of 187 leaves of thick brownish-white paper, which now measure $11\frac{5}{8}$ in. by $9\frac{5}{8}$; the edges have been trimmed and gilded, and the book is bound in modern binding. On the inside of the front cover is written: —

"History of the wonders produced by the cabalistic "use of the name of the Archangel Michael. A very "early, and very fine Coptic Manuscript, with the Arabic "translation on the margin. It came from Cairo, and "is the finest Coptic manuscript on Paper I have seen."

Whether this is Mr. Curzon's handwriting I am unable to say.

Each page is occupied by one column of 21 lines of Coptic text, and to the right is a narrower column of Arabic which forms a version of the Coptic text; the paragraphs are short, and each begins with a capital letter. Nearly every page of the manuscript is bespattered with grease which fell from the candles, by the light of which it was read in church on the twelfth day of the month Athôr. The quires are twenty-three in number, and are signed with letters on the top corners of the pages; twenty-one quires consist each of eight leaves, one of ten, and one of eleven. The page opposite to the first leaf inscribed with text is ornamented with a cross painted in gold, over which an intricate lace pattern in blue is traced, and bears upon it traces of inscriptions in red ink. The book is complete with the exception of a few lines of the title of the first Encomium therein, and a few lines at the end of the third or last Encomium; the titles of the Encomiums are written in red and black, and on fol. 88*a* are some designs in gold and blue somewhat similar to those reproduced from the Xth century Coptic MS. (Borgia Collection, No. 108) by M. Hyvernat in his splendid *Album de Paléographie Copte*, Paris, 1888, pl. 13. The manuscript, when finished, was carefully read by some one who made a number of alterations and corrections in the text (see foll. 14*a*, 31*b*, 43*a*, 48*a*, 50*b*, 51*b*, 59*a*, 149*b* &c.), who occasionally added variant readings (see fol. 69*b*), and who added in the margins words which the scribe had omitted.

Bound up with the manuscript, at the end, is a leaf which belongs to another book which seems to have been written about the same period, and by the same scribe.

The colophon reads:—

ϧⲉⲛ ⲫⲣⲁⲛ ⲛ̄ ⲫⲓⲱⲧ ⲛⲉⲙ ⲡϣⲏⲣⲓ ⲛⲉⲙ ⲡⲓⲡⲛⲁ ⲉⲑ ⲟⲩⲁⲃ ϯⲧⲣⲓⲁⲥ ⲉⲑ ⲟⲩⲁⲃ ⲟⲩⲟϩ ⲛ̀ ⲟ̀ⲙⲟⲟⲩⲥⲓⲟⲥ ⲉⲥⲭⲏ ϧⲉⲛ ⲟⲩⲙⲉⲑⲛⲟⲩϯ ⲛ̀ ⲟⲩⲱⲧ ⲫⲁⲓ ⲅⲁⲣ ⲡⲉ ⲡⲉⲛ ⲛⲟⲩϯ ϧⲉⲛ ⲟⲩⲙⲉⲑⲙⲏⲓ ⲁⲛⲟⲛ ϧⲁ ⲛⲓⲭⲣⲓⲥⲧⲓⲁⲛⲟⲥ ⲧⲉⲛⲟⲩⲱϣⲧ ⲙ̅ⲙⲟⲥ ⲧⲉⲛϯⲱⲟⲩ ⲛⲁⲥ.

Ⲁϥϣⲱⲡⲓ ⲛ̀ϫⲉ ⲡⲁⲓ ϣⲉ ⲛ̀ ⲉⲣ ⲫⲙⲉⲩⲓ̀ ⲉⲑ ⲛⲁⲛⲉ ϥ ⲛ̀ⲧⲉ ⲡⲁⲓ ⲁ̀ⲅⲓⲟⲛ ⲛ̀ ϫⲱⲙ ⲉ̀ⲃⲟⲗϩⲓⲧⲉⲛ ⲡⲓⲟⲩⲁϩⲥⲁϩⲛⲓ ⲛⲉⲙ ⲧⲡⲣⲟⲛⲓⲁ̀ ⲛ̀ ⲡⲉⲛⲓⲱⲧ ⲉⲧ ⲧⲁⲓⲏⲟⲩⲧ ⲡⲓ ⲡⲁⲧⲣⲓⲁⲣⲭⲏⲥ ⲉⲑ ⲟⲩⲁⲃ ⲁⲃⲃⲁ ⲓⲱⲁⲛⲛⲏⲥ ⲡⲓⲣⲉϥⲉⲣϩⲉⲙⲓ ⲛ̀ ⲛⲉⲛⲯⲩⲭⲏ ⲡⲓ ⲙⲁ ⲛ̀ ⲉⲥⲱⲟⲩ ⲉⲧ ⲉⲛϩⲟⲧ ⲫⲏ ⲉ̀ⲧⲁϥ ⲉⲣ ⲟⲩⲱⲓⲛⲓ ϧⲉⲛ ϯ ⲉ̀ⲕⲕⲗⲏⲥⲓⲁ̀ ⲛ̀ⲧⲉ ⲛⲓⲟⲣⲑⲟⲇⲟⲝⲟⲥ ϩⲓⲧⲉⲛ ⲛⲉϥⲥⲃⲱⲟⲩⲓ̀ ⲙ̀ ⲡⲛⲁⲧⲓⲕⲟⲛ ⲉⲑ ⲃⲉⲃⲓ ⲉ̀ⲃⲟⲗϧⲉⲛ ⲣⲱϥ ⲡⲃ̅ⲥ̅ ⲧⲁⲥⲣⲟϥ ϩⲓϫⲉⲛ ⲡⲉϥ ⲑⲣⲟⲛⲟⲥ ⲛ̀ ϩⲁⲛ ⲙⲏϣ ⲛ̀ ⲣⲟⲙⲡⲓ ϧⲉⲛ ϩⲁⲛ ⲥⲛⲟⲩ ⲛ̀ ϩⲓⲣⲏⲛⲓⲕⲟⲛ ⲧⲉϥⲁⲓⲧⲉⲛ ⲛ̀ ⲉ̀ⲙⲡϣⲁ ⲙ̀ ⲡⲉϥⲥⲙⲟⲩ.

Ⲉ̀ⲃⲟⲗϩⲓⲧⲉⲛ ⲟⲩⲥϩⲓⲙⲓ ⲙ̀ ⲙⲁⲕⲁⲣⲓⲁ̀ ⲙ̀ ⲙⲁⲓ ⲭⲣⲥ̅ ⲙ̀ ⲙⲁⲓ ⲁ̀ⲅⲁⲡⲏ ⲙ̀ ⲙⲁⲓ ⲡⲣⲟⲥⲫⲟⲣⲁ̀ ⲙ̀ ⲙⲁⲓ ϣⲉⲙⲙⲟ ⲙ̀ ⲙⲁⲓ ⲡ ⲉⲑ ⲛⲁⲛⲉϥ ⲛⲓⲃⲉⲛ ⲁⲥⲑⲁⲙⲓⲟϥ ⲉ̀ⲃⲟⲗϧⲉⲛ ⲡⲉⲥϫⲓⲛ ϩⲓⲥⲓ ⲛ̀ ⲙⲏⲓ ⲉⲩ ⲉⲣ ⲫⲙⲉⲩⲓ̀ ⲛⲁⲥ ⲉⲑⲃⲉ ⲡⲟⲩϫⲁⲓ ⲛ̀ ⲧⲉⲥ ⲯⲩⲭⲏ ϧⲁ ⲧ ϫⲓϫ ⲛ̀ ⲟⲩⲥϩⲓⲙⲓ ⲟⲩ ⲙⲁⲓ ⲛⲟⲩϯ ⲉⲩⲙⲟⲩϯ ⲉ̀ ⲡⲉⲥ ⲣⲁⲛ ϫⲉ ⲙⲉⲗⲟⲭ ⲟⲩⲟϩ ⲁⲥⲧⲏⲓϥ ⲛ̀ ϯ ⲁ̀ⲅⲓⲁ̀ ⲛ̀ [ⲉ̀]ⲕⲕⲗⲏⲥⲓⲁ̀ ⲛ̀ⲧⲉ ⲡⲓⲁⲣⲭⲏⲁⲅⲅⲉⲗⲟⲥ ⲉⲑ ⲟⲩⲁⲃ ⲙⲓⲭⲁⲏⲗ ⲣⲁⲥ ⲉⲗ ϧⲁⲗⲓϫ ⲥⲁ ⲣⲏⲥ ⲙ̀ ⲃⲁⲃⲩⲗⲱⲛ.

Ⲡⲃ̅ⲥ̅ ⲓⲏ̅ⲥ̅ ⲡⲭ̅ⲥ̅ ⲡⲓⲁⲗⲏⲑⲓⲛⲟⲥ ⲛ̀ ⲛⲟⲩϯ ⲉϥ ⲉϭⲓ ⲛ̀ⲧⲉⲥ ⲑⲩⲥⲓⲁ̀ ⲛ̀ ⲧⲟⲧ ⲥ ⲙ̀ ⲫⲣⲏϯ ⲉ̀ⲧⲁϥ ϣⲱⲡ ⲉ̀ⲣⲟϥ ⲙ̀ ⲡⲓⲇⲱⲣⲟⲛ ⲛ̀ⲧⲉ ⲁ̀ⲃⲉⲗ ⲡⲓⲑⲙⲏⲓ ⲛⲉⲙ ϯⲑⲩⲥⲓⲁ̀ ⲛ̀ⲧⲉ ⲡⲉⲛ ⲓⲱⲧ ⲁⲃⲣⲁⲁⲙ ⲛⲉⲙ ⲡⲓⲥⲑⲟⲓ ⲛ̀ ⲟⲩϭⲓ ⲛ̀ⲧⲉ ⲍⲁⲭⲁⲣⲓⲁⲥ ⲡⲓⲟⲩⲏⲃ ⲛⲉⲙ ϯ ⲧⲉⲃⲓ ⲥⲛⲟⲩϯ ⲛ̀ⲧⲉ ϯⲭⲏⲣⲁ ⲛ̀ⲧⲉϥⲁⲣⲉϩ ⲉ̀ ⲡⲉⲥ ⲱⲛϧ ⲛ̀ ϩⲁⲛ ⲙⲏϣ ⲛ̀ ⲣⲟⲙⲡⲓ ⲉ̀ⲃⲟⲗϩⲁ ⲡⲓⲣⲁⲥⲙⲟⲥ ⲛⲓⲃⲉⲛ ⲟⲩⲟϩ ⲉ̀ϣⲱⲡ ⲁⲥϣⲁⲛⲓ̀ ⲉ̀ⲃⲟⲗϧⲉⲛ ⲥⲱⲙⲁ ⲙ̀ ⲫⲣⲏϯ ⲛ̀ ⲣⲱⲙⲓ ⲛⲓⲃⲉⲛ ⲛ̀ⲧⲉ ⲡⲓⲁⲣⲭⲏⲁⲅⲅⲉⲗⲟⲥ ⲉⲑ ⲟⲩⲁⲃ ⲙⲓⲭⲁⲏⲗ ⲧⲱⲃϩ ⲙ̀ ⲡⲟϭ ⲛ̀ⲧⲉϥ ⲭⲁ ⲛⲉⲥⲛⲟⲃⲓ ⲛⲁⲥ ⲉ̀ⲃⲟⲗ ⲟⲩⲟϩ ⲛ̀ⲧⲉϥⲥϧⲁⲓ ⲙ̀ ⲡⲉⲥⲣⲁⲛ ϩⲓ ⲡϫⲱⲙ ⲙ̀ ⲡⲱⲛϧ ⲧⲉϥ ⲙ̀ⲧⲟⲛ ⲙ̀ⲙⲟⲥ ⲛⲉⲙ ⲛⲏ ⲉⲑ ⲟⲩⲁⲃ ⲧⲏⲣⲟⲩ ϧⲉⲛ ⲕⲉⲛ ϥ ⲛ̀ ⲛⲉⲛⲓⲟϯ ⲉⲑ ⲟⲩⲁⲃ ⲁⲃⲣⲁⲁⲙ ⲛⲉⲙ ⲓ̀ⲥⲁⲁⲕ ⲛⲉⲙ ⲓ̀ⲁⲕⲱⲃ ϩⲉⲛ ⲡⲓⲡⲁ-

ⲣⲁⲇⲓⲥⲟⲥ ⲛ̀ⲧⲉ ⲡⲟⲩⲛⲟϥ ϧⲉⲛ ⲑⲙⲉⲧⲟⲩⲣⲟ ⲛ̀ⲧⲉ ⲛⲓⲫⲏⲟⲩⲓ̀
ⲁⲙⲏⲛ ⲉ̀ⲥⲉϣⲱⲡⲓ ⲗⲁⲥ ⲛⲓⲃⲉⲛ ⲉⲑ ⲛⲁⲥⲟⲥ ϫⲉ ⲁⲙⲏⲛ
ⲉϥⲉϭⲓ ⲕⲁⲧⲁ ⲡⲓⲥⲙⲟⲩ ⲁⲙⲏⲛ.
 ⲡⲉ̀ϩⲟⲟⲩ ⲫⲁⲓ ⲥⲟⲩⲍ ⲙ̀ ⲡⲁϣⲱⲛⲓ ⳨ ⳽ ⲣ̅ⲕⲉ̅.

 "In the name of the Father, and of the Son, and of the "Holy Spirit, the Holy and Consubstantial Trinity, which "existeth in One Godhead; this in very truth is our "God, and we Christians worship it and glorify it.

 "This copy of this holy book, a memorial of good, "was written by the command and by the care of our "glorious father, the holy Patriarch, Abba John,[1] the "governor of our souls, the shepherd whom we reve-"rence, who illumineth the churches of the orthodox by "means of the spiritual instruction which poureth from "his mouth (may God confirm him upon his seat for "many years of peaceful time, and may He make us "worthy of his blessing!), by a blessed woman, who "loved Christ, who loved [to make] alms and oblations, "who loved strangers, and who loved all things that "were good, and she by the God-loving woman, whose "name is called Melokh, had it made by her own true "labour that it might be a memorial for her for the sal-"vation of her soul, and she gave it to the holy church "of the holy Archangel Michael at Râs el-Khalij,[2] to the

---

 [1] *l. c.*, Yûnas ibn Ali Ghâlib, who sat from A. D. 1189—1216; see Renaudot, *Historia Patriarcharum Alexandrinorum*, p. 554; Wansleb, *Histoire de l'Église d'Alexandrie*, p. 325; Malan, *A Short History of the Copts*, p. 95; and Le Quien, *Oriens Christianus*, tom. ii. p. 488.
 [2] *l. c.*, رأس الخليج "the head of the canal," which is often

"south of Babylon.[1]' May the Lord Jesus Christ, the true
"God, receive her offering from her hand, even as He
"received the gifts of Abel[2] the righteous man, and of
"our father Abraham,[3] and the incense of Zacharias[4] the

called خليج مصر, "the canal of Miṣr," الخليج الكبير, "the great canal,"
and خليج امير المومنين, "the canal of the Commander of the Faithful." This canal is said to have been dug by ʿAmr ibn el-ʿĀṣi,
A. H. 23, and it is supplied with water from the narrow arm
of the Nile which flows to the east of the Island of Rôda; the
mouth of it is situated a little to the N. W. of Old Cairo, and
it lies due west of the Christian cemeteries and "mounds of
rubbish" which are found to the south of the modern city of
Cairo. Following a course more north than east, it runs through
the entire city, and an authority quoted by Yâḳût says that it
formerly extended as far as the Gulf of Suez (من النيل الى بحر
القلزم), and that ships sailed upon it carrying food to Mecca and
Medina. See Dozy, *Supplément*, tom. i. p. 389, col. 2; Wüstenfeld, *Yâḳût*, tom. ii. p. 466, at the top. For native explanations
of خليج see *Ḳâmûs*, ed. Bûlâḳ, vol. i. p. ١٨٥; and for the descriptions of the buildings at Fûm el-Khalîj, see Baedeker, *Lower
Egypt*, p. 304.

[1] As M. Amélineau has pointed out (*La Géographie de
l'Égypte*, p. 551), the use of the name Babylon here is somewhat loose, and the writer has clearly identified Babylon with
Old Cairo. In the list of churches in Maṣr given by *Ibn Daḳmâḳ* in his كتاب الانتصار لواسطة عقد الامصار ed. Bûlâḳ, ١٨٩٣, p. ١٠٧
the church of St. Michael is said to be situated "to the south
of Maṣr, opposite to the pool in the neighbourhood of the
mosque" (كنيسة ميكائيل هذه الكنيسة بظاهر مصر قبالة بركة الشعيبية بجوار
المسجد); and Makrîzî, ed. Bûlâḳ, vol. i. p. ٥١٧, says that there
was a church of Michael "near the Khalîj of the Beni Wâʾil, at
the southern exit of the city of Miṣr" عند خليج بنى وائل خارج مدينة
مصر قبلى

Genesis iv. 4.   [3] Genesis xv. 9.   [4] St. Luke i. 9.

"priest, and the two mites of the widow,¹ and may He
"guard her life from all temptation for many years; and
"when she shall go forth from the body, after the
"manner of all men, may the holy Archangel Michael
"pray unto God that He may forgive her her sins,
"that He may write her name in the Book of Life, and
"that He may make her to lie down with all the saints
"in the bosom of our holy father Abraham, with Isaac
"and Jacob in the Paradise of joy in the kingdom of
"the heavens; Amen, so let it be! And every tongue
"which sayeth Amen shall receive according to the bless-
"ing. Amen.

"The seventh day of Paôni,² in the nine hundred
"and twenty-sixth year of the Era of the Martyrs
"(i. e., A. D. 1210)."

The volume comprises: —

    I. The Encomium upon Saint Michael by Theo-
       dosius, Archbishop of Alexandria, foll. 1—86.

    II. The Encomium upon Saint Michael by Severus,
       Patriarch and Archbishop of Antioch, foll. 87
       —127.

    III. The Encomium upon Saint Michael by Eusta-
       thius, Bishop of Trakê, foll. 128—187.

The principal contents of these Encomiums may
be summarized as follows: —

---

¹ St. Mark xii. 42; St. Luke xxi. 2.   ² I. e., June 1.

I. THE ENCOMIUM OF THEODOSIUS.[1]

After a declaration of his absolute reliance upon God, "Who openeth the door of speech of every man," and Christ and Saint Michael, Theodosius begs his hearers to assist him in undertaking to write an Encomium upon Saint Michael. He likens himself to an unskilled sailor who, having stored his all in a frail bark, intends to set out to sail over the great ocean, but his boat is not strong enough to withstand the buffetings of the waves, his merchandise is of little or no value, and is not worth committing to the care of the merchants who sail in great ships; he fears to leave the harbour wherein lies his little craft, lest, having launched out into the deep, and being ignorant of the mariner's art, his boat be swamped, and he lose not only his boat and its load, but also his life. He next explains that the boat is his own flesh, which he cannot govern, and that the sailor is his ignorant heart, and that the Holy Scriptures are the knowledge of celestial seamanship; nevertheless as his hearers insist upon his doing so he will attempt to speak concerning the incorporeal and luminous commander of the hosts of heaven, the advocate of man before God, Saint Michael the Archangel. Referring to other encomiums[2] which

---

[1] Probably the Jacobite Patriarch of Alexandria, who ascended the patriarchal throne A. D. 536; see Le Quien, *Oriens Christianus*, ii. col. 430; Gibbon, *Decline and Fall*, Chap. 47.

[2] For a Coptic sermon on the Assumption, which was pronounced on the xvith day of the month Mesore, see Zoega, *Catalogus Codicum Copticorum*, Romae, 1810, p. 94; and for

he had written upon the season of the new year, and upon the festivals, and upon Saint John the Baptist, he declares his intention of speaking once again on the occasion of the festival of Saint Michael.

According to Theodosius Michael is, after Christ, the chief of those who feast in the Palace of the heavenly kingdom, and there he sits surrounded by Adam, Seth, Enoch, Methuselah, Noah, Abraham, Isaac, Jacob, Joseph, Moses, Aaron, Joshua, Gideon, Barak, Samson, Jephthah, David, Solomon, Ezekiel, Isaiah, Jeremiah, Ananias, Azarias, Misael, Elijah, Elisha, John the Baptist, the Twelve Apostles, and the armies of the saints and martyrs; in the same place are the Angels, Archangels, Cherubim, Seraphim, Thrones, Divinities, and Powers. The feast is made ready, and Theodosius, going to each of the Patriarchs, Prophets, and Apostles, asks him if he doth not rejoice on the day of the festival of Michael; each of these calls to remembrance some tribulation from which he was delivered by the Archangel Michael, and declares the joy with which he celebrates the festival. Michael entreated God to forgive Adam, he carried Abel's sacrifice up to God, he nourished Seth when his mother's milk failed, he took Methuselah's prayers up to God, he guided Noah's ark, together with Gabriel he ate with Abraham under the tree of Mamre, he took the knife from Abraham's hand when he was about to slay Isaac,[1] he fixed Jacob's wages

---

works of his extant in Syriac see Wright, *Cat. Syr. MSS. in the British Museum*, iii. p. 1329, col. 2; Assemani, *B. O.*, ii. 80; and Zotenberg, *Catalogue*, p. 27.

[1] When Abraham bound Isaac, "Michael, the high-priest above,

in Mesopotamia, he caused Joseph to be made ruler of Egypt, he led the Israelites' under Moses² and Aaron unto the promised land, he helped Gideon to war against Midian, he gave Samson to his parents, he helped Solomon³ to build the temple, he slew 185,000 Assyrians, he comforted Isaiah and Jeremiah in their

---

bound Gabriel," מיכאל כהן גדול של מעלה עקדו לגבריאל; see Eisenmenger, *Entdecktes Judenthum*, Bd. i. p. 816.

¹ Michael is essentially the angel of the Jews, who derive his name, מיכאל, from מי + כאל in the passages מי כמוכה באלהים (Exodus xv. 11) and אין כאל ישרון (Deuteronomy xxxiii. 26). He is one of the four angels (Michael, Gabriel, Uriel and Raphael) who stand round God's throne, and his position is at His right hand; he is God's banner-bearer. The seventy nations of the world have each a prince like Michael, and these princes are their gods; but Michael acts only under the orders and direction of אלהים, Who taketh care for Israel. Michael is often associated with Gabriel, and together with him set fire to the Temple in Jerusalem; he is the prince of the Jews, and the "governor of Jerusalem," and at the coming of the Messiah it is he who will blow the trumpet. See Daniel x. 13, 21; xii. 1; Buxtorf (ed. Fisher), p. 609; and Eisenmenger, *Entdecktes Judenthum*, Bd. i. pp. 850—853; ii. pp. 383, 713.

² Michael is said to have been the teacher of Moses, and זגנז״נאל also was his teacher; now by taking the numerical values of the letters forming these names we have:

מיבאל = 40 + 10 + 20 + 1 + 30 = 101
זגנז׳נאל = 30 + 1 + 3 + 7 + 50 + 3 + 7 = 101

See Eisenmenger, *Entdecktes Judenthum*, Bd. i. p. 858; ii. 375.

³ On the day when Solomon married Pharaoh's daughter, Michael the great prince came down from heaven and set a great reed in the sea; round about this reed a forest sprang up, and on this spot was the city of Rome built. See Eisenmenger, *Entdecktes Judenthum*, Bd. i. p. 736.

affliction, he shut the lions' mouths for Daniel, he rolled the stone from the sepulchre wherein Christ had lain, he cooled the furnace for the Three Children, and he strengthened every saint and martyr to endure affliction and torture. To this great Archangel Theodosius exhorts his hearers to make offerings, and these he will present unto God, and deliver the donors thereof from everlasting punishment. Whatsoever a man giveth unto Michael will be returned unto him two-fold in this world, and God will shew mercy unto him in His kingdom. That his hearers may have no doubt about the ready help of Michael, Theodosius narrates what he did for the pious Dorotheos, and his wife Theopisthe, in a time of great trouble and affliction.

Dorotheos and Theopisthe lived in the city of Senahor,[1] where they possessed much land, and flocks and herds, and great wealth; they were devout Christians, and loved the Archangel Michael, and on the eleventh day of each month they sent large gifts and wine to his church, that his festival might be celebrated on the morrow with due pomp and reverence. After they had visited the church on the day of the festival, it was their custom to entertain the poor, and the maimed, and the halt, and the blind, and the destitute, and to feed them with food and wine, and this they did until their name spread throughout the whole land of Egypt. After a time it fell out that no rain came upon the

---

[1] Or ⲥⲛⲏⲱⲡⲓ, Arab. ﺻﻨﻬﻮﺭ, a city in the Delta at no great distance from Saïs; see Amélineau, *La Géographie de l'Égypte*, Paris, 1893, p. 415*f*.

earth, and that for three years in succession the waters of the Nile did not rise to their usual height; many people died, and the cattle perished of thirst. During two of these years Dorotheos and his wife continued to give alms and oblations as usual, but when the third drew nigh they found that all their cattle were dead, with the exception of a single sheep; moreover, all their stores had come to an end, and they had no wearing apparel left except the dress in which they were wont to celebrate the Sacrament. Having sacrificed their last sheep on the eleventh day of Paópi (*i. e.*, October 8), they had nothing left wherewith to celebrate the annual festival of Saint Michael which took place on the twelfth day of Athôr (*i. e.*, November 8), and in these straits Dorotheos determined to sell his own and his wife's apparel that he might obtain the wherewithal to buy a sheep. He exchanged his own festal garments for corn, but the shepherd to whom he went refused to give him a sheep of the value of one third of a *dinâr*[1] in exchange for Theopisthe's silken dress, on the ground that no one in his house wore anything but woollen garments. When Dorotheos had left him and was walking along the road sadly, he met a general riding upon a white horse, and accompanied by soldiers, who asked him why he was thus carrying his wife's garments; he explained to him that a great man had come to visit him, and that he had no money to buy a sheep to slay in his honour, and that he was going to sell his wife's garments to buy one. The general, who was, of

---

[1] The *dinâr* was worth about ten shillings in English money.

course, Michael, promised to obtain a sheep for him if he would receive him and his company into his house, and Dorotheos having gladly undertaken to do this, the general sent a soldier to the shepherd for a sheep of the value of a third of a *dinâr*. Next the general sent a soldier to the fish market for a fish, also of the value of a third of a *dinâr*, and when he had brought it, the company moved on to the house of Dorotheos. Having arrived at the door the general knocked and was admitted by Theopisthe, who bade him welcome on Saint Michael's day, and who looked upon the sheep and the fish in glad surprise; the general gave orders that the sheep should be killed, but commanded them not to touch the fish until he had himself done what he wished with it. The happy husband and wife made ready cushions whereon the general was to recline, they had the sheep killed, and did all in their power to make their house fit to receive the general, who they thought to be a local governor. Now when Dorotheos went into the wine-cellar to bring out what little wine was left, he found it filled with vessels of wine up to the very door; and when he went to the place where the oil was kept for food and anointing purposes, he found there seven jars filled with oil to the very brim, and other vessels which contained butter, cheese, vinegar, and every other household necessary. And when he and his wife had gone into their bed-chamber they found a chest filled with richer and more goodly raiment than that which they had worn at their wedding. Out of their newly gotten abundance they prepared a great feast, and laid the tables for the brethren, they arrayed themselves in rich apparel, and went into the church of the Archangel Michael, and partook of the Mysteries, and knelt down before the image of the saint, and offered up prayer and thanksgiving for the great thing which had been done for them.

Soon after they had returned to their house the general and his soldiers arrived, and when he had taken his seat, he asked for the fish, and told Dorotheos to open it; when this had been done he took out the maw, which was very large, and found therein a bundle sealed with seals. The general took the bundle, and opened it, found it full of gold money, and when it had been counted there were found to be three hundred golden *danânir*,[1] and three small pieces each of the value of a third of a *dinâr;* these he gave to Dorotheos and told him to give one third of a *dinâr* to the shepherd, another to the fishmonger, and another to the man from whom he had obtained corn in exchange for his own garments, and to keep the three hundred *danânir* as an earnest of what should yet be given unto them. When Dorotheos protested against receiving all this great gift, the general shewed him who he was, and told them that all the gifts which they had made unto the Archangel Michael had been made unto himself, for he himself was Michael. What he had given them was only the interest upon the capital which was laid up for them with God in the heavenly Jerusalem: having thus spoken he went up

---

[1] *I. e.*, about one hundred and fifty pounds in English money.

into heaven. With exhortations to a godly life and
almsgiving Theodosius brings his Encomium to an end.

II. THE ENCOMIUM[1] OF SEVERUS, PATRIARCH OF ANTIOCH.[2]

This Encomium was pronounced on the day of the
festival of Saint Michael, which happened to fall upon
a Sunday. After a series of quotations from the Psalms
and Saint Matthew's Gospel, Severus proceeds to tell
the story of Ketsôn the merchant, and of his conver-
sion from Paganism to Christianity. Ketsôn was a native
of Entikê, and was a very rich merchant, who on one
occasion loaded a ship with his wares and sailed to
Kalônia; he arrived on the first day of Athôr, and stayed
there and sold his merchandise. On the eleventh day
of Athôr he saw men draping the shrine of Saint Michael
with cloth, and crowning it with lanterns, and he tarried
there to see what would be the end of the matter; in the
evening men lit the lamps and sang hymns, and Ketsôn
determined to pass the night by the door of the shrine to

---

[1] The Ethiopic version of this Encomium printed on pp. 294—216
is taken from Brit. Mus. MS. Orient. No. 691, foll. 156a—170a;
see Wright, *Catalogue of the Ethiopic MSS. in the British Museum*,
p. 163. For a French version of the Coptic text see Amélineau,
Contes et Romans, tom. i. p. 85.

[2] He sat from A. D. 512—519. For lists of his works see
Wright, *Catalogue of the Syriac MSS. in the British Museum*,
pp. 1322—1324; Assemâni, *B. O.*, ii. pp. 46, 80, 96, 120, 126,
158, 205, 283, 298; Zotenberg, *Catalogue*, pp. 27, 37, 64, 123;
Cave, *Hist. Lit.*, tom. i. p. 499 ff; and Fabricius, *Bibl. Graec.*
tom. x. p. 614 ff.

see what would take place therein. When the night had come the clergy and the congregation performed the service, and in the morning Ketsôn set out to visit two Christians of his acquaintance, and to ask them the meaning of what he had seen. When he had heard from them of Saint Michael's power, he asked them where he could find him, for he wished to ask him to deliver him from evil, but they told him that he could only see Michael when he had become a Christian; Ketsôn promised to give each of them money[1] if they would help him to become a Christian, and they agreed to take him to the Bishop to be baptized. On the morrow the three men went to the Bishop, who asked the stranger whence he came, what god he worshipped, and if he had a wife and family; and when he learned that Ketsôn had a wife and family in his native town, he sent him away to persuade his wife to become a Christian, lest, being baptized without her knowledge, she should cause him to apostatize. During the return of Ketsôn by sea to his native city the Devil raised up a mighty storm which well-nigh swamped the ship, but when he had cried out to Christ, the winds sank to rest, and the waves went down, and he arrived at home in safety; his wife decided to become a Christian without any hesitation, and having made all ready they set out for Kalônia. And when they had returned to

---

[1] On page 54*, line 28, strike out the words "a basket of." The Arabic version reads, "I will give to you a *dînâr* apiece"; ⲔⲞⲦ ⲚⲞⲘⲒⲤⲘⲀ must then mean some coin like a *dînâr*, or of that value.

the Bishop he baptized Ketsón, and his wife, and their four sons, giving them the names of Matthew, Irene, John, Stephen, Joseph and Daniel. Ketsón tarried in Kalónia for one whole month to be instructed in the things of his new religion, and he gave six hundred *mathakil*[1] to the shrine of the Archangel.

Soon after Matthew, who was formerly called Ketsón, had returned to his city, he died, and his fellow citizens began to persecute his widow and sons, probably because they had changed their religion, and they went so far as to plunder their storehouse. By the advice of John, the eldest son, the whole family went and lived in the "royal city", but scarcely had they taken up their abode there when the house of a nobleman called Sylón was broken into and plundered, and the Devil, who had taken upon himself the form of a man, went about throughout the city accusing Matthew's sons of having committed the robbery, and the young men were dragged before Kesanthos the governor to answer for the crime. While the examination was taking place Michael, in the form of a patrician, came and sat down by the governor, and suggested that Matthew's youngest son should go to house of the chief watchman, and command the stolen things to appear in the name of Jesus Christ; when this had been done a voice bade them go into the cellar, and having done so they found all Sylón's property hidden therein.

Shortly afterwards a certain man invited some

[1] *I. e.*, about three hundred pounds in English money.

friends to a feast in his house one evening, and as one of them was returning home, a scorpion stung him, and he fell down and died immediately. The watchmen of the city found the body, and seeing no traces of violence upon it, they buried it in the morning. And again the Devil, who took upon himself the form of a man, went about the city accusing the four young men of the murder, and they were brought into the governor's presence with their hands tied behind them, and with heavy chains upon their necks. Once more Michael appeared in the form of a nobleman, and having heard the accusation which had been brought against the young men, he suggested that the dead man himself should be brought into the court, and asked to say who or what had killed him; when this had been done Michael commanded Daniel, the youngest son of Matthew, to adjure the dead man in the name of Christ to say what had happened unto him, and he stated straightway that the bite of a scorpion had killed him. After this Michael went up into heaven with great glory, taking the soul of the dead man with him.

By the advice of John, Kesanthos the governor wrote to the Emperor Constantine,[1] and informed him of the wonderful thing which had happened, and asked him to send to his city a Bishop who should enlighten his town with the true faith; when the Emperor heard this he wrote to John,[2] Archbishop of Ephesus, and

[1] He was Emperor from A. D. 306—337.

[2] There is clearly a mistake here, for John of Ephesus was not born until A. D. 516, but it is equally clear that John of Ephesus is meant by the writer of the Encomium, for he was

asked him to go and baptize the people of the city
of Entias. Shortly after, John set out with two deacons,
an elder, a reader, three singers of Psalms, and twelve
other men, and they took with them an altar, altar
coverings, sacramental vessels, books, and everything
that was necessary for the founding of a church. On
the arrival of the Archbishop, the governor of Entias,
and John the son of Matthew, and all the people of
the city went out to meet him, and they escorted him
into the city and were blessed by him. On the morrow
they began to build a church to the Virgin Mary, and
by the help of every man in the city it was finished
in sixteen days; the baptism of the people by the
Archbishop next took place in a pool of water situated
to the east of the city, and John, the son of Matthew,
was consecrated bishop over them. A few days later
the new bishop suggested to Kesanthos the governor
that they should build a church in honour of Saint
Michael, and after eight months the coping stone was
put on, and the building was consecrated to Saint Michael
on the twelfth day of Athôr. After the bishop and
the governor had taken part in the Communion they
went into the city with the multitude, and set fire to
the temple of Zeus, and a large church dedicated to the
Apostles was afterwards built upon the spot where the
pagan edifice had stood. These things were duly reported
to the Emperor Constantine (sic), and he glorified God.
The Encomium ends with exhortations to a godly life.

famous as a founder of churches and monasteries. For Con-
stantine we should probably read "Justinian".

III. THE ENCOMIUM OF EUSTATHIUS, BISHOP OF THE ISLAND OF TRAKE.[3]

The third and last Encomium on Saint Michael by Eustathius is perhaps the most interesting in the book. It was composed for recitation on the Archangel's festival, which took place on the twelfth day of Paôni (*i. e.*, June 6), and in it Eustathius sets forth the history of the noble lady Euphemia, the wife of Aristarchus, a general in the service of the Emperor Honorius, by whom he had

---

[1] A French version of this Encomium, translated from another MS. I believe, is published by M. Amélineau in his *Contes et Romans de L'Égypte Chrétienne*, tom. I. p. 21 ff.

[2] The name is given as Anastasius by M. Amélineau, but in any case I am unable to identify the bishop to whom this Encomium is attributed.

[3] I have translated the word ⲛⲏⲥⲟⲥ by "island", but it is not by any means clear that Trakê was an island in the ordinary sense of the word. In the Coptic text (see *infra* p. 14, l. 25) Jacob says ⲁⲓⲫⲱⲧ ϣⲁ ⲧⲛⲏⲥⲟⲥ "I fled to the Island", and ⲛⲏⲥⲟⲥ here is the exact translation of جزيرة, "Island", an Arabic name for Mesopotamia, that is the land between the two rivers, or the land entirely surrounded by the Tigris and Euphrates. As our author says that Trakê was "the Island to which the Empress [Eudoxia] banished Saint John Chrysostom", and as this famous man was banished first to Cucusus, a village in the mountains on the borders of Cilicia and the Lesser Armenia, secondly to Arabissus, about sixty miles from Cucusus, and thirdly to Pityus, at the foot of the Caucasus, on the N. E. of the Black Sea, we must assume that this district represents the "Island of Trakê" referred to by Eustathius. M. Amélineau translates "l'île de Turquie", and adds the pertinent remark, "Les Coptes n'ont jamais eu de notions bien précises en fait de géographie" (*op. cit.*, p. 21).

been appointed governor of Traké. He was a Christian, and had received baptism at the hands of Saint John Chrysostom,[1] and for many years he made gifts and offerings on the twelfth, twenty-first, and twenty-ninth days of every month, on the festivals of Saint Michael, of the Virgin Mary,[2] and of the birthday of our Lord[3] respectively; finally he was seized with mortal sickness, and knowing that his death was nigh, he called Euphemia his wife to him, and charged her to neglect in no way the "offering of the holy Archangel Michael", and to continue to do alms, and to make the customary gifts to the church after his death; the pious lady promised not only to make the customary gifts, but to increase them. She then begged her husband before his death to instruct a painter to paint a picture of the Archangel Michael upon a wooden tablet, that she might hang it in her bed-chamber to induce the saint to protect her, and to be her guardian after the death of Aristarchus. The dying man straightway sent for a cunning painter, and told him to paint upon a wooden tablet the figure of the Archangel, and to cover it with a plate of fine gold inlaid with precious stones; when this was done and brought to him, he gave it to Euphemia, who rejoiced over it with great joy. Aristarchus marvelled when he saw his wife's gladness, but being touched by the mournful words with which she described the

[1] Born about A. D. 347, and died 407.
[2] The annual commemoration takes place upon the twenty-first day of Tôbi.
[3] The annual commemoration takes place upon the twenty-ninth day of Khoiak.

widow's lonely condition, he took her hand and laid it upon that of the figure of the Archangel, and, in a solemn address to the Saint, committed his wife to his care; Euphemia was comforted by this act of her husband, and she believed that no wiles of the Devil could prevail over her. Aristarchus died shortly afterwards, and his pious widow continued to give the gifts which her husband was wont to give, and added thereunto.

Meanwhile, however, the envy of the Devil was stirred up, and taking upon himself the form of a nun, he went to Euphemia's house accompanied by devils, also in the forms of nuns, and having gained admittance to her presence, he began to tempt her to promise to marry Hilarichus, the chief prefect in the service of the Emperor Honorius,[1] whose wife had recently died; the Devil shewed her many gold and silver ornaments to persuade her, and at length Euphemia told him that she would marry a second time without hesitation provided that her guardian gave her the permission to do so. The Devil asked who the guardian was, and thinking that it must necessarily be a man, began to charge her with infidelity and deceit, until finally, at the Devil's request, she agreed to shew him who her guardian was, on the condition that the Devil should turn to the east, and pray to God to be forgiven for the evil thoughts which he had harboured concerning herself. This the Devil refused to do, and excused himself by saying that he had vowed to pray nowhere except in his own cell, and when Euphemia

[1] He reigned from A. D. 395—423.

gained the better of him in the argument which followed upon this statement, he threatened to do violence unto her; and when, seeing that he changed his form and appearance frequently, she cried out for help to Saint Michael, and made the sign of the Cross over herself, the Devil and all his works disappeared "like a spider's web".

And the Devil appeared a second time to her in the form of an Ethiopian, with the head of a goat, and with bloody eyes, and his hair stood up like the bristles on a mountain pig; he carried a sharp two-edged, drawn sword in his hands, and at the sight of him Euphemia fled for help to the tablet with the Archangel's likeness upon it. When the Devil saw this he was afraid to enter the bed-chamber, and standing outside he began to curse the wooden tablet which Euphemia had in her hands. Calling to remembrance, one after another, his evil deeds in days of old, and admitting that this piece of wood has baffled his wiles, even as the wood of the Cross baffled him before, he threatens that he will come again to Euphemia on a twelfth day of Paôni (*i. e.*, June 6), for on that day Michael will be kneeling in prayer before God, and entreating Him to make the Nile to rise to its proper height during the inundation,[1] and to make the rain and dew to fall, and

---

[1] This is interesting as shewing how completely the attributes of Ḥāpi, the old Egyptian god of the Nile, had been transferred by the Copts to a Jewish Archangel; in Eisenmenger (*Entdecktes Judenthum*, ii. p. 379) a passage is quoted wherein Michael is said to be the prince of the waters, under whom are seven princes.

as he must continue in prayer ceaselessly for three whole days and nights, it will be impossible for him to come to help her; and the Devil threatens that when he comes, he will break the wooden tablet in pieces over her head. When Euphemia ran towards him holding the tablet he disappeared.

When the next twelfth day of Paôni had come, at the first hour of the day, the Devil appeared to Euphemia in the form of the Archangel Michael; on his head was a crown set with pearls of great price, a girdle of gold inlaid with precious stones encircled his loins, in his hand was a golden sceptre, but it lacked the figure of the Holy Cross, and he was provided with wings.[1] After speaking to her words of comfort he told her that he had been sent to her by God to say that her husband had already inherited the good things of the kingdom, and to advise her to desist from squandering all her wealth in giving gifts to the poor. He shewed her what evils the Devil had brought upon Job because of his envy of him, and how he had blinded Tobit by devils who had taken the form of birds, and he then advised her in the name of God to marry Hilarichus, that she might bear him a son to inherit all her possessions after her death. Perceiving at once that her visitor was the Devil himself, she challenged him to shew her any passage in the Scriptures which directed her to cease from doing alms and

---

[1] In Coptic MSS. Michael's head is surrounded with a halo; see Hyvernat, *Album de Paléographie Copte*, Paris, 1888, plate LI.

deeds of charity, and to marry a second time; in support of the quotations which she makes from the Bible and of her arguments in favour of the life which she was then leading, she appeals to the testimony of the book *Physiologus* wherein it is said: — "When the first "mate of the turtle-dove dieth, it doth not dwell with "a second mate, but it departeth unto the wilderness, "where it hideth itself until the day of its death.¹ And "he also sheweth us that the raven family doth not "dwell with any mate save one,² and that as we read

---

¹ The Greek has (Lauchert, Geschichte des Physiologus, p. 258): — ὁ Φυσιολόγος ἔλεξεν περὶ τῆς τρυγόνος· ὅτι ἀναχωρεῖ κατ ἰδίαν τοῖς ἐρήμοις, διὰ τὸ μὴ ἀγαπᾶν μέσον πλήθους ἀνδρῶν εἶναι, and with this compare ἔχει δὲ τὸν ἄρρενα ἡ τρυγὼν τὸν αὐτὸν καὶ φάττα, καὶ ἄλλον οὐ προσίενται, καὶ ἐπῳάζουσιν ἀμφότεροι καὶ ὁ ἄρρην καὶ ἡ θέλεια; see Aristotle, *H. A.* ix. 7. The Syriac version reads (Land, *Anecdota*, tom. iv. p. 63): —

ܐܒܝ ܚܕܐ ... (Syriac) ... "but if one of them dieth before "its fellow, the one that remaineth behind doth not mate again. "The turtle-dove goeth to the wilderness, and loveth not to be "in the world"; and the Ethiopic (Hommel, *Physiologus*, text, p. 23): — መዐዱ ፡ ገሐይት ፡ ጥቀ ፡ ውስተ ፡ ገዳም ፡ ወኢትነብሩ ፡ ምስለ ፡ ብዙኃን ። "the turtle-dove departeth far away into the desert, and "abideth not with the multitude." An Arabic version is given by Land, *Anecdota*, iv. p. 159.

² The Greek has (Lauchert, *op. cit.*, p. 257): — ὁ Φυσιολόγος ἔλεξε περὶ αὐτῆς, ὅτι μονόγαμός ἐστιν· ὅταν γὰρ ὁ ταύτης ἄρρην τελευτήσῃ οὐκέτι συγγίνεται ἀνδρὶ ἑτέρῳ, οὔτε ὁ ἄρρην τέρα γυναικί. In the Ethiopic version (Hommel, *op. cit.* p. 2.) we have ሰበ ፡ ሞተ ፡ ምት ፡ ቆዐ ፡ ኢትነሥእ ፡ ኃለእ ፡ ሞት ፡ ተባዕታይ ፡ ኢረክእ ፡ ኃለእት ፡ በእሲት ። "when the male raven dieth, the female taketh not a second mate; and similarly if the female bird dieth the

"our garments for our brother when he dieth, even so
"likewise when a raven dieth his mate draweth out
"her own tongue, and splitteth it with her claws, so
"that when she uttereth her cry every one may know
"that her mate is not there, and if another raven de-
"sireth to take her by violence she crieth out straight-
"way, and when all the other ravens hear her cry they
"know by [the sound of] her cleft tongue that some
"other raven wisheth to take her by violence, and they
"gather together to help her, and to rebuke the raven
"that wisheth to marry her by force. When children
"see ravens gathered together in this manner, and
"uttering cries wishing to rebuke the raven that desired
"to take her by violence, and that desired to go astray
"from that which God hath commanded them, those
"ignorant children are wont to say, 'The ravens are
"celebrating a marriage to-day,' and they know not
"that the ravens wish to rebuke the raven that desireth
"to make to sin the raven whose mate is dead."' However,
although it is difficult to say where the quotations from
Physiologus end, or whether, in the Coptic version,
the statements about the turtle-dove and raven formed
one chapter or section or not, this part of Euphemia's
speech to the Devil is of peculiar value, for it shews

ma taketh not another mate"; but in the Syriac version this
stat ment is made to apply to the turtle-dove, ܐܢܝܘܢܐ; see Land,
op. it., IV. p. 63, chap. 36.

In the French version by M. Amélineau it is said, "Le
sage Salomon dit que la tourterelle et les corneilles ne prennent
qu'un seul mari", but what follows is quite different from what
we have above.

that a version of Physiologus had been made in Coptic
at an early period; in no other version, however,
which I have been able to consult could I find any
reference whatever to the female raven slitting her
tongue with her claws.

When Euphemia had declared her intention of
continuing to do acts of charity and of not marrying
a second time, the Devil, who was in the form of
Michael, artfully reminded her that he had promised
to come to her on a twelfth day of Paôni, and went
on to say that God had sent him unto her to protect
her until sunset, and tried to persuade her that it was
he who had cast Satan forth from heaven. Then Eu-
phemia asked him where was the figure of the Holy
Cross which should be upon his sceptre, and referred
to the picture of the Archangel which was painted on
the tablet; the Devil answered that painters decorated
their pictures with such things wishing to glorify their
art, but that he and his angels had not the figure of
the Cross with them. To this Euphemia made answer
that all persons and letters coming from the Emperor
bear his tokens and seal, and that similarly the angels
which bear not the figure of the Cross must be devils
in the form of angels, and that if he wished her to
believe that he is Michael, he must salute the picture
of the Archangel which she will bring to him. As she
rose up to bring the tablet, the Devil changed his form
into that of a raging, roaring lion, and he laid hold of
her by the neck and strangled her until she was well
nigh dead, but with the little strength which remained
Euphemia cried out to Michael, who straightway ap-

peared in all his glory, and chastised the Devil, and drove him away in disgrace. This done, he spake comforting words to her, and told her that when she had performed that day the service which she was wont to do in his name, he would come with his angels and take her up into the rest of God, and giving her the salutation of peace he went up into heaven.

After the departure of the Archangel Euphemia went to the Bishop of the city, Abba Anthimus, who was the first-fruits of the ministry of Saint John Chrysostom, and when she had told him what had happened, he quickly administered the Sacrament unto her, and after she had ministered unto the poor brethren in her own house, she sent and begged Bishop Anthimus to come to her. When he had come with his priests (of whom Eustathius the writer of this Encomium was one) and deacons, the pious lady opened the doors of her house, and gave every thing to the Bishop for distribution among the poor, and sinking down upon her bed she entreated him to pray for her. After a time she revived sufficiently to ask that the tablet upon which the figure of the Archangel was painted might be brought to her to kiss before she died, and when it was brought she kissed it and entreated Michael to be with her in that terrible hour; then suddenly there was a sound like the roaring of a cataract, and all present in the chamber saw the Archangel appear in great glory, and take the soul of Euphemia and lay it in his shining apparel, and bear it up to heaven, while the sound of a multitude was heard singing, "God knoweth the way of the righteous, and their inheritance shall abide for ever."

Now the picture which had been lying on Euphemia's face when she died had disappeared in a mysterious manner, and none knew where it had gone, but when they had buried her and had come into the church to celebrate the Sacrament, it was seen to be hanging in air in the apse without any support whatever, and it was as firm as a "pillar of adamant". The news of this miracle reached Constantinople in due course, and the Emperors Arcadius[1] and Honorius,[2] and the Empress Eudoxia,[3] came to the Island of Trakê and saw the miracle, and bowed in prayer at the couch whereon Saint John Chrysostom had died: any sick person who lay upon that couch straightway rose up healed. After the death of Euphemia, the olive wood tablet upon which the figure of the archangel Michael was painted, on the twelfth day of each month, which is the day of the Archangel, put forth olive leaves at each of its four corners together with "fine, fresh fruit", and a number of cures and healings were performed thereby. After a few laudatory words of Saint John Chrysostom and some deprecatory observations concerning his own ability, Eustathius brings his Encomium to a close.

In his *Contes et Romans de L'Égypte Chrétienne*, M. Amélineau gives versions of two stories which, like the above Encomium of Eustathius, were to be read on the twelfth day of Paôni. In the first of these the

---

[1] Born A. D. 383, died 408. [2] Born A. D. 384, died 423.
[3] This may have been a royal lady called Eudoxia, but it can hardly have been the Empress, because she died about the year 604, while Chrysostom did not die until 607.

causes of the conversion of Aristarchus from paganism to Christianity are given, and in the second we have the account of the temptation of Eusebius, a man who subsequently became a monk in the Scete desert, by the beautiful wife of a merchant his close friend; in both of these occur some interesting and remarkable instances of the belief in the almighty power which Michael the Archangel was thought to possess.

TRANSLATION.

IN THE NAME OF GOD.

[Page 1] [The Encomium which was pronounced by the one] mighty in all blessings, the most holy and blessed man, the man filled with the Holy Spirit, and perfect in all virtues, Abba Theodosius, the son of the Apostolic Fathers, and the friend of angels, the Archbishop of the city of Alexandria...... on the day of the festival of the holy Archangel Michael, that is to say, on the twelfth day of the blessed month Athôr[1], wherein he spake many things concerning the alms and charities, which [the blessed Dorotheos and his wife Theopisthe] used to [make] unto God, [in the name of the holy Archangel] Michael every month, on the day of the festival, and how the holy Archangel ministered unto them and brought their good works up into God's presence, and how he fulfilled all their petitions,......joyfully, for God loveth him; and Theodosius spake, moreover, concerning the Saints who are [mentioned] in the Scriptures, all of whom the holy Archangel Michael helped and delivered out of their tribulation and affliction. In the peace of God. Amen.

[1] *I. e.*, November 8.

|p. 2| I find the source of my discourse in Him Who comforteth and strengtheneth me in all things, Who knoweth all the earth, Who trieth the reins, Who openeth the door of speech of every man, and Who searcheth out things diligently.

Who is this?

It is the Word of God, Whose Body I break in my hands, and Whose glorious Blood I pour out into the cup and give to those who believe upon Him. It is my Lord and God, Jesus Christ, the Saviour of all, Who speaketh with His truth-speaking mouth, Who careth for all mankind, and Who is filled with mercy and grace towards the image of God.[1]

Who is this?

It is Michael, the holy Archangel, the commander of the hosts of heaven.

Now, I beseech you, O my beloved and dear children of the Word, to assist me in this great undertaking, lest, having put out on this great and boundless sea, I be unable to bring my little bark to shore. For ye all know of my poverty, and ye know that I have no merchandise wherewith to load a great ship, which could sail across the sea, and [be strong enough] to resist the buffetings of the winds. Moreover, the sailor is feeble, and my boat is a little one, and [I am afraid] that if I put out to sea |p. 3| from this harbour in which there is no danger to go into another, the winds will raise up waves and tempests against me on the sea; and I know not how to sail a ship even to save my own life [and to bring myself] to the shore. Doth any one then say,

---

[1] The allusion is to Genesis i. 27.

"This man hath found favour |with God|, and is delivered?" For the soul of man is to Him more precious than the whole world filled with gold and silver, and I am therefore afraid to cast away my own soul. I know well that my bark is frail, and that my merchandise is without value, and that I have no knowledge of the craft of the mariner, and |I am afraid| to launch out into the deep, lest having once put out to sea I should never return again in peace. And although I might endure the perils of the sea and the tempests thereof, I could not bear the scorn of those who would make a mock of me, and say, "O thou fool, who made thee to undertake that "which was more than thy strength could bear? Thou "didst know full well that thou wast feeble and that thou "hadst nothing in thy power wherewith to do that which "is beyond thy strength. And besides, merchants are "many, why then didst thou not sell thy few wares to "them and let them trade therewith? Thus wouldest thou "have gained thy profit therefrom, and thus wouldest "thou have saved thyself, and thy merchandise entirely, "and thy boat, and that which belongeth to thee—for thou "hadst no knowledge of the craft of the mariner."

And now, my brethren, I will show unto you of what kind is my boat and who is the sailor. |p. 4| My boat is my sinful flesh, which I am not able to govern rightly, and the sailor is my own heart, in which there is neither understanding nor the knowledge of celestial seamanship. Now celestial seamanship is the Holy Scriptures which I understand not, and for this reason ye may |truly| tell me this day that I am attempting to do that which is beyond my strength, especially as ye compel me to speak concerning the glory of one who is not of the earth like ourselves but of heaven, and of the matters concerning his God. He is not a being of flesh, but he is incorporeal and is a creature of light. He is not a being made with clay, but is of the Holy Ghost. He is not of those servants of earth, but is a minister, a flame of fire. He is not a governor of this earth, but an archangel of the hosts of heaven. He is not a general of this earth whose king can dismiss him whenever he pleaseth, but he is a commander of the forces of heaven, and, together with his King, endureth for ever. He never uttereth the word for the destruction of souls, but he is at all times an ambassador before God our Creator for the salvation of our souls and bodies. He maketh accusations against no man, but is careful for all. He hateth not mankind, but loveth every image of God. He is not our adversary, but is at peace with every man. [p. 5] He is not unmerciful, but a compassionate being in whom abideth the long-suffering of God. Whosoever asketh [from him] receiveth; whosoever seeketh findeth; and whosoever knocketh it shall be opened unto him.' And I myself, having seen that my God doth give, will joyfully stretch out my hands to Him this day unhesitatingly, and I will ask that I may receive abundantly, and will knock that it may be opened unto me.

But perhaps thou wilt say, O man, filled with virtue and loving understanding, "What is this that thou seek-"est this day at His hand, [seeing that] thou hast already "begun to speak? Thou hast already pronounced en-"comiums at the season of the new year and at the "beginnings of all the festivals of God, and thou hast

---

¹ Compare St. Matthew vii. 7.

"likewise made a discourse upon him than whom of those
"who have been born of women' none greater hath arisen,
"[I mean] the kinsman of Christ, Saint John the Baptist,
"the friend of the holy Bridegroom. Moreover, knowest
"thou not, O my father, that moderation in all things is
"good? As thou art moderate in thy eating, and drinking,
"and praying, even so shouldst thou be moderate in all
"things, as Paul, the greatest of the Apostles, saith, 'The
"training of God is great gain, and if thou canst bear it
"thou shalt be perfect.'" And I will answer thee and say
unto thee, "Beloved, thou sayest rightly, and in showing
"solicitude [for me thou doest well], but nevertheless I
"will behold, and will speak unto God as did Abraham,
"the friend of God and the chief of the patriarchs, who
"became the father of a multitude of nations, saying, [p. 6]
"Let me speak, O Lord, with my God even this once
"also², even although I should make myself like unto the
"friend of God in speaking this once. And if I dared to
"speak even unto three times He would not turn away
"from me, for He is One God and One Lord, and to
"Him belongeth the mercy which abideth for ever. With
"this too will I convince you, that it is God Who hath
"commanded us to ask that we may receive³. And why
"did ye entreat me to come into your midst on this
"great festival, which hath spread abroad not only over
"all the earth but likewise in heaven, and why [if ye did
"not wish me to speak] did ye, little and great, men and
"women, cry out to me, saying, 'We beseech thee not
"to keep silent concerning this great visitation, but show

---

¹ St. Matthew xi. 11; St. Luke vii. 28. ² Genesis xviii. 32.
³ St. Matthew vii. 7; St. Luke xi. 9.

"us concerning the great festival, and concerning the glory "of him whom we celebrate in it, who is an ambassador "to God for us all.'"

Who are the nobles of the palace except Christ and the captain of all His hosts, the holy Michael? Moreover, let us ourselves follow after them, each following the other in fitting order, O my beloved, for humility exalteth and leadeth aright; come now then, and follow me, for the nobles of the palace have already gone into the feast of the holy Archangel Michael, and have sat down to meat.

Who are these nobles who have sat down to meat with the Archangel Michael? |p. 7|

Hearken unto me, and I will show you. [They are] Adam, Seth, Enoch, Methuselah, Noah, Abraham, Isaac, Jacob, Joseph, Moses, Aaron, Joshua, Gideon, Barak, Samson, Jephthah, David, Solomon, Ezekiel, Isaiah, Jeremiah, Ananias, Azarias, Misael, Elijah, Elisha, and the rest of the prophets, Zachariah the priest, John the Baptist, and the Twelve Apostles, the holy Stephen, the old man Simeon the holy priest, the army of the saints, and the army of the righteous. But what profit have I in speaking of earthly beings only? for in that place is the God of glory with all the host of heaven, Angels, Archangels, Cherubim, Seraphim, Thrones, Divinities and Powers, and they all ascribe glory to God and to Michael the great and holy Archangel, whom He hath made ruler over them all. And now I wish to return to the feast-chamber of the holy and mighty Archangel Michael to ask the great ones of this earth in what manner they keep with us this great and holy festival this day, and if they [keep it] with rejoicings, that I may "rejoice with them that rejoice", according to the words of the Apostle.¹ Briefly, I will begin with the father of all mankind whom God hath created in His own image and likeness, [p. 8] and I will ask my lord and father Adam, for he it is whom I have seen to be the chief of the feast. And although I am terrified and afraid because I see the whole company of those who are rejoicing with him at the feast this day, and paying honour unto him, still I will ask him, and I will mingle in their midst. And although I be a sinner yet will I salute him in the joy of my heart, saying, "Hail, my lord, holy father! Hail, "father of all fatherhood! Hail, father of all our human "race, both of those who have lived and of those who "shall yet come into existence!" And when I shall have given to him this threefold salutation, he will perforce call me as a father calls his son, saying, "Come, O my "son, and keep with us this great festival which we "celebrate this day"; thus shall I find freedom of speech before that being whose name is never proclaimed to his King [before his entering to Him], but he goeth into His presence without advocate or mediator to proclaim his name.

This being is not the ruler of one company only, but he is over all the hosts of heaven, and over everything according to the command of God; he standeth not at the left but at the right hand of God, and entreateth Him at all times on behalf of the race of men.

Who then is this that is clothed with such great honour and glory?

Hearken, it is Michael the mighty Archangel of the hosts of heaven.

¹ Romans xii. 15.

Who is this whose festival all ranks of beings celebrate?

[p. 9] It is Michael the ruler of the kingdom of heaven.

Who is this being whom the King hath made to bear such a mighty sceptre, who is filled with majestic glory, who is robed with rich raiment, and who is girt about with a golden girdle set with precious stones, the like of which existeth not?

It is Michael the mighty and exalted Archangel.

Who is this in whom the angels and the armies of the heavens have hope, and whose festival they celebrate with him this day?

It is Michael, whom God hath appointed to be ruler over all His kingdom.

Who is this who giveth [his] commands to all the armies of heaven, and they obey him?

It is Michael the Archangel, who was obedient to the command of God, and who cast out from Him the evil slanderer and rebel.

Who is this, for whose sake all handicraftsmen in the world cease from their labours, and whose festival they celebrate this day?

It is Michael the Archangel, who hath ordered the denizens of heaven and redeemed the peoples of the earth, and who, by reason of his great love for us, maketh mention of us before God our Creator. The inhabitants of heaven celebrate his festival this day without opposition, and it is also the work of the peoples of the earth to do likewise this day, and to rejoice and to celebrate the festival with the holy Archangel Michael.

Michael is not a man, and no being that liveth upon earth hath seen him in his glory, as it is written in another place, "He is a Spirit[1] [p. 10] and not flesh." Michael is incorporeal, and no corporeal being that eateth can see him, or endure his glory. And I will answer and say unto you, and I will convince you and prove to you that the inhabitants of heaven will never again sin; and in their midst there will nevermore be enmity, nor envy, nor hatred, nor slander, nor adultery, nor murder, nor theft, nor any impurity; but they are holy, and they shall rest in holiness—now those things shall never exist among the saints in this world—and they shall keep an endless feast with Christ the King for ever, because they have cast forth from their midst Satan, the slanderer and enemy of the Creator and the adversary of all truth. For this reason they celebrate this day the festival of the holy Archangel Michael, the ruler of the hosts of heaven, who hath prepared for us this table, of which we are [un]worthy, that is to say, the table of this festival which is set for us in heaven and [upon] earth according to the command of our Saviour Jesus Christ, Whose command is the command of His Father—for Father and Son and Holy Spirit are One God, and One consubstantial and indivisible Kingship, inscrutable and without origin which can be found out—Who is the Cause of all things; and under His dominion alone are the inhabitants of heaven and of earth.

[p. 11] And now, my beloved, having made known unto you the greatness of this feast which is spread for us this day, it is meet that we ourselves should celebrate the festival of him whose festival the angels of God celebrate this day, and we must beautify ourselves, both in our outer and in our inner man, that we may go into

---

[1] Compare St. John iv. 24.

this glorious feast this day, and eat of all the good things
which God hath prepared for us. But perhaps ye will
say, "Behold this is a royal feast, and it is meet that
"we should not sit down until the nobles of the palace
"have first been invited." Then will I ask [Adam], say-
ing, "Art thou not he whom God did create with His
"own hands, in His own image and likeness, and did fill
"with glory and call thy name 'Adam'? I entreat now
"thy goodness and majesty and I beseech thee to tell me
"if thou dost not thyself also rejoice at the feast of the
"holy Archangel Michael." Hearken now, for Adam
speaketh, "Yea, I am Adam, and it is for me to invite
"all men to this festival this day. But I rejoice more than
"they all, for when I had angered God, and He had
"brought me out from Paradise, because I had trans-
"gressed His command by reason of my helpmeet Eve
"making me to eat of the fruit of the tree, concerning
"which He commanded me not to eat, it was Michael who
"prayed to God for me until He forgave me my sin;
"[p. 12] for this reason I rejoice at his festival this day."

"O Abel, thou noble younger son, tell me if thou
"dost rejoice this day at the festival of the holy and
"mighty Archangel Michael?"

[Abel saith,] "I rejoice and I keep the festival this
"day, for it was he whose festival they celebrate this
"day who carried my sacrifice and offering up to God,
"Who did not regard the sacrifice of my brother, because
"he brought it not with an upright heart; for this reason
"I rejoice this day."

"And thou, O Seth, do I see thee rejoicing on the
"day of the holy Archangel Michael?"

[He saith,] "Indeed I rejoice and am glad [this day],

"for when Cain had destroyed my brother [Abel] God "gave me to my parents [in his stead]; and when my "mother found no milk wherewith to suckle me—now her "milk had dried up by reason of her sorrow for my brother "Abel—the holy Archangel Michael nourished me with spi-"ritual food from heaven, and therefore I rejoice this day."

"O Enoch, the just man, whom God removed from "this world, do I see thee rejoicing this day?"

He saith, "Indeed I rejoice and am glad [this day], "because the whole race of man hath sprung from my "seed, and because Michael hath never ceased to entreat "God to show mercy unto sinners, and to make them to "live for ever, [p. 13] and I rejoice at his festival because "he prayeth for my children."

"O Methuselah, the old man whose days were lengthen-"ed, whose white and pure garments I see in the midst "of the feast, why dost thou rejoice this day?"

He saith, "How can I help rejoicing? I am the eighth "from Adam, and I am the man whose prayers were taken "by the holy Archangel Michael and carried up to heaven, "and finally God blessed me with a long life which ex-"ceeded that of my father Adam by thirty-eight years."

"O Noah, the just man, I say unto thee, 'I last thou—"but I see thou hast—great joy this day?'"

He saith, "How can I help rejoicing and being glad? for "when God was angry with the world, and wished to destroy "it, He placed me in the ark with my wife, and children, "and creatures of every kind that moveth upon earth, and "He opened the cataracts of heaven and poured out rain "upon us for forty days and forty nights, and we saw "neither sun, nor moon, nor stars; but Michael guided "and directed us, and ceased not to pray to God until

"the waters which had increased abated, and the dry
"land appeared, and I and those who were with me were
"delivered."

"O Abraham, the father of the patriarchs, dost not
"thou rejoice this day on the festival of the holy Arch-
"angel Michael?"

[p. 14] He saith, "Yea, I rejoice especially, for I was
"the first man with whom Michael and his brother angel
"Gabriel sojourned, and he entreated God for me that I
"might be worthy of |my son| Isaac, and I ate with them
"under the tree of Mamre."

"O Isaac, the holy vow and sacrifice acceptable to the
"living God, what doest thou in this place this day? Dost
"thou console thyself with great consolation on the festival
"of the holy Archangel Michael?"

He saith, "Indeed I am comforted, for I was the only
"child of my parents, and my mother was barren and
"bore no other child besides me. Afterwards my father
"bound me hand and foot, and laid me upon stones on
"a desert mountain, and with my own eyes I saw the knife
"in the hands of my father who wished to slay me; but
"Michael stood up and took the knife out of my father's
"hand, and gave him a ram in my stead, and the sa-
"crifice was completed."

"O Jacob, prince of patriarchs, who prevailed with
"God, and who wast a giant among men, dost not thou
"rejoice this day at the festival of the holy Archangel
"Michael?"

He saith, "Yea, I do rejoice this day, for when my
"brother Esau cast me forth I fled to Mesopotamia, to
"Laban my mother's brother, and Michael came to me
"and decreed my wages from the sheep, and he blessed

"me, and my children, |p. 15| and my wives, and he made
"all Israel to be blessed for my sake."

"O Joseph, the just man, whose brethren were jealous
"of him, what doest thou in this place this day? Dost
"thou rejoice at the festival of the Archangel Michael?"

And straightway Joseph, the just man, answereth at
once, saying, "Verily, it behoveth me to rejoice this day,
"for when my brethren were jealous of me, and drove
"me forth into a strange land, and I became a miserable
"alien without any one to comfort me, and with a mul-
"titude of evils round about me, the Archangel Michael
"came to me, and comforted me in them all, and finally
"he prayed to God and He made me ruler over Egypt."

"O Moses, and Aaron, and Joshua the son of Nun,
"what is your part in this festival this day?"

These saints make answer, saying, "Joy is our part,
"for Michael was our leader and the guide of our people
"until we had overcome our enemies, and he prepared
"the way for us into the land of promise; on this account
"we rejoice this day."

[O Gideon]................¹

"I am Gideon, and I rejoice especially, for it was
"Michael who came to me and filled me with strength,
"and I went forth and fought against Midian, and delivered
"my people."

"O Jephthah², and Anna thy wife, what is your work
"in this festival to-day?"

|p. 16| These Judges answer and say, "Verily, our
"joy is great, for we were barren from our youth up,

---

¹ The scribe has omitted the address to Gideon.
² We should probably read Manoah; see Judges xiii.

"and we had no child. But we rose up, and prayed, and "offered up a sacrifice to God, and the holy Archangel "Michael looked upon our feebleness, and carried our "prayers and sacrifice to God, and made mention of us "before Him, and He blessed us with the mighty man "Samson, therefore we and our son rejoice this day."

"O David, the just king, the father of Christ according "to the flesh, behold I see thee this day rejoicing and "playing upon thy ten-stringed lyre at the feast to which "the holy Archangel hath invited us this day."

David saith, "Verily I rejoice this day and am glad. "The songs and music for each one of the festivals of "all the saints are written upon my heart, but that be-"fitting this festival of the holy Archangel Michael which "I sing is, 'The angel of the Lord encampeth round about "those that fear him, and delivereth them.'"[1]

"O Solomon, the wise man, dost not thou rejoice on "this festival of the Archangel Michael?"

He saith, "I rejoice especially, for it was the Arch-"angel Michael who was with me from my youth up, "and who made peace to exist in my days, and he "entreated God, Who commanded me to build a house "for Him."

|p. 17| "O Hezekiah, the just king, dost not thou rejoice "this day at the festival of the holy Archangel Michael?"

He saith, "How can I help rejoicing? for when the "wicked Assyrians afflicted me and my people, it was the "holy Archangel Michael who destroyed one hundred and "four-score and five thousand of their men in one night, "and delivered me and my people."

---

[1] Psalm xxxiv. 7.

"O Isaiah, the mighty prophet, what is thy joy this day at the festival of the holy Archangel Michael?"

He saith, "This is [the cause of] my joy: in all the sufferings which Manasseh and his friends brought upon me the holy Archangel Michael stood by me, and strengthened me, and comforted me until they sawed me in twain with a wood saw."

"O holy father Jeremiah, thou mighty light-giving lamp, do I see thee rejoicing this day at the festival of the holy Archangel Michael?"

He saith, "I rejoice exceedingly, for when all the kings of Judah wrought evil things upon me, and afflicted me in the dungeon, Michael stood by me, and helped me, and strengthened me."

"O Ezekiel, the mighty prophet, come and show us what is thy joy this day at the feast of the holy Archangel Michael."

He saith, "I rejoice and am glad, for it was Michael who brought unto me a paper which was written upon, and I swallowed it, [p. 18], and it filled me with prophecy."

"O Daniel the prophet, the man to be desired, dost not thou rejoice this day at the feast of the holy Archangel Michael?"

He saith, "What joy is there like unto mine? for when they cast me into the den of lions, and sealed it with a seal, the Archangel Michael came to me, not once nor twice, and he shut the mouths of the lions, and they came not nigh unto me at all. And when I was an-hungered Habakkuk came to me, and brought me good food, and gave me to drink."

"O ye twelve Apostles, why do ye rejoice this day at the festival of the holy Archangel Michael?"

They say, "We rejoice indeed, for were we not in "great sorrow when the lawless Jews crucified our Lord "Jesus Christ, and were we not in sorrow and in hiding "for fear of the Jews, until Mary the Virgin and those "who were with her went into the sepulchre on the first "day of the week, and she showed us that she had found "that the holy Archangel Michael had rolled away the "stone from it, and was sitting upon it, and announcing "the glorious tidings, 'The Lord hath risen?'"

"O Zacharias, and John thy son, do not ye keep the "festival of the Archangel Michael this day?"

|p. 19| He saith, "I rejoice, because Michael the Arch-"angel hath sealed us, me to be a priest, and John my "son, the child of Elisabeth, the kinswoman of Mary the "mother of God according to the flesh, to be the Baptist; "for this reason we rejoice this day."

"O Stephen, the archdeacon and protomartyr, dost "not thou rejoice with us in this great festival?"

He saith, "Yea, for when they cast stones at me I saw "the heavens open, and the Archangel Michael and all "the angels were gazing at our Lord Jesus Christ at the "right hand of the Good Father."

"O ye three children, Ananias, Azarias, and Misael, "do not ye rejoice this day at the festival of the Arch-"angel Michael?"

They say, "How can we help rejoicing? for when "Nebuchadnezzar the king cast us into the furnace filled "with fire, God commanded Michael and he scattered the "flames of fire, and made the furnace to become like dew."

"O ye company of martyrs and saints, do not ye

"rejoice this day at the festival of the Archangel
"Michael?"

All the saints say, "Verily our joy is great, for Michael
"the Archangel hath strengthened us in every need and
"sorrow which we have suffered, and [hath strengthened
"us] to endure the torture and to fulfil our martyrdom and
"strife, for which we have received the great good things
"which we have; |p. 20| for this reason we rejoice this
"day."

"O all ye armies of heaven, do not ye rejoice this
"day?"

They say, "In truth, all joy is ours." For, O my
beloved, great is the honour of this feast which is spread
for us not only upon earth, but also in heaven.

And now, O my wise and beloved ones, let us keep
ourselves with all diligence, and let us guard our souls
on the festival of the holy Archangel Michael. Let us
put on fine garments meet for the marriage-feast, lest if
we enter therein arrayed in torn and foul garments, and
having our bodies full of uncleanness, they turn us out
in disgrace from before those who are clothed in glorious
apparel, and who will remove their garments from our
path lest they be in any way defiled by us. And after
being cast forth in great disgrace these same beings will
mock at us, saying, "O senseless and abominable men,
"how is it that ye are not ashamed [to do this thing]?
"If ye be not ashamed before men, how is it that ye are
"not ashamed before God the King, and before His holy
"governor Michael? Do ye not know whose chamber
"this is, and whose feast it is? Do ye not know that it
"is the feast of the King and of His chief captain who
"hath obtained all power before his God the King, Who

c

"hath given him all these honours because of his true
"valour? [p. 21] And I marvel much at your boldness
"[in coming] into this inner place, for God hath already
"given unto you the command, 'Come not into the marriage
"chamber without the marriage garment upon you', but
"ye have not hearkened thereunto. Have ye not heard
"what befell the man who dared to go into the feast in
"unclean garments like unto your own? It is written that
"He made them bind him hand and foot and cast him
"into outer darkness, where there is weeping and gnashing
"of teeth."[1]

And now, O beloved, let me lead you through into the outer chamber, and sit ye down for a little, so that when God the King shall have come in with Michael His chief captain, Michael may entreat him to show mercy unto you, and to the other suppliants, and to those who sit at the gate; for the Archangel whose festival ye keep this day is compassionate, and will not forsake you. And strengthen your hearts and souls, and I will entreat him not to take vengeance upon you during this festival lest ye bring suffering upon yourselves here. Briefly then I have shown you and ye know, O beloved, that the objections which I have brought before you, and especially the things which have been spoken by ourselves, are made by men like unto ourselves, and not by God. But perhaps some one will say to me, "What are unclean, or what "are beautiful garments? [p. 22] What is the beautifying "of the body? Is there any hypocrisy with God, or doth "He love the rich more than the poor man? Cannot I "of my own will become poor, or if I desire cannot I be- "come rich, and if any man wish it can he not become of

[1] St. Matthew xxii. 1—14.

"no account?" God forbid that it should be thus. God is no hypocrite, neither doth He love the rich man more than the poor man; God forbid! But I will show you what is the beautiful apparel which ye must put on if ye wish to go into the feast of Michael. "Anoint thy head "with oil, and wash thy face,"[1] the interpretation of which is that thou must cast forth from thee all evil deeds, and keep the festival with the holy Archangel Michael. And when they bid thee to the feast of Michael the Archangel, cleanse thy heart from all evil things, and take out from thyself every impure thought, and put on thy fine raiment, and go to the church of God which is this house of prayer. Drive forth from thee all fornication, and anger, and impurity, and array thyself in innocency, and peace, and truth, and enter into His courts with joy, and rejoice with the Archangel Michael. And when they bid thee to the marriage chamber of the true King and of His chief captain, let thy alms and thy charities open the door thereof for thee, and whatsoever thou shalt give to Him, |p. 23| verily thou shalt find it upon the table before thee. If thou wouldst glorify the Archangel Michael, the chief captain of the true King, send the widows and orphans forth from thee with their faces bright and full of joy, and with their bodies clothed with the measure of thy power; I say unto thee that thy sacrifice shall be accepted before God and before His holy Archangel Michael, and thou thyself shalt be gratified. Receive the stranger on his holy festival, and show mercy unto him, and the Archangel Michael will have mercy upon thee, and will receive thee joyfully, and will carry thee into the court of the

---

[1] St. Matthew vi. 17.

King with joy, and thy face shall be light. If any man ask anything at thy hand on the day of the Archangel Michael delay not to give it to him. For I say unto thee, O beloved, that whatsoever a man giveth, Michael taketh it from his hand and carrieth it up to God; he will give it back to thee twofold upon earth, and God will show mercy unto thee in His kingdom, for "charity maketh "man to be praised in judgment." Again it is written, "Be merciful, that |men| may be merciful to you."[1] And if thou shalt keep the festival of the Archangel Michael every month—now the twelfth day is the day of his commemoration—and art mindful of gifts for him with joy according to thy power, the Archangel himself will pray to God for thee at all times, |p. 24| that He may bless thee |by granting| all thy petitions according to the measure of thy remembrance |of Him|. But perhaps, O beloved, thou wouldst say unto me, "If I give alms or "gifts, I give them to thee in the name of God; Michael "is not God that sacrifices should be offered unto him." On this I make answer, Verily thou hast well spoken, O man upright in the belief of God; but hearken and I will show thee. Is there not set over the country a governor in whose hands are all the companies of soldiers and all the army, in which thou findest one man of higher rank than another, but is not the governor higher than they all? Now although the governor may establish a friendship between himself and one of the army, and may bestow great honours upon him, he doth not act thus with all the company in which his friend serveth, but he acteth thus because he knoweth that the company in

---

[1] St. Matthew v. 7 (?).

which his friend is stationed is many in number. And
this friend is at all times near the governor, who is able
to deliver him from all the many trials of this world
which is full of trouble and affliction, and he findeth
freedom of speech before him after the manner of a
noble, and thus the rest of the company findeth favour
in the sight of the governor by reason of him. And
likewise every one who doeth alms or giveth a gift
in the name of the Archangel Michael, receiveth his gift
and carrieth it to God, as Christ our God in truth said,
"|p. 25| Whosoever receiveth a prophet in the name of a pro-
"phet shall receive the reward of a prophet; and whosoever
"shall receive a righteous man in the name of a righteous
"man shall receive the reward of a righteous man. And
"whosoever shall give you a cup of cold water in my
"name"—and ye are Christ's—"verily I say unto you that
"his reward shall not perish."[1] If thou bringest a gift unto
God in the name of His holy Archangel Michael, or any
alms or charity, whether it be great or whether it be
little, on the festival of Michael—be not thou halting be-
tween two opinions in the matter, lest thou thyself shalt
cause thy labour to be in vain, but believe wholly and
firmly without any stumblingblock—the Archangel Michael
will receive it and bring it before God, and its savour
will be like the smell of incense, and he will take counsel
for them that great good things be prepared for them,
and he will take them from the hand of God to deliver
them from everlasting punishment. And now would ye
know what things God will give in return to those who
bring sacrifices, and charities, and alms to give to Him

[1] St. Matthew x. 41, 42.

in the name of the holy Archangel Michael—ye must know also that He will minister unto them in this world, and that when they are removed from this life He will receive them unto Himself in the mansions of His kingdom—listen then, and I will tell you concerning this mighty power (?) that ye may glorify [p. 26] the God of the holy Archangel Michael.

There was a righteous and God-loving man in the city of Senahôr whose name was Dorotheos, and he loved to give alms and charities, and this man had as his helpmeet a woman called Theopisthe, who was as pious and as perfect in mercy and charity as her husband; and these people had given great gifts in the name of the God of the holy Archangel Michael from the time when they had first come together. And they were both young, and the parents of both had left them a goodly inheritance, and they were very rich, and they had many possessions, and much wealth, and sheep, and oxen, and cattle, and other goods of this world. And these two people had great love for God, and for His holy Archangel Michael, and when the twelfth day of the month drew nigh they were wont to be careful for it, and to make ready offerings from the morning of the eleventh day of the month; and they sent with great zeal and without sparing gifts and wine to the church of the holy Archangel Michael. After this they were wont to slay sheep, and to devote themselves to the preparation of the food and gifts which were needed for the wants of the people. And after they had received the life-giving Mysteries on the twelfth day of the month, [p. 27] they gathered together every one to partake of the food, the blind, and the deaf, and the destitute, and the orphans, and widows, and strangers, and they stood up and ministered unto them with great enjoyment of soul, and joy of spirit, and gladness of heart, until they had eaten their fill; then they brought to them choice wine and drew for them until they had drunk their fill, and they anointed their heads with fine oil, saying, "Go in peace, O beloved brethren; we have been ac"counted worthy of great honour this day in that your "holy feet have entered into the house of your servants." And thus Dorotheos and Theopisthe continued to do on the twelfth day of each month, and at length the fame of their goodness reached unto every place in all the land of Egypt, and multitudes of people honoured them by reason of the glory of their good works, and glorified God Who had created them, and praised and blessed their parents who had begotten them, and all men ascribed honour to them by reason of the noble deeds which they manifested in the name of the God of Michael. And they fled from vain-glory, for their hope was strong in God and in the Archangel Michael.

And it came to pass that after they had continued to do thus for a long time God commanded the heavens to pour no rain upon the earth for three years, by reason of the |p. 28| sins of the children of men, and the whole land of Egypt and all those that were therein were troubled because of their sufferings by thirst and by the destruction of food, as it is written, "Then the multitude came to "an end and died, and the cattle perished with them." And moreover, the waters of Gihon (Nile) did not rise, and no rain fell upon the earth for a space of three whole years. Now this holy man Dorotheos and his wife did not cease to do according to their wont every month, and they prayed to God and to His Archangel Michael.

saying, "O God of Michael, take not away from us Thy "gifts and charities, for we are Thy servants." And as they continued to do these things ill-luck fell upon them, and multitudes of their cattle perished. Now when two years of the famine were ended and the third was drawing nigh, everything which they had had come to an end, and at length of the very few beasts which they had left all died except one sheep. Then the pious man said to his blessed wife, "O my sister, thou knowest that to-day "is the eleventh day of Paopi[1], and that to-morrow is the "festival of the holy Archangel Michael. Let us be careful "for the gift which we are wont to give to the steward, "and let us slay this one sheep that we may make it "ready for the festival of the holy Archangel Michael. If "we die we belong to God, and if we live we are also "His; [p. 29] blessed be the name of God for ever." His wife saith to him, "As God liveth, O my brother, this "care hath been in my mind since yesterday, but I could "find no occasion to ask thee concerning it, for I know "what hath happened to thee; but I rejoice greatly that "thou hast not forgotten the gift for God, and do thou, "O my brother, even as thou hast said." And when the morning of the twelfth day of Paopi had come they rose up early at dawn, and performed all their ministration, and they omitted nothing which they were wont to do in the time of their wealth; and there was left to them nothing except a little oil and a little wine, and also they had no garments at all except those in which they were wont to receive the Eucharist. Nevertheless at this time they blessed God and the holy Archangel Michael, and

---

[1] *I. e.*, the 8th of October.

they hymned and praised Him day and night with floods of tears, saying, "O God Jesus Christ, help us. O thou "Archangel Michael, pray to God for us that He may "open to us the hand of His mercy and blessing, lest the "hope of thy offering and gift which we bring to God "in thy holy name, O Archangel Michael, perish from our "hands. Thou knowest our hearts and our love towards "thee. We have no helper besides thee, for thou |p. 30| hast "been our helper from our youth up, and thou hast been "an ambassador for us before God our Saviour. And now "we beseech thee, O kind guardian, holy Archangel, if it "be meet that after all the oaths which we have sworn "with God and with thee, this great affliction should over- "take us at the end of our lives and we must cease from "thy gift and alms to thee, let thy goodness prevent us "and do thou entreat God to show great mercy unto us, "and to remove us from this vain life like all our fathers— "for behold, O our helper, thou seest what things have "befallen us for our sins' sake, and it is good for us to "die, for the death of every man is better than life without "good fruit—lest if this affliction continueth with us we "forget thy gift and thy charity which we have offered "unto God and to thee, for poverty produceth multitudes "of evils, which bring on death and make men to become "doers of what is amiss. And now, O Archangel Michael, "we have shown forth our weakness before thee, forget "us not because of our sins, but do unto us as it is written, "'The angel of God encampeth round about every one "'that feareth Him, and delivereth them.'[1] And David saith "concerning the peoples, |p. 31| 'God feedeth them in their

---

[1] Psalm xxxiv. 7.

"hunger'.¹ and he saith also, 'The righteous man seeketh "after bread all the day, but God is merciful and giveth "it to him'. And now, O our helper, thou holy Archangel "Michael, thou seest all the matters of thy servants and "there is nothing more left for us to say except, 'We are "willing and ready to die'. Help us, O God our Saviour, "and we utter these words blessing God, 'God hath given "and God hath taken away; may God's will be done, "and may God's name be blessed for ever. Amen'".

And these and such like words did the righteous man and his wife say from the twelfth day of Paopi, and they continued to entreat the God of Michael until the ninth hour of the eleventh day of the month Athor, the morrow of which, that is to say the twelfth day, was the great day² of the festival of the holy Archangel Michael, just as we are gathered together one with another to celebrate his festival this day.

Now when the time for the customary monthly preparation of the holy sacrifice had arrived, that is to say the evening of the eleventh day, which is the night before the twelfth day, the truly believing man Dorotheos began to say to his pious wife, "O my sister, what canst thou "do by sitting down? Knowest thou not that to-morrow "is the festival? Forget not the good gift, and let not "the glorious commemoration of the Archangel Michael, "which is pleasant to thy heart be |p. 32| burdensome to thee. "O my sister, lest thou be deprived of the hope in God, "for it is He who showeth grace to us in everything." And that blessed woman said, "Well dost thou agree

---

¹ Compare Psalm xxxiv, 9, 10.   Job i. 21.
I. e. the day of the annual commemoration.

"with me, and well hast thou brought before me the
"delight, and joy, and riches of our soul, which is the
"glorious commemoration of the holy Archangel Michael.
"Verily, O my brother, from the dawn of this day until
"now, neither have floods of tears ceased to well up in
"my eyes nor fire to burn within me, by reason of the
"festival of our helper the holy Archangel Michael. And
"now, O my brother, let us see what thou canst do, lest
"our gift come to an end, and we defraud the being to
"whom we have been accustomed to make it. We have
"heard, moreover, how the great Apostle Paul said,
"'Whosoever hath begun to do a good work let him
"'complete it against the day of the manifestation of our
"'God Jesus Christ';¹ behold, we have begun to do a good
"work, and let us be careful to complete it". Dorotheos
saith to her, "What have we left, my sister? peradventure
"it may suffice for our need." Theopisthe saith, "We have
"a vessel full of bread which is fit to be set before the
"brethren, and a little oil sufficient for the food and for
"the anointing of the heads of the brethren, but we have
"neither wheat nor flour." Dorotheos saith, "Verily, my
"sister, we have these things, although we have no sheep
"to slay; but the will of God be done. |p. 33| God
"asketh from us nothing but what we have the might |to
"give|, as it is written, 'I will love Thee, O God, my
"'strength';² it is better that we should give a little than
"that we should give nothing at all. And now let me
"give utterance to that which is in my heart. Behold
"each of us still has left festal apparel. I will take my
"garments first, and will buy flour therewith for the

---

¹ Philippians i. 6.   ² Psalm xviii. 1.

"preparation of our gift, which shall suffice for the gift
"for the people, and for the flour offerings, and when
"to-morrow cometh, I will take thy garments, and will
"go and buy with them a sheep which we will slay
"for this festival to-morrow, which is the great [day] of
"the festival of the holy Archangel Michael. If we find
"[a sheep] we will eat of him, and if we find him not we
"will glorify God; and if we die it is God Who will
"receive us unto Himself because we did not cease from
"[making] His offering." The prudent woman saith to
him, "O my brother, there are not only thy clothes and
"mine, but my vail also. I would give my soul for the
"sake of making a gift to God and for charity's sake".
Her husband saith unto her, "The zeal which thou hast
"manifested towards these things is well, but keep thy
"vail to cover thy head, according to the words of [our]
"master Paul."[1]

And after these things Dorotheos took the apparel in
which he was wont to receive the Mysteries, and sold it
for corn. |p. 34| and he gave the corn to the steward;
then he returned to his house joyfully, and said, "Behold,
"God hath provided for us in the matter of the gift."
And it came to pass that when it was the morning of
the twelfth day of Athôr the pious woman sought [Doro-
theos], and said to him, "O my brother, arise, take my
"apparel that thou mayest see if thou canst not find a
"sheep that we may make ready for the brethren who
"are coming to us." Now Dorotheos, wishing to try her
zeal, said to her, "O my sister, if I take thy apparel
"what wilt thou do when thou wishest to receive the

---

[1] 1 Corinthians xi. 5—13.

"Blessings on this great festival to-day? I am a man, "and I can go into every place alike without shame to "myself, but a woman may not uncover herself, especially "not in the church". And when the pious woman heard these things she wept bitterly, and said, "Woe is me, O "my beloved brother, what is that which thou hast spoken "to me this day? Are we separated this day, and have "we become twain? Am not I with thee one body? "Have I no part with thee in the offering? Wilt not "thou take from me my share on the festival of the "Archangel Michael? Nay, my brother, think not thus "within thyself that I should be uncovered, for those "who are in the church are neither male nor female in "Christ, but are even as angels, and archangels, and Che- "rubim and Seraphim, with the Saviour in their midst;" |p. 35| and saying these things she wept bitterly. When Dorotheos saw the exceeding zeal of her spirit he was moved concerning her, and he rejoiced in the strength of her belief, and said to her, "Rise up, and have a care "for the offering and the oil, which we are going to send "to the church, and let us set out the table and the little "bread thereupon, and make ready the little wheat |which "we have|. And I will go out, and perhaps God will "give us a sheep wherewith we may make ready food "for the brethren on this great festival this day."

And he rose up with great zeal and good confidence towards God and His holy Archangel Michael, and he took the garment, and went along his way, praying to the God of Michael that He would make his way pros- perous. Now as he was going along the way he came upon a shepherd and he said to him, "Peace |be upon thee|, my beloved;" and the shepherd said to him, "And upon thee also." The pious man said to the shepherd, "Can I not find with you a sheep to-day? for a great man hath visited us this day." The shepherd said to him, "What price shall he be?" Dorotheos answered, "The third of a *dinār* will be enough [for me to give]." And the shepherd said, "Give me the price of him that I may give him to thee." Then the pious man handed to him the garment of his wife, saying, "Take this into "thy care for three days, and if I do not bring thee the "third of a *dinār* take away the garment, and thou shalt "have full power over it." The shepherd answered and said, "What can I do with this garment? [p. 36] I have "no one in my house who weareth any but woollen gar-"ments;" and the shepherd turned away from the pious man who was holding the garment in his hand. Then Dorotheos went upon his way weeping bitterly, and pondered in his heart, "What shall I do, or what can I say "to my wife?" And as he was walking along his road weeping, and having his eyes heavy with crying, he looked before him and saw the holy Archangel Michael coming along riding upon a white horse like a royal governor, with angels marching by his side in the form of soldiers; and Dorotheos was greatly afraid, and withdrew from the way, leaving the path for the governor and his soldiers. And when the holy Archangel Michael had come up with him, he drew bridle and stood by him, and said, "Hail, Dorotheos, good and faithful man, "whither goest thou, and whence comest thou that thou "art thus carrying this garment, and art walking along "the road by thyself?" And Dorotheos, standing at a distance from him, answered and said, "Peace also be to "thee! O my lord and master and governor, thy coming "to us this day is well." The governor, who was Michael, said to him, "Is not Theopisthe alive?" and Dorotheos, with his head bent towards the ground by reason of the glory of the governor, replied, "Master, thy handmaid "liveth." The governor saith to him, "What is this in "thy hand?" |p. 37| and Dorotheos answered shamefacedly, "The garment of my wife." The governor saith to him, "What wouldst thou do with it?" Dorotheos saith to him, "A mighty man hath visited us this day, and I am not "able to find for him that which befitteth his rank. By "reason of the season [of dearth] which hath come upon "us we have no money in our hands, and I took this "garment to give in exchange for a sheep, but the shep- "herd would not take it, and I neither know what to do, "nor what to set before the governor." The governor, who was Michael, said to him, "If I pledge myself to "obtain a sheep for thee, wilt thou receive me and those "who are with me into thy house this day?" Dorotheos answered and said unto him, "Yea, master, hold thou thy "servant worthy that thou shouldst come under the roof "of his house."

Then the governor, who was Michael, said to one of the angels who were with him in the forms of soldiers, "Go with Dorotheos to the shepherd and say to him, "The governor who passed by thee [this day] saith to "thee, Send me now a sheep of the value of the third "of a *dinâr*, and I pledge myself to obtain the price "thereof before mid-day this day, and to send it to thee." And Dorotheos and the angel, who was in the form of a soldier, went to the shepherd in the name of the Archangel, and took a sheep.

Then the governor, who was Michael, looked at Dorotheos and said to him, "Behold, |p. 38| the sheep is "ready for the great man whom thou hast received into "thy house at thy bidding this day; see now if thou "canst not find a fish for my own want, for I do not "eat sheep's flesh." Dorotheos saith to the governor joyfully, "If God provideth it I shall buy it." The governor saith to him, "How wilt thou buy it?" Dorotheos answered, "I will leave this garment for it until I can send "the price of it to the fish merchant." And the governor called to one of the soldiers who were with him, and said, "Go to the market (?) and say to those who catch "fish, 'The governor who hath lately passed by you saith "to you, Send me a fine, large fish, the price of which "is the third of a *dinār*, and I will send the price of it "to you with Dorotheos by mid-day to-day;'" and the angel, who was in the form of a soldier, went to the catchers of fish in the name of the governor and took from them a fish and brought it to the governor. The governor then said to Dorotheos, "What wilt thou do "next? for thy business is now complete;" and Dorotheos said to him, "Yea, master, everything is now completed." And the governor said, "Let us go on;" and they took up everything, that is to say the sheep and the fish, and they went forward and Dorotheos walked along, thinking within himself. |p. 39| Where shall I find the money to pay for this sheep and this fish, and where shall I find the bread, and the wine, and the cushions upon which the governor may recline, and everything else which he needeth? And it came to pass, that multitudes of thoughts as to what he should do were in his heart, and he continued to pray to God and to the holy Archangel, saying, "O holy Archangel, O faithful helper, stand

"thou by me this day, for I am thy servant, and thou
"knowest that I have done all these things in the name
"of our Lord Jesus Christ." Now while Dorotheos was
walking along meditating these things the Archangel knew
the thoughts of his heart, but he waited in order that
he might see his faithful zeal for him.

And it came to pass that when they had arrived at
the house of Dorotheos Michael knocked first at the door
of the dwelling, and Theopisthe, the free-woman, the wife
|of Dorotheos| came out; and Michael said, "Peace |to
"thee|, O Theopisthe, thou beloved God-loving woman,
"how doest thou in these days?" Theopisthe answered,
"Peace be upon thee, my lord, and master, and governor!
"Well has God brought thee to us this day with Michael
"the holy Archangel. Come in, master, stand not without."
And while Theopisthe the wife was saying these things,
behold her husband Dorotheos came with the sheep in
his hand, and the fish, and the garment, and laid them
down before her. She saith to him, "O my master and
"brother, where didst thou find these things which thou
"hast brought with thee here? [p. 40] I see that the
"garment is still with thee." Dorotheos saith to her,
"The governor pledged himself for me and gave them
"to me." And Theopisthe said to him, "Well hath God
"brought to us this day the governor and those that are
"with him with the holy Archangel Michael, and verily
"we will partake of the things for which he hath pledged
"himself for us;" and she spake these things joyfully.
And the governor, who was Michael, said, "I will go to
"the Offering, for to-day is the festival of the holy Arch-
"angel Michael, and when the hour hath come make
"ready the place with care, and kill the sheep and the

"fish, but see that no one goeth near the fish until I
"have come and done with it according to my will."
And they said, "According to the command of our master
"so shall it be;" and he went out from them, and they
knew not who he was, but they thought that he was a
governor of the district.

Then Dorotheos said to Theopisthe his wife, "What
"shall we spread upon the ground for the governor [to
"recline upon], and where shall I find bread meet for
"his honour? Let us devote ourselves to doing this day
"what lieth in our power for him." His wife said to
him, "O my brother, God hath not forsaken us. Arise,
"find a man to kill the sheep, and let us make ready
"the things in the house;" and he did so. And his wife
said to him, "Bring out a little wine that we may know
"if it is fit for the governor or not", [p. 41] and when
he had gone and had opened the door of the cellar he
found it filled with wine to the very door. And Doro-
theos was afraid, and went back to his wife and asked,
"Hath any one brought wine here since I went out?"
She saith to him, "As God liveth, when I brought out
"a little wine for the Offering this day there was nothing
'left in the cellar except one bottle;" and Dorotheos said
to her, "Let us wait until we see what is the end of
"the matter." And they gave themselves to bringing out
a little oil for the food of the brethren, and for the an-
ointing of their heads, and when they had gone into the
place where the oil was kept they found [there] seven
jars filled to the brim with fine oil, and vessels which
were filled with everything which they wanted in the
house, butter, and cheese, and honey, and vinegar, and
every other household matter; and they were afraid to go in.

After these things, when they had gone into their bed-chamber, they found a chest filled with all kinds of fine raiment of greater beauty and richer than that which they had worn at their wedding and in the days which were past; and after these things they went into the place where the bread was made, and there they found good and excellent bread. And straightway they knew that an act of grace had been done to them, and they glorified the God of the Archangel Michael. And Dorotheos said to Theopisthe his wife, "God hath pro-"vided all things, come, let us spread them ready for the "governor, |p. 42| for the hour hath come for us to go "in to the holy offering." And when they had made all things ready, and had laid out a place upon which the governor might recline according to his rank, and had dressed the tables for the brethren according to their custom, they arranged themselves in goodly apparel, and went into the holy ministration in the church of the holy Archangel Michael; and they prayed there with great joy. And when they had come into the church they both bowed down before the place for prayer, and prayed to God giving great thanks, and they uttered blessings before the image of the holy Archangel Michael, and said, "We give thanks unto Thee, O our God Jesus "Christ, and to Thy good Father, and to the Holy Spirit "for ever, Amen. And we bless Thy holy Archangel "Michael because Thou hast not hidden Thy mercy from "us, neither hast Thou forgotten our gift; but Thou hast "sent unto us Thy loving-kindness quickly." After these things they partook of the Mysteries and received the blessing of peace. Then they came out quickly into the presence of the brethren, and they sat down, and waited

for the governor with great expectation; and there were
gathered together there men and women until the whole
place was filled with them. And Dorotheos and Theo-
pisthe girded up their loins, and stood up and ministered
unto them in every thing which they needed, |p. 43| and
they served them with good wine and choice oil and
excellent food. And it came to pass that while they
were thus ministering the governor, that is to say Mi-
chael, came with his soldiers, and knocked at the door.
And Dorotheos and Theopisthe went out quickly with
joy, and they opened the door, and received them, saying,
"Happy are we in that we are held worthy of thy coming
"to us this day, O our master and governor, with thy
"soldiers; verily we rejoice this day, for this day is a
"great day, the festival of the holy Archangel Michael.
"Come thou in, O blessed one, and may God make thee
"joyful." Now when the governor had come in and found
the whole place filled with women, and with small and great,
he made as if he were astonished, and said to Dorotheos
and Theopisthe, "O my brethren, what need have ye
"of all this multitude of men and women whom I see
"here? Lay not trouble upon yourselves this day by
"reason of our coming to you. Have ye not considered the
"affliction in which ye now are, and would it not be better
"to act thus in times of abundance?" And they answered
and said, "O master and governor, forgive us. We have
"not laid trouble upon ourselves for thy sake, we only
"render thanksgiving to our God and to His Archangel
"Michael. Among those whom thou seest here to-day
"there is no stranger, they all are kinsmen of ours
"and are united to us in God;" and while these saints
were saying these things |p. 44| the Archangel Mi-

chael rejoiced at the perfectness of their natural dispositions.

And after these things Michael and those who were with him went into the place which Dorotheos and Theopisthe had prepared for him, and when they had gone in they made the Archangel to sit down upon a seat. And he said to Dorotheos, "Bring me the fish before "thou doest anything to him." And when they had brought him he said to Dorotheos, "Sit down and open his belly;" and he did so. The governor said, "Take out his maw," and he took it out, and found that it was very large. And Dorotheos said, "What is this, master?" and Michael said, "Open it;" and when he had opened it he found a bundle inside it sealed with seals. And he marvelled at the thing and said, "What is this, master?" and the governor, who was Michael, said to him, "Large fishes "like this swallow everything which they find in the water, "but open the packet, that thou mayest see what is "inside it." Dorotheos said to him, "Master, how can I "open it? it is sealed." Then the Archangel Michael stretched out his hand and took the bundle, and he found it to be full of fine gold money; and when they had counted it they found that it amounted to three hundred *dinars*, and among the money were three pieces each of the value of a third of a *dinar*. And when Dorotheos had taken them he lifted up his eyes to heaven, and said, "Righteous art thou, O God, and to Thee belong "those who are upright, |p. 45| and those who put their "confidence in Thee shall never be ashamed."

Then the governor said to Dorotheos and Theopisthe his wife, "Come hither to me, O my beloved brethren, "and let me speak with you. Because ye are people of

"charity and because of the exceeding great trouble which
"ye have undertaken for the sake of my coming unto
"you this day, behold, God hath given to you this money
"under this seal, which is that of the finger of God my
"King, and which belongeth unto Him. And now in
"return for your charities and for the trouble which ye
"have endured for the race of man, and for those things
"which ye have done unto me and unto those who are
"with me this day, God hath shown a favour unto you
"this day by [the gifts of] these three hundred *dinárs*
"and these three pieces each of the value of a third of
"a *dinár*. Take them, and give one to the shepherd,
"and one to the fisherman in exchange for the fish, and
"take this last and give it as payment for the corn to
"the man unto whom thou didst give thy garments yes-
"terday in pledge for the sake of the gift [to the church]."
And they, I mean Dorotheos and Theopisthe, threw them-
selves down upon the ground, and bowing low before
the governor, said, "What is this that thou sayest to us,
"O our lord, and master, and governor? Hast thou come
"to us thy servants that we should take aught from thee?
"Are not all men bound to minister unto the soldiers of
"the king? Art thou not set over us to do with us that
"which thou wilt? And, moreover, thou hast taken nothing
"except the grace of God and His gift. Knowest thou
"not, O our master and governor, [p. 46] what day this
"is, and that the little piece of bread which thou hast
"eaten with our kinsfolk is not ours, but that of God
"and His holy Archangel Michael, whose festival we
"celebrate this day? Nevertheless, O master and gov-
"ernor, if it be thy wish, we will take only the three
"pieces of money each of the value of a third of a *dinár*,

"that we may give them in payment, one for the sheep,
"[one for] the fish, and the third for the redemption of
"the apparel which is pledged according to thy com-
"mand." And the governor, who was Michael, said to
them, "Verily, by the life of my God and King ye must
"perforce take all, and ye must not leave one behind, if
"ye fear my God and King. For if He heard that ye had
"not done so He would be wroth, and I should receive
"rebuke before my God and King for your sakes; and
"I will persuade Him to be pleased to grant unto you
"even greater gifts than these. And since ye must wish
"to know the truth, it is not only these things which are
"entrusted to me to give to you, but when I shall have
"returned to my city I will give unto you your riches
"as aforetime, and many exceeding great honours; and
"now take these things which are the usury upon them."

And when Dorotheos and Theopisthe his wife heard
these things they marvelled, and said unto him, "Master,
"we beseech thee, mock not at thy servants, and say not
"things which are beyond our nature to bear. Our master
"came unto us and did we give [him] money that we
"might receive usury at his hands? Verily we never saw
"thee, master, [p. 47] before thou camest into our house,
"and we never looked upon thy face before this day,
"and yet how sayest thou that thou hast received any-
"thing from our hands?" The governor answered and
said, "Listen unto me, and I will show you. The time
"when I [first] came into your house was when your
"parents died, and ye inherited possessions and money.
"From that time until this day I have come into your
"house once every month, and after I have departed ye
"have sent to me, yea, ye have sent large gifts to my

"city unto my God and King, and your names have been
"written upon them all until the time when ye shall come
"into the presence of my God and King, that He may
"give them to you two-fold." And Dorotheos and his
wife Theopisthe answered and said, "We entreat thee,
"O our master and governor, to show us this favour
"only to tell us what thy name is, that we may never
"be slack by reason of these things which thou hast
"spoken unto us." Then the governor, who was Michael,
answered and said unto them, "Since ye wish to hear I
"will show you my name and the name of my city. I
"am Michael, the governor of the denizens of heaven
"and of the peoples of the earth. I am Michael, the
"chief captain of the powers of heaven. I am Michael,
"the ruler of the worlds of light. I am Michael, |p. 48|
"who decide all battles before the king. I am Michael,
"the glory of all beings in heaven and in earth. I am Mi-
"chael, the mighty one, by whom all the mercy of God hath
"taken place. I am Michael, the steward of the kingdom
"of heaven. I am Michael, the Archangel, who stand
"by the hands of God. I am Michael, who bring in
"the gifts and offerings of men to God my King. I am
"Michael, who walk with those men whose trust is in
"God. I am Michael the Archangel, who minister unto
"all mankind in uprightness, and I have ministered unto
"you from your youth up until this hour, and I will
"never cease to minister unto you until I have brought
"you to Christ my eternal King. Inasmuch as ye have
"ministered unto me and unto my God with fulness of
"strength I will never forget your gifts, and I will never
"put your offerings and charities which ye have done
"to God in my name behind me. Did not I stand in

"your midst yesterday and hear what ye said to each
"other in respect of your wonted gifts at the festival?
"Was not I with you when ye wept, and besought me,
"saying, "Entreat God to take us out of this world
"since the hope of thy charity is taken away from us?"
"|p. 49| Did not I see you when ye brought forth your
"garments in which ye were accustomed to receive the
"Blessings, and wished to sell them for the sake of the
"sacrifice? I say unto you that I was present at all these
"times, and will be with you, and I will never forget
"any of the things which ye have done from your youth
"up until this present, and I will show forth them all for
"you before God, Who is my King; and verily your
"offerings have been received like those of Abel, and
"Noah, and Abraham, because ye gave them in upright-
"ness of heart. Blessed are ye, and good shall come
"unto you, and as are your names, so shall your blessing
"be; for the interpretation of Dorotheos is 'sacrifice of
"God', and the interpretation of Theopisthe is 'charity
"of God'."

"I am the Archangel Michael who stand by the hands
"of God, and ye have gotten for yourselves one to pray
"for you. I am Michael who receive your prayers, and
"supplications, and charities, and bring them up to God.
"And likewise it was I who went to Cornelius[1] and
"showed him the way of the life by baptism, which he
"received at the hands of Peter the chief of the Apostles.
"Fear ye not, for I will not depart from you, and I will
"be near unto you when my God draweth nigh unto you,
"because of your great charity towards me, |p. 50| as it

---

[1] See Acts x. 30.

"is written, 'Draw nigh to God, and He will draw nigh
"unto you'." [1]

"And now, O Dorotheos and Theopisthe, be strong,
"and take these things from my hands, for I have already
"told you that it is the increase (*or* usury), and that the
"crown(?) is in the heavenly Jerusalem, the city of the
"King of all the beings of heaven and earth. And I
"have already given thanks unto you before God in return
"for your gifts and charities". And when he had said
these things unto them, he gave them the money with
the |salutation of| peace, and went up to heaven with his
angels; and Dorotheos and Theopisthe looked after him
with fear until he had gone into heaven in the peace
of God; Amen.

And Dorotheos and Theopisthe his wife did as the
holy Archangel Michael commanded them, and they
finished the festival with joy, and they ate and glorified
God; and they ceased not from the works of charity
which they were wont to do in the name of Michael
until they ended their life.

And now, O my beloved, will not ye profit a little
by what ye have just heard? Is not this narrative suf-
ficient to persuade your minds? Be ye not prevented
from bringing |your offerings| to God in the name of
Michael, for are ye not now certain that it is Michael
the Archangel who will receive whatsoever ye give to
God, |p. 51| and that he will make it manifest before
Him on your behalf, and also that whatsoever ye give
in the name of the God of Michael, He will give a two-
fold increase to you through him, as He did to these

---

[1] St. James iv. 8.

holy men? Ye have already heard, O my beloved, of the great gifts to God which these holy people, Dorotheos and Theopisthe, whose minds were right with Him, set apart for Him, and how God extended His love towards them, and how He sent to them the Archangel Michael, who provided great and boundless riches, and a ladder to the kingdom of heaven for them. And I, O beloved brethren, know of a truth that whatsoever ye give in the name of the holy Archangel Michael ye shall receive two-fold in this world, even before ye attain unto heaven.

And now, O men filled with virtue, restrain not yourselves, and set not a limit upon your power |of giving|, for ye know that it is not for what ye have given, or for what ye will give, that the Archangel Michael will minister unto you with joy, and whether it be little or much he will receive it from you as |the gift of| your zeal. God seeketh from you nothing which is beyond your power, He only looketh for an offering of goodwill; listen, and I will show you. When the Saviour was with us upon earth |p. 52| men were wont to bring their rich gifts, and to cast them into the treasury |of the temple|, but God did not justify them greatly. But when the widow woman searched in her house and found only two mites, she brought them with uprightness of heart, and cast them into the treasury; and He gave her a blessing, and praised her, saying, "Everything which she hath she "hath given; she hath given all her life".[1] And do thou likewise, O my beloved, be zealous to give gifts unto God in the name of the Archangel Michael, and he himself will give unto thee a multitude of good things, and will

---

[1] St. Mark xii. 42; St. Luke xxi. 2.

minister unto thee by them. If thou givest a gift in the name of the Archangel Michael, God will give to thee of that gift, and Michael will ascribe honour unto thee; and if thou givest a gift in the name of the God of Michael, it is God Who will help thee in His mercy in His never-ending kingdom in heaven. If thou shalt receive a stranger in the name of the God of Michael, God will receive thee in the courts of peace. If thou givest drink to the thirsty in the name of the God of Michael, God will give thee to drink of the good things of His kingdom. If thou clothest a naked person in the name of the God of Michael, God will clothe thee in a robe of glory in the heavens. If thou givest a cup of wine to anyone in the name of the God of Michael, |p. 53| God will give thee to drink of the wine of the true, rich vine; and if thou hast not wine, give a cup of cold water only, according to the words of God in the Gospel which say, "Whoso-"ever shall give you a cup of cold water in My name "(and ye are Christ's) shall not lose his reward,"¹ and God will give thee to drink of the fountain of life which cometh forth from His holy throne. If thou visitest a sick person in the name of the God of Michael, God will send His angel to visit thee in thy great sickness, which is the day of thy death. If thou goest to those who are in prison, and comfortest them on the festival of the Archangel Michael, God will send Michael to deliver thee from the prison of Amenti,² and God shall say unto thee, "I "was in prison and thou camest unto Me."³ If thou buildest a church in the name of the God of Michael, God will

---

¹ St. Matthew x. 42.   *I. e.*, the Egyptian ⲁⲙⲛⲧⲉ
³ St. Matthew xxv. 36.

bless thee with a house, not built with hands, in heaven. And if thou seest anyone feeble with bodily infirmity, and ministerest unto them with medicines, the God of Michael shall heal thee of the sickness of Amenti, for it is written, "Be merciful that mercy may be shown unto you;"[1] and again, "Blessed are the merciful, for mercy shall be shown unto them;"[2] and again, "Charity shall make a man to be praised in judgment;" and again, |p. 54| "Charity shall cover the multitude of sins."[3]

O beloved brethren, it is meet for us to strive to show mercy by means of gifts to God, and charity in the name of the God of Michael, for we know that it is meet and right so to do; and God is nigh at all times, and He giveth to each one according to his works. And let us stretch out our hands in charity at all times, O my beloved, for charity is of God, and charity is mercy. He showed mercy unto our father Adam, and unto our mother Eve, and He accepted their repentance, and forgave them their transgressions through the prayers of Michael. He shewed love towards the righteous man Abel, and accepted his sacrifice through the prayers of Michael. He shewed mercy unto Enoch, and removed him from this life without letting him see death, through the prayers of Michael. He shewed mercy unto Noah, and made him an ark, and delivered him and all his house through the prayers of Michael. He shewed mercy unto Abraham our father, according to His covenant with him, and He gave him Isaac through the prayers of Michael. He shewed mercy unto Isaac at first when he was about to be sacrificed, and gave a ram

---

[1] Prov. xiii. 21, 22; Zech. vii. 9; St. Luke vi. 36, 37.
[2] St. Matthew v. 7.   [3] 1 St. Peter iv. 8.

in his stead [,through the prayers of Michael]. He shewed mercy unto Jacob, and gave him grace in the sight of his brother Esau, through the prayers of Michael. And God shewed mercy unto Joseph, |p. 55| and delivered him out of the hands of his brethren, and from the Egyptian woman, through the prayers of Michael. And God shewed mercy unto Moses, the greatest of the prophets, and filled him with grace more than any other man, through the prayers of Michael. He shewed mercy unto Joshua the son of Nun, and made the sun stand more than a whole day until he had overthrown his foes, through the prayers of Michael. He shewed mercy unto David the king, and He chose him out from among his brethren, and anointed him king over His people, through the prayers of Michael. He shewed mercy unto Solomon, and commanded him to build the temple of God, through the prayers of Michael. He shewed mercy unto the righteous king Hezekiah, and He added fifteen years of grace to his days, through the prayers of Michael. He hath shewed mercy unto the whole race of Adam, and our God hath wrought exceeding grace with them, for He bowed the heavens, and came down upon earth, and took flesh in the holy Virgin, and gave His own soul as a redemption for us, to deliver us from Amenti, through the prayers of Michael. And God shewed mercy unto our fathers the Apostles, and chose them out from the whole world, and He gave them power to turn all men to the knowledge of the truth through the prayers of Michael.

|p. 56| And now, my beloved, behold we know that God's whole will existeth in mercy and love, and that the holy Archangel Michael is a comforter and ambassador for us with God. Let us then ourselves follow and seek

after mercy and love, for it is written, "Mercy exalteth, "and love maketh upright;" and our Master, and God, and Saviour, Jesus Christ the merciful One, cried out, saying, "Be merciful, that mercy may be shown to you,"[1]—that is to say, give to God that gifts may be given to you— and again, "With what measure ye mete, it shall be measured unto you."[2] Let us then mete with good measure to-day, on the festival of the holy Archangel Michael, that he may mete to us good measure in the kingdom of heaven; and let us keep a spiritual festival this day in the name of the Archangel Michael, that we may keep with him and with God the festival which endureth for ever in heaven. Let us put away from us all injustice on the festival of the holy Archangel Michael, that we may array ourselves in the apparel of light, and let us glorify God, and His holy Archangel Michael on this day of his holy festival, that he may glorify us with great and perfect beauty. And let us draw nigh to the Archangel Michael in his holy festival, [p. 57] having our bodies cleansed with holy water and made beautiful with glorious apparel, and our hands full of incense, saying, "O ruler "of the heavens, O Archangel, pray to God that He may "mercifully grant us bread of sufficiency, and clothing, and "entreat Him on our behalf to forgive us. O holy Arch- "angel Michael, pray to God for us, that He may merci- "fully grant us to be at peace with each other, for thou "art our peace. Thou knowest, O our champion, that we "are earth, and dust, and ashes, but God is merciful to "forgive us; we have sinned, and to thee it belongeth to "pray to God to forgive us, O Michael the holy Archangel!

[1] Compare St. Luke vi. 36, 37. St. Matthew vii. 2.

"We have sinned, and thou must pray to God our King for us. We know of a truth, O Archangel Michael, that thou art the wall of the loving-kindness of God, the merciful One, and that thou art an ambassador for us before God, the Father of blessed compassion in everything for us, that He may forgive us all the sins which we have wrought, wittingly and unwittingly, wilfully and against our will, and that He may grant unto us a way to leave them behind us and to press forward, and that He may stablish us spotless before Himself. It is thou, O holy Archangel Michael, the general of the hosts of heaven, |p. 58| who dost take care for us, and who dost glorify every one who keepeth the festival in thy holy name in every place."

O my beloved, verily I have put my hand to a great undertaking, one which is beyond my power, and I have sought a great and wide sea which I am not able to pass over; but I said at the beginning of this encomium that my ship was small, that my merchandise was without value, that I knew not the craft of the sailor, and that the great deep—which is the deep of this encomium in which I ascribe honour to the holy and mighty Archangel—was very difficult to pass over. And I beseech you, my brethren, to help me to save myself from this great and boundless abyss, that I may come to land again in safety, for I have begun to speak to you concerning the glory and honour which belong to, and are meet for the Archangel Michael, whose festival we celebrate this day. But my tongue is a tongue of flesh, and my flesh is the flesh of weakness, and I have not power to describe the measure of his glory, nor the greatness of his rank. Thou art, O holy Archangel Michael, with God, the joy of my heart, the ornament of my tongue, the speech of my mouth, and the director of my heart towards God. What mouth, or what tongue, or what heart filled with power is able to describe the measure of thy worth, |p. 59| or to arrive at the knowledge of the measure of the majesty and glory with which God hath endowed thee? All these things which I have said, O ruler of the kingdom of heaven, are meet for the glory of thy majesty, but forgive me, O my lord Michael, for I am a sinner, and my works are feeble. I beseech thee, O Michael my helper, to accept this my little sacrifice which I have brought in to give to thee at this holy festival, and restrain not thyself from hearkening unto thy servant because my gift is miserable; but accept my zeal, even as thou didst accept the two mites, for I know that thou art merciful and gracious, and therefore I seek thee, for I have no other ambassador with God but thee, O Archangel Michael. And if thou wilt do good unto me, and wilt receive my little offering, even though it be poor, I will be watchful henceforth to ascribe honour to thee with my sinful mouth, and halting tongue, and heart, all the days of my life. And moreover, I verily believe that if I forget thy name and do not keep it always in remembrance in my heart all the days of my life, O Archangel, that I shall bear no fruit, and be without reward from God; for it is the remembrance of thy holy name, |p. 60| O great and holy Archangel, which delivereth me in my lying down and rising up. O holy Archangel Michael, through whom the whole race of Adam hath found freedom of speech before God, it is thou who comest and makest mention of us before Him, that He may show mercy upon us; be thou with us on this day of thy great festival wherein thou art an ambassador before God for us; that He may accept our zeal which we show in thy holy commemoration. O Michael our holy Archangel, that He may direct all our paths so that we may walk always before Him in the will of God; that He may deliver us from all the snares which the enemy of all truth and the evil liar spreadeth for us; and that He may stablish us to Himself in the kingdom and priesthood to be a holy family and a living people by the prayers which the Lady of us all, the bearer of God the Word, maketh for us— for verily the holy Mary, who was Virgin at all times, is our ambassadress before the holy and mighty Archangel Michael, whose festival we celebrate this day, and who prayeth to God always for us—and by the prayers of the whole company of our incorporeal associates; and by the prayers of Saint John the Baptist, the forerunner and holy martyr [of Christ]. than whom among those born of women none greater hath arisen; [p. 61] and by the prayers of the Patriarchs, and Prophets, and the chief Apostles who follow the true Bridegroom, our Life, our Lord Jesus Christ; by the prayers of the three holy children Shadrach, Meshach, and Abednego; by the prayers of Saint Stephen, and of the whole company of the holy martyrs, and of the holy men who bore the cross, who stand before the royal throne of God the Word, and entreat Him day and night to have mercy upon His people. He is our Lord and our God, Jesus Christ, to Whom be all glory, and honour, and adoration, and reverence, which are meet for the Father with Him, and the Holy and vivifying and consubstantial Spirit with Him, now and always, and for ever and ever. Amen.

[P. 63] [Here beginneth] the discourse of Abba Severus, the holy patriarch and Archbishop of Antioch, in which he shewed forth the compassion of God, and spake concerning the presence of the holy Archangel Michael, and of his love towards man, and how he delivereth men from the snares of the Devil. In it he also spake briefly concerning the holy Lord's Day—now in that year the festival of the holy Archangel Michael happened to fall upon the holy Lord's Day—and he spake, moreover, concerning Matthew the merchant, and his wife, and his son, and of how they believed in God through the prayers of the holy Archangel Michael. This discourse was pronounced on the twelfth day of the month Athôr, at the gathering together of the multitude to celebrate the festival of the holy Archangel Michael at his shrine, in the peace of God. Amen.

I hear David, the holy Psalmist, inviting us to assemble together on this festival to-day, [p. 64] and crying out, and saying, "The angel of God encampeth round about "all those who fear Him, and delivereth them."[1] My beloved, the festival this day is two-fold: it is the festival of the holy Archangel Michael, and the festival of

[1] Psalm xxxiv. 7.

the holy Lord's Day, [the day of] the resurrection of our Saviour. Behold I see that a great calm hath come, and that there is not a breath of wind to disturb us, and that ye all are ready to receive the words of instruction; so then, whether it be I who speak, or ye who listen, let there be wholly fulfilled in us the words, "And "some brought forth an hundredfold, some sixty, and some "thirty."[1] And moreover, ye know that the Giver of the true reward, our Lord Jesus Christ, the Son of the Living God, is not far from us, for He saith with His lifegiving and truthful mouth, "Where two or three are gathered "together in My name, there am I in the midst;"[2] and since our God is with us let us accept the words of David, the Prophet and Psalmist, which say, "Be still, "and know that I am God. I am exalted over the heathen, "I am exalted over the whole earth."[3] Ye know also, O my beloved, that to-day is the festival of our salvation, the holy Lord's Day, in which, first of all, it is meet that we should hymn, and bless, and glorify God—to Whom all honour is due always, [p. 65] and for ever and ever. Amen—and afterwards, that we should direct our discourse to the honour of Michael, the mighty and holy Archangel. Hear ye also Him in the holy Gospel according to Matthew: "The Archangel of God said to the women, "Fear ye not, for I know that ye seek Jesus Who was "crucified. He is not here; for He is risen, as He said "to His disciples."[4] And Saint Matthew saith, "He was "like lightning, and his clothing was white like snow,"

---

[1] St. Matthew xiii. 8.
 Ps. xlvi. 10.
 St. Matthew xxviii. 3.

[2] St. Matthew xviii. 20.
 St. Matthew xxviii. 5.

that was the holy Archangel Michael, the ruler of the hosts of heaven. Let us then keep the feast this day, my beloved, for God is in our midst, and the whole company of the angels keep the festival of the holy Archangel with us, for it is Michael who entreateth God always to forgive the whole race of man their sins. With which of all the saints was not the Archangel present to deliver him out of all his afflictions? and to which of all the martyrs did not the Archangel Michael give strength by God's command until he received his crown? And now, my beloved, if ye wish to know whether the Archangel Michael be present with those who walk after God with all their hearts, or whether he prayeth unto God that he may be their helper, listen, and I will show you this great miracle which took place through the power of God and through the prayers of the holy Archangel Michael, |p. 66| which is related by men worthy of belief.

There was once a merchant whose name at first was Ketsón, and he sprang from the country of Entikè, and he was very rich and he had there much business; but he knew not God, for he was a pagan and worshipped the sun, and he lived in his heathenism, and God wished to deliver him. And it came to pass on a time that he loaded a ship with his wares, and departed to a city in the country of Philippi (?) called Kalónia, in which they worshipped God alone, and he entered therein on the first day of the month Athór, and stayed there and sold his wares. And when the eleventh day of the month Athór had come, at the time of noon on that day he passed by the shrine of the Archangel Michael, and saw |men| crowning it with lanterns and draping it with cloth, and he marvelled greatly, and sat down there according to the dispensation of God to see what would be the end of the matter. And when the evening was come he saw that all the multitude was gathered together there, and they lit the lamps and sang sweet hymns of praise; and the man marvelled, and because of his exceedingly great astonishment he slept by the door of the shrine. |p. 67| And during the night the clergy and the law-loving gathered together and performed the service, and the man marvelled greatly at what he heard. And when the morning had come he set out to go unto two Christians who dwelt in that city, and he asked them, saying, "My brethren, what hath happened, and what is "|the meaning of| the crowd which is in this city to-day?" And the men said to him, "To-day is the twelfth day of "Athôr on which we celebrate the festival of the holy "Archangel Michael, for it is he who prayeth for us to "God that He will forgive us our sins, and will deliver "us from all evil." And the merchant said to them, "Where is he? for I myself would speak with him and "ask him to deliver me from all evil." And they answered and said to him, "Thou wilt not be able to see him until "thou art perfect, but if thou wilt become a Christian "thou canst ask not only him who is the servant, but "thou shalt also see his God, and become a participator "in his glory, and He will deliver thee from all evil." The merchant saith to them, "My brethren, I beseech "you to bring me with you to-morrow that I may become "a Christian, and I will give each of you a basket of "money, for my heart inclineth greatly to the object of "your worship." And the men said to him, "Thou canst "not become like unto ourselves until our Father the "Bishop hath prayed over thee, |p. 68| and hath sancti-

"fied thee and baptized thee in the name of the Father, and "the Son, and the Holy Ghost; then wilt thou have become "a Christian. But wait until our Father the Bishop hath "a convenient season, and then we will take thee to him, "and he will make thee like unto ourselves;" and he did as they spake to him, and he waited that day.

And on the morrow he came to them and said, "My "good brethren, take me with you, that the God of Whom "ye spake may give you your reward;" and the two believing men took him to the Bishop and shewed him everything which had taken place. And the Bishop said to the merchant, "From what country comest thou?" and the merchant said, "I am from the country of Entike." And the Bishop said to him, "Art thou persuaded to "become a Christian?" and the merchant said, "Yea, of "a certainty, O my Father, for by what I have seen and "heard in this city it seemeth good to me to become a "Christian." And the Bishop said to him, "What god "dost thou worship?" and the merchant said, "I worship "the Sun". And the Bishop said to him, "When the sun "hath set and hath gone down into the earth, if a "necessity arise where canst thou find him to help thee?" The merchant said to him, "My Father, be graciously "pleased to help me, and baptize me, and I entreat thee "to make me a Christian like all the men of this city." |p. 69| And the Bishop said to him, "Hast thou a wife "or children?" and the merchant said to him, "My wife "and my children are at home in my city." And the Bishop said to him, "If it be so, we will not invoke "God's blessing upon thee, lest the minds of thy wife and "children be not in accordance with thine, and there "arise a stumblingblock between you and between us,

"and it happen that either she is separated from thee,
"or she causeth thee to apostatize from the service of
"God and from the baptism which thou wilt have received
"—for the first transgression took place through a wo-
"man—but if her heart be in accordance with thine, come,
"and I will make thee a Christian." When the merchant
heard these things he rejoiced greatly, and having been
blessed by the hand of the Bishop, he came forth and
made ready to depart to his city.

And when the Devil, the hater of all good, knew
that the man had given his heart to God he was envious
of him, and it came to pass that when Ketsón had come
upon the sea, he raised up a mighty storm, and he made
the waves to rise up round about the ship, so that all
those who were therein were well nigh drowned. Then
the merchant cried out, saying, "O my Lord Jesus Christ,
"help me in this great need, and I will believe in the
"great glory which I have seen in the shrine of the holy
"Archangel Michael, and henceforth, until the day of our
"death, |p. 70| I and all my house will be Christians."
And straightway at that moment a voice came to him,
saying, "Be not afraid, for no evil shall betide thee;"
and immediately the crests of the waves bowed down
and sank to rest, and the ship righted herself and sailed
along smoothly, and by the command of God the merchant
arrived in his own city, and no evil happened to him.

And when he had gone into his house he rejoiced
with exceeding great joy, and he told his household of
the marvellous thing which had happened to him in the
ship, and of all that had befallen him in the city of Ka-
lónia. And he spake to them, saying, "Verily, the sun
"which we worship is not a god, but he is the servant

"of the great God of heaven, Jesus Christ, the Son of
"the living God, Who He is, and it is He who is the
"God of the universe, and it is through Him that all
"things exist;" and he told them also concerning the
honour of the holy Archangel Michael, his mighty son,
and they marvelled greatly. Then the man turned to
his wife, and said to her, "If thou wilt be obedient unto
"me, arise, come with me, and let us become Christians,
"and let us make ourselves servants of Christ, and let
"us not halt between two opinions. If, however, thou wilt
"not be persuaded I will not force thee. Behold I have
"eight thousand *mithkâls* remaining to me, and of these
"I will give thee one thousand, and thou shalt abide in
"thine own worship; but as for me, I will go and receive
"remission for my sins." |p. 71| And his wife said to him
gladly, "Verily, my master and brother, whatsoever way
"thou goest, that will I travel with thee, and whatsoever
"death thou shalt die, that will I myself die;" so they
made everything ready, and they embarked and came
to the city of Kalónia, and the man marvelled how God
had helped them. And they went to the two men whom
|Ketsón had] first |seen], and they saluted them, and made
known to them that they had come to be made Christians,
and they took them to the Bishop, and shewed him, saying, "This is the man who came recently to be made a
"Christian, and behold, he hath now come with his wife
"and child to become Christians." And the Bishop rejoiced
with an exceeding great joy at the conversion of their
souls, and when they had been brought in to him he said,
"Do ye in very truth wish to become Christians?" And
the merchant answered humbly, "Yea, by God's will, and
"by thy holy prayers, O Father." Then the Bishop caused

them to make ready a Jordan in the shrine of the holy Archangel Michael, and he instructed the man, and his wife, and his four sons, and their servants, and he baptized them in the name of the Father, and the Son, and the Holy Ghost. Now the name of the merchant was at first Ketsôn, but the Bishop changed it, and called his name Matthew, |p. 72| and his wife he called Irene; and he called the first of the four sons John, the second, Stephen, the third, Joseph, and the fourth, Daniel. And he made ready the Communion and gave to them of the holy Mysteries, the Body and Blood of our Lord Jesus Christ. And after their baptism they tarried a month with the Bishop, and he instructed them in the things of their upright faith. And Matthew the merchant, by reason of the exceeding great joy which had come to him, gave six hundred *mithḳâls* to the shrine of the Archangel as a thanksgiving offering for his salvation. And they received blessing at the hands of the Bishop before returning to their own country, and they bade farewell to the chief men of the city and to the law-loving men with great joy, and by the will of God they returned to their country, being guided and directed by the holy Archangel Michael.

And when they had gone into their house they made a great feast for their people, and they distributed great charity to the needy, and widows, and orphans, and their village marvelled at them, and their name was in the mouth of every one; and they made their country to shine by their good deeds.

And it came to pass after these things, when two months had passed by, that the excellent man Matthew went to his rest: he had come |to work in the vineyard|

at the eleventh hour, [p. 73] but through the prayers of the holy Archangel Michael he received the wages of the whole day. And his little sons and their mother ceased not from the good things which they were wont to do in abundance while their father was alive. Now the Devil and his fiends could not bear to see the good deeds which these holy people were doing, and he stirred up the people of their city against them, and he made them to hate them with a great hatred, and at length they rose up against them and seized their possessions by violence, and the things which were in their storehouse. Then John said to his mother and brethren, "Behold, ye see how much they have afflicted us since our father died, arise now and let us leave this place, and go to the royal city, and live there; for it is written in the holy Gospel, 'If they persecute you in one city, flee to another'.[1] And behold they have persecuted and afflicted us here; but God's will be done." So they arose secretly, and took what things remained unto them, and they went into the royal city, and lived there, saying, "May the God of the Archangel Michael be our helper;" and they multiplied the charities which they were wont to do of old.

And again the Devil could not bear it, but was disturbed when he saw these pious people giving their charities in faith—now he knew not that the holy Archangel Michael would put him to shame—and at length he roared like a lion. [p. 74] And it came to pass that when a few days had gone by, the watchmen of the city went in and robbed the house of one of the chief

---

[1] St. Matthew x. 23.

nobles of the city, and they carried off much booty; and the nobleman told the governor who was over the city, and he made an enquiry into the matter by the hand of the controller of the city, who straightway laid hold of the watchmen and compelled them to find for him the nobleman's property. And while they were disturbed concerning this matter, behold the Devil took the form of a man, and went about throughout the city, and cried out, saying, "I know who stole the property of Sylôn the "nobleman, for I saw these four strange young men, who "came here a few days ago, go into the house, and "plunder it, and we know of a truth that this hath been "their business from the time when they lived in their "country." And when the men of the city heard these things they told the governor, and straightway they dragged them along by the hair of their head by the governor's command, and brought them in before him. Now they dragged them along without mercy, and their mother followed after them weeping, and she comforted them, saying, "Fear ye not, my children, for God, in "Whom we believe, and His holy Archangel Michael are "able to deliver you from all evil, [p. 75] and from those "who speak falsely against you for His sake." And as she spake these things a voice came to them out of heaven, saying, "Fear ye not, for I will not allow any "evil to betide you: I am Michael, and I will watch over "you to guard you from all evil."

And it came to pass that while they were standing before the governor who was questioning them, the Archangel |Michael| came and stood a little way off in the form of a patrician of the empire; and when the governor saw him he rose and stood up and besought him, saying,

"Prithee come, sit down, and listen to this dispute." And when he had sat down the governor made them bring the four young men before him, and he said to them, "Be quick and give back to the nobleman the stolen "things before I inflict punishment upon you." And they answered and said, "As the Lord God of the Christians "liveth, and by the glory of His holy Archangel Michael "we have never taken part in this matter." And the Archangel Michael said to the governor, "I am sure that "the truth will be manifest by these means. Let them "take the youngest brother of these men, and carry him "into the house of the chief watchman, whose heart is "inflamed against these men, and let him cry out, saying, "'In the name of my Lord Jesus Christ, let the stolen "things which belong to Sylôn the nobleman, |p. 76| on "'account of which they have accused us, appear;' and "straightway the truth will be made manifest." And straightway the governor commanded them to take the little child into the house of the chief watchman, as the Archangel Michael had said, and he cried out, saying, "In the name of my Lord Jesus Christ and of the holy "Archangel Michael, let the things stolen from Sylôn "the nobleman appear." And straightway a voice came, and everyone heard it, saying, "Go down into the cellar, "and ye will find everything; these young men are inno- "cent of the offence;" and they went down straightway into the cellar, and found all the stolen things. And when they told the governor what had happened he marvelled greatly, and when he turned round to tell him that had taken the form of a patrician, that is to say Michael, what had happened, he did not know where he had gone; and he marvelled greatly. And he set the young men free, and they went to their house glorifying God and His holy Archangel Michael; and these pious people did not cease from doing the good deeds which they were wont to do unto everyone, and everyone marvelled at their good life.

And it came to pass some time after these things had happened that a certain man accused two men before the governor of not having paid the debt awarded by a former judgment, and the governor gave the two men over to certain soldiers that they might compel them each to pay one hundred *mithḳâls*. [p. 77] but they had not the wherewithal to pay. And it happened opportunely that the good man John met them, and when he saw the soldiers mercilessly driving them along with blows, he said to the soldiers, "For what reason do ye "beat these men?" And the soldiers said, "We have "seized them because each [oweth] one hundred *mithḳâls*." And John said to them, "Will they be set free if the two "hundred *mithḳâls* be paid?" and the soldiers answered, "Yea, but if they pay not the money they will be slain." Then John entreated the soldiers, saying, "Wait a little, "and I will come back to you;" and he went into his house and brought out two hundred *mithḳâls*, and he gave them to the soldiers, and they set the two men free, and he also gave unto each of the four soldiers, who had been set over the two men, a *mithḳâl*.

And again the Devil, the enemy of all truth, could not bear [to see this], and was filled with envy against the pious brethren because of their good works, and he stirred up a great and exceedingly hard and severe trial, which was this. And it came to pass after these things that a certain man in the city had invited some friends

and neighbours into his house—now it was eventide—
and this man lived nigh unto the house of the pious
brethren; and when they had eaten and drunk, a certain
man rose up to go to his house. And as he was walking
across the open ground of the city, a scorpion stung him,
and he fell down and died immediately, and no man
knew what had happened to him. |p. 78| And when the
watchmen of the city were going about on their rounds
together, they found the dead man, and they brought
him into the light, and although they examined the body
they knew not what had happened to him; and they
made him ready for burial and when it was morning
they carried him to the sepulchre.

And the Devil, taking upon himself the form of a
man, cried out to the whole city, saying, "This wicked
"murder of the man who is dead—the cause of his
"death and his murderer being known unto no man -
"cannot have been committed by any one except those
"four strange young men, and I am [ready] to bear
"witness to this fact." And these words spread through-
out the whole city, and the general went and told the
governor Kesanthos, who straightway commanded and
they brought the four young men [before him] with their
hands tied behind them, and chains round their necks.
And as they were bringing them before the governor, a
voice came to them, saying, "Fear ye not, for behold
"the time of tribulation passeth by, and peace shall come
"unto you from God?" and they set them before the
governor as condemned criminals. And behold straight-
way the holy Archangel Michael took the form of a
great general of the Greek Emperor, and when Kesanthos
saw him, he rose up and stood upon his feet before him;

and when he had come up to him they sat down together.
And when the Archangel Michael saw the young men
standing there, |p. 79| he said to Kesanthos the governor,
"What is the business of these young men?" and the
governor told him what had happened. And Michael
said to him, "It is not known then, who slew the man?"
and the governor said to him, "They have brought these
"young men in to me, saying that they slew him." And
Michael said to him, "It seemeth to me that if the matter
"be thus, and that a man hath died, we cannot know
"who hath slain him until we bring the dead man here
"in our midst, and we ask him, and he tell us and shew
"us who hath slain him; so then if thou wishest to know
"the truth let them bring the dead man himself here,
"and we will question him, and he will speak to us, and
"shew us who hath slain him." And straightway the
governor commanded, and they brought the dead man
into the midst |of them|. And the Archangel Michael
said unto Daniel, the youngest brother of the pious men,
"Go, say to the dead man, In the name of my Lord
"Jesus Christ, the God of heaven and earth, show us
"what did happen unto thee;" and the child did so.
Then God, Who loveth mankind, and Who wisheth to
make His holy name glorious in all places, so that men
may believe in Him, made the soul of the man to return
to his body, and he came to life for the salvation of
the governor and of the whole multitude of the people
of that country. And the man cried out, saying, "Woe
"unto thee, O Kesanthos the governor, for thou hast been
"bold to sit down with the holy Archangel Michael, |p. 80|
"the general-in-chief of the powers of heaven; and, more-
"over, these men who have been accused are innocent

"of the offence, and are just men, for it is not they who
"have slain me, but the scorpion which bit me, and caused
"me to die. And it is by reason of the excellence of
"these men that hath happened unto thee the great
"blessing that thou hast been deemed worthy to see the
"holy Archangel Michael. And behold, the marvellous
"things of God which thou hast seen set thou in thy
"heart, and forsake these pleasures, and these dead idols
"in which there is no profit, that God may forgive you
"the offences of your previous life. And as for me, a
"great act of grace hath been shewn unto me, for through
"these just men I have seen the Archangel Michael." And
straightway the Archangel Michael went up into heaven
with great glory, and the governor and all the multitude
saw him go up into heaven, taking up with him the soul
of the dead man; and the governor and all they who
were with him were in exceeding great fear.

And after a long time the heart of the governor
became quiet after the fearful, and mighty, and marvellous
thing which he had seen, and he rose up and kissed
John, saying, [p. 81] "Blessed be the hour in which ye
"came into this city. We beseech you to show us your
"God in Whom ye believe, and we ourselves will believe
"in Him for our salvation." And John said to them,
"We believe in the Lord Jesus Christ, the Son of the
"living God;" and the governor and all the multitude
cried out, saying, "Verily, Jesus Christ is the living God,
"and there is no other God besides Him." And John
said to the governor, "Arise, and write to Constantine,
"the Emperor of the Greeks, and tell him of everything
"[that hath happened]; and entreat him to send to us
"one of the Bishops of your country that he may instruct

I

"you in the name of the Father, and of the Son, and of "the Holy Ghost." And Kesanthos the governor wrote to the Emperor Constantine, saying, "Kesanthos, whom "men call governor, dareth to write to the mighty Ruler "and Emperor, Constantine, the servant of Jesus Christ, "sending greeting. A mighty act of grace hath come "to us from the good God, Who hath had us in re-"membrance, and He hath brought us from the service of "polluted idols, and hath turned us to Himself by His "great and exceeding goodness through the prayers of "the holy Archangel Michael, and we have been ac-"counted worthy to see him with our eyes, and he made "a dead man to speak with us mouth to mouth, after "he was dead, and afterwards he went up to heaven "with great glory, and we all saw him. And further-"more, |p. 82| we entreat thy majesty to send unto us "one of the Bishops who are with thee, that he may "enlighten us in the right faith, and that he may shew "us the way wherein we should travel unto God, and "that he may give unto us the holy sign of the Cross. "And if thou wilt do this for us, thou wilt receive a great "crown from Christ by reason of this thing; may the "God-loving Emperor be strong through the strength of "Christ the King of the Universe."

And the Emperor Constantine received the letter with great readiness, and he read it and marvelled greatly at what had happened, and he glorified God. And he wrote to Saint John, the Archbishop of Ephesus, with great solicitude, saying, "First of all I kiss thy holy hands "which hold the flesh of the Son of God in truth. Great "joy hath come unto us from God, and behold, we send "unto thee to tell thee also thereof, for we know that

"thou wilt rejoice exceedingly. I desire that thou wilt under-
"take a small toil—now thou art prompt [to labour] with
"all thy heart, for thou knowest that thy labour shall not
"be in vain—and that thou wilt do it for the sake of
"Christ Who hath suffered for the race of man. Trouble
"thou thyself and go unto the city of Entias, and heal
"those who are sick therein in the name of Christ, and
"lead them away from the service of ministering unto
"polluted idols, and baptize them in the name of the
"Father, and of the Son, and of the Holy Ghost; and
"this shall be for thee an acceptable thing with God and
"His holy angels. [p. 83] May we both be strong through
"the strength of Christ our God."

And the Emperor Constantine sent this letter to Abba John, Archbishop of Ephesus, together with the letter of Kesanthos the governor; and when the Archbishop had read the letters he rejoiced greatly at the conversion of the whole country. Then he took with him two deacons, and an elder, and a reader, and three singers of Psalms, and twelve workers, and he took with him for the stablishing of the altar a golden table, and four cups of silver, and three cups of gold, and a cloth made of finest byssus, and a covering made wholly of silk, and the four Gospels, and the Psalter, and the Epistles of Paul, and the Acts, and the Catholic Epistle of St. James, and in short everything necessary for a church; and they prayed, and set out upon the road rejoicing. And when they had drawn nigh unto the city, the men thereof told the governor of the arrival of the Archbishop and of those who were with him; and the governor, and John, and all the people of the city came forth to meet the Archbishop, and when they came up to him the governor

and all the multitude bowed down before him, and were
blessed by him. And the governor told the Archbishop
everything that had happened, and he showed him John,
saying, "Through this man and his brethren hath God
"shown mercy unto us;" and thus they went into the
city in great peace. [p. 84] And the governor entreated
the Archbishop [to come with him,] and brought him
into the palace, for as yet there was no church built in
the city. And on the morrow the Archbishop said to
the governor, "Let us mark out a place for a church,"
and the governor said to him, "My father, I have here
"a new site upon which they were going to build, let us
"look at it, and if it be suitable we will make a church
"there." And the Archbishop and the governor went
there together, and they looked at the place upon which
they were going to build; and it pleased the Archbishop.
Then the governor made the herald to cry out through-
out all the city, saying, "Let every man come, and labour
"at the building of the church," and straightway the whole
city was gathered together to work at the church, whether
it were nobleman, or whether it were poor man, and even
the governor himself laboured with his own hands, and
everyone believed that he would receive a blessing from
Christ. And by the will of God they finished the building
in sixteen days, and the Archbishop consecrated the church
to the name of the Holy Virgin, the God-bearer Mary.

And when the Archbishop saw the great multitude
who wished to be baptized, he said to the governor,
"Where shall we baptize this multitude?" Now a church
with a place for water for baptism therein had not yet
been built. And the wise John answered and said to
the governor and the Archbishop, "The pool of water

"which lieth to the east of the city is, I say, suitable for "this great honour." [p. 85] And straightway a voice came from heaven, and everyone heard it, saying, "This is the "place, which hath been set apart by God, O John, son "of the apostle;" and the Archbishop, and the governor, and all the multitude who heard this marvelled. And the Archbishop and the governor commanded, and all the multitude were gathered together to the place of the pool of water, and the Archbishop prayed over the water on every side of the pool. Now at that time a great and wonderful thing happened, for when the Archbishop came to the consecration the whole multitude heard voices in the water which repeated the consecration with the Archbishop. And when the Archbishop had finished the prayers, he commanded that all the multitude should go into the water, and they all leaped into the water, and cried out, saying, "We receive baptism in the name "of the Father, and of the Son, and of the Holy Ghost." And when the governor and all the multitude had been baptized, the Archbishop took them to the church, and ordained John to be [their] bishop, and one of his three brethren he ordained elder, and the other two he made deacons. And a son of the governor called Echillas he made deacon, and all the multitude rejoiced in God.

Then the Archbishop was careful concerning the Offering, and he laid it up upon the altar, [p. 86] and made the Offering. And the governor and all the multitude marvelled at what they saw and at what they heard, for they had never before heard such things, and they had never before seen the like, for this was the first time that the Offering had been offered up in that country; and when they had all partaken of the Holy Mysteries, the Archbishop pronounced over them the benediction of peace, and each one went to his own house. And the Archbishop tarried with them a month of days, and he instructed them, and taught them the ordinances of the Church; and afterwards he went to his city with great joy.

And Kesanthos the governor, and all the multitude of the city glorified God, and they paid honour unto Saint John the Bishop, and unto his brethren, for they grew in the doctrine of God. And after a few days the holy Bishop said to the governor, "Let us build a church "in the name of the holy Archangel Michael," and the governor said to him, "Do whatsoever thy soul desireth, "O our father, for we are ready to listen unto thee." Then the holy Bishop John laid the foundation of the church, and the whole city helped him, and he finished it with great zeal, and he put on its coping-stone in eight months; [p. 87] and the holy Bishop John consecrated the shrine on the twelfth day of the month Athôr, in the name of the Archangel Michael. Now this festival of the Archangel Michael was a double one; for it was the festival of the Archangel Michael, and also the festival of the consecration of the church.

And it came to pass after the Communion that the Bishop, and the governor, and all the multitude went together into the city to the temple of Zeus, and they burnt it with fire; and the dumb fiend which was in the statue cried out, saying, "Thou inflictest great pain upon "me, O John, for thou hast cast me out of my dwelling- "place." And the governor caused a large church to be built on the spot where the temple had stood, and he dedicated it to the name of the Apostles; and Saint John confirmed everyone in the faith, and everyone praised him.

When the Emperor Constantine heard concerning the good deeds which John was doing, he glorified God, and he wrote to John a letter in which he besought him to bless him and his empire, and called him a new Daniel, the destroyer of idols; and the whole country of Entias grew daily in doctrine all the days of Saint John, through the multitude of the miracles which God wrought by his hand.

Ye see, then, O my beloved, the power of God and the loving-kindness of the holy Archangel Michael. [p. 88] In the growth of all the seeds of the field we find the entreaty of Michael, and through the prayers of Michael the trees bear fruit. In the ships, whether they be sailing on the sea, or anchored in port we find the entreaty of Michael. In the ascetics who live in the mountains we find the entreaty of Michael, and he giveth them strength to live their ascetic life. In the assembly of the monks we find the entreaty of Michael, who is a peacemaker in their midst. In the prayers of the Bishops, and elders, and deacons at the altar we find the entreaty of Michael. With the sick we find the entreaty of Michael, who giveth them strength, and healeth them. We find the entreaty of Michael with those who are afflicted at the tribunal, and he becometh their helper. We find the entreaty of Michael the Archangel with those who are suffering punishment, and he becometh their helper. In short, to those who live he giveth strength in their time of need, and for those who are dead, he prayeth God to shew mercy unto them. Who is there among all the righteous unto whom the Archangel Michael did not go, and to whom he did not give strength in all his times of need? Among the martyrs who is there unto whom the Archangel Michael did not go and deliver out of all his affliction and torture, and give strength?

And behold, O my beloved, we know the love of God towards man, and we know the prayers of the Archangel Michael, who hath become an ambassador for all mankind, [p. 89] for whom he prayeth to God the Father that He may shew mercy unto them all, and make their paths straight, and let us give unto him the things which he desireth, that he may bestir himself for us on account of them, and that he may love us exceedingly, and may pray to God for us. Let us love each other in the love of God, and let us live in the unity of brotherly love, and let no slander be upon our lips, for slander is a poisoned dart. Fornication is a stinking sin, and one which is greatly hated by God and His angels, and it is the poverty and death of the soul and of the body. Fornication is the friend of the Devil, it is the enemy of God and His angels, it is hated of Christians, and it is the friend of vain-glory.

And now, my children, let us put away from us all impure ways, and let us walk in the straight paths of virtue; let us walk in sinlessness and in unspottedness, for a pure marriage never polluteth a man. Consider Moses, who spake with God five hundred and seventy times, for he had a wife and children, and these prevented him not from ministering in the Holy of Holies. But let us not multiply our words overmuch concerning these things, for the testimony of the things which are old and of those which are new sufficeth us; and finally let us end our discourse and come to him whose festival we celebrate this day, the holy Archangel Michael. This festival to-day hath not need of the money of him that eateth, and drinketh, and rejoiceth, and is glad by himself, [p. 90] while he leaveth the poor, and the orphan, and the widow hungry and thirsty. This festival hath no need of [thy] money, O thou who deckest thyself in an abundance of rich apparel, while the poor man naked perisheth with cold at [thy] gate. This festival hath no need of the money of those men who live at ease in their decorated houses, while the poor man perisheth with cold in the open spaces of the village. This festival hath no need of [the money of] anyone who eateth and maketh merry, while the poor man lieth in affliction in prison. This festival hath no need of the man who maketh himself glad while the poor man lieth sick and unvisited. The commandments are not of man, but of God, and God gave to the race of man the commandments which are written in the Gospels.

And finally, my brethren, with an upright heart let us beseech the Archangel Michael to obtain pardon for us from God, and I say unto you that the whole world standeth through the prayers of Michael, and through the prayers of the Holy Virgin, the God-bearer Mary; therefore let us ascribe unto them the glory which is their due on this festival, for the time hath come when we must go to celebrate the Holy Mysteries. And let us ascribe glory unto Him, to Whom all glory is due, our Lord, and God, and Saviour, Jesus Christ, [p. 91] through Whom and with Whom all glory, and honour, and adoration are due to the Father, and to the life-giving and consubstantial Holy Spirit with Him, now and always, and for ever and ever. Amen.

[P. 93] The Encomium which was composed by Apa Eustathius, Bishop of Trake, the Island to which the Empress banished Saint John Chrysostom, and where he finished his course. It was composed for the festival of the holy Archangel Michael, which took place on the twelfth day of the month Paôni, and was recited by the blessed man before he laid down his body. And he spake, moreover, in this Encomium concerning the righteous man whose name was Aristarchus, and concerning his God-loving wife, the honourable lady Euphemia, and he likewise spake, at the end of this Encomium, a few things of Saint John Chrysostom which glorify the holy Trinity. In the peace of God. Amen.

"I will open my mouth in parables, and with my "tongue will I declare hidden things,"[1] according to the words of the sacred Psalmist David, the father of Christ, according to the flesh, [p. 94] and I will cry out louder than any sounding reed, or instrument of music, or cymbal, or harp, and I myself will proclaim with the righteous man, saying, "The angel of God encampeth round about "those that fear Him, and delivereth them;"[2] and let us also add the words of the prophet, and say, "This is

---

[1] Psalm lxxviii. 2.   [2] Psalm xxxiv. 7.

"the day which He hath made, let us gather together, and
rejoice, and be glad in it,"[1] not with noise only, but
with the joy of gladness which exceedeth all other joy,
for we shall see the Creator of all things assembled with
us this day at the feast of His mighty and holy Arch-
angel Michael, the general of the hosts of the heavens.
Who is there among us that will not celebrate this festival
when he seeth that the King of Kings, and the God of
all flesh hath come into this house to-day to do honour
unto Michael, His mighty and glorious General, the ruler
of light? And who is there among us that will not put
on glorious apparel to come into this holy house to-day,
to eat of the good things which the King and the King's
son have prepared for us at the feast, the feast of the
holy Archangel Michael? The things which are set before
us to eat this day are not after the flesh, the pleasure
of which ye will forget after ye have eaten of them, but
that which is made ready for us this day is the Body
of God, which He took upon Himself in the womb of
the holy Virgin Mary, |p. 95| the spotless Lamb, Who
gave Himself for us to deliver us from the Adversary.
The wine which is set before us this day is not material
wine, of which, when we have taken, we become drunken,
and things which are unseemly happen in us, but it is the
Blood from the side of God the Word on the Cross,
which the soldier pierced, and He poured it out for us
to cleanse us from our sins; and it is not pieces of meat
which, if left for a day or two, perish and putrefy, that
are set before us this day, but the thoughts of the Holy
Scriptures, which shed abroad glory though they last for

---

[1] Psalm cxviii. 24.

ever. O who can [not] understand with his mind a celestial being this day, when he seeth the mighty joy which is spread abroad in heaven and upon earth by reason of the commemoration of the holy Archangel Michael? Let us turn, now, to the mighty deeds and miracles which have come to pass through the Archangel Michael, in whose shrine—the shrine which we have built to his holy name—we are to-day gathered together to celebrate his noble commemoration.

Do ye not call to mind the honourable lady Euphemia, the wife of Aristarchus, the governor whom the pious Emperor Honorius appointed over the Island of Traké? Now, ye all know, O Christ-loving people, that this general was an exceedingly pious man, unto which fact was borne witness by everyone, |p. 96| and his prayers and his alms came before God like those of Cornelius[1] of old. And this noble man, Aristarchus the governor, from the time when he received holy baptism at the hands of our glorious father and teacher, John the Great, did not cease to make gifts and offerings on the twelfth day of every month in the name of the holy Archangel Michael, and on the twenty-first day of every month in the name of the holy Virgin Mary, and on the twenty-ninth day of every month (which is the day of the birth of our God Jesus Christ, when men make innumerable offerings and give alms in commemoration of God the Word), and thus this righteous man continued to do for a long time. And it came to pass after these things, when his course was ended, and he was about to depart, after the manner of all men, unto Christ, that he called his wife, the honourable lady Euphemia, unto him, and said to her, "Behold,

---

[1] Acts x. 31.

"my sister, thou seest that my course is run, and that I
"must depart unto God after the manner of all my fathers.
"Thou thyself hast heard the doctrines of life with which
"we have been charged by the thrice-blessed John, through
"whom this whole island hath become enlightened and
"hath learned to know God, and thou hast with thine
"own ears heard him say in thine own house, 'There is
"nothing so great as charity', [p. 97] and, 'Mercy shall
"make a man glorious at the judgment', and, in short,
"all the other words of consolation which that mighty
"man John spake unto us for the salvation of our souls.
"And moreover, behold, I charge thee this day, and I
"set God between thee and me, before I go forth from
"this world, that thou cease not to do the things which
"we now do on the twelfth day of each month (which
"is the day of the holy Archangel Michael), and on the
"twenty-first day (which is the day of the Queen, the
"Mother of the King of Kings), and on the twenty-ninth
"day also (which is the day of the birth of God the
"Word). Take heed, then, that thou despisest not the
"offering of the holy Archangel Michael (for it is he who
"prayeth for all men), that he may pray for us before
"God, that God may shew loving mercy unto us, and
"may receive unto Himself my miserable soul."

And that prudent woman said unto her husband, "O
"my master and brother, as God in Whom we have be-
"lieved liveth, I will not neglect to do the things which
"thou hast commanded me to do, nay, I will add greatly
"unto them; but there is a matter on my mind, which I
"wish thee to fulfil for me, and to complete before thou
"layest down the body;" and Aristarchus said to her,
"Whatsoever thou wishest, tell me, and by the will of

"God I will perform it for thee." [p. 98] Euphemia saith to him. "I wish that thou wouldst command a painter to "paint for me the picture of the holy Archangel Michael "upon a wooden tablet, and that thou wouldst give it to "me that I may place it in my bed-chamber where I sleep. "And I wish thee to commit me into his hands as an "object of trust, so that when thou shalt have departed "from the body he may become my guardian, and deliver "me from every evil thought of Satan; for when thou "shalt have gone forth from the body I shall eat my "bread in tears and with a sorrowful heart, because from "the very moment that a woman's husband departeth "from her, she hath no longer any hope in life, and she "is like unto a body without a head, and the body with- "out a head is without a soul, and it perisheth of its own "accord. And moreover, the wise man Paul hath said, "'The head of a woman is her husband',[1] and a woman "without a husband is like unto a ship without a rudder, "which is ready to sink, together with the merchandise "with which it is laden. And now, O my master and "brother, just as in times past thou hast never caused "me sorrow [by refusing] anything which I have asked "from thee, cause me not now sorrow [by refusing] this "thing also, and peradventure the holy Archangel Michael "will protect me, for I have no [other] hope here, but I look "for the mercy of God and of his holy Archangel Michael."

[p. 99] And when the general heard these things he made haste to perform that which she had asked from him, and he straightway commanded them to bring a cunning painter, and he commanded him to paint the

---

[1] Ephesians v. 23.

picture of the holy Archangel Michael upon a wooden tablet, and to lay upon it a plate of fine gold inlaid with precious stones; and when the painter had finished it Aristarchus gave it to Euphemia, and she rejoiced over it like him that found much treasure, even as it is written,[1] and she said unto him, "O my master and brother, "let thy mercy be with me, and do thou gratify my wish "in this thing also, so that when my courage faileth, and "I become weak and helpless, no treacherous plots may "rise up against me when thou hast laid down the body." And Aristarchus said to her, "Whatsoever thou askest I "am ready to perform for thee, for thou knowest that I "never grieved thee at any time about anything." Euphemia saith to him, "I wish thee to commit me into "the hands of the holy Archangel Michael whom thou "hast had painted upon this wooden tablet, and also to "entreat him on my behalf that he may become my "guardian until the day of my death; for when thou shalt "have gone forth from the body I shall have no hope in life "except in God and His Archangel Michael, for thou knowest "that a widow eateth her bread with sighs and tears."

[p. 100] Now when the general had heard these things he became sad at heart by reason of the melancholy words which she spake to him, but he marvelled at her great faith in the holy Archangel Michael. And at length he took her hand and laid it upon the figure of the holy Archangel Michael which had been painted upon the wooden tablet, and he cried out, saying, "O thou holy "Archangel Michael, who didst slay the serpent of old, "who didst cast out the haughty rebel against his God,

---

[1] St. Matthew xiii. 44.

"and didst hurl him chained into the fiery pool filled with
"fire and sulphur, who dost at all times bow thyself down
"in supplication before the Good Father for the sake of
"the race of men, thou likeness and similitude of God
"Almighty, behold I place in thy hands this day my wife
"Euphemia as a deposit, that peradventure thou mayest
"watch over her, and deliver her from all the plots and
"wiles of the Devil who will rise up against her; and
"when she prayeth unto thee for help, do thou hearken
"unto her, and deliver her, for we have no hope save in
"God and in thee." And when Euphemia heard these
things she rejoiced greatly, and she believed confidently
with great faith that no wile of the Adversary would
prevail over her from this hour, because the Archangel
Michael would watch over her.

And it came to pass after these things that she took
the figure of the image of the Archangel which had been
painted for her, |p. 101| and she placed it in the bed-
chamber in which she slept, and she used to offer up to
the figure precious incense, and a lamp was burning be-
fore it by day and by night continually, and she used to
pray unto it three times a day and ask it to help her;
and after these things God visited the pious general
Aristarchus, whose name we have mentioned a little way
back, and he departed the way of all men. Now the
wise and honourable lady Euphemia, the wife of Aris-
tarchus the general, ceased not to give the alms which
she was wont to give, nor to make the offerings which
the general used to make in his lifetime before he died
in the name of the holy Archangel Michael, and she
hastened to increase those which were made in former
times while her husband was alive.

And the Devil, who hath hated every good thing in our race from the beginning, could not bear to see the noble deeds which this woman wrought in the name of the holy Archangel Michael, and he was envious of her, and wished to destroy the reward which she hoped to receive thereby from God. And it came to pass one day that he took the form of a nun, |p. 102| and having put on golden¹ apparel—now devils went with him in the form of virgins—he came and stood at the door of Euphemia's house, and he sent in her servant to her, saying, "Go and tell the honourable lady Euphemia, the wife "of Aristarchus the general, behold a virgin nun standeth "at the door wishing to make obeisance unto thee, and "her daughters also are with her." And when the prudent woman heard these words she came out to the fourth door of her house, and she commanded them to bring her in to her, thinking that she was in truth a nun; and when the servants came out and saw the Devil standing there wearing a false garb, they made obeisance unto him, and commanded him and those who were with him to come in, and the Devil came in, and his face was bent towards the ground like a true nun, and those who were with him did likewise. Now when the honourable lady saw her in such a garb, she marvelled greatly at her exceedingly great humility and she rose up, and quickly taking him |by the hand|—now he was wearing the dress of a woman—she brought him unto her house, and when he and those who were with him came to the bed-chamber where the image of the Archangel Michael was, he was afraid to enter therein. And the prudent woman Eu-

¹ Read ⲛⲟⲩⲝ "false".

L.

phemia did honour unto her, saying, |p. 103| "Prithee, "dear sister, come into this bed-chamber wherein holy "prayers are made, for I bear witness, before God and "before His holy Archangel Michael, that from the day "on which my blessed husband Aristarchus died until now, "no man hath passed through the door of this bed-cham-"ber, but only the women servants who minister unto the "wants of my body, and the noble and honourable ladies "who have come to visit me according to the love of "God."

And the Devil, who was in the form of a nun, answered and said, "Why hath no man passed through the "door of thy bed-chamber? for, certainly, where there is "no man there is no help of God therein. And all the "women who have ever lived upon the earth have dwelt "with their husbands, one alone, Mary the Mother of Christ, "excepted; and moreover, if thou wishest to please God "with all thy heart, I will give thee counsel concerning "a matter which is acceptable before God." Euphemia saith, "What is it?" And the Devil said, "Knowest thou "my lord Hilarichus, the chief prefect, who standeth high "in the affection of the Emperor Honorius? He is my "kinsman, and he is also of near kin unto the Emperor. "And his wife died in these last days, and when he heard "that thy glorious husband Aristarchus was dead, |p. 104| "he said, Is it not meet that I should take to wife a "woman who is my equal in rank? I will arise and take "to wife the honourable lady Euphemia—that is to say "thyself—and I will give her more of the purple than she "had in former times. And behold Hilarichus hath given "me these splendid gifts, and grant thou that I may per-"suade thee to marry him, for he is powerful in the

"palace and the Emperor loveth him;" and straightway
he shewed her many ornaments of gold and much gold
and silver to seduce her to his evil design. And Eu-
phemia restrained herself greatly, and answered very
quietly. "How can I do such a thing as this of my own
"will? But first of all let me go and take counsel with
"my guardian, to whose care my blessed husband com-
"mitted me before he went forth from the body, and if
"he commandeth me to live with a husband, then I will
"do so without hesitation, but if he doth not command
"me to do so I will never do so of my own free will."

And the Devil answered, "Who is this guardian?"
and Euphemia said, "Behold, he hath been with me in
"my bed-chamber day and night from the time when my
"blessed husband committed me to his care, until now,
"watching over me." And the Devil answered, and said
unto her, "Dost thou not know that if thou failest to keep
"[one of] the commandments of God in thy heart, thou
"wilt become guilty of offending in all? [p. 105] And more-
"over, God hath said, 'Whosoever shall offend in one
"'commandment shall be guilty of them all.'[1] and thou
"knowest that God hateth falsehood exceedingly. And
"again David saith in the fifth Psalm, 'God shall destroy
"'everyone that speaketh falsehood',[2] and if thou speakest
"falsehood God will destroy thee speedily. Didst thou
"not say unto me a short time since, 'From the day on
"'which my husband went forth from the body until now,
"'no man hath passed through the door of my bed-cham-
"'ber, not even my servants'?" And Euphemia answered,
"What I say is true, and there is no falsehood in my

[1] St. James ii. 10.   [2] Psalm v. 6.

"words, O my noble sister. I swear to thee by God
"Almighty and by His holy and mighty Archangel Mi-
"chael, who slew the dragon of old, that from the day
"wherein my husband went forth from the body until this
"day no man hath passed through the door of my bed-
"chamber, neither have I permitted any man to approach
"me, nor even to look upon my face."

And the Devil, who was in the form of a nun, said
to the honourable lady Euphemia, "First of all thou didst
"say, 'No man hath come nigh me since my husband died,'
"and behold, |p. 106| now thou dost commit sin and ful-
"fillest iniquity, for behold, thou hast sworn a false oath.
"Didst thou not but a little time back say, 'First I will
"go into my bed-chamber, and take counsel with the
"guardian into whose hands my husband committed me,
"before he went out of the body?' Is not a guardian a
"man? Have not men ever been made the guardians of
"women? Is there not then a man in thy bed-chamber?
"And now, inasmuch as I find this man, concerning whom
"thou hast spoken falsehood, and hast sworn a lying oath,
"in thy bed-chamber, I would never acknowledge thee
"to be my kinswoman even if thou wert to give me all
"thy wealth." And the mouth of the prudent woman
Euphemia smiled a spiritual smile, and she said to the
Devil who was in the form of a nun, "O my sister, this
"thing— to dwell with a man—is impossible for me to do,
"and I tell thee that neither for the wealth and the orna-
"ments which thou hast brought unto me |to cause me to
"do| this thing, nor, in truth, if they were to give me all
"the riches which are in the palace of the pious Emperor
"Honorius, and all the ornaments which he hath, and the
" wealth of the whole world, could I break the compact

"which I made with my blessed husband Aristarchus, the "glorious general, |p. 107| and live together with a strange "man until I depart unto him. And I am pure from all "uncleanness. I did say that my guardian was in my bed- "chamber, and in saying this I did not lie. The guardian, "into whose hands my master and husband committed me, "is mightier than any other guardian and than all the kings "of the world. He hath no need of any one to inform "him concerning sin, or what is good, or that which we "decide concerning him, but that which we think upon, "and that upon which we meditate in our hearts and minds, "he knoweth straightway. If it be a little thought of the "Devil which entereth into the heart of anyone, from the "moment when he prayeth in the mere name of that "guardian his heart gaineth confidence, and if a legion of "the Devil's army besiegeth him, or appeareth to encamp "round about him, if that guardian cometh he maketh it "to disappear like smoke. If thou wishest, O my sister, "I will commit thee into the hands of that guardian that "he may be thy helper until the day wherein thou must "depart from the body, and at thy death he will give "thee over into the hands of the Good God as a precious "gift, and thou shalt inherit everlasting life."

And the Devil, who was in the form of a nun, an- swered and said unto her, "Shew me this man, then, for "according to what thou sayest he must be very rich." Euphemia answered and said to him, |p. 108| "First of all "rise up, and let us turn our faces to the east, and let "us pray and offer up supplication before God. And do "thou make confession concerning that which thou didst "think in thy heart about that guardian, and say these "words: 'O God, forgive me for what I have imagined

"concerning that guardian and this woman whose hus-
"band committed her into his hands, and I will never
"again turn to such a thought or allow it to come into
"my heart concerning the holy one of God.' If thou wilt
"make this confession I will shew thee my guardian, face
"to face, and afterwards thou shalt ask him to help and
"protect thee." The Devil saith unto her, "A command-
"ment was given unto me before I assumed this holy dress
"never to spread out my hands in prayer until I returned
"to my cell, and never to eat with any person who liveth
"in the world unless he weareth our garb." And Eu-
phemia answered and said to the Devil, "Thou didst say
"unto me, 'He that keepeth all the law and offendeth in
"one particular is guilty of the whole of it', and now, out of
"thine own mouth, I can shew that thou hast transgressed
"the commandments of God, that is to say, those which
"He gave to His Apostles from olden time." And the
Devil said to her, |p. 109| "What commandments have I
"transgressed? Shew me. If thou dost not shew me at
"once I will raise up against thee a mighty war unto
"death." And the honourable lady Euphemia answered
and said unto the Devil, "In olden time our Good Saviour
"commanded His disciples and sent them forth to preach
"the Gospel, saying, 'Whatsoever house ye enter into,
"salute it and say, Peace be upon this house, and your
"peace shall be in it; and if not, let it return unto you'.¹
"And did He not command them to pray in whatsoever
"place they entered into, (and also to eat with everyone
"except those who deny that Christ hath come in the
"flesh), saying, 'Whatsoever they set before you that eat

---

¹ St. Matthew x. 13.

"without enquiry, and eat with thanksgiving."¹ And again
"the Apostle hath commanded us in his Epistle, saying,
"'Pray without ceasing, and in everything give thanks,'²
"and no man of God ceaseth from praying by day and
"by night. If then, thou art a woman and there is no
"root of craftiness hidden in thy heart, arise, and let us
"pray together, and after the prayer I will bring that
"Guardian, and thou shalt see him, and shalt salute him
"mouth to mouth, if by any means thou art worthy to
"look upon his face."

|P. 110| Now when the Devil knew that the honourable lady Euphemia had vanquished him on every side, he sought to take flight, and he began to change his appearance, and he took upon himself exceedingly varied forms. And when the honourable and noble lady Euphemia saw that he changed his appearance, she feared greatly, and cried out, saying, "O Michael, the Archangel, who "didst destroy all the might of the Adversary, help me "in this hour of necessity, for thou knowest, O my master, "that thou art he, into whose hands my blessed husband "committed me before he went forth from the body, that "thou mightest watch over me, and be a strong tower "for me against the devices of the Enemy;" and when she had said these words she made the sign of the Cross over herself in the name of the Father, and the Son, and the Holy Spirit, and straightway the Devil and all his works disappeared from before her like a spider's web.

And it came to pass some time after these things that the Devil appeared unto her in the form of an Ethiopian

---

¹ St. Luke x 8; I Corinthians x. 27.   I Thess. v. 17, 18.

of huge stature, and he was like a he-goat, and his eyes were very full of blood, and the hair of his head stood up straight like the bristles of a mountain boar, and he had a bright two-edged sword drawn in his hands, and as he stood before her a strong foetid smell came to her from him. |p. 111| And when the honourable lady Euphemia saw that he had changed his appearance, straightway she went into her bed-chamber, and took the tablet upon which the picture of the holy Archangel Michael was painted, and she embraced it, and cried out, saying, "O "holy Archangel Michael, help me, and deliver me out "of the hand of the crafty one." Now the Devil was standing outside the door of the bed-chamber, for he was not able to enter therein by reason of the glory of the holy Archangel Michael which filled the chamber, and he laid his finger upon his nose, and he drew harsh noises from his throat, and cried out, saying, "By Hercules, what "would I do unto thee, O Euphemia, if I could come to "thee! I wished to seduce thee, and to drag thee down "to perdition with me, but I find that thou hast conquered "me through this wooden tablet to which thou clingest. "In days of old I stirred up the Jewish nation against the "Messiah, Whom they call Christ, for I thought that I "should destroy His power, but He hath humbled me and "my power by the wood of the Cross. It was I who in "the beginning seduced Adam and Eve, and made them "transgress the commandment of God, and I made them "aliens unto Paradise and the habitation of light. And "again, it was I who led astray the angels until they "were cast out from their glory, and it was I who made "the giants to sin until God destroyed them by the "waters of the Deluge. |p. 112| It was I who shewed the

"inhabitants of Sodoma, and Gomorrah, and Thedoim,[1] and
"Zoboim, how to commit wickedness so great that at length
"God rained upon them fire and sulphur, and destroyed
"them. It was I who shewed Jezebel how to sin, and I
"slew Ahab also with her in her sin. It was I who stirred
"up the children of Israel against Aaron, and they wearied
"him until he made a calf for them to worship, and God
"was angry with them, and destroyed them, and, in short,
"it is I who have made all sin to come into being. Was
"it not thou, O Michael, who didst cast me and my angels
"forth from heaven down into a pit filled with fire? And
"behold, O Michael, I have left thee heaven and earth,
"and we fly by ourselves in the air, hither and thither,
"and we overcome those whom we are able to destroy,
"one by fornication, another by adultery, another by swear-
"ing falsely, another by backbiting, another by craftiness,
"another by fraud, another by envy, another by scorn,
"and another by theft; and if we know that we are not
"able to overcome a man by such wiles, we bring upon
"him a sleep so deep that he is unable to watch and to
"make an opportunity wherein he may pray for his sins.
"Behold, moreover, we have left thee heaven and earth
"so that we might not see thy face, for thy form terrifieth
"us greatly, |p. 113| and thy apparel in the painting which
"is painted upon this wooden tablet in divers colours by
"sorcery overcometh my mighty power this day. It was
"wood, which they made into a Cross, that tore me up

---

[1] ⲐⲈⲆⲰⲒⲚ is clearly a mistake for ⲀⲆⲀⲘⲀ; compare ⲈϤ ⲤⲞ-
ⲆⲞⲘⲀ ⲚⲈⲘ ⲄⲞⲘⲞⲢⲢⲀ ⲀⲆⲀⲘⲀ ⲚⲈⲘ ⲤⲈⲂⲰⲒⲘ. Genesis x. 19
(Lagarde, *Der Pentateuch Koptisch*, p. 21). The Arabic trans-
lator, following the Coptic orthography writes تادومي.

"by the roots in days of old, and now, again, it is wood,
"upon which thy effigy is painted, which hindereth me,
"and overcometh me and all my host this day, and which
"doth not allow me to work my will upon the honourable
"lady Euphemia this day. By Hercules, this day doth
"Michael afflict me on all sides, and I am in sore straits!
"What shall I do unto thee, O thou honourable lady Eu-
"phemia? Thou art saying at this moment that I shall
"not overcome thee so long as thou trustest in this little
"wooden tablet which is in thy hands, and if it be so,
"know that I will come to thee another time on a day
"which thou shalt not know, that is to say, on the twelfth
"day of the month Paôni,¹ for on that day Michael will
"be in conclave with the angels, and will be bowing down
"and praying with all the angel host outside the veil of
"the Father for the waters of the River (i. e., the Nile)
"of Egypt, and for dew, and for rain. And I know that
"it will happen that he will continue in prayer ceaselessly
"for three days and three nights, and in prostrations and
"bowings down, without standing up, until God shall hear
"him and grant him his requests. And moreover, I will
"come on that day, yea, I will come to thee prepared
"with my mighty power, and I will lay hold of this tablet
"of wood which is in thy hands, and I will smash it in
"pieces upon thy head. [p. 114] and we shall see if thou
"canst bring the Archangel Michael here to help thee on
"that day." And when the prudent woman heard these
things she took the picture of the Archangel Michael and
ran out of her bed-chamber after the Devil, and straight-
way he disappeared from before her.

¹ *I. e.*, The 6th of June.

And it came to pass that the noble and honourable lady Euphemia continued to make much prayer and supplication day and night, from the day upon which the Devil departed from her until the day concerning which he said, "I will come, and I will contend with thee," that is to say, until the twelfth day of Paôni; and she besought God and the holy Archangel Michael to be unto her a helper and defender. Now on the twelfth day of Paôni — the day of the Archangel Michael — Euphemia made ready the things which were necessary for the festival of Michael, both the offerings and the first-fruits for the people in the shrine [of the Archangel], and the preparations for the brethren in her house after the Blessing, and briefly, she made it her care to provide abundantly for the feast, according to her wont, for she was very rich.

Now the Devil, who at all times hateth that which is good, could not bear to see the good works which this woman was doing, and the things which she was making ready to give away on the festival of the holy Archangel Michael. And when the light had gone forth on the morning of the twelfth day of Paôni, whilst Euphemia was still standing in prayer at the first hour, [p. 115] and was asking God in the name of the Archangel Michael to stand by her until she had fulfilled the ministration which she had undertaken, and to deliver her from all the wiles of the Devil, behold the Devil came and stood before her in the form of an archangel; and he had mighty wings, and he was girded round the loins with a girdle of gold inlaid with precious stones, and he had upon his head a crown set with pearls of great price, and in his right hand was a golden sceptre, but the figure of the Holy Cross was not upon it. And he came and stood before her in this great glory and magnificence, and when Euphemia saw him she feared greatly, and fell upon the ground. And he took her by the hand, and lifted her up, and said unto her, "Fear not, O noble woman, before God and His holy angel. Hail, thou woman, whose blessed husband hath found favour before God, and whose own blessing hath become like a light-giving lamp before God! Hail, thou woman, whose sacrifices and oblations have become as it were a bulwork of adamant for the whole world; the accursed Devil shall never lead thee astray. Put thy trust in me, O blessed woman, for I have come from God Almighty, and I have seen that the prayers which thou hast made this day have come up before God, [p. 116] and they are a thousand times brighter than the sun, and they send forth light which terrifieth all the angel hosts. God hath sent me unto thee, and He hath told me the things which I shall tell thee; hearken, then, unto the things which shall come forth from my mouth that thou mayest find great honour before God. Thou knowest that God hath said, 'To hearken is better than to make sacrifice,'¹ and if thou hearkenest not unto the things which I am about to tell thee, it is not unto me that thou wilt be disobedient, but unto God, and it is written, 'Whosoever hearkeneth not shall be destroyed'."² And the prudent woman Euphemia answered and said, "Shew me what are the things which God hath commanded thee to say unto me, and I will do and keep them." And the Devil answered saying, "God hath commanded me to come from Him unto thee and to say unto thee, 'Thou art wasting

¹ 1 Samuel xv. 22.   ² Acts iii. 23.

"thy husband's possessions. Thou sayest, 'I will give alms
"for the salvation of his soul', but behold, he hath already
"inherited the good things of the kingdom of heaven.
"It is not for thee to increase the offerings and all the
"oblations which thou makest, and the many prayers which
"thou offerest up. Give a little, and keep a little in thy
"house lest, after a time, thou come to the end of thy
"wealth; and besides this, if the Devil seeth thee making
"alms in this wise he will become envious of thee, |p. 117|
"and he will scatter thy possessions as he scattered those
"of Job; for he did thus to the poor, and therefore the
"Devil destroyed everything which he had, and he even
"put loathsome worms in his body, and sorrow for his
"sons and his daughters, for he made the house in which
"they were to fall upon them, and they died together.
"And the Devil also was envious of the holy man Tobit
"because of the deeds of mercy which he was wont to
"do, for he used to bury the bodies of the dead¹ which
"he found unburied, and the Devil envied him and brought
"him to poverty—now he was very rich—and at length
"he made birds to void dung in his eyes and they
"became blind; now it was not mere birds that did this,
"but it was the Devil himself and his demons who took
"upon themselves the forms of birds, and made him blind
"because they were envious of him. And, moreover, my
"daughter, if thou wilt hearken unto me according to the
"commands of God, cease from such works as those
"which thou doest. And, moreover, God hath told me
"to say unto thee, 'Behold, thou hast no son by thy
"blessed husband Aristarchus the general, arise now, and

¹ Tobit xii. 12.

"take a noble husband, and bear him a son, so that when
"thou shalt have gone forth from the body he may inherit
"the possessions which thou hast, and may perform thy
"commemoration when thou hast gone forth from the
"body; for what wilt thou do? [p. 118] if thou remainest
"childless there is no hope for thee for ever.' And,
"moreover, God hath commanded me to say unto thee,
"'If thou wilt hearken unto Me, and wilt take a husband,
"marry Hilarichus who is about to go to war with the
"Emperor Honorius, for behold he wisheth to make ready
"his army, and to snatch his empire out of his hands,
"and to make himself master of all the wealth of the
"Greeks'."

Then the prudent woman Euphemia perceived the wiles of the Devil, and she knew that it was he who was speaking with her, by reason of words which were full of passion, and she said to him, "Shew me where it "is written in the Scriptures, Make neither charities nor "offerings, or, Thou shalt not pray, or, Thou shalt marry "a second husband. On the other hand we find that God "commandeth in several places, saying, 'Charity shall cover "the multitude of sins';[1] and again, 'Mercy maketh a man "to be praised in the judgment'; and again, we hear the "prophet crying out, saying, 'Bring your sacrifices, and go "into His courts';[2] and again, in another place, 'Sacrifice "and words of blessing glorify Me';[3] and again, 'The "sacrifice of God is a holy heart';[4] and again, we hear "Paul the teacher preaching unto us with his sweet words, "saying, 'Pray without ceasing, and in everything give

[1] 1 St. Peter iv. 8.   [2] Psalm xcvi. 8.   [3] Psalm l. 14, 15, 23
[4] Psalm li. 17.

"'thanks'.' And besides, thou sayest unto me, [p. 119]
"'Marry a second husband', but the man, whose name
"thou hast first mentioned to me, and with whom I am
"to dwell, is a heretic and an atheist, whom God shall
"destroy without delay, and He will put a bridle in his
"mouth, and bind him in the depths of the sea, and He
"will humble him and all his hosts before the pious Ho-
"norius."

"And again as concerning marriage with a second
"husband, Solomon hath informed us in *Physiologus* that
"when the first mate of the turtle-dove dieth, it doth not
"dwell with a second mate, but it departeth into the
"wilderness, where it hideth itself until the day of its
"death. And he also sheweth us that the raven family
"doth not dwell with any mate save one, and that as we
"rend our garments for our brother when he dieth, even
"so likewise when a raven dieth his mate draweth out
"her own tongue, and splitteth it with her claws, so that
"when she uttereth her cry every one may know that
"her mate is not there, and if another raven desireth to
"take her by violence she crieth out straightway, and
"when all the other ravens hear her cry they know by
"her cleft tongue that some other raven wisheth to take
"her by violence, and they gather together to help her,
"and to rebuke the raven that wisheth to take her by
"violence. Now therefore when children see ravens ga-
"thered together in this manner, [p. 120] and uttering cries
"wishing to rebuke the raven that desireth to take her
"by violence, and that desireth to go astray from that
"which God hath commanded them, those ignorant chil-

[1] 1 Thess. v. 17, 18.

"dren are wont to say, 'The ravens are celebrating a
"marriage to-day', and they know not that the ravens
"wish to rebuke the raven that desireth to make to sin
"the raven whose mate is dead. And moreover, far be
"it from me ever to bring anyone else into my marriage
"with my master and husband Aristarchus, and I will never
"cease to make the offerings and to do the charities which
"my blessed husband was wont to do before he died, in
"the name of the holy Archangel Michael. And now,
"shew me who thou art that thus bearest such great glory
"and majesty, and whence hast thou come, and what is
"thy name, for thy coming unto me hath disturbed me
"greatly."

And the Devil answered saying, "Art not thou she
"who hath made supplication unto God from the day
"when the Devil came unto thee in the form of a nun
"wishing to seduce thee? And did he not say unto thee,
"'I will come unto thee on the twelfth day of Paôni, which
"'is the day of the Archangel [Michael]', and did he not
"say unto thee, 'The Archangel Michael will not cease
"'on that day from bowing down in prayer before God
"'for the waters of the River (*i. e.*, the Nile), and the
"'rain, and the dew'? I, then, am Michael the Archangel
"whom God hath sent to thee to help thee until the sun
"setteth this day, in order that the wicked hunter may
"not come and do that which is evil unto thee, |p. 121|
"and therefore it is meet that thou shouldst come and
"kneel in adoration unto me; and I have left my angels
"that I might come unto thee." And the honourable lady
Euphemia answered and said unto him, "I have heard in
"the Holy Gospel that when the Devil came unto our
"Good Saviour to tempt Him, he said unto Him, 'Fall

"'down and worship me, and I will give Thee all the
"'kingdoms of the world, and the glory thereof',[1] and that
"Christ knew at once that he was the Evil One and
"rebuked him; perhaps thou art he who wisheth to lead
"me astray?" And the Devil answered, "I am not he
"—and far be it from me ever to become so—and how
"could such as he be found [arrayed] in such glory as I
"bear? For from the time when he disobeyed God's
"command, He was angry with him, and He commanded
"me, Michael, and I stripped him of all his glory." And
the noble woman answered, saying, "If thou art Michael,
"where is the figure of the Cross which should be upon
"thy sceptre, according to what I see painted in this
"picture wherein the figure of Michael is depicted?" And
the Devil answered, saying, "Painters wish to decorate their
"pictures in order that their art may be the more glorified,
"|p. 122| but the figure of the Cross is not with us nor
"with all the other angels." And Euphemia answered,
saying, "How can I believe thy words? For no man will
"fulfil the behest for which any soldier hath come from
"the Emperor, neither will he by any means receive him,
"unless he bear the token of the Emperor; and, moreover,
"thus is it with the letters which the Emperor sendeth
"forth from his kingdom, no man believeth that they are
"genuine unless they be sealed with the Emperor's seal;
"and thus also is it with the angels who come upon the
"earth, for if the figure of the Cross of the King of glory
"be not with them, men will not believe that they are
"angels, but they will flee from them [believing] them to
"be devils; and especially in the case of the Archangel

[1] St. Matthew iv. 9.

"of all the angels, for how could he come upon the earth
"without bearing the armour of the seal of salvation of
"his Emperor Who is to come, that is to say, the Holy
"Cross of Jesus Christ, the Son of the living God? Now
"if thou wishest me to believe that thou art Michael the
"deliverer, let me bring to thee his picture for thee to
"salute, and then I will worship thee without any hesi-
"tation whatever."

Now when the Devil saw that she was pressing him
on all sides, [p. 123] and he could not find any excuse
to utter before her, and that she rose up from the place
wherein she was sitting, wishing to bring to him the
picture of the holy Archangel Michael, he changed his
form and took that of a raging lion, the roars of which
filled the whole city, and he laid hold of her neck quickly,
and strangled her until she was well nigh dead, and he
spake these words unto her, saying, "This is the day
"wherein thou hast fallen into my hands. I have taken
"pains to catch thee for a long time past, but I could
"not do so until to-day; let now him in whom thou put-
"test thy confidence come and deliver thee out of my
"hand." And that prudent woman was in exceedingly
great tribulation, for she was nigh unto death, and she
cried out, saying, "O Michael the Archangel, help me in
"this hour of need." And it came to pass that while the
Devil was seeking to inflict more suffering upon her,
behold the holy Archangel Michael appeared unto her
straightway, bearing upon himself royal rank and dignity,
and he held in his right hand a golden sceptre which
bore upon it the figure of the holy Cross; and the whole
place shone a thousand times more brightly than the sun.
And when the Devil saw him he cried out in terror,

saying, "O thou Archangel Michael, my master, I have "sinned against heaven and in thy sight, [p. 124] for I "have dared to come into the place wherein is thy pic- "ture; I entreat thee not to destroy me before my time, "for the Creator hath granted me a few days. And thou, "O Archangel, art he who made me an alien unto the "mansions of heaven, and now I will depart and flee from "before thee until the day of my great disgrace, and I "promise and swear unto thee before God that I will not "return from this time forth to tempt men or women in "the place wherein thou art." Now while the Devil was saying these things he was gripped fast in the hand of the holy Archangel Michael, like a bird in the hand of a little child, and when the Archangel had made him suffer greatly he set him free in great disgrace.

And the Archangel Michael spake unto the honour- able lady Euphemia, saying, "Be strong, and of good "courage, and be not afraid of the Devil, for he shall "not have power to overcome thee from this time forth. "I am Michael the Archangel whom thou servest, into "whose hands thy blessed husband Aristarchus the general "committed thee. I am Michael, and it is before the pic- "ture in thy bed-chamber upon which my form is painted "that thou offerest up prayer every day, and I am Mi- "chael who take thy prayers before God. It was I who "stood by at the time when thou saidst unto thy hus- "band. 'Let be painted for me a picture of the Archangel "'Michael that I may place it in my house as a protector, "'[p. 125] and thou shalt commit me into his hands that "'he may be my guardian, and may be my helper before "'God until He visit me, and I depart to Him after the "'manner of all men'. I am Michael who hearken unto

"everyone who prayeth unto God in my name. Be not
"afraid, for behold after thou hast performed the service
"which thou art wont to do in my name, I and a mul-
"titude of angels will come for thee, and I will take thee
"up into the rest of God which thy husband hath inherited.
"Peace be with thee." And when the Archangel Michael
had said these things he went up into heaven with great
glory, and she stood looking after him.

And it came to pass after these things that Euphe-
mia went to the church of Abba Anthimus, the Bishop
of this city, who was the first-fruits of the ministry of
Saint John Chrysostom, the Archbishop of Constantinople,
through whom the whole of this island hath been enlight-
ened, and she shewed him all the things which the Arch-
angel had spoken unto her, and he glorified God and the
mighty Archangel Michael; and he gathered together the
elements for the Sacrament, and he performed the service
thereof quickly and with great honour. And after the
Sacrament she came out from the church and went in
to her house, and she fulfilled her ministrations unto the
poor brethren, and did service unto them, |p. 126| and
when they had eaten and drunk she sent for the Father,
the Bishop, and she begged him to hold her house worthy
to enter into, and he went to her quickly. And when
they brought to her the news that he had come to her
she went out to him to the third door of her house, and
she cast herself down at his feet, and kissed them a long
time; and the holy Bishop raised her up, and said unto
her, "Rise up, O woman, blessed of God and man! Verily
"God hath accepted thy sacrifices from thee like [those]
"of Abel the righteous man, and He hath smelled the
"[savour of thy] offering like that of Melchisedec, the

"King of Salem, the priest of God the Highest, because
"thou hast brought them in uprightness." And she took
him with great honour and brought him into her bed-
chamber, wherein was the picture of the Archangel Mi-
chael, and she placed an ivory throne for him to sit upon,
and a bench of silver for the priests and deacons, and
when they had prayed and had sat down, she opened
the doors [of the cupboards] of her house, and brought
out all her possessions, from the most precious thing to
that of least value, that which was of great price, and
that which was of no account, and she laid them before
her. And she said to the Bishop, "O my holy father,
"receive these few possessions from my hands, and dis-
"tribute them among the poor, for me and for my blessed
"husband, in the name of the holy Archangel Michael,
"[p. 127] that he may pray for me and for my blessed
"husband, Aristarchus the general, before God, and that
"He may shew mercy unto my wretched soul at His
"terrible judgment seat;" and the Bishop commanded them
to carry all the things which belonged unto her into the
church, and Euphemia set her servants free and sent
them away.

And it came to pass on that same day, which was
the twelfth day of Paôni, while we were sitting in con-
verse with the Bishop, that we smelled a choice smell of
incense, the like of which we never smelled before (now
I myself was there sitting with Father Anthimus, the
holy Bishop, the first-fruits of the ministry of Saint John
Chrysostom, and I was at that time a priest), and when
we had smelled this choice smell of incense, we were
astonished to see this wonderful sight. And afterwards
she turned to Father Anthimus, the Bishop, and said to

him, "I beseech thee, O my father, to pray for me that
"I may meet God in a favourable hour, for behold the
"hour draweth nigh unto me when my soul shall be sepa-
"rated from my poor body until the day of the great
"judgment, for behold the Archangel Michael hath come
"for me, and with him are my husband Aristarchus and
"a multitude of angels;" and when she had lain down
upon her bed, and had spread out her hands, the Bishop
prayed over her for a long time. |p. 128| And afterwards
she lifted up her face to the Bishop and to all the people
there, and said to them, "I entreat thee for God's sake
"to shew me a favour and to give me the picture of the
"Archangel Michael, that I may kiss it yet once more
"before I depart from the body," and straightway the
Bishop took the picture and gave it unto her, and she
kissed it, saying, "O my master, thou holy Archangel
"Michael, stand by me in this terrible hour." Now when
we had heard her say these words, we and all the people
also heard the sound |as| of a mighty multitude |of waters|
falling violently upon each other, like the roaring of a
cataract, and the eyes of all, little and great, men and
women, saw the holy Archangel Michael shining like the
sun, and standing by the honourable lady Euphemia, and
his feet were like fine brass pouring out flames of fire,
and he had a harp in his right hand, and in his left a
wheel (*or* disk), like |that of| a chariot, upon which was
a cross, and he wore apparel a thousand times finer than
that of the kings of [this] world, and when we had looked
upon him in this guise we were astonished and afraid by
reason of |our| fear of him. And we saw him standing
and spreading out his garment of light to invite the soul
of that blessed woman, |p. 129| the honourable lady Eu-

phemia, to come unto his holy apparel, and thus she gave up the ghost with the picture of the Archangel Michael laid upon her eyes before she departed from the body. And we heard the noise of a multitude singing hymns, and saying, "God knoweth the way of the righteous, and "their inheritance shall abide for ever."[1]

Now the picture of the Archangel Michael which was upon the face of the woman when she gave up the ghost, flew away straightway, and we knew not whither it had gone; and we laid the woman in the sepulchre of Aristarchus her husband.

And it came to pass when we had buried her that we came into the church to celebrate the Sacrament, and the Bishop came into the place wherein we are now gathered together in the name of the holy Archangel Michael; and when he had gone into the place of offering up the sacrifice according to his wont, he saw the picture of the Archangel, which had flown from the house of Euphemia, hanging in the air without [support by] the hand of man in the apse of the holy place. And the Bishop cried out, saying, "O men of the island of Traké, "come and see this great miracle of the holy Archangel "Michael;" and all the multitude ran into the place of offering up sacrifice, and we saw with our own eyes the image of the Archangel Michael hanging in the air without [support by] the hand of man or anything else, [p. 130] but it was as firm and immovable as a pillar of adamant which cannot move at all from its place. O what cries were uttered at that time when all the multitude shouted glory to God and to the holy Archangel Michael!

[1] Psalm i. 6.

And it came to pass that the news of this exceedingly great miracle reached the God-loving Emperor Arcadius, and the Empress Eudoxia in Constantinople, and the Emperor Honorius in Rome, and they determined to visit this island together, and thereupon they came together with the Empress, and they saw with their own eyes the miracle of the picture of the holy Archangel Michael, and they bowed themselves down to the ground in prayer at the couch of the blessed John Chrysostom on which he had died, and which wrought such great cures in this island, for immediately any |sick| man lay upon the couch of Saint John Chrysostom, he gained his health straightway.

O who can tell the marvellous things which happened through that picture of the Archangel Michael (which we see at this moment with our own eyes appearing in his holy shrine), in whose holy commemoration we are gathered together this day! And, moreover, on the twelfth day of every month (which is the day of the Archangel Michael), |p. 131| that picture putteth forth olive leaves at its four corners, together with fine, fresh fruit, and it doeth thus because the tablet upon which the picture is painted is |made| of olive wood.

And, of a surety, ye have in remembrance the woman who had in her a certain sickness which is called "abscess", that is to say, "tumour" (?), and who wasted away and became exceedingly weak by reason of the sickness and pain which were in her, and having come into this holy shrine, and partaken of the fruit of the olive which the picture put forth on the twelfth day of the month which was passed, ye saw that as she ate of the fruit of the picture, the sore which was in her burst straightway, and she was cleansed, and became whole, and departed to her house, glorifying God and the holy Archangel Michael, and never became diseased again.

And hear ye also this great miracle which took place, and which it is not our desire to omit. Ye also saw the sick man who suffered so much pain in one side of his head that his right eye was well nigh falling out of his head, and when he came into this holy shrine, and had taken a little of the oil in the lamp, and had made the sign of the Cross upon his face, in the name of the Father, and the Son, and the Holy Ghost, and had taken one of the leaves which the picture put forth, |p. 132| and had laid it upon the afflicted part of his head, he became whole straightway, and departed to his house in peace.

What shall we say [of thee], or what shall we omit, O my master and lord, after God? Verily thou art the governor of all men and of all animals, and thou art the steward of them all before God. With what honour ought we to honour thee, O thou chief general of the hosts of heaven! I know that no honour is equal unto that which is thine, because thou standest at all times before the throne of the Almighty, entreating Him concerning the stablishing of all mankind, and we know that the power is thine to go within the veil of God Almighty, none preventing thee. And, at this point, let us consider to be sufficient that which we have spoken concerning the angel of God, His minister of flaming fire, the holy Archangel; and we will say here also, with the prophet David, the words which we have placed at the beginning of this discourse, "The angel of the Lord encampeth round about all those that fear him, and delivereth them."[1]

[1] Psalm xxxiv. 7.

And here let us direct our discourse to him who hath conquered and who hath taken the crown, the charioteer who hath gained the victory in all visible and invisible conquests, who hath received the gift of the Holy Spirit, |p. 133| who hath destroyed a second Chedorlaomer, who hath illumined Constantinople, and not that city only, but also this island, and the whole world, I mean my master and Father, John [Chrysostom], Archbishop of Constantinople, nay, rather of the whole world. O who can tell [the number of] thy writings, full of life and full of all spiritual consolation (*or* ornament)? O who can declare and count the multitude of the commentaries which thou hast composed, O holy Archbishop John, the golden tongued! If thou wouldst declare thy honour thou wouldst need thine own tongue, for no tongue of flesh could describe the glory of thy holy life. Thou didst boldly rebuke the kings who had turned away from the truth, even as David prophesied concerning our Fathers the Apostles, saying, "Their sound hath gone out over the "whole earth, and their words have reached unto the "ends of the world."[1] And as for thee thyself, O mighty John, what place is there, or what monastery, throughout the whole inhabited world, wherein thou wilt not find [some account of] thy life, and thy sweet commentaries? even those which are upon the Two Natures of Christ, and they have gone from city to city, and from country to country, and thy discourses have been transmitted and have been made things to guard safely which shall be preserved for all time.

[1] Psalm xix. 4.

And moreover, |p. 134| I will be so bold as to declare that the Empress banished thee by the dispensation of God to this island, and thou didst soften our nature which was as hard as stone and didst make us exceedingly gentle; and we have abandoned the service of idols, and have become servants of God, the Creator of the universe. And thou didst come to this island as a stranger, and thou didst come and didst make thyself like unto the solid wall which standeth firm in the palace of kings, and thou didst take the prisoners, and thou didst make them free, and didst send them back to their country in peace and glory; for the Devil had made them prisoners from the beginning, and had cast them into the blackest darkness, but the King of Kings held them to be precious, and sent thee unto this island to redeem us out of the captivity of the Devil, and thou didst give us unto the King of Kings as a gift |more precious| than any royal gift (now what is more choice, or what is more glorious than all the souls which thou hast delivered out of the hand of the Devil?), and thou hast brought us into the palace of the King of Kings.

And I entreat thee, O my master and my holy father, that peradventure thou mayest grant unto me thy forgiveness, for behold, I have been so bold as to attempt a work which is above my ability, that is to say, to speak words in thy honour. And I think, O my beloved, that in any case I must now moderate my speech, otherwise the length of the discourse will make thee to forget that to which thou hast listened at the beginning; |p. 135| for in everything there should be moderation. And finally, let us present ourselves before the holy Archangel Michael, and let us beseech him to pray for us to the Good God to forgive us our sins, for he is mighty with our Lord Jesus Christ, through Whom be all glory, and honour, |and all adoration, which are meet for the Father with Him, and the Holy, and lifegiving, and consubstantial Spirit with Him, now, and at all times, and for ever and ever. Amen.|

Ⲛⲓϣϯ ϧⲉⲛ ⲛⲓⲥⲙⲟⲩⲧ ⲧⲏⲣⲟⲩ ⲡⲉⲛⲁⲅⲓⲱⲧⲁⲧⲟⲥ ⲉⲧ
ⲥⲙⲁⲣⲱⲟⲩⲧ. ⲫⲏ ⲉⲑ ⲙⲉϩ ⲉ̀ⲃⲟⲗϧⲉⲛ ⲡⲓ ⲡ̅ⲛ̅ⲁ̅ ⲉ̀ⲑ
ⲟⲩⲁⲃ ⲟⲩⲟϩ ⲉϥϫⲏⲕ ⲉ̀ⲃⲟⲗ ϧⲉⲛ ⲁⲣⲉⲧⲏ ⲛⲓⲃⲉⲛ ⲁⲃⲃⲁ
ⲑⲉⲟ̀ⲇⲟⲥⲓⲟⲥ. Ⲡϣⲏⲣⲓ ⲛ̀ ⲙⲓⲛⲓⲟϯ ⲛ̀ ⲁⲡⲟⲥⲧⲟⲗⲟⲥ
ⲟⲩⲟϩ ⲡϣⲫⲏⲣ ⲛ̀ ⲛⲓⲁⲅⲅⲉⲗⲟⲥ ⲡⲓⲁⲣⲭⲏⲉ̀ⲡⲓⲥⲕⲟⲡⲟⲥ
ⲛ̀ⲧⲉ ϯ Ⲃⲁⲕⲓ ⲣⲁⲕⲟϯ(?) . . . . ϧⲉⲛ ⲡⲓⲉ̀ϩⲟⲟⲩ ⲛ̀

ⲁ̅. ⲁ̅. ϣⲁⲓ ⲛ̀ ⲡⲓⲁⲣⲭⲏⲁⲅⲅⲉⲗⲟⲥ ⲉ̀ⲑ ⲟⲩⲁⲃ ⲙⲓⲭⲁⲏⲗ. Ⲉⲧⲉ
ⲫⲁⲓ ⲡⲉ ⲥⲟⲩ ⲓ̅ⲃ̅ ⲛ̀ ⲡⲓⲁ̀ⲃⲟⲧ ⲉⲧ ⲥⲙⲁⲣⲱⲟⲩⲧ ⲁⲑⲱⲣ.
ⲟⲩⲟϩ ⲁϥϫⲱ ⲛ̀ ϩⲁⲛ ⲙⲏϣ ⲛ̀ ⲥⲁϫⲓ ⲉⲑⲃⲉ ⲛⲓⲙⲉⲧ-
ⲛⲁⲏⲧ ⲛⲉⲙ ⲛⲓⲁ̀ⲅⲁⲡⲏ ⲉⲧⲟⲩ . . . ⲙ . . . .
. . ⲉⲧⲉ . . ⲛ̀ⲫϯ . . ⲙⲓⲭⲁⲏⲗ . . ⲉϩⲟⲟⲩ ⲛ̀ ϣⲁⲓ
ⲕⲁⲧⲁ ⲁ̀ⲃⲟⲧ ⲇⲉ ⲡⲓⲁⲣⲭⲏⲁⲅⲅⲉⲗⲟⲥ ⲉ̀ⲑ ⲟⲩⲁⲃ ϥ ⲉⲣ
ⲇⲓⲁ̀ⲕⲱⲛⲓⲛ ⲇⲉ ⲛ̀ⲙⲱⲟⲩ ⲟⲩⲟϩ ⲉϥⲓⲛⲓ ⲛ̀ ⲛⲟⲩϩⲃⲏⲟⲩⲓ
ⲉⲑⲛⲁⲛⲉⲩ ⲉ̀ ⲡϣⲱⲓ ⲛ̀ ⲡⲉⲙⲑⲟ ⲛ̀ ⲫϯ ϥϫⲱⲕ ⲉ̀ⲃⲟⲗ
ⲛ̀ ⲛⲟⲩ ⲉⲧⲏⲙⲁ ⲧⲏⲣⲟⲩ ⲟⲩⲟϩ ⲟⲩⲛ . . . ⲉⲧϯ ϧⲉⲛ
ⲟⲩⲣⲁϣⲓ ⲫⲁⲓ ⲉⲣⲉ ⲫϯ ⲙⲉⲓ ⲙ̀ⲙⲟϥ Ⲟⲩⲟϩ ⲁϥⲥⲁϫⲓ ⲟⲩⲛ

ⲁ̅. ⲃ̅. ⲉⲑⲃⲉ ⲛⲏ ⲉ̀ⲑ ⲟⲩⲁⲃ ⲉⲧ ϧⲉⲛ ⲛⲓⲅⲣⲁⲫⲏ ⲛⲁⲓ ⲉ̀ⲧⲁϥ
ϯ ⲧⲟⲧϥ ⲛⲉⲙⲱⲟⲩ ⲛ̀ϫⲉ ⲡⲓⲁⲣⲭⲏⲁⲅⲅⲉⲗⲟⲥ
ⲉ̀ⲑ ⲟⲩⲁⲃ ⲙⲓⲭⲁⲏⲗ ⲟⲩⲟϩ ⲁϥⲛⲁϩⲙⲟⲩ
ⲉ̀ⲃⲟⲗϧⲉⲛ ⲛ̀ ⲟⲩϩⲟϫϩⲉϫ ⲧⲏⲣⲟⲩ
ⲛⲉⲙ ⲛ̀ ⲟⲩ ⲁ̀ⲛⲁⲅⲕⲏ ϧⲉⲛ
ⲟⲩϩⲓⲣⲏⲛⲏ ⲛ̀ⲧⲉ ⲫϯ ⲁ̀ⲙⲏⲛ

[1] The first leaf of the MS. is torn in many places and several lacunae occur in the text.

Ⲁⲛⲟⲕ ϯⲥⲓⲛⲓ ⲛ̀ ⲧⲁⲣⲭⲏ ⲛ̀ ⲡⲓⲥⲁⲝⲓ ⲉ̀ⲃⲟⲗϧⲉⲛ ⲫⲏ
ⲉ̀ⲧⲟⲓ ⲛ̀ ⲥⲟⲗⲥⲉⲗ ⲛⲓⲙ ⲛⲉⲙ ⲛⲟⲙϯ ϧⲉⲛ ϩⲱⲃ ⲛⲓⲃⲉⲛ ⲫⲏ
ⲉⲧ ⲥⲱⲟⲩⲛ ⲛ̀ ⲡⲕⲁϩⲓ ⲧⲏⲣϥ ⲟⲩⲟϩ ϥ̀ⲃⲟⲧⲃⲉⲧ ⲛ̀
ⲛⲓϭⲗⲱⲧ ⲫⲏ ⲉⲧ ⲟⲩⲱⲛ ⲛ̀ ⲫⲣⲟ ⲛ̀ ⲡⲓⲥⲁⲝⲓ ⲛ̀ ⲟⲩⲟⲛ
ⲛⲓⲃⲉⲛ ⲉⲧ ⲕⲱϯ ϧⲉⲛ ⲟⲩⲥⲡⲟⲩⲇⲏ. Ⲛⲓⲙ ⲡⲉ ⲫⲁⲓ 5
ⲛ̀ⲑⲟϥ ⲡⲉ ⲡⲗⲟⲅⲟⲥ ⲛ̀ ⲫϯ ⲫⲁⲓ ⲉ̀ⲧⲉ ⲁⲛⲟⲕ ϯⲫⲱϣ
ⲛ̀ ⲡⲉϥⲥⲱⲙⲁ ϧⲉⲛ ⲧⲁⲝⲓⲥ ⲟⲩⲟϩ ϯⲥⲱϣ ⲛ̀ ⲡⲉϥ-
ⲥⲛⲟϥ ⲉⲧ ⲧⲁⲓⲟⲩⲧ ⲉ̀ ⲡⲓⲡⲟⲧⲏⲣⲓⲟⲛ ⲟⲩⲟϩ ϯϯ ⲙ̀-
ⲙⲟϥ ⲛ̀ ⲛⲓ ⲉ̀ⲑ ⲛⲁϩϯ ⲉ̀ⲣⲟϥ. ⲛ̀ⲑⲟϥ ⲡⲉ ⲡⲁⲟ̅ⲥ̅
ⲟⲩⲟϩ ⲡⲁⲛⲟⲩϯ Ⲓⲏ̅ⲥ̅ Ⲡⲭ̅ⲥ̅ ⲡⲓⲥⲱⲧⲏⲣ ⲛ̀ ⲡⲧⲏⲣϥ ⲫⲏ 10
ⲉⲧ ⲱϣ ⲉ̀ⲃⲟⲗϧⲉⲛ ⲣⲱϥ ⲛ̀ ⲁ̀ⲗⲏⲑⲓⲛⲟⲛ ⲫⲏ ⲉⲧ ϥⲓ
ϥ̀ⲣⲱⲟⲩϣ ϧⲁ ϯⲙⲉⲧⲣⲱⲙⲓ ⲧⲏⲣⲥ ⲫⲏ ⲉⲧ ⲙⲉϩ ⲛ̀
ⲛⲁⲓ ⲛⲉⲙ ⲙⲉⲧϣⲁⲛⲑⲙⲁϧⲧ ⲉ̀ϧⲟⲩⲛ ⲉ̀ ⲧⲉⲛⲓⲕⲱⲛ ⲛ̀
ⲫϯ. Ⲛⲓⲙ ⲡⲉ ⲫⲁⲓ. ⲫⲁⲓ ⲡⲉ ⲡⲓⲁⲣⲭⲏⲁⲅⲅⲉⲗⲟⲥ
ⲉ̀ⲑ ⲟⲩⲁⲃ ⲙⲓⲭⲁⲏⲗ ⲡⲁⲣⲭⲏⲅⲟⲥ ⲛ̀ⲧⲉ ⲧⲝⲟⲙ ⲛ̀ 15
ⲛⲓⲫⲏⲟⲩⲓ̀. Ⲁⲗⲗⲁ ϯϯϩⲟ ⲉ̀ⲣⲱⲧⲉⲛ ⲛⲁⲙⲉⲛⲣⲁϯ ⲛⲉⲙ
ⲛⲁϣⲏⲣⲓ ⲙ̀ ⲙⲉⲛⲣⲓⲧ ⲛ̀ⲧⲉ ⲡⲓⲥⲁⲝⲓ ϩⲓⲛⲁ ⲉ̀ⲑⲣⲉⲧⲉⲛϯ
ⲧⲟⲧⲉⲛ ⲛⲉⲙⲏⲓ ϧⲉⲛ ⲧⲁⲓ ⲛⲓϣϯ ⲛ̀ ⲁⲣⲭⲏ ⲙⲏⲡⲟⲧⲉ
ⲛ̀ⲧⲁ ϩⲓ ⲧⲟⲧ ⲉ̀ ⲡⲁⲓ ⲛⲓϣϯ ⲛ̀ ⲡⲉⲗⲁⲅⲟⲥ ⲫⲏ ⲉ̀ⲧⲉ
ⲛ̀ⲙⲟⲛ ⲁⲩⲣⲏⲝϥ ⲛ̀ⲧⲁϥ ⲟⲩⲟϩ ⲛ̀ⲙⲟⲛ ϣⲟⲙ ⲛ̀ⲙⲟⲓ 20
ⲉ̀ ⲥⲱⲕ ⲛ̀ ⲧⲁ ⲕⲟⲩϫⲓ ⲛ̀ ⲕⲩⲃⲱⲧⲟⲥ ⲉ̀ ⲡⲓⲭⲣⲟ. Ⲇⲉ
ⲟⲩⲛ ⲧⲉⲧⲉⲛⲥⲱⲟⲩⲛ ⲛ̀ ⲧⲁ ⲙⲉⲧϩⲏⲕⲓ ⲧⲏⲣⲟⲩ ⲟⲩⲟϩ
ϫⲉ ⲛ̀ⲙⲟⲛ ⲧⲏⲓ ⲛ̀ ϩⲗⲓ ϧⲉⲛ ⲧⲁ ⲙⲉⲧⲓⲉⲃϣⲱⲧ ϩⲓⲛⲁ
ⲛ̀ⲧⲁⲱⲃⲧ ⲛ̀ ⲟⲩⲛⲓϣϯ ⲛ̀ ⲕⲩⲃⲱⲧⲟⲥ ⲉ̀ ⲟⲩⲟⲛϣϫⲟⲙ
ⲙ̀ⲙⲟⲥ ⲉ̀ ⲉⲣ ϫⲓⲛⲓⲟⲣ ϧⲉⲛ ⲫⲓⲟⲙ ⲉ̀ⲙⲁϣⲱ ⲟⲩⲟϩ 25
ⲛ̀ⲧⲉⲥϥⲁⲓ ϧⲁ ⲧⲏⲣⲉϣⲓ ⲛ̀ ⲙⲓⲑⲛⲟⲩ. Ⲁⲗⲗⲁ ⲟⲩⲕⲟⲩ-
ϫⲓ ⲡⲉ ⲡⲓⲁⲃⲓⲛ ⲟⲩⲟϩ ⲟⲩⲕⲟⲩϫⲓ ⲡⲉ ϯⲕⲩⲃⲱⲧⲟⲥ ⲟⲩⲛ
ⲉ̀ⲧⲉ ⲛ̀ⲧⲏⲓ ϯⲉⲣ ϩⲟϯ ⲙⲏⲡⲟⲧⲉ ⲛ̀ⲧⲁⲓ ⲉ̀ⲃⲟⲗϧⲉⲛ ⲧⲁⲓ

ⲗⲩⲙⲏⲓⲓ ⲉ̇ⲧⲉ ⲙ̇ⲙⲟⲛ ⲗⲩⲙⲏⲛ ⲛ̇ⲧⲁⲥ ϣⲁ ⲕⲉ ⲗⲩⲙⲏⲓⲓ
ⲉⲥϣⲑⲉⲣⲑⲱⲣ ⲛ̇ⲧⲉ ⲛⲓⲑⲏⲟⲩ ⲧⲱⲟⲩⲛ ⲉ̇ϫⲱⲓ ⲟⲩⲟϩ
ⲛ̇ⲧⲉ ⲛⲓ ϩⲱⲓⲙⲓ ⲛⲉⲙ ⲛⲓϫⲟⲗ ϩⲓⲧⲉ̇ⲑⲁⲗⲁⲥⲥⲁ ⲛ̇
ϯⲥⲱⲟⲩⲛ ⲛ̇ ⲛⲏⲃⲓ ⲁⲛ ϫⲉ ϩⲓⲛⲁ ⲛ̇ⲧⲁⲛⲟϩⲉⲙ ⲛ̇
ⲧⲁⲯⲩⲭⲏ ⲛ̇ⲙⲁⲩⲁⲧⲥ̇ ⲡⲓⲭⲣⲟ. Ⲧⲟⲧⲉ ⲟⲩⲟⲛ
ⲛⲓⲃⲉⲛ ⲛⲁϫⲟⲥ ϫⲉ ⲁ̇ ⲫⲁⲓ ϫⲓⲙⲓ ⲛ̇ ⲟⲩϩⲙⲟⲧ ϩⲁⲧⲉⲛ

ⲅ̅. ⲃ. ⲫ̄ϯ | ϫⲉ ⲁϥⲛⲟϩⲉⲙ ϫⲉ ⲟⲩⲉⲓ ⲧ ⲯⲩⲭⲏ ⲙ̇ ⲡⲓⲣⲱⲙⲓ
ⲛ̇ ⲧⲟⲧϥ ⲥⲧⲁⲓⲟⲩⲧ ⲉ̇ϩⲟⲧⲉ ⲡⲓⲕⲟⲥⲙⲟⲥ ⲧⲏⲣϥ ⲉ̇ⲧ
ⲙⲉϩ ⲛ̇ ⲛⲟⲩⲃ ϩⲓ ϩⲁⲧ. Ⲉ̇ⲑⲃⲉ ⲫⲁⲓ ϯ ⲉⲣ ϩⲟϯ
ⲙⲏⲡⲱⲥ ⲛ̇ⲧⲁϩⲓⲟⲅⲓ̇ ⲛ̇ ⲧⲁⲯⲩⲭⲏ ⲟⲩⲟϩ ϯⲉ̇ⲙⲓ ϫⲉ
ⲧⲁⲕⲩⲃⲱⲧⲟⲥ ϫⲱϫⲉⲃ ⲟⲩⲟϩ ⲧⲁⲓ ⲉⲃϣⲱⲧ ⲟⲩⲕⲟⲩϫⲓ
ⲡⲉ ⲟⲩⲟϩ ϯⲉ̇ⲙⲓ ⲁ̇ⲛⲟⲕ ⲛ̇ ⲛⲏⲃⲓ ⲁⲛ ⲙⲏⲡⲟⲧⲉ
ⲛ̇ⲧⲁϩⲓ ⲧⲟⲧ ⲉ̇ⲑⲁⲗⲁⲥⲥⲁ ⲛ̇ⲧⲁϣⲧⲉⲙⲧⲁⲥⲑⲟⲓ ϧⲉⲛ
ⲟⲩϩⲓⲣⲏⲛⲏ. Ⲟⲩⲟϩ ⲁ̇ⲛⲟⲕ ⲁⲓϣⲁⲛϥⲁⲓ ϧⲁ ⲛⲓⲃⲓⲥⲓ
ⲛ̇ⲧⲉ ⲫⲓⲟⲙ ⲛⲉⲙ ⲛⲓϩⲱⲓⲙⲓ ⲛ̇ ϯⲛⲁϣϥⲁⲓ ⲁⲛ ϧⲁ
ⲟⲩϣϥⲓⲧ ⲛ̇ⲧⲉ ⲫⲏ ⲉ̇ⲑ ⲛⲁ ϯ ϣⲱϣ ⲛⲏⲓ ⲛ̇ⲥⲉϫⲟⲥ

ⲇ̅. ⲁ. ϫⲉ ⲱ̇ ⲡⲓⲁ̇ⲧⲉ̇ⲙⲓ | ⲛ̇ ⲣⲱⲙⲓ ⲛⲓⲙ ⲡⲉ ⲫⲏ ⲉ̇ⲧⲁϥ ⲉⲣ
ⲁ̇ⲛⲁⲅⲕⲁⲍⲓⲛ ⲙ̇ⲙⲟⲕ ⲉⲑⲣⲉⲕⲓ̇ⲣⲓ ⲥⲁ ⲡϣⲱⲓ ⲛ̇ ⲧⲉⲕϫⲟⲙ
ⲓ̇ⲥϫⲉ ⲕⲉ̇ⲙⲓ ϫⲉ ⲕⲟⲓ ⲛ̇ ϩⲏⲕⲓ ⲟⲩⲟϩ ⲙ̇ⲙⲟⲛ ϩⲗⲓ ⲛ̇
ⲧⲟⲧⲕ ⲙ̇ⲡⲉⲣⲓ̇ⲣⲓ ⲥⲁ ⲡϣⲱⲓ ⲛ̇ ⲧⲉⲕϫⲟⲙ. Ⲁⲗⲗⲁ
ϩⲁⲛⲙⲏϣ ⲛⲉ ⲛⲓϣⲱⲧ ⲡⲱⲥ ⲙ̇ⲡⲉ ⲕϯ ⲛⲱⲟⲩ ⲛ̇
ⲧⲉⲕⲕⲟⲩϫⲓ ⲛ̇ ⲡⲉⲕⲓ̇ⲉⲃϣⲱⲧ ⲉⲑⲣⲟⲩ ⲉⲣ ϣⲱⲧ ⲛ̇ ϧⲏⲧⲥ
ϩⲓⲛⲁ ⲛ̇ⲧⲉⲕϭⲓ ⲙ̇ ⲡⲓϫⲫⲟ ⲛⲉⲙ ϯⲙⲉⲧⲓ̇ⲉⲃϣⲱⲧ ⲛⲉⲙ
ϯⲕⲩⲃⲱⲧⲟⲥ ⲟⲩⲛ ⲟⲩⲟϩ ⲁⲕⲛⲟϩⲉⲙ ⲛ̇ⲧⲉⲕⲯⲩⲭⲏ
ⲛⲉⲙ ϯⲕⲩⲃⲱⲧⲟⲥ ⲛⲉⲙ ⲡ ⲉ̇ⲧ ⲉⲛⲧⲁⲕ ⲟⲩⲛ ϧⲉⲛ
ⲟⲩϩⲓⲣⲏⲛⲏ ⲉ̇ϣⲱⲡ ⲕⲉ̇ⲙⲓ ⲛ̇ ⲛⲏⲃⲓ ⲁⲛ. Ⲁ̇ⲛⲟⲕ ⲇⲉ

ⲇ̅. ⲃ. ϯⲛⲁⲧⲁⲙⲱⲧⲉⲛ | ⲱ̇ ⲛⲁⲥⲛⲏⲟⲩ ϫⲉ ⲁϣ ⲧⲉ ϯⲕⲩⲃⲱ-
ⲧⲟⲥ ⲓ̇ⲉ ⲟⲩ ⲡⲉ ⲡⲓⲁ̇ⲃⲓⲛ ϯⲕⲩⲃⲱⲧⲟⲥ ⲇⲉ ⲧⲁⲥⲁⲣⲝ̄

ⲛ̀ ⲣⲉϥⲉⲣⲛⲟⲃⲓ ⲑⲁⲓ ⲉⲧⲉ ⲙ̀ⲡⲓ ⲉⲣ ⲕⲟⲓⲛⲟⲛⲓⲛ ⲛ̀ⲙⲟⲥ
ⲛ̀ ⲕⲁⲗⲱⲥ. ⲡⲓⲁⲃⲓⲛ ⲇⲉ ⲡⲉ ⲡⲁ ⲥ̇ⲏⲧ ⲫⲁⲓ ⲉ̀ⲧⲉ
ⲙ̀ⲙⲟⲛ ⲉ̀ⲙⲓ ⲛ̀ ⲃ̇ⲏⲧϥ ⲟⲩⲇⲉ ⲛⲏⲃⲓ ⲉ̀ ⲡϣⲱⲓ ⲟⲩⲟⲥ̇
ⲡⲓⲛⲏⲃⲓ ⲉ̀ ⲡϣⲱⲓ ⲉ̀ †ⲥⲱⲟⲩⲛ ⲙ̀ⲙⲟϥ ⲁⲛ. ⲛⲁⲓ ⲛⲉ
ⲛⲓⲅⲣⲁⲫⲏ ⲉ̀ⲧⲉ ⲙ̀ⲡⲓⲥⲟⲅⲟⲛⲟⲩ. Ⲉⲑⲃⲉ ⲫⲁⲓ ⲛ̀ⲑⲱⲧⲉⲛ 5
ⲧⲉⲧⲉⲛⲥⲁⲍⲓ ⲛⲉⲙⲏⲓ ⲛ̀ ⲫⲟⲟⲩ ⲥ̇ⲓⲛⲁ ⲉ̀ⲑⲣⲓ ⲉⲣ ⲥⲁ
ⲡϣⲱⲓ ⲛ̀ ⲧⲁ ⲍⲟⲙ ⲙⲁⲗⲓⲥⲧⲁ ϥⲏ ⲉ̀ⲧⲉⲧⲉⲛ ⲉⲣ ⲁ̀ⲛⲁⲅ-
ⲕⲁⲍⲓⲛ ⲙ̀ⲙⲟⲓ ⲉ̀ⲑⲣⲓⲥⲁⲍⲓ ⲉ̀ ⲡⲉϥⲧⲁⲓⲟ̀ ⲛⲉⲙ ⲫⲁ ⲡⲉϥ

Ⲃ̅. ⲁ. ⲟ̅ⲥ̅. Ⲟⲩ ⲉ̀ⲃⲟⲗϧⲉⲛ ⲡⲕⲁⲍ̇ⲓ ⲛⲉⲙⲁⲛ ⲁⲛ [ⲡⲉ] ⲁⲗⲗⲁ
ⲟⲩ ⲉ̀ⲃⲟⲗϧⲉⲛ ⲧⲫⲉ ⲡⲉ ⲛ̀ ⲟⲩⲥⲁⲣⲕⲓⲛⲟⲛ ⲁⲛ ⲡⲉ 10
ⲁⲗⲗⲁ ⲟⲩ ⲁ̀ⲥⲱⲙⲁⲧⲟⲥ ⲡⲉ ⲟⲩⲟⲩⲱⲓⲛⲓ ⲡⲉ ⲟⲩⲑⲁⲙⲓⲟ̀
ⲁⲛ ⲡⲉ ⲉ̀ⲃⲟⲗϧⲉⲛ ⲡⲓⲟ̀ⲙⲓ ⲁⲗⲗⲁ ⲟⲩⲡ̅ⲛ̅ⲁ̅ ⲉϥ ⲟⲩⲁⲃ
ⲡⲉ ⲛ̀ ⲟⲩ ⲉ̀ⲃⲟⲗϧⲉⲛ ⲛⲓⲇⲓⲁⲕⲱⲛ ⲛ̀ⲧⲉ ⲡⲕⲁⲍ̇ⲓ ⲁⲛ ⲡⲉ
ⲁⲗⲗⲁ ⲟⲩⲇⲓⲁⲕⲱⲛ ⲉ̀ⲃⲟⲗϧⲉⲛ ⲟⲩϣⲁⲥ̇ ⲛ̀ ⲥ̇ⲣⲱⲙ.
Ⲟⲩⲁⲣⲭⲱⲛ ⲛ̀ⲧⲉ ⲡⲕⲁⲍ̇ⲓ ⲁⲛ ⲡⲉ ⲁⲗⲗⲁ ⲟⲩⲁⲣⲭⲏ- 15
ⲁⲅⲅⲉⲗⲟⲥ ⲛ̀ⲧⲉ ⲧⲍⲟⲙ ⲛ̀ⲧⲉ ⲛⲓⲫⲏⲟⲩⲓ̀ ⲡⲉ ⲛ̀ ⲟⲩⲁⲣⲭⲏ-
[ⲥⲧⲣⲁⲧⲩ]ⲅⲟⲩⲥ ⲛ̀ⲧⲉ ⲡⲕⲁⲍ̇ⲓ ⲁⲛ ⲡⲉ ⲫⲁⲓ ⲉⲧ ⲉϥⲛⲁ-
ⲕⲟⲣϥϥ ⲛ̀ϫⲉ ⲡⲉϥⲟⲩⲣⲟ ϧⲉⲛ ⲡⲓⲛⲁⲩ ⲉⲧ ⲉϥⲟⲩⲱϣ
ⲁⲗⲗⲁ ⲟⲩⲁⲣⲭⲏⲥⲧⲣⲁⲧⲩⲅⲟⲩⲥ ⲛ̀ⲧⲉ ⲧⲍⲟⲙ ⲛ̀ ⲛⲓ-

Ⲃ̅. ⲃ. ⲫⲏⲟⲩⲓ̀ ϥ̀ⲙⲓⲛ ⲉ̀ⲃⲟⲗ ⲛⲉⲙ ⲡⲉϥⲟⲩⲣⲟ ϣⲁ ⲉ̀ⲛⲉⲥ̇. 20
Ⲁϥⲥⲁⲍⲓ ⲁⲛ ϧⲁ ⲡⲧⲁⲕⲟ̀ ⲛ̀ ⲛⲓⲯⲩⲭⲏ ⲁⲗⲗⲁ ⲟⲩⲣⲉϥⲉⲣ-
ⲡⲣⲉⲥⲃⲉⲅⲓⲛ ϧⲁ ⲡⲛⲟⲥ̇ⲉⲙ ⲛ̀ ⲛⲉⲛⲯⲩⲭⲏ ⲛⲉⲙ ⲛⲉⲛ-
ⲥⲱⲙⲁ ⲛ̀ ⲥⲏⲟⲩ ⲛⲓⲃⲉⲛ ϧⲁⲧⲉⲛ ⲫ̀† ⲡⲉⲛⲣⲉϥⲑⲁⲙⲓⲟ̀.
Ⲛ̀ ⲟⲩⲣⲉϥⲥⲉⲙⲓ ⲁⲛ ⲁⲗⲗⲁ ⲟⲩϥⲁⲓⲣⲱⲟⲩϣ ϧⲁ ⲡⲧⲏⲣϥ
ⲛ̀ ⲟⲩⲙⲁⲥⲧⲉ ⲣⲱⲙⲓ ⲁⲛ ⲁⲗⲗⲁ ⲟⲩⲙⲉⲛⲣⲓⲧ ⲛ̀ⲧⲉ 25
ⲧⲍⲓⲕⲱⲛ ⲛ̀ ⲫ̀† ⲧⲏⲣⲟⲩ. Ⲛ̀ ⲟⲩⲍⲁⲍⲓ ⲛ̀ⲧⲁⲛ ⲁⲛ
ⲡⲉ ⲁⲗⲗⲁ ϥⲟⲓ ⲛ̀ ⲥ̇ⲓⲣⲏⲛⲏ ⲛⲉⲙ ⲟⲩⲟⲛ ⲛⲓⲃⲉⲛ ⲛ̀ ⲟⲩ
ⲁⲧ ⲛⲁⲓ ⲁⲛ ⲡⲉ ⲁⲗⲗⲁ ⲟⲩⲣⲉϥϣⲉ ⲛ̀ ⲥ̇ⲏⲧ ⲡⲉ ⲉⲣⲉ

ϛ̄. ⲁ. ⲑⲙⲉⲧⲛⲁⲛⲧ ⲛ̀ ⲫϯ ϣⲟⲡ ⲛ̀ ϧⲏⲧϥ | ϫⲉ ⲫⲏ ⲉ̀ⲧ
ⲉⲣⲉ̀ⲧⲓⲛ ϣⲁϥϭⲓ ⲫⲏ ⲉ̀ⲧ ⲕⲱϯ ϣⲁϥϫⲓⲙⲓ ⲟⲩⲟϩ ⲫⲏ
ⲉ̀ⲧ ⲕⲱⲗϩ ⲥⲉⲛⲁⲟⲩⲱⲛ ⲛⲁϥ. Ⲟⲩⲟϩ ⲁ̀ⲛⲟⲕ ϩⲱ
ⲉ̀ⲧⲁⲓⲛⲁⲩ ⲉ̀ ⲧϫⲓⲛϯ ⲛ̀ ⲡⲁ ϭⲥ ϧⲉⲛ ⲟⲩⲣⲁϣⲓ ⲁⲓϭⲓ-
ⲧⲟⲧ ⲟⲩⲛ ⲉ̀ⲣⲟϥ ⲛ̀ ⲫⲟⲟⲩ ⲁⲧϭⲛⲉ ⲙⲉⲧⲁⲣⲕⲟⲥ. 5
Ϭⲉⲣⲉ̀ⲧⲓⲛ ϩⲓⲛⲁ ⲛ̀ⲧⲁϭⲓ ⲛ̀ ⲟⲩⲙⲏϣ ⲟⲩⲟϩ ⲉⲓⲕⲱⲗϩ
ϩⲓⲛⲁ ⲛ̀ⲥⲉⲁⲟⲩⲱⲛ ⲛⲏⲓ ⲁⲗⲗⲁ ϥⲛⲁϫⲟⲥ ⲛ̀ⲟⲟⲕ ⲱ̀
ⲫⲏ ⲉ̀ⲑ ⲙⲉϩ ⲛ̀ ⲁ̀ⲣⲉⲧⲏ ⲟⲩⲟϩ ϥⲙⲉⲓ ⲛ̀ ϯⲥⲃⲱ ϫⲉ
ⲟⲩ ϩⲁⲣⲁ ⲡⲉ ⲉ̀ⲧ ⲉⲕϣⲓⲛⲓ ⲛ̀ⲥⲱϥ ⲛ̀ ⲧⲟⲧϥ ⲛ̀ ⲫⲟⲟⲩ
ⲙⲉⲛⲉⲛⲥⲁ ⲑⲣⲉⲕ ⲉⲣ ϣⲟⲣⲡ ⲛ̀ⲧⲉⲕϫⲱ. Ⲁⲕⲕⲏⲛ 10
ϛ̄. ⲃ. ⲛ̀ϫⲱ ⲛ̀ ⲟⲩⲉⲩⲉⲅⲕⲱⲙⲓⲟⲛ | ⲉ̀ϫⲉⲛ ϯⲣⲟⲙⲡⲓ ⲛ̀ ⲃⲉⲣⲓ
ⲛⲉⲙ ⲧⲁ̀ⲣⲭⲏ ⲛ̀ ⲛⲓϣⲁⲓ ⲛ̀ⲧⲉ ⲡϭ̄ⲥ ⲧⲏⲣⲟⲩ ⲟⲩⲟϩ ⲡⲁⲓ
ⲣⲏϯ ⲟⲩⲛ ⲁⲕϫⲱ ⲛ̀ ⲕⲉ ⲗⲟⲅⲟⲥ ⲉ̀ϫⲉⲛ ⲫⲏ ⲉ̀ⲧⲉ ⲙ̀ⲡⲉ
ⲟⲩⲟⲛ ⲧⲱⲛϥ ϧⲉⲛ ⲛⲓⲙⲓⲥⲓ ⲛ̀ⲧⲉ ⲛⲓϩⲓⲟ̀ⲙⲓ ⲉ̀ ⲛⲁⲁϥ
ⲉ̀ϩⲟⲧ ⲉ̀ⲣⲟϥ ⲡⲥⲩⲛⲅⲉⲛⲏⲥ ⲛ̀ ⲡⲭ̄ⲥ̄ ⲡⲓⲁ̀ⲅⲓⲟⲥ ⲓⲱⲁⲛⲛⲏⲥ 15
ⲡⲓⲣⲉϥϯ ⲱⲙⲥ ⲡϣⲫⲏⲣ ⲛ̀ ⲡⲓⲡⲁⲧϣⲉⲗⲉⲧ ⲉ̀ⲑ ⲟⲩⲁⲃ.
Ⲙⲏ ⲕⲉ̀ⲙⲓ ⲁⲛ ⲱ̀ ⲡⲁ ⲓⲱⲧ ϫⲉ ⲛⲁⲛⲉ ⲡⲓϣⲓ ϧⲉⲛ
ϩⲱⲃ ⲛⲓⲃⲉⲛ ⲛ̀ ⲫⲣⲏϯ ⲉ̀ ⲁⲕⲟⲩⲱⲛ ⲓⲉ̀ ⲛ̀ⲧⲉⲕⲥⲱ
ⲓⲉ̀ ⲛ̀ⲧⲉⲕϣⲗⲏⲗ ⲭⲁⲟⲩⲁϣ ⲡⲓϣⲓ ϧⲉⲛ ϩⲱⲃ ⲛⲓⲃⲉⲛ
Ⲙ̀ⲫⲣⲏϯ ⲉ̀ⲧⲉϥϫⲱ ⲙ̀ⲙⲟⲥ ⲛ̀ϫⲉ ⲡⲉⲛⲥⲁϧ ⲛ̀ ⲁ̀ⲡⲟⲥ- 20
ⲍ̄. ⲁ. ⲧⲟⲗⲟⲥ ⲡⲁⲩⲗⲟⲥ ϫⲉ ϯⲁ̀ⲥⲕⲩⲥⲓⲥ ⲛ̀ⲧⲉ ⲫϯ ⲟⲩⲛⲓϣϯ
ⲡⲉ ϧⲉⲛ ⲡⲓϩⲛⲟⲩ ⲁⲕϣⲁⲛϫⲱⲕ ⲉ̀ⲃⲟⲗ ⲛ̀ⲧⲉⲕⲧⲱⲟⲩⲛ
ϧⲁⲣⲟⲥ. Ⲁ̀ⲛⲟⲕ ⲇⲉ ϯⲛⲁ ⲉⲣ ⲟⲩⲱ̀ ⲛⲁⲕ ⲟⲩⲟϩ
ⲛ̀ⲧⲁϫⲟⲥ ⲛⲁⲕ ⲱ̀ ⲡⲁ ⲙⲉⲛⲣⲓⲧ ϫⲉ ⲁⲕⲥⲁϫⲓ ⲛ̀ ⲕⲁⲗⲱⲥ
ⲟⲩⲟϩ ⲁⲕⲟⲩⲱⲛϩ ⲛ̀ ⲟⲩϥⲓⲣⲱⲟⲩϣ ⲉ̀ⲃⲟⲗ ⲁⲗⲗⲁ ϯⲛⲁ 25
ⲉⲣ ⲧⲟⲗⲙⲁⲛ ⲟⲩⲟϩ ⲛ̀ⲧⲁϫⲟⲥ ⲙ̀ ⲫⲣⲏϯ ⲙ̀ ⲡϣⲫⲏⲣ
ⲙ̀ ⲡϭ̄ⲥ̄ ⲁⲃⲣⲁⲁⲙ ⲡⲁ̀ⲣⲭⲱⲛ ⲛ̀ ⲛⲓⲡⲁⲧⲣⲓⲁ̀ⲣⲭⲏⲥ ⲫⲏ
ⲉ̀ⲧⲁϥ ⲉⲣ ⲓⲱⲧ ⲛ̀ ⲟⲩⲙⲏϣ ⲛ̀ ⲉⲑⲛⲟⲥ ⲉ̀ⲧⲁϥϫⲟⲥ ⲛ̀

ⲫϯ ⲇⲉ ⲓⲥϫⲉ ⲟⲩⲟⲛϣϫⲟⲙ ⲛ̀ ⲥⲁϫⲓ ⲛⲉⲙ ⲡⲁ ⳪ ⲛ̀
ⲡⲁⲓ ⲕⲉ ⲥⲟⲡ ⲟⲩⲟϩ ⲕⲁⲛ ⲫⲁⲓ ⲟⲩⲍⲟⲩⲟ̀ | ⲥⲁϫⲓ
ⲛ̀ⲧⲏⲓ ⲉⲑⲣⲓⲧⲉⲛⲟⲱⲛⲧ ⲉ̀ ⲡϣⲫⲏⲣⲓ ⲛ̀ ⲫϯ ⲁⲗⲗⲁ
ⲁ̀ⲛⲟⲕ ⲉⲓⲉ̀ ⲉⲣ ⲧⲟⲗⲙⲁⲛ ϣⲁ ⲅ̅ ⲛ̀ ⲥⲟⲡ ϩⲱⲗⲟⲥ
ⲟⲩⲟϩ ϥⲛⲁⲧⲁⲥⲑⲟⲓ ⲁⲛ. ϫⲉ ⲟⲩⲉⲓ ⲛ̀ⲑⲟϥ ⲡⲉ ⲟⲩⲛⲟⲩϯ 5
ⲛ̀ ⲟⲩⲱⲧ ⲟⲩⲟϩ ⲟⲩ⳪ ⲛ̀ ⲟⲩⲱⲧ ⲟⲩⲟϩ ⲑⲱϥ ⲧⲉ
ϯⲙⲉⲧϣⲁⲛⲁϩⲑⲏϥ ⲓⲥϫⲉⲛ ⲛⲏⲓⲛⲓ ⲉ̀ⲃⲟⲗ ϣⲁ ⲉ̀ⲛⲉϩ. ϧⲉⲛ
ⲫⲁⲓ ϯⲟⲱⲧ ⲛ̀ ⲡⲉⲕϩⲏⲧ ϫⲉ ⲫϯ ⲫⲏ ⲉ̀ⲧⲁϥϩⲟⲛϩⲉⲛ
ⲛⲁⲛ ϫⲉ ⲛ̀ⲧⲉⲛⲉ̀ⲣⲉⲧⲓⲛ ϩⲓⲛⲁ ⲛ̀ⲧⲉⲛϭⲓ ⲛ̀ⲙⲟⲛ ϫⲉ
ⲉⲑⲃⲉ ⲟⲩ ⲧⲉⲧⲉⲛⲉ̀ⲣⲉⲧⲓⲛ ⲙ̀ⲙⲟⲓ ⲉ̀ⲑⲣⲓⲣⲁⲃⲱ ϧⲉⲛ 10
ⲧⲉⲧⲉⲛⲙⲏϯ ϧⲉⲛ ⲡⲁⲓ ⲛⲓϣϯ ⲛ̀ ϣⲁⲓ ⲉ̀ⲧ ⲫⲱⲣϣ
ⲉ̀ⲃⲟⲗ ϧⲉⲛ ⲡⲓⲕⲟⲥⲙⲟⲥ ⲧⲏⲣϥ ⲙ̀ⲙⲁⲩⲁⲧϥ ⲁⲛ ⲁⲗⲗⲁ
ⲛⲉⲙ ϧⲉⲛ ⲛⲓⲫⲏⲟⲩⲓ̀ ⲟⲩⲟϩ ⲛ̀ⲑⲱⲧⲉⲛ ⲧⲉⲧⲉⲛⲱϣ
ⲉ̀ⲃⲟⲗ ⲉ̀ϫⲱⲓ ⲛⲓⲕⲟⲩϫⲓ ⲛⲉⲙ ⲛⲓⲛⲓϣϯ ⲛⲓϩⲱⲟⲩⲧ ⲛⲉⲙ
ⲛⲓϩⲓⲟ̀ⲙⲓ ⲉ̀ⲣⲉⲧⲉⲛϫⲱ ⲙ̀ⲙⲟⲥ ϫⲉ ⲧⲉⲛϯϩ̀ⲟ̀ ⲉ̀ⲣⲟⲕ ⲙ̀ⲡ 15
ⲉⲣ ⲭⲁ ⲣⲱⲕ ⲉ̀ⲃⲟⲗϩⲁ ⲡⲁⲓ ⲛⲓϣϯ ⲛ̀ ϣⲓⲛⲓ ⲟⲩⲟϩ
ⲛ̀ⲧⲉⲕⲧⲁⲙⲟⲛ ⲉ̀ ⲡⲁⲓ ⲛⲓϣϯ ⲛ̀ ϣⲁⲓ ⲛⲉⲙ ⲡⲧⲁⲓⲟ̀
ⲛ̀ ⲫⲏ ⲉ̀ⲧⲟⲩ ⲉⲣ ϣⲁⲓ ⲛⲁϥ ⲛ̀ ϧⲏⲧϥ ⲫⲁⲓ ⲉ̀ⲧ ⲉⲣ
ⲡⲣⲉⲥⲃⲉⲩⲓ̀ⲛ ϩⲁⲣⲟⲛ ⲧⲏⲣⲉⲛ ϩⲁⲧⲉⲛ ⲫϯ. ⲛⲓⲙ ⲛⲉ
ⲛⲓϣϯ ⲛ̀ⲧⲉ ⲡⲓⲡⲁⲗⲗⲁⲧⲓⲟⲛ ⲉ̀ⲃⲏⲗ ⲉ̀ ⲡⲭ̅ⲥ̅ ⲛⲉⲙ ⲡⲉϥⲁⲣ- 20
ⲭⲏⲥⲧⲣⲁⲧⲩⲅⲟⲩⲥ ⲉⲑⲟⲩⲁⲃ ⲙⲓⲭⲁⲏⲗ. ⲟⲩⲟϩ ⲙⲉⲛⲉⲛ-
ⲥⲱⲥ ⲧⲉⲛⲛⲁⲟⲩⲁϩⲧⲉⲛ ⲛ̀ⲥⲱⲟⲩ ϩⲱⲛ ⲛⲁⲛ ⲉ̀ ⲡⲉⲧⲉⲛ
ϫⲓⲛϣⲓⲛⲓ ⲱ̀ ⲛⲁⲙⲉⲛⲣⲁϯ ϫⲉ ⲡⲓⲑⲉⲃⲓⲟ̀ ⲁϥϭⲓⲥⲓ
ⲟⲩⲟϩ ϥⲥⲟⲩⲧⲱⲛ ⲁⲗⲗⲁ ⲁ̀ⲙⲱⲓⲛⲓ ⲟⲩⲁϩⲑⲏⲛⲟⲩ ⲛ̀ⲥⲱⲓ
ϫⲉ ⲟⲩⲉⲓ ⲁ̀ ⲛⲓⲛⲓϣϯ ⲛ̀ⲧⲉ ⲡⲓⲡⲁⲗⲗⲁⲧⲓⲟⲛ ⲕⲏⲛ ⲛ̀ 25
ϩⲱⲗ ⲉ̀ ⲡⲓⲇⲓⲡⲛⲟⲛ ⲛ̀ⲧⲉ ⲡⲓⲁⲣⲭⲏⲁⲅⲅⲉⲗⲟⲥ ⲉⲑⲟⲩⲁⲃ
ⲙⲓⲭⲁⲏⲗ ⲟⲩⲟϩ ⲛ̀ⲧⲟⲩⲣⲱⲧⲉⲃ ⲛⲓⲙ ⲛⲉ ⲛⲁⲓ ⲛⲓϣϯ
ⲉ̀ⲧⲁⲩ ⲉⲣ ϣⲟⲣⲡ ⲛ̀ ⲣⲱⲧⲉⲃ ⲛⲉⲙ ⲡⲓⲁⲣⲭⲏⲁⲅⲅⲉⲗⲟⲥ

ⲙⲓⲭⲁⲏⲗ. ⲥⲱⲧⲉⲙ ⲁⲛⲟⲕ ⲇⲉ ϯⲛⲁⲧⲁⲙⲱⲧⲉⲛ ⲉⲣⲱⲟⲩ.
ⲁⲇⲁⲙ. ⲥⲏⲑ. ⲉⲛⲱⲭ. ⲙⲁⲑⲟⲩⲥⲁⲗⲁ. ⲙⲱⲉ.
ⲁⲃⲣⲁⲁⲙ. ⲓⲥⲁⲁⲕ. ⲓⲁⲕⲱⲃ. ⲓⲱⲥⲏⲫ. ⲙⲱⲩⲥⲏⲥ.
ⲁⲁⲣⲱⲛ. ⲓⲏⲥⲟⲩ. ⲅⲉⲇⲉⲱⲛ. ⲃⲁⲣⲁⲭ. ⲥⲁⲙⲯⲱⲙ.

ⲟ. ⲁ. ⲓⲉⲫⲑⲁⲓⲉ. ⲗⲁⲩⲓⲇ. ⲥⲟⲗⲟⲙⲱⲛ. ⲓⲉⲍⲉⲕⲓⲏⲗ. ⲏⲥⲁⲓⲁⲥ. 5
ⲓⲉⲣⲉⲙⲓⲁⲥ. ⲁⲛⲁⲛⲓⲁⲥ. ⲁⲍⲁⲣⲓⲁⲥ. ⲙⲓⲥⲁⲏⲗ. ⲏⲗⲓⲁⲥ.
ⲉⲗⲓⲥⲉⲟⲥ. ⲛⲉⲙ ⲡⲥⲱϫⲡ ⲛ̀ ⲛⲓ ⲕⲉ ⲡⲣⲟⲫⲏⲧⲏⲥ.
ⲍⲁⲭⲁⲣⲓⲁⲥ. ⲡⲓⲟⲩⲏⲃ. ⲛⲉⲙ ⲓⲱⲁⲛⲛⲏⲥ ⲡⲓⲣⲉϥ ϯ
ⲱⲙⲥ ⲛⲉⲙ ⲡⲓ ⲓ̅ⲃ̅ ⲛ̀ ⲁⲡⲟⲥⲧⲟⲗⲟⲥ. ⲛⲉⲙ ⲡⲓⲁⲅⲓⲟⲥ
ⲥⲧⲉⲫⲁⲛⲟⲥ. ⲛⲉⲙ ⲛⲓⲃⲉⲗⲗⲟ ⲥⲩⲙⲉⲱⲛ ⲡⲓⲟⲩⲏⲃ ⲉⲑ 10
ⲟⲩⲁⲃ. ⲛⲉⲙ ⲡⲭⲱⲣⲟⲥ ⲛ̀ⲧⲉ ⲛⲏ ⲉⲑ ⲟⲩⲁⲃ. ⲛⲉⲙ
ⲡⲭⲱⲣⲟⲥ ⲛ̀ⲧⲉ ⲛⲓⲑⲙⲏⲓ. ⲟⲩⲟϩ ⲟⲩ ⲡⲉ ⲡⲁⲥϧⲟ
ⲁⲓⲥⲁϫⲓ ⲉ̀ ⲛⲁ ⲡⲕⲁϩⲓ ⲙ̀ⲙⲁⲩⲁⲧⲟⲩ ⲁⲗⲗⲁ ϥⲉⲙⲙⲁⲩ
ⲛ̀ϫⲉ ⲡϭⲥ ⲛ̀ⲧⲉ ⲡⲱⲟⲩ ⲛⲉⲙ ⲡⲧⲁⲅⲙⲁ ⲧⲏⲣϥ ⲛ̀ⲧⲉ

ⲟ. ⲃ. ⲛⲓⲫⲏⲟⲩⲓ ⲛⲓⲁⲅⲅⲉⲗⲟⲥ ⲛⲉⲙ ⲛⲓⲁⲣⲭⲏⲁⲅⲅⲉⲗⲟⲥ ⲛⲓ- 15
ⲭⲉⲣⲟⲩⲃⲓⲙ ⲛⲉⲙ ⲛⲓⲥⲉⲣⲁⲫⲓⲙ ⲛⲓⲑⲣⲟⲛⲟⲥ ⲛⲓⲙⲉⲧϭⲥ
ⲛⲉⲙ ⲛⲓϫⲟⲙ ⲉⲩⲙ̀ⲙⲁⲩ ⲛ̀ϫⲉ ⲛⲁⲓ ⲧⲏⲣⲟⲩ ⲉⲩϯ
ⲱⲟⲩ ⲙ̀ ⲫϯ ⲛⲉⲙ ⲫⲏ ⲉⲧ ⲁϥⲁⲓϥ ⲛ̀ ⲁⲣⲭⲱⲛ ⲉ̀ϫⲱⲟⲩ
ⲧⲏⲣⲟⲩ ⲡⲓⲛⲓϣϯ ⲛ̀ ⲁⲣⲭⲁⲅⲅⲉⲗⲟⲥ ⲉⲑ ⲟⲩⲁⲃ ⲙⲓ-
ⲭⲁⲏⲗ. ⲁⲗⲗⲁ ϯⲟⲩⲱϣ ⲁⲛⲟⲕ ⲉⲑⲣⲓⲕⲟⲧ ⲛ̀ ⲕⲉ ⲥⲟⲡ 20
ⲉ̀ ϯⲁⲩⲗⲏ ⲛ̀ⲧⲉ ⲡⲓⲛⲓϣϯ ⲛ̀ ⲁⲣⲭⲁⲅⲅⲉⲗⲟⲥ ⲉⲧ ⲟⲩⲁⲃ
ⲙⲓⲭⲁⲏⲗ ⲟⲩⲟϩ ⲛ̀ⲧⲁϣⲉⲛ ⲛⲓⲛⲓϣϯ ⲛ̀ ⲣⲱⲙⲓ ⲛ̀ⲧⲉ
ⲡⲕⲁϩⲓ ϫⲉ ⲡⲱⲥ ⲥⲉⲭⲏ ϧⲉⲛ ⲡⲁⲓ ⲛⲓϣϯ ⲛ̀ ϣⲁⲓ ⲉⲑ
ⲟⲩⲁⲃ ⲛⲉⲙⲁⲛ ⲙ̀ ⲫⲟⲟⲩ. ⲓⲥϫⲉ ⲥⲉⲣⲁϣⲓ ϩⲓⲛⲁ ⲛ̀ⲧⲁ-

ⲅ. ⲁ. ⲣⲁϣⲓ ⲛⲉⲙ ⲛⲏ ⲉⲑ ⲣⲁϣⲓ ⲕⲁⲧⲁ ⲡⲥⲁϫⲓ ⲛ̀ ⲡⲓⲁⲡⲟⲥ- 25
ⲧⲟⲗⲟⲥ. ⲁⲡⲗⲱⲥ ϯⲛⲁϩⲓ ⲧⲟⲧ ⲉ̀ⲃⲟⲗϧⲉⲛ ⲫⲓⲱⲧ ⲛ̀
ϯⲙⲉⲧⲣⲱⲙⲓ ⲧⲏⲣⲥ ⲫⲏ ⲉⲧ ⲁ ⲫϯ ⲑⲁⲙⲓⲟϥ ⲕⲁⲧⲁ
ⲡ ⲉⲧⲉ ⲫⲱϥ ⲛ̀ ⲓⲛⲓ ⲛⲉⲙ ϩⲓⲕⲱⲛ ⲡⲁ ϭⲥ ⲛ̀ ⲓⲱⲧ

ⲁⲇⲁⲙ ⲛ̅ⲑⲟϥ ⲡⲉ ⲉ̅ⲧ ⲁⲓⲛⲁⲩ ⲉ̅ⲣⲟϥ ⲉϥⲟⲓ ⲛ̅ ϣⲟⲣⲡ
ⲃⲉⲛ ⲡⲓⲁ̀ⲣⲓⲥⲧⲟⲛ Ⲟⲩⲟϩ ⲛ̅ⲧⲁϣⲉⲛϥ ⲁ̀ⲛⲟⲕ ⲉⲓⲟⲓ ⲛ̅
ϩⲟϯ ⲟⲩⲟϩ ϯⲥⲑⲉⲣⲧⲉⲣ ⲇⲉ ⲟⲩⲏⲓ ϯⲛⲁⲩ ⲉ̅ ϯⲑⲟⲟⲩⲧⲥ
ⲧⲏⲣⲥ ⲛ̀ⲧⲉ ⲛⲏ ⲉ̅ⲧ ⲃⲉⲛ ⲡⲓⲁ̀ⲣⲓⲥⲧⲟⲛ ⲉⲩⲣⲁϣⲓ ⲛⲉⲙⲁϥ
ⲛ̀ ϥⲟⲟⲩ ⲟⲩⲟϩ ⲉⲩⲧⲁⲓⲟ̀ ⲙ̀ⲙⲟϥ ⲁ̀ⲛⲟⲕ ⲇⲉ ϯⲛⲁ- 5
Ⅰ. B. ⲙⲟⲩⲍⲧ ⲛⲉⲙⲱⲟⲩ. Ⲕⲁⲛ ⲁ̀ⲛⲟⲕ ⲟⲩⲣⲉϥⲉⲣⲛⲟⲃⲓ
ⲟⲩⲟϩ ⲁⲓϣⲁⲛϯ ⲛⲁϥ ⲛ̀ ϥⲣⲁϣⲓ ⲛ̀ ⲡⲁ ϩⲏⲧ. ⲭⲉⲣⲉ
ⲡⲁ ϭⲥ ⲛ̀ ⲓⲱⲧ ⲉ̅ⲑ ⲟⲩⲁⲃ ⲭⲉⲣⲉ ⲫⲓⲱⲧ ⲛ̀ ⲙⲓⲙⲉⲧⲓⲱⲧ
ⲧⲏⲣⲟⲩ ⲭⲉⲣⲉ ⲫⲓⲱⲧ ⲛ̀ ⲡⲅⲉⲛⲟⲥ ⲧⲏⲣϥ ⲛ̀ⲧⲉ ϯⲙⲉⲧ-
ⲣⲟⲙⲓ ⲛⲓⲃ(sic) ⲉ̅ⲧⲁⲩϣⲱⲡⲓ ⲛⲉⲙ ⲛⲏ ⲉ̅ⲑ ⲛⲁϣⲱⲡⲓ 10
ⲟⲩⲛ. Ⲟⲩⲟϩ ⲁ̀ⲛⲟⲕ ϩⲱ ⲉ̅ϣⲱⲡ ⲁⲓϣⲁⲛϯ ⲛⲁϥ ⲙ̀
ⲡⲁⲓ ⲭⲉⲣⲉⲧⲓⲥⲙⲟⲥ ⲉ̅ⲧ ⲟⲓ ⲛ̀ ⲙⲁϩ ⲅ̅ ⲁ̀ⲛⲁⲅⲕⲏ ϩⲱϥ
ⲛ̀ⲧⲉϥⲙⲟⲩϯ ⲛⲏⲓ ⲛ̀ ⲫⲣⲏϯ ⲛ̀ ⲟⲩⲓⲱⲧ ⲛ̀ ⲡⲉϥϣⲏⲣⲓ
ⲇⲉ ⲁ̀ⲙⲟⲩ ⲱ̀ ⲡⲁϣⲏⲣⲓ ⲛ̀ⲧⲉⲕ ⲉⲣ ϣⲁⲓ ⲛⲉⲙⲁⲛ ϩⲱⲕ
ⲃⲉⲛ ⲡⲁⲓ ⲛⲓϣϯ ⲛ̀ ϣⲁⲓ ⲙ̀ ϥⲟⲟⲩ ⲟⲩⲟϩ ⲁⲓϣⲁⲛϫⲓⲙⲓ 15
ⲛ̀ ⲟⲩⲡⲁⲣⲣⲏⲥⲓⲁ̀ ⲃⲁ ⲧⲟⲧⲕ Ⲥⲛⲁⲩⲓ̀ⲣⲓ ⲙ̀ⲡⲉϥⲙⲉⲩⲓ̀
ⅠⅩ. ⲁ. ⲁⲛ ⲃⲁⲧⲉⲛ ⲡⲉϥⲟⲩⲣⲟ ⲁⲗⲗⲁ ⲁϥϩⲏⲗ ⲉ̀ⲃⲟⲩⲛ
ⲭⲱⲣⲓⲥ ⲙⲉⲥⲓⲧⲏⲥ ⲓⲉ ⲣⲉϥⲉⲣⲫⲙⲉⲩⲓ̀. ϥⲟⲓ ⲛ̀ ⲁⲣⲭⲱⲛ
ⲁⲛ ⲉ̀ϫⲉⲛ ⲟⲩⲇⲁⲍⲓⲥ ⲛ̀ ⲟⲩⲱⲧ ⲁⲗⲗⲁ ⲉ̀ϫⲉⲛ ⲡⲭⲱⲣⲟⲥ
ⲧⲏⲣϥ ⲛ̀ⲧⲉ ⲛⲓⲫⲏⲟⲩⲓ ⲕⲁⲧⲁ ⲡⲟⲩⲁϩⲥⲁϩⲛⲓ ⲙ̀ ⲡϭⲥ 20
ⲟⲩⲟϩ ⲛⲉⲙ ϩⲱⲃ ⲛⲓⲃⲉⲛ ⲛ̀ϥⲟ̀ϩⲓ ⲉ̀ⲣⲁⲧϥ ⲥⲁ ϫⲁϭⲏ
ⲁⲛ ⲁⲗⲗⲁ ϥⲟ̀ϩⲓ ⲇⲉ ⲉ̀ ⲣⲁⲧϥ ⲥⲁ ⲟⲩⲓ̀ⲛⲁⲙ ⲛ̀ ⲫϯ
ⲉϥⲕⲱϯ ⲛ̀ ⲧⲟⲧϥ ⲛ̀ ⲥⲏⲟⲩ ⲛⲓⲃⲉⲛ ⲉ̀ϫⲉⲛ ⲡⲅⲉⲛⲟⲥ
ⲛ̀ ⲛⲓⲣⲱⲙⲓ. Ⲛⲓⲙ ⲡⲉ ⲫⲁⲓ ⲉ̀ⲣⲉ ⲛⲁⲓ ⲛⲓϣϯ ⲛ̀ ⲧⲁⲓⲟ̀
ⲧⲟⲓ ϩⲓⲱⲧϥ ⲙ̀ ⲡⲁⲓ ⲣⲏϯ ⲛⲉⲙ ⲡⲁⲓ ⲛⲓϣϯ ⲛ̀ ⲱ̀ⲟⲩ. 25
ⅠⅩ. B. Ⲥⲱⲧⲉⲙ ⲫⲁⲓ ⲡⲉ ⲙⲓⲭⲁⲏⲗ ⲡⲓⲛⲓϣϯ ⲛ̀ ⲁⲣⲭⲏⲁ̀ⲅⲅⲉⲗⲟⲥ
ⲛ̀ⲧⲉ ⲧϫⲟⲙ ⲛ̀ ⲛⲓⲫⲏⲟⲩⲓ̀. Ⲛⲓⲙ ⲡⲉ ⲫⲁⲓ ⲉ̀ⲧⲉ ⲥⲉ ⲉⲣ
ϣⲁⲓ ⲛⲁϥ ⲛ̀ϫⲉ ⲛⲓⲁ̀ⲣⲉⲧⲏ ⲧⲏⲣⲟⲩ. ⲛ̀ⲑⲟϥ ⲡⲉ ⲙⲓⲭⲁⲏⲗ

ⲡⲁⲣⲭⲱⲛ ⲛ̀ ⲑⲙⲉⲧⲟⲩⲣⲟ ⲛ̀ ⲛⲓⲫⲏⲟⲩⲓ̀. ⲛⲓⲙ ⲡⲉ ⲫⲁⲓ
ⲉ̀ⲧ ⲁ ⲡⲟⲩⲣⲟ ⲉⲣ ⲫⲱⲣⲓⲛ ⲙ̀ⲙⲟϥ ⲛ̀ ⲧⲁⲓ ⲛⲓϣϯ ⲛ̀
ϭⲣⲏⲡⲓ ⲉ̀ⲑ ⲙⲉϩ ⲉ̀ⲃⲟⲗϧⲉⲛ ⲡⲁⲓ ⲛⲟⲭ ⲛ̀ ⲱⲟⲩ ⲟⲩⲟϩ
ⲁϥϯ ϩⲓⲱⲧϥ ⲛ̀ ⲛⲟⲭ ⲛ̀ ⲥⲧⲟⲗⲏ ⲟⲩⲟϩ ⲁϥⲙⲟⲣϥ ϧⲉⲛ
ⲡⲁⲓ ⲛⲟⲭᵇ ⲛ̀ ⲛⲟⲩⲃ ϩⲓ ⲱ̀ⲛⲓ ⲙ̀ ⲙⲏⲓ ⲉ̀ⲧⲉ ⲙ̀ⲡⲉ 5
ⲟⲩⲟⲛ ϣⲱⲡⲓ ⲙ̀ ⲡⲉϥ ⲣⲏϯ ⲫⲁⲓ ⲡⲉ ⲙⲓⲭⲁⲏⲗ ⲡⲓⲛⲓϣϯ
ⲛ̀ ⲁⲣⲭⲏⲁⲅⲅⲉⲗⲟⲥ ⲉ̀ⲧ ϭⲟⲥⲓ. ⲛⲓⲙ ⲡⲉ ⲫⲁⲓ ⲉ̀ⲣⲉ

ⲓ̅ⲃ̅. ⲁ. ⲛⲓⲁⲅⲅⲉⲗⲟⲥ ⲛⲉⲙ ⲛⲓⲧⲁⲅⲙⲁ ⲛ̀ⲧⲉ ⲛⲓⲫⲏⲟⲩⲓ̀ | ⲉⲣ
ϩⲉⲗⲡⲓⲥ ⲙ̀ ⲫⲟⲟⲩ ⲟⲩⲟϩ ⲉⲩⲉⲣ ϣⲁⲓ ⲛⲉⲙⲁϥ ϧⲉⲛ
ⲡⲉϥϣⲁⲓ ⲛ̀ⲑⲟϥ ⲡⲉ ⲙⲓⲭⲁⲏⲗ ⲫⲏⲉ̀ⲧ ⲁ ⲫϯ ⲑⲁϣϥ ⲛ̀ 10
ⲁⲣⲭⲱⲛ ⲛ̀ ⲧⲉϥⲙⲉⲧⲟⲩⲣⲟ ⲧⲏⲣⲥ. ⲛⲓⲙ ⲡⲉ ⲫⲁⲓ
ⲉ̀ⲧⲉ ⲥⲉϩⲟⲛϩⲉⲛ ⲛ̀ ⲛⲓⲧⲁⲅⲙⲁ ⲧⲏⲣⲟⲩ ⲛ̀ⲧⲉ ⲛⲓⲫⲏⲟⲩⲓ̀
ⲥⲉⲥⲱⲧⲉⲙ ⲛⲁϥ ⲛ̀ⲑⲟϥ ⲡⲉ ⲙⲓⲭⲁⲏⲗ ⲡⲓⲁⲣⲭⲏⲁⲅⲅⲉⲗⲟⲥ
ⲉ̀ⲧⲁϥⲥⲱⲧⲉⲙ ⲛ̀ ⲥⲁ ⲫⲟⲩⲁϩⲥⲁϩⲛⲓ ⲙ̀ ⲡϭⲥ ⲉ̀ ⲉϥϩⲓⲟⲩⲓ̀
ⲉ̀ⲃⲟⲗϩⲁⲣⲟϥ ⲙ̀ ⲡⲓⲣⲉϥⲥⲉⲙⲓ ⲉ̀ⲧ ϩⲱⲟⲩ. ⲛⲓⲙ ⲡⲉ ⲫⲁⲓ 15
ⲉ̀ⲧ ⲉⲣⲉ ⲧⲉⲭⲛⲏ ⲛⲓⲃⲉⲛ ⲉ̀ⲧ ϧⲉⲛ ⲡⲓⲕⲟⲥⲙⲟⲥ ⲧⲏⲣϥ
ⲉⲩⲕⲱⲣϥ ⲟⲩⲟϩ ⲉⲩⲉⲣ ϣⲁⲓ ⲛⲁϥ ⲙ̀ ⲫⲟⲟⲩ. ⲫⲁⲓ

ⲓ̅ⲃ̅. ⲃ. ⲡⲉ ⲙⲓⲭⲁⲏⲗ ⲡⲓⲁⲣⲭⲏⲁⲅⲅⲉⲗⲟⲥ ⲫⲏ ⲉ̀ⲧ ⲥⲟⲃϯ ⲛ̀
ⲛⲁ ⲛⲓⲫⲏⲟⲩⲓ̀ ⲟⲩⲟϩ ϥⲥⲱϯ ⲛ̀ ⲛⲁⲡⲕⲁϩⲓ ϥ̀ⲓⲣⲓ ⲙ̀
ⲡⲉⲛⲙⲉⲩⲓ̀ ⲙ̀ ⲡⲉⲛⲑⲟ ⲙ̀ ⲫϯ ⲡⲉⲛ ⲣⲉϥⲑⲁⲙⲓⲟ̀ ⲉⲑⲃⲉ 20
ⲧⲉϥⲛⲓϣϯ ⲛ̀ ⲁ̀ⲅⲁⲡⲏ ⲉ̀ϧⲟⲩⲛ ⲉ̀ⲣⲟⲛ. ⲡⲗⲏⲛ ⲁⲧϭⲛⲉ
ⲥⲕⲁⲛⲇⲁⲗⲟⲛ ⲛⲁ ⲛⲓⲫⲏⲟⲩⲓ̀ ⲉⲣ ϣⲁⲓ ⲙ̀ ⲫⲟⲟⲩ ⲟⲩ
ⲡⲉ ⲡϩⲱⲃ ⲛ̀ ⲛⲁ ⲡⲕⲁϩⲓ ϧⲉⲛ ⲫⲁⲓ ⲙ̀ ⲡⲁⲓ ⲣⲏϯ ϣⲁⲧ
ⲟⲩⲣⲁϣⲓ ⲙ̀ ⲡⲁⲓ ⲣⲏϯ ⲟⲩⲟϩ ⲛ̀ⲧⲟⲩⲉⲣ ϣⲁⲓ ⲛⲉⲙ
ⲡⲓⲁⲣⲭⲏⲁⲅⲅⲉⲗⲟⲥ ⲉ̀ⲑ ⲟⲩⲁⲃ ⲙⲏⲭⲁⲏⲗ. ⲟⲩⲟϩ ⲛⲉ 25
ⲟⲩⲣⲱⲙⲓ ⲁⲛ ⲡⲉ ⲟⲩⲟϩ ⲛⲉ ⲙ̀ⲙⲟⲛ ⲣⲱⲙⲓ ⲛⲁⲛⲁⲩ
ⲉ̀ⲣⲟϥ ϧⲉⲛ ⲡⲉϥⲱ̀ⲟⲩ ⲛ̀ⲧⲉϥⲱⲛϧ ϩⲓϫⲉⲛ ⲡⲓⲕⲁϩⲓ ⲙ̀

ⲓ̅ⲅ̅. ⲁ. ⲫⲣⲏϯ ⲉ̀ⲧ ⲥϧⲛⲟⲩⲧ ϧⲉⲛ ⲕⲉ ⲙⲁ ϫⲉ | ⲟⲩⲡ̅ⲛ̅ⲁ̅

ⲟⲩⲟϩ ⲟⲩⲥⲁⲣⲝ ⲁⲛ. Ⲙⲓⲭⲁⲏⲗ ⲟⲩⲥⲱⲙⲁ ⲁⲛ ⲡⲉ
ⲟⲩⲟϩ ⲙ̄ⲙⲟⲛ ϣⲭⲟⲙ ⲛ̄ ⲟⲩⲥⲱⲙⲁ ⲛ̄ ⲣⲉϥⲟⲩⲱⲙ
ⲛⲁⲩ ⲉⲣⲟϥ ⲓⲉ ⲛ̄ⲧⲉϥϫⲁⲓ ϧⲁ ⲡⲉϥⲱⲟⲩ. Ⲁⲛⲟⲕ ⲇⲉ
ϯⲛⲁ ⲉⲣ ⲟⲩⲱ ⲛ̄ⲧⲁϫⲟⲥ ⲛⲱⲧⲉⲛ ⲟⲩⲟϩ ⲛ̄ⲧⲁⲑⲱⲧ ⲛ̄
ⲡⲉⲧⲉⲛ ϩⲏⲧ ϧⲉⲛ ⲡⲁⲓ ϩⲩⲥⲟⲛ ϫⲉ ⲛⲁ ⲧϥⲉ ⲛⲁⲉⲣ- 5
ⲛⲟⲃⲓ ⲁⲛ ⲟⲩⲇⲉ ⲙ̄ⲙⲟⲛⲙⲉⲧϫⲁϫⲓ ϧⲉⲛ ⲧⲟⲩⲙⲏⲧ ⲛ̄
ⲕⲉ ⲥⲟⲡ ⲁⲛ. Ⲟⲩⲇⲉ ⲭⲟϩ ⲟⲩⲇⲉ ⲙⲟⲥϯ ⲟⲩⲇⲉ
ⲕⲁⲧⲁⲗⲁⲗⲓⲁ ⲟⲩⲇⲉ ⲛ̄ϣⲓⲕ ⲟⲩⲇⲉ ϧⲱⲧⲉⲃ ⲟⲩⲇⲉ
ϭⲓⲟⲩⲓ̀ ⲟⲩⲇⲉ ϩⲗⲓ ⲉ̀ⲃⲟⲗ ϧⲉⲛ ⲡⲓϭⲱϧⲉⲛ ⲁⲗⲗⲁ
ⲥⲉⲟⲩⲁⲃ ⲉⲩⲙ̄ⲧⲟⲛ ⲛ̄ⲙⲱⲟⲩ ϧⲉⲛ ⲛⲏ ⲉⲑ ⲟⲩⲁⲃ 10

ⲡ̄ⲅ̄. ⲃ. ⲟⲩⲇⲉ ⲉⲩϣⲟⲡ ϧⲉⲛ ⲛⲏ ⲉⲑ ⲟⲩⲁⲃ ϧⲉⲛ ⲡⲓⲕⲟⲥⲙⲟⲥ
ϣⲁ ⲉ̀ⲛⲉϩ ⲥⲉⲉⲣ ϣⲁⲓ ⲛ̄ ⲥⲏⲟⲩ ⲛⲓⲃⲉⲛ ϧⲁⲧⲉⲛ ⲡⲓ-
ⲟⲩⲣⲟ ⲭ̄ⲥ̄ ϧⲉⲛ ⲟⲩϣⲁⲓ ⲛ̄ ⲁⲧ ⲕⲱⲣϥ. ϫⲉ ⲟⲩⲏⲓ
ⲁⲩⲕⲓⲙ ⲉ̀ϩⲓⲟⲩⲓ̀ ⲉ̀ⲃⲟⲗϧⲉⲛ ⲧⲟⲩⲙⲏϯ ⲙ̄ ⲡⲓⲣⲉϥⲥⲉⲙⲓ
ⲡϫⲁϫⲓ ⲙ̄ ⲡⲓⲣⲉϥⲑⲁⲙⲓⲟ ⲡϫⲁϫⲓ ⲛ̄ ⲙⲉⲑⲙⲏⲓ ⲛⲓⲃⲉⲛ 15
ⲡⲥⲁⲇⲁⲛⲁⲥ(sic) Ⲥ̀ⲟⲃⲉ ⲫⲁⲓ ⲥⲉⲉⲣ ϣⲁⲓ ⲙ̄ ⲡⲓⲁⲣⲭⲏ-
ⲁⲅⲅⲉⲗⲟⲥ ⲉⲑ ⲟⲩⲁⲃ ⲙⲓⲭⲁⲏⲗ ⲙ̄ ⲫⲟⲟⲩ ⲡⲁⲣⲭⲉⲣⲟⲩⲥ
ⲛ̄ⲧⲉ ⲧϫⲟⲙ ⲛ̄ ⲛⲓⲫⲏⲟⲩⲓ̀ ⲫⲏ ⲉ̀ⲧⲁϥⲭⲱ ⲛⲁⲛ ⲉⲡⲉⲥⲏⲧ
ⲛ̄ ⲧⲁⲓ ⲧⲣⲁⲡⲓⲍⲁ ⲉ̀ⲧⲉⲛ ⲙ̄ⲡϣⲁ ⲙ̄ⲙⲟⲥ ⲉ̀ⲧⲉ ϯⲧⲣⲁⲡ-

ⲡ̄ⲇ̄. ⲁ. ⲡⲓⲍⲁ ⲙ̄ ⲡⲁⲓ ϣⲁⲓ ⲫⲁⲓ ⲉⲧ ⲭⲏ ⲛⲁⲛ ⲉ̀ϧⲣⲏⲓ ϧⲉⲛ 20
ⲧϥⲉ ⲛⲉⲙ ϩⲓϫⲉⲛ ⲡⲕⲁϩⲓ ⲟⲩⲛ ⲕⲁⲧⲁ ⲫⲟⲩⲁϩⲥⲁϩⲛⲓ
ⲙ̄ ⲡⲉⲛⲥⲱⲧⲏⲣ ⲓ̄ⲏ̄ⲥ̄ ⲡⲭ̄ⲥ̄ ϫⲉ ⲡⲉϥⲟⲩⲁϩⲥⲁϩⲛⲓ ⲫⲁ
ⲡⲉϥⲓⲱⲧ ⲡⲉ. Ϫⲉ ⲫⲓⲱⲧ ⲛⲉⲙ ⲡϣⲏⲣⲓ ⲛⲉⲙ ⲡⲓⲡ̄ⲛ̄ⲁ̄ ⲉⲑ
ⲟⲩⲁⲃ ⲟⲩⲛⲟⲩϯ ⲛ̄ ⲟⲩⲱⲧ ⲡⲉ ⲟⲩⲙⲉⲧⲟⲩⲣⲟ ⲛ̄ ⲟⲩⲱⲧ
ⲟⲩⲟ̀ⲙⲟⲟⲩⲥⲓⲟⲥ ⲛ̄ ⲟⲩⲱⲧ ⲙ̄ⲙⲟⲛ ⲫⲱⲣϫ ⲛ̄ⲧⲁϥ. ⲟⲩ 25
ⲁⲧ ϧⲉⲧϧⲱⲧϥ ⲟⲩ ⲁⲧ ϩⲟⲡϥ ⲁⲗⲗⲁ ⲛ̀ⲑⲟϥ ⲡⲉ ⲡⲱⲡ
ⲙ̄ ⲡⲧⲏⲣϥ ⲥⲁ ϧⲣⲏⲓ ⲙ̄ ⲡⲉϥⲉⲣ ϣⲓϣⲓ ⲙ̄ⲙⲁⲩⲁⲧϥ
ⲛⲁ ⲛⲓⲫⲏⲟⲩⲓ̀ ⲛⲉⲙ ⲛⲁ ⲡⲕⲁϩⲓ. Ⲟⲩⲟϩ ⲁⲛⲟⲛ

ⲍⲱⲛ ⲧⲛⲟⲩ ⲱ̅ ⲛⲁ ⲙⲉⲛⲣⲁϯ ⲉⲑⲃⲉ ⲝⲉ ⲁⲛⲕⲏⲛ ⲛⲁ-
ⲉⲛⲥⲟⲩⲟⲛ ⲑⲙⲉⲧⲛⲓϣϯ ⲛ̅ ⲡⲁⲓ ϣⲁⲓ ⲉⲧ ⲫⲱⲣϣ
ⲛⲁⲛ ⲉ̇ⲃⲟⲗ ⲛ̅ ⲫⲟⲟⲩ ⲥⲉⲛⲓⲡϣⲁ ⲉⲑⲣⲉⲛ ⲉⲣ ϣⲁⲓ ⲍⲱⲛ
ⲛ̅ ⲫⲏ ⲉⲧ ⲉⲣⲉ ⲛⲓⲁⲅⲅⲉⲗⲟⲥ ⲛ̅ⲧⲉ ⲫϯ ⲉⲣ ϣⲁⲓ ⲛⲁϥ
ⲛ̅ ⲫⲟⲟⲩ. Ⲟⲩⲟⲍ ⲛ̅ⲧⲉⲛⲥⲟⲗⲥⲉⲗ ⲛ̅ ⲡⲉⲛ ⲥⲁ ⲃⲟⲩⲛ 5
ⲛⲉⲙ ⲥⲁ ⲃⲟⲗ ⲃⲉⲛ ⲡⲉⲝⲓⲛⲍⲱⲗ ⲉ̇ⲃⲟⲩⲛ ⲉ̇ ⲡⲁⲓⲇⲓⲡⲛⲟⲛ
ⲫⲁⲓ ⲉⲧ ⲙⲉⲍ ⲛ̅ ⲱⲟⲩ ⲛ̅ ⲫⲟⲟⲩ ⲍⲓⲛⲁ ⲛ̅ⲧⲉⲛⲟⲩⲱⲛ
ⲉ̇ⲃⲟⲗⲃⲉⲛ ⲛⲓⲁⲅⲁⲑⲟⲛ ⲧⲏⲣⲟⲩ ⲛⲁⲓ ⲉ̇ⲧⲁϥⲥⲉⲃⲧⲱⲧⲟⲩ
ⲛⲁⲛ ⲛ̅ⲝⲉ ⲫϯ. Ⲁⲗⲗⲁ ⲁ̇ⲧⲉⲧⲉⲛ ⲝⲟⲥ ⲝⲉ ⲓⲥⲝⲉ ⲟⲩⲁ̇ⲣⲓ-
ⲥⲧⲟⲛ ⲛ̅ ⲟⲩⲣⲟ ⲡⲉ ⲥⲉⲛⲓⲡϣⲁ ⲛ̅ⲧⲉⲛⲍⲉⲙⲥⲓ ϣⲁⲧ 10
ⲟⲩⲑⲱⲍⲉⲙ ⲛ̅ ⲛⲓⲛⲓϣϯ ⲛ̅ⲧⲉ ⲡⲓⲡⲁⲗⲗⲁⲇⲓⲟⲛ ⲛ̅
ϣⲟⲣⲡ. Ϭⲓⲉ̇ϣⲉⲛϥ ⲁ̇ⲛⲟⲕ ⲝⲉ ⲱ̅ ⲡⲁ ϭⲥ ⲙⲏ ⲛ̅ⲑⲟⲕ
ⲁⲛ ⲡⲉ ⲉⲧ ⲁ ⲫϯ ⲑⲁⲙⲓⲟ̇ⲕ ⲃⲉⲛ ⲛⲉϥⲝⲓⲝ ⲙ̅ⲙⲓⲛ
ⲙ̅ⲙⲟϥ ⲕⲁⲧⲁ ⲡⲉϥⲓⲛⲓ ⲛⲉⲙ ⲧⲉϥⲍⲓⲕⲱⲛ ⲟⲩⲟⲍ ⲁϥ-
ⲙⲁⲍⲕ ⲉ̇ⲃⲟⲗⲃⲉⲛ ⲡⲉϥⲱⲟⲩ ⲟⲩⲟⲍ ⲁϥⲙⲟⲩϯ ⲉ̇ ⲡⲉⲕ- 15
ⲣⲁⲛ ⲝⲉ ⲁ̇ⲇⲁⲙ ⲟⲩⲟⲍ ⲁ̇ⲛⲟⲕ ϯⲛⲟⲩ ϯⲉ̇ⲣⲉ̇ⲧⲓⲛ ⲉ̇ⲃⲟⲗ-
ⲍⲓⲧⲉⲛ ⲧⲉⲕⲙⲉⲧⲁⲅⲁⲑⲟⲥ ⲛⲉⲙ ⲧⲉⲕⲙⲉⲑⲛⲓϣϯ ⲟⲩⲟⲍ
ϯϯⲍⲟ ⲉ̇ⲣⲟⲕ ⲉⲑⲣⲉⲕ ⲧⲁⲙⲟⲓ ⲝⲉ ⲙⲏ ⲛ̅ⲑⲟⲕ ⲍⲱⲕ
ⲕⲣⲁϣⲓ ⲃⲉⲛ ⲡϣⲁⲓ ⲛ̅ ⲡⲓⲛⲓϣϯ ⲛ̅ ⲁⲣⲭⲏⲁⲅⲅⲉⲗⲟⲥ
ⲉ̇ⲑ ⲟⲩⲁⲃ ⲙⲓⲭⲁⲏⲗ. Ϭⲱⲧⲉⲙ ⲡⲉⲝⲁϥ ⲛ̅ⲝⲉ ⲁ̇ⲇⲁⲙ 20
ⲝⲉ ⲁⲍⲁ ⲁ̇ⲛⲟⲕ ⲡⲉ ⲁ̇ⲇⲁⲙ ⲟⲩⲟⲥ ⲁ̇ⲛⲟⲕ ⲉⲧ ⲉⲥⲧⲟⲓ
ⲙⲙⲓ ⲉⲑⲣⲓⲟⲩⲱⲍⲉⲙ ⲛ̅ ⲟⲩⲟⲛ ⲛⲓⲃⲉⲛ ⲉ̇ ⲡⲁⲓ ϣⲁⲓ ⲛ̅
ⲫⲟⲟⲩ ⲛ̅ⲧⲁⲣⲁϣⲓ ⲃⲉⲛ ⲟⲩⲙⲉⲧⲍⲟⲩⲟ̇ ⲉ̇ⲣⲱⲟⲩ ⲧⲏⲣⲟⲩ
ⲉⲑⲃⲉ ⲝⲉ ⲉ̇ⲧⲁⲓϯ ⲝⲱⲛⲧ ⲛ̅ ⲫϯ ⲟⲩⲟⲍ ⲁϥⲉⲛⲧ
ⲉ̇ⲃⲟⲗⲃⲉⲛ ⲡⲓⲡⲁⲣⲁⲇⲓⲥⲟⲥ ⲉⲑⲃⲉ ⲝⲉ ⲁⲓⲉⲣ ⲡⲁⲣⲁⲃⲉⲛⲓⲛ 25
ⲛ̅ⲧⲉϥ ⲛ̅ⲧⲟⲗⲏ. Ⲃⲉⲛ ⲡⲝⲓⲛⲑⲣⲉ ⲧⲁⲃⲟⲏⲑⲟⲥ ⲉⲩⲁ̇ ⲑⲣⲓ
ⲟⲩⲱⲙ ⲉ̇ⲃⲟⲗⲍⲓ ⲡⲟⲩⲧⲁⲍ ⲛ̅ ⲡⲓϣϣⲏⲛ ⲉ̇ⲧⲁϥⲍⲟⲛⲍⲉⲛ
ⲙⲙⲓ ⲉϣⲧⲉⲙⲟⲩⲱⲙ ⲉ̇ⲃⲟⲗ ⲛ̅ ⲃⲏⲧϥ. Ⲙⲓⲭⲁⲏⲗ ⲇⲉ

ⲛ̀ⲑⲟϥ ⲁϥϯϩⲟ̀ ⲙ̀ ⲡϭ̄ⲥ̄ ⲉ̀ϫⲱⲓ ϣⲁⲧ ⲉϥⲭⲁ ⲡⲁⲛⲟⲃⲓ
ⲛⲏⲓ ⲉ̀ⲃⲟⲗ ⲉ̀ⲑⲃⲉ ⲫⲁⲓ ϯⲣⲁϣⲓ ϧⲉⲛ ⲡⲉϥϣⲁⲓ ⲙ̀
ⲫⲟⲟⲩ. (ⲓ) ⲁ̀ⲃⲏⲗ ⲡⲓⲕⲟⲩϫⲓ ⲛ̀ ϣⲏⲣⲓ ⲉ̀ⲧ ⲧⲁⲓⲏⲟⲩⲧ

15. Α. ⲙⲁⲧⲁⲙⲟⲓ ϩⲱⲕ ⲓⲥϫⲉ ⲕⲣⲁϣⲓ ⲙ̀ ⲫⲟⲟⲩ ϧⲉⲛ ⲡϣⲁⲓ
ⲙ̀ ⲡⲓⲛⲓϣϯ ⲛ̀ ⲁⲣⲭⲏⲁⲅⲅⲉⲗⲟⲥ ⲉ̀ⲑ ⲟⲩⲁⲃ ⲙⲓⲭⲁⲏⲗ. 5
Ⲁⲛⲟⲕ ⲇⲉ ϯⲣⲁϣⲓ ⲟⲩⲟϩ ϯ ⲉⲣ ϣⲁⲓ ⲙ̀ ⲫⲟⲟⲩ ϫⲉ
ⲟⲩⲉⲓ ⲫⲏ ⲉ̀ⲧⲟⲩⲉⲣ ϣⲁⲓ ⲛⲁϥ ⲙ̀ ⲫⲟⲟⲩ ⲛ̀ⲑⲟϥ ⲡⲉ
ⲉ̀ⲧⲁϥ ϭⲁⲓ ⲙ̀ ⲡⲁ ϣⲟⲩϣⲟⲩϣⲓ ⲛⲉⲙ ⲡⲁ ϭⲗⲓⲗ ϩⲁ
ⲫϯ ⲟⲩⲟϩ ⲙ̀ⲡⲉ ϥⲥⲟⲙⲥ ⲉ̀ ⲡϣⲟⲩϣⲟⲩϣⲓ ⲙ̀ ⲡⲁ
ⲥⲟⲛ ⲉⲑⲃⲉ ϫⲉ ⲙ̀ⲡⲉ ϥⲉⲛϥ ϧⲉⲛ ⲟⲩⲥⲱⲟⲩⲧⲉⲛ ⲉ̀ⲑⲃⲉ 10
ⲫⲁⲓ ⲁⲛⲟⲕ ϯⲉⲣ ϣⲁⲓ ⲙ̀ ⲫⲟⲟⲩ. Ⲛⲑⲟⲕ ⲇⲉ ϩⲱⲕ
ⲱ̀ ⲥⲏⲑ ϯⲛⲁⲩ ⲉ̀ⲣⲟⲕ ⲙ̀ ⲫⲟⲟⲩ ⲉⲕⲑⲉⲗⲏⲗ ϧⲉⲛ ⲡϣⲁⲓ
ⲙ̀ ⲡⲓⲁⲣⲭⲏⲁⲅⲅⲉⲗⲟⲥ ⲉ̀ⲑ ⲟⲩⲁⲃ ⲙⲓⲭⲁⲏⲗ ⲡⲉϫⲁϥ ϫⲉ

15. Ⲃ. ⲁ̀ⲛⲟⲕ ⲙⲉⲛ ϯⲣⲁϣⲓ ⲟⲩⲟϩ ϯⲑⲉⲗⲏⲗ. Ⲉⲑⲃⲉ ϫⲉ
ⲉ̀ⲧⲁ ⲕⲁⲓⲛ ⲣⲱϧⲧ ⲛ̀ ⲁ̀ⲃⲏⲗ ⲡⲁ ⲥⲟⲛ ⲁ̀ ⲫϯ ⲧⲏⲓⲧ 15
ⲛ̀ ⲛⲁ ⲓⲟϯ ⲟⲩⲟϩ ⲙ̀ⲡⲉ ⲧⲁ ⲙⲁⲩ ϫⲓⲙⲓ ⲛ̀ ⲟⲩⲉⲣⲱⲧ
ⲉⲑⲣⲉ̀ ⲥϣⲁⲛⲟⲩϣⲧ ⲉⲑⲃⲉ ϫⲉ ⲁϥϣⲱⲟⲩⲓ ⲛ̀ϫⲉ ⲡⲉ-
ⲥⲉ̀ⲣⲱϯ ⲉⲑⲃⲉ ⲡⲉⲥⲛ̀ⲕⲁϩ ⲙ̀ ϩⲏⲧ ⲉ̀ϫⲉⲛ ⲁ̀ⲃⲏⲗ ⲡⲁ
ⲥⲟⲛ. Ⲁⲗⲗⲁ ⲡⲓⲁⲣⲭⲏⲁⲅⲅⲉⲗⲟⲥ ⲉ̀ⲑ ⲟⲩⲁⲃ ⲙⲓⲭⲁⲏⲗ
ⲁϥϣⲁⲛⲟⲩϣⲧ ϧⲉⲛ ⲟⲩϩ̀ⲣⲉ ⲙ̀ ⲡⲛ̄ⲁ̄ⲧⲓⲕⲟⲛ ⲉ̀ⲃⲟⲗϧⲉⲛ 20
ⲧⲫⲉ ⲉⲑⲃⲉ ⲫⲁⲓ ϩⲏⲡⲡⲉ ϯⲣⲁϣⲓ ⲙ̀ ⲫⲟⲟⲩ. (Ⅰ) Ⲉ̀ⲛⲱⲭ
ⲡⲓⲑⲙⲏⲓ ⲫⲏⲉ̀ⲧ ⲁ ⲫϯ ⲟⲩⲟⲑⲃⲉϥ ⲉ̀ⲃⲟⲗϧⲉⲛ ⲡⲓⲕⲟⲥⲙⲟⲥ

17. Α. ϩⲏⲡⲡⲉ ϯⲛⲁⲩ ⲉ̀ⲣⲟⲕ ⲕⲣⲁϣⲓ ⲙ̀ ⲫⲟⲟⲩ ⲡⲉϫⲁϥ ϫⲉ
ⲁ̀ⲛⲟⲕ ⲙⲉⲛ ϯⲣⲁϣⲓ ⲟⲩⲟϩ ϯⲑⲉⲗⲏⲗ ⲉⲑⲃⲉ ϫⲉ ⲡⲅⲉⲛⲟⲥ
ⲧⲏⲣϥ ⲛ̀ⲧⲉ ϯⲙⲉⲧⲣⲱⲙⲓ ϩⲁⲛ ⲉ̀ⲃⲟⲗϧⲉⲛ ⲡⲁϫⲣⲟϫ 25
ⲡⲉ ⲟⲩⲟϩ ⲙⲓⲭⲁⲏⲗ ⲛ̀ϥⲭⲱ ⲛ̀ ⲧⲟⲧϥ ⲉ̀ⲃⲟⲗ ⲁⲛ ⲉϥϩⲟ
ϩⲁ ⲫϯ ⲉⲑⲣⲉϥⲛⲁⲓ ⲛ̀ ⲛⲓⲣⲉϥⲉⲣⲛⲟⲃⲓ ⲟⲩⲟϩ ⲛ̀ⲧⲉϥⲧⲁⲛ
ϧⲟⲩⲟ ϣⲁ ⲉ̀ⲛⲉϩ ⲁ̀ⲛⲟⲕ ⲙⲉⲛ ϯⲣⲁϣⲓ ϧⲉⲛ ⲡⲉϥ ϣⲁⲓ

DISCOURSE OF THEODOSIUS. 13

ⲉⲑⲃⲉ ϫⲉ ϥϯϩⲟ ⲉϫⲉⲛ ⲛⲁϣⲏⲣⲓ. (ⲗ) ⲙⲁⲑⲟⲩⲥⲁⲗⲁ
ⲡⲓ ϧⲉⲗⲗⲟ ⲉⲧⲁϥⲁⲓⲁⲓ ϧⲉⲛ ⲛⲉϥⲉϩⲟⲟⲩ ⲡⲱⲥ ⲕⲣⲁϣⲓ
ⲛ̀ⲑⲟⲕ ϩⲱⲕ ϫⲉ ⲟⲩⲉⲓ ϯⲛⲁⲩ ⲉ̀ ⲡⲉⲕⲟⲩⲱⲃϣ ⲛⲉⲙ

ιζ. ⲃ. ⲡⲥⲱⲧϥ ⲛ̀ ⲛⲉϥϩⲃⲱⲥ ϧⲉⲛ ⲑⲙⲏϯ ⲛ̀ ⲡⲁⲓ ⲁ̀ⲣⲓⲥⲧⲟⲛ
ⲡⲉϫⲁϥ ⲇⲉ ⲛ̀ϫⲉ ⲙⲁⲑⲟⲩⲥⲁⲗⲁ ϫⲉ ⲡⲱⲥ ⲁ̀ⲛⲟⲕ 5
ϯⲛⲁⲣⲁϣⲓ ⲁⲛ ⲟⲩⲟϩ ⲁ̀ⲛⲟⲕ ⲡⲉ ⲡⲓⲙⲁϩ ⲃ̄ ⲓⲥϫⲉ ⲛ̀
ⲁ̀ⲇⲁⲙ. ⲉ̀ ⲁ̀ ⲡⲓⲁⲣⲭⲏⲁⲅⲅⲉⲗⲟⲥ ⲉ̀ⲑ ⲟⲩⲁⲃ ⲙⲏⲭⲁⲏⲗ
ϭⲓ ⲛ̀ ⲙⲁⲉⲩⲭⲏ ⲁϥⲉⲛⲟⲩ ⲉ̀ ⲡϣⲱⲓ ϣⲁ ⲫϯ ⲉ ⲁϥⲉⲣ
ϩⲙⲟⲧ ⲛⲏⲓ ⲛ̀ ⲟⲩⲛⲟϫ ⲛⲁϩⲓ ϣⲁⲧ ⲉϥⲉⲣϩⲟⲩⲟ̀ ⲉ̀ ⲫⲁ
ⲁ̀ⲇⲁⲙ ⲡⲁⲓⲱⲧ ⲛ̀ ⲁ̄ⲡ̄ ⲛ̀ ⲣⲟⲙⲡⲓ. (ⲗ) ⲙⲱⲉ̀ ⲡⲓⲑⲙⲏⲓ 10
ⲁ̀ⲛⲟⲕ ⲙⲉⲛ ϯϫⲱ ⲙ̀ⲙⲟⲥ ϫⲉ ⲛⲁⲕⲟⲓ ⲙ̀ ⲫⲣⲏϯ ⲉ̀
ϯⲛⲁⲩ ⲉ̀ⲣⲟⲕ ϫⲉ ⲛⲁⲕⲟⲓ ϧⲉⲛ ⲟⲩⲛⲓϣϯ ⲛ̀ ⲣⲁϣⲓ
ⲙ̀ ⲫⲟⲟⲩ ⲡⲉϫⲁϥ ϫⲉ ⲡⲱⲥ ϯⲛⲁⲣⲁϣⲓ ⲁⲛ ⲟⲩⲟϩ ⲛ̀

ιⲏ. ⲁ. ⲧⲁⲑⲉⲗⲏⲗ ϫⲉ ⲟⲩⲉⲓ ⲉ̀ⲛⲁⲓⲭⲏ ϧⲉⲛ ⲡⲓⲛⲁⲩ ⲉ̀ⲧ ⲁ̀
ⲫϯ ϫⲱⲛⲧ ⲉ̀ ⲡⲓⲕⲟⲥⲙⲟⲥ ⲉ̀ ⲡϫⲓⲛϥⲟⲧϥ ⲉ̀ⲃⲟⲗ ⲁϥϩⲓⲧϥ 15
ⲉ̀ϧⲟⲩⲛ ⲉ̀ ϯⲕⲩⲃⲱⲧⲟⲥ ⲛⲉⲙ ⲧⲁⲥϩⲓⲙⲓ ⲛⲉⲙ ⲛⲁϣⲏⲣⲓ
ⲛⲉⲙ ⲉ̀ⲃⲟⲗϧⲉⲛ ⲅⲉⲛⲟⲥ ⲛⲓⲃⲉⲛ ⲉ̀ⲧ ⲕⲓⲙ ϩⲓϫⲉⲛ
ⲡⲕⲁϩⲓ ⲟⲩⲟϩ ⲁϥⲟⲩⲱⲛ ⲛ̀ ⲛⲓ ⲕⲁⲧⲁⲣⲁⲕⲧⲏⲥ ⲛ̀ⲧⲉ
ⲧⲫⲉ. ⲉ̀ ⲁϥϫⲱϣ ⲉ̀ϫⲱⲛ ⲛ̀ ⲡⲓⲙⲟⲩ ⲛ̀ ϩⲱⲟⲩ ⲛ̀
ϩⲙ ⲛ̀ ⲉ̀ϩⲟⲟⲩ ⲛⲉⲙ ϩⲙ ⲛ̀ ⲉϫⲱⲣϩ ⲟⲩⲇⲉ ⲙ̀ⲡⲉ ⲛ 20
ⲛⲁⲩ ⲉ̀ ⲫⲣⲏ ⲟⲩⲇⲉ ⲡⲓⲟϩ ⲟⲩⲇⲉ ⲛⲓⲥⲓⲟⲩ. ⲁⲗⲗⲁ
ⲙⲏⲭⲁⲏⲗ ⲉ̀ⲧ ⲉⲣ ⲟⲓⲕⲱⲛⲟⲙⲓⲛ ⲙ̀ⲙⲟⲛ ⲟⲩⲟϩ ⲙ̀ⲡⲉ
ϥ ⲭⲁ ⲧⲟⲧϥ ⲉ̀ⲃⲟⲗ ⲉϥϯϩⲟ ⲉ̀ ⲫϯ ϣⲁⲧⲉ ϥⲧⲁϩⲙⲟ

ⲓⲏ. ⲃ. ⲛ̀ ⲛⲓⲙⲱⲟⲩ ⲉ̀ ⲁⲩⲁⲥⲓⲁⲓ ⲁϥⲟⲩⲱⲛϩ ⲉ̀ⲃⲟⲗ ⲛ̀ϫⲉ
ⲡⲓϣⲟⲩⲉ ⲉ̀ ⲁⲓⲛⲟϩⲉⲙ ⲁ̀ⲛⲟⲕ ⲛⲉⲙ ⲛⲏ ⲉ̀ⲑ ⲛⲉⲙⲏⲓ. 25
(ⲓ̀) ⲁ̀ⲃⲣⲁⲁⲙ ⲫⲓⲱⲧ ⲛ̀ⲧⲉ ⲛⲓⲡⲁⲧⲣⲓⲁⲣⲭⲏⲥ ⲙⲏ ⲛ̀ⲑⲟⲕ
ϩⲱⲕ ⲕⲣⲁϣⲓ ⲙ̀ ⲫⲟⲟⲩ ϧⲉⲛ ⲡϣⲁⲓ ⲙ̀ ⲡⲓⲁⲣⲭⲏⲁⲅⲅⲉⲗⲟⲥ
ⲉ̀ⲑ ⲟⲩⲁⲃ ⲙⲏⲭⲁⲏⲗ ⲡⲉϫⲁϥ ϫⲉ ⲁϩⲁ ⲁ̀ⲛⲟⲕ ϧⲉⲛ

ⲟⲩⲙⲉⲧϩⲟⲩⲟ̀ ϯⲣⲁϣⲓ ϫⲉ ⲁ̀ⲛⲟⲕ ⲡⲉ ⲡⲓϣⲟⲣⲡ ⲛ̀ ⲣⲱⲙⲓ
ⲉ̀ⲧ ⲁ ⲙⲓⲭⲁⲏⲗ ϫⲱⲓⲗⲓ ⲉ̀ⲣⲟϥ ⲡⲉϥϣⲫⲏⲣ ⲛ̀ ⲁⲅⲅⲉⲗⲟⲥ
ⲅⲁⲃⲣⲓⲏⲗ ⲟⲩⲟϩ ⲁϥⲧϩⲟ̀ ⲙ̀ ⲡϭ̄ⲥ̄ ⲉ̀ϫⲱⲓ ϩⲓⲛⲁ ⲁⲓⲉⲣ
ⲡⲉⲙⲡϣⲁ ⲛ̀ ⲓ̀ⲥⲁⲁⲕ ⲟⲩⲟϩ ⲁⲓⲟⲩⲱⲙ ⲛⲉⲙⲱⲟⲩ ϧⲁⲧⲉⲛ

ⲓ̈ⲱ. ⲗ. ⲡⲓϣϣⲏⲛ ⲛ̀ⲧⲉ ⲙⲁⲙⲡⲣⲏ. (Ⲓ) ⲓ̀ⲥⲁⲁⲕ ⲡⲓϣϣ ⲉ̀ⲑ ⲟⲩⲁⲃ 5
ⲛⲉⲙ ⲡⲓϣⲟⲩϣⲱⲟⲩϣⲓ ⲉ̀ⲧ ϣⲏⲡ ⲙ̀ ⲫϯ ⲉ̀ⲧ ⲟⲛϧ.
Ⲛ̀ⲑⲟⲕ ϩⲱⲕ ⲕⲉⲣ ⲟⲩ [ϧⲉⲛ ⲡⲁⲓ ⲙⲁ ⲙ̀ ⲫⲟⲟⲩ] ⲕⲥⲉⲗ-
ⲥⲱⲗ ϧⲉⲛ ⲡⲁⲓ ⲛⲓϣϯ ⲛ̀ ⲥⲟⲗⲥⲉⲗ ϧⲉⲛ ⲡϣⲁⲓ ⲙ̀
ⲡⲓⲁⲣⲭⲏⲁ̀ⲅⲅⲉⲗⲟⲥ ⲉ̀ⲑ ⲟⲩⲁⲃ ⲙⲓⲭⲁⲏⲗ ⲡⲉϫⲁϥ ϫⲉ
ⲁ̀ⲛⲟⲕ ⲙⲉⲛ ϯⲥⲉⲗⲥⲱⲗ ϫⲉ ⲟⲩⲉⲓ ⲁ̀ⲛⲟⲕ ⲟⲩϣⲏⲣⲓ 10
ⲙ̀ⲙⲁⲩⲁⲧϥ ⲛ̀ⲧⲉ ⲛⲁ ⲓⲟϯ ⲟⲩⲟϩ ⲧⲁ ⲙⲁⲩ ⲟⲩⲁϭⲣⲏⲛ
ⲡⲉ ⲙ̀ⲡⲉ ⲥⲙⲓⲥⲓ ⲛ̀ ⲟⲩϣⲏⲣⲓ ⲉ̀ⲃⲏⲗ ⲉ̀ⲣⲟⲓ. Ⲟⲩⲟϩ
ⲙⲉⲛⲉⲛⲥⲁ ⲫⲁⲓ ⲁ̀ ⲡⲁ ⲓⲱⲧ ⲥⲟⲛϩ ⲛ̀ ⲧⲟⲧ ⲛⲉⲙ ⲣⲁⲧ
ⲟⲩⲟϩ ⲁϥⲟⲗⲧ ⲉ̀ϫⲉⲛ ϩⲁⲛⲱ̀ⲛⲓ ϩⲓϫⲉⲛ ⲟⲩⲧⲱⲟⲩ
ⲉϥϣⲟⲩⲓ̀ⲧ ⲉ̀ ⲁⲓⲛⲁⲩ ⲉ̀ ϯⲙⲁⲭⲉⲣⲁ ϧⲉⲛ ⲛⲁⲃⲁⲗ ϧⲉⲛ 15

ⲓ̈ⲱ. ⲃ. ⲧϫⲓϫ ⲙ ⲡⲁ ⲓⲱⲧ ϥⲟⲩⲱϣ ⲉ̀ ϧⲟⲑⲃⲉⲧ ⲉ̀ⲃⲏⲗ ϫⲉ
ⲁ̀ ⲙⲓⲭⲁⲏⲗ ⲣⲁⲃⲁⲱ ⲁϥⲁ̀ⲙⲟⲛⲓ ⲛ̀ ϯⲙⲁⲭⲏⲣⲁ ⲉ̀ⲃⲟⲗ-
ϧⲉⲛ ⲧϫⲓϫ ⲙ̀ ⲡⲁ ⲓⲱⲧ ⲟⲩⲟϩ ⲁϥ ⲧ ⲛⲁϥ ⲛ̀ ⲟⲩⲱⲓⲗⲓ
ⲛ̀ ⲉⲥⲱⲟⲩ ⲛ̀ ⲧⲁ ϣⲉⲃⲓⲱ̀ ⲁϥϫⲱⲕ ⲉ̀ⲃⲟⲗ ⲛ̀ϫⲉ ⲡⲁ
ϣⲟⲩϣⲱⲟⲩϣⲓ. (Ⲓ) ⲡⲁⲣⲭⲱⲛ ⲛ̀ ⲛⲓⲡⲁⲧⲣⲓⲁⲣⲭⲏⲥ 20
ⲓⲁⲕⲱⲃ ⲫⲏ ⲉ̀ⲧⲁϥϣⲱⲡⲓ ⲛ̀ ϫⲱⲣⲓ ϧⲉⲛ ⲫϯ ⲟⲩⲟϩ ⲛ̀
ⲁⲫⲱϥ ϧⲉⲛ ⲛⲓⲣⲱⲙⲓ ⲛⲓⲃ ⲕⲣⲁϣⲓ ⲛ̀ⲑⲟⲕ ⲙ̀ ⲫⲟⲟⲩ
ϧⲉⲛ ⲡϣⲁⲓ ⲙ ⲡⲓⲁⲣⲭⲏⲁ̀ⲅⲅⲉⲗⲟⲥ ⲉ̀ⲑ ⲟⲩⲁⲃ ⲙⲓⲭⲁⲏⲗ.
Ⲡⲉϫⲁϥ ⲇⲉ ⲛ̀ϫⲉ ⲓⲁⲕⲱⲃ ϫⲉ ⲁϩⲁ ϯⲣⲁϣⲓ ⲙ̀ ⲫⲟⲟⲩ
ϫⲉ ⲁ̀ ⲡⲁ ⲥⲟⲛ ⲛ̀ⲥⲁⲩ ⲕⲟⲗⲧ ⲉ̀ⲃⲟⲗ ⲁⲓⲫⲱⲧ ⲉ̀ ϯⲛⲏ- 25

ⲕ̄. ⲗ. ⲥⲟⲥ ϣⲁ ⲗⲁⲃⲁⲛ ⲡⲥⲟⲛ ⲛ̀ ⲧⲁ ⲙⲁⲩ. Ⲁϥⲓ ϣⲁ ⲣⲟⲓ
ⲛ̀ϫⲉ ⲙⲓⲭⲁⲏⲗ ⲁϥⲥⲉⲙⲛⲉ ⲡⲁⲃⲉⲭⲉ ⲛⲏⲓ ⲉ̀ⲃⲟⲗϧⲉⲛ
ⲛⲉϥⲉ̀ⲥⲱⲟⲩ ⲟⲩⲟϩ ⲁϥⲥⲙⲟⲩ ⲉ̀ⲣⲟⲓ ⲛⲉⲙ ⲛⲁϣⲏⲣⲓ

DISCOURSE OF THEODOSIUS. 15

ⲛⲉⲙ ⲛⲁϩⲓⲟⲙⲓ ⲁϥⲑⲣⲉ ⲡⲓⲥⲗ ⲧⲏⲣϥ ϭⲓ ⲥⲙⲟⲩ ⲉⲃⲟⲗ
ⲛ̀ ϧⲏⲧ. (1) ⲓⲱⲥⲏⲫ ⲡⲓⲑⲙⲏⲓ ⲫⲏ ⲉⲧⲁⲩⲭⲟⲥ ⲉⲣⲟϥ
ⲛ̀ϫⲉ ⲛⲉϥⲥⲛⲏⲟⲩ ⲕⲉⲣ ⲟⲩ ϧⲉⲛ ⲡⲁⲓ ⲙⲁ ⲛ̀ ⲫⲟⲟⲩ
ⲕⲣⲁϣⲓ ϧⲉⲛ ⲡϣⲁⲓ ⲙ̀ ⲡⲓⲁⲣⲭⲁⲅⲅⲉⲗⲟⲥ ⲙⲓⲭⲁⲏⲗ.
ⲁⲡⲁϩ ⲁⲡⲗⲱⲥ ⲡⲉϫⲁϥ ⲛ̀ϫⲉ ⲓⲱⲥⲏⲫ ⲡⲓⲑⲙⲏⲓ ϧⲉⲛ 5
ⲟⲩⲙⲉⲑⲙⲏⲓ ϥⲧⲟⲙⲓ ⲉⲑⲣⲓ ⲣⲁϣⲓ ⲙ̀ ⲫⲟⲟⲩ. ϫⲉ ⲟⲩⲉⲓ
ϧⲉⲣ ⲡⲓϫⲓⲛⲑⲣⲟⲩⲭⲟⲥ ⲉⲣⲟⲓ ⲛ̀ϫⲉ ⲛⲁ ⲥⲛⲏⲟⲩ ⲟⲩⲟϩ
Κ. ⲃ. ⲁⲓⲧⲏⲓⲧ ⲉⲃⲟⲗ ϣⲁ ⲟⲩⲕⲁϩⲓ ⲛ̀ ϣⲉⲙⲙⲟ ⲟⲩⲟϩ ⲁⲓⲉⲣ
ϣⲉⲙⲙⲟ ⲛ̀ ϫⲱⲃ ⲭⲱⲣⲓⲥ ⲣⲉϥϯ ⲛⲟⲙϯ ⲛⲓⲙ ⲉ̀ ⲗ̀
ϩⲁⲛ ⲕⲉⲙⲏϣ ⲛ̀ ⲡⲉⲧ ϩⲱⲟⲩⲓ̀ ⲉⲣⲱⲓ. ⲁϥⲓ̀ ϣⲁ 10
ⲣⲟⲓ ⲛ̀ϫⲉ ⲙⲓⲭⲁⲏⲗ ⲡⲓⲁⲣⲭⲏⲁⲅⲅⲉⲗⲟⲥ ⲁϥⲛⲁϩⲙⲉⲧ
ⲉⲃⲟⲗ ⲛ̀ ϧⲏⲧⲟⲩ ⲧⲏⲣⲟⲩ ⲁⲡ ϧⲁⲉ̀ ⲇⲉ ⲁϥϯϩⲟ̀ ⲉ̀ ⲫϯ
ⲁϥⲁⲓⲧ ⲛ̀ ⲟⲩⲣⲟ ⲉ̀ ⲭⲏⲙⲓ. (1) ⲙⲱⲩⲥⲏⲥ ⲛⲉⲙ ⲗⲗ
ⲣⲱⲛ ⲛⲉⲙ ⲛ̀ⲥⲟⲩ ⲓ̀ⲧⲉ ⲛⲁⲅⲓ̀ⲓ ⲟⲩ ⲡⲉ ⲡⲉⲧⲉⲛⲑⲱϣ
ⲛ̀ⲑⲱⲧⲉⲛ ⲟⲩⲛ ⲛⲉⲙ ⲡⲁⲓ ϣⲁⲓ ⲙ̀ ⲫⲟⲟⲩ. ⲡⲉϫⲉ ⲛⲏ 15
ⲉⲑ ⲟⲩⲁⲃ ϫⲉ ⲡⲓⲣⲁϣⲓ ⲫⲱⲛ ⲡⲉ ϫⲉ ⲟⲩⲉⲓ ⲙⲓⲭⲁⲏⲗ
ⲇⲉ ⲁⲧ(sic) ⲉⲣ ϭⲁⲩ ⲙⲱⲓⲧ ϧⲁϫⲱⲛ ⲛⲉⲙ ⲡⲉⲛ ⲗⲁⲟⲥ
ΚΓ. ⲁ. ϣⲁⲧ ⲉⲛϭⲣⲟ ⲉ̀ϫⲉⲛ ⲛⲉⲛ ϫⲁϫⲓ ⲟⲩⲟϩ ⲁϥϭⲓ ⲙⲱⲓⲧ
ⲛⲁⲛ ⲉ̀ⲡⲓⲕⲁϩⲓ ⲛ̀ⲧⲉ ϯ ⲉ̀ⲡⲁⲅⲅⲉⲗⲓⲁ ⲉⲑⲃⲉ ⲫⲁⲓ ⲧⲉⲛ-
ⲣⲁϣⲓ ⲙ̀ ⲫⲟⲟⲩ. ⲁⲛⲟⲕ ⲡⲉ ⲅⲉⲇⲉⲱⲛ[1] ϯⲣⲁϣⲓ ϧⲉⲛ 20
ⲟⲩⲙⲉⲧϩⲟⲩⲟ̀ ⲉⲑⲃⲉ ϫⲉ ⲙⲓⲭⲁⲏⲗ ⲡⲉ ⲉ̀ⲧⲁϥⲓ̀ ϣⲁ ⲣⲟⲓ
ⲁϥⲙⲁϩⲧ ⲛ̀ ϫⲟⲙ ⲟⲩⲟϩ ⲁⲓⲓ̀ ⲉⲃⲟⲗ ⲁⲓⲃⲱⲧⲉ ⲉ̀ ⲡⲕⲁϩⲓ
ⲙ̀ ⲙⲁⲇⲓⲁⲙ ⲁⲓⲛⲟϩⲉⲙ ⲙ̀ ⲡⲁⲗⲁⲟⲥ. (1) ⲓⲉⲫⲑⲁⲓⲉ
ⲛⲉⲙ ⲁⲛⲛⲁ ⲧⲉϥⲥϩⲓⲙⲓ ⲟⲩ ⲡⲉ ⲡⲉⲧⲉⲛ ϧⲱⲃ ϧⲉⲛ
ⲡⲁⲓ ϣⲁⲓ ⲙ̀ ⲫⲟⲟⲩ. ⲁⲩⲉⲣ ⲟⲩⲱ̀ ⲛ̀ϫⲉ ⲛⲓⲕⲣⲓⲧⲏⲥ 25
ⲟⲩⲟϩ ⲡⲉϫⲱⲟⲩ ϫⲉ ⲧⲁⲫⲙⲏⲓ ⲡⲉⲛⲣⲁϣⲓ ⲟⲩⲛⲓϣϯ

---

[1] The scribe has omitted the address to Gideon.

ⲡⲉ ⲇⲉ ⲛⲁⲛⲟⲓ ⲛ̄ ⲁϭⲣⲏⲛ ⲓⲥϫⲉⲛ ⲧⲉⲛⲙⲉⲧⲕⲟⲩϫⲓ ϣⲁⲧ-

ⲕ̅ⲁ̅. ⲃ. ⲉⲛⲙⲉⲧⲛⲟϫ   ⲙ̄ⲡⲉ ϣⲏⲣⲓ ϣⲱⲡⲓ ⲛⲁⲛ ⲁⲛⲟⲛ ⲇⲉ
ⲉ̀ⲣⲁⲧⲉⲛ ⲉ̀ⲛⲉⲣ ⲡⲣⲟⲥⲉⲩⲭⲏⲥⲑⲉ ⲁⲛϭⲁⲓ ⲛ̄ ⲟⲩϣⲟⲩ-
ϣⲟⲟⲩϣⲓ ⲙ̄ ⲫϯ ⲁϥⲥⲟⲙⲥ ⲛ̄ϫⲉ ⲡⲓⲁⲣⲭⲏⲁⲅⲅⲉⲗⲟⲥ
ⲉ̀ⲑ ⲟⲩⲁⲃ ⲙⲏⲭⲁⲏⲗ ⲉ̀ϫⲉⲛ ⲡⲉⲛⲑⲉⲃⲓⲟ̀ ⲟⲩⲟϩ ⲁϥⲱ̀ⲗⲓ 5
ⲛ̄ⲧⲉⲛⲡⲣⲟⲥⲉⲩⲭⲏ ⲛⲉⲙ ⲡⲉⲛϣⲟⲩϣⲟⲟⲩϣⲓ ϣⲁ ⲫϯ
ⲁϥⲉⲣ ⲡⲉⲛⲙⲉⲩⲓ̀ ⲙ̄ⲡⲉⲙⲑⲟ ⲙ̄ ⲫϯ ⲁϥⲉⲣ ϩⲙⲟⲧ ⲛⲁⲛ
ⲙ̄ ⲡⲓϣⲱⲣⲓ ⲥⲁⲙⲯⲱⲙ ⲁ̀ⲛⲟⲛ ⲇⲉ ⲛⲉⲙ ⲡⲉⲛϣⲏⲣⲓ ⲧⲉⲛ-
ⲣⲁϣⲓ ⲙ̄ ⲫⲟⲟⲩ. ⲱ ⲇⲁⲩⲓ̀ⲇ ⲡⲟⲩⲣⲟ ⲛ̄ ⲑⲙⲏⲓ ⲟⲩⲟϩ
ⲫⲓⲱⲧ ⲡⲭ̅ⲥ̅ ⲕⲁⲧⲁ ⲥⲁⲣϫ ϩⲏⲡⲡⲉ ϯⲛⲁⲩ ⲉ̀ⲣⲟⲕ ⲙ̄ 10
ⲫⲟⲟⲩ ⲕⲣⲁϣⲓ ⲟⲩⲟϩ ⲉⲕⲕⲓⲙ ⲛ̄ ⲧⲉⲕ ⲕⲩⲑⲁⲣⲁ ⲑⲁ ⲡⲓ

ⲕ̅ⲃ̅. ⲁ. ⲓ ⲛ̄ ⲕⲁⲡ ϧⲉⲛ ⲡⲁⲓ ⲁ̀ⲣⲓⲥⲧⲟⲛ ⲉ̀ⲧⲁϥⲑⲁϩⲙⲉⲛ ⲉ̀ⲣⲟϥ
ⲛ̄ϫⲉ ⲡⲓⲁⲣⲭⲏⲁⲅⲅⲉⲗⲟⲥ ⲉ̀ⲑ ⲟⲩⲁⲃ ⲙⲓⲭⲁⲏⲗ ⲙ̄ ⲫⲟⲟⲩ.
Ⲡⲉϫⲁϥ ⲛ̄ϫⲉ ⲇⲁⲩⲓ̀ⲇ ϫⲉ ϧⲉⲛ ⲟⲩⲙⲉⲑⲙⲏⲓ ϯⲣⲁϣⲓ
ⲙ̄ ⲫⲟⲟⲩ ⲟⲩⲟϩ ϯⲑⲉⲗⲏⲗ ϫⲉ ⲛⲓϣⲁⲓ ⲧⲏⲣⲟⲩ ⲛ̄ⲧⲉ 15
ⲛⲏⲓ ⲉ̀ⲑ ⲟⲩⲁⲃ ⲟⲩⲯⲁⲗⲙⲱⲇⲓⲁ̀ ⲛ̄ⲧⲉ ⲫⲟⲩⲁⲓ ⲫⲟⲩⲁⲓ
ⲙ̄ⲙⲱⲟⲩ ⲉⲧ ⲥ̀ϧⲏⲟⲩⲧ ϩⲓϫⲉⲛ ⲡⲁϩⲏⲧ ⲡⲓⲉⲣ ⲯⲁⲗⲓⲛ
ⲇⲉ ⲉ̀ⲧ ⲧⲟⲙⲓ ⲉ̀ ⲡⲁⲓ ϣⲁⲓ ⲫⲁⲓ ⲛ̄ⲧⲉ ⲡⲓⲁⲣⲭⲏⲁⲅⲅⲉⲗⲟⲥ
ⲉ̀ⲑ ⲟⲩⲁⲃ ⲙⲏⲭⲁⲏⲗ ⲉ̀ⲧⲉ ⲫⲁⲓ ⲡⲉ ϫⲉ ⲡⲁ̀ⲅⲅⲉⲗⲟⲥ ⲙ̄
ⲡϭ̅ⲥ̅ ϩⲓⲕⲟⲧ ⲙ̄ ⲡⲕⲱϯ ⲛ̄ ⲟⲩⲟⲛ ⲛⲓⲃⲉⲛ ⲉ̀ⲧ ⲉⲣ ϩⲟϯ 20
ϧⲁ ⲧⲉϥⲭⲏ ⲟⲩⲟϩ ϥⲛⲁⲛⲁϩⲙⲟⲩ. ⲱ ⲥⲟⲗⲟⲙⲱⲛ

ⲕ̅ⲃ̅. ⲃ. ⲡⲓⲥⲟⲫⲟⲥ   ⲙⲏ ⲭⲣⲁϣⲓ ⲁⲛ ϧⲉⲛ ⲡϣⲁⲓ ⲙ̄ ⲡⲓⲁⲣⲭⲏ-
ⲁⲅⲅⲉⲗⲟⲥ ⲙⲏⲭⲁⲏⲗ ⲡⲉϫⲁϥ ϫⲉ ϧⲉⲛ ⲟⲩⲙⲉⲧϩⲟⲩⲟ̀
ϯⲣⲁϣⲓ ⲉⲑⲃⲉ ⲡⲓⲁⲣⲭⲏⲁⲅⲅⲉⲗⲟⲥ ⲉ̀ⲑ ⲟⲩⲁⲃ ⲙⲏⲭⲁⲏⲗ
ⲛ̄ⲑⲟϥ ⲁϥϣⲱⲡⲓ ⲛⲉⲙⲏⲓ ⲓⲥϫⲉⲛ ⲧⲁ ⲙⲉⲧⲕⲟⲩϫⲓ ⲟⲩⲟϩ 25
ⲁϥⲉⲣⲉ ϯϩⲓⲣⲏⲛⲏ ϣⲱⲡⲓ ϧⲉⲛ ⲛⲁⲉ̀ϩⲟⲟⲩ ⲁϥⲧϩ̀ⲃⲟ ⲙ̄
ⲫϯ ⲁϥⲥⲟⲛϩⲉⲛ ⲛⲏⲓ ⲉⲑⲣⲓ ⲕⲱⲧ ⲛ̄ ⲟⲩⲏⲓ ⲙ̄ ⲡϭ̅ⲥ̅.
ⲱ ⲓⲉ̀ⲍⲉⲕⲓⲁⲥ ⲡⲟⲩⲣⲟ ⲛ̄ ⲑⲙⲏⲓ ⲙⲏ ⲛ̄ⲑⲟⲕ ϩⲱⲕ ⲕⲣⲁϣⲓ

ⲛ̀ ⲫⲟⲟⲩ ϧⲉⲛ ⲡϣⲁⲓ ⲛ̀ ⲡⲓⲁⲣⲭⲏⲁⲅⲅⲉⲗⲟⲥ ⲉⲑ ⲟⲩⲁⲃ
ⲙⲓⲭⲁⲏⲗ. ⲡⲉϫⲁϥ ⲇⲉ ⲡⲱⲥ ϯⲛⲁⲣⲁϣⲓ ⲁⲛ ϫⲉ ⲁ

ⲕⲅ̅. ⲁ. ⲛⲓⲥⲩⲣⲓⲟⲥ ⲉⲣ ⲍ̅ ⲟⲟⲩ ⲍⲟⲩϫⲉϫ ⲙ̀ⲙⲟⲓ ⲛⲉⲙ ⲡⲁ
ⲗⲁⲟⲥ ⲡⲓⲁⲣⲭⲏⲁⲅⲅⲉⲗⲟⲥ ⲉⲑ ⲟⲩⲁⲃ ⲙⲓⲭⲁⲏⲗ ⲛ̀ⲑⲟϥ
ⲡⲉ ⲉⲧⲁϥϣⲁⲓⲣⲓ ⲉ̀ⲣⲱⲟⲩ ϧⲉⲛ ⲡⲓⲉ̅ϫⲱⲣϩ ⲉ̀ⲣⲉ ⲧⲟⲩⲏⲡⲓ 5
ⲓⲣⲓ ⲛ̀ ⲣ̅ⲡ̅ⲉ̅ ϣⲟ ⲛ̀ ⲣⲁⲛ ⲉ ⲁϥⲛⲁϩⲙⲉⲛ ⲁ̀ⲛⲟⲕ ⲛⲉⲙ
ⲡⲁ ⲗⲁⲟⲥ ⲧⲏⲣϥ. ⲱ̅ ⲏ̀ⲥⲁⲓⲁⲥ ⲡⲓⲛⲓϣϯ ⲛ̀ ⲡⲣⲟ-
ⲫⲏⲧⲏⲥ ⲟⲩ ⲡⲉ ⲡⲉⲕⲣⲁϣⲓ ϩⲱⲕ ⲛ̀ ⲫⲟⲟⲩ ϧⲉⲛ ⲡϣⲁⲓ
ⲛ̀ ⲡⲓⲁⲣⲭⲏⲁⲅⲅⲉⲗⲟⲥ ⲉⲑ ⲟⲩⲁⲃ ⲙⲓⲭⲁⲏⲗ. ⲡⲉϫⲁϥ
ϫⲉ ⲫⲁⲓ ⲡⲉ ⲡⲁ ⲣⲁϣⲓ ϫⲉ ⲛⲓⲃⲓⲥⲓ ⲧⲏⲣⲟⲩ ⲉⲧ ⲁ 10
ⲙⲁⲛⲁⲥⲥⲏ ⲛⲉⲙ ⲛⲉϥϣⲫⲏⲣ ⲉ̀ⲛⲟⲩ ⲉ̀ϫⲱⲓ ⲛⲁϥⲟ̀ϩⲓ
ⲉ̀ⲣⲁⲧϥ ⲛⲉⲙⲏⲓ ⲛ̀ϫⲉ ⲡⲓⲁⲣⲭⲏⲁⲅⲅⲉⲗⲟⲥ ⲙⲓⲭⲁⲏⲗ ⲉϥϯ

ⲕⲅ̅. ⲃ. ϫⲟⲙ ⲛⲏⲓ ⲛⲉⲙ ⲛⲟⲙϯ ϣⲁⲧ ⲟⲩⲃⲁⲥⲧ ϧⲉⲛ ⲧⲁ
ⲙⲏϯ ϧⲉⲛ ⲟⲩⲃⲁϣⲟⲩⲣ ⲛ̀ ϣⲉ. ⲱ̅ ⲡⲁ ⲓⲱⲧ ⲉⲑ
ⲟⲩⲁⲃ ⲓ̀ⲉⲣⲉⲙⲓⲁⲥ ⲁ̀ⲛⲟⲕ ϯⲛⲁⲩ ⲉ̀ⲣⲟⲕ ⲛ̀ ⲫⲟⲟⲩ ⲛⲉⲙ 15
ⲡⲁⲓ ⲛⲓϣϯ ⲛ̀ ϩⲏⲃⲥ ⲉⲧ ⲉⲣ ⲟⲩⲱⲓⲛⲓ ⲟⲩⲟϩ ⲕⲣⲁϣⲓ
ϧⲉⲛ ⲡϣⲁⲓ ⲛ̀ ⲡⲓⲁⲣⲭⲏⲁⲅⲅⲉⲗⲟⲥ ⲉⲑ ⲟⲩⲁⲃ ⲙⲓ-
ⲭⲁⲏⲗ ⲡⲉϫⲁϥ ϫⲉ ⲁ̀ⲛⲟⲕ ⲛⲉⲙ ϯⲣⲁϣⲓ ⲛ̀ ϩⲟⲩⲟ̀
ϫⲉ ⲁ̀ ⲛⲓⲟⲩⲣⲱⲟⲩ ⲧⲏⲣⲟⲩ ⲛ̀ⲧⲉ ⲓⲟⲩⲇⲁ ⲓⲣⲓ ⲛⲉⲙⲏⲓ
ⲛ̀ ⲛⲓⲡⲉⲧϩⲱⲟⲩ ⲧⲏⲣⲟⲩ ⲟⲩⲟϩ ⲛⲁⲩⲃⲱⲧⲥ ⲟⲩⲃⲏⲓ 20
ϧⲉⲛ ⲟⲩϭⲱⲗⲕ ⲛⲁⲣⲉ ⲙⲓⲭⲁⲏⲗ ⲇⲉ ⲟ̀ϩⲓ ⲉ̀ⲣⲁⲧϥ ⲛⲉ-
ⲙⲏⲓ ⲁϥϣⲱⲡⲓ ⲛⲏⲓ ⲛ̀ ⲟⲩⲃⲟⲏ̀ⲑⲟⲥ ⲛⲉⲙ ⲟⲩⲁ̀ⲙⲁϩⲓ.

ⲕⲇ̅. ⲁ. ⲱ̅ ⲓ̀ⲉⲍⲉⲕⲓⲏⲗ ⲡⲓⲛⲓϣϯ ⲛ̀ ⲡⲣⲟⲫⲏⲧⲏⲥ ⲁ̀ⲙⲟⲩ ϫⲉ
ⲛ̀ⲧⲉⲕⲧⲁⲙⲟⲛ ⲉ̀ⲡⲉⲕⲣⲁϣⲓ ϩⲱⲕ ⲛ̀ ⲫⲟⲟⲩ ϧⲉⲛ
ⲡϣⲁⲓ ⲛ̀ ⲡⲓⲁⲣⲭⲏⲁⲅⲅⲉⲗⲟⲥ ⲉⲑ ⲟⲩⲁⲃ ⲙⲓⲭⲁⲏⲗ. 25
ⲡⲉϫⲁϥ ϫⲉ ⲁ̀ⲛⲟⲕ ⲙⲉⲛ ϯⲣⲁϣⲓ ⲟⲩⲟϩ ϯⲟⲩⲛⲟϥ ϫⲉ
ⲙⲓⲭⲁⲏⲗ ⲡⲉ ⲉⲧⲁϥⲓ̀ⲛⲓ ⲛⲏⲓ ⲙ̀ ⲡⲓⲭⲁⲣⲧⲏⲥ ⲉⲧ
ⲥϧⲏⲟⲩⲧ ⲟⲩⲟϩ ⲁⲓⲟⲙⲕϥ ⲁⲥϫⲱⲕ ⲛⲏⲓ ⲉ̀ⲃⲟⲗ ⲛ̀ϫⲉ

3

ⲧⲁ ⲡⲣⲟⲫⲏⲧⲓⲁ. (ⲗ̅) ⲇⲁⲛⲓⲏⲗ ⲡⲓⲡⲣⲟⲫⲏⲧⲏⲥ ⲫⲣⲱⲙⲓ ⲛ̇ⲧⲉ ⲛⲓⲉ̇ⲡⲓⲑⲩⲙⲓⲁ ⲛⲓⲙ ⲛ̇ⲑⲟⲕ ⳉⲱⲕ ⲕⲣⲁϣⲓ ⲙ̇ ⲫⲟⲟⲩ ϧⲉⲛ ⲡϣⲁⲓ ⲙ̇ ⲡⲓⲁⲣⲭⲏⲁⲅⲅⲉⲗⲟⲥ ⲉ̇ⲑ ⲟⲩⲁⲃ ⲙⲓⲭⲁⲏⲗ. Ⲡⲉϫⲁϥ ⲛ̇ϫⲉ ⲇⲁⲛⲓⲏⲗ ϫⲉ ⲁϣ ⲛ̇ ⲣⲁϣⲓ ⲉ̇ⲑ ⲛⲁϣϥⲟⳅ

ⲕ̅ⲅ̅. ⲃ. ⲉ̇ ⲡⲁ ⲣⲁϣⲓ ϫⲉ ⲟⲩⲉⲓ ⲡⲓⲁⲣⲭⲏⲁⲅⲅⲉⲗⲟⲥ ⲙⲓⲭⲁⲏⲗ 5
ⲟⲩⲥⲟⲡ ⲁⲛ ⲟⲩⲇⲉ ⲃ̅ ⲁϥⲓ̇ ϣⲁ ⲣⲟⲓ ⲉ̇ⲧⲁⲩ ⳉⲓⲧ ⲇⲉ ⲉ̇ ⲫⲗⲁⲕⲕⲟⲥ ⲛ̇ ⲛⲓⲙⲟⲩⲓ ⲁⲩⲉⲣ ⲥⲫⲣⲁⲅⲓⲍⲓⲛ ⲉ̇ϫⲱⲓ ϧⲉⲛ ⳉⲁⲛ̇ⲥ̅ ⲫⲣⲁⲅⲓⲥ. Ⲙⲓⲭⲁⲏⲗ ⲇⲉ ⲡⲓⲁⲣⲭⲏⲁⲅ- ⲅⲉⲗⲟⲥ ⲁϥⲙⲁϣⲑⲁⲙ ⲛ̇ ⲣⲱⲟⲩ ⲛ̇ ⲛⲓⲙⲟⲩⲓ ⲙ̇ⲡⲟⲩϣ- ϧⲱⲛⲧ ⲉ̇ⲣⲟⲓ ⲉ̇ ⲡⲧⲏⲣϥ ⲉ̇ⲧⲁⲓⳅⲕⲟ ⲇⲉ ⲟⲩⲛ ⲁϥⲓ̇ⲛⲓ 10 ⲛⲏⲓ ⲛ̇ ⲁⲃⲃⲁⲕⲟⲩⲙ ⲉϥⲟⲡⲧ ⲛ̇ ϧⲁⲛϥⲛⲟⲩⲓ̇ ⲉⲩⲕⲉ- ⲛⲓϣⲟⲩⲧ ⲟⲩⲟⳉ ⲁϥⲧⲥⲟⲓ. (ⲗ̅) ⲡⲓ ⲓ̅ⲃ̅ ⲛ̇ ⲁⲡⲟⲥⲧⲟⲗⲟⲥ ⲉⲑⲃⲉ ⲟⲩ ⲧⲉⲧⲉⲛⲣⲁϣⲓ ⲛ̇ⲟⲱⲧⲉⲛ ⲟⲩⲛ ⲙ̇ ⲫⲟⲟⲩ ϧⲉⲛ ⲡⲁⲓ ⲛⲓϣϯ ⲛ̇ ϣⲁⲓ ⲛ̇ⲧⲉ ⲡⲓⲁⲣⲭⲏⲁⲅⲅⲉⲗⲟⲥ ⲉ̇ⲑ ⲟⲩⲁⲃ ⲙⲓⲭⲁⲏⲗ. Ⲡⲉϫⲱⲟⲩ ϫⲉ ⲁ̇ⲛⲟⲛ ⲙⲉⲛ ⲧⲉⲛ- 15

ⲕ̅ⲉ̅. ⲁ. ⲣⲁϣⲓ ⲁⲛ ϫⲉ ⲙⲏ ⲛ̇ⲭⲏ ' ϧⲉⲛ ⲟⲩⲛⲓϣϯ ⲛ̇ ⲉⲙⲕⲁⳉ ⲛ̇ ⳉⲏⲧ ϧⲉⲛ ⲡϫⲓⲛⲑⲣⲉ ⲛⲓⲡⲁⲣⲁⲛⲟⲙⲟⲥ ⲛ̇ ⲓⲟⲩⲇⲁⲓ̇ ⲉⲣ ⲥⲧⲁⲩⲣⲱⲛⲓⲛ ⲙ̇ ⲡⲉⲛ ⳝ̅ⲥ̅ ⲓ̅ⲏ̅ⲥ̅ ⲡ̅ⲭ̅ⲥ̅ ⲉ̇ ϯⲉⲛⲭⲏ ϧⲉⲛ ⲡⲉⲛⲉ̇ⲙⲕⲁⳉ ⲛ̇ ⳉⲏⲧ ⲛⲉⲙ ⲡⲓⲭⲱⲡ ⲉⲑⲃⲉ ⲧⳉⲟϯ ⲛ̇ ⲛⲓ ⲓⲟⲩⲇⲁⲓ. Ⲁⲥⲧⲁⲙⲟⲛ ⲛ̇ϫⲉ ⲙⲁⲣⲓⲁⲙ ϯⲡⲁⲣ- 20 ⲑⲉⲛⲟⲥ ϫⲉ ⲁⲥⳉⲱⲗ ⲉ̇ ⲡⲓⲛ̇ⳉⲁⲩ ⲛ̇ ϣⲟⲣⲡ ⲛ̇ ⲧⲕⲩ- ⲣⲓⲁⲕⲏ ⲛ̇ⲑⲟⲥ ⲛⲉⲙ ⲛⲏ ⲉⲑ ⲛⲉⲙⲁⲥ ⲁⲥϫⲓⲙⲓ ⲙ̇ ⲡⲓⲁⲣⲭⲏ ⲁⲅⲅⲉⲗⲟⲥ ⲉ̇ⲑ ⲟⲩⲁⲃ ⲙⲓⲭⲁⲏⲗ ⲉ̇ ⲁϥⲥⲕⲉⲣ- ⲕⲉⲣ ⲙ̇ ⲡⲓⲱ̇ⲛⲓ ⲉ̇ⲃⲟⲗⳉⲓ ⲣⲱϥ ⲙ̇ ⲡⲓⲛ̇ⳉⲁⲩ ⲟⲩⲟⳉ ⲁϥⳉⲉⲙⲥⲓ ⳉⲓϫⲱϥ ⲉϥϩⲓ ϣⲉⲛⲛⲟⲩϥⲓ ⲛ̇ ⲱⲟⲩ ϫⲉ ⲁ̅ 25

ⲕ̅ⲉ̅. ⲃ. ⲡ̅ⳝ̅ⲥ̅ ⲧⲱⲛϥ. (ⲗ̅) ⲍⲁⲭⲁⲣⲓⲁⲥ ⲛⲉⲙ ⲓ̇ⲱⲁⲛⲛⲏⲥ ⲡⲉϥ- ϣⲏⲣⲓ ⲛⲏ ⲛ̇ⲑⲱⲧⲉⲛ ⲧⲉⲧⲉⲛⲉⲣ ϣⲁⲓ ⳉⲱⲧⲉⲛ ⲙ̇ ⲫⲟⲟⲩ ϧⲉⲛ ⲡϣⲁⲓ ⲙ̇ ⲡⲓⲁⲣⲭⲏⲁⲅⲅⲉⲗⲟⲥ ⲙⲓⲭⲁⲏⲗ. Ⲡⲉϫⲁϥ

ⲥⲉ ϯⲣⲁϣⲓ ⲇⲉ ⲁϥⲉⲣ ⲥⲫⲣⲁⲅⲓⲍⲓⲛ ⲛⲁϥ ⲛ̄ ⲙⲓⲭⲁⲏⲗ
ⲛ̄ ⲁⲣⲭⲏⲁⲅⲅⲉⲗⲟⲥ ⲁⲛⲟⲕ ⲇⲉ ⲛ̄ ⲟⲩⲏⲃ ⲓⲱⲁⲛⲛⲏⲥ ⲇⲉ
ⲡⲁϣⲏⲣⲓ ⲛ̄ ⲣⲉϥⲧⲱⲙⲥ ⲛ̄ⲑⲟϥ ⲡⲉ ⲡϣⲏⲣⲓ ⲛ̄ ⲉⲗⲓⲥⲁⲃⲉⲧ
ⲧⲥⲩⲅⲅⲉⲛⲏⲥ ⲙ̄ ⲙⲁⲣⲓⲁⲙ ⲑⲙⲁⲩ ⲙ̄ ⲡϭⲥ ⲕⲁⲧⲁ ⲥⲁⲣⲝ
ⲉⲑⲃⲉ ⲫⲁⲓ ⲧⲉⲛⲣⲁϣⲓ ⲙ̄ ⲫⲟⲟⲩ. (λ) ⲥⲧⲉⲫⲁⲛⲟⲥ 5
ⲡⲓⲁⲣⲭⲏⲇⲓⲁⲕⲱⲛ ⲛ̄ ⲡⲣⲟⲇⲟⲙⲁⲣⲧⲩⲣⲟⲥ (sic) ⲙⲏ
ⲕⲣⲁϣⲓ ⳓⲱⲕ ⲛⲉⲙⲁⲛ ϧⲉⲛ ⲡⲁⲓ ⲛⲓϣϯ ⲛ̄ ϣⲁⲓ ⲡⲉϫⲁϥ
ⲇⲉ ⲁⳓⲁ ⲇⲉ ϧⲉⲛ ⲡⲓⲛⲁⲩ ⲉⲧⲁⲩϭⲓ ⲱⲛⲓ ⲉϫⲱⲓ ⲁⲓ-
ⲕϥ. ⲁ. ⲛⲁⲩ ⲉ̀ ⲛⲓⲫⲏⲟⲩⲓ̀ ⲉⲩⲟⲩⲏⲛ· ⲉⲣⲉ ⲡⲓⲁⲣⲭⲏⲁⲅⲅⲉⲗⲟⲥ
ⲙⲓⲭⲁⲏⲗ ⲛⲉⲙ ⲛⲓⲁⲅⲅⲉⲗⲟⲥ ⲧⲏⲣⲟⲩ ⲥⲟⲙⲥ ⲉ̀ ⲡⲉⲛ 10
ϭⲥ ⲓⲏⲥ ⲡⲭⲥ ⲉϥⲥⲁ ⲟⲩⲓⲛⲁⲙ ⲙ̄ ⲫⲓⲱⲧ ⲛ̄ ⲁⲅⲁⲑⲟⲥ.
(λ) ⲡⲓ ⲅ̄ ⲛ̄ ⲁⲗⲟⲩ ⲁⲛⲁⲛⲓⲁⲥ ⲁⲍⲁⲣⲓⲁⲥ ⲙⲓⲥⲁⲏⲗ ⲙⲏ
ⲧⲉⲧⲉⲛⲣⲁϣⲓ ⳓⲱⲧⲉⲛ ⲙ̄ ⲫⲟⲟⲩ ϧⲉⲛ ⲡϣⲁⲓ ⲙ̄ ⲡⲓⲁⲣ-
ⲭⲏⲁⲅⲅⲉⲗⲟⲥ ⲙⲓⲭⲁⲏⲗ. Ⲡⲉϫⲱⲟⲩ ⲛ̄ϫⲉ ⲛⲏ ⲉⲑ ⲟⲩⲁⲃ
ϫⲉ ⲡⲱⲥ ⲧⲉⲛⲛⲁⲣⲁϣⲓ ⲁⲛ ϫⲉ ϧⲉⲛ ⲡⲥⲓⲛⲙⲑⲣⲉ ⲛⲁ- 15
ⲃⲟⲩⲭⲟⲇⲟⲛⲟⲥⲟⲣ ⲡⲟⲩⲣⲟ ⳓⲓⲧⲉⲛ ⲉ̀ ϯⳓⲣⲱ ⲛ̄ ⲭⲣⲱⲙ
ⲉⲑ ⲙⲟⳓ ⲁϥⲟⲩⲁⳓⲥⲁⳓⲛⲓ ⲛ̄ϫⲉ ⲫϯ ⲙ̄ ⲙⲓⲭⲁⲏⲗ
ⲁϥⲛⲉⳓ ⲡϣⲁⳓ ⲙ̄ ⲡⲓⲭⲣⲱⲙ ⲉⲃⲟⲗ ⲁϥⲉⲣ ϯⳓⲣⲱ
ⲕϥ. ⲃ. ⲉⲣ ⲙ̄ ⲫⲣⲏϯ ⲛ̄ ⲟⲩⲓ̀ⲱϯ. Ⲱ̀ ⲡⲭⲱⲣⲟⲥ ⲛ̄ ⲛⲓⲙⲁⲣ-
ⲧⲩⲣⲟⲥ ⲛⲉⲙ ⲛⲏ ⲉⲑ ⲟⲩⲁⲃ ⲙⲏ ⲧⲉⲧⲉⲛⲣⲁϣⲓ ⲛ̄ⲑⲱ- 20
ⲧⲉⲛ ⲙ̄ ⲫⲟⲟⲩ ϧⲉⲛ ⲡϣⲁⲓ ⲙ̄ ⲡⲓⲁⲣⲭⲏⲁⲅⲅⲉⲗⲟⲥ
ⲙⲓⲭⲁⲏⲗ. Ⲡⲉϫⲉ ⲛⲏ ⲉⲑ ⲟⲩⲁⲃ ⲧⲏⲣⲟⲩ ϫⲉ ϧⲉⲛ
ⲟⲩⲙⲉⲑⲙⲏⲓ ⲟⲩⲛⲓϣϯ ⲡⲉ ⲡⲉⲛⲣⲁϣⲓ ϫⲉ ⲟⲩⲉⲓ ⲁⲛⲁⲅⲕⲏ
ⲛⲓⲃⲉⲛ ⲛⲉⲙ ⲙ̄ⲕⲁⳓ ⲉ̀ⲧ ⲁⲛϥⲁⲓ ϧⲁⲣⲱⲟⲩ ⲛⲓⲁⲣⲭⲏⲁⲅ-
ⲅⲉⲗⲟⲥ ⲙⲏⲭⲁⲏⲗ ⲁϥϯ ϫⲟⲙ ⲛⲁⲛ ϣⲁⲧ ⲉⲛϥⲁⲓ ϧⲁ 25
ⲛⲓⲃⲁⲥⲁⲛⲟⲥ ⲉ̀ⲧⲉⲙⲙⲁⲩ ⲟⲩⲟϩ ⲛ̄ⲧⲉⲛϫⲱⲕ ⲛ̄ⲧⲉⲛ-
ⲙⲁⲣⲧⲩⲣⲓⲁ̀ ⲉ̀ⲃⲟⲗ ⲛⲉⲙ ⲡⲉⲛⲁ̀ⲅⲱⲛ ⲟⲩⲟϩ ⲉⲑⲃⲏⲧϥ
ⲁⲛϭⲓ ⲛ̄ ⲛⲁⲓ ⲛⲓϣϯ ⲛ̄ ⲁ̀ⲅⲁⲑⲟⲛ ⲉⲑⲃⲉ ⲫⲁⲓ ⲧⲉⲛⲣⲁϣⲓ

3*

κζ̅. α. Ⲛ̅ ⲫⲟⲟⲩ. Ⲱ ⲛⲓⲧⲁⲅⲙⲁ ⲧⲏⲣⲟⲩ ⲛ̅ⲧⲉ ⲫⲛⲟⲩⲓ
ⲛⲉⲙ ⲧⲉⲧⲉⲛⲣⲁϣⲓ ⲥⲱⲧⲉⲛ Ⲛ̅ ⲫⲟⲟⲩ. Ⲡⲉϫⲱⲟⲩ ⲇⲉ
ⲧⲁⲫⲙⲏⲓ ⲡⲓⲣⲁϣⲓ ⲧⲏⲣϥ ⲫⲱⲛ ⲡⲉ ⲛⲁ ⲙⲉⲛⲣⲁϯ
ⲟⲩⲛⲓϣϯ ⲅⲁⲣ ⲡⲉ ⲡⲧⲁⲓⲟ ⲛ̅ ⲡⲁⲓ ϣⲁⲓ ⲫⲁⲓ ⲉⲧ ⲫⲱⲣϣ
ⲛⲁⲛ ϩⲓϫⲉⲛ ⲡⲕⲁϩⲓ ⲛ̅ⲙⲁⲩⲁⲧϥ ⲁⲛ ⲁⲗⲗⲁ ϧⲉⲛ ϯ 5
ⲕⲉ ⲫⲉ ⲟⲩⲛ. Ϯⲛⲟⲩ ⲇⲉ ⲱ ⲛⲓⲙⲉⲛⲣⲁϯ ⲛ̅ ⲕⲁⲧ
ϧⲏⲧ ⲁⲙⲱⲓⲛⲓ ⲛ̅ⲧⲉⲛ ⲉⲣ ⲥⲡⲟⲇⲁⲍⲓⲛ ϩⲱⲛ ⲟⲩⲛ
ⲛ̅ⲧⲉⲛⲁⲣⲉϩ ⲉ ⲛⲉⲛⲯⲩⲭⲏ ϧⲉⲛ ⲡϣⲁⲓ ⲙ̅ ⲡⲓⲁⲣⲭⲏⲁⲅ-
ⲅⲉⲗⲟⲥ ⲉⲑ ⲟⲩⲁⲃ ⲙⲓⲭⲁⲏⲗ ⲟⲩⲟϩ ⲛ̅ⲙⲟⲛ ϩⲉⲃⲥⲱ
ⲉ ⲛⲁⲛⲉⲩ ⲉⲩⲉⲣ ⲡⲣⲉⲡⲓ ⲛ̅ ⲡⲓϩⲟⲡ ⲧⲟⲓ ϩⲓⲱⲧⲉⲛ 10
κζ̅. β. ⲙⲏ ⲡⲟⲧⲉ ⲛ̅ⲧⲉⲛ ϩⲱⲗ ϩⲉⲛ ϩⲁⲛⲥⲧⲟⲗⲏ ⲉⲩⲥⲁⲓⲱⲟⲩ
ⲉⲩ ⲭⲱⲛⲥ ⲉⲣⲉ ⲛⲉⲛⲥⲱⲙⲁ ⲙⲉϩ ⲛ̅ ⲑⲱⲗⲉⲃ ⲛ̅ⲥⲉⲕⲱⲗ-
ⲧⲉⲛ ⲉⲃⲟⲗ ϧⲉⲛ ⲟⲩϣⲓⲡⲓ ⲛ̅ ⲡⲉⲙⲑⲟ ⲛ̅ ⲛⲏ ⲉⲧⲉ
ⲛⲓϩⲉⲃⲥⲱ ⲉⲧ ⲫⲉⲣⲓ ⲱⲟⲩ ⲧⲟⲓ ϩⲓⲱⲧⲟⲩ ⲟⲩⲟϩ ⲛ̅ⲥⲉⲟⲩ-
ⲛⲟⲩ ⲥⲁⲃⲟⲗ ⲛ̅ⲙⲟⲛ ⲛ̅ϫⲉ ⲛⲁ ⲛⲓϩⲉⲃⲥⲱ ⲛ̅ ⲕⲁⲑⲁⲣⲟⲥ 15
ϫⲉ ⲙⲏⲡⲟⲧⲉ ⲛ̅ⲧⲟⲩⲑⲱⲗⲉⲃ ϩⲱⲟⲩ ⲛ̅ ϧⲓⲧⲉⲛ.
Ⲙⲉⲛⲉⲛⲥⲁ ⲡⲁⲓ ⲛⲓϣϯ ⲇⲉ ⲛ̅ ϣⲓⲡⲓ ⲛ̅ⲥⲉϩⲓⲧⲉⲛ ⲉⲃⲟⲗ
ⲛ̅ⲥⲉϯ ϣⲱϣ ⲛⲁⲛ ϧⲉⲛ ⲛⲁⲓ ⲥⲁϫⲓ ⲛ̅ϫⲉ ⲛⲏ ⲉⲧⲉⲙ-
ⲙⲁⲩ ⲉⲩϫⲱ ⲙ̅ⲙⲟⲥ ϫⲉ ⲱ ⲛⲓⲥⲁϧϩⲏⲧ ⲉⲧ ⲗⲟⲃⲓ ⲡⲱⲥ
ⲧⲉⲧⲉⲛϣⲓⲡⲓ ⲁⲛ ⲓⲥϫⲉ ⲧⲉⲧⲉⲛϣⲓⲡⲓ ⲁⲛ ϧⲁ ⲧϩⲏ ⲛ̅ 20
κη̅. α. ⲛⲓⲣⲱⲙⲓ ⲡⲱⲥ ⲛ̅ ⲡⲉⲧⲉⲛϣⲓⲡⲓ ϧⲁ ⲧϩⲏ ⲛ̅ ⲡⲟⲩⲣⲟ
ⲫϯ ⲛⲉⲙ ⲡⲉϥⲁⲣⲭⲏⲥⲧⲣⲁⲧⲩⲅⲟⲥ ⲉⲑ ⲟⲩⲁⲃ ⲙⲓⲭⲁⲏⲗ
ⲡⲓⲁⲣⲭⲏⲁⲅⲅⲉⲗⲟⲥ. Ⲙⲏ ⲧⲉⲧⲉⲛ ⲉⲙⲓ ⲁⲛ ϫⲉ ⲧⲁⲓ
ⲁⲩⲗⲏ ⲑⲁ ⲛⲓⲙ ⲡⲉ ⲟⲩⲟϩ ⲫⲁ ⲛⲓⲙ ⲡⲉ ⲡⲁⲓ ⲁⲣⲓⲥ-
ⲧⲟⲛ ϫⲉ ⲑⲁ ⲡⲟⲩⲣⲟ ⲧⲉ ⲛⲉⲙ ⲡⲉϥⲁⲣⲭⲏⲥⲧⲣⲁ- 25
ⲧⲩⲅⲟⲩⲥ ⲫⲏ ⲉⲧ ⲫⲱⲣϫ ⲛ̅ ⲙⲉⲧϫⲱⲣⲓ ⲛⲓⲃⲉⲛ
ⲛ̅ⲡⲉⲙⲑⲟ ⲛ̅ ⲡⲉϥϭⲥ ⲡⲟⲩⲣⲟ ⲉ ⲁϥϯ ⲛⲁϥ ⲛ̅ ⲛⲁⲓ
ⲧⲁⲓⲟ ⲧⲏⲣⲟⲩ ⲉⲑⲃⲉ ⲧⲉϥⲙⲉⲧϫⲱⲣⲓ ⲧⲁⲫⲙⲏⲓ. Ϯⲟⲓ

ⲛ̀ ϣⲫⲏⲣⲓ ⲇⲉ ⲛ̀ⲧⲉⲧⲉⲛ ⲡⲁⲣⲣⲏⲥⲓⲁ ϣⲁ ⲡⲁⲓ ⲙⲁ
ⲉⲧ ⲥⲁ ϧⲟⲩⲛ ⲟⲩⲟϩ ⲁϥϯ ⲛⲱⲧⲉⲛ ⲙ̀ ⲡⲁⲓ ⲣⲏϯ ⲛ̀

ⲕⲏ. ⲃ. ⲟⲩⲥⲩⲅⲭⲱⲣⲏⲥⲓⲥ ⲙⲏ ⲙ̀ ⲡⲉⲧⲉⲛ ⲥⲱⲧⲉⲙ ⲉ̀ⲣⲟϥ.
ⲉϥϫⲱ ⲙ̀ⲙⲟⲥ ϫⲉ ⲙ̀ⲡ ⲉⲣ ⲓ ⲉ̀ ϧⲟⲩⲛ ⲉ̀ ⲫⲙⲁ ⲛ̀
ⲡⲓϩⲟⲡ ⲛ̀ ⲧϫⲉⲃⲥⲱ ⲙ̀ ⲙϩⲱⲡ ⲧⲟⲓ ϩⲓ ⲑⲏⲛⲟⲩ ⲁⲛ 5
ⲙⲏ ⲙ̀ⲡⲉⲧⲉⲛⲥⲱⲧⲉⲙ ⲉⲑⲃⲉ ⲫⲏ ⲉ̀ⲧⲁϥ ⲉⲣ ⲧⲟⲗⲙⲁⲛ
ⲁϥϩⲱⲗ ⲉ̀ ϧⲟⲩⲛ ϧⲉⲛ ⲟⲩϫⲉⲃⲥⲱ ⲉⲥϫⲁⲓⲱⲟⲩ ⲛ̀
ⲡⲉⲧⲉⲛ ⲣⲏϯ ϫⲉ ⲟⲩ ⲡⲉ ⲉ̀ⲧⲁϥϣⲱⲡⲓ ⲙ̀ⲙⲟϥ. ⲥ̀-
ϧⲛⲟⲩⲧ ϫⲉ ⲁϥⲑⲣⲟⲩⲥⲱⲛϩ ⲛ̀ ⲧⲟⲧϥ ⲛⲉⲙ ⲣⲁⲧϥ
ⲟⲩⲟϩ ⲁⲩϩⲓⲧϥ ⲉ̀ ⲡⲭⲁⲕⲓ ⲉⲧ ⲥⲁⲃⲟⲗ ⲡⲓⲙⲁ ⲉ̀ⲧⲉ 10
ⲫⲣⲓⲙⲓ ⲛⲁϣⲱⲡⲓ ⲙ̀ⲙⲟϥ ⲛⲉⲙ ⲡⲓⲥⲑⲉⲣⲧⲉⲣ ⲛ̀ⲧⲉ ⲛⲓ-
ⲛⲁϫϩⲓ. ϯⲛⲟⲩ ⲇⲉ ⲱ̀ ⲛⲉⲛⲙⲉⲛⲣⲁϯ ⲙⲁⲣⲉⲛⲥⲟⲩⲧⲱⲛ
ⲑⲏⲛⲟⲩ ⲉ̀ ϯⲁⲩⲗⲏ ⲉⲧ ⲥⲁ ⲃⲟⲗ ϩⲉⲙⲥⲓ ⲛ̀ ⲟⲩⲕⲟⲩϫⲓ

ⲕⲑ. ⲁ. ϩⲓⲛⲁ ⲁϥϣⲁⲛⲓ ⲉⲧ ϧⲟⲩⲛ ⲛ̀ϫⲉ ⲡ̅ⲟ̅ⲥ̅ ⲡⲟⲩⲣⲟ ⲛⲉⲙ
ⲡⲉϥⲁⲣⲭⲏⲥⲧⲣⲁⲧⲩⲅⲟⲩⲥ ⲙⲓⲭⲁⲏⲗ ⲛ̀ⲧⲉϥ ϯϩⲟ ⲉ̀ⲣⲟϥ 15
ϩⲓⲛⲁ ⲉⲑⲣⲉϥⲉⲣ ⲟⲩⲛⲁⲓ ⲛⲉⲙⲱⲧⲉⲛ ⲛⲉⲙ ⲡⲓⲥⲱϫⲡ ⲛ̀
ⲛⲏ ⲉ̀ⲑ ϣⲁⲧⲙⲉⲑⲛⲁⲓ ⲛⲉⲙ ⲛⲏ ⲉ̀ⲑ ϩⲉⲙⲥⲓ ϧⲁⲧⲉⲛ
ⲡⲓⲣⲟ ϫⲉ ⲡⲓⲁⲣⲭⲏⲁⲅⲅⲉⲗⲟⲥ ⲟⲩⲛⲁⲏⲧ ⲫⲏ ⲉ̀ⲧⲉⲧⲉⲛⲉⲣ
ϣⲁⲓ ⲛⲁϥ ⲙ̀ ⲫⲟⲟⲩ ⲟⲩⲟϩ ϥⲛⲁⲭⲁ ⲑⲏⲛⲟⲩ ⲥⲁ ⲃⲟⲗ ⲁⲛ.
ⲁⲗⲗⲁ ⲧⲁϫⲣⲉ ⲛⲉⲧⲉⲛϩⲏⲧ ⲛⲉⲙ ⲛⲉⲧⲉⲛⲯⲩⲭⲏ ⲛ̀ ϣⲟⲣⲡ 20
ⲟⲩⲟϩ ϯϩⲟ ⲉ̀ⲣⲟϥ ϫⲉ ⲟⲩⲉⲓ ⲛϭⲓ ⲙ̀ ⲡϣⲓϣ ϧⲉⲛ ⲑⲙⲏϯ
ⲙ̀ ⲡⲁⲓ ϣⲁⲓ ⲙ̀ ⲫⲟⲟⲩ ⲁⲛ ⲙⲏ ⲡⲟⲧⲉ ⲛ̀ⲧⲉⲧⲉⲛⲥⲱⲕ ⲛⲱⲧⲉⲛ

ⲕⲑ. ⲃ. ⲛ̀ ⲟⲩϩⲓⲥⲓ ϧⲉⲛ ⲡⲁⲓ ⲙⲁ ⲫⲁⲓ. ⲁⲡⲁⲝ ⲁⲡⲗⲱⲥ ⲁⲓⲕⲏⲛ
ⲛ̀ⲧⲁⲙⲱⲧⲉⲛ ⲟⲩⲟϩ ⲁ ⲧⲉⲧⲉⲛⲉ̀ⲙⲓ ⲱ̀ ⲛⲉⲛⲙⲁⲣⲁ(sic).
ϫⲉ ⲛⲓϣϣ ⲉ̀ⲧⲁⲓϧⲁⲓ ⲙ̀ⲙⲱⲟⲩ ⲙⲁⲗⲓⲥⲧⲁ ⲛⲏ ⲉⲧ ⲥⲁϫⲓ 25
ⲛⲉⲙⲁⲛ ϩⲱⲟⲩ ϩⲁⲛⲣⲱⲙⲓ ⲛⲉ ⲙ̀ⲡⲉⲛⲣⲏϯ ⲟⲩⲟϩ ⲫϯ ⲁⲛ
ⲡⲉ. ⲁⲗⲗⲁ ⲙⲏ ⲛⲁⲣⲉ ⲟⲩⲁⲓ ⲛⲁϫⲟⲥ ⲛⲓⲙ ϫⲉ ⲁϣ ⲛⲉ
ⲛⲓϫⲉⲃⲥⲱ ⲉⲧ ϫⲁⲓⲱⲟⲩ ⲓⲉ ⲉⲧ ⲥⲁⲓⲱⲟⲩ ⲓⲉ ⲁϣ ⲡⲉ

ⲡⲥⲟⲗⲥⲉⲗ ⲛ̀ ⲡⲓⲥⲱⲙⲁ ⲙⲏ ⲟⲩⲟⲛ ⲙⲉⲧϣⲟⲃⲓ ϧⲁⲧⲉⲛ
ⲫϯ ⲓⲉ ⲫϯ ⲙⲉⲓ ⲛ̀ ⲡⲓⲣⲁⲙⲁⲟ̀ ⲉ̀ϧⲟⲧⲉ ⲡⲓϩⲏⲕⲓ ⲙⲏ
ϧⲉⲛ ⲡⲗⲟⲅⲱϣ ⲗⲓⲉⲣ ϩⲏⲕⲓ ⲓⲉ ϯⲟⲩⲱϣ ⲁⲛ ⲉ̀ ⲉⲣ
ⲣⲁⲙⲁⲟ̀ ⲓⲉ ⲟⲩⲟⲛ ⲟⲩⲣⲱⲙⲓ ⲛⲗⲟⲅⲱϣ ⲉⲑⲣⲉϥϣⲱⲡⲓ
ϧⲉⲛ ⲟⲩⲑⲉⲃⲓⲟ ⲙⲏ ⲛ̀ⲡ ⲉⲥϣⲱⲡⲓ ⲛ̀ ⲡⲁⲓ ⲣⲏϯ ⲱ̀ 5

λ. ⲁ. ⲛⲁⲙⲉⲛⲣⲁϯ ⲛ̀ⲙⲟⲛ ⲫϯ ⲟⲓ ⲛ̀ ϣⲟⲃⲓ ⲓⲉ ϥⲙⲉⲓ ⲛ̀
ⲡⲓⲣⲁⲙⲁⲟ̀ ⲉ̀ϧⲟⲧⲉ ⲡⲓϩⲏⲕⲓ ⲛ̀ ⲛⲉϥϣⲱⲡⲓ ⲁⲗⲗⲁ ϯⲛⲁ
ⲧⲁⲙⲟⲕ ⲉ̀ ⲛⲓϩⲉⲃⲥⲱ ⲉ̀ⲧ ⲥⲁⲓⲱ̀ⲟⲩ ⲛⲉⲙ ⲙⲏ ⲁⲕ-
ϣⲁⲛⲟⲩⲱϣ ⲉ̀ ϩⲱⲗ ⲉ̀ ⲡⲁⲣⲓⲥⲧⲟⲛ ⲛ̀ ⲙⲓⲭⲁⲏⲗ ⲥⲉⲙ-
ⲡϣⲁ ⲛ̀ⲧⲉⲕⲧⲏⲓⲧⲟⲩ ϩⲓⲱⲧⲕ. Ⲑⲱϩⲥ ⲛ̀ⲧⲉⲕ ⲁ̀ⲫⲉ 10
ϧⲉⲛ ⲟⲩⲛⲉϩ ⲟⲩⲟϩ ⲓ̀ⲁϩ ⲡⲉⲕϩⲟ ⲉ̀ⲃⲟⲗ ⲓ̀ⲧⲉ ⲡⲉϥ
ⲟⲩⲱϩⲉⲙ ⲫⲁⲓ ⲡⲉ ⲛ̀ ⲡⲁⲓ ⲣⲏϯ ⲉ̀ⲑⲣⲉⲕϩⲓⲟⲩⲓ̀ ⲉ̀ⲃⲟⲗ-
ϩⲁⲣⲟⲕ ⲛ̀ ⲡ ⲉ̀ⲧ ϩⲱⲟⲩ ⲛⲓⲃⲉⲛ ⲟⲩⲟϩ ⲛ̀ⲧⲉⲕⲉⲣ ϣⲁⲓ

λ. ⲃ. ⲛⲉⲙ ⲡⲓⲁⲣⲭⲏⲁⲅⲅⲉⲗⲟⲥ ⲉ̀ⲟ ⲟⲩⲁⲃ ⲙⲓⲭⲁⲏⲗ ⲕⲁⲗⲱⲥ
Ⲟⲩⲟϩ ⲁⲩϣⲁⲛⲑⲁϩⲙⲉⲕ ⲉ̀ ⲡⲁⲣⲓⲥⲧⲟⲛ ⲛ̀ ⲙⲓⲭⲁⲏⲗ 15
ⲡⲓⲁⲣⲭⲏⲁⲅⲅⲉⲗⲟⲥ ⲧⲟⲩⲃⲟ ⲛ̀ ⲡⲉⲕϩⲏⲧ ⲉ̀ⲃⲟⲗϩⲁ
ⲡⲉⲧϩⲱⲟⲩ ⲛⲓⲃⲉⲛ ⲟⲩⲟϩ ⲁⲗⲓⲟⲩⲓ̀ ⲉ̀ⲃⲟⲗϩⲁⲣⲟⲕ ⲛ̀
ⲙⲉⲩⲓ̀ ⲛⲓⲃⲉⲛ ⲉⲧ ⲥⲱϥ ⲟⲩⲟϩ ⲧⲉⲕⲥⲧⲟⲗⲏ ⲉ̀ⲧ ⲥⲁ-
ⲓⲱ̀ⲟⲩ ⲟⲩⲟϩ ⲁⲕϣⲁⲛϣⲉ ⲛⲁⲕ ⲉ̀ ⲧⲉⲕⲕⲗⲏⲥⲓⲁ ⲛ̀ ⲫϯ
ⲉ̀ⲧⲉ ⲑⲁⲓ ⲧⲉ ⲡⲏⲓ ⲛ̀ⲧⲉ ϯⲡⲣⲟⲥⲉⲩⲭⲏ ϭⲟϫⲓ ⲉ̀ⲃⲟⲗ- 20
ϩⲁⲣⲟⲕ ⲛ̀ ⲡⲟⲣⲛⲓⲁ ⲛⲓⲃⲉⲛ ⲛⲉⲙ ⲛⲓⲛ̀ⲕⲗⲁⲩϩ ⲛⲉⲙ
ⲛⲓⲑⲱⲗⲉⲃ ⲟⲩⲟϩ ϯϩⲓⲱⲧⲕ ⲛ̀ ⲡⲓ ⲧⲟⲩⲃⲟ ⲛⲉⲙ ϯϩⲓ-
ⲣⲏⲛⲏ ⲛⲉⲙ ϯⲙⲉⲑⲙⲏⲓ ⲟⲩⲟϩ ⲉⲕⲉⲏⲗ ⲉ̀ ϧⲟⲩⲛ ⲉ ⲛⲉ-
ϥⲁⲩⲗⲓⲟⲩ ϧⲉⲛ ⲟⲩⲣⲁϣⲓ ⲉⲑⲣⲉⲕⲣⲁϣⲓ ⲛⲉⲙ ⲡⲓⲁⲣ-
ⲭⲏⲁⲅⲅⲉⲗⲟⲥ ⲙⲓⲭⲁⲏⲗ. Ⲁⲩϣⲁⲛⲑⲁϩⲙⲉⲕ ⲉ̀ ⲫⲙⲱⲓⲧ 25
ⲛ̀ ⲡϩⲟⲡ ⲛ̀ ⲡⲟⲩⲣⲟ ⲛ̀ ⲙⲏ ⲛⲉⲙ ⲡⲉϥⲁⲣⲭⲏⲥⲧⲣⲁ-

λλ̄. ⲁ. ⲧⲩⲅⲟⲩⲥ ⲭⲱ ⲛ̀ ⲛⲉⲕⲙⲉⲑⲛⲁⲏⲧ ⲛⲉⲙ ⲛⲉⲕⲁ̀ⲅⲁⲡⲏ
ⲛ̀ⲥⲉⲗⲟⲅⲱⲛ ⲛ̀ ⲡⲣⲟ ⲛ̀ⲡⲓ ϩⲟⲡ ϥⲏ ⲇⲉ ⲉ̀ⲧ ⲉⲕ-

ⲛⲁⲧⲏⲓϥ ⲭⲛⲁⲥⲉⲛϥ ⲧⲁϥⲙⲓⲛ ϩⲓⲥⲉⲛ ϯⲧⲣⲁⲡⲓⲍⲁ
ⲙ̇ ⲡⲉⲕⲙ̇ⲑⲟ ⲁⲕϣⲁⲛⲟⲩⲱϣ ϩⲟⲣⲉⲕ ϯⲱⲟⲩ ⲙ̇ ⲡⲓⲁⲣ-
ⲭⲏⲁⲅⲅⲉⲗⲟⲥ ⲙⲓⲭⲁⲏⲗ ⲡⲁⲣⲭⲓⲥⲧⲣⲁⲧⲩⲅⲟⲥ ⲙ̇ ⲡⲓ-
ⲟⲩⲣⲟ ⲙ̇ ⲛⲁⲓ. Ⲭⲱ ⲛ̇ ⲛⲓⲭⲏⲣⲁ ⲛⲉⲙ ⲛⲓⲟⲣⲫⲁⲛⲟⲥ
ϩⲟⲣⲟⲩ ⲓ̀ ⲉ̇ⲃⲟⲗϩⲁ ⲧⲟⲧⲕ ⲉ̀ⲣⲉ ⲛ̇ ⲟⲩϩⲟ ⲉⲣ ⲟⲩⲱⲓⲛⲓ 5
ⲉⲩⲙⲉϩ ⲛ̇ ⲣⲁϣⲓ ⲉ̀ⲣⲉ ⲛ̇ⲟⲩⲥⲱⲙⲁ ϩⲱⲃⲥ ⲙ̇ ⲡϣⲓ ⲛ̇
ⲧⲉⲕⲥⲟⲙ. ϯⲥⲱ ⲙ̇ⲙⲟⲥ ⲛⲁⲕ ⲥⲉ ⲡⲉⲕϣⲟⲩϣⲟⲩϣⲓ
ⲛⲁϣⲱⲡⲓ ⲉϥϣⲏⲡ ⲙ̇ ⲡⲉⲙ̇ⲑⲟ ⲙ̇ ⲫϯ ⲛⲉⲙ ⲡⲓⲁⲣ-

ⲗⲁ. ⲃ. ⲭⲏⲁⲅⲅⲉⲗⲟⲥ ⲉ̇ⲑ ⲟⲩⲁⲃ ⲙⲓⲭⲁⲏⲗ ⲟⲩⲟϩ ⲁⲕⲥⲉⲗ-
ⲥⲱⲗⲕ ϣⲟⲡ ⲉ̀ⲣⲟⲕ ⲛ̇ ⲟⲩϣⲉⲙⲙⲟ ϧⲉⲛ ⲡⲉϥϣⲁⲓ ⲉ̇ⲑ 10
ⲟⲩⲁⲃ ⲟⲩⲟϩ ⲁⲣⲓ ⲟⲩⲛⲁⲓ ⲛⲉⲙⲁϥ. Ⲡⲓⲁⲣⲭⲏⲁⲅⲅⲉⲗⲟⲥ
ⲇⲉ ⲙⲓⲭⲁⲏⲗ ⲛⲁⲓ̀ ⲉ̇ⲃⲟⲗϩⲁ ⲥⲱⲕ ⲛ̇ⲧⲉϥϣⲟⲡⲕ ⲉ̀ⲣⲟϥ
ϧⲉⲛ ⲟⲩⲣⲁϣⲓ ⲛ̇ⲧⲉϥⲟⲗⲕ ⲉ̀ ϧⲟⲩⲛ ⲉ̀ ⲧⲁⲩⲗⲏ ⲛ̇
ⲡⲟⲩⲣⲟ ϧⲉⲛ ⲟⲩⲟⲩⲛⲟϥ ⲉ̀ⲣⲉ ⲡⲉⲕϩⲟ ⲛ̇ ⲟⲓ ⲛ̇ ⲟⲩⲱⲓⲛⲓ.
Ⲉ̇ϣⲱⲡ ⲁⲣⲉϣⲁⲛ ⲟⲩⲣⲱⲙⲓ ⲉ̀ⲣⲉ̇ⲧⲓⲛ ⲛ̇ ϩⲗⲓ ⲛ̇ ⲧⲟⲧⲕ 15
ϧⲉⲛ ⲡⲉϩⲟⲟⲩ ⲙ̇ ⲡⲓⲁⲣⲭⲏⲁⲅⲅⲉⲗⲟⲥ ⲙⲓⲭⲁⲏⲗ ⲙ̇ⲡ-
ⲉⲣ ⲉⲣ ⲁⲣⲕⲟⲥ ⲉ̇·ϯ ⲛⲁϥ ϯⲥⲱ ⲙ̇ⲙⲟⲥ ⲛⲁⲕ ⲱ̇ ⲡⲓⲙⲉⲛⲣⲓⲧ
ⲥⲉ ⲫⲏ ⲉ̀ⲧⲉ ⲡⲓⲣⲱⲙⲓ ϯ ⲙ̇ⲙⲟϥ ⲙⲓⲭⲁⲏⲗ ⲡⲉ ⲉ̇ⲧ

ⲗⲃ. ⲁ. ϣⲟⲡ ⲙ̇ⲙⲟϥ ⲛ̇ ⲧⲟⲧϥ ⲟⲩⲟϩ ϥϥⲁⲓ ⲙ̇ⲙⲟϥ ϣⲁ ⲫϯ
ⲉ̇ⲥⲱⲕ ϥⲕⲱⲃ ⲙ̇ⲙⲟϥ ⲛⲁⲕ ⲛ̇ ⲃ̄ ⲛ̇ ⲕⲱⲃ ⲛ̇ ⲥⲟⲡ ϩⲓⲥⲉⲛ 20
ⲡⲕⲁϩⲓ ⲟⲩⲟϩ ⲫϯ ⲛⲁⲛⲁⲓ ⲛⲁⲕ ϧⲉⲛ ⲧⲉϥⲙⲉⲧⲟⲩⲣⲟ
ⲥⲉ ⲡⲓⲛⲁⲓ ϣⲟⲩϣⲟⲩ ⲙ̇ⲙⲟϥ ⲉ̇ϫⲉⲛ ⲡⲓϩⲁⲡ. Ⲡⲁⲗⲓⲛ
ⲥⲥϧⲏⲟⲩⲧ ⲥⲉ ⲛⲁⲓ ⲛ̇ⲧⲟⲩⲛⲁⲓ ⲛⲱⲧⲉⲛ ⲁⲕϣⲁⲛϣⲱⲡⲓ
ⲉ̇ⲕ ⲉⲣ ϣⲁⲓ ⲙ̇ ⲡⲓⲁⲣⲭⲏⲁⲅⲅⲉⲗⲟⲥ ⲙⲓⲭⲁⲏⲗ ⲕⲁⲧⲁ
ⲁ̀ⲃⲟⲧ ⲉ̀ⲧⲉ ⲥⲟⲩ ⲓ̄ⲃ̄ ⲡⲉϩⲟⲟⲩ ⲙ̇ ⲡⲉϥ ⲉⲣ ⲫⲙⲉⲅⲓ 25
ⲛ̇ⲧⲉⲕϥ̇ⲣⲱⲟⲩϣ ϩⲁ ⲡⲉϥ ⲇⲱⲣⲟⲛ ϧⲉⲛ ⲟⲩⲣⲁϣⲓ
ⲕⲁⲧⲁ ⲧⲉⲕⲥⲟⲙ. Ⲛⲑⲟϥ ϩⲱϥ ⲡⲓⲁⲣⲭⲏⲁⲅⲅⲉⲗⲟⲥ

ⲗⲃ. ⲃ. ϥⲛⲁϣⲱⲡⲓ ϥⲙⲏⲛ ϥϥ̇ϩⲟ̀ ⲙ̇ ⲫϯ ⲉ̇ ϫⲱⲕ ⲛ̇ ⲥⲛⲟⲩ

ⲛⲓⲃⲉⲛ ϩⲓⲛⲁ ⲛ̀ⲧⲉϥ ⲉⲣ ϩⲙⲟⲧ ⲛⲁⲕ ⲛ̀ ⲛⲉⲕⲉⲑⲙⲁ
ⲧⲏⲣⲟⲩ ⲕⲁⲧⲁ ⲡϣⲓ ⲙ̀ ⲡⲉⲕⲙⲉⲩⲓ̀. ⲓⲉ ⲭⲟⲩⲱϣ ⲱ̀
ⲡⲙⲉⲛⲣⲓⲧ ⲉ̀ ϫⲟⲥ ⲛⲏⲓ ϫⲉ ⲁⲓϣⲁⲛϯ ⲛ̀ ⲟⲩⲙⲉⲧⲛⲁⲏⲧ
ⲓⲉ ⲇⲱⲣⲟⲛ ⲁ̀ⲛⲟⲕ ϯⲛⲁϯ ⲛⲁⲕ ⲃⲉⲛ ⲫⲣⲁⲛ ⲙ̀ ⲫϯ
ⲛⲏⲓ ⲟⲩⲛⲟⲩϯ ⲡⲉ ⲙⲓⲭⲁⲏⲗ ϣⲁ ⲧⲁ ⲧⲁⲗⲉ ⲑⲩⲥⲓⲁ 5
ⲛⲁϥ ⲁ̀ⲛⲟⲕ ϩⲱ ϯⲛⲁⲉⲣ ⲟⲩⲱ̀ ⲛⲁⲕ ⲱ̀ ⲡⲓⲙⲉⲛⲣⲓⲧ
ⲛ̀ⲧⲁϫⲟⲥ ⲕⲁⲗⲟⲥ ⲃⲉⲛ ⲟⲩⲙⲉⲑⲙⲏⲓ. ⲱ̀ ⲫⲏ ⲉⲧ
ⲥⲟⲩⲧⲱⲛ ⲃⲉⲛ ⲡⲓⲛⲁϩϯ ⲛ̀ⲧⲉ ⲡⲃⲥ. ⲡⲗⲏⲛ ⲥⲱⲧⲉⲙ
ⲁ̀ⲛⲟⲕ ϯⲛⲁⲧⲁⲙⲟⲕ ⲛⲏⲓ ⲟⲩⲟⲩⲣⲟ ⲛ̀ ⲟⲩⲱⲧ ⲁⲛ ⲉⲧ

ⲕⲉ. ⲁ. ⲑⲏϣ ⲉ̀ϫⲉⲛ ϯⲭⲱⲣⲁ ⲟⲩⲟϩ ⲥⲉⲭⲏ ⲃⲉⲛ ⲛⲉϥϫⲓϫ 10
ⲛ̀ϫⲉ ϩⲁⲛⲧⲁⲅⲙⲁ ⲛⲉⲙ ϩⲁⲛⲙⲉⲧⲙⲁⲧⲟⲓ ⲟⲩⲟϩ ⲃⲉⲛ
ⲛⲁⲇⲁⲝⲓⲥ(sic) ⲧⲏⲣⲟⲩ ϣⲁ ⲕⲥⲉⲙ ⲟⲩⲁⲓ ⲉϥϭⲟⲥⲓ ⲉ̀
ⲕⲉ ⲟⲩⲁⲓ ⲟⲩⲟϩ ⲡⲓⲟⲩⲣⲟ ⲥⲁ ⲡϣⲱⲓ ⲙ̀ ⲡⲧⲏⲣϥ.
ⲁⲣⲉϣⲁⲛ ⲟⲩⲁⲓ ⲥⲉⲙⲛⲉ ⲟⲩⲙⲉⲧϣⲫⲏⲣ ⲟⲩⲧⲱϥ ⲛⲉⲙ
ⲟⲩⲁⲓ ⲛ̀ⲧⲉ ⲛⲁⲇⲁⲝⲓⲥ ⲟⲩⲟϩ ⲛ̀ⲧⲉϥϯ ⲛⲁϥ ⲛ̀ ϩⲁⲛ- 15
ⲧⲁⲓⲟ̀ ⲉⲩⲟⲓ ⲛ̀ ⲛⲟϫ. ⲙⲏ ⲁϥⲓⲣⲓ ⲙ̀ ⲡⲁⲓ ⲣⲏϯ ⲟⲩⲃⲉ
ⲧⲉϥⲇⲁⲝⲓⲥ ϩⲟⲗⲱⲥ ⲑⲏ ⲉⲧ ⲉϥⲭⲏ ⲛ̀ ⲃⲏⲧⲥ ⲁⲗⲗⲁ
ⲁϥⲓⲣⲓ ⲙ̀ ⲫⲏ ⲉ̀ⲧⲉⲙⲙⲁⲩ ϫⲉ ϥⲥⲱⲟⲩⲛ ⲛ̀ϫⲉ ⲟⲩⲛⲓϣϯ
ⲧⲉ ⲧⲉϥⲇⲁⲝⲓⲥ ⲟⲩⲟϩ ϥ̀ⲃⲉⲛⲧ ⲉ̀ ⲡⲟⲩⲣⲟ ⲛ̀ ⲥⲛⲟⲩ

ⲕⲉ. ⲃ. ⲛⲓⲃⲉⲛ ⲟⲩⲟϩ ⲟⲩⲟⲛϣϫⲟⲙ ⲙ̀ⲙⲟϥ ⲉ̀ ⲛⲁϩⲙⲉϥ ϩⲁ 20
ⲛⲉⲛϩⲉϫⲓⲥ ⲙ̀ ⲡⲓⲕⲟⲥⲙⲟⲥ ⲉⲧ ⲟϣ ⲛ̀ ⲃⲓⲥⲓ ϩⲓ ⲑⲗⲓⲯⲓⲥ
ϩⲓⲛⲁ ⲛ̀ⲧⲉϥϫⲓⲙⲓ ⲛ̀ ⲟⲩⲡⲁⲣⲣⲏⲥⲓⲁ ⲃⲁⲧⲉⲛ ⲡⲟⲩⲣⲟ
ⲙ̀ ⲫⲣⲏϯ ⲛ̀ ⲟⲩⲛⲓϣϯ ⲛ̀ ⲣⲱⲙⲓ ϣⲁⲧⲉ ϩⲁⲛⲕⲉⲭⲱ-
ⲟⲩⲛⲓ ϫⲓⲙⲓ ⲛ̀ ⲟⲩϩⲙⲟⲧ ⲉ̀ⲃⲟⲗϩⲓ ⲧⲟⲧϥ. ⲡⲁⲓ ⲣⲏϯ
ⲟⲩⲟⲛ ⲛⲓⲃⲉⲛ ⲉⲧ ϯ ⲛ̀ ⲟⲩⲁⲅⲁⲡⲏ ⲓⲉ ⲟⲩⲇⲱⲣⲟⲛ ⲃⲉⲛ 25
ⲫⲣⲁⲛ ⲙ̀ ⲡⲓⲁⲣⲭⲏⲁⲅⲅⲉⲗⲟⲥ ϥϣⲟⲡ ⲉⲣⲟϥ ⲛ̀ⲛⲟⲩ-
ⲇⲱⲣⲟⲛ ⲟⲩⲟϩ ϥⲓⲛⲓ ⲛ̀ⲙⲱⲟⲩ ⲙ̀ ⲫϯ ⲙ̀ ⲫⲣⲏϯ ⲉⲧ
ⲉϥϫⲱ ⲙ̀ⲙⲟⲥ ⲛ̀ϫⲉ ⲡⲭⲥ ⲡⲉⲛⲛⲟⲩϯ ⲃⲉⲛ ⲟⲩⲙⲉⲑⲙⲏⲓ.

DISCOURSE OF THEODOSIUS. 25

ϫⲉ ⲫⲏ ⲉⲧ ϣⲱⲡ ⲛ̀ ⲟⲩⲡⲣⲟⲫⲏⲧⲏⲥ ϧⲉⲛ ⲫⲣⲁⲛ ⲛ̀

ⲗⲍ̄. ⲁ. ⲛ̀ ⲟⲩⲡⲣⲟⲫⲏⲧⲏⲥ ⲉϥⲉϭⲓ ⲙ̀ ⲡⲃⲉⲭⲉ ⲛ̀ ⲟⲩⲡⲣⲟⲫⲏⲧⲏⲥ. ⲟⲩⲟϩ ⲫⲏ ⲉⲧ ϣⲱⲡ ⲉ̀ⲣⲟϥ ⲛ̀ ⲟⲩⲑⲙⲏⲓ ϧⲉⲛ ⲫⲣⲁⲛ ⲛ̀ ⲟⲩⲑⲙⲏⲓ ⲉϥⲉϭⲓ ⲙ̀ ⲡⲃⲉⲭⲉ ⲛ̀ ⲟⲩⲑⲙⲏⲓ ⲟⲩⲟϩ ⲫⲏ ⲉⲑ ⲛⲁⲧⲥⲉ ⲑⲏⲛⲟⲩ ⲛ̀ ⲟⲩⲁ̀ⲫⲟⲧ ⲙ̀ ⲙⲱⲟⲩ ⳹ⲟⲝ ⳹ⲉⲛ 5 ⲡⲁ ⲣⲁⲛ ϫⲉ ⲛ̀ⲑⲱⲧⲉⲛ ⲛⲁ ⲡⲭⲥ ⲁⲙⲏⲛ ϯϫⲱ ⲙ̀ⲙⲟⲥ ⲛⲱⲧⲉⲛ ϫⲉ ⲛ̀ⲛⲉ ϥ̀ⲧⲁⲕⲟ̀ ⲛ̀ϫⲉ ⲡⲉϥⲃⲉⲭⲉ. ⲉ̀ϣⲱⲡ ⲇⲉ ⲁⲕϣⲁⲛⲓ̀ⲛⲓ ⲟⲩⲇⲱⲣⲟⲛ ⲛ̀ ⲫϯ ⲉ̀ϫⲉⲛ ⲫⲣⲁⲛ ⲙ̀ ⲡⲉϥⲁⲣⲭⲏⲁⲅⲅⲉⲗⲟⲥ ⲉⲑ ⲟⲩⲁⲃ ⲙⲏⲭⲁⲏⲗ ⲓⲉ ⲟⲩⲙⲉ- ⲑⲛⲁⲏⲧ ⲓⲉ ⲕⲉ ϩⲗⲓ ⲛ̀ ⲁⲅⲁⲡⲏ ⲓⲧⲉ ⲕⲟⲩϫⲓ ⲓⲧⲉ 10 ⲛⲓϣϯ ϧⲉⲛ ⲡϣⲁⲓ ⲙ̀ ⲙⲏⲭⲁⲏⲗ ⲙ̀ⲡⲉ ⲉⲣⲉⲣ ϩⲏⲧ ⲃ

ϧⲉⲛ ⲡⲓϩⲱⲃ ⲙⲏⲡⲟⲧⲉ ⲛ̀ⲧⲉⲕⲧⲁⲕⲟ̀ ⲙ̀ ⲡⲉⲕϧⲓⲥⲓ ⲙ̀ⲙⲓⲛ

ⲗⲍ̄. ⲃ. ⲙ̀ⲙⲟⲕ ⲁⲗⲗⲁ ⲛⲁϩϯ ϩⲟⲗⲱⲥ ϧⲉⲛ ⲟⲩⲧⲁϫⲣⲟ ⲁⲧ- ϭⲛⲉ ⲥⲕⲁⲛⲇⲁⲗⲟⲛ. ϫⲉ ⲡⲓⲁⲣⲭⲏⲁⲅⲅⲉⲗⲟⲥ ⲙⲏⲭⲁⲏⲗ ϥϣⲱⲡ ⲙ̀ⲙⲱⲟⲩ ⲟⲩⲟϩ ϥⲓⲛⲓ ⲙ̀ⲙⲱⲟⲩ ⲙ̀ⲡⲉⲙⲑⲟ ⲙ̀ 15 ⲫϯ ⲉⲩⲥⲑⲟⲓ ⲛ̀ ⲥⲑⲟⲓ ⲛ̀ ⲟⲩϧⲓ ⲟⲩⲟϩ ϥϭⲓ ⲙ̀ ⲡⲥⲟⲃⲛⲓ ⲉ̀ϫⲱⲟⲩ ϩⲓⲛⲁ ⲛ̀ⲧⲟⲩ ⲥⲟⲃϯ ⲛⲱⲟⲩ ⲛ̀ ϩⲁⲛⲁ̀ⲅⲁⲑⲟⲛ ⲉⲩⲟⲓ ⲛ̀ ⲛⲓϣϯ ⲟⲩⲟϩ ⲛ̀ⲧⲉϥϭⲓⲧⲟⲩ ⲛ̀ ⲧⲟⲧϥ ⲙ̀ ⲫϯ ϩⲓⲛⲁ ⲛ̀ⲧⲟⲩⲛⲟϩⲉⲙ ⲉ̀ⲃⲟⲗϩⲁ ⲛⲓⲕⲟⲗⲁⲥⲓⲥ ϣⲁ ⲉ̀ⲛⲉϩ. ⲁⲗⲗⲁ ⲧⲉⲛⲟⲩⲱϣ ⲉ ⲉ̀ⲙⲓ ⲉ̀ ⲛⲏ ⲉ̀ⲧⲉ ⲫϯ ϯ ⲙ̀ⲙⲱⲟⲩ 20 ⲛ̀ ϣⲉⲃⲓⲱ̀ ⲛ̀ ⲛⲓⲣⲱⲙⲓ ⲉⲧ ⲓⲛⲓ ⲟⲩϣⲟⲩϣⲱⲟⲩϣⲓ ⲛⲉⲙ ⲛⲓⲁ̀ⲅⲁⲡⲏ ⲛⲉⲙ ⲛⲓⲙⲉⲧⲛⲁⲏⲧ ⲉ̀ⲧⲟⲩϯ ⲙ̀ⲙⲱⲟⲩ ⲙ̀

ⲗⲉ. ⲁ. ⲫϯ ϧⲉⲛ ⲫⲣⲁⲛ ⲙ̀ ⲡⲓⲁⲣⲭⲏⲁⲅⲅⲉⲗⲟⲥ ⲉⲑ ⲟⲩⲁⲃ ⲙⲏⲭⲁⲏⲗ. ⲛ̀ⲑⲟϥ ⲇⲉ ϥⲉⲣ ⲇⲓⲁⲕⲱⲛⲓⲛ ⲙ̀ⲙⲱⲟⲩ ϧⲉⲛ ⲡⲓⲕⲟⲥⲙⲟⲥ ⲟⲩⲟϩ ⲁⲩϣⲁⲛⲟⲩⲱ̀ⲧⲉⲃ ⲉ̀ⲃⲟⲗϩⲁ ⲡⲁⲓ 25 ⲉⲱⲛ ϣⲁϥϣⲟⲡⲟⲩ ⲉ̀ⲣⲟϥ ⲉ̀ ⲛⲉⲛⲁⲩⲗⲏⲟⲩ ⲙ̀ ⲡⲉϥⲟⲩⲣⲟ. ⲥⲱⲧⲉⲙ ⲉⲑⲣⲓⲧⲁⲙⲱⲧⲉⲛ ⲉ̀ ⲧⲁⲓ ⲁⲣⲭⲏ ⲉⲧ ⲟⲓ ⲛ̀ ⲛⲓϣϯ ϩⲓⲛⲁ ⲛ̀ⲧⲉⲧⲉⲛϯ ⲱ̀ⲟⲩ ⲙ̀ ⲫϯ ⲙ̀ ⲡⲓⲁⲣⲭⲏⲁⲅ-

4

ⲅⲉⲗⲟⲥ ⲉⲑ ⲟⲩⲁⲃ ⲙⲓⲭⲁⲏⲗ. Ⲛⲉ ⲟⲩⲟⲛ ⲟⲩⲙⲁⲓⲛⲟⲩϯ
ⲛ̀ ⲣⲱⲙⲓ ⲛ̀ ⲑⲙⲏⲓ ϧⲉⲛ ⲥⲉⲛⲁⲍⲱⲣ ϯⲃⲁⲕⲓ ϧⲙⲉⲓ ⲛ̀
ϯⲙⲉⲧⲛⲁⲏⲧ ⲛⲉⲙ ϯⲁⲅⲁⲡⲏ ⲉ̀ ⲡⲉϥⲣⲁⲛ ⲡⲉ ⲇⲱ-

ⲗⲉ̄. ⲃ. ⲣⲟⲑⲉⲟⲥ. Ⲟⲩ ⲟⲍⲛⲉ ⲟⲩⲟⲛ ⲛ̀ⲧⲉ ⲫⲁⲓ ⲛ̀ ⲟⲩⲃⲟⲏⲑⲟⲥ
ⲛ̀ⲙⲁⲩ ⲉ̀ ⲡⲉⲥⲣⲁⲛ ⲡⲉ ⲑⲉⲟ̀ⲡⲓⲥⲑⲉ ⲛⲉ ⲟⲩⲉⲩⲥⲉⲃⲏⲥ 5
ⲟⲩⲛ ⲧⲉ ⲑⲁⲓ ⲉⲥϫⲏⲕ ⲉ̀ⲃⲟⲗ ϧⲉⲛ ⲡⲓⲛⲁⲓ ⲛⲉⲙ ϯⲁ-
ⲅⲁⲡⲏ ⲙ̀ ⲫⲣⲏϯ ⲙ̀ ⲡⲉⲥϩⲁⲓ ⲟⲩⲟϩ ⲛⲉ ⲟⲩⲟⲛ ⲛ̀ⲧⲱⲟⲩ
ⲛ̀ ⲟⲩⲛⲓϣϯ ⲛ̀ ⲇⲱⲣⲟⲛ ⲉ̀ϫⲉⲛ ⲫⲣⲁⲛ ⲙ̀ ⲫϯ ⲙ̀ ⲡⲓⲁⲣ-
ⲭⲏⲁⲅⲅⲉⲗⲟⲥ ⲉⲑ ⲟⲩⲁⲃ ⲙⲓⲭⲁⲏⲗ Ⲓⲥϫⲉⲛ ⲡⲓⲥⲛⲟⲩ
ⲉ̀ⲧⲁⲩⲑⲱⲟⲩϯ ⲛⲉⲙ ⲛ̀ⲟⲩ ⲉ̀ⲣⲏⲟⲩ ⲟⲩⲟϩ ⲛⲁⲩⲟⲓ ⲛ̀ 10
ⲁⲗⲟⲩ ⲙ̀ ⲡⲓⲃ ⲟⲩⲟϩ ⲁ̀ ⲛⲟⲩⲓⲟϯ ⲥⲱϫⲡ ⲛⲱⲟⲩ ⲛ̀
ⲟⲩⲛⲓϣϯ ⲛ̀ ⲕⲗⲏⲣⲟⲛⲟⲙⲓⲁ ⲉⲥⲟⲩⲉⲥⲑⲱⲛ ϧⲉⲛ ⲟⲩ-
ⲙⲉⲧⲣⲁⲙⲁⲟ̀ ⲛⲉⲙ ϩⲁⲛⲭⲣⲏⲙⲁ ⲉⲩⲟϣ ⲛⲉⲙ ϩⲁⲛⲙⲏϣ

ⲗⲍ. ⲁ. ⲛ̀ ϩⲙⲟⲧ ⲓⲥϫⲉⲛ ⲉ̀ⲥⲱⲟⲩ ϣⲁ ⲉ̀ϩⲱⲟⲩ ϣⲁ ⲧⲉⲃⲛⲱⲟⲩⲓ̀
ⲉ̀ ⲛⲁϣⲱⲟⲩ ⲛⲉⲙ ⲡⲥⲱϫⲡ ⲛ̀ ⲛⲉⲛⲕⲟⲥⲙⲏⲥⲓⲥ ⲙ̀ ⲡⲓ- 15
ⲕⲟⲥⲙⲟⲥ. Ⲟⲩⲟϩ ⲡⲁⲓ ⲓⲃ ⲛⲉ ⲟⲩⲟⲛ ⲛ̀ⲧⲱⲟⲩ ⲛ̀
ⲟⲩⲥⲩⲛⲏⲇⲉⲥⲓⲥ ⲉ̀ ⲛⲁⲛⲉⲥ ⲉ̀ϧⲟⲩⲛ ⲉ̀ ⲫϯ ⲛⲉⲙ ⲡⲉ-
ϥⲁⲣⲭⲏⲁⲅⲅⲉⲗⲟⲥ ⲉⲑ ⲟⲩⲁⲃ ⲙⲓⲭⲁⲏⲗ. Ⲁⲩϣⲁⲛⲫⲟϩ
ⲇⲉ ⲉ̀ ⲥⲟⲩⲓⲃ ⲕⲁⲧⲁ ⲁ̀ⲃⲟⲧ ϣⲁⲩϥⲓⲣⲱⲟⲩϣ ⲉ̀ ϯⲑⲩ-
ⲥⲓⲁ̀ ⲓⲥϫⲉⲛ ϣⲱⲣⲡ ⲛ̀ ⲥⲟⲩ ⲓⲁ ⲉ̀ⲧⲉ ⲓⲃ ⲕⲁⲧⲁ ⲁ̀ⲃⲟⲧ 20
ⲉⲩⲟⲩⲱⲣⲡ ⲙ̀ ⲡⲓⲇⲱⲣⲟⲛ ⲛⲉⲙ ⲡⲓⲏⲣⲡ ⲉ̀ ϯⲉⲕⲕⲗⲏⲥⲓⲁ
ⲛ̀ⲧⲉ ⲡⲓⲁⲣⲭⲏⲁⲅⲅⲉⲗⲟⲥ ⲉⲑ ⲟⲩⲁⲃ ⲙⲓⲭⲁⲏⲗ ϧⲉⲛ
ⲟⲩⲛⲓϣϯ ⲛ̀ ⲥⲡⲟⲩⲇⲁⲏ ⲭⲱⲣⲓⲥ ⲙⲉⲧⲁⲣⲕⲟⲥ. Ⲙⲉⲛⲉⲛⲥⲁ

ⲗⲍ. ⲃ. ⲫⲁⲓ ϣⲁⲩϧⲱⲧⲉⲃ ⲛ̀ ⲟⲩⲉ̀ⲥⲱⲟⲩ ⲉ̀ ⲁⲩϭⲓ ⲧⲟⲧⲟⲩ ⲉ̀ ⲡϥⲓ-
ⲣⲱⲟⲩϣ ⲛ̀ ⲛⲓϧⲣⲏⲟⲩⲓ̀ ⲛⲉⲙ ⲛⲓⲁ̀ⲅⲁⲡⲏ ⲉⲩⲉⲣ ⲡⲣⲉⲡⲓ 25
ⲉ̀ ⲡϩⲱⲃ ⲙ̀ ⲡⲓⲗⲁⲟⲥ ⲟⲩⲟϩ ⲙⲉⲛⲉⲛⲥⲁ ⲡⲓϫⲓⲛϭⲓ ⲉ̀ⲃⲟⲗ-
ϧⲉⲛ ⲛⲓⲙⲩⲥⲧⲏⲣⲓⲟⲛ ⲛ̀ ⲣⲉϥⲧⲁⲛϧⲟ ϧⲉⲛ ⲡⲉ̀ϩⲟⲟⲩ
ⲙ̀ ⲓⲃ ⲕⲁⲧⲁ ⲁ̀ⲃⲟⲧ ϣⲁⲩⲑⲱⲟⲩϯ ⲛ̀ ⲟⲩⲟⲛ ⲛⲓⲃⲉⲛ

ET ϢΑΤ Ν̀ ϨΡΕ ΝΕΜ ϨΑΝΒΕΛΛΕΥ ΝΕΜ ϨΑΝΒΑΛΕΥ
ΝΕΜ ΝΗ ΕΤ ΕΡ ϨΛΕ ϨΙ ϨΑΝΜΟΡΦΑΝΟΣ ΝΕΜ ϨΑΝ-
ΧΗΡΑ ΝΕΜ ΝΙϢΕΜΜΩΟΥ ΟΥΟϨ ΕΥΟϨΙ ΕΡΑΤΟΥ
ΕΥΕΡ ΔΙΑΚΩΝΙΝ Μ̀ΜΩΟΥ ϦΕΝ ΟΥΝΙϢϮ Μ̀ ΜΟΘΗΕΣ

λζ. α. Μ̀ ΨΥΧΗ ΝΕΜ ΟΥΟΥΩΣΘΕΝ Μ̀ ΠΠΝΑ ΝΕΜ ΟΥΡΑϢΙ 5
Ν̀ ϨΗΤ ϢΑΤ ΟΥϪΩΚ ῈΒΟϨ Μ̀ ΠΙΟΥΩΜ. Τοτε
ϢΑῪΙΝΙ ΝΩΟΥ Ν̀ ΟΥΗΡΠ ΕϤΣΟΤΠ ΕΥΩΤϨ ῈΡΩΟΥ
ϢΑΤ ΟΥϪΩΚ ῈΒΟΛϦΕΝ ΠΙΣΩ ϢΑΥΘΩϨΣ Ν̀ΤΟΥᾺΦΕ
ϦΕΝ ΟΥΝΕϨ ΕϤΤΑΙΗΟΥΤ ΕΥϪΩ Μ̀ΜΟΣ ϪΕ ΜΑϢΕ
ΝΩΤΕΝ ϦΕΝ ΟΥϨΙΡΗΝΗ ὼ ΝΕΝΜΕΝ[Ρ]ΑϮ Ν̀ ΣΗΙΟΥ 10
ϪΕ ΑΝΕΡ ΠΕΜΠϢΑ Ν̀ ΟΥΝΙϢϮ Ν̀ ΤΑΙΟ Μ̀ ΦΟΟΥ
ϦΕΝ ΠϪΙΝΙ Ν̀ ΝΕΤΕΝϬΑΛΑΥϪ ῈΘ ΟΥΑΒ ῈϦΟΥΝ
Ὲ ΠΗΙ Ν̀ ΝΕΤΕΝ ῈΒΙΑΙΚ. ΦΑΙ ΔΕ ΑΥϪΕΜΟΥ ΕΥΡΑ
Μ̀ΜΟϤ ϦΕΝ ΣΟΥ ΙΒ ΚΑΤΑ ΑΒΟΤ ϢΑΤΕ ΠΟΥϢΕΝ-

λζ. β. ΝΟΥϤΙ | ΦΟϨ Ὲ ΜΑΙ ΝΙΒΕΝ Ν̀ΤΕ ΤΧΩΡΑ ΤΗΡΣ 15
Ν̀ ΧΗΜΙ ΟΥΟϨ ΝΑΡΕ ΟΥΜΗϢ ϢΟΥϢΟΥ Μ̀ΜΩΟΥ
Ν̀ ϦΗΤΟΥ Ν̀ΣΕϮ ὼΟΥ Μ̀ ΦϮ ΠΟΥΡΕϤΘΑΜΙΟ ΕΘΒΕ
ΠϢΟΥ Ν̀ ΝΟΥϨΒΗΟΥΙ ῈΘ ΝΑΝΕΥ Ν̀ΣΕϮ ΤΑΙΟ Ν̀
ΕΜΤΟΝ Ν̀ ΝΟΥΙΟϮ ΕΤΑΥϪΦΩΟΥ ΕΡΕ ΡΩΜΙ ΝΙΒΕΝ
Ϯ ΤΑΙΟ ΝΩΟΥ ΕΘΒΕ ΤΟΥΠΡΟϨΕ[ΡΕ]ΣΙΣ ῈΘ ΝΑΝΕΣ 20
ΕΤΑΥΟΥΩΝϨΣ ῈΒΟΛ ϦΕΝ ΦΡΑΝ Μ̀ ΦϮ Μ̀ ΜΗΧΑΗΛ.
ΑΥϪΕΜΟΥ ΔΕ ΟΥΝ ΕΥΦΗΤ ῈΒΟΛϨΑ ΠΙϢΟΥ ΕΤ
ϢΟΥΙΤ ΑΛΛΑ ΝΑΡΕ ΤΟΥϨΕΛΠΙΣ ΤΑϪΡΗΟΥΤ ϦΕΝ

λη. α. ΦϮ ΝΕΜ ΠΙΑΡΧΗΑΓΓΕΛΟΣ ῈΘ ΟΥΑΒ ΜΗΧΑΗΛ.
ᾺΣϢΩΠΙ ΔΕ ΜΕΝΕΝΣΑ ΟΥΣΗΟΥ ΕϤΟΙ Ν̀ ΝΙϢϮ 25
ΕΥΜΗΝ Ὲ ΠΑΙ ϨΩΒ ΦΑΙ Μ̀ ΠΑΙ ΡΗϮ ΑϤΟΥΑϨ-
ΣΑϨΝΙ Ν̀ϪΕ ΦϮ ΕϢΤΕΜΘΡΕ ΤΦΕ Ν̀ ΟΥΜΟΥ Ν̀
ϨΩΟΥ ϨΙϪΕΝ ΠΚΑϨΙ Ν̀ Γ̅ Ν̀ ΡΟΜΠΙ ΕΘΒΕ ΝΙΝΟΒΙ

4*

ⲛ̀ ⲛⲓϣⲏⲣⲓ ⲛ̀ⲧⲉ ⲛⲓⲣⲱⲙⲓ ϣⲁⲧⲉ ⲡⲕⲁϩⲓ ⲧⲏⲣϥ ⲛ̀
ⲭⲏⲙⲓ ϣⲑⲟⲣⲧⲉⲣ ⲛⲉⲙ ⲛⲏ ⲉⲧ ϣⲟⲡ ⲛ̀ ϧⲏⲧϥ ⲉⲑⲃⲉ
ⲡϩⲓⲥⲓ ⲛ̀ ϯⲙⲉⲧⲁⲧⲥⲓ ⲛⲉⲙ ⲡⲧⲁⲕⲟ ⲙ̀ ⲡⲓϩⲕⲟ ⲙ̀
ⲫⲣⲏϯ ⲉⲧ ⲥϩⲛⲟⲩⲧ Ⲧⲟⲧⲉ ⲁ ⲟⲩⲙⲏϣ ⲭⲁ ⲧⲟⲧⲟⲩ
ⲉ̀ⲃⲟⲗ ⲁⲩⲙⲟⲩ ⲛⲉⲙ ⲛⲓⲧⲉⲃⲛⲱⲟⲩⲓ̀ ⲁⲩϥⲱϯ ⲉ̀ⲃⲟⲗ 5

ⲗⲏ. ⲃ. ⲉⲩⲥⲟⲡ ⲇⲉ ⲟⲩⲉⲓ | ⲙ̀ⲡⲉ ⲡⲓⲙⲱⲟⲩ ⲛ̀ⲧⲉ ⲅⲉⲱⲛ ⲓ̀ ⲉ̀
ⲡϣⲱⲓ ⲟⲩⲇⲉ ⲟⲩⲙⲟⲩ ⲛ̀ ϩⲱⲟⲩ ⲙ̀ⲡ ⲉϥⲓ̀ ⲉ̀ ⲡⲉⲥⲏⲧ
ϩⲓⲥⲉⲛ ⲡⲕⲁϩⲓ ⲛ̀ Ⲅ̄ ⲛ̀ ⲣⲟⲙⲡⲓ ⲉⲩⲙⲏⲛ. Ⲡⲁⲓ ⲣⲱⲙⲓ
ⲇⲉ ⲉ̀ⲑ ⲟⲩⲁⲃ ⲛⲉⲙ ⲧⲉϥⲥϩⲓⲙⲓ ⲙ̀ⲡ ⲟⲩⲭⲁ ⲧⲟⲧⲟⲩ
ⲉ̀ⲃⲟⲗ ϧⲉⲛ ⲫⲏ ⲉ̀ ⲛⲁⲓ̀ⲣⲓ ⲙ̀ⲙⲟϥ ⲕⲁⲧⲁ ⲁ̀ⲃⲟⲧ 10
ⲉⲩⲧⲱⲃϩ ⲙ̀ ⲫϯ ⲛⲉⲙ ⲡⲉϥⲁⲣⲭⲏⲁⲅⲅⲉⲗⲟⲥ ⲙⲏⲭⲁⲏⲗ
ⲉⲩⲭⲱ ⲙ̀ⲙⲟⲥ ⲭⲉ ⲫϯ ⲛ̀ ⲙⲏⲭⲁⲏⲗ ⲙ̀ⲡ ⲉⲣⲱⲗⲓ ⲙ̀
ⲡⲉⲕⲇⲱⲣⲟⲛ ⲟⲩⲇⲉ ⲧⲉⲕⲁⲅⲁⲡⲏ ⲉ̀ⲃⲟⲗϩⲁⲣⲟⲛ ⲁ̀ⲛⲟⲛ
ϧⲁ ⲛⲉⲕⲉ̀ⲃⲓⲁⲓ̀ⲕ ⲟⲩⲟϩ ⲉ̀ⲧⲓ ⲉⲩϧⲉⲛ ⲛⲁⲓ ⲁⲩϩⲓⲧⲟⲧⲟⲩ
ⲛ̀ ϣⲓⲃⲧ ϩⲱⲟⲩ ⲟⲩⲛ ⲟⲩⲟϩ ⲁ̀ ⲟⲩⲙⲏϣ ⲛ̀ⲧⲉ ⲛ̀ⲟⲩ- 15

ⲗⲑ. ⲁ. ⲧⲉⲃⲛⲱⲟⲩⲓ̀ ⲧⲁⲕⲟ̀. Ⲉⲧⲁⲩⲭⲱⲕ ⲇⲉ ⲉ̀ⲃⲟⲗ | ⲛ̀ ⲣⲟⲙⲡⲓ
ⲃ̄ϯ ⲁⲩϩⲓⲧⲟⲧⲟⲩ ⲉ̀ ϯⲙⲁϩ Ⲅ̄ϯ ⲁ̀ ϩⲱⲃ ⲛⲓⲃⲉⲛ ⲉⲧ
ⲧⲟⲓ ⲛⲱⲟⲩ ⲕⲏⲛ ⲉ̀ ⲁⲩⲉⲣ ϧⲁⲉ ⲉ̀ⲃⲏⲗ ⲉⲩⲕⲟⲩⲭⲓ
ⲁⲥⲥⲱⲭⲡ ⲛⲱⲟⲩ ⲛ̀ ⲟⲩⲧⲉⲃⲛⲱⲟⲩⲓ̀ ⲧⲏⲣⲟⲩ ⲁⲩⲙⲟⲩ
ⲉ̀ⲃⲏⲗ ⲉ̀ ⲟⲩⲉ̀ⲥⲱⲟⲩ ⲛ̀ ⲟⲩⲱⲧ. Ⲡⲉⲭⲉ ⲡⲓⲉⲩⲥⲉⲃⲏⲥ 20
ⲛ̀ ⲣⲱⲙⲓ ⲉ̀ ⲧⲉϥⲙⲁⲕⲁⲣⲓⲁ̀ ⲛ̀ ⲥϩⲓⲙⲓ ⲭⲉ ⲱ̀ ⲧⲁ ⲥⲱⲛⲓ
ⲁ̀ⲣⲓ ⲉ̀ⲙⲓ ⲭⲉ ⲫⲟⲟⲩ ⲡⲉ ⲥⲟⲩ ⲓ̄ⲃ̄ ⲙ̀ ⲡⲁⲟ̀ⲡⲓ ⲡⲉϥⲣⲁⲥϯ
ⲇⲉ ⲡⲉ ⲡϣⲁⲓ ⲙ̀ ⲡⲓⲁⲣⲭⲏⲁⲅⲅⲉⲗⲟⲥ ⲉⲑ ⲟⲩⲁⲃ ⲙⲏ-
ⲭⲁⲏⲗ. Ⲙⲁⲣⲉⲛ ϥⲓⲣⲱⲟⲩϣ ⲉ̀ ⲡⲓⲇⲱⲣⲟⲛ ⲛ̀ⲧⲉⲛⲧⲏⲓϥ
ⲉ̀ ⲡⲓⲟⲓⲕⲟⲛⲟⲙⲟⲥ ⲛ̀ⲧⲉⲛϣⲱⲧ ⲉ̀ ⲡⲁⲓ ⲕⲉ ⲉ̀ⲥⲱⲟⲩ 25

ⲗⲑ. ⲃ. ϩⲓⲛⲁ ⲛ̀ⲧⲉⲛⲥⲟⲃϯ ⲙ̀ ⲡϣⲁⲓ ⲙ̀ ⲡⲓⲁⲣⲭⲏⲁⲅⲅⲉⲗⲟⲥ
ⲉⲑ ⲟⲩⲁⲃ ⲙⲏⲭⲁⲏⲗ ⲁⲛϣⲁⲛⲙⲟⲩ ⲇⲉ ⲁ̀ⲛⲟⲛ ⲛⲁ
ⲡⲟ̅ⲥ̅ ⲁⲛϣⲁⲛ ⲱⲛϧ ⲁ̀ⲛⲟⲛ ⲛⲟⲩϥ ⲟⲩⲛ ⲛⲉ ⲟⲩⲟϩ

ⲙⲁⲣⲉ ⲫⲣⲁⲛ ⲙ̀ ⲡ̄ⲥ̄ ϣⲱⲡⲓ ⲉϥⲥⲙⲁⲣⲱⲟⲩⲧ ϣⲁ
ⲉ̀ⲛⲉϩ. Ⲡⲉϫⲉ ⲧⲉϥⲥϩⲓⲙⲓ ⲇⲉ ⲛⲁϥ ϫⲉ ϥⲱⲛⲃ ⲛ̀ϫⲉ
ⲡ̄ⲥ̄ ⲱ̀ ⲡⲁ ⲥⲟⲛ ϫⲉ ϥ ⲛⲉⲙⲏⲓ ⲛ̀ϫⲉ ⲡⲁⲓ ⲙ̀ⲕⲁϩ ⲥⲁ
ⲃⲟⲩⲛ ⲙ̀ ⲡⲁϩⲏⲧ ⲓⲥϫⲉⲛ ⲃⲁⲧϩⲏ ⲛ̀ ⲥⲁϥ ⲁⲗⲗⲁ
ⲙ̀ⲡⲓϫⲉⲙ ⲣⲉⲙⲓ ⲛ̀ⲧⲁⲉⲣⲉⲧⲓⲛ ⲙ̀ⲙⲟⲕ ϫⲉ ⲟⲩⲉⲓ ϯⲥⲱⲟⲩⲛ 5
ⲛ̀ ⲛⲏ ⲉ̀ⲧⲁⲩϣⲱⲡⲓ ⲙ̀ⲙⲟⲛ. ϯⲛⲟⲩ ⲇⲉ ⲟⲩⲛⲓϣϯ ⲡⲉ
ⲡⲁ ⲣⲁϣⲓ ϫⲉ ⲙ̀ⲡ ⲉⲕⲉⲣ ⲡⲱⲃϣ ⲙ̀ ⲡⲁ ⲇⲱⲣⲟⲛ ⲙ̀

ⲡ̄. ⲗ. ⲫϯ ⲁⲣⲓⲟⲩ̀ⲓ ⲱ̀ ⲡⲁ ⲥⲟⲛ ⲙ̀ ⲫⲣⲏϯ ⲉ̀ⲧⲁⲕϫⲟⲥ | ⲉ̀ⲧ
ⲁ ⲧⲟⲟⲩ̀ⲓ ⲇⲉ ϣⲱⲡⲓ ⲛ̀ ⲥⲟⲩ ⲓ̄ⲏ̄ ⲙ̀ ⲡⲁⲟ̀ⲡⲓ ⲁⲩⲧⲱⲟⲩ-
ⲛⲟⲩ ⲓⲥϫⲉⲛ ϣⲱⲣⲡ ⲉ̀ⲙⲁϣⲱ ⲁⲩϫⲱⲕ ⲙ̀ⲡⲟⲩϣⲉⲙϣⲓ 10
ⲉ̀ⲡⲧⲏⲣϥ ⲉ̀ⲃⲟⲗ ⲟⲩⲟϩ ⲙ̀ⲡ ⲟⲩϫⲱϫⲓ ⲛ̀ ϩⲗⲓ ⲛ̀ⲧⲉ
ⲡⲥⲏⲟⲩ ⲙ̀ⲡⲟⲩ ⲱⲥⲑⲉⲛ ⲟⲩⲟϩ ⲙ̀ⲡⲉ ϩⲗⲓ ⲥⲱϫⲡ
ⲛⲱⲟⲩ ⲉ̀ⲃⲉⲗ ⲉ̀ⲅⲕⲟⲩϫⲓ ⲛ̀ ⲛⲱⲓⲧ ⲛⲉⲙ ⲟⲩⲕⲟⲩϫⲓ ⲛ̀
ⲏⲣⲡ ϣⲁⲧⲉ ⲙⲟⲩ ⲕⲉ ϩⲉⲃⲥⲱ ⲁⲩⲕⲏⲛ ⲉ̀ⲃⲏⲗ ⲉ̀ ⲛⲏ
ⲉ̀ⲧ ⲟⲩⲃⲓⲥⲙⲟⲩ ⲛ̀ ⲃⲏⲧⲟⲩ ϩⲟⲗⲱⲥ. Ⲛⲁⲩⲭⲏ ⲇⲉ 15
ⲃⲉⲛ ⲛⲁⲓ ⲛⲁⲩ ⲥⲙⲟⲩ ⲉ̀ ⲫϯ ⲛⲉⲙ ⲡⲓⲁⲣⲭⲏⲁ̀ⲅⲅⲉⲗⲟⲥ
ⲉ̀ⲑ ⲟⲩⲁⲃ ⲙⲓⲭⲁⲏⲗ ⲉⲩϩⲱⲥ ⲟⲩⲟϩ ⲉⲩⲥⲙⲟⲩ ⲉ̀ ⲫϯ
ⲙ̀ ⲡⲓⲉ̀ϩⲟⲟⲩ ⲛⲉⲙ ⲡⲓⲉ̀ϫⲱⲣϩ ⲃⲉⲛ ⲃⲁⲛ ⲉⲣ ⲙⲱⲟⲩ̀ⲓ

ⲡ̄. ⲃ. ⲉⲩⲱϣ | ⲉ̀ⲃⲟⲗ ⲉⲩϫⲱ ⲙ̀ⲙⲟⲥ ϫⲉ ⲱ̀ ⲡⲉⲛϭ̄ⲥ̄ ⲓ̄ⲏ̄ⲥ̄ ⲡ̄ⲭ̄ⲥ̄
ⲁⲣⲓ ⲃⲟⲏⲑⲓⲛ ⲉ̀ⲣⲟⲛ ⲱ̀ ⲡⲓⲁⲣⲭⲏⲁ̀ⲅⲅⲉⲗⲟⲥ ⲙⲓⲭⲁⲏⲗ 20
ⲙⲁⲧϩⲟ ⲙ̀ ⲡ̄ⲥ̄ ⲉ̀ϫⲱⲛ ϩⲓⲛⲁ ⲛ̀ⲧⲉϥⲁ̀ⲗⲟⲩⲱⲛ ⲛⲁⲛ ⲛ̀
ⲧϫⲓϫ ⲙ̀ ⲡⲉϥϩⲟⲙⲧ ⲛⲉⲙ ⲡⲉϥⲥⲙⲟⲩ ⲙⲏⲡⲟⲧⲉ ⲛ̀ⲧⲉϥ-
ⲧⲁⲕⲟ ⲛ̀ⲧⲟⲧⲉⲛ ⲛ̀ϫⲉ ⲧϩⲉⲗⲡⲓⲥ ⲛ̀ⲧⲉ ⲧⲉⲕ ⲁ̀ⲅⲁⲡⲏ
ⲛⲉⲙ ⲡⲉⲕⲇⲱⲣⲟⲛ ⲫⲁⲓ ⲉ̀ⲧ ⲉⲛⲓ̀ⲛⲓ ⲙ̀ⲙⲟϥ ⲙ̀ ⲫϯ
ⲉ̀ϫⲉⲛ ⲡⲉⲕⲣⲁⲛ ⲉ̀ⲑ ⲟⲩⲁⲃ ⲱ̀ ⲡⲓⲁⲣⲭⲏⲁ̀ⲅⲅⲉⲗⲟⲥ 25
ⲙⲓⲭⲁⲏⲗ. Ⲛⲑⲟⲕ ⲉ̀ⲧ ⲥⲱⲟⲩⲛ ⲛ̀ ⲛⲉⲛϩⲏⲧ ⲛⲉⲙ
ⲧⲉⲛⲁ̀ⲅⲁⲡⲏ ⲉ̀ⲃⲟⲩⲛ ⲉ̀ⲣⲟⲕ ⲟⲩⲟϩ ⲙ̀ⲙⲟⲛ ⲛ̀ⲧⲁⲛ ⲛ̀
ⲟⲩⲡⲣⲟⲥⲧⲁⲧⲏⲥ ⲉ̀ⲃⲏⲗ ⲉ̀ⲣⲟⲕ ⲛ̀ⲑⲟⲕ ⲉ̀ⲧ ⲟⲓ ⲛⲁⲛ ⲙ̀

ⲙ̅ⲁ̅. ⲁ. ⲡⲣⲟⲥⲧⲁⲧⲏⲥ | ⲓⲥϫⲉⲛ ⲧⲉⲛⲙⲉⲧⲕⲟⲩϫⲓ ϣⲁ ϯⲛⲟⲩ
ⲥⲓⲛⲁ ⲛ̀ⲧⲉⲕⲉⲣ ⲡⲣⲉⲥⲃⲉⲩⲓⲛ ⲉ̀ϫⲱⲛ ⲙ̀ⲡⲉⲙⲑⲟ ⲙ̀ ⲫϯ
ⲡⲉⲛⲥⲱⲧⲏⲣ. ⲁⲛⲟⲛ ⲙⲉⲛ ϯⲛⲟⲩ ⲧⲉⲛϯϩⲟ ⲉ̀ⲣⲟⲕ
ⲱ̀ ⲡⲓϥⲁⲓⲣⲱⲟⲩϣ ⲛ̀ⲁⲅⲁⲑⲟⲥ ⲙⲓⲭⲁⲏⲗ ⲡⲓⲁⲣⲭⲏⲁⲅ-
ⲅⲉⲗⲟⲥ ⲉ̇ⲑ ⲟⲩⲁⲃ ϫⲉ ϩⲱϯ ⲡⲉ ⲛ̀ⲧⲉ ⲡⲁⲓ ⲛⲓϣϯ 5
ⲛ ⲉⲙⲕⲁϩ ⲧⲁϩⲟⲛ ϧⲉⲛ ⲧⲉⲛ ϩⲁⲉ̇ ⲙⲉⲛⲉⲛⲥⲁ ⲛⲓ-
ⲛⲁⲩϣ ⲉ̇ⲧⲁⲛⲥⲉⲙⲛⲏⲧⲟⲩ ⲛⲉⲙ ⲫϯ ⲟⲩⲟϩ ⲛⲉⲙⲁⲕ
ⲟⲩⲛ ϫⲉ ⲛ̀ ⲛⲉⲛϫⲱϫⲓ ⲛ̀ ⲡⲉⲕⲇⲱⲣⲟⲛ ⲛⲉⲙ ⲧⲉⲕⲙⲉⲧ-
ⲛⲁⲏⲧ ⲙⲁⲣⲉ ⲧⲉⲕⲙⲉⲧⲁ̀ⲅⲁⲑⲟⲥ ⲉⲣ ϣⲟⲣⲡ ⲛ̀ ⲧⲁϩⲟⲛ.
ⲙ̅ⲁ̅. ⲃ. ⲕⲱϯ ⲛ̀ⲧⲉⲛ ⲫϯ ⲛ̀ⲧⲉϥⲉⲣ ⲟⲩⲛⲓϣϯ ⲛ̀ ⲛⲁⲓ ⲛⲉⲙⲁⲛ 10
ⲟⲩⲟϩ ⲛ̀ⲧⲉϥⲟⲗⲧⲉⲛ ⲉ̀ⲃⲟⲗϧⲉⲛ ⲡⲁⲓ ⲃⲓⲟⲥ ⲛ̀ ⲉⲫⲗⲏⲟⲩ
ⲛ̀ ⲫⲣⲏϯ ⲛ̀ ⲛⲉⲙⲓⲟϯ ⲧⲏⲣⲟⲩ ϫⲉ ⲟⲩⲉⲓ ϩⲏⲡⲡⲉ ⲱ̀
ⲡⲉⲛⲡⲣⲟⲥⲧⲁⲧⲏⲥ ⲕⲛⲁⲩ ⲉ̇ ⲛⲏ ⲉ̇ⲧⲁⲩⲧⲁϩⲟⲛ ⲉⲑⲃⲉ
ⲛⲉⲛⲛⲟⲃⲓ ⲛⲁⲛⲉⲥ ⲛⲁⲛ ⲛ̀ⲧⲉⲛⲙⲟⲩ ϯⲛⲟⲩ ⲫⲙⲟⲩ
ⲫⲁ ⲟⲩⲟⲛ ⲛⲓⲃⲉⲛ ϥⲥⲱⲧⲡ ⲉ̇ϩⲟⲧⲉ ⲡⲱⲛϧ ⲭⲱⲣⲓⲥ 15
ⲟⲩⲧⲁϩ ⲉ̇ⲑ ⲛⲁⲛⲉϥ ⲙⲏⲡⲟⲧⲉ ⲛ̀ⲧⲉ ⲡⲁⲓ ϩⲟϫϩⲉϫ
ⲙⲟⲩⲏ ⲉ̀ϫⲱⲛ ⲛ̀ⲧⲉⲕⲉⲣ ⲡⲱⲃϣ ⲛ̀ ⲛⲉⲕⲇⲱⲣⲟⲛ ⲛⲉⲙ
ⲡⲉⲕⲙⲉⲧⲛⲁⲏⲧ ⲉ̇ⲧⲁⲛⲥⲉⲙⲛⲏⲧⲟⲩ ⲛⲉⲙ ⲫϯ ⲛⲉⲙⲁⲕ
ϩⲱⲕ ϫⲉ ϯⲙⲉⲧϩⲏⲕⲓ ⲓⲣⲓ ⲛ̀ ⲟⲩⲙⲏϣ ⲛ̀ ϩⲃⲏⲟⲩⲓ̀
ⲙ̅ⲃ̅. ⲁ. ⲉⲩⲥⲱⲕ ⲉ̀ ⲫⲙⲟⲩ ⲟⲩⲟϩ ϥⲑⲣⲟ ⲛ̀ ⲛⲓⲣⲱⲙⲓ | ⲉⲑⲣⲟⲩ 20
ⲭⲁ ⲧⲟⲧⲟⲩ ⲉ̇ⲃⲟⲗ. ϯⲛⲟⲩ ⲇⲉ ⲁⲛⲟⲛ ⲧⲉⲛⲟⲩⲱⲛϩ
ⲛ̀ⲧⲉⲛⲙⲉⲧⲁⲧϫⲟⲙ ⲙ̀ ⲡⲉⲙⲑⲟ ⲙ̀ ⲛⲉⲕϫⲓϫ ⲱ̀ ⲡⲓⲁⲣ-
ⲭⲏⲁⲅⲅⲉⲗⲟⲥ ⲙⲓⲭⲁⲏⲗ ⲙ̀ⲡⲉⲣⲉⲣ ⲡⲉⲛⲱⲃϣ ⲉⲑⲃⲉ
ⲛⲉⲛⲛⲟⲃⲓ ⲁⲗⲗⲁ ⲁ̀ⲣⲓⲟⲩⲓ̀ ⲛⲉⲙⲁⲛ ⲛ̀ ⲫⲣⲏϯ ⲉⲧ
ⲥϧⲏⲟⲩⲧ ϫⲉ ⲡⲁⲅⲅⲉⲗⲟⲥ ⲙ̀ ⲡϭⲥ ϥϫⲓⲕⲟⲧ ⲙ̀ ⲡⲕⲱϯ 25
ⲛ̀ ⲟⲩⲟⲛ ⲛⲓⲃⲉⲛ ⲉⲧ ⲉⲣ ϩⲟϯ ϧⲁ ⲧⲉϥϩⲏ ⲟⲩⲟϩ
ϥⲛⲁⲛⲁϩⲙⲟⲩ ϥϫⲱ ⲙ̀ⲙⲟⲥ ⲛ̀ϫⲉ ⲇⲁⲩⲓⲇ ⲉⲑⲃⲉ ϩⲁ-
ⲛⲟⲩⲟⲛ ϫⲉ ϥϣⲁⲛϣ ⲙ̀ⲙⲱⲟⲩ ϧⲉⲛ ⲟⲩϩⲃⲱⲛ ϥϣ

ⲙ̄ⲙⲟⲥ ⲟⲩⲛ ϫⲉ ⲡⲓⲑⲙⲏⲓ ϥⲕⲱϯ ⲛ̄ⲥⲁ ⲱⲓⲕ ⲙ̄ ⲡ ⲉ̀ϩⲟⲟⲩ

ⲛ̄ⲃ. ⲃ. ⲧⲏⲣϥ ⲡϬⲥ ⲇⲉ ϥⲛⲁⲓ ⲟⲩⲟϩ ϥϯ | ϯⲛⲟⲩ ⲇⲉ ⲱ̀
ⲡⲉⲛⲡⲣⲟⲥⲧⲁⲧⲏⲥ ⲉ̀ⲑ ⲟⲩⲁⲃ ⲙⲓⲭⲁⲏⲗ ⲡⲓⲁⲣⲭⲏⲁⲅ-
ⲅⲉⲗⲟⲥ Ⲕⲛⲁⲩ ⲛ̀ⲑⲟⲕ ⲉ̀ ⲡϩⲱⲃ ⲧⲏⲣϥ ⲛ̀ⲧⲉ ⲛⲉⲕⲉ-
ⲃⲓⲁⲓⲕ ⲟⲩⲟϩ ⲛ̀ⲙⲟⲛ ⲛ̀ⲧⲁⲛ ⲛ̀ⲟⲩⲥⲁϫⲓ ⲉ̀ϫⲟϥ ⲉ̀ⲃⲏⲗ 5
ⲉ̀ ⲫⲁⲓ ϩⲟⲗⲱⲥ ϫⲉ ⲁⲛⲕⲏⲛ ⲉ̀ ⲙⲟⲩ ⲉ̀ⲙⲁϣⲱ ⲁ̀ⲣⲓ
ⲃⲟⲏ̀ⲑⲓⲛ ⲉ̀ⲣⲟⲛ ⲫϯ ⲡⲉⲛ ⲥⲱⲧⲏⲣ ⲟⲩⲟϩ ⲧⲉⲛϫⲱ ⲙ̄
ⲡⲁⲓ ⲕⲉ ⲥⲁϫⲓ ⲫⲁⲓ ϫⲉ ⲧⲉⲛⲥⲙⲟⲩ ⲉ̀ ⲡϬⲥ ⲡϬⲥ ⲡⲉ
ⲉ̀ⲧ ⲁϥϯ ⲟⲩⲟϩ ⲡϬⲥ ⲡⲉ ⲉⲧⲁϥϬⲓ ⲫⲟⲩⲱϣ ⲙ̄ ⲫϯ
ⲙⲁⲣⲉϥϣⲱⲡⲓ ϥⲥⲙⲁⲣⲱⲟⲩⲧ ⲛ̀ϫⲉ ⲫⲣⲁⲛ ⲙ̄ ⲫϯ ϣⲁ 10
ⲉⲛⲉϩ ⲁ̀ⲙⲏⲛ. Ⲟⲩⲟϩ ⲉ̀ⲃⲟⲗϧⲉⲛ ⲛⲁⲓ ⲥⲁϫⲓ ⲛⲉⲙ

ⲛ̄ⲅ. ⲁ. ⲛⲏ ⲉ̀ⲧ ⲓ̀ⲛⲓ ⲙ̄ⲙⲱⲟⲩ ⲙⲁⲣⲉ ⲛⲓⲑⲙⲏⲓ ϫⲱ ⲙ̄ⲙⲱⲟⲩ
ⲓ̀ⲥϫⲉⲛ ⲥⲟⲩ ⲓ̅ⲃ̅ ⲙ̄ ⲡⲁⲟ̀ⲡⲓ ⲟⲩⲟϩ ⲛⲁⲩⲙⲏⲛ ⲉⲩϯϩⲟ
ⲉ̀ ⲫϯ ⲙ̄ ⲙⲓⲭⲁⲏⲗ ϣⲁ ⲁϫⲡ ⲑ̅ ⲛ̀ ⲥⲟⲩ ⲓ̅ⲁ̅ ⲙ̄
ⲡⲓⲁ̀ⲃⲟⲧ ⲁ̀ⲑⲱⲣ ⲉⲧⲉ ⲡⲉϥⲣⲁⲥϯ ⲡⲉ ⲥⲟⲩ ⲓ̅ⲃ̅ ⲛ̀ⲧⲁϥ 15
ⲡⲉ ⲡⲓⲛⲓϣϯ ⲛ̀ ⲉ̀ϩⲟⲟⲩ ⲛ̀ ϣⲁⲓ ⲙ̄ ⲡⲓⲁⲣⲭⲁⲅⲅⲏⲗⲟⲥ
ⲉ̀ⲑ ⲟⲩⲁⲃ ⲙⲓⲭⲁⲏⲗ Ⲙ̄ ⲫⲣⲏϯ ⲉ̀ⲧⲉⲛⲑⲟⲩⲏⲧ ⲛ̀
ⲫⲟⲟⲩ ⲛ̀ ⲉⲣ ϣⲁⲓ ⲛⲁϥ ⲁ̀ⲛⲟⲛ ⲇⲉ ⲛⲉⲙⲱⲧⲉⲛ ⲱ̀
ⲛⲉⲛⲙⲉⲛⲣⲁϯ Ⲉ̀ⲧⲁⲩϥⲟϩ ⲇⲉ ⲉ̀ ⲫⲛⲁⲩ ⲙ̄ ⲡⲓϥⲓⲣⲱ-
ⲟⲩϣ ⲉ̀ ϯⲉⲩⲭⲓⲁ̀ ⲉ̀ⲑ ⲟⲩⲁⲃ ⲛⲁ ⲛ̀ ⲁ̀ⲣⲟⲩϩⲓ ⲥⲟⲩ ⲓ̅ⲁ̅ 20
ⲡⲉ ϫⲱⲣϩ ⲛ̀ ⲥⲟⲩ ⲓ̅ⲃ̅ ⲕⲁⲧⲁ ⲁ̀ⲃⲟⲧ ⲧⲟⲩⲥⲩⲛⲏⲑⲓⲁ̀

ⲛ̄ⲅ. ⲃ. ⲁϥϩⲓ ⲧⲟⲧϥ ⲛ̀ϫⲉ ⲡⲓⲡⲓⲥⲧⲟⲥ ⲛ̀ ⲣⲱⲙⲓ | ⲧⲁ ⲫⲙⲏⲓ
ⲉ̀ⲧⲉϥⲉⲩⲥⲉⲃⲏⲥ ⲛ̀ ⲥϩⲓⲙⲓ ⲡⲉϫⲁϥ ⲛⲁⲥ ϫⲉ ⲱ̀ ⲧⲁ-
ⲥⲱⲛⲓ ⲧⲉ ϩⲉⲙⲥⲓ ⲇⲉ ⲉⲣⲉ ⲉⲣ ⲟⲩ ⲙⲏⲧⲉ ⲉ̀ⲙⲓ ⲁⲛ
ϫⲉ ⲣⲁⲥϯ ⲡⲉ ⲡⲓϣⲁⲓ ⲙⲏ ⲁⲣⲉ ⲉⲣ ⲡⲱⲃϣ ⲙ̄ ⲡⲓⲇⲱ- 25
ⲣⲟⲛ ⲛ̀ ⲁ̀ⲅⲁⲑⲟⲛ ⲙⲏ ⲁϩⲣⲱϣ ⲉ̀ϫⲱ ⲛ̀ϫⲉ ⲡⲉⲣ ⲫⲙⲉⲩⲓ̀
ⲉⲧ ⲧⲁⲓⲏⲟⲩⲧ ⲙ̄ ⲡⲓⲁⲣⲭⲁⲅⲅⲏⲗⲟⲥ ⲙⲓⲭⲁⲏⲗ ⲫⲁⲓ
ⲉ̀ⲧ ϩⲟⲗϫ ϩⲓϫⲉⲛ ⲡⲉϩⲏⲧ ϫⲉ ⲟⲩⲉⲓ ⲱ̀ ⲧⲁ ⲥⲱⲛⲓ

ⲙ̄ⲡⲉ ⲛ̄ ⲑⲣⲉ ⲛⲉ ⲣⲁⲧ †ⲥⲉⲗⲡⲓⲥ ⲛ̄ⲧⲉ ⲫ︦ϯ ϫⲉ ⲛ̄ⲑⲟϥ
ⲉⲧ ⲉⲣ ⲥⲙⲟⲧ ⲛⲁⲛ ⲛ̄ ⳅⲱⲃ ⲛⲓⲃⲉⲛ. ⲡⲉϫⲉ †ⲙⲁ-
ⲕⲁⲣⲓⲁ ⲇⲉ ⲉ̄ⲧⲉⲙⲙⲁⲩ ϫⲉ ⲕⲁⲗⲱⲥ ⲁⲕⲓ̄ⲛⲓ ⲛⲏⲓ ⲛ̄
ⲧⲁⲥⲩⲙⲫⲟⲛⲓⲁ ⲉ̄ⲑ ⲙⲉⳅ ⲛ̄ ⲣⲁϣⲓ ⲕⲁⲗⲱⲥ ⲁⲕⲓ̄ⲛⲓ
ⲛ̅ⲍ̅. ⲁ. ⲛⲏⲓ ⲛ̄ ⲟⲩⲥⲟⲗⲥⲉⲗ | ⲛⲉⲙ ⲟⲩⲣⲁϣⲓ ⲛⲉⲙ ⲟⲩⲙⲉⲧ- 5
ⲣⲁⲙⲁⲟ̄ ⲛ̄ⲧⲉ ⲛⲉⲛⲯⲩⲭⲏ ⲉ̄ⲧⲉ ⲫⲁⲓ ⲡⲉ ⲡ ⲉⲣ ⲫⲙⲉⲩⲓ̄
ⲉⲧ ⲧⲁⲓⲏⲟⲩⲧ ⲛ̄ ⲡⲓⲁⲣⲭⲏⲁⲅⲅⲉⲗⲟⲥ ⲉ̄ⲑ ⲟⲩⲁⲃ ⲙⲓ-
ⲭⲁⲏⲗ ⲧⲁⲫⲙⲏⲓ ⲱ̄ ⲡⲁⲥⲟⲛ ϫⲉ ⲓⲥϫⲉⲛ ϣⲟⲣⲡ ⲛ̄
ⲫⲟⲟⲩ ϣⲁ †ⲛⲟⲩ ⲙ̄ⲡⲉⲥ ⲧⲁⳅⲛⲟ ⲛ̄ϫⲉ ⲟⲩ ⲙⲟⲩⲙⲓ
ⲛ̄ ⲉⲣⲙⲏ ⳁⲉⲛ ⲛⲁⲃⲁⲗ ⲟⲩⲟⳅ ⲉ̄ⲣⲉ ⲟⲩⲭⲣⲱⲙ ⲟⲩⲱⲛ 10
ⳁⲉⲛ ⲡⲁ ⲥⲁ ⳁⲟⲩⲛ ⲉⲑⲃⲉ ⲡϣⲁⲓ ⲙ̄ ⲡⲓⲁⲣⲭⲏⲁⲅⲅⲉⲗⲟⲥ
ⲉ̄ⲑ ⲟⲩⲁⲃ ⲡⲉⲛⲡⲣⲟⲥⲧⲁⲧⲏⲥ ⲙⲓⲭⲁⲏⲗ. †ⲛⲟⲩ ⲇⲉ
ⲱ̄ ⲡⲁⲥⲟⲛ ⲁⲛⲁⲩ ϫⲉ ⲭⲛⲁⲉ̄ⲣ ⲟⲩ ⲙⲏⲡⲟⲧⲉ ⲛ̄ⲧⲉ
ⲡⲉⲛⲇⲱⲣⲟⲛ ⲧⲁⲕⲟ ⲟⲩⲟⳅ ⲛ̄ⲧⲉⲛ† ⲟ̀ⲥⲓ ⲙ̄ ⲡⲓ ⲕⲉ
ⲛ̅ⲍ̅. ⲃ. ⲟⲩⲁⲓ ⲉⲧ ⲗⲓⲕⲏⲛ ⲛ̄ ⲁⲓϥ | ϫⲉ ⲟⲩⲉⲓ ⲁⲛⲥⲱⲧⲉⲙ ⲉ 15
ⲡⲥⲁⳁ ⲡⲁⲩⲗⲟⲥ ϥϫⲱ ⲙ̄ⲙⲟⲥ ϫⲉ ⲫⲏ ⲉ̄ⲧⲁϥϫⲓ ⲧⲟⲧϥ
ⲉ̄ ⲓ̄ⲣⲓ ⲛ̄ ⲟⲩⲁ̄ⲅⲁⲑⲟⲛ ⲙⲁⲣⲉϥϫⲟⲕϥ ⲉ̄ⲃⲟⲗ ϣⲁ ⲡⲉ-
ⳅⲟⲟⲩ ⲛ̄ ⲟⲩⲱ̄ⲛⳅ ⲉ̄ⲃⲟⲗ ⲙ̄ ⲡⲉⲛ ⳓⲥ ⲓ̄ⲏ︦ⲥ ⲡ̄ⲭ︦ⲥ ⳅⲏⲡⲡⲉ
ⲟⲩⲛ ⲁ̄ⲛⲟⲛ ⲁⲛϭⲓ ⲧⲟⲧⲉⲛ ⲉ̄ ⲡⲓⳅⲱⲃ ⲉ̄ⲑ ⲛⲁⲛⲉϥ
ⲙⲁⲣⲉⲛⲣⲱⲓⲥ ⲛ̄ ⲧⲉⲛϫⲟⲕϥ ⲉ̄ⲃⲟⲗ. ⲡⲉϫⲁϥ ⲇⲉ ⲛⲁⲥ 20
ϫⲉ ⲟⲩ ⲡⲉ ⲉ̄ⲧϣⲟⲡ ⲛⲁⲛ ⲱ̄ ⲧⲁⲥⲱⲛⲓ ⲓⲥϫⲉ ϥⲣⲱϣⲓ
ⲉ̄ ⲫⲏ ⲉ̄ⲧⲉⲛϣⲁⲧ ⲙ̄ⲙⲟϥ ⲡⲉϫⲁⲥ ⳁⲉⲛ ⲟⲩⲣⲁϣⲓ ϫⲉ
ⲟⲩⲟⲛ ⲟⲩⲙⲟⲩⲕⲓ ⲛ̄ ⲱⲓⲕ ⲛ̄ ⲧⲟⲧⲉⲛ ⲥⲉⲙⲡϣⲁ ⲛ̄ⲧⲉⲛ-
ⲭⲁϥ ⳁⲁ ⲧⲟⲧⲟⲩ ⲛ̄ ⲛⲓⲥⲛⲏⲟⲩ ⲛⲉⲙ ⲟⲩⲕⲟⲩϫⲓ ⲛ̄
ⲛⲉⳅ ϥⲣⲱϣⲓ ⲉ̄ †ⳁⲣⲉ ⲛⲉⲙ ⲡⲑⲱⳅⲥ ⲛ̄ ⲧⲁⲫⲉ ⲛ̄ 25
ⲛ̅ⲉ̅. ⲁ. ⲛⲓⲥⲛⲏⲟⲩ ⲁⲗⲗⲁ ⲙ̄ⲙⲟⲛ ⲛ̄ ⲱⲓⲧ ⲛ̄ⲧⲁⲛ ⲟⲩⲇⲉ ⲟⲩⲥⲟⲅⲟ̀
ⲡⲉϫⲁϥ ϫⲉ ⲧⲁⲫⲙⲏⲓ ⲱ̄ ⲧⲁⲥⲱⲛⲓ ⲉ̄ⲣⲉ ⲛⲁⲓ ϣⲟⲡ
ⲛⲁⲛ ⲡⲉ ⲛ̄ⲙⲟⲛⲧⲉⲛ ⲉ̄ⲥⲱⲟⲩ ⲉ̄ϣⲁⲧϥ ⲁⲗⲗⲁ ⲡⲉ ⲉⲧⲉ

ⲉⲛⲁϥ ⲛ̄ ⲫϯ ⲙⲁⲣⲉϥϣⲱⲡⲓ ⲫϯ ⲕⲱϯ ⲛ̄ⲥⲁ ϩⲗⲓ ⲛ̄
ⲧⲟⲧⲉⲛ ⲁⲛ ⲉⲃⲏⲗ ⲉⲧⲉⲛⲭⲟⲙ ⲛ̄ ⲫⲣⲏϯ ⲉⲧ ⲥⲃⲏⲟⲩⲧ
ϫⲉ ϯⲛⲁⲙⲉⲛⲣⲓⲧⲕ ⲡϭ̄ⲥ̄ ⲧⲁⲭⲟⲙ ⲛⲁⲛⲉ ⲥ ⲛ̄ⲧⲉⲛϯ ⲛ̄
ⲟⲩⲕⲟⲩϫⲓ ⲉϩⲟⲧⲉ ⲛ̄ⲧⲉⲛϣⲧⲉⲙ ϯ ϩⲗⲓ ⲉ ⲡⲧⲏⲣϥ ⲁⲗⲗⲁ
ⲫⲏ ⲉⲧⲁϥⲓ̀ ϩⲓⲭⲉⲛ ⲡⲁϩⲏϯ ϯⲛⲁⲭⲟϥ ⲛⲉ ϩⲏⲡⲡⲉ 5
ⲟⲩⲟⲛ ⲕⲉ ϩⲃⲱⲥ ⲛ̄ⲧⲉ ⲡⲓⲟⲩⲁⲓ ⲡⲓⲟⲩⲁⲓ ⲉⲑⲃⲉ ⲡⲓⲥ-
ⲙⲟⲩ ⲁⲩⲕⲏⲛ ⲛ̄ⲥⲉⲡⲓ ⲛⲁⲛ ϯⲛⲁϭⲓ ⲛ̄ ⲡⲁϩⲃⲱⲥ ⲛ̄
ⲙ̄ⲃ̄. ⲃ. ϣⲟⲣⲡ ⲛ̄ⲧⲁϣⲟⲡϥ ⲛ̄ ⲥⲟⲩⲟ ⲉ̀ ⲡⲥⲟⲃϯ ⲛ̄ ⲡⲓⲇⲱⲣⲟⲛ
ⲕⲁⲗⲟⲩ ⲛ̄ⲧⲉϥⲣⲱϣⲓ ⲛ̄ ⲡⲓⲇⲱⲣⲟⲛ ⲉⲑⲃⲉ ⲡⲓⲗⲟⲥ ⲉⲑⲃⲉ
ⲡⲓϩⲱⲛ ⲛⲉⲙ ⲉⲑⲃⲉ ⲡⲭⲱϥ ⲛ̄ ⲡⲓⲥⲟⲩⲟ̀ ⲁⲣⲉϣⲁⲛ ⲣⲁⲥϯ 10
ⲇⲉ ϣⲱⲡⲓ ϯⲛⲁϭⲓ ⲛ̄ ⲫⲏ ⲉⲧⲉ ⲫⲱⲛ ⲛ̄ ϩⲃⲱⲥ ⲛ̄ⲑⲟ
ϩⲱ ⲛ̄ⲧⲁϩⲱⲗ ⲛ̄ⲧⲁϣⲱⲡ ⲛ̄ ϧⲏⲧϥ ⲛ̄ ⲟⲩⲉ̀ⲥⲱⲟⲩ ⲛ̄
ⲧⲉⲛϣⲁⲧϥ ⲉ̀ ⲡⲓ ϣⲁⲓ ⲛ̄ ⲣⲁⲥϯ ϫⲉ ⲛ̄ⲑⲟϥ ⲡⲉ ⲡⲓ-
ⲛⲓϣϯ ⲛ̄ ϣⲁⲓ ⲛ̄ⲧⲉ ⲡⲓⲁⲣⲭⲏⲁⲅⲅⲉⲗⲟⲥ ⲉⲑ ⲟⲩⲁⲃ
ⲙⲓⲭⲁⲏⲗ ⲟⲩⲟϩ ⲁⲛϣⲁⲛϫⲓⲙⲓ ⲧⲉⲛⲛⲁⲟⲩⲱⲙ ⲁⲛϣ- 15
ⲧⲉⲙϫⲓⲙⲓ ⲧⲉⲛⲛⲁϯ ⲱⲟⲩ ⲛ̄ ⲫϯ. Ⲟⲩⲟϩ ⲁⲛϣⲁⲛ-
ⲙ̄ⲅ̄. ⲁ. ⲙⲟⲩ ⲟⲩⲛ ⲡϭ̄ⲥ̄ ⲡⲉ ⲉⲑ ⲛⲁϣⲟⲡⲧⲉⲛ ⲉ̀ⲣⲟϥ ϫⲉ ⲟⲩⲉⲓ
ⲙ̄ⲡⲉ ⲛϫⲱϫⲓ ⲙ̄ ⲡⲉϥⲇⲱⲣⲟⲛ. Ⲡⲉϫⲉ ϯⲥⲟⲫⲓⲁⲥⲧⲏⲥ
ⲛ̄ ⲥϩⲓⲙⲓ ⲛⲁϥ ⲱ̀ ⲡⲁ ⲥⲟⲛ ⲡⲁ ϩⲃⲱⲥ ⲛⲉⲙ ⲫⲱⲕ
ⲛ̄ⲙⲁⲩⲁⲧⲟⲩ ⲁⲛ ⲁⲗⲗⲁ ⲛⲉⲙ ⲡⲁ ⲕⲉ ⲉⲣϣⲱⲛ ⲟⲩⲟϩ 20
ϯϯ ⲛ̄ ⲧⲁ ⲯⲩⲭⲏ ⲉ̀ϫⲉⲛ ⲡ ⲇⲱⲣⲟⲛ ⲛ̄ ⲡϭ̄ⲥ̄ ⲛⲉⲙ
ϯⲙⲉⲧⲛⲁⲏⲧ Ⲡⲉϫⲉ ⲡⲉⲥϩⲁⲓ ⲇⲉ ⲛⲁⲥ ϫⲉ ⲕⲁⲗⲱⲥ
ⲱ̀ ⲧⲁ ⲥⲱⲛⲓ ⲟⲩⲡⲣⲟϩⲉⲣⲉⲥⲓⲥ ⲉ̀ⲛⲁⲛⲉⲥ ⲁⲣⲉ ⲟⲩ-
ⲟⲛϩⲥ ⲉ̀ⲃⲟⲗ Ⲡⲗⲏⲛ ⲭⲱ ⲙ̄ⲡⲉ ⲉⲣϣⲱⲛ ⲛⲉ ⲉ̀ ⲡϫⲓⲛ-
ϩⲱⲃⲥ ϯ ⲛ̄ⲧⲉ ⲕⲉ ⲁ̀ⲫⲉ ⲛ̄ ϧⲏⲧϥ ⲛ̄ ⲫⲣⲏϯ ⲛ̄ ⲡⲥⲁϫⲓ 25
ⲛ̄ ⲡⲓⲥⲁϧ ⲡⲁⲩⲗⲟⲥ Ⲙⲉⲛⲉⲛⲥⲁ ⲫⲁⲓ ⲁϥϭⲓ ⲛ̄ ⲡⲉϥ-
ⲙ̄ⲅ̄. ⲃ. ϩⲃⲱⲥ ⲫⲏ ⲉ̀ⲧⲉϥϭⲓ ⲛ̄ ⲛⲓⲙⲩⲥⲧⲏⲣⲓⲟⲛ ⲛ̄ ϧⲏⲧϥ
ⲁϥⲧⲏⲓϥ ϧⲁ ⲡⲓⲥⲟⲩⲟ̀ ⲟⲩⲟϩ ⲁϥϯ ⲛ̄ ⲡⲓⲥⲟⲩⲟ̀ ⲛ̄

ⲡⲓⲟⲓⲕⲟⲛⲟⲙⲟⲥ ⲉ̄ ⲁϥⲕⲟⲧϥ ⲉ̄ ⲡⲉϥⲏⲓ ϧⲉⲛ ⲟⲩⲣⲁϣⲓ
ⲉϥϫⲱ ⲙ̄ⲙⲟⲥ ϫⲉ ϩⲓⲡⲡⲉ ⲁ ⲡ϶ⲥ ⲥⲟⲃϯ ⲛⲁⲛ ⲙ̄ ⲡϩⲱⲃ
ⲙ̄ ⲡⲓⲇⲱⲣⲟⲛ Ⲁⲥϣⲱⲡⲓ ⲇⲉ ⲉ̄ⲧⲁ ϣⲱⲣⲡ ϣⲱⲡⲓ ⲛ̄ ⲥⲟⲩ
ⲓ︦ⲃ︦ ⲛ̄ ⲁⲑⲱⲣ ⲁⲥⲕⲱϯ ⲉ̄ⲣⲟϥ ⲛ̄ϫⲉ ϯⲉⲩⲥⲉⲃⲏⲥ ⲛ̄
ⲥϩⲓⲙⲓ ⲟⲩⲟϩ ⲡⲉϫⲁϥ ⲛⲁϥ ϫⲉ ⲱ̄ ⲡⲁ ⲥⲟⲛ ⲧⲱⲛⲕ 5
ϭⲓ ⲙ̄ ⲡⲁ ϩⲃⲱⲥ ϩⲓⲛⲁ ⲛ̄ⲧⲉⲕⲛⲁⲩ ⲙⲏ ⲕⲛⲁϫⲓⲙⲓ ⲙ̄
ⲡⲓⲉ̄ⲥⲱⲟⲩ ϩⲓⲛⲁ ⲛ̄ⲧⲉⲛⲥⲉⲃⲧ ⲉ̄ ⲡϩⲱⲃ ⲛ̄ ⲛⲓⲥⲛⲏⲟⲩ
ⲉⲑ ⲛⲏⲟⲩ ϩⲁⲣⲟⲛ. Ⲁϥⲟⲩⲱϣ ⲇⲉ ⲉ̄ ⲉ̄ⲙⲓ ⲉ̄ ⲧⲉⲥⲡⲣⲟ-
ⲙ︦ⲍ︦. ⲁ. ϩⲉⲣⲉⲥⲓⲥ ⲡⲉϫⲁϥ ⲛⲁⲥ ϫⲉ ⲱ̄ ⲧⲁⲥⲱⲛⲓ ⲁⲓϣⲁⲛϭⲓ
ⲙ̄ ⲡⲉ ϩⲃⲱⲥ ⲟⲩⲟϩ ⲛ̄ⲧⲉ ⲉⲣ ⲟⲩⲱϣ ⲉ̄ ϭⲓ ⲥⲙⲟⲩ ⲟⲩ 10
ⲡⲉ ⲉ̄ⲧ ⲉ̄ⲣⲉ ⲁⲓϥ ϧⲉⲛ ⲡⲁⲓ ⲛⲓϣϯ ⲛ̄ ϣⲁⲓ ⲙ̄ ⲫⲟⲟⲩ
Ⲭⲉ ⲟⲩⲉⲓ ⲇⲉ ⲁ̄ⲛⲟⲕ ⲟⲩϩⲱⲟⲩⲧ ⲁⲓϣⲁⲛϩⲱⲗ ⲉ̄ ⲙⲁ
ⲛⲓⲃⲉⲛ ⲉⲓⲟⲓ ⲙ̄ ⲡⲁⲓ ⲣⲏϯ ⲙ̄ⲙⲟⲛ ϣⲓⲡⲓ ϩⲓϫⲱⲓ ϯⲥ-
ϩⲓⲙⲓ ⲇⲉ ⲛ̄ⲑⲟⲥ ⲙ̄ⲙⲟⲛ ϣϫⲟⲙ ⲉ̄ⲟⲣⲉⲥⲃⲱϣ ⲙ̄ ⲡⲉⲥ-
ⲥⲱⲙⲁ ⲙⲁⲗⲓⲥⲧⲁ ϧⲉⲛ ϯⲉⲕⲕⲗⲏⲥⲓⲁ̄. Ⲉⲧⲁⲥⲥⲱⲧⲉⲙ 15
ⲇⲉ ⲉ̄ ⲛⲁⲓ ⲥⲁϫⲓ ⲛ̄ϫⲉ ϯⲑⲉⲟ̄ⲥⲉⲃⲏⲥ ⲛ̄ ⲥϩⲓⲙⲓ
ⲁⲥⲣⲓⲙⲓ ϧⲉⲛ ⲟⲩⲛ̄ϣⲁϣⲓ ⲟⲩⲟϩ ⲡⲉϫⲁⲥ ϫⲉ ⲟⲩⲟⲓ
ⲛⲏⲓ ⲱ̄ ⲡⲁⲙⲉⲛⲣⲓⲧ ⲛ̄ ⲥⲟⲛ ⲟⲩ ⲡⲉ ⲫⲁⲓ ⲉ̄ⲧ ⲉⲕⲭⲱ
ⲙ︦ⲍ︦. ⲃ. ⲙ̄ⲙⲟϥ ⲛⲏⲓ ⲙ̄ ⲫⲟⲟⲩ ⲙⲏ ⲁⲛⲫⲱⲣϫ ⲙ̄ ⲫⲟⲟⲩ
ⲟⲩⲟϩ ⲁⲛ ⲉⲣ ⲃ̄ ⲙⲏ ⲁ̄ⲛⲟⲕ ⲛⲉⲙⲁⲕ ⲟⲩⲥⲱⲙⲁ ⲛ̄ 20
ⲟⲩⲱⲧ ⲁⲛ ⲙⲏ ⲙ̄ⲙⲟⲛ ⲧⲟⲓ ⲛ̄ⲧⲏⲓ ⲛⲉⲙⲁⲕ ϧⲉⲛ ϯⲡⲣ-
ⲟⲥⲫⲟⲣⲁ ⲙⲏ ⲕϭⲓ ⲛ̄ ⲧⲟⲧ ϩⲱ ⲁⲛ ⲙ̄ ⲡⲁⲓ ⲙⲉⲣⲟⲥ
ϧⲉⲛ ⲡϣⲁⲓ ⲙ̄ ⲡⲓⲁⲣⲭⲏⲁⲅⲅⲉⲗⲟⲥ ⲙⲓⲭⲁⲏⲗ Ⲙ̄ⲙⲟⲛ
ⲱ̄ ⲡⲁⲥⲟⲛ ⲙ̄ⲡ ⲉⲣ ⲙⲉⲩⲓ̄ ⲙ̄ ⲡⲁⲓ ⲣⲏϯ ϧⲉⲛ ⲡⲉⲕϩⲏⲧ
ϫⲉ ⲉⲓϣⲱⲡⲓ ⲉⲓⲃⲏϣ ⲁⲗⲗⲁ ⲙⲏ ⲉ̄ⲧ ⲣⲁⲃⲛⲟⲩⲧ ϧⲉⲛ 25
ϯⲉⲕⲕⲗⲏⲥⲓⲁ̄ ⲙ̄ⲙⲟⲛ ϩⲱⲟⲩⲧ ⲟⲩⲇⲉ ⲥϩⲓⲙⲓ ϧⲉⲛ ⲡⲭ̄ⲥ̄
ⲁⲗⲗⲁ ϩⲁⲛⲁⲅⲅⲉⲗⲟⲥ ϩⲓ ⲁⲣⲭⲏⲁⲅⲅⲉⲗⲟⲥ ϩⲓ ⲭⲉⲣⲟⲩ-
ⲃⲓⲙ ⲛⲉⲙ ⲥⲉⲣⲁⲫⲓⲙ ⲉ̄ⲣⲉ ⲡⲥⲱⲧⲏⲣ ϧⲉⲛ ⲧⲟⲩⲙⲏϯ.

DISCOURSE OF THEODOSIUS.   35

ⲙ̄ⲏ̄. ⲁ. Ⲁⲥϫⲱ ⲛ̄ ⲛⲁⲓ ⲉⲥϭⲣⲓⲛⲓ ϧⲉⲛ ⲟⲩⲛⲓϣⲁϣⲓ ⲉ̇ⲧⲁϥⲛⲁⲩ
ⲉ̇ ⲡⲍⲟⲩⲟ̀ ⲛ̀ ⲡⲣⲱⲕϩ ⲛ̀ ⲡⲉⲥ ⲡⲛⲁ ⲁϥϣⲑⲟⲣⲧⲉⲣ
ⲉⲑⲃⲏⲧⲥ ⲟⲩⲟϩ ⲁϥⲣⲁϣⲓ ⲉ̇ ⲡⲧⲁϫⲣⲟ ⲛ̀ ⲡⲉⲥⲛⲁϩϯ.
Ⲡⲉϫⲁϥ ⲛⲁⲥ ϫⲉ ⲧⲱⲟⲩⲛⲓ ϭⲓⲣⲱⲟⲩϣ ⲉ̇ ϯⲡⲣⲟⲥⲫⲟⲣⲁ
ⲛⲉⲙ ⲡⲓⲛⲉϩ ⲓ̀ⲧⲉⲛ ⲟⲩⲟⲣⲡⲟⲩ ⲉ̇ ϯⲉⲕⲕⲗⲏⲥⲓⲁ ⲟⲩⲟϩ 5
ⲓ̀ⲧⲉⲛ ⲭⲱ ⲛ̀ ϯⲧⲣⲁⲡⲏⲍⲁ ⲛⲉⲙ ⲛⲓⲕⲟⲩϫⲓ ⲛ̀ ⲟⲩⲱⲓⲕ
ⲟⲩⲟϩ ϭⲓⲡⲣⲱⲟⲩϣ ⲛ̀ ⲟⲩⲕⲟⲩϫⲓ ⲛ̀ ⲃⲟϯ ϩⲓⲛⲁ ⲛ̀ⲧⲁϣⲉ
ⲛⲏⲓ ⲉ̀ⲣⲉ ⲫϯ ⲑⲉϣ ⲟⲩⲉ̇ⲥⲱⲟⲩ ⲉ̀ⲣⲟⲛ ⲛ̀ⲧⲉⲛⲥⲟⲃϯ ⲛ̀
ⲑⲏⲣⲉ ⲛ̀ ⲛⲓⲥⲛⲏⲟⲩ ϧⲉⲛ ⲡⲁⲓ ⲛⲓϣϯ ⲛ̀ ϣⲁⲓ ⲛ̀ ⲫⲟⲟⲩ

ⲙ̄ⲏ̄. ⲃ. ⲥⲁⲧⲟⲧϥ ⲇⲉ ⲁϥⲧⲱⲛϥ ϧⲉⲛ ⲟⲩⲛⲓϣϯ ⲛ̀ ⲥⲡⲟⲩⲇⲏ 10
ⲛⲉⲙ ⲟⲩⲥⲡⲟⲩⲇⲉⲥⲓⲥ ⲉ̇ ⲛⲁⲛⲉⲥ ⲉ̇ ϧⲟⲩⲛ ⲉ̇ ⲫϯ ⲛⲉⲙ
ⲡⲉϥⲁⲣⲭⲏⲁⲅⲅⲉⲗⲟⲥ ⲉ̇ⲑ ⲟⲩⲁⲃ ⲙⲏⲭⲁⲏⲗ Ⲁϥϭⲓ ⲛ̀
ⲡⲓϩⲃⲱⲥ ⲛⲁϥⲙⲟϣⲓ ⲇⲉ ⲉϥϯϩⲟ ⲉ̇ ⲫϯ ⲛ̀ ⲙⲏⲭⲁⲏⲗ
ϩⲓⲛⲁ ⲛ̀ⲧⲉϥⲥⲟⲩⲧⲱⲛ ⲡⲉϥⲙⲱⲓⲧ ⲟⲩⲟϩ ϧⲉⲛ ⲡϫⲓⲛⲑ-
ⲣⲉϥⲥⲓⲛⲓⲱⲟⲩ ⲁϥⲓ̀ ϩⲓϫⲉⲛ ⲟⲩ ⲙⲁ ⲛ̀ ⲉ̇ⲥⲱⲟⲩ ⲡⲉϫⲁϥ 15
ⲛⲁϥ ϫⲉ ⲧϩⲓⲣⲏⲛⲓ ⲛ̀ ⲡⲓⲙⲉⲛⲣⲓⲧ Ⲡⲉϫⲉ ⲡⲓⲙⲁ ⲛ̀
ⲉ̇ⲥⲱⲟⲩ ⲛⲁϥ ϫⲉ ⲉ̇ϫⲱⲕ ϩⲱⲕ ⲡⲉϫⲉ ⲡⲓⲉⲩⲥⲉⲃⲏⲥ ⲛ̀
ⲣⲱⲙⲓ ⲛ̀ ⲡⲓⲙⲁ ⲛ̀ ⲉ̇ⲥⲱⲟⲩ ϫⲉ ⲙⲏ ϯⲛⲁϫⲓⲙⲓ ⲛ̀ ⲟⲩⲉ̇-
ⲥⲱⲟⲩ ϧⲁ ⲧⲟⲧⲕ ⲛ̀ ⲫⲟⲟⲩ ⲉⲑⲃⲉ ⲟⲩⲛⲓϣϯ ⲛ̀ ⲣⲱⲙⲓ

ⲙ̄ⲑ̄. ⲁ. ⲁϥⲓ̀ ⲉ̇ϫⲱⲛ ⲡⲉϫⲉ ⲡⲓⲙⲁ ⲛ̀ ⲉ̇ⲥⲱⲟⲩ ⲛⲁϥ ϫⲉ ⲟⲩⲏⲣ 20
ⲧⲉ ⲧⲉϥϯⲙⲏ Ⲡⲉϫⲁϥ ⲇⲉ ⲛⲁϥ ϫⲉ ϥⲣⲱϣⲓ ϧⲁ ⲟⲩ-
ⲧⲉⲣⲙⲏⲥ ϫⲉ ⲡⲓⲙⲁ ⲛ̀ ⲉ̇ⲥⲱⲟⲩ ϫⲉ ⲙⲟⲓ ⲛⲏⲓ ⲛ̀ⲧⲉϥ-
ϯⲙⲏ ϩⲓⲛⲁ ⲛ̀ⲧⲁⲧⲏⲓϥ ⲛⲁⲕ ⲡⲓⲁ̀ⲅⲁⲑⲟⲥ ⲇⲉ ⲛ̀ ⲣⲱⲙⲓ
ⲁϥⲥⲱⲟⲩⲧⲉⲛ ⲛⲁϥ ⲛ̀ ⲡⲓϩⲃⲱⲥ ⲛ̀ ϯϩⲓⲣⲏⲛⲓ ⲉϥϫⲱ
ⲙ̀ⲙⲟⲥ ϫⲉ ϭⲓ ⲛ̀ⲑⲁⲓ ϧⲁ ⲧⲟⲧⲕ ϣⲁ ⲅ̄ ⲛ̀ ⲉ̇ϩⲟⲟⲩ 25
ⲁⲓϣⲧⲉⲙⲓ̀ⲛⲓ ⲛⲁⲕ ⲛ̀ ⲟⲩⲧⲉⲣⲙⲏⲥ ⲱ̀ⲗⲓ ⲙ̀ ⲡⲓϩⲃⲱⲥ
ⲕⲟⲓ ⲛ̀ ⲣⲉⲙϩⲉ ⲙ̀ⲙⲟϥ. Ⲁϥ ⲉⲣ ⲟⲩⲱ̀ ⲛ̀ϫⲉ ⲡⲓⲙⲁ ⲛ̀
ⲉ̇ⲥⲱⲟⲩ ⲡⲉϫⲁϥ ϫⲉ ⲟⲩ ⲡⲉ ⲉ̇ ϯⲛⲁⲁⲓϥ ⲙ̀ ⲡⲁⲓ ϩⲃⲱⲥ

ⲙ̄ⲙⲟⲛ ϩⲗⲓ ϧⲉⲛ ⲡⲁ ⲏⲓ ⲉϥϯ ⲛ̄ ϩⲗⲓ ϩⲓⲱⲧϥ ⲉⲃⲏⲗ
ⲉ̀ ϩⲁⲛⲥⲟⲣⲧ ⲁ̀ ⲡⲓⲙⲁ ⲛ̀ ⲉ̀ⲥⲱⲟⲩ ⲁⲉ ⲧⲁⲥⲑⲟ ⲉ̀
ⲡⲉϥⲥⲉⲃⲏⲥ ⲛ̀ ⲣⲱⲙⲓ ⲉ̀ⲣⲉ ⲡⲓϩⲃⲱⲥ ⲛ̀ ⲧⲟⲧϥ ⲁϥⲕⲟⲧϥ
ϩⲓ ⲡⲉϥⲙⲱⲓⲧ ⲉϥⲣⲓⲙⲓ ϧⲉⲛ ⲟⲩⲛ̄ϣⲁϣⲓ ⲉϥⲙⲉⲩⲓ ϧⲉⲛ
ⲡⲉϥϩⲏⲧ ϫⲉ ⲟⲩ ⲡⲉ ⲉ̀ ϯⲛⲁⲁⲓϥ ⲓⲉ ⲟⲩ ⲡⲉ ⲉ̀ 5
ϯⲛⲁϫⲟϥ ⲛ̀ ⲧⲉϥⲥϩⲓⲙⲓ ⲉⲧ ⲉϥⲙⲟϣⲓ ϩⲓ ⲡⲉϥⲙⲱⲓⲧ
ⲉϥⲣⲓⲙⲓ ⲉ̀ⲣⲉ ⲛⲉϥⲃⲁⲗ ϩⲟⲣϣ ⲡⲉ ⲉⲟⲃⲉ ⲡⲓⲣⲓⲙⲓ ⲁϥ-
ⲥⲟⲙⲥ ⲉⲛ ⲡⲉϥⲛ̄ⲟⲟ ⲁϥⲛⲁⲩ ⲉ̀ ⲡⲓⲁⲣⲭⲏⲁⲅⲅⲉⲗⲟⲥ ⲉⲑ
ⲟⲩⲁⲃ ⲙⲓⲭⲁⲏⲗ ⲁϥⲓ̀ ⲉϥⲧⲁⲗⲏⲟⲩⲧ ⲉⲩϩⲑⲟ ⲛ̀ ⲟⲩⲟⲃϣ
ⲙ̀ ⲫⲣⲏϯ ⲛ̀ ⲟⲩⲛⲓϣϯ ⲛ̀ ⲁⲣⲭⲱⲛ ⲛ̀ⲧⲉ ⲡⲟⲩⲣⲟ ⲉ̀ⲣⲉ 10
ϩⲁⲛⲁⲅⲅⲉⲗⲟⲥ ⲙⲟϣⲓ ⲛⲉⲙⲁϥ ⲉⲩⲟⲓ ⲙ̀ ⲡⲥⲙⲟⲧ ⲛ̀
ϩⲁⲛⲙⲁⲧⲟⲓ ⲁϥ ⲉⲣ ϩⲟϯ ⲉ̀ⲙⲁϣⲱ ⲉ̀ ⲁϥⲥⲟⲕϥ ⲉ̀ⲃⲟⲗ-
ϩⲁ ⲡⲓⲙⲱⲓⲧ ⲛ̀ ⲙⲟϣⲓ ⲁϥⲭⲱ ⲙ̀ ⲡⲓⲙⲁ ⲛ̀ ⲙⲟϣⲓ ⲛ̀
ⲡⲓⲁⲣⲭⲱⲛ ⲛⲉⲙ ⲡⲉϥⲙⲁⲧⲟⲓ. ⲉⲧⲁϥϥⲟϩ ⲁⲉ ⲉ̀ⲣⲟϥ
ⲛ̀ϫⲉ ⲡⲓⲁⲣⲭⲏⲁⲅⲅⲉⲗⲟⲥ ⲉⲑ ⲟⲩⲁⲃ ⲙⲓⲭⲁⲏⲗ ⲁϥⲥⲱⲕ 15
ⲙ̀ ⲡⲓⲭⲁⲙⲟⲥ ⲉⲧ ⲧⲟⲓ ⲉ̀ ⲣⲱϥ ⲙ̀ ⲡⲓϩⲑⲟ ϣⲁ ⲇⲱⲣⲟ-
ⲑⲉⲟⲥ ⲁϥⲟ̀ϩⲓ ⲉ̀ⲣⲁⲧϥ ⲡⲉϫⲁϥ ϫⲉ ⲭⲉⲣⲉ ⲇⲱⲣⲟⲑⲉⲟⲥ
ⲡⲓⲡⲓⲥⲧⲟⲥ ⲛ̀ ⲁⲅⲁⲑⲟⲥ ⲕⲉϩⲏⲗ ⲉ̀ⲑⲱⲛ ⲓⲉ ⲉ̀ⲧⲁⲕⲓ̀ ⲉ̀ⲃⲟⲗ
ⲑⲱⲛ ⲉ̀ⲕⲟⲓ ⲙ̀ ⲡⲁⲓ ⲣⲏϯ ⲉ̀ⲣⲉ ⲧⲁⲓ ϣⲟⲛⲓ ⲧⲁⲗⲏⲟⲩⲧ
ⲉ̀ⲣⲟⲕ ⲉⲕⲙⲟϣⲓ ⲙ̀ⲙⲁⲩⲁⲧⲕ ϩⲓ ⲫⲙⲱⲓⲧ ⲁϥ ⲉⲣ ⲟⲩⲱ̀ 20
ⲛ̀ϫⲉ ⲇⲱⲣⲟⲑⲉⲟⲥ ⲡⲉϫⲁϥ ⲉ̀ ⲛⲁϥ ⲟⲩⲛⲟⲩ ⲁⲉ ⲉ̀ⲃⲟⲗ
ϩⲁ ⲡⲓⲁⲣⲭⲱⲛ ϫⲉ ⲧϩⲓⲣⲏⲛⲏ ⲛⲁⲕ ϩⲱⲕ | ⲱ̀ ⲕⲩⲣⲓ ⲡⲁ
ⲟ̄ⲥ ⲡⲓⲁⲣⲭⲱⲛ ⲕⲁⲗⲱⲥ ⲁϥϣⲱⲡⲓ ⲛ̀ϫⲉ ⲡⲉⲕϫⲓⲛⲓ̀ ϣⲁ-
ⲣⲟⲛ ⲙ̀ ⲫⲟⲟⲩ. ⲡⲉϫⲉ ⲡⲓⲁⲣⲭⲱⲛ ⲁⲉ ⲛⲁϥ ϫⲉ
ⲛ̀ⲑⲟϥ ⲡⲉ ⲙⲓⲭⲁⲏⲗ ⲛⲓⲓ ⲑⲉⲟ̀ⲡⲓⲥⲑⲉ ⲱⲛϩ ⲡⲉϫⲉ ⲁⲱ- 25
ⲣⲟⲑⲉⲟⲥ ⲉ̀ⲣⲉ ⲡⲉϥϩⲟ ⲫⲱⲃϯ ⲉ̀ ⲡⲕⲁϩⲓ ⲉ̀ⲟⲃⲉ ⲡⲱ̀ⲟⲩ
ⲙ̀ ⲡⲓⲁⲣⲭⲱⲛ ϫⲉ ⲥⲱⲛϩ ⲛ̀ϫⲉ ⲧⲉⲕⲃⲱⲕⲓ ⲱ̀ ⲡⲁ ⲟ̄ⲥ
ⲡⲉϫⲉ ⲡⲓⲥⲧⲣⲁⲧⲩⲗⲁⲧⲏⲥ ⲛⲁϥ ⲟⲩ ϫⲉ ⲡⲉ ⲫⲁⲓ ⲉ̀ⲧⲉ

ⲛ̀ ⲧⲟⲧⲕ Ⲡⲉϫⲉ ⲇⲱⲣⲟⲑⲉⲟⲥ ⲛⲁϥ ⲉϥϣⲓⲛⲓ ϫⲉ ⲡϩⲱⲥ
ⲛⲁ ⲧⲁ ⲥϩⲓⲙⲓ ⲡⲉϫⲉ ⲡⲓⲁⲣⲭⲱⲛ ⲇⲉ ⲛⲁϥ ϫⲉ ⲕⲛⲁ
ⲉⲣ ⲟⲩ ⲙⲁⲥ Ⲡⲉϫⲉ ⲇⲱⲣⲟⲑⲉⲟⲥ ⲛⲁϥ ϫⲉ ⲟⲩⲛϣϯ
ⲛ̀ ⲣⲱⲙⲓ ⲁϥⲓ̀ ϣⲁ ⲣⲟⲓ ⲛ̀ ⲫⲟⲟⲩ ⲛ̀ⲡⲓ ϫⲓⲙⲓ ⲛⲁϥ ⲛ̀

ⲡ̅ⲁ̅. ⲁ. ϥⲏ ⲉⲧ ⲧⲟⲓ ⲛ̀ ⲉ̀ ⲡⲉϥⲥⲙⲟⲧ ⲟⲩⲇⲉ ⲛ̀ⲙⲟⲛ ⲛⲟⲩⲃ 5
ⲧⲟⲓ ⲉ̀ ⲛⲉⲛϫⲓϫ ⲉⲑⲃⲉ ⲡⲁⲓ ⲥⲛⲟⲩ ⲉ̀ⲧⲁⲛϥⲟϩ ⲉ̀ⲣⲟϥ
ⲗⲓϭⲓⲧⲥ ⲉⲑⲣⲓⲧⲏⲓⲥ ϧⲁ ⲟⲩⲉ̀ⲥⲱⲟⲩ ⲛ̀ⲡⲉ ϭⲓ̄ⲧⲥ ⲛ̀ϫⲉ
ⲡⲓⲙⲁ ⲛ̀ ⲉ̀ⲥⲱⲟⲩ ⲟⲩⲟϩ ϯⲉ̀ⲙⲓ ⲁⲛ ϫⲉ ⲟⲩ ⲡⲉ ⲉ̀
ϯⲛⲁⲁⲓϥ ⲓⲉ ⲟⲩ ⲡⲉ ⲉ̀ ϯⲛⲁⲭⲁϥ ϧⲁ ⲧⲟⲧϥ ⲛ̀ ⲡⲓⲁⲣ-
ⲭⲱⲛ Ⲡⲉϫⲉ ⲡⲓⲁⲣⲭⲱⲛ ⲛⲁϥ ⲉⲧⲉ ⲛ̀ⲑⲟϥ ⲡⲉ ⲙⲓⲭⲁⲏⲗ 10
ϫⲉ ⲉ̀ϣⲱⲡ ⲁⲛⲟⲕ ⲁⲓϣⲁⲛϣⲑⲱⲣⲓ ⲛ̀ⲙⲟⲕ ⲛ̀ⲧⲁϭⲓ ⲛⲁⲕ
ⲛ̀ ⲡⲓⲉ̀ⲥⲱⲟⲩ ⲭⲛⲁϣⲟⲡⲧ ⲉ̀ⲣⲟⲕ ⲛ̀ ⲫⲟⲟⲩ ⲛⲉⲙ ⲛⲓ
ⲉ̀ⲑ ⲛⲉⲙⲓⲓ Ⲁϥ ⲉⲣ ⲟⲩⲱ̀ ⲛ̀ϫⲉ ⲇⲱⲣⲟⲑⲉⲟⲥ ⲡⲉϫⲁϥ
ϫⲉ ⲁϩⲁ ⲱ̀ ⲡⲁ ⲟ̅ⲥ̅ ⲁⲣⲓⲧ ⲙ̀ⲡⲉⲙ̀ⲡϣⲁ ⲉⲑⲣⲉⲕϣⲱⲡⲓ
ϧⲁ ⲧⲥⲕⲉⲕⲉⲡⲏ(sic) ⲛ̀ⲧⲉ ⲡⲏⲓ ⲙ̀ ⲡⲉⲧⲉⲛⲃⲱⲕ Ⲡⲉϫⲉ 15
ⲡⲓⲁⲣⲭⲱⲛ ϥⲏ ⲛ̀ⲑⲟϥ ⲡⲉ ⲙⲓⲭⲁⲏⲗ ⲛ̀ ⲟⲩⲁⲓ ⲛ̀ ⲛⲓⲁⲅ-
ⲅⲉⲗⲟⲥ ⲉ̀ⲧⲟⲩⲉϩ ⲛⲉⲙⲁϥ ϧⲉⲛ ⲡⲥⲙⲟⲧ ⲛ̀ ⲟⲩⲙⲁⲧⲟⲓ
ϫⲉ ⲙⲟϣⲓ ⲛⲉⲙ ⲡⲇⲱⲣⲟⲑⲉⲟⲥ ϣⲁ ⲡⲓⲙⲁ ⲛ̀ ⲉ̀ⲥⲱⲟⲩ
ⲁϫⲟⲥ ⲛⲁϥ ϫⲉ ⲡⲉϫⲉ ⲡⲓⲁⲣⲭⲱⲛ ⲛⲁϥ ϥⲏ ⲉ̀ⲧⲁϥⲥⲓⲛⲓ
ϩⲓϫⲱⲕ ϯⲛⲟⲩ ⲟⲩⲱⲣⲡ ⲛⲏⲓ ⲛ̀ ⲟⲩⲉ̀ⲥⲱⲟⲩ ⲉ̀ⲣⲉ ⲧⲉϥ- 20
ϯⲙⲓ ⲟⲓ ⲛ̀ ⲟⲩⲧⲉⲣⲙⲏⲥ ⲟⲩⲟϩ ⲁⲛⲟⲕ ⲉⲑⲛⲁϣⲑⲱⲣⲓ
ⲛ̀ⲧⲉϥϯⲙⲓ ϣⲁ ⲧⲫⲁϣⲓ ⲙ̀ⲡⲓⲉ̀ϩⲟⲟⲩ ⲙ̀ ⲫⲟⲟⲩ ⲛ̀ⲧⲁ-
ⲟⲩⲟⲣⲡϥ ⲛⲁⲕ Ⲁϥϣⲉ ϫⲉ ⲛⲁϥ ⲛ̀ϫⲉ ⲇⲱⲣⲟⲑⲉⲟⲥ ⲛⲉⲙ

ⲡ̅ⲃ̅. ⲁ. ⲡⲓⲁⲅⲅⲉⲗⲟⲥ ⲉⲧ ⲟⲓ ⲛ̀ ⲡⲥⲙⲟⲧ ⲛ̀ ⲡⲓⲙⲁⲧⲟⲓ ϣⲁ
ⲡⲓⲙⲁ ⲛ̀ ⲉ̀ⲥⲱⲟⲩ ⲉ̀ϫⲉⲛ ⲫⲣⲁⲛ ⲙ̀ ⲡⲓⲁⲣⲭⲏⲁⲅⲅⲉⲗⲟⲥ 25
ⲟⲩⲟϩ ⲁⲩϭⲓ ⲙ̀ ⲡⲓⲉ̀ⲥⲱⲟⲩ Ⲡⲓⲁⲣⲭⲱⲛ ⲇⲉ ϥⲏ ⲛ̀ⲑⲟϥ
ⲡⲉ ⲙⲓⲭⲁⲏⲗ ⲁϥⲥⲟⲙⲥ ⲉ̀ⲇⲱⲣⲟⲑⲉⲟⲥ ⲡⲉϫⲁϥ ⲛⲁϥ
ϩⲏⲡⲡⲉ ⲓⲥ ⲡⲓⲉ̀ⲥⲱⲟⲩ ⲁϥⲥⲟⲃϯ ⲉⲑⲃⲉ ⲡϩⲱⲃ ⲙ̀ ⲡⲓ-

ⲛⲓϣϯ ⲛ̀ ⲣⲱⲙⲓ ⲉ̀ⲧⲁⲕϣⲟⲡϥ ⲉ̀ⲣⲟⲕ ϧⲉⲛ ⲡⲉⲕⲭⲓⲛⲑⲁⲣ-
ⲙⲉϥ ⲛ̀ ⲫⲟⲟⲩ. Ⲁⲛⲁⲩ ⲙⲏ ⲭⲛⲁⲝⲓⲛⲓ ⲛ̀ ⲟⲩⲧⲉⲃⲧ ⲛⲏⲓ
ⲉ̀ ⲧⲁ ⲭⲣⲓⲁ ⲁⲛⲟⲕ ϩⲱ ⳉⲉ ⲟⲩⲏⲓ ϯⲟⲩⲉⲙ ⲉ̀ⲥⲱⲟⲩ
ⲁⲛ ⲡⲉⳉⲉ ⲇⲱⲣⲟⲑⲉⲟⲥ ⲛ̀ ⲡⲓⲁⲣⲭⲱⲛ ϧⲉⲛ ⲟⲩⲣⲁϣⲓ
ⲕ̅ⲃ̅. ⲃ̅. ⳉⲉ ⲉⲣⲉ ⲫ̅ϯ̅ ⲥⲉⲃⲧⲱⲧⲥ ⲛ̀ⲧⲁϣⲟⲡⲥ Ⲡⲉⳉⲉ ⲡⲓⲁⲣ- 5
ⲭⲱⲛ ⳉⲉ ⲭⲛⲁϣⲟⲡⲥ ϧⲉⲛ ⲟⲩⲡⲉⳉⲁϥ ⲛⲁϥ ⳉⲉ ϯⲛⲁⲭⲱ
ⲛ̀ ⲧⲁⲓ ⳅⲃⲱⲥ ⲉ̀ⳉⲱⲥ ϣⲁⲧ ⲗⲟⲩⲱⲣⲡ ⲛⲁϥ ⲛ̀ ϯⲧⲓⲙⲏ
Ⲡⲉⳉⲉ ⲡⲓⲁⲣⲭⲱⲛ ⳉⲉ ⲓ̀ⲥⳉⲉ ⲛ̀ ⲡⲁⲓⲣⲏϯ ⲡⲉ ⲭⲱ ⲛ̀
ⲡⲓⳅⲃⲱⲥ ⲛⲁⲕ ⲟⲩⲟⳅ ϯ ⲛⲁⲟⲩⲱⲣⲡ ϧⲉⲛ ⲡⲁⲣⲁⲛ ⲛ̀ⲧⲁϭⲓ
ⲙ̀ ⲡⲓⲧⲉⲃⲧ ϣⲁⲧⲉⲛⲟⲩⲱⲣⲡ ⲛⲁϥ ⲛ̀ ϯⲧⲓⲙⲏ Ⲁϥⲙⲟⲩϯ 10
ⲛ̀ⳉⲉ ⲡⲓⲁⲣⲭⲱⲛ ⲉ̀ ⲟⲩⲁⲓ ⲛ̀ ⲛⲓⲙⲁⲧⲟⲓ ⲉ̀ⲟ ⲛⲉⲙⲁϥ
ⲟⲩⲟϩ ⲡⲉⳉⲁϥ ⳉⲉ ⲙⲁϣⲉ ⲛⲁⲕ ⲉ̀ ⲡⲁ ϩⲁⲓⲟⲣ ⲟⲩⲟϩ
ⲁ̀ⳉⲟⲥ ⲛ̀ ⲙⲡⲣⲉϥⲧⲁϩⲉ ⲧⲉⲃⲧ ⳉⲉ ⲡⲉⳉⲉ ⲡⲓⲁⲣⲭⲱⲛ
ⲕ̅ⲅ̅. ⲁ̅. ⲛⲱⲧⲉⲛ ⲫⲏ ⲉ̀ⲧⲁϥⲥⲓⲛⲓ ϩⲓⳉⲱⲧⲉⲛ ⳉⲉ ⲟⲩⲱⲣⲡ ⲛⲏⲓ
ⲛ̀ ⲟⲩⲧⲉⲃⲧ ⲉϥⲧⲉⲛⲙⲟⲩⲧ ⲉⲣⲉ ⲧⲉϥ ⲧⲓⲙⲏ ⲓ̀ⲣⲓ ⲛ̀ 15
ⲟⲩⲧⲉⲣⲙⲏⲥ ⲟⲩⲟϩ ⲁⲛⲟⲕ ⲉ̀ⲟ ⲛⲁⲟⲩⲱⲣⲡ ϣⲁⲣⲱⲧⲉⲛ
ⲛ̀ⲧⲉϥⲧⲓⲙⲏ ⲛⲉⲙ ⲇⲱⲣⲟⲑⲉⲟⲥ ϧⲉⲛ ⲧⲫⲁϣⲓ ⲙ̀ ⲡⲓⲉ̀-
ϩⲟⲟⲩ ⲛ̀ ⲫⲟⲟⲩ. Ⲁϥϣⲉ ⲇⲉ ⲛ̀ⳉⲉ ⲡⲓⲁⲅⲅⲉⲗⲟⲥ ⲉ̀ⲧ
ⲟⲓ ⲙ̀ ⲡⲥⲙⲟⲧ ⲛ̀ ⲡⲓⲙⲁⲧⲟⲓ ϧⲉⲛ ⲫⲣⲁⲛ ⲙ̀ ⲡⲓⲁⲣⲭⲱⲛ
ϣⲁ ⲙⲡⲣⲉϥⲧⲁϩⲉ ⲧⲉⲃⲧ ⲁϥϭⲓ ⲛ̀ ⲧⲟⲧⲟⲩ ⲛ̀ ⲡⲓⲧⲉⲃⲧ 20
ⲁϥⲉⲛϥ ϩⲁ ⲡⲓⲁⲣⲭⲱⲛ. Ⲡⲉⳉⲉ ⲡⲓⲁⲣⲭⲱⲛ ⲇⲉ ⲛ̀ ⲇⲱ-
ⲣⲟⲑⲉⲟⲥ ⳉⲉ ⲟⲩ ⲡⲉ ⲉ̀ⲧ ⲉⲕⲛⲁⲁⲓϥ ⲁ̀ ⲡⲉⲕϩⲱⲃ
ⲕⲏⲛ ⲛ̀ ⳉⲱⲕ ⲡⲉⳉⲉ ⲇⲱⲣⲟⲑⲉⲟⲥ ⲛⲁϥ ⳉⲉ ⲁ̀ϩⲁ ⲱ ⲡⲁ
ⲕ̅ⲅ̅. ⲃ̅. ϭⲥ ⲁ̀ ϩⲱⲃ ⲛⲓⲃⲉⲛ ⲕⲏⲛ ⲛ̀ ⳉⲱⲕ ⲉ̀ⲃⲟⲗ Ⲡⲉⳉⲉ ⲡⲓⲁⲣ-
ⲭⲱⲛ ⲛⲁϥ ⳉⲉ ⲭⲁⲛ ⲉ̀ⲃⲟⲗ ⲁⲩϭⲁⲓ ⲛ̀ ϩⲱⲃ ⲛⲓⲃⲉⲛ 25
ⲉ̀ⲧⲉ ⲡⲓⲉ̀ⲥⲱⲟⲩ ⲡⲉ ⲛⲉⲙ ⲡⲓⲧⲉⲃⲧ ⲟⲩⲟϩ ⲁⲩϣⲉ ⲛⲱⲟⲩ
ⲛⲁⲣⲉ ⲇⲱⲣⲟⲑⲉⲟⲥ ⲇⲉ ⲙⲟϣⲓ ⲉϥⲙⲉⲩⲓ ϧⲉⲛ ⲡⲉϥϩⲏⲧ
ⳉⲉ ⲁⲓⲛⲁⳉⲉⲙ ⲧϥⲙⲏ ⲛ̀ ⲡⲁⲓ ⲉ̀ⲥⲱⲟⲩ ⲑⲱⲛ ⲛⲉⲙ

ⲡⲁⲓ ⲧⲉⲃⲧ ⲛⲉⲙ ⲫⲏ ⲉⲧ ⲉϥ ⲉⲣ ⲭⲣⲓⲁ ⲙ̇ⲙⲟϥ ⲛ̇ϫⲉ
ⲡⲁⲓ ⲁⲣⲭⲱⲛ ⲛ̇ ⲱⲓⲕ ⲅ̅ ⲏⲣⲡ ⲍ̅ⲓ ⲫⲱⲣϣ ⲕⲁⲧⲁ ϩⲱⲃ
ⲛⲓⲃⲉⲛ ⲛⲁⲣⲉ ⲟⲩⲙⲏϣ ⲛ̇ ⲙⲉⲅⲓ̀ ⲭⲏ ϩⲓϫⲉⲛ ⲡⲉϥϩⲏⲧ
ϫⲉ ⲟⲩ ⲡⲉ ⲉⲧ ⲉϥⲛⲁⲁⲓϥ Ⲟⲩⲟϩ ⲛⲁϥⲙⲏⲛ ⲉϥϣⲗⲏⲗ

ⲡ̅ⲁ̅. ⲁ. ϣⲁ ⲫϯ ⲛⲉⲙ ⲡⲓⲁⲣⲭⲏⲁⲅⲅⲉⲗⲟⲥ ⲉ̇ⲑ ⲟⲩⲁⲃ ⲙⲓⲭⲁⲏⲗ 5
ⲉϥϫⲱ ⲙ̇ⲙⲟⲥ ϫⲉ ⲱ̇ ⲡⲓⲁⲣⲭⲏⲁⲅⲅⲉⲗⲟⲥ ⲉ̇ⲑ ⲟⲩⲁⲃ
ⲡⲉⲛⲡⲣⲟⲥⲧⲁⲧⲏⲥ ⲛ̇ ⲡⲓⲥⲧⲟⲥ ⲟ̇ϩⲓ ⲉ̇ⲣⲁⲧⲕ ⲛⲉⲙⲏⲓ ⲙ̇
ⲫⲟⲟⲩ ⲁⲛⲟⲕ ⳉⲁ ⲡⲉⲕⲃⲱⲕ Ⲧⲉⲕⲥⲱⲟⲩⲛ ϫⲉ ⲉⲧ ⲁⲩ̇ⲣⲓ
ⲛ̇ ⲛⲁⲓ ⲧⲏⲣⲟⲩ ⲛⲉⲙ ϩⲓϫⲉⲛ ⲫⲣⲁⲛ ⲙ̇ ⲡⲉⲛϬ̅ⲥ̅ ⲓ̅ⲏ̅ⲥ̅ ⲡ̅ⲭ̅ⲥ̅
ⲁ̀ ⲇⲱⲣⲟⲑⲉⲟⲥ ⲇⲉ ⲙⲉⲅⲓ̀ ⲉ̇ ⲛⲁⲓ ⲉϥⲙⲟϣⲓ ⲛⲁⲣⲉ 10
ⲡⲓⲁⲣⲭⲏⲁⲅⲅⲉⲗⲟⲥ ⲇⲉ ⲉ̇ⲙⲓ ⲉ̇ ⲛⲉⲛⲙⲟⲕⲙⲉⲕ ⲛ̇ ⲡⲉϥ-
ϩⲏⲧ ⲉϥϣⲟⲩ ⲛ̇ ϩⲏⲧ ⲉ̇ ϫⲱϥ ϣⲁⲧ ⲉϥⲛⲁⲩ ⲉ̇ ⲧⲉϥ-
ⲡⲣⲟϩⲉⲣⲉⲥⲓⲥ ⲉⲟ ⲛⲁⲛⲉⲥ Ⲉ̇ⲧⲁⲩϥⲟϩ ⲇⲉ ⲉ̇ ⲡⲏⲓ ⲛ̇

ⲡ̅ⲁ̅. ⲃ. ⲇⲱⲣⲟⲑⲉⲟⲥ ⲁϥⲕⲱⲗϩ ⲛ̇ϫⲉ ⲙⲏⲭⲁⲏⲗ ⲛ̇ ϣⲟⲣⲡ ⲉ̇
ⲡⲣⲟ ⲙ̇ ⲡⲓⲙⲁ ⲛ̇ ϣⲱⲡⲓ. Ⲁⲥⲓ̇ ⲉ̇ⲃⲟⲗ ⲛ̇ϫⲉ ⲑⲉⲟⲡⲓⲥⲑⲉ 15
ϯⲥϩⲓⲙⲓ ⲛ̇ ⲉⲗⲉⲩⲑⲉⲣⲟⲥ ⲡⲉϫⲉ ⲙⲓⲭⲁⲏⲗ ϫⲉ ⲧϩⲓⲣⲏⲛⲏ
ⲱ̇ ⲑⲉⲟ̇ⲡⲓⲥⲑⲉ ϯⲁ̇ⲅⲁⲡⲏⲧⲟⲥ ⲛ̇ ⲙⲁⲓⲛⲟⲩϯ ⲛ̇ ⲥϩⲓⲙⲓ
ⲟⲩ ⲡⲉ ⲡⲉϩⲱⲃ ⳉⲉⲛ ⲛⲁⲓ ⲉ̇ϩⲟⲟⲩ ⲛⲁⲓ Ⲁⲥ ⲉⲣ ⲟⲩⲱ̇
ⲛ̇ϫⲉ ⲑⲉⲟ̇ⲡⲓⲥⲑⲉ ϫⲉ ⲧϩⲓⲣⲏⲛⲏ ⲉ̇ ϫⲱⲕ ϩⲱⲕ ⲱ̇ ⲕⲩⲣⲓ
ⲡⲁ Ϭ̅ⲥ̅ ⲛ̇ ⲁⲣⲭⲱⲛ ⲕⲁⲗⲱⲥ ⲁ̀ ⲫϯ ⲉⲛⲕ ϣⲁⲣⲟⲛ ⲙ̇ 20
ⲫⲟⲟⲩ ⲛⲉⲙ ⲡⲓⲁⲣⲭⲏⲁⲅⲅⲉⲗⲟⲥ ⲉ̇ⲑ ⲟⲩⲁⲃ ⲙⲏⲭⲁⲏⲗ
Ⲁ̇ⲙⲱⲓⲛⲓ ⲉ̇ ⳉⲟⲩⲛ ⲱ̇ ⲡⲁ Ϭ̅ⲥ̅ ⲟⲩⲟϩ ⲙ̇ⲡ ⲉⲣ ⲟ̇ϩⲓ ⲥⲁ
ⲃⲟⲗ ⲟⲩⲟϩ ⳉⲉⲛ ⲡϫⲓⲛϯ ⲑⲉⲟ̇ⲡⲓⲥⲑⲉ ⲛ̇ ⲥϩⲓⲙⲓ ϫⲱ ⲛ̇

ⲡ̅ⲉ̅. ⲁ. ⲛⲁⲓ ⲓⲥ ⲡⲉⲥϩⲁⲓ ⲇⲱⲣⲟⲑⲉⲟⲥ ⲁϥⲓ̇ ⲉ̇ⲣⲉ ⲡⲓⲉ̇ⲥⲱⲟⲩ ⲛ̇
ⲧⲟⲧϥ ⲛⲉⲙ ⲡⲓⲧⲉⲃⲧ ⲛⲉⲙ ⲡⲓϩⲃⲱⲥ ⲁϥⲭⲁⲩ ⲉ̇ⲡⲉⲥⲏⲧ 25
ⲙ̇ ⲡⲉⲥⲙ̇ⲑⲟ Ⲡⲉϫⲁⲥ ⲛⲁϥ ϫⲉ ⲱ̇ ⲡⲁ Ϭ̅ⲥ̅ ⲡⲁ ⲥⲟⲛ
ⲉ̇ⲧⲁⲕϫⲓⲙⲓ ⲛ̇ ⲛⲁⲓ ⲑⲱⲛ ⲁⲕⲉⲛⲟⲩ ⲛⲉⲙⲁⲕ ⲉⲙⲛⲁⲓ
ⲙⲁⲗⲓⲥⲧⲁ ϯⲛⲁⲩ ⲉ̇ ⲡⲓ ⲕⲉ ϩⲃⲱⲥ ⲛ̇ ⲧⲟⲧⲕ Ⲡⲉϫⲉ

ⲇⲱⲣⲟⲑⲉⲟⲥ ⲛⲁⲥ ϫⲉ ⲡⲓⲁⲣⲭⲱⲛ ⲁϥϣⲱⲣⲓ ⲙ̇ⲙⲟⲓ
ⲟⲩⲟϩ ⲁⲩⲧⲏⲓⲧⲟⲩ ⲛⲏⲓ ⲡⲉϫⲉ ⲑⲉⲟ̇ⲡⲓⲥⲑⲉ ⲛⲁϥ ϫⲉ
ⲕⲁⲗⲱⲥ ⲁ̀ ⲫϯ ⲓⲛⲓ ⲙ̀ ⲡⲓⲁⲣⲭⲱⲛ ⲛⲁⲏ ⲙ̀ ⲫⲟⲟⲩ
ⲛⲉⲙ ⲡⲓⲁⲣⲭⲏⲁⲅⲅⲉⲗⲟⲥ ⲉ̇ⲑ ⲟⲩⲁⲃ ⲙⲓⲭⲁⲏⲗ ⲛⲉⲙ ⲛⲏⲓ

ⲡ̅ⲉ̅. ⲃ. ⲉ̇ⲟ ⲛⲉⲙⲁϥ ϧⲉⲛ ⲟⲩⲙⲉⲑⲙⲏⲓ ⲧⲉⲛⲛⲁⲧⲱⲡ ⲛ̀ ⲛⲏⲓ 5
ⲉ̇ⲧⲁϥϣⲱⲣⲓ ⲙ̇ⲙⲟⲛ ⲉ̇ⲣⲱⲟⲩ ⲉⲥϫⲱ ⲛ̀ ⲛⲁⲓ ⲥⲁϫⲓ ϧⲉⲛ
ⲟⲩⲣⲁϣⲓ ⲡⲓⲁⲣⲭⲱⲛ ⲇⲉ ⲉ̇ⲧⲉ ⲛ̇ⲑⲟϥ ⲡⲉ ⲙⲓⲭⲁⲏⲗ
ⲛⲉϫⲁϥ ϫⲉ ϯⲛⲁϩⲱⲗ ⲁ̀ⲛⲟⲕ ⲉ̀ ϯⲡⲣⲟⲥⲫⲟⲣⲁ ϫⲉ ⲙ̀
ⲫⲟⲟⲩ ⲡⲉ ⲡϣⲁⲓ ⲙ̀ ⲡⲓⲁⲣⲭⲏⲁⲅⲅⲉⲗⲟⲥ ⲉ̇ⲑ ⲟⲩⲁⲃ
ⲙⲓⲭⲁⲏⲗ ⲟⲩⲟϩ ⲁ̀ ⲡⲓⲛⲁⲩ ϣⲱⲡⲓ ϩ̇ⲉⲙⲥⲓ ⲛⲱⲧⲉⲛ 10
ϥⲓ ⲙ̀ ⲫⲣⲱⲟⲩϣ ⲙ̀ ⲡⲓ ⲙⲁ ⲛ̀ ⲕⲁⲗⲱⲥ ϣⲱⲧ ⲙ̀
ⲡⲉⲧⲉⲛⲥⲱⲟⲩ ⲟⲩⲟϩ ⲡⲁⲓ ⲧⲉⲃⲧ ⲇⲉ ⲁ̀ⲛⲁⲩ ⲙ̀ⲡ ⲉⲣ ⲫⲟϩ
ⲉ̀ⲣⲟϥ ϣⲁⲧ ⲁⲓ ⲛ̀ⲧⲁⲓ̇ⲣⲓ ⲛ̀ ϩⲏⲧϥ ⲕⲁⲧⲁ ⲡⲉⲧⲉϩ ⲛⲓⲙ.
ⲡⲉϫⲱⲟⲩ ⲇⲉ ϫⲉ ⲉ̇ⲥⲉ̇ϣⲱⲡⲓ ⲕⲁⲧⲁ ⲫⲟⲩⲁϩⲥⲁϩⲛⲓ

ⲡ̅ⲋ̅. ⲁ. ⲙ̀ ⲡⲉⲛ ⳪ ⲁϥϩⲱⲗ ⲇⲉ ⲉ̀ⲃⲟⲗ ϩⲁ ⲣⲱⲟⲩ ⲛ̀ ⲑⲱⲟⲩ 15
ⲇⲉ ⲛⲁⲩⲉ̇ⲙⲓ ⲁⲛ ⲡⲉϫⲉ ⲛⲓⲙ ⲡⲉ ⲁⲗⲗⲁ ⲁⲩϫⲉⲙⲟⲩ
ⲉⲩⲙⲉⲩⲓ̀ ϫⲉ ⲟⲩⲁⲣⲭⲱⲛ ⲉ̀ⲃⲟⲗϧⲉⲛ ⲡⲓⲕⲁϩⲓ ⲡⲉ ⲡⲉϫⲉ
ⲇⲱⲣⲟⲑⲉⲟⲥ ⲇⲉ ⲛ̀ ⲑⲉ ⲟ̀ ⲡⲓⲥⲑⲉ ⲧⲉϥⲥϩⲓⲙⲓ ϫⲉ ⲟⲩ ⲡⲉ
ⲉⲧ ⲉⲛⲛⲁⲁⲓϥ ⲓⲉ ⲟⲩ ⲡⲉ ⲉⲧ ⲉⲛⲛⲁⲫⲱⲣϣ ⲥⲁ ϧⲣⲏⲓ
ⲙ̀ ⲡⲓⲁⲣⲭⲱⲛ ⲓ̀ⲛⲁϫⲉⲙ ⲱ̇ⲓⲕ ⲛ̇ⲟⲱⲛ ⲉϥⲉⲙ̇ⲡϣⲁ ⲙ̀ 20
ⲡⲉϥⲧⲁⲓ̀ⲟ ⲭⲁ ϣⲉⲛ ⲙ̀ ⲫⲟⲟⲩ ϫⲉ ⲁⲛⲓⲣⲓ ⲙ̀ ⲫⲏ ⲉⲧ
ⲁⲛϫⲉⲙϫⲟⲙ ⲉ̀ⲣⲟϥ ⲡⲉϫⲉ ⲧⲉϥⲥϩⲓⲙⲓ ⲛⲁϥ ϫⲉ ⲱ̀
ⲡⲁ ⲥⲟⲛ ⲫϯ ⲭⲱ ⲙ̇ⲙⲟⲛ ⲛ̇ⲥⲱϥ ⲁⲛ ⲧⲱⲛⲕ ϩⲓⲛⲁ
ⲛ̇ⲧⲉⲕϫⲉⲙ ⲟⲩⲣⲱⲙⲓ ⲛ̇ⲧⲉϥϣⲱⲧ ⲙ̀ ⲡⲉⲧⲉⲛⲥⲱⲟⲩ ⲟⲩⲟϩ

ⲡ̅ⲋ̅. ⲃ. ⲛ̇ⲧⲉⲛⲥⲉⲃⲧ ⲉ̀ ⲙⲉⲛⲥⲕⲉⲩⲟⲥ ⲙ̀ ⲡⲓⲏⲓ ⲟⲩⲟϩ ⲁϥⲓⲣⲓ 25
ⲙ̀ ⲡⲁⲓ ⲣⲏϯ ⲡⲉϫⲁⲥ ⲇⲉ ⲛⲁϥ ⲟⲩⲛ ϫⲉ ⲁ̀ⲛⲓⲟⲩⲓ̀ ⲉ̀ⲃⲟⲗ
ⲙ̀ ⲡⲓⲕⲟⲩϫⲓ ⲛ̀ ⲏⲣⲡ ϩⲓⲛⲁ ⲛ̇ⲧⲉⲛⲉ̇ⲙⲓ ϫⲉ ϥ ⲉⲣ ⲡⲣⲉ-
ⲡⲓ ⲙ̀ ⲡⲓⲁⲣⲭⲱⲛ ϣⲁⲛ ⲙ̇ⲙⲟⲛ ⲉ̇ⲧⲁϥϣⲉ ⲛⲁϥ ⲇⲉ

ⲁϥⲟⲩⲱⲙ ⲙ̇ ⲡⲣⲟ ⲙ̇ ⲡⲓⲁⲅⲟ ⲉ̇ ⲁϥⲥⲉⲙϥ ⲉϥⲙⲉϩ ⲛ̇
ⲏⲣⲡ ϣⲁ ⲡⲓⲣⲟ ⲁϥⲉⲣ ⲅⲟϯ ⲇⲉ ⲛ̇ϫⲉ ⲇⲱⲣⲟⲑⲉⲟ ⲥⲁϥ-
ⲕⲟⲧϥ ⲉ̇ ⲧⲉϥⲥϩⲓⲙⲓ ⲁϥϣⲉⲛϥ ⲁ̀ ⲟⲩⲁⲓ ⲓ̀ⲛⲓ ⲛ̇ ⲟⲩⲏⲣⲡ
ⲙ̇ ⲡⲁⲓ ⲙⲁ ⲓ̇ⲥϫⲉⲛ ⲉ̇ⲧⲁⲓϩⲱⲗ ⲉ̇ⲃⲟⲗ Ⲡⲉϫⲁⲥ ⲛⲁϥ
ϫⲉ ϥⲱⲛϩ̇ ⲛ̇ϫⲉ ⲡϭ̄ⲥ̄ ϫⲉ ⲓ̇ⲥϫⲉⲛ ⲡⲓⲛⲁⲩ ⲉ̇ⲧⲁⲓ̇ⲓ̇ⲛⲓ ⲙ̇ 5
ⲡⲓⲕⲟⲩϫⲓ ⲛ̇ ⲏⲣⲡ ⲉ̇ⲃⲟⲗ ⲛ̇ ϯⲡⲣⲟⲥⲫⲟⲣⲁ ⲙ̇ ⲫⲟⲟⲩ ⲛ̇ⲡⲉ

ⲡ̅ⲍ̅. ⲁ. ϩⲗⲓ ⲥⲱϫⲡ ϧⲉⲛ ⲡⲓ ⲁ̀ⲅⲟ ⲉ̇ⲃⲏⲗ ⲉⲩⲕⲉⲗⲗⲁ ⲛ̇ ⲟⲩⲱⲧ ⲥⲁ
ϧⲟⲩⲛ ⲙ̇ⲙⲟϥ. Ⲡⲉϫⲁϥ ⲛⲁⲥ ⲟⲩⲛ ⲛ̇ϫⲉ ⲱ̀ⲟⲩ ⲛ̇
ϩⲏⲧ ϣⲁ ⲧⲉⲛⲛⲁⲩ ⲉ̇ ⲡϫⲱⲕ ⲙ̇ ⲡϩⲱⲃ ⲁⲩϩⲓ ⲧⲟⲧⲟⲩ
ⲇⲉ ⲉ ⲡϫⲓⲛ ⲓ̇ⲛⲓ ⲉ̇ⲃⲟⲗ ⲙ̇ ⲡⲓⲕⲟⲩϫⲓ ⲛ̇ ⲛⲉϩ ⲉ̇ⲑⲃⲉ 10
ⲡⲓⲧⲁⲡⲁⲛⲏ ⲛⲉⲙ ⲧⲁⲡⲟⲕⲣⲓⲥⲓⲥ ⲛ̇ ⲛⲓⲥⲛⲏⲟⲩ Ⲉⲧⲁⲩϣⲉ
ⲇⲉ ⲉ̇ ϧⲟⲩⲛ ⲉ̇ ⲫⲙⲁ ⲙ̇ ⲡⲓⲛⲉϩ ⲁⲩϫⲓⲙⲓ ⲛ̇ ⲍ̅ ⲙ̇
ⲃⲓⲧⲏⲥ ⲉⲩⲙⲉϩ ⲛ̇ ⲛⲉϩ ⲙ̇ ⲙⲏⲓ ϣⲁ ⲥⲁ ⲡϣⲱⲓ ⲙ̇ⲙⲱⲟⲩ
ⲛⲉⲙ ϩⲁⲛⲙⲉⲇⲣⲓⲧⲏⲥ ⲉⲩⲙⲉϩ ⲉ̇ⲃⲟⲗϧⲉⲛ ϩⲱⲃ ⲛⲓⲃⲉⲛ
ⲉ̇ ⲛⲁⲣⲉ ⲡⲓⲏⲓ ϣⲁⲧ ⲙ̇ⲙⲱⲟⲩ ⲧⲏⲣⲟⲩ Ϩⲁⲛⲁⲧⲁⲣⲓⲕⲓ 15

ⲡ̅ⲍ̅. ⲃ. ⲛⲉⲙ ⲁ̀ⲗⲱⲙ ⲛⲉⲙ ⲉ̇ⲃⲓⲱ̀ ⲛⲉⲙ ϩⲉⲙϫ ⲛⲉⲙ ⲡⲥⲱϫⲡ
ⲛ̇ ⲛⲉⲛϩⲱⲃ ⲛⲓⲃⲉⲛ ⲙ̇ ⲡⲓⲏⲓ Ⲛ̇ⲑⲱⲟⲩ ⲇⲉ ⲁⲩϩⲟϯ ⲓ̀
ⲉ̇ϩⲣⲏⲓ ⲉ̇ ϫⲱⲟⲩ ⲙⲉⲛⲉⲛⲥⲁ ⲫⲁⲓ ⲇⲉ ⲁⲩϩⲱⲗ ⲉ̇ ϧⲟⲩⲛ
ⲉ̇ ⲡⲟⲩⲕⲟⲓⲧⲱⲛ ⲁⲩϫⲓⲙⲓ ⲛ̇ ⲛⲟⲩⲕⲁⲡⲥⲓ ⲉⲩⲙⲉϩ ⲉ̇ⲃⲟⲗ
ϧⲉⲛ ⲥⲙⲟⲧ ⲛⲓⲃⲉⲛ ⲛ̇ⲧⲉ ⲛⲓϩⲉⲃⲥⲱ ⲉⲧ ⲧⲁⲓⲏⲟⲩⲧ 20
ⲉⲩϭⲟⲥⲓ ⲇⲉ ⲉ̇ϩⲟⲧⲉ ⲡⲥⲛⲟⲩ ⲛ̇ⲧⲉ ⲧⲟⲩⲙⲉⲧⲡⲁⲧϣⲉⲗⲉⲧ
ⲛⲉⲙ ⲛ̇ ⲟⲩⲁⲣⲭⲉⲟⲥ ⲛ̇ ⲉϩⲟⲟⲩ Ⲙⲉⲛⲉⲛⲥⲁ ⲛⲁⲓ ⲇⲉ
ⲁⲩϩⲱⲗ ⲉ̇ ⲫⲙⲁ ⲛ̇ ⲥⲟⲃϯ ⲙ̇ ⲡⲓⲱ̀ⲓⲕ ⲁⲩϫⲉⲙϥ ⲛ̇ⲛⲱⲓⲕ
ⲉⲧ ⲥⲱⲧϥ ⲉϥⲥⲱⲧⲡ ϧⲉⲛ ϯⲟⲩⲛⲟⲩ ⲇⲉ ⲁⲩⲉ̇ⲙⲓ ⲉ̇

ⲡ̅ⲏ̅. ⲁ. ⲡⲓϩⲙⲟⲧ ⲉ̇ⲧⲁϥⲓ̀ ⲛⲱⲟⲩ ⲁⲩϯ ⲱ̀ⲟⲩ ⲇⲉ ⲙ̇ ⲫϯ ⲙ̇ 25
ⲡⲓⲁⲣⲭⲏⲁⲅⲅⲉⲗⲟⲥ ⲙⲓⲭⲁⲏⲗ. Ⲟⲩⲟϩ ⲡⲉϫⲉ ⲇⲱⲣⲟⲑⲉⲟⲥ
ⲛ̇ ⲑⲉⲟ̀ⲡⲓⲥⲑⲉ ⲧⲉϥⲥϩⲓⲙⲓ ϫⲉ ⲁ ⲫϯ ⲕⲏⲛ ⲛ̇ ⲥⲟⲃϯ ⲛ̇
ϩⲱⲃ ⲛⲓⲃⲉⲛ ⲁⲙⲱⲓⲛⲓ ⲛ̇ⲧⲉⲛⲫⲱⲣϣ ⲙ̇ ⲡⲓⲁⲣⲭⲱⲛ ϫⲉ

ⲟⲩⲉⲓ ⲁ̀ ⲡⲓⲛⲁⲩ ϣⲱⲡⲓ ⲉⲑⲣⲉⲛⲣⲁⲃⲁⲱ̀ ⲉ̀ ϯⲁ̀ⲛⲁⲫⲟⲣⲁ
ⲉ̀ⲑ ⲟⲩⲁⲃ Ⲉ ⲁⲩⲥⲉⲃⲧⲉ ϩⲱⲃ ⲛⲓⲃⲉⲛ ⲟⲩⲟϩ ⲁⲩⲫⲱⲣϣ
ⲛ̀ ⲟⲩⲛⲟϫ ⲛ̀ ⲫⲣⲏϣ ⲉϥⲟⲓ ⲛ̀ ⲛⲓϣϯ ⲕⲁⲧⲁ ⲡⲧⲁⲓⲟ̀
ⲛ̀ ⲡⲓⲁⲣⲭⲱⲛ ⲟⲩⲟϩ ⲁⲩⲥⲉⲙⲛⲉ ϩⲁⲛⲧⲣⲁⲡⲉⲍⲁ ⲛ̀
ⲛⲓⲥⲛⲟⲩ ⲕⲁⲧⲁ ⲧⲟⲩⲥⲩⲛⲏⲑⲓⲁ ⲟⲩⲟϩ ⲁⲩϯ ϩⲓⲱⲧⲟⲩ 5
ⲛ̀ ϩⲁⲛⲥⲧⲟⲗⲏ ⲉⲩⲥⲱⲧⲡ ⲉ̀ ⲁⲩϩⲱⲗ ⲉ̀ ⲡⲓϣⲉⲙϣⲓ ⲉ̀ⲑ

ⲡⲡ̄. ⲃ. ⲟⲩⲁⲃ ϧⲉⲛ ⲧⲉⲕⲕⲗⲏⲥⲓⲁ ⲛ̀ ⲡⲓⲁⲣⲭⲏⲁⲅⲅⲉⲗⲟⲥ ⲉ̀ⲑ
ⲟⲩⲁⲃ ⲙⲓⲭⲁⲏⲗ ⲉⲩⲭⲏ ϧⲉⲛ ⲟⲩⲛⲓϣϯ ⲛ̀ ⲣⲁϣⲓ ⲉ̀ⲙⲁ-
ϣⲱ Ⲉ̀ⲧⲁⲩⲓ̀ ⲇⲉ ⲉ̀ϧⲟⲩⲛ ⲉ̀ ϯⲉⲕⲕⲗⲏⲥⲓⲁ ⲁⲩⲟⲩⲱϣⲧ
ⲛ̀ ⲡ̄ϭ̄ ⲙ̀ⲡⲉⲙⲑⲟ ⲛ̀ ⲡⲓⲉⲣⲁⲇⲣⲓⲟⲛ ⲟⲩⲟϩ ⲁⲩⲧⲱⲃϩ ⲙ̀ 10
ⲫϯ ϧⲉⲛ ⲟⲩⲛⲓϣϯ ⲛ̀ ϣⲉⲡϩⲙⲟⲧ ⲉⲩⲥⲙⲟⲩ ⲙ̀ⲡⲉⲙⲑⲟ
ⲛ̀ ⲧϩⲓⲕⲱⲛ ⲛ̀ ⲡⲓⲁⲣⲭⲏⲁⲅⲅⲉⲗⲟⲥ ⲉ̀ⲑ ⲟⲩⲁⲃ ⲙⲓⲭⲁⲏⲗ
ⲉⲩϫⲱ ⲙ̀ⲙⲟⲥ ϫⲉ ⲧⲉⲛϣⲉⲡϩⲙⲟⲧ ⲛ̀ ⲧⲟⲧⲕ ⲡⲉⲛ ϭ̄ⲥ̄
ⲓ̄ⲏ̄ⲥ̄ ⲡ̄ⲭ̄ⲥ̄ ⲛⲉⲙ ⲡⲉⲕⲓⲱⲧ ⲛ̀ ⲁⲅⲁⲑⲟⲥ ⲛⲉⲙ ⲡⲓⲡ̄ⲛ̄ⲁ̄
ⲉ̀ⲑ ⲟⲩⲁⲃ ϣⲁ ⲉ̀ⲛⲉϩ ⲁ̀ⲙⲏⲛ Ⲟⲩⲟϩ ⲧⲉⲛⲥⲙⲟⲩ ⲉ̀ 15
ⲡⲉⲕ ⲁⲣⲭⲏⲁⲅⲅⲉⲗⲟⲥ ⲉ̀ⲑ ⲟⲩⲁⲃ ⲙⲓⲭⲁⲏⲗ ϫⲉ ⲙ̀ⲡⲉ

ⲡ̄ⲟ̄. ⲁ. ⲕϩⲱⲡ ⲛ̀ ⲡⲉⲕⲛⲁⲓ ⲉ̀ⲃⲟⲗϩⲁⲣⲟⲛ ⲟⲩⲇⲉ ⲙ̀ⲡⲉⲕ ⲉⲣ
ⲡⲱⲃϣ ⲙ̀ ⲡⲉⲛⲇⲱⲣⲟⲛ ⲁⲗⲗⲁ ⲁⲕⲟⲩⲱⲣⲡⲥ ϣⲁⲣⲟⲛ
ⲛ̀ⲛⲉⲕⲙⲉⲧϣⲁⲛⲁϩⲑⲏϥ ⲛ̀ ⲭⲱⲗⲉⲙ Ⲙⲉⲛⲉⲛⲥⲁ ⲛⲁⲓ
ⲁⲩϭⲓ ⲉ̀ⲃⲟⲗϧⲉⲛ ⲛⲓⲙⲩⲥⲧⲏⲣⲓⲟⲛ ⲟⲩⲟϩ ⲁⲩϭⲓ ⲛ̀ⲱⲟⲩ 20
ⲛ̀ ϯⲓⲣⲏⲛⲏ ⲉ̀ ⲁⲩⲭⲱⲗⲉⲙ ⲁⲩⲓ̀ ⲉ̀ⲃⲟⲗ ⲙ̀ⲡⲉⲙⲑⲟ ⲛ̀
ⲛⲓⲥⲛⲏⲟⲩ ⲟⲩⲟϩ ⲛⲁⲩϩⲉⲙⲥⲓ ⲉⲩⲥⲱⲙⲥ ⲉ̀ⲃⲟⲗ ϧⲁϫⲱϥ
ⲛ̀ ⲡⲓⲁⲣⲭⲱⲛ ϧⲉⲛ ⲟⲩⲛⲓϣϯ ⲛ̀ ⲥⲡⲟⲩⲇⲏ Ⲟⲩⲟϩ ⲁⲩ-
ⲟⲩⲱϯ ⲛ̀ ⲛⲓϩⲱⲟⲩⲧ ⲛⲉⲙ ⲛⲓϩⲓⲟⲙⲓ ϣⲁⲧⲉ ⲡⲓⲙⲁ ⲙⲟϩ
ⲛ̀ϩⲱⲟⲩⲧ ⲛⲉⲙ ϩⲓⲟ̀ⲙⲓ ⲟⲩⲟϩ ⲛ̀ⲇⲱⲣⲟⲑⲉⲟⲥ ⲛⲉⲙ ⲑⲉⲟ- 25

ⲡ̄ⲟ̄. ⲃ. ⲡⲓⲥⲑⲉ ⲛⲁⲩϧⲏⲕ ⲡⲉ ⲉⲩⲟ̀ϩⲓ ⲉ̀ⲣⲁⲧⲟⲩ ⲉⲩϣⲉⲙϣⲓ
ⲙ̀ⲙⲱⲟⲩ ϧⲉⲛ ϩⲱⲃ ⲛⲓⲃⲉⲛ ⲉ̀ⲧⲟⲩϣⲁⲧ ⲙ̀ⲙⲟϥ ⲉⲩ ⲉⲣ
ⲇⲓⲁ̀ⲕⲱⲛⲓⲛ ⲙ̀ⲙⲱⲟⲩ ϧⲉⲛ ⲡⲓⲏⲣⲡ ⲛ̀ ⲥⲁⲓⲉ ⲛⲉⲙ ϩⲁⲛ

ⲧⲁⲡⲁⲛⲏ ⲉⲩⲥⲱⲧⲡ ⲉ̇ⲧⲓ ⲇⲉ ⲉⲅⲟⲓ ⲙ̇ ⲡⲁⲓ ⲣⲏϯ ⲓⲥ
ⲡⲓⲁⲣⲭⲱⲛ ⲫⲏ ⲛ̇ⲑⲟϥ ⲡⲉ ⲙⲓⲭⲁⲏⲗ ⲁϥⲓ̀ ⲛⲉⲙ ⲛⲉϥ
ⲙⲁⲧⲟⲓ ⲁⲩⲕⲱⲗϩ ⲙ̇ ⲡⲓⲣⲟ ⲉ̇ⲧⲁⲩⲭⲱⲗⲉⲙ ⲇⲉ ⲛ̇ϫⲉ
ⲇⲱⲣⲟⲑⲉⲟⲥ ⲛⲉⲙ ⲑⲉⲟⲡⲓⲥⲑⲉ ⲁⲩⲓ̀ ⲉ̇ⲃⲟⲗ ϧⲉⲛ ⲟⲩⲣⲁϣⲓ
ⲁⲩⲗⲟⲅⲱⲛ ⲙ̇ ⲡⲓⲣⲟ ⲁⲩϣⲟⲡⲟⲩ ⲉⲩϫⲱ ⲙ̇ⲙⲟⲥ ϫⲉ 5
ⲕⲁⲗⲱⲥ ⲁⲛ ⲉⲣ ⲡⲉⲙⲡϣⲁ ⲙ̇ ⲡⲉⲕϫⲓⲛⲓ̀ ϣⲁⲣⲟⲛ ⲙ̇
ⲫⲟⲟⲩ ⲱ̇ ⲕⲩⲣⲓ ⲁⲣⲭⲱⲛ ⲛⲉⲙ ⲛⲉⲕⲙⲁⲧⲟⲓ ⲧⲁⲫⲛⲏⲓ

ⲝ. ⲁ. ⲧⲉⲛⲣⲁϣⲓ ⲙ̇ ⲫⲟⲟⲩ ϫⲉ ⲟⲩⲛⲓϣϯ ⲡⲉ ⲡⲁⲓⲉ̇ϩⲟⲟⲩ
ϫⲉ ⲡϣⲁⲓ ⲙ̇ ⲡⲉⲛ ⳪ ⲡⲓⲁⲣⲭⲏⲁⲅⲅⲉⲗⲟⲥ ⲉ̇ⲑ ⲟⲩⲁⲃ
ⲙⲏⲭⲁⲏⲗ ⲁ̇ⲙⲱⲓⲛⲓ ⲉ̇ ϧⲟⲩⲛ ⲱ̇ ⲡⲓⲣⲱⲙⲓ ⲉ̇ⲧ ⲥⲙⲁ- 10
ⲣⲱⲟⲩⲧ ⲉⲣⲉ ⲫϯ ⲣⲁϣⲓ ⲛⲉⲙⲁⲕ ⲉ̇ⲧⲁϥⲓ̇ ⲇⲉ ⲉ̇ ϧⲟⲩⲛ
ⲛ̇ϫⲉ ⲡⲓⲁⲣⲭⲱⲛ ⲉ̇ ⲁϥϫⲓⲙⲓ ⲙ̇ ⲡⲓⲙⲁ ⲧⲏⲣϥ ⲉϥⲙⲉϩ
ⲛ̇ ϩⲱⲟⲩⲧ ⲛⲉⲙ ⲥϩⲓⲙⲓ ϩⲁⲛⲕⲟⲩϫⲓ ⲛⲉⲙ ϩⲁⲛⲛⲓϣϯ
ⲁϥ ⲉⲣ ⲙ̇ ⲫⲣⲏϯ ⲙ̇ ⲫⲏ ⲉ̇ⲧⲉ ϥⲟⲓ ⲛ̇ ϣⲫⲏⲣⲓ ⲟⲩⲟϩ
ⲡⲉϫⲁϥ ⲛ̇ ⲇⲱⲣⲟⲑⲉⲟⲥ ⲛⲉⲙ ⲑⲉⲟ̇ⲡⲓⲥⲑⲉ ϫⲉ ⲱ̇ ⲛⲓⲥⲛ- 15
ⲏⲟⲩ ⲟⲩ ⲧⲉⲧⲉⲛ ⲭⲣⲓⲁ ⲉ̇ ⲛⲁⲓ ⲙⲏϣ ⲛ̇ ⲣⲱⲙⲓ ⲛⲉⲙ
ⲛⲁⲓ ⲙⲏϣ ⲛ̇ ϩⲓⲟ̇ⲙⲓ ⲉ̇ ϯⲛⲁⲩ ⲉ̇ⲣⲱⲟⲩ ⲙ̇ ⲡⲁⲓ ⲣⲏϯ

ⲝ. ⲃ. ⲙⲏ ⲁ̀ ⲧⲉⲧⲉⲛ ⲧⲁⲗⲉ ϩⲣⲉϣⲓ ⲉ̇ ϫⲱⲧⲉⲛ ⲙ̇ ⲫⲟⲟⲩ
ⲉ̇ⲑⲃⲉ ⲡⲉⲛϫⲓⲛⲓ̀ ϣⲁ ⲣⲱⲧⲉⲛ ⲙⲏ ⲧⲉⲧⲉⲛⲛⲁⲩ ⲛ̇ⲟⲩⲧⲉⲛ
ⲁⲛ ⲉ̇ ⲡⲓϩⲟϩϫⲉϫ ⲉ̇ⲧ ⲭⲏ ϯⲛⲟⲩ ⲙⲁⲣⲉ ⲫⲁⲓ ⲛⲁ ⲓ̇ⲣⲓ 20
ϧⲉⲛ ⲡⲥⲏⲟⲩ ⲙ̇ ⲡⲓϩⲉⲙⲟⲩϥⲓ ⲡⲉϫⲱⲟⲩ ⲇⲉ ⲱ̇ ⲡⲉⲛ
⳪ ⲡⲓⲁⲣⲭⲱⲛ ⲭⲱ ⲛⲁⲛ ⲉ̇ⲃⲟⲗ ϫⲉ ⲟⲩⲉⲓ ⲙ̇ⲡ ⲉⲛⲧⲁⲗⲉ
ϩⲣⲉϣⲓ ⲉ̇ϫⲉⲛ ⲛⲉⲛⲯⲩⲭⲏ ⲉ̇ⲑⲃⲏⲧⲕ ⲁⲗⲗⲁ ⲧⲉⲛϣⲉⲡ
ϩⲙⲟⲧ ⲛ̇ⲧⲉⲛϥϯ ⲛⲉⲙ ⲡⲉϥⲁⲣⲭⲏⲁⲅⲅⲉⲗⲟⲥ ⲙⲓⲭⲁⲏⲗ
ϫⲉ ⲟⲩⲉⲓ ⲙ̇ⲙⲟⲛ ϩⲗⲓ ϧⲉⲛ ⲛⲏ ⲉ̇ⲧⲉⲕⲛⲁⲩ ⲉ̇ⲣⲱⲟⲩ 25
ⲟⲓ ⲛ̇ ϣⲉⲙⲙⲟ ⲙ̇ⲙⲟⲛ ⲁⲗⲗⲁ ⲧⲏⲣⲟⲩ ϩⲁⲛⲥⲩⲅⲅⲉⲛⲏⲥ
ⲛ̇ⲧⲁⲛ ⲡⲉ ⲥⲉⲏⲡ ⲉ̇ⲣⲟⲛ ⲧⲏⲣⲟⲩ ⲡⲉ ϧⲉⲛ ⲫϯ ⲡⲉ

ⲝⲁ̄. ⲇ. ⲁⲩϫⲉⲙⲟⲩ ⲛ̇ϫⲉ ⲛⲁⲓ ⲉ̇ⲑ ⲟⲩⲁⲃ ⲉⲩϫⲱ | ⲛⲁⲓ ⲉⲣⲉ

πιαρχηαγγελος μηχαηλ ρωϣι νεμωογ πε εθβε
πϫωκ εβολ ντογπροςερεςις Μενενςα ναι δε
αϥϩωλ ε ϧογν νεμ νη εθ νεμαϥ ε πιμα
εταγςεβτωτϥ ναϥ εταγϩωλ ε ϧογν αγθρε
πιαρχηαγγελος ϩεμςι ϩιϫεν ογθρονος ογοϩ
πεϫαϥ ν δωροθεος ϫε ανιογι μ πιτεβτ μπα-
τετεν ερ ϩωβ εροϥ. εταγενϥ δε πεϫαϥ ν
δωροθεος ϫε ϩεμςι λογωμ ντεϥνεϫι αϥιρι
μ πλιρητ νεϫε πιαρχων ναϥ ϫε ανιογι ντεϥ-
ξᾱ. β. καρι εβολ αϥινι αϥϫεμϥ εϥοι ν νιϣϯ εμαϣω 10
πεϫαϥ δε ναϥ ϫε ογ πε φαι ω πα ϭς πεϫαϥ
ναϥ ϫε λογων μμοϥ εταϥογων δε μμοϥ νϫε
δωροθεος αϥϫιμι ν ογμορς ςα ϧογν μμοϥ
εςτηβ ϧεν ϧανθηβς αϥ ερ ϣφηρι δε νϫε
δωροθεος εθβε πιϩωβ ογοϩ πεϫαϥϫε ογ πε 15
φαι πα ϭς πιαρχων πεϫε πιαρχων ναϥ
φη νθοϥ πε μιχαηλ ϫε νιμϣϯ ν τεβτ ςεοι
μ παι ρηϯ εγωμκ ν ϩωβ νιβεν ετογναϫεμογ
ϧεν νιμωογ αλλα λογων δε ντμορς ϩινα
ξβ. α. ντεκναγ ϫε ογ πε ετ ςα ϧογν μμος πεϫε 20
δωροθεος ναϥ ϫε πα ϭς ν λω ν ρηϯ ϯναγωμ
μμος ς τηβ ὰ πιαρχηαγγελος μιχαηλ ςογ-
των τεϥϫιϫ εβολ αϥαμονι ν ϯμορς αϥϫεμς
εςμεϩ ν νογβ εϥςωτπ εταϥϣπ δε μμωογ
αϥϫεμ τογηπι εϥιρι ν ϯ ν λογκοϫι ςα ϧρηι 25
δε μμωογ ⲅ̄ ν θριτον εταϥϭιτογ δε εϥϥαι
ν νεϥβαλ ε πϣωι ε τφε πεϫαϥ ϫε νθοκ ογ-
δικεος ω πϭς νεκ ϩανςεςογτων ογοϩ μμον

ϣⲓⲡⲓ ϣⲟⲡ ⲛ̀ ⲛⲏ ⲉ̀ⲧⲉϩⲑⲏⲟⲩ ⲭⲏ ⲉ̀ⲣⲟⲕ Ⲡⲉϫⲉ ⲡⲓ-

ⲕ̅ⲃ̅. ⲃ. ⲁⲣⲭⲱⲛ ⲛ̀ ⲇⲱⲣⲟⲑⲉⲟⲥ ⲛⲉⲙ ⲑⲉⲟ̀ⲡⲓⲥⲑⲉ ⲧⲉϥⲥ̀ϩⲓⲙⲓ
ⲁ̀ⲙⲱⲓⲛⲓ ⲉⲧ ϧⲏ ϩⲁⲣⲟⲓ ⲱ̀ ⲛⲁⲙⲉⲛⲣⲁϯ ⲛ̀ ⲥⲛⲏⲟⲩ
ϩⲓⲛⲁ ⲛ̀ⲧⲁⲥⲁϫⲓ ⲛⲉⲙⲱⲧⲉⲛ ϫⲉ ⲟⲩⲉⲓ ⲛ̀ⲑⲱⲧⲉⲛ ϩⲁⲛ-
ⲣⲉⲙⲣⲁⲩϣ ⲛ̀ ⲣⲱⲙⲓ Ⲟⲩⲟϩ ⲉⲑⲃⲉ ⲟⲩϣⲉⲡⲃⲓⲥⲓ ϧⲉⲛ
ⲟⲩⲙⲉⲧϩⲟⲩⲟ̀ ⲉⲑⲃⲏⲧ ⲙ̀ ⲫⲟⲟⲩ ϧⲉⲛ ⲡⲁϫⲓⲛⲓ̀ ϣⲁ-
ⲣⲱⲧⲉⲛ ϩⲏⲡⲡⲉ ⲓⲥ ⲫϯ ⲁϥϯ ⲛⲱⲧⲉⲛ ⲙ̀ ⲡⲁⲓ ⲛⲟⲩⲃ
ⲫⲁⲓ ϧⲉⲛ ⲧⲁⲓ ⲥ̀ⲫⲣⲁⲅⲓⲥ ⲑⲁⲓ ϫⲉ ⲟⲩⲉⲓ ⲑⲁⲓ ⲧⲉ
ⲑⲏⲃⲥ ⲙ̀ ⲡⲁⲃⲥ ⲡⲟⲩⲣⲟ ⲛⲉⲙ ⲡⲉⲧⲉⲛⲧⲁϥ ϯⲛⲟⲩ ⲇⲉ
ⲛ̀ ⲧϣⲉⲃⲓⲱ̀ ⲛ̀ ⲧⲉⲧⲉⲛⲁ̀ⲅⲁⲡⲏ ⲛⲉⲙ ⲡⲉⲧⲉⲛϧⲓⲥⲓ ⲛⲉⲙ
ⲡⲅⲉⲛⲟⲥ ⲛ̀ ⲛⲓⲣⲱⲙⲓ ⲉ̀ⲧ ⲁⲣⲉⲧⲉⲛⲁⲓⲧⲟⲩ ⲛⲉⲙⲏⲓ ⲛⲉⲙ

ⲕ̅ⲅ̅. ⲁ. ⲛⲁⲓ ⲣⲱⲙⲓ ⲙ̀ ⲫⲟⲟⲩ ⲁ̀ ⲫϯ ⲉⲣ ϩⲙⲟⲧ ⲛⲱⲧⲉⲛ ⲙ̀
ⲫⲟⲟⲩ ⲙ̀ ⲡⲁⲓ ⲍ̅ ⲛ̀ ⲗⲟⲅⲕⲟϫⲓ ⲛⲉⲙ ⲡⲁⲓ ⲅ̅ ⲛ̀ ⲑⲣⲓⲧⲟⲛ
ϭⲓⲧⲟⲩ ⲛⲱⲓ ⲛ̀ ⲟⲩⲁⲓ ⲙ̀ ⲡⲓⲙⲁ ⲛ̀ ⲉ̀ⲥⲱⲟⲩ ⲕⲉ ⲟⲩⲁⲓ
ⲇⲉ ⲙ̀ ⲡⲓⲥⲁ ⲛ̀ ⲧⲉⲃⲧ ⲛ̀ ⲧϣⲉⲃⲓⲱ̀ ⲙ̀ ⲡⲓⲧⲉⲃⲧ ⲟⲩⲟϩ
ϭⲓ ⲙ̀ ⲡⲁⲓ ⲕⲉⲧ ⲧⲏⲓϥ ⲛ̀ ⲧϣⲉⲃⲓⲱ̀ ⲙ̀ ⲡⲓⲥⲟⲩⲟ ⲫⲏ
ⲉ̀ⲧ ⲁⲣⲉⲧⲉⲛⲧⲏⲓϥ ⲙ̀ ⲡⲓϩⲃⲱⲥ ⲛⲁⲃⲱ ⲉ̀ϫⲱϥ ⲛ̀ ⲥⲁϥ
ⲟⲩⲟϩ ⲁ̀ⲣⲉⲧⲉⲛ ⲧⲏⲓϥ ⲙ̀ ⲡⲓⲇⲱⲣⲟⲛ Ⲁⲩϩⲓⲧⲟⲩ ⲇⲉ
ⲉ̀ⲡⲉⲥⲏⲧ ⲁⲩϫⲱⲃⲥⲟⲩ ⲙ̀ ⲡⲉⲙⲑⲟ ⲙ̀ ⲡⲓⲁⲣⲭⲱⲛ ⲉⲓϫⲱ
ⲉ̀ ⲇⲱⲣⲟⲑⲉⲟⲥ ⲛⲉⲙ ⲑⲉⲟ̀ⲡⲓⲥⲑⲉ ⲟⲩⲟϩ ⲡⲉϫⲱⲟⲩ ϫⲉ
ⲟⲩ ⲡⲉ ⲫⲁⲓ ⲉ̀ⲧ ⲉⲕϫⲱ ⲙ̀ⲙⲟϥ ⲛⲁⲛ ⲱ̀ ⲡⲉⲛ ⳪ ⲕⲩⲣⲓ

ⲕ̅ⲅ̅. ⲃ. ⲡⲓⲁⲣⲭⲱⲛ ⲙⲏ ⲁⲕⲓ̀ ϣⲁⲣⲟⲛ ⲁ̀ⲛⲟⲛ ϧⲁ ⲛⲉⲕⲉ̀ⲃⲓⲁⲓⲕ
ϩⲓⲛⲁ ⲛ̀ⲧⲉⲛϭⲓ ϩⲗⲓ ⲛ̀ ⲧⲟⲧⲕ ⲙⲏ ⲥⲧⲟⲙⲓ ⲁⲛ ⲉ̀ ⲣⲱⲙⲓ
ⲛⲓⲃⲉⲛ ⲉⲑⲣⲟⲩ ⲉⲣ ⲇⲓⲁ̀ⲕⲱⲛⲓⲛ ⲛ̀ ⲛⲉⲛⲙⲁⲧⲟⲓ ⲙ̀ ⲡⲟⲩⲣⲟ
Ⲙⲏ ⲛ̀ⲑⲟⲕ ⲁⲛ ⲉ̀ⲧⲉⲛϣ ⲉ̀ϫⲉⲛ ⲛⲉⲛⲥⲱⲙⲁ ϩⲓⲛⲁ ⲉⲑⲣⲉⲕ-
ⲓ̀ⲣⲓ ⲛ̀ ϧⲏⲧⲉⲛ ⲙ̀ ⲫⲏ ⲉⲧⲉϩ ⲛⲁⲕ ⲟⲩⲟϩ ⲉ̀ⲃⲏⲗ ⲉ̀ ⲫⲁⲓ
ⲙⲏ ⲕϭⲓ ϩⲗⲓ ⲁⲛ ⲉ̀ⲃⲟⲗ ϧⲉⲛ ⲡϩⲙⲟⲧ ⲙ̀ ⲫϯ ⲛⲉⲙ
ⲧⲉϥⲇⲱⲣⲉⲁ̀ ⲕⲥⲱⲟⲩⲛ ⲱ̀ ⲡⲉⲛ ⳪ ⲛ̀ ⲁⲣⲭⲱⲛ ϫⲉ ⲁϣ

ⲛ̀ ⲉ̀ϩⲟⲟⲩ ⲡⲉ ⲫⲟⲟⲩ ⲟⲩⲟϩ ⲡⲁⲓ ⲕⲟⲩϫⲓ ⲛ̀ ⲱ̀ⲓⲕ ⲉ̀ⲧ
ⲛⲉⲕⲁⲟⲩⲟⲙϥ ⲛⲉⲙ ⲛⲉⲛ ⲥⲩⲅⲅⲉⲛⲏⲥ ⲙ̀ ⲫⲱⲛ ⲁⲛ ⲡⲉ
ⲁⲗⲗⲁ ⲫⲁ ⲫϯ ⲡⲉ ⲛⲉⲙ ⲡⲉϥⲁⲣⲭⲏⲁⲅⲅⲉⲗⲟⲥ ⲉ̀ⲑ
ⲝⲇ̄. ⲁ. ⲟⲩⲁⲃ ⲙⲓⲭⲁⲏⲗ ⲫⲁⲓ ⲉ̀ⲧ ⲉⲛ ⲉⲣ ϣⲁⲓ ⲛⲁϥ ⲙ̀ ⲫⲟⲟⲩ
ⲁⲗⲗⲁ ⲓ̀ⲥϫⲉ ⲛ̀ⲑⲟⲕ ⲫⲁⲓ ⲡⲉ ⲡⲉⲕⲟⲩⲱϣ ⲡⲉⲛ ϬⲤ 5
ⲡⲓⲁⲣⲭⲱⲛ ⲁ̀ⲛⲟⲛ ⲇⲉ ⲧⲉⲛⲛⲁϬⲓ ⲛ̀ ⲛⲓⲧⲉⲣⲙⲏⲥ ϩⲟⲗⲱⲥ
ⲛ̀ ⲧϣⲉⲃⲓⲱ̀ ⲙ̀ ⲡⲓⲉ̀ⲥⲱⲟⲩ ⲛⲉⲙ ⲡⲓⲧⲉⲃⲧ ⲟⲩⲟϩ ⲛ̀ⲧⲉⲛϬⲓ
ⲙ̀ ⲡⲓ ⲕⲉ ⲟⲩⲁⲓ ⲛ̀ⲧⲉⲛⲃⲱⲗ ⲙ̀ ⲡⲓϩⲃⲱⲥ ⲉ̀ⲃⲟⲗ ⲕⲁⲧⲁ
ⲡⲉⲕⲟⲩⲁϩⲥⲁϩⲛⲓ Ⲡⲉϫⲉ ⲡⲓⲁⲣⲭⲱⲛ ϫⲏ ⲛ̀ⲑⲟϥ ⲡⲉ
ⲙⲓⲭⲁⲏⲗ ⲛⲱⲟⲩ ϫⲉ ⲧⲁ ⲫⲙⲏⲓ ϣⲉ ⲡⲱ̀ⲛϩ ⲙ̀ ⲡⲁϬⲥ 10
ⲡⲟⲩⲣⲟ ⲁ̀ⲛⲁⲅⲕⲏ ⲛ̀ⲧⲉⲧⲉⲛϬⲓⲧⲟⲩ ⲧⲏⲣⲟⲩ ⲟⲩⲟϩ ⲛ̀
ⲧⲉⲧⲉⲛⲥⲉϫⲡ ϩⲗⲓ ⲛ̀ ϧⲏⲧⲟⲩ ⲓ̀ⲥϫⲉ ⲧⲉⲧⲉⲛ ⲉⲣ ϩⲟϯ
ⲝⲇ̄. ⲃ. ϧⲁ ⲧϩⲏ ⲙ̀ ⲡⲁ Ϭⲥ ⲡⲟⲩⲣⲟ ϫⲉ ⲙⲏⲡⲟⲧⲉ ⲛ̀ⲧⲉϥ-
ⲥⲱⲧⲉⲙ ⲛ̀ⲧⲉϥϫⲱⲛⲧ ⲁ̀ⲛⲟⲕ ϯⲛⲁϫⲉⲙ ⲗⲱⲓϫⲓ ⲉ̀ ϫⲱ-
ⲧⲉⲛ ϧⲁ ⲧⲟⲧϥ ⲙ̀ ⲡⲁ Ϭⲥ ⲡⲟⲩⲣⲟ ⲟⲩⲟϩ ϯⲛⲁⲑⲉⲧ 15
ⲡⲉϥϩⲏⲧ ⲉ̀ⲟⲣⲉϥϩⲙⲟⲧ ⲛⲱⲧⲉⲛ ⲛ̀ ϩⲁⲛ ⲧ ⲕⲉ ⲧⲁⲓⲟ
ⲉⲩⲟⲓ ⲛ̀ ⲛⲓϣϯ ⲉ̀ ⲛⲁⲓ. Ⲓ̀ⲥϫⲉ ⲧⲉⲧⲉⲛ ⲟⲩⲱϣ ⲉ̀ ⲉ̀ⲙⲓ
ⲉ̀ ϯⲙⲉⲑⲙⲏⲓ ϫⲉ ⲙ̀ⲙⲟⲛ ⲛⲁⲓ ⲙ̀ⲙⲁⲩⲁⲧⲟⲩ ⲛ̀ⲑⲱⲟⲩ
ⲡⲉ ⲉ̀ⲧⲉⲛⲧⲱⲧⲉⲛ ϩⲓⲱⲓ ⲉ̀ⲟⲣⲉϥⲧⲏⲓϥ ⲛⲱⲧⲉⲛ ⲟⲩⲟϩ
ⲁ̀ⲛⲟⲕ ⲁⲓϣⲁⲛⲧⲁⲥⲟⲟⲓ ⲉ̀ ⲧⲁⲃⲁⲕⲓ ϯⲛⲁϯ ⲛⲱⲧⲉⲛ ⲛ̀ 20
ⲧⲁⲫⲉ ⲙ̀ ⲡⲉⲧⲉⲛ ⲭⲣⲏⲙⲁ ⲛⲉⲙ ϩⲁⲛ ⲕⲉ ⲙⲏϣ ⲛ̀
ⲧⲁⲓⲟ̀ ⲉⲩⲟⲓ ⲛ̀ ⲛⲓϣϯ ⲉ̀ⲙⲁϣⲱ. Ⲁⲗⲗⲁ Ϭⲓ ⲛ̀ ⲛⲁⲓ
ⲝⲋ̄. ⲁ. ⲛⲱⲧⲉⲛ ϫⲉ ⲛ̀ⲑⲱⲟⲩ ⲡⲉ ⲡⲓϫⲫⲟ ⲁϥ ⲉⲣ ϣⲫⲏⲣⲓ ⲇⲉ
ⲛ̀ϫⲉ ⲇⲱⲣⲟⲑⲉⲟⲥ ⲛⲉⲙ ⲑⲉⲟ̀ⲡⲓⲥⲧⲉ ⲧⲉϥⲥϩⲓⲙⲓ ϧⲉⲛ
ⲡϫⲓⲛⲑⲣⲟⲩⲥⲱⲧⲉⲛ ⲉ̀ ⲛⲁⲓ ⲟⲩⲟϩ ⲡⲉϫⲱⲟⲩ ⲛⲁϥ ϫⲉ 25
ⲧⲉⲛϯ ϩⲱ̀ ⲉ̀ⲣⲟⲕ ⲱ̀ ⲡⲉⲛ Ϭⲥ ⲙ̀ⲡ ⲉⲣ ⲥⲱⲃⲓ ⲙ̀ⲙⲟⲛ
ⲁ̀ⲛⲟⲛ ϧⲁ ⲛⲉⲕⲉ̀ⲃⲓⲁⲓⲕ ⲟⲩⲇⲉ ⲙ̀ⲡ ⲉⲣ ϫⲱ ⲛ̀ ϩⲁⲛ-
ⲥⲁϫⲓ ⲛⲁⲛ ⲉⲩⲥⲁ ⲡϣⲱⲓ ⲛ̀ⲧⲉⲛ ⲯⲩⲥⲓⲥ ⲛ̀ ⲑⲛⲁⲩ ⲁϥⲓ

ϣⲁⲣⲟⲛ ⲛ̀ϫⲉ ⲡⲉⲛ ⲟ̅ⲥ̅ ⲟⲩⲟϩ ⲁⲛϯ ⲛ̀ ⲟⲩⲛⲟⲩⲃ ϣⲁⲧ
ⲉⲛϭⲓ ⲛ̀ ⲡⲓϫⲫⲟ ⲛ̀ ⲧⲟⲧϥ Ⲧⲁϥⲙⲏⲓ ⲇⲉ ϫⲉ ⲙ̀ⲡ ⲉⲛⲛⲁⲩ
ⲉ̀ⲣⲟⲕ ⲉ̀ⲛⲉϩ ⲱ̀ ⲡⲉⲛ ⲟ̅ⲥ̅ ⲟⲩⲟϩ ⲁⲕⲓ̀ ⲉ̀ ϧⲟⲩⲛ ⲉ̀
ⲡⲉⲛⲏⲓ ⲓⲉ̀ ⲉ̀ⲧⲁⲛⲛⲁⲩ ⲉ̀ ⲡⲉⲕϩⲟ ⲛ̀ ⲑⲛⲁⲩ ⲉ̀ⲃⲏⲗ ⲉ̀
ⲫⲟⲟⲩ ⲡⲱⲥ ⲕϫⲱ ⲙ̀ⲙⲟⲥ ϫⲉ ⲁⲕϭⲓ ϩⲗⲓ ⲛ̀ ⲧⲱⲧⲉⲛ 5

ⲝⲉ̅. ⲃ.   Ⲁϥ ⲉⲣ ⲟⲩⲱ̀ ⲛ̀ϫⲉ ⲡⲓⲁⲣⲭⲱⲛ ⲡⲉϫⲁϥ ⲥⲱⲧⲉⲙ ⲉ̀ⲣⲟⲓ
ⲧⲁⲧⲁⲙⲱⲧⲉⲛ ϫⲉ ⲑⲛⲁⲩ ⲡⲉ ⲉ̀ⲧ ⲁⲓⲓ̀ ⲉ̀ ϧⲟⲩⲛ ⲉ̀
ⲡⲉⲧⲉⲛⲏⲓ ⲙ̀ ⲫⲛⲁⲩ ⲉ̀ⲧⲁⲩⲙⲟⲩ ⲛ̀ϫⲉ ⲛⲉⲧⲉⲛ ⲓⲟϯ
ⲟⲩⲟϩ ⲁⲧⲉⲧⲉⲛⲉⲣ ⲕⲗⲏⲣⲟⲛⲟⲙⲓⲛ ⲛ̀ ⲛⲟⲩⲭⲣⲏⲙⲁ ⲛⲉⲙ
ⲛ̀ⲟⲩϩⲟⲙⲧ ⲓⲥϫⲉⲛ ϯⲟⲩⲛⲟⲩ ⲉ̀ⲧⲉⲙⲙⲁⲩ ϣⲁ ⲉ̀ϧⲟⲩⲛ 10
ⲉ̀ ⲫⲟⲟⲩ ϯⲛⲏⲟⲩ ⲉ̀ ϧⲟⲩⲛ ⲉ̀ ⲡⲉⲧⲉⲛⲏⲓ ⲛ̀ ⲟⲩⲥⲟⲡ
ⲕⲁⲧⲁ ⲁ̀ⲃⲟⲧ ⲟⲩⲟϩ ⲙⲉⲛⲉⲛⲥⲁ ⲑⲣⲓ ϣⲉ ⲛⲏⲓ ⲧⲉⲧⲉⲛ-
ⲟⲩⲱⲣⲡ ⲛⲏⲓ ⲛ̀ ϩⲁⲛ ⲕⲉ ⲧⲁⲓⲟ̀ ⲉ̀ ⲧⲁ ⲃⲁⲕⲓ ⲉⲩⲟⲓ ⲛ̀
ⲛⲓϣϯ ϣⲁ ⲡⲁ ⲟ̅ⲥ̅ ⲡⲟⲩⲣⲟ Ⲟⲩⲟϩ ⲁⲩⲕⲓⲛ ⲛ̀ ⲥⲃⲉ
ⲡⲉⲧⲉⲛⲣⲁⲛ ϩⲓϫⲱⲟⲩ ⲧⲏⲣⲟⲩ ϣⲁ ⲧⲉⲧⲉⲛⲣⲁⲃⲱ 15

ⲝⲋ̅. ⲁ.   ϧⲁⲧⲉⲛ ' ⲡⲁ ⲟ̅ⲥ̅ ⲡⲟⲩⲣⲟ ϩⲓⲛⲁ ⲛ̀ⲧⲉϥⲧⲏⲓⲧⲟⲩ ⲛⲱⲧⲉⲛ
ⲉⲩⲕⲏⲃ. Ⲁϥ ⲉⲣ ⲟⲩⲱ̀ ⲛ̀ϫⲉ ⲇⲱⲣⲟⲑⲉⲟⲥ ⲛⲉⲙ ⲑⲉⲟ̀-
ⲡⲓⲥⲑⲉ ϫⲉ ⲧⲉⲛϯϩⲟ ⲉ̀ⲣⲟⲕ ⲱ̀ ⲡⲉⲛϭⲥ̅ ⲛ̀ ⲁⲣⲭⲱⲛ
Ⲁⲣⲓⲟⲩⲓ ⲙ̀ ⲡⲁⲓ ⲁ̀ⲅⲁⲑⲟⲛ ⲛⲉⲙⲁⲛ ⲉⲑⲣⲉ ⲕⲧⲁⲙⲟⲛ
ⲉ̀ ⲡⲉⲕⲣⲁⲛ ϩⲟⲗⲱⲥ ϫⲉ ⲁⲛⲕⲓⲙ ⲛ̀ ⲭⲁ ⲧⲟⲧⲉⲛ ⲉ̀ⲃⲟⲗ 20
ⲉ̀ⲑⲃⲉ ⲛⲁⲓ ⲥⲁϫⲓ ⲉ̀ⲧⲉⲕϫⲱ ⲙ̀ⲙⲱⲟⲩ ⲛⲁⲛ ⲁϥ ⲉⲣ ⲟⲩⲱ̀
ⲛ̀ϫⲉ ⲡⲓⲁⲣⲭⲱⲛ ⲫⲏ ⲛ̀ⲑⲟϥ ⲡⲉ ⲙⲓⲭⲁⲏⲗ ⲟⲩⲟϩ ⲡⲉ-
ϫⲁϥ ⲛⲱⲟⲩ ϫⲉ ⲁ̀ⲛⲟⲕ ϯⲛⲁⲧⲁⲙⲱⲧⲉⲛ ⲉ̀ ⲡⲁⲣⲁⲛ
ⲛⲉⲙ ⲫⲣⲁⲛ ⲛ̀ ⲧⲁ ⲃⲁⲕⲓ ⲓⲥϫⲉ ⲧⲉⲧⲉⲛⲟⲩⲱϣ ⲉ̀ ⲥⲱ-

ⲝⲋ̅. ⲃ.   ⲧⲉⲙ Ⲁ̀ⲛⲟⲕ ⲡⲉ ⲙⲓⲭⲁⲏⲗ ⲡⲁⲣⲭⲱⲛ | ⲛ̀ ⲛⲁ ⲛⲓⲫⲏⲟⲩⲓ̀ 25
ⲛⲉⲙ ⲛⲁ ⲡⲕⲁϩⲓ ⲁ̀ⲛⲟⲕ ⲡⲉ ⲙⲓⲭⲁⲏⲗ ⲡⲁⲣⲭⲓⲥⲧⲣⲁ-
ϯⲅⲟⲩⲥ ⲛ̀ ⲧϫⲟⲙ ⲛ̀ ⲛⲓⲫⲏⲟⲩⲓ̀ ⲁ̀ⲛⲟⲕ ⲡⲉ ⲙⲓⲭⲁⲏⲗ
ⲡⲁⲣⲭⲱⲛ ⲛ̀ ⲛⲓⲉ̀ⲱⲛ ⲛ̀ ⲟⲩⲱⲓⲛⲓ ⲁ̀ⲛⲟⲕ ⲡⲉ ⲙⲓⲭⲁⲏⲗ

ⲡⲓϣⲱⲣⲓ ⲉⲓⲫⲱⲣϫ ⲛ̀ ⲛⲓⲡⲟⲗⲉⲙⲟⲥ ⲧⲏⲣⲟⲩ ⲙ̀ⲡⲉⲙⲑⲟ
ⲙ̀ ⲡⲟⲩⲣⲟ ⲁ̀ⲛⲟⲕ ⲡⲉ ⲙⲓⲭⲁⲏⲗ ⲡϣⲟⲩϣⲟⲩ ⲛ̀ ⲛⲁ-
ⲛⲓⲫⲏⲟⲩⲓ̀ ⲛⲉⲙ ⲛⲁ ⲡⲕⲁϩⲓ ⲁ̀ⲛⲟⲕ ⲡⲉ ⲙⲓⲭⲁⲏⲗ ⲡⲓ-
ⲛⲓϣϯ ⲫⲏ ⲉ̀ⲧⲉ ⲑ ⲙⲉⲧϣⲁⲛⲁϩⲑⲏϥ ⲧⲏⲣⲥ ⲙ̀ ⲫϯ
ϣⲟⲡ ⲛ̀ ϧⲏⲧϥ ⲁ̀ⲛⲟⲕ ⲡⲉ ⲙⲓⲭⲁⲏⲗ ⲡⲉⲡⲓⲑⲣⲟⲡⲟⲥ 5
ⲛ̀ ⲑⲙⲉⲧⲟⲩⲣⲟ ⲛ̀ ⲛⲓⲫⲏⲟⲩⲓ̀ ⲁ̀ⲛⲟⲕ ⲡⲉ ⲙⲓⲭⲁⲏⲗ ⲡⲓ-

ⲝⲍ̄. ⲁ. ⲁⲣⲭⲏⲁⲅⲅⲉⲗⲟⲥ | ⲫⲏ ⲉ̀ⲧ ⲟϩⲓ ⲉ̀ ⲣⲁⲧ ϥ ⲙ̀ ⲡⲉⲙⲑⲟ ⲛ̀
ⲛⲉⲛⲍⲓϫ ⲙ̀ ⲫϯ ⲁ̀ⲛⲟⲕ ⲡⲉ ⲙⲓⲭⲁⲏⲗ ⲫⲏ ⲉ̀ⲧ ⲓ̀ⲛⲓ ⲛ̀
ⲛⲉⲛⲇⲱⲣⲟⲛ ⲛ̀ ⲛⲓⲣⲱⲙⲓ ⲛⲉⲙ ⲛ̀ ⲟⲩⲧⲁⲓⲟ̀ ⲉ̀ ϧⲟⲩⲛ
ϣⲁ ⲫϯ ⲡⲁ ⲟⲩⲣⲟ ⲁ̀ⲛⲟⲕ ⲡⲉ ⲙⲓⲭⲁⲏⲗ ⲫⲏ ⲉ̀ⲧ ⲙⲟϣⲓ 10
ⲛⲉⲙ ⲛⲓⲣⲱⲙⲓ ⲛⲏ ⲉ̀ⲧⲉ ⲧⲟⲩϩⲉⲗⲡⲓⲥ ϧⲉⲛ ⲡⲟ̄ⲥ̄ ⲁ̀ⲛⲟⲕ
ⲡⲉ ⲙⲓⲭⲁⲏⲗ ⲡⲓⲁⲣⲭⲏⲁⲅⲅⲉⲗⲟⲥ ⲫⲏ ⲉ̀ⲧ ⲉⲣ ⲇⲓⲁ̀ⲕⲱⲛⲓⲛ
ⲛ̀ ϯⲙⲉⲧⲣⲱⲙⲓ ⲧⲏⲣⲥ ϧⲉⲛ ⲟⲩⲥⲱⲟⲩⲧⲉⲛ ⲟⲩⲟϩ ⲛ̀-
ⲑⲱⲧⲉⲛ ϩⲱⲧⲉⲛ ⲁⲓϣⲉⲙϣⲉ ⲑⲏⲛⲟⲩ ⲓ̀ⲥϫⲉⲛ ⲧⲉⲛ-
ⲙⲉⲧⲕⲟⲩϫⲓ ϣⲁ ϯⲛⲁⲩ ⲟⲩⲟϩ ϯⲭⲱ ⲛ̀ ⲧⲟⲧ ⲉ̀ⲃⲟⲗ 15

ⲝⲍ̄. ⲃ. ⲁⲛ ⲉⲓ ⲉⲣ ⲇⲓⲁ̀ⲕⲱⲛⲓⲛ ⲙ̀ⲙⲱⲧⲉⲛ ϣⲁ ⲧⲁⲫⲉϩ ⲑⲏⲛⲟⲩ
ⲉ̀ ⲡⲭ̄ⲥ̄ ⲡⲁ ⲟⲩⲣⲟ ⲫⲏ ⲉ̀ⲧⲟⲓ ⲛ̀ ⲁⲧ ⲕⲓⲙ ⲙ̀ ⲫⲣⲏϯ
ⲉ̀ⲧ ⲁⲣⲉⲧⲉⲛϣⲉⲙϣⲓⲧ ⲁ̀ⲛⲟⲕ ϩⲱ ⲛⲉⲙ ⲡⲁ ⲟ̄ⲥ̄ ϧⲉⲛ
ⲟⲩⲙⲉⲑⲛⲓϣϯ ⲛ̀ ϫⲟⲙ ⲙⲏ ϯⲛⲁ ⲉⲣ ⲡⲱⲃϣ ⲛ̀ ⲙⲉⲧⲉⲛ-
ⲇⲱⲣⲟⲛ ⲟⲩⲟϩ ϯⲛⲁⲭⲱ ⲛ̀ⲥⲱⲓ ⲛ̀ ⲛⲉⲧⲉⲛ ⲧⲁⲓⲟ ⲁⲛ 20
ⲛⲉⲙ ⲛⲉⲧⲉⲛ ⲙⲉⲧⲛⲁⲏⲧ ⲛⲏ ⲉ̀ⲛ ⲁⲣⲉⲧⲉⲛⲧⲏⲓⲧⲟⲩ ⲙ̀
ⲫϯ ⲉ̀ϫⲉⲛ ⲡⲁ ⲣⲁⲛ ⲙⲏ ⲛⲁⲓⲟ̀ϩⲓ ⲉ̀ ⲣⲁⲧ ⲛ̀ⲥⲁϥ ⲁⲛ
ϧⲉⲛ ⲧⲉⲧⲉⲛⲙⲏⲓϯ ⲉⲓⲥⲱⲧⲉⲙ ⲉ̀ ⲫⲏ ⲉ̀ ⲧⲉⲧⲉⲛϫⲱ
ⲙ̀ⲙⲟⲥ ⲛ̀ ⲛⲉⲧⲉⲛ ⲉ̀ⲣⲏⲟⲩ ⲉⲑⲃⲉ ⲧⲉⲧⲉⲛ ⲥⲩⲛⲏⲑⲓⲁ

ⲝⲏ̄. ⲁ. ϧⲉⲛ ⲡⲓⲇⲱⲣⲟⲛ ⲛⲉⲙ ⲡⲓϣⲁⲓ ⲙⲏ ⲛⲁⲓ ⲟⲩⲛⲟⲩ | ⲙ̀ⲙⲱ- 25
ⲧⲉⲛ ϧⲉⲛ ⲡⲓⲛⲁⲩ ⲉ̀ⲧ ⲁⲣⲉⲧⲉⲛⲣⲓⲙⲓ ⲉ̀ⲣⲉⲧⲉⲛ ϯϩⲟ
ⲉ̀ⲣⲟⲓ ⲉ̀ⲣⲉⲧⲉⲛ ϫⲱ ⲙ̀ⲙⲟⲥ ϫⲉ ⲧⲱⲃϩ ⲙ̀ ⲫϯ ⲉⲑⲣⲉ
ϥⲟⲩⲟⲑⲃⲉⲛ ⲉ̀ⲃⲟⲗϧⲉⲛ ⲡⲁⲓ ⲕⲟⲥⲙⲟⲥ ⲙ̀ⲡⲁⲧⲉ ⲧϩⲉⲗ-

ⲡⲓⲥ ⲛ̇ⲧⲉ ⲧⲉⲕⲙⲉⲧⲛⲁⲏⲧ ⲭⲱⲭⲓ ⲉ̇ⲃⲟⲗϩⲁⲣⲟⲛ ⲙⲏ ⲙ̇
ⲡⲓⲛⲁⲩ ⲉ̇ⲣⲱⲧⲉⲛ ϧⲉⲛ ⲡⲓⲛⲁⲩ ⲉ̇ⲧ ⲁⲣⲉⲧⲉⲛⲓ̇ⲛⲓ ⲛ̇
ⲙⲉⲧⲉⲛϩⲃⲱⲥ ⲉ̇ⲃⲟⲗ ⲉ̇ⲣⲉⲧⲉⲛ ϭⲓ ⲥⲙⲟⲩ ⲛ̇ ϩⲓⲧⲟⲩ
ⲁ̇ ⲧⲉⲧⲉⲛⲑⲓⲧⲟⲩ ⲉ̇ⲃⲟⲗ ⲉ̇ⲭⲉⲛ ⲧⲁⲑⲩⲥⲓⲁ̇ †ⲭⲱⲙ̇ⲙⲟⲥ
ⲛⲱⲧⲉⲛ ⲭⲉ ⲁⲓⲭⲉⲙⲧ ϧⲉⲛ ⲛⲁⲓ ⲧⲏⲣⲟⲩ †ⲭⲏ ⲛⲉⲙⲱⲧⲉⲛ 5
ⲛ̇ †ⲓ̇ⲣⲓ ⲙ̇ ⲡⲱⲃϣ ⲁⲛ ⲛ̇ ϩⲗⲓ ϧⲉⲛ ⲛⲏ ⲉ̇ⲛⲁⲣⲉⲧⲉⲛ
ⲑⲓⲧⲟⲩ ⲓⲥⲭⲉⲛ ⲧⲉⲧⲉⲛ ⲙⲉⲧⲕⲟⲩⲭⲓ ϣⲁ †ⲛⲟⲩ

Ⲝⲛ̅. ⲃ̅. Ⲁⲗⲗⲁ †ⲟⲩⲱⲛϩ ⲙ̇ⲙⲱⲟⲩ ⲧⲏⲣⲟⲩ ⲉ̇ ⲭⲱⲧⲉⲛ ϧⲁⲧⲉⲛ
ⲫ†︦ ⲫⲏ ⲛ̇ⲑⲟϥ ⲡⲉ ⲡⲁ ⲟⲩⲣⲟ ⲧⲁ ⲫⲙⲏⲓ ⲁⲩⲕⲏⲛ ⲉ̇
ϭⲓ ⲛ̇ ⲛⲉⲧⲉⲛ ⲧⲁⲓⲟ̇ ⲙ̇ ⲫⲣⲏ†︦ ⲛ̇ ⲁⲃⲉⲗ ⲛⲉⲙ ⲛⲱⲉ̇ 10
ⲛⲉⲙ ⲁⲃⲣⲁⲁⲙ ⲭⲉ ⲁ̇ ⲧⲉⲧⲉⲛ ⲑⲓⲧⲟⲩ ϧⲉⲛ ⲟⲩⲥⲱⲟⲩ-
ⲧⲉⲛ ⲱ̇ⲟⲩⲛⲓⲁ̇ⲧⲉⲛⲑⲏⲛⲟⲩ ⲟⲩⲟϩ ⲡⲓⲁ̇ⲅⲁⲑⲟⲛ ⲛⲁϣⲱ-
ⲡⲓ ⲛⲱⲧⲉⲛ ⲙ̇ ⲫⲣⲏ†︦ ⲙ̇ ⲡⲉⲧⲉⲛ ⲣⲁⲛ ⲡⲁⲓ ⲣⲏ†︦ ⲟⲛ
ⲡⲉ ⲡⲉⲧⲉⲛ ⲕⲉ ⲥⲙⲟⲩ Ⲭⲉ ⲧⲉⲣⲙⲉⲛⲓⲁ̇ ⲛ̇ ⲇⲱⲣⲟⲑⲉⲟⲥ
ⲡⲉ †ⲑⲩⲥⲓⲁ̇ ⲙ̇ ⲫ†︦ⲟⲩⲟϩ ⲧⲉⲣⲙⲉⲛⲓⲁ̇ ⲛ̇ ⲑⲉⲟ̇ⲡⲓⲥⲑⲉ ⲭⲉ 15
ⲑⲙⲉⲧⲛⲁϩ†︦ ⲉ̇ ⲫ†︦. Ⲁ̇ⲛⲟⲕ ⲡⲉ ⲡⲓⲁⲣⲭⲏⲁⲅⲅⲉⲗⲟⲥ ⲙⲏ-

Ⲝⲑ̅. ⲁ̅. ⲭⲁⲏⲗ ⲫⲏ ⲉ̇ⲧ ⲭⲏ ϧⲁⲧⲉⲛ ⲛⲉⲛⲭⲓⲭ ⲙ̇ ⲫ†︦ ⲁ̇ ⲧⲉⲧⲉⲛ
ⲭⲁⲧ ⲛⲱⲧⲉⲛ ⲛ̇ ⲣⲉϥ ⲧⲱⲃϩ ϧⲁⲧⲉⲛ ⲫ†︦ ⲉ̇ ⲭⲱⲧⲉⲛ
Ⲁ̇ⲛⲟⲕ ⲡⲉ ⲙⲓⲭⲁⲏⲗ ⲫⲏ ⲉ̇ⲧ ϭⲓ ⲛ̇ ⲛⲉⲧⲉⲛ †ϩⲟ ⲛⲉⲙ
ⲛⲉⲧⲉⲛ ⲡⲣⲟⲥⲉⲩⲭⲏ ⲛⲉⲙ ⲛⲉⲧⲉⲛ ⲑⲩⲥⲓⲁ̇ ⲛⲉⲙ ⲛⲉⲧⲉⲛ 20
ⲙⲉⲧⲛⲁⲏⲧ ⲉⲓⲱ̇ⲗⲓ ⲙ̇ⲙⲱⲟⲩ ⲉ̇ ⲡϣⲱⲓ ⲙ̇ ⲫ†︦ Ⲡⲁⲓ
ⲣⲏ†︦ ϩⲱϥ ⲕⲟⲣⲛⲏⲗⲓⲟⲥ ⲁ̇ⲛⲟⲕ ⲡⲉ ⲉ̇ⲧ ⲁⲓϩⲱⲗ ϣⲁ
ⲣⲟϥ ⲁⲓⲧⲁⲙⲟϥ ⲉ̇ ⲫⲙⲱⲓⲧ ⲛ̇ⲧⲉ ⲡⲱⲛϧ ϩⲓⲧⲉⲛ ⲡⲓⲱⲙⲥ
ⲉ̇ⲧⲁϥϭⲓⲧϥ ⲛ̇ ⲧⲟⲧϥ ⲙ̇ ⲡⲉⲧⲣⲟⲥ ⲡⲓⲛⲓϣ†︦ ⲛ̇ ⲁ̇ⲡⲟⲥⲧⲟⲗⲟⲥ
Ⲙ̇ⲡ ⲉⲣ ⲉⲣϩⲟ̇ⲧ ⲭⲉ †ⲟⲩⲛⲟⲩ ⲥⲁⲃⲟⲗ ⲙ̇ⲙⲱⲧⲉⲛ ⲁⲛ 25

Ⲝⲑ̅. ⲃ̅. ⲁⲓⲕⲏⲛ ⲛ̇ ϧⲱⲛⲧ ⲙ̇ⲙⲱⲧⲉⲛ ⲉ̇ ⲡⲁ ⲟ̅ⲥ̅ ϧⲉⲛ ⲡⲁⲭⲓⲛ-
ϧⲱⲛⲧ ⲉ̇ⲣⲱⲧⲉⲛ ⲉⲑⲃⲉ ⲧⲉⲧⲉⲛ ⲁ̇ⲅⲁⲡⲏ ⲉ̇ⲧ ⲟⲓ ⲛ̇
ⲛⲓϣ†︦ ⲉ̇ ϧⲟⲩⲛ ⲉ̇ⲣⲟⲓ ⲭⲉ ⲟⲩⲉⲓ ⲥϧⲏⲛⲟⲩⲧ ⲭⲉ ϧⲱⲛⲧ

ⲉ̀ ⲫϯ ⲟⲩⲟϩ ⲉϥⲉ̀ⲃⲱⲛⲧ ⲉ̀ⲣⲱⲧⲉⲛ ϯⲛⲟⲩ ⲇⲉ ⲱ̀ ⲇⲱ-
ⲣⲟⲑⲉⲟⲥ ⲛⲉⲙ ⲑⲉⲟ̀ⲡⲓⲥⲑⲉ ϭⲓ ⲛⲱⲧⲉⲛ ⲛ̀ ⲟⲩⲭⲟⲙ ⲟⲩⲟϩ
ϭⲓ ⲛⲁⲓ ⲛⲱⲧⲉⲛ ⲉ̀ⲃⲟⲗϧⲉⲛ ⲛⲁ ϫⲓϫ ϫⲉ ⲁⲓⲕⲏⲛ ⲛ̀
ϫⲟⲥ ⲛⲱⲧⲉⲛ ϫⲉ ⲫⲁⲓ ⲡⲉ ⲡⲓϫⲫⲟ ⲟⲩⲟϩ ⲡⲓⲁⲗⲗⲟⲑ-
ⲣⲓⲟⲩⲛ¹ ϧⲉⲛ ⲓ̀ⲗⲏⲙ ⲛ̀ⲧⲉ ⲧⲫⲉ ⲧⲃⲁⲕⲓ ⲙ̀ ⲡⲟⲩⲣⲟ 5
ⲛ̀ ⲛⲁ ⲛⲓⲫⲏⲟⲩⲓ̀ ⲛⲉⲙ ⲛⲁ ⲡⲕⲁϩⲓ ⲁⲓⲕⲏⲛ ⲛ̀ ϣⲉⲡ
ⲟ̄. ⲗ. ⲑⲏⲛⲟⲩ ⲛ̀ ϣⲁ ⲡϩⲙⲟⲧ ⲛ̀ ⲧⲟⲧϥ ⲙ̀ ⲫϯ ⲛ̀ ⲧϣⲉⲃⲓⲱ̀
ⲛ̀ ⲛⲉⲧⲉⲛ ⲇⲱⲣⲟⲛ ⲛⲉⲙ ⲛⲉⲧⲉⲛ ⲙⲉⲧⲛⲁⲏⲧ ⲛⲁⲓ ⲇⲉ
ⲉ̀ⲧⲁϥϫⲟⲧⲟⲩ ⲛⲱⲟⲩ ⲁϥϯ ⲛⲱⲟⲩ ⲙ̀ ⲡⲓⲛⲟⲩⲃ ⲛⲉⲙ
ϯϩⲓⲣⲏⲛⲏ ⲁϥϩⲱⲗ ⲉ̀ ⲡϣⲱⲓ ⲉ̀ ⲧⲫⲉ ⲛⲉⲙ ⲛⲓⲁⲅⲅⲉⲗⲟⲥ 10
ⲉ̀ⲣⲉ ⲇⲱⲣⲟⲑⲉⲟⲥ ⲛⲉⲙ ⲑⲉⲟ̀ⲡⲓⲥⲑⲉ ϫⲟⲩϣⲧ ⲉ̀ⲣⲟϥ ϧⲉⲛ
ⲟⲩϩⲟϯ ϣⲁⲧ ⲉϥϩⲱⲗ ⲉ̀ ⲡϣⲱⲓ ⲉ̀ ⲧⲫⲉ ϧⲉⲛ ⲟⲩϩⲓ-
ⲣⲏⲛⲏ ⲛ̀ⲧⲉ ⲫϯ ⲁ̀ⲙⲏⲛ. ⲇⲱⲣⲟⲑⲉⲟⲥ ⲇⲉ ⲛⲉⲙ ⲑⲉⲟ̀-
ⲡⲓⲥⲑⲉ ⲧⲉϥⲥϩⲓⲙⲓ ⲁⲩⲓ̀ⲣⲓ ⲙ̀ ⲫⲣⲏϯ ⲉ̀ⲧⲁϥϩⲟⲛϩⲉⲛ
ⲛⲱⲟⲩ ⲛ̀ϫⲉ ⲡⲓⲁⲣⲭⲏⲁⲅⲅⲉⲗⲟⲥ ⲉ̄ⲑ ⲟⲩⲁⲃ ⲙⲓⲭⲁⲏⲗ 15
ⲟⲩⲟϩ ⲁⲩϫⲱⲕ ⲙ̀ ⲡⲓϣⲁⲓ ⲉ̀ⲃⲟⲗϧⲉⲛ ⲟⲩⲣⲁϣⲓ ⲉⲩ-
ⲟ̄. ⲃ. ⲟⲩⲱⲙ ⲟⲩⲟϩ ⲉⲩϯ ⲱ̀ⲟⲩ ⲙ̀ ⲫϯ ⲟⲩⲟϩ ⲙ̀ⲡ ⲟⲩϣ-
ⲛⲁⲩ ϧⲉⲛ ⲡⲟⲩϩⲱⲃ ⲛⲉⲙ ⲛⲟⲩⲙⲉⲧⲛⲁⲏⲧ ⲉ̀ⲧⲟⲩⲓ̀ⲣⲓ
ⲙ̀ⲙⲱⲟⲩ ϧⲉⲛ ⲫⲣⲁⲛ ⲙ̀ ⲫϯ ⲙ̀ ⲙⲓⲭⲁⲏⲗ ϣⲁⲧ
ⲟⲩϫⲱⲕ ⲙ̀ ⲡⲟⲩⲃⲓⲟⲥ ⲧⲏⲣϥ ⲉ̀ⲃⲟⲗ ⲙⲏ ⲱ̀ ⲛⲁⲙⲉⲛⲣⲁϯ 20
ⲁ̀ ⲧⲉⲧⲉⲛ ϫⲉⲙϩⲛⲟⲩ ⲛ̀ ⲟⲩⲕⲟⲩϫⲓ ϧⲉⲛ ⲛⲏ ⲉ̀ⲧ ⲁⲣⲉⲧⲉⲛ-
ⲥⲱⲧⲉⲙ ⲉ̀ⲣⲱⲟⲩ ϯⲛⲟⲩ ⲙⲏ ⲁϥⲣⲁϣⲧⲉⲛ ⲛ̀ϫⲉ ⲡⲁⲓ
ϣⲓⲛⲓ ⲫⲁⲓ ϣⲁⲧ ⲉϥⲃⲱⲧ ⲛ̀ϫⲉ ⲡⲉⲧⲉⲛ ϧⲏⲧ ϯⲛⲟⲩ
ⲇⲉ ⲙ̀ⲡ ⲉⲣ ϭⲛⲁⲩϩ ⲙ̀ⲙⲱⲧⲉⲛ ⲁⲛ ⲡⲉ ϧⲉⲛ ⲡⲓϫⲓⲛⲓ̀ⲛⲓ
ⲉ̀ ϧⲟⲩⲛ ⲙ̀ ⲫϯ ⲉ̀ϫⲉⲛ ⲫⲣⲁⲛ ⲙ̀ ⲙⲓⲭⲁⲏⲗ ⲙⲏ ⲙ̀ 25
ⲡⲉⲧⲉⲛ ⲧⲁϫⲣⲟⲥ ϫⲉ ⲛⲏ ⲉ̀ ⲧⲉⲧⲉⲛ ϯ ⲙ̀ⲙⲱⲟⲩ ⲛ̀

¹ On the margin the variants ⲟⲩⲟϩ ⲡⲓⲁⲗⲗⲟⲑⲣⲓⲧⲟⲛ
are written. ⲟⲩⲟϩ ⲡⲓⲁⲗⲗⲟⲑⲣⲓⲧⲉⲛ

ūλ. λ. ϥϯ | ⲛ̄ ⲡⲓⲁⲣⲭⲏⲁⲅⲅⲉⲗⲟⲥ ⲙⲓⲭⲁⲏⲗ ⲛ̄ⲑⲟϥ ⲉⲟ
ⲟⲩⲱⲛϩ̄ ⲙ̄ⲙⲱⲟⲩ ⲉ̇ⲃⲟⲗ ⲛ̄ ϥϯ ⲡⲟⲩⲣⲟ ⲉ̇ⲝⲱⲧⲉⲛ
ⲟⲩⲟϩ̄ ⲛ̄ⲑⲱⲧⲉⲛ ϩⲱⲧⲉⲛ ⲛⲓⲓ ⲉ̇ ⲧⲉⲧⲉⲛ ϯ ⲙ̄ⲙⲱⲟⲩ ⲛ̄
ϥⲣⲁⲛ ⲙ̄ ϥϯ ⲛ̄ ⲙⲓⲭⲁⲏⲗ ⲛ̄ⲑⲟϥ ⲉⲑ ⲛⲁϯ ⲙ̄ ⲡⲉϥ-
ⲝϥⲟ ⲛⲱⲧⲉⲛ ⲛⲉⲙⲁϥ ⲉϥⲕⲏⲃ ⲙ̄ ϥⲣⲏϯ ⲛ̄ ⲛⲁⲓ ⲣⲱⲙⲓ 5
ⲉⲑ ⲟⲩⲁⲃ ⲱ̇ ⲛⲁ ⲙⲉⲛⲣⲁϯ ⲁ̇ ⲧⲉⲧⲉⲛ ⲥⲱⲧⲉⲙ ⲉ̇
ϯⲙⲉⲑⲙⲏϯ ⲛ̄ ⲇⲱⲣⲉⲁ ⲛ̄ⲧⲉ ϥϯ ⲉ̇ⲧⲁⲥⲧⲁϣⲉ ⲛⲁⲓ
ⲣⲱⲙⲓ ⲉⲑ ⲟⲩⲁⲃ ⲇⲱⲣⲟⲑⲉⲟⲥ ⲛⲉⲙ ⲑⲉⲟ̇ⲡⲓⲥⲑⲉ ⲧⲉϥ-
ⲥϩⲓⲙⲓ ⲝⲉ ⲉ̇ⲧⲁⲩⲥⲟⲩⲧⲱⲛ ⲡⲟⲩⲱϣ ⲛⲉⲙ ϥϯ ⲁ̇ ϥϯ
ⲥⲟⲩⲧⲱⲛ ⲧⲉϥⲁ̇ⲅⲁⲡⲏ ⲉ̇ ϧⲟⲩⲛ ⲉ̇ⲣⲱⲟⲩ Ⲟⲩⲟϩ̄ ⲁϥ- 10
ūλ. ⲃ. ⲟⲩⲱⲣⲡ ⲛⲱⲟⲩ ⲛ̄ ⲡⲓⲁⲣⲭⲏⲁⲅⲅⲉⲗⲟⲥ ⲙⲓⲭⲁⲏⲗ
ⲁϥⲑⲁⲙⲓⲟ̇ ⲛⲱⲟⲩ ⲛ̄ ⲟⲩⲛⲓϣϯ ⲙ̄ ⲙⲉⲧⲣⲁⲙⲁⲟ̇ ⲙ̄ⲙⲟⲛⲧ-
ⲉⲥ ⲁⲩⲣⲏⲝⲥ ⲛⲉⲙ ⲡⲧⲱⲧⲉⲣ ⲛ̄ ⲑⲙⲉⲧⲟⲩⲣⲟ ⲛ̄ ⲛⲓⲫⲏⲟⲩⲓ̇
Ⲁⲛⲟⲛ ⲇⲉ ϩⲱⲛ ⲱ̇ ⲛⲉⲛⲙⲉⲛⲣⲁϯ ⲛ̄ ⲥⲛⲏⲟⲩ ϩⲏⲡⲡⲉ
ⲁⲛⲕⲏⲛ ⲛ̄ ⲉ̇ⲙⲓ ⲧⲁⲫⲙⲏⲓ ⲝⲉ ϩⲱⲃ ⲛⲓⲃⲉⲛ ⲉ̇ ⲧⲉⲧⲉⲛ- 15
ⲛⲁⲧⲏⲓⲧⲟⲩ ϧⲉⲛ ϥⲣⲁⲛ ⲙ̄ ⲡⲓⲁⲣⲭⲏⲁⲅⲅⲉⲗⲟⲥ ⲙⲓ-
ⲭⲁⲏⲗ ⲧⲉⲧⲉⲛ ⲛⲁϭⲓⲧϥ ⲉϥⲕⲏⲃ ϧⲉⲛ ⲡⲓⲕⲟⲥⲙⲟⲥ
ⲙ̄ⲡⲁⲛ ⲧⲉⲧⲉⲛ ϥⲟϩ̄ ⲉ̇ ⲛⲓⲫⲏⲟⲩⲓ̇ Ϯⲛⲟⲩ ⲇⲉ ⲱ̇ ⲛⲏ ⲉⲟ
ⲙⲉϩ̄ ⲛ̄ ⲁ̇ⲣⲉⲧⲏ ⲙ̄ⲡ ⲉⲣ ϭⲛⲁⲩϩ̄ ⲙ̄ⲙⲱⲧⲉⲛ ⲉ̇ⲣⲉⲧⲉⲛ
ϯ ⲙ̄ ⲡϣⲓ ⲛ̄ ⲧⲉⲧⲉⲛ ⲝⲟⲙ ⲉ̇ⲣⲉⲧⲉⲛⲥⲱⲟⲩⲛ ⲝⲉ ⲙⲏ 20
ūⲃ. ⲁ. ⲉ̇ ⲧⲉⲧⲉⲛ ϯⲙ̄ⲙⲱⲟⲩ ⲉ̇ⲣⲉⲧⲉⲛ ϯ ⲙ̄ ⲡⲓⲁⲣⲭⲏⲁⲅⲅⲉ-
ⲗⲟⲥ ⲙⲓⲭⲁⲏⲗ ⲛ̄ⲑⲟϥ ⲉϥⲉ̇ϣⲉⲙϣⲉ ⲑⲏⲛⲟⲩ ⲛ̄ ϧⲏⲧⲟⲩ
ϧⲉⲛ ⲟⲩⲣⲁϣⲓ ⲓⲧⲉ ⲕⲟⲩⲝⲓ ⲓⲧⲉ ⲟⲩⲛⲓϣ ⲛ̄ⲑⲟϥ ⲉϥⲉ-
ϣⲱⲡ ⲉ̇ⲣⲟϥ ⲛ̄ⲧⲱⲧⲉⲛ ⲛ̄ⲧⲉⲧⲉⲛⲡⲣⲟϩⲉ̇ⲣⲉⲥⲓⲥ Ⲇⲉ
ⲟⲩⲉⲓ ϥϯ ⲕⲱϯ ⲛ̄ ⲧⲟⲧⲉⲛ ⲁⲛ ⲛ̄ ⲥⲁ ⲡϣⲱⲓ ⲛ̄ ⲧⲉⲛ- 25
ⲝⲟⲙ ⲡⲗⲏⲛ ⲟⲩⲡⲣⲟϩⲉ̇ⲣⲉⲥⲓⲥ ⲉ̇ ⲛⲁⲛⲉ ⲥ ⲉ̇ⲧ ⲉϥⲛⲁⲕⲱϯ
ⲛ̄ⲥⲱⲥ ⲛ̄ ⲧⲟⲧⲉⲛ ⲓⲉ ⲥⲱⲧⲉⲙ ⲁ̇ⲛⲟⲕ ϯⲛⲁⲧⲁⲙⲟⲕ
ϧⲉⲛ ⲡⲓⲥⲏⲟⲩ ⲉ̇ ⲛⲁⲣⲉ ⲡⲥⲱⲧⲏⲣ ⲛⲉⲙⲁⲛ ϩⲓⲝⲉⲛ

ⲡⲕⲁϩⲓ ⲁ̀ ⲛⲓⲣⲱⲙⲓ ϫⲉⲙⲟⲩ ϫⲉ ⲉⲩⲓ̀ⲛⲓ ⲛ̀ ⲛⲟⲩⲭⲣⲏⲙⲁ

ⲟⲃ̄. ⲃ. ⲉⲩϭⲓⲟⲩⲓ̀ ⲙ̀ⲙⲱⲟⲩ ⲉ̀ ⲡⲓⲕⲁⲍⲱⲫⲩⲗⲁⲅⲓⲱⲛ | ⲟⲩⲟϩ
ⲙ̀ⲡⲉ ⲫϯ ⲑⲙⲁⲓⲱⲟⲩ ⲉ̀ⲙⲁϣⲱ Ⲟⲩⲟϩ ⲉ̀ⲧⲁⲥⲕⲱϯ
ⲛ̀ϫⲉ ϯⲭⲏⲣⲁ ⲛ̀ ⲥϩⲓⲙⲓ ϧⲉⲛ ⲡⲉⲥⲛⲓ ⲁⲥϫⲓⲙⲓ ⲛ̀
ⲗⲉⲡⲧⲟⲛ ⲃ̄ ϩⲟⲗⲱⲥ ⲁⲥⲓ̀ⲛⲓ ⲙ̀ⲙⲱⲟⲩ ϧⲉⲛ ⲟⲩⲥⲱⲟⲩ- 5
ⲧⲉⲛ ⲁⲥϩⲓⲧⲟⲩ ⲉ̀ ϧⲟⲩⲛ ⲉ̀ ⲡⲓⲕⲁⲍⲟⲫⲩⲗⲁⲅⲓⲱⲛ
ⲁϥϯ ⲛⲁⲥ ⲛ̀ϫⲉ ⲫϯ ⲙ̀ ⲡⲓⲙⲁⲕⲁⲣⲓⲥⲙⲟⲥ ⲟⲩⲟϩ ⲁϥ-
ⲧⲁⲓⲟⲥ ⲉϥϫⲱ ⲙ̀ⲙⲟⲥ ϫⲉ ϩⲱⲃ ⲛⲓⲃⲉⲛ ⲉⲧ ⲉⲛⲧⲁⲥ
ⲁⲥⲧⲏⲓϥ ⲡⲉⲥ ⲱⲛϧ ⲧⲏⲣϥ Ⲛ̀ⲑⲟⲕ ϩⲱⲕ ⲱ̀ ⲡⲓⲙⲉⲛⲣⲓⲧ
ⲁ̀ⲣⲓ ⲥⲡⲟⲧⲁⲍⲓⲛ ϩⲓⲛⲁ ⲉ̀ⲑⲣⲉⲕϯ ⲫϯ ϧⲉⲛ ⲫⲣⲁⲛ 10
ⲛ̀ ⲡⲓⲁⲣⲭⲏⲁⲅⲅⲉⲗⲟⲥ ⲙⲏⲭⲁⲏⲗ ⲟⲩⲟϩ ⲛ̀ⲑⲟϥ ϩⲱϥ

ⲟⲅ̄. ⲁ. ϥⲛⲁϯ ⲛⲁⲕ ⲛ̀ ϩⲁⲛⲙⲏϣ ⲛ̀ ⲁⲅⲁⲑⲟⲛ ⲟⲩⲟϩ ϥⲛⲁ
ⲉⲣ ⲇⲓⲁⲕⲱⲛⲓⲛ ⲙ̀ⲙⲟⲕ ⲛ̀ ϩⲓⲧⲟⲩ ⲟⲩⲟϩ ⲉ̀ϣⲱⲡ
ⲁⲕϣⲁⲛϯ ⲛ̀ ⲟⲩⲇⲱⲣⲟⲛ ⲛ̀ⲑⲟⲕ ⲉ̀ϫⲉⲛ ⲫⲣⲁⲛ ⲙ̀ ⲡⲓⲁⲣ-
ⲭⲏⲁⲅⲅⲉⲗⲟⲥ ⲙⲏⲭⲁⲏⲗ ⲫϯ ⲇⲉ ⲉϥⲉ̀ϯ ⲛⲁⲕ ⲉ̀ⲃⲟⲗϧⲉⲛ 15
ⲡⲓⲇⲱⲣⲟⲛ Ⲙⲏⲭⲁⲏⲗ ⲇⲉ ⲉϥⲉ̀ϯ ⲧⲁⲓⲟ ⲛⲁⲕ ⲁⲕϣⲁⲛϯ
ⲛ̀ ⲟⲩⲙⲉⲧⲛⲁⲏⲧ ⲉ̀ϫⲉⲛ ⲫⲣⲁⲛ ⲙ̀ ⲫϯ ⲙ̀ ⲙⲓⲭⲁⲏⲗ
ⲫϯ ⲇⲉ ⲉϥⲉ̀ ⲉⲣ ⲃⲟⲏⲑⲓⲛ ⲉ̀ⲣⲟⲕ ϧⲉⲛ ⲧⲉϥⲙⲉⲧϣⲁⲛⲁ-
ϩⲑⲏϥ ϧⲉⲛ ⲧⲉϥⲙⲉⲧⲟⲩⲣⲟ ⲛ̀ ⲁⲧ ⲕⲓⲛ ϧⲉⲛ ⲧⲫⲉ
ⲈϢⲱⲡ ⲛ̀ⲑⲟⲕ ⲁⲕϣⲁⲛϣⲱⲡ ⲛ̀ ⲟⲩϣⲉⲙⲙⲟ ⲉ̀ⲣⲟⲕ 20
ⲉ̀ϫⲉⲛ ⲫⲣⲁⲛ ⲙ̀ ⲫϯ ⲙ̀ ⲙⲓⲭⲁⲏⲗ ⲫϯ ⲛⲁϣⲟⲡⲕ

ⲟⲅ̄. ⲃ. ⲉ̀ϧⲟⲩⲛ ⲉ̀ ⲛⲉⲛⲁⲩⲗⲓⲟⲩ ⲛ̀ ϯϩⲓⲣⲏⲛⲏ Ⲁⲕϣⲁⲛⲧⲥⲟ
ⲛ̀ ⲟⲩⲁⲓ ⲉϥϩⲟⲕⲉⲣ ⲉ̀ϫⲉⲛ ⲫⲣⲁⲛ ⲙ̀ ⲫϯ ⲙ̀ ⲙⲓⲭⲁⲏⲗ
ⲫϯ ⲛⲁⲧⲥⲟⲕ ⲉ̀ⲃⲟⲗϧⲉⲛ ⲛⲉⲛⲁ̀ⲅⲁⲑⲟⲛ ⲛ̀ ⲧⲉϥⲙⲉⲧⲟⲩ-
ⲣⲟ Ⲉ̀ϣⲱⲡ ⲛ̀ⲑⲟⲕ ⲁⲕϣⲁⲛϩⲃⲱⲥ ⲛ̀ ⲟⲩⲁⲓ ⲉϥⲃⲏϣ 25
ⲉ̀ϫⲉⲛ ⲫⲣⲁⲛ ⲙ̀ ⲫϯ ⲙ̀ ⲙⲓⲭⲁⲏⲗ ⲫϯ ⲛⲁϯ ϩⲓⲱⲧⲕ
ⲛ̀ ⲟⲩⲥⲧⲟⲗⲏ ⲛ̀ ⲟⲩⲱ̀ⲟⲩ ϧⲉⲛ ⲛⲓⲫⲏⲟⲩⲓ̀ Ⲟⲩⲟϩ ⲁⲕ-
ϣⲁⲛϯ ⲛ̀ ⲟⲩⲁ̀ⲫⲟⲧ ⲛ̀ ⲏⲣⲡ ⲛ̀ ⲟⲩⲁⲓ ⲉ̀ϫⲉⲛ ⲫⲣⲁⲛ

ⲛ̀ ⲫϯ ⲙ̀ ⲙⲓⲭⲁⲏⲗ ⲫϯ ⲛⲁϯ ⲛⲁⲕ ⲉⲃⲟⲗϧⲉⲛ ⲡⲓⲏⲣⲡ
ⲛ̀ ϯⲃⲱ ⲛ̀ ⲁⲗⲟⲗⲓ ⲙ̀ ⲙⲏⲓ ⲉⲧ ⲕⲉⲛⲓⲏⲟⲩⲧ ⲉ̀ϣⲱⲡ
ⲙ̀ⲙⲟⲛⲧⲉⲕ ⲏⲣⲡ ϯ ⲙ̀ ⲟⲩⲁ̀ⲫⲟⲧ ⲙ̀ ⲙⲱⲟⲩ ϩⲱⲥ
ϩⲟⲗⲱⲥ ⲙ̀ ⲫⲣⲏϯ ⲙ̀ ⲡⲥⲁϫⲓ ⲙ̀ ⲡϭ︤ⲥ︥ ϧⲉⲛ ⲡⲓⲉⲩⲁⲅ-

ⲟ̅ⲇ̅. ⲁ. ⲅⲉⲗⲓⲟⲛ | ϥϫⲱ ⲙ̀ⲙⲟⲥ ϫⲉ ⲫⲏ ⲉ̀ⲑ ⲛⲁⲧⲥⲉ ⲑⲏⲛⲟⲩ 5
ⲛ̀ ⲟⲩⲁ̀ⲫⲟⲧ ⲙ̀ ⲙⲱⲟⲩ ϩⲟϫ ϧⲉⲛ ⲡⲁ ⲣⲁⲛ ϫⲉ ⲛ̀ⲑⲱⲧⲉⲛ
ⲛⲁ ⲡ︤ⲭ︦ⲥ︥ ⲛ̀ⲛⲉ ϥⲧⲁⲕⲟ̀ ⲛ̀ϫⲉ ⲡⲉϥⲃⲉⲭⲉ ⲫϯ ⲉϥⲉⲧⲥⲟⲕ
ⲉ̀ⲃⲟⲗϧⲉⲛ ϯⲙⲟⲩⲛⲓ ⲙ̀ ⲙⲱⲟⲩ ⲛ̀ⲧⲉ ⲡⲱⲛϧ ⲫⲏ ⲉ̀ⲑ
ⲙⲏⲟⲩ ⲉ̀ⲃⲟⲗϧⲉⲛ ⲡⲓⲑⲣⲟⲛⲟⲥ ⲉ̀ⲑ ⲟⲩⲁⲃ Ⲁⲕϣⲁⲛϫⲉⲙ-
ⲡϣⲓⲛⲓ ⲛ̀ ⲟⲩⲁⲓ ϥⲭⲏ ϧⲉⲛ ⲟⲩϣⲱⲛⲓ ⲉ̀ϫⲉⲛ ⲫⲣⲁⲛ 10
ⲙ̀ ⲫϯ ⲙ̀ ⲙⲏⲭⲁⲏⲗ ⲫϯ ⲛⲁⲟⲩⲱⲣⲡ ⲛⲁⲕ ⲙ̀
ⲡⲉϥⲁⲅⲅⲉⲗⲟⲥ ⲉⲑⲣⲉϥϫⲉⲙ ⲡⲉⲕϣⲓⲛⲓ ϩⲱⲕ ϧⲉⲛ
ⲡⲉⲕⲛⲓϣϯ ⲛ̀ ϣⲱⲛⲓ ⲉ̀ⲧⲉ ⲡⲉ̀ϩⲟⲟⲩ ⲙ̀ ⲡⲉⲕⲙⲟⲩ ⲡⲉ

ⲟ̅ⲇ̅. ⲃ. Ⲁⲕϣⲁⲛϩⲱⲗ ϣⲁ ⲛⲏ ⲉⲧ ⲭⲏ ϧⲉⲛ ⲡⲓϣⲧⲉⲕⲟ |
ⲛ̀ⲧⲉⲕϯ ⲛⲟⲙϯ ⲛⲱⲟⲩ ϧⲉⲛ ⲡϣⲁⲓ ⲙ̀ ⲡⲓⲁⲣⲭⲏⲁⲅⲅⲉ- 15
ⲗⲟⲥ ⲙⲓⲭⲁⲏⲗ ⲫϯ ⲛⲁⲟⲩⲱⲣⲡ ⲛⲁⲕ ⲙ̀ ⲙⲏⲭⲁⲏⲗ
ⲉⲑⲣⲉϥⲛⲁϩⲙⲉⲕ ⲉⲃⲟⲗϧⲉⲛ ⲡϣⲧⲉⲕⲟ ⲛ̀ ⲁ̀ⲙⲉⲛϯ
ⲟⲩⲟϩ ⲉⲣⲉ ⲫϯ ⲛⲁϫⲟⲥ ⲛⲁⲕ ϫⲉ ⲁ̀ⲛⲟⲕ ⲁⲓϫⲉⲙⲧ
ϧⲉⲛ ⲡⲓϣⲧⲉⲕⲟ ⲟⲩⲟϩ ⲁⲕⲓ̀ ϣⲁⲣⲟⲓ Ⲁⲕϣⲁⲛⲕⲱⲧ ⲛ̀
ⲟⲩⲉⲕⲕⲗⲏⲥⲓⲁ̀ ⲉ̀ϫⲉⲛ ⲫⲣⲁⲛ ⲙ̀ ⲫϯ ⲙ̀ ⲙⲏⲭⲁⲏⲗ ⲫϯ 20
ⲛⲁ ⲉⲣ ϩⲙⲟⲧ ⲛⲁⲕ ⲛ̀ ⲟⲩϩⲓ ⲛ̀ ⲁⲧ ⲙⲟⲩⲛⲕ ⲛ̀ ϫⲓϫ
ϧⲉⲛ ⲧⲫⲉ Ⲟⲩⲟϩ ⲁⲕϣⲁⲛⲛⲁⲩ ⲉ̀ ⲟⲩⲁⲓ ⲉϥⲟⲓ ⲛ̀ ⲁⲧ
ϫⲟⲙ ⲉⲑⲃⲉ ⲟⲩⲙ̀ⲕⲁϩ ⲛ̀ ⲥⲱⲙⲁ ⲟⲩⲟϩ ⲛ̀ⲧⲉⲕϯⲙⲁϯ

ⲟ̅ⲉ̅. ⲁ. ϧⲉⲛ ⲡⲉϥⲫⲁϩⲣⲓ ⲫϯ ⲙ̀ ⲙⲏⲭⲁⲏⲗ | ⲛⲁ ⲉⲣ ⲫⲁϩⲣⲓ
ⲉ̀ⲣⲟⲕ ⲉ̀ⲃⲟⲗϧⲉⲛ ⲡϣⲱⲛⲓ ⲛ̀ ⲁ̀ⲙⲉⲛϯ Ⲇⲉ ⲟⲩⲉⲓ 25
ⲥⲥ̀ϧⲏⲟⲩⲧ ⲛⲁⲓ ϩⲓⲛⲁ ⲛ̀ⲧⲟⲩⲛⲁⲓ ⲛⲱⲧⲉⲛ ⲡⲗⲏⲛ
ⲱ̀ⲟⲩⲛⲓⲁ̀ⲧⲟⲩ ⲛ̀ ⲛⲓⲛⲁⲏⲧ ϫⲉ ⲛ̀ⲑⲱⲟⲩ ⲡⲉ ⲉ̀ⲧⲟⲩ-
ⲛⲁⲛⲁⲓ ⲛⲱⲟⲩ Ⲡⲁⲗⲓⲛ ϫⲉ ⲡⲓⲛⲁⲓ ϣⲟⲩϣⲟⲩ ⲙ̀ⲙⲟϥ

ⲉ̀ϫⲉⲛ ⲡⲓϩⲁⲡ ⲟⲩⲟϩ ϯⲁⲅⲁⲡⲏ ϩⲱⲡⲥ ⲉ̀ⲃⲟⲗ ⲉ̀ϫⲉⲛ
ⲟⲩⲙⲏϣ ⲛ̀ ⲛⲟⲃⲓ (1) ⲛⲁⲙⲉⲛⲣⲁϯ ⲛ̀ ⲥⲛⲏⲟⲩ ⲥⲉⲙⲡϣⲁ
ⲛ̀ⲧⲉⲛ ⲉ̀ⲣ ⲁⲅⲱⲛⲓⲍⲉⲥⲑⲉ ⲉⲑⲣⲉⲛ ⲓ̀ⲣⲓ ⲛ̀ ⲟⲩⲛⲁⲓ ϧⲉⲛ
ⲡⲁⲱⲣⲟⲛ ⲙ̀ ⲫϯ ⲛⲉⲙ ⲟⲩⲁ̀ⲅⲁⲡⲏ ϧⲉⲛ ⲫⲣⲁⲛ ⲙ̀
ⲫϯ ⲙ̀ ⲙⲓⲭⲁⲏⲗ ϫⲉ ⲟⲩⲉⲓ ⲧⲉⲛⲉ̀ⲙⲓ ϫⲉ ⲥⲉⲙⲡϣⲁ 5

ⲟ︦ⲥ︦. ⲃ. ⲟⲩⲟϩ ⲟⲩⲇⲓⲕⲉⲟⲛ ⲡⲉ ⲟⲩⲟϩ ϥ̀ϧⲉⲛⲧ ⲉ̀ ⲱϯ ⲛ̀ ⲥⲛⲟⲩ
ⲛⲓⲃⲉⲛ ⲟⲩⲟϩ ϥϯ ⲙ̀ ⲫⲟⲩⲁⲓ ⲫⲟⲩⲁⲓ ⲕⲁⲧⲁ ⲛⲉϥϩ-
ⲃⲏⲟⲩⲓ̀ ⲟⲩⲟϩ ⲛ̀ⲧⲉⲛϩⲓⲧⲟⲧⲉⲛ ϧⲉⲛ ϯⲁⲅⲁⲡⲏ ⲛ̀ ⲥⲛⲟⲩ
ⲛⲓⲃⲉⲛ ⲱ̀ ⲛⲁⲙⲉⲛⲣⲁϯ ϫⲉ ϯⲛⲟⲩ ϯⲁⲅⲁⲡⲏ ⲟⲩ
ⲉ̀ⲃⲟⲗϧⲉⲛ ⲫϯ ⲡⲉ ϫⲉ ϯⲁⲅⲁⲡⲏ ϯⲛⲟⲩⲟⲩⲛⲁⲓ ⲧⲉ 10
ϫⲉ ⲟⲩⲛⲁⲓ ⲁϥⲁⲓϥ ⲛⲉⲙ ⲡⲉⲛ ⲓⲱⲧ ⲁ̀ⲇⲁⲙ ⲛⲉⲙ
ⲧⲉⲛⲙⲁⲩ ⲉⲩⲁ̀ ⲁϥϣⲟⲡϥ ⲉ̀ⲣⲟϥ ⲛ̀ⲧⲟⲩⲙⲉⲧⲁⲛⲟⲓⲁ̀
ⲟⲩⲟϩ ⲁϥⲭⲱ ⲉ̀ⲃⲟⲗ ⲛ̀ⲧⲟⲩⲡⲁⲣⲁⲃⲁⲥⲓⲥ ϧⲉⲛ ⲛⲉⲛⲧⲱⲃϩ
ⲙ̀ ⲙⲓⲭⲁⲏⲗ ⲛⲉⲙ ⲟⲩⲁ̀ⲅⲁⲡⲏ ⲟⲩⲛ ⲁϥⲁⲓⲥ ⲛⲉⲙ
ⲡⲓⲑⲙⲏⲓ ⲁ̀ⲃⲉⲗ ⲁϥϣⲱⲡ ⲉ̀ⲣⲟϥ ⲛ̀ⲧⲉϥⲑⲩⲥⲓⲁ̀ ϩⲓⲧⲉⲛ 15

ⲟ︦ⲥ︦. ⲁ. ⲛⲉⲛⲧⲱⲃϩ ⲙ̀ ⲙⲓⲭⲁⲏⲗ ⲟⲩⲛⲁⲓ ⲟⲩⲛ ⲁϥⲁⲓϥ ⲛⲉⲙ
ⲉ̀ⲛⲱⲭ ⲁϥⲟⲩⲟⲑⲃⲉϥ ⲉ̀ϣⲧⲉⲙⲑⲣⲉϥⲛⲁⲩ ⲉ̀ ⲫⲙⲟⲩ ϧⲉⲛ
ⲛⲉⲛⲧⲱⲃϩ ⲙ̀ ⲙⲓⲭⲁⲏⲗ ⲟⲩⲛⲁⲓ ⲟⲩⲛ ⲁϥⲁⲓϥ ⲛⲉⲙ
ⲛⲱⲉ̀ ⲁϥⲑⲁⲙⲓⲟ̀ ⲛⲁϥ ⲛ̀ ⲟⲩⲕⲩⲃⲱⲧⲟⲥ ⲟⲩⲟϩ ⲁϥⲛⲁϩ-
ⲙⲉϥ ⲛⲉⲙ ⲡⲉϥⲏⲓ ⲧⲏⲣϥ ϧⲉⲛ ⲛⲉⲛⲧⲱⲃϩ ⲙ̀ ⲙⲓⲭⲁⲏⲗ 20
ⲟⲩⲛⲁⲓ ⲟⲩⲛ ⲁϥⲁⲓϥ ⲛⲉⲙⲁⲃⲣⲁⲁⲙ ⲡⲉⲛⲓⲱⲧ ⲙ̀ ⲫⲣⲏϯ
ⲛ̀ⲧⲉϥⲇⲓⲁⲑⲏⲕⲏ ⲛⲉⲙⲁϥ ⲟⲩⲟϩ ⲁϥϯ ⲛ̀ ⲓ̀ⲥⲁⲁⲕ ⲛⲁϥ
ϩⲓⲧⲉⲛ ⲛⲉⲛⲧⲱⲃϩ ⲙ̀ ⲙⲓⲭⲁⲏⲗ Ⲟⲩⲛⲁⲓ ⲟⲩⲛ ⲁϥⲁⲓϥ
ⲛⲉⲙ ⲓ̀ⲥⲁⲁⲕ ⲛ̀ ϣⲟⲣⲡ ⲙ̀ ⲡⲉϥϣⲱⲧ ⲟⲩⲟϩ ⲁϥϯ ⲛ̀

ⲟ︦ⲥ︦. ⲃ. ⲟⲩⲉ̀ⲥⲱⲟⲩ ⲛ̀ ⲧⲉϥϣⲉⲃⲓⲱ̀ ⲟⲩⲛⲁⲓ ⲟⲩⲛ ⲁϥⲁⲓϥ ⲛⲉⲙ 25
ⲓ̀ⲁⲕⲱⲃ ⲁϥϯ ⲛⲁϥ ⲙ̀ ⲟⲩⲭⲁⲣⲓⲥ ⲙ̀ⲡⲉⲙⲑⲟ ⲛ̀ ⲃⲥⲁⲩ
ⲡⲉϥⲥⲟⲛ ϩⲓⲧⲉⲛ ⲛⲉⲛⲧⲱⲃϩ ⲙ̀ ⲙⲓⲭⲁⲏⲗ Ⲟⲩⲛⲁⲓ
ⲟⲩⲛ ⲁϥⲁⲓϥ ⲛ̀ϫⲉ ⲫϯ ⲛⲉⲙ ⲓⲱⲥⲏⲫ ⲁϥⲛⲁϩⲙⲉϥ

ⲏ̀ ⲧⲟⲧⲟⲩ ⲏ̀ ⲛⲉϥⲥⲛⲏⲟⲩ ⲛⲉⲙ ϯⲣⲉⲙⲛ̀ⲭⲏⲙⲓ ϩⲓⲧⲉⲛ
ⲛⲉⲛⲧⲱⲃϩ ⲛ̀ ⲙⲓⲭⲁⲏⲗ Ⲟⲩⲛⲁⲓ ⲟⲩⲛ ⲁϥⲁⲓϥ ⲛ̀ϫⲉ
ⲫϯ ⲛⲉⲙ ⲙⲱⲩⲥⲏⲥ ⲡⲁⲣⲭⲏⲡⲣⲟⲫⲏⲧⲏⲥ ⲁϥⲙⲁϩϥ ⲛ̀
ⲥⲙⲟⲧ ⲉ̀ϩⲟⲧⲉ ⲣⲱⲙⲓ ⲛⲓⲃⲉⲛ ϩⲓⲧⲉⲛ ⲛⲉⲛⲧⲱⲃϩ ⲛ̀
ⲙⲓⲭⲁⲏⲗ Ⲟⲩⲛⲁⲓ ⲟⲩⲛ ⲁϥⲁⲓϥ ⲛ̀ϫⲉ ⲫϯ ⲛⲉⲙ ⲓ̀ⲏⲥⲟⲩ 5
[ⲡϣⲏⲣⲓ] ⲛ̀ⲧⲉ ⲛⲁⲩⲏ̀ ⲁϥⲑⲣⲉ ⲫⲣⲏ ⲟ̀ϩⲓ ⲉ̀ⲣⲁⲧϥ

ⲟ̄ⲍ̄ ⲁ. ⲛ̀ ϩⲟⲩⲟ ⲉ̀ ⲟⲩⲉ̀ϩⲟⲟⲩ ϣⲁⲧ ⲉϥⲃⲟⲗⲃⲉⲗ ⲛ̀ ⲛⲉϥϫⲁϫⲓ
ⲧⲏⲣⲟⲩ ϩⲓⲧⲉⲛ ⲛⲉⲛⲧⲱⲃϩ ⲛ̀ ⲙⲓⲭⲁⲏⲗ Ⲟⲩⲛⲁⲓ
ⲟⲩⲛ ⲁϥⲁⲓϥ ⲛ̀ϫⲉ ⲫϯ ⲛⲉⲙ ⲇⲁⲩⲓⲇ ⲡⲟⲩⲣⲟ ⲉ̀
ⲁϥⲥⲱⲧⲡϥ ⲉⲃⲟⲗϧⲉⲛ ⲛⲉϥⲥⲛⲏⲟⲩ ⲟⲩⲟϩ ⲁϥⲑⲁϩϥ 10
ⲛ̀ ⲟⲩⲣⲟ ⲉ̀ϫⲉⲛ ⲡⲉϥⲗⲁⲟⲥ ϩⲓⲧⲉⲛ ⲛⲉⲛⲧⲱⲃϩ ⲛ̀
ⲙⲓⲭⲁⲏⲗ Ⲟⲩⲛⲁⲓ ⲟⲩⲛ ⲁϥⲁⲓϥ ⲛ̀ϫⲉ ⲫϯ ⲛⲉⲙ ⲥⲟⲗⲟ-
ⲙⲱⲛ ⲁϥϩⲟⲛϩⲉⲛ ⲛⲁϥ ⲉⲑⲣⲉϥⲕⲱⲧ ⲛ̀ ⲟⲩⲏⲓ ⲛ̀
ⲡⲟ̅ⲥ̅ ϩⲓⲧⲉⲛ ⲛⲉⲛⲧⲱⲃϩ ⲛ̀ ⲙⲓⲭⲁⲏⲗ Ⲟⲩⲛⲁⲓ ⲟⲩⲛ
ⲁϥⲁⲓϥ ⲛ̀ϫⲉ ⲫϯ ⲛⲉⲙ ⲓ̀ⲉⲍⲉⲕⲓⲁⲥ ⲡⲟⲩⲣⲟ ⲛ̀ ⲑⲙⲏⲓ 15
ⲟⲩⲟϩ ⲁϥϯ ⲛⲁϥ ⲛ̀ ⲕⲉ ⲓ̅ⲉ̅ ⲛ̀ⲣⲟⲙⲡⲓ ⲛ̀ ϩⲙⲟⲧ ⲉ̀ϫⲉⲛ
ⲛⲉϥⲉ̀ϩⲟⲟⲩ ϩⲓⲧⲉⲛ ⲛⲉⲛⲧⲱⲃϩ ⲙ̀ ⲙⲏⲭⲁⲏⲗ Ⲟⲩⲛⲁⲓ

ⲟ̄ⲍ̄ ⲃ. ⲟⲩⲛ ⲁϥⲁⲓϥ ⲛ̀ϫⲉ ⲫϯ ⲛⲉⲙ ⲡⲅⲉⲛⲟⲥ ⲧⲏⲣϥ ⲛ̀ ⲁⲇⲁⲙ
ⲁϥ ⲉⲣ ϩⲟⲩⲟ̀ ϩⲙⲟⲧ ⲉ̀ⲭⲱⲟⲩ ⲛ̀ϫⲉ ⲡⲉⲛⲛⲟⲩϯ ⲁϥⲣⲉⲕ
ⲧⲫⲉ ⲁϥⲓ̀ ⲉ̀ ⲡⲉⲥⲏⲧ ϩⲓϫⲉⲛ ⲡⲕⲁϩⲓ ⲉ̀ ⲁϥϭⲓ ⲥⲁⲣⲝ̄ 20
ϧⲉⲛ ϯⲡⲁⲣⲑⲉⲛⲟⲥ ⲉ̀ⲑ ⲟⲩⲁⲃ ⲟⲩⲟϩ ⲁϥϯ ⲛ̀ⲧⲉϥⲯⲩⲭⲏ
ⲛ̀ⲙⲓⲛ ⲛ̀ⲙⲟϥ ⲛ̀ ⲥⲱϯ ⲉ̀ϩⲣⲏⲓ ⲉ̀ϫⲱⲛ ϣⲁⲧ ⲉϥⲧⲟⲩϫⲟⲛ
ⲉ̀ⲃⲟⲗϧⲉⲛ ⲁ̀ⲙⲉⲛϯ ϩⲓⲧⲉⲛ ⲛⲉⲛⲧⲱⲃϩ ⲛ̀ ⲙⲏⲭⲁⲏⲗ
ⲉ̀ ⲁϥⲭⲁ ⲛⲉⲛⲛⲟⲃⲓ ⲛⲁⲛ ⲉ̀ⲃⲟⲗ Ⲟⲩⲛⲁⲓ ⲟⲩⲛ ⲁϥⲁⲓϥ
ⲛ̀ϫⲉ ⲫϯ ⲛⲉⲙ ⲛⲉⲛⲓⲟϯ ⲛ̀ ⲁⲡⲟⲥⲧⲟⲗⲟⲥ ⲁϥⲥⲟⲧⲡⲟⲩ 25

ⲟ̄ⲏ̄ ⲁ. ⲉ̀ⲃⲟⲗϧⲉⲛ ⲛⲓⲕⲟⲥⲙⲟⲥ ⲧⲏⲣϥ ⲁϥϯ ϫⲟⲙ ⲛⲱⲟⲩ
ϩⲓⲛⲁ ⲉⲑⲣⲟⲩⲧⲁⲥⲑⲟ ⲛ̀ ⲛⲁⲓ ⲧⲏⲣⲟⲩ ⲉ̀ ⲡⲥⲟⲩⲉⲛ
ϯⲙⲉⲑⲙⲏⲓ ϩⲓⲧⲉⲛ ⲛⲉⲛⲧⲱⲃϩ ⲛ̀ ⲙⲓⲭⲁⲏⲗ ϯⲛⲟⲩ

ⲇⲉ ⲱ̅ ⲛⲁ ⲙⲉⲛⲣⲁϯ ϩⲏⲡⲡⲉ ⲁⲛⲉ̀ⲙⲓ ϫⲉ ϥⲟⲅⲱϣ
ⲧⲏⲣϥ ⲛ̀ ⲫϯ ϥϣⲟⲡ ϧⲉⲛ ⲡⲓⲛⲁⲓ ⲛⲉⲙ ϯⲁ̀ⲅⲁⲡⲏ
ⲟⲩⲟϩ ⲡⲓⲁⲣⲭⲏⲁⲅⲅⲉⲗⲟⲥ ⲉ̇ⲑ ⲟⲩⲁⲃ ⲙⲓⲭⲁⲏⲗ ϥⲟⲓ
ⲛⲁⲛ ⲛ̀ ⲣⲉϥϯⲛⲟⲙϯ ⲛⲉⲙ ⲣⲉϥⲉⲣ ⲡⲣⲉⲥⲃⲉⲩⲓⲛ ϧⲁⲧⲉⲛ
ⲫϯ Ⲙⲁⲣⲉⲛϭⲟϫⲓ ϩⲱⲛ ⲟⲩⲛ ϧⲉⲛ ⲡⲓϫⲓⲛⲕⲱϯ ⲛ̀ⲥⲁ 5
ⲡⲓⲛⲁⲓ ⲛⲉⲙ ϯⲁ̀ⲅⲁⲡⲏ ϫⲉ ⲟⲩⲉⲓ ⲉⲥⲥ̀ϩⲏⲟⲩⲧ ϫⲉ ⲡⲓⲛⲁⲓ
ϭⲓⲥⲓ ⲟⲩⲟϩ ϯⲁ̀ⲅⲁⲡⲏ ⲉⲥⲥⲟⲧⲡⲱⲛ Ⲡⲉⲛ ϭ̅ⲥ̅ ⲇⲉ ⲟⲩⲟϩ

ⲟ̅ⲡ̅. ⲃ. ⲡⲉⲛⲛⲟⲩϯ ⲟⲩⲟϩ ⲡⲉⲛⲥⲱⲧⲏⲣ ⲓⲏⲥ ⲡⲭ̅ⲥ̅ ⲡⲓⲛⲁⲏⲧ
ⲱϣ ⲉ̇ⲃⲟⲗ ⲉϥϫⲱ ⲙ̀ⲙⲟⲥ ϫⲉ ⲛⲁⲓ ⲛ̀ⲧⲟⲩⲛⲁⲓ ⲛⲱⲧⲉⲛ
ⲙⲟⲓ ⲇⲉ ⲛ̀ ⲫϯ ϩⲓⲛⲁ ⲛ̀ⲧⲟⲩϯ ⲛⲱⲧⲉⲛ ⲟⲩⲟϩ ϧⲉⲛ 10
ⲡⲓϣⲓ ⲉ̇ⲧ ⲧⲉⲧⲉⲛϣⲓ ⲙ̀ⲙⲟϥ ⲉⲩⲛⲁϣⲓ ⲛⲱⲧⲉⲛ ⲛ̀
ϧⲏⲧϥ Ⲙⲁⲣⲉⲛϣⲓ ϯⲛⲟⲩ ϧⲉⲛ ⲟⲩϣⲓ ⲉ̇ ⲛⲁⲛⲉ ϥ ⲛ̀
ⲫⲟⲟⲩ ϧⲉⲛ ⲡϣⲁⲓ ⲛ̀ ⲡⲓⲁⲣⲭⲏⲁⲅⲅⲉⲗⲟⲥ ⲉ̇ⲑ ⲟⲩⲁⲃ
ⲙⲓⲭⲁⲏⲗ ϩⲓⲛⲁ ⲛ̀ⲑⲟϥ ϩⲱϥ ⲛ̀ⲧⲉϥϣⲓ ⲛⲁⲛ ⲛ̀ ⲟⲩϣⲓ
ⲛ̀ ⲁⲅⲁⲑⲟⲥ ϧⲉⲛ ⲑⲙⲉⲧⲟⲩⲣⲟ ⲛ̀ ⲛⲓⲫⲏⲟⲩⲓ̀ Ⲟⲩⲟϩ 15
ⲙⲁⲣⲉⲛ ⲉⲣ ϣⲁⲓ ϧⲉⲛ ⲟⲩϣⲁⲓ ⲛ̀ ⲡⲡ̅ⲁⲧⲓⲕⲟⲛ ϧⲉⲛ

ⲟ̅ⲑ̅. ⲁ. ⲫⲣⲁⲛ ⲛ̀ ⲡⲓⲁⲣⲭⲏⲁⲅⲅⲉⲗⲟⲥ ⲙⲓⲭⲁⲏⲗ ϩⲓⲛⲁ ⲛ̀ⲧⲉⲛ
ⲉⲣ ϣⲁⲓ ⲛⲉⲙⲁϥ ⲛⲉⲙ ⲡϭ̅ⲥ̅ ⲟⲩⲛ ϧⲉⲛ ⲡⲓϣⲁⲓ ⲉ̇ⲑ
ⲙⲏⲛ ⲉ̇ⲃⲟⲗ ϣⲁ ⲉ̇ⲛⲉϩ ϧⲉⲛ ⲛⲓⲫⲏⲟⲩⲓ̀ ⲟⲩⲟϩ ⲛ̀ⲧⲉⲛⲭⲱ
ⲛ̀ⲥⲱⲛ ⲛ̀ ϩⲱⲃ ⲛⲓⲃⲉⲛ ⲛ̀ⲧⲉϯ ⲇⲓⲁ̀ⲇⲓⲕⲓⲁ̀ ϧⲉⲛ ⲡϣⲁⲓ 20
ⲛ̀ ⲡⲓⲁⲣⲭⲏⲁⲅⲅⲉⲗⲟⲥ ⲉ̇ⲑ ⲟⲩⲁⲃ ⲙⲓⲭⲁⲏⲗ ϩⲓⲛⲁ
ⲛ̀ⲧⲉϥϯ ϩⲓⲱⲧⲉⲛ ⲛ̀ ⲛⲉⲛⲥⲕⲉⲩⲟⲥ ⲛ̀ ⲫⲟⲩⲱⲓⲛⲓ ⲟⲩⲟϩ
ⲙⲁⲣⲉⲛ ϯ ⲱ̀ⲟⲩ ⲛ̀ ⲫϯ ⲛ̀ ⲫⲟⲟⲩ ⲛⲉⲙ ⲡⲓⲛⲓϣϯ ⲛ̀
ⲁⲣⲭⲏⲁⲅⲅⲉⲗⲟⲥ ⲉ̇ⲑ ⲟⲩⲁⲃ ⲙⲓⲭⲁⲏⲗ ϧⲉⲛ ⲡⲉϥϣⲁⲓ
ⲉ̇ⲑ ⲟⲩⲁⲃ ϩⲓⲛⲁ ⲛ̀ⲧⲉϥ ϯ ⲱ̀ⲟⲩ ⲛⲁⲛ ϩⲱϥ ϧⲉⲛ 25

ⲟ̅ⲑ̅. ⲃ. ⲡⲓⲛⲓϣϯ ⲛ̀ ϣⲁⲓⲉ ⲉ̇ⲧ ϫⲏⲕ ⲉ̇ⲃⲟⲗ Ⲟⲩⲟϩ ⲙⲁⲣⲉⲛⲫⲟϩ
ⲙ̀ⲙⲟⲛ ⲉ̇ ⲡⲓⲁⲣⲭⲏⲁⲅⲅⲉⲗⲟⲥ ⲙⲓⲭⲁⲏⲗ ϧⲉⲛ ⲡⲉϥϣⲁⲓ
ⲉ̇ⲑ ⲟⲩⲁⲃ ⲉⲣⲉ ⲛⲉⲛⲥⲁⲣⲝ ⲧⲟⲩⲃⲏⲟⲩⲧ ϧⲉⲛ ⲟⲩⲙⲱⲟⲩ

DISCOURSE OF THEODOSIUS.

ⲉϥ ⲟⲩⲁⲃ ⲟⲩⲟϩ ⲧⲉⲛⲥⲉⲗⲥⲱⲗ ϧⲉⲛ ϩⲁⲛϩⲉⲃⲥⲱ
ⲉⲩⲥⲁⲓⲱⲟⲩ ⲉⲣⲉ ⲛⲉⲛϫⲓϫ ⲙⲉϩ ⲛ̀ ϫⲁⲗ ⲛ̀ ⲥⲟⲟⲩ ⲛ̀
ⲟⲩϧⲓ ⲉⲛϫⲱ ⲙ̀ⲙⲟⲥ ϫⲉ ⲱ̀ ⲡⲁⲣⲭⲱⲛ ⲛ̀ ⲛⲓⲫⲏⲟⲩⲓ̀
ⲡⲓⲁⲣⲭⲏⲁⲅⲅⲉⲗⲟⲥ Ⲅⲱⲃϩ ⲙ̀ ⲫϯ ⲉⲑⲣⲉϥ ⲉⲣ ϩⲙⲟⲧ
ⲛⲁⲛ ⲛ̀ ⲟⲩϩ̀ⲣⲉ ⲉ̀ ⲡⲣⲱϣⲓ ⲛⲉⲙ ⲟⲩϩⲉⲃⲥⲱ ⲟⲩⲟϩ 5
ϯϩⲟ̀ ⲉ̀ ⲫϯ ⲉϫⲱⲛ ⲉⲟⲣⲉϥ ⲭⲱ ⲛⲁⲛ ⲉ̀ⲃⲟⲗ ⲱ̀
ⲡⲓⲁⲣⲭⲏⲁⲅⲅⲉⲗⲟⲥ ⲉ̀ⲑ ⲟⲩⲁⲃ ⲙⲓⲭⲁⲏⲗ ϣ̀ⲗⲏⲗ ⲉ̀ ⲫϯ

ⲡ. ⲗ. ⲉϫⲱⲛ ⲱ̀ ⲡⲓⲁⲣⲭⲏⲁⲅⲅⲉⲗⲟⲥ ⲉ̀ⲑ ⲟⲩⲁⲃ ϩⲓⲛⲁ ⲛ̀
ⲧⲉϥ ⲉⲣ ϩⲙⲟⲧ ⲛⲁⲛ ⲛ̀ ⲟⲩϩⲓⲣⲏⲛⲏ ⲉ̀ ϧⲟⲩⲛ ⲉ̀
ⲛⲉⲛⲉⲣⲏⲟⲩ ϫⲉ ⲛ̀ⲑⲟⲕ ⲡⲉ ⲧⲉⲛϩⲓⲣⲏⲛⲏ ϫⲉ ⲕⲥⲱⲟⲩⲛ 10
ⲱ̀ ⲡⲉⲛⲡⲣⲟⲥⲧⲁⲧⲏⲥ ϫⲉ ⲁⲛⲟⲛ ⲟⲩⲕⲁϩⲓ ⲛⲉⲙ ⲟⲩⲱⲙⲓ
ⲛⲉⲙ ⲟⲩⲕⲉⲣⲙⲓ Ⲡⲗⲏⲛ ⲫϯ ⲟⲩⲛⲁⲏⲧ ⲛ̀ ⲣⲉϥⲭⲱ
ⲛⲁⲛ ⲉ̀ⲃⲟⲗ ϫⲉ ⲟⲩⲉⲓ ⲁⲛ ⲉⲣ ⲛⲟⲃⲓ ϥⲧⲟⲙⲓ ⲛ̀ⲑⲟⲕ
ⲉⲑⲣⲉⲕⲧⲱⲃϩ ⲉϫⲱⲛ ⲙ̀ ⲫϯ ϩⲓⲛⲁ ⲛ̀ⲧⲉϥⲭⲱ ⲛⲁⲛ
ⲉ̀ⲃⲟⲗ ϧⲉⲛ ⲡϫⲓⲛ ⲧⲉⲛⲱϣ ⲟⲩⲃⲏⲕ ⲫⲱⲕ ⲛ̀ⲑⲟⲕ ⲉⲑⲣⲉⲕ 15
ϯϩⲟ̀ ⲉ̀ ⲫϯ ⲉϫⲱⲛ ⲉⲑⲣⲉ ϥⲭⲱ ⲛⲁⲛ ⲉ̀ⲃⲟⲗ ⲱ̀

ⲡ. ⲃ. ⲙⲓⲭⲁⲏⲗ ⲡⲓⲁⲣⲭⲏⲁⲅⲅⲉⲗⲟⲥ ⲉ̀ⲑ ⲟⲩⲁⲃ ⲁⲛⲟⲛ
ⲧⲉⲛϣⲱϥⲧ ⲟⲩⲟϩ ⲛ̀ⲑⲟⲕ ⲕϯϩⲟ̀ ⲙ̀ ⲫϯ ⲡⲉⲛⲟⲩⲣⲟ
ⲉϫⲱⲛ ⲁⲛⲟⲛ ⲧⲉⲛⲥⲱⲟⲩⲛ ⲙ̀ ⲫⲁⲓ ⲧⲁ ⲫⲙⲏ ⲱ̀
ⲡⲓⲁⲣⲭⲏⲁⲅⲅⲉⲗⲟⲥ ⲙⲓⲭⲁⲏⲗ ⲛ̀ⲑⲟⲕ ⲡⲉ ⲡⲁϩⲱⲣ ⲛ̀ 20
ⲑⲙⲉⲧⲛⲁⲏⲧ ⲙ̀ ⲫϯ ⲡⲓⲛⲁⲏⲧ ⲧⲉⲕ ⲉⲣ ⲉⲣ ⲡⲣⲉⲥⲃⲉⲩⲓⲛ
ⲉϫⲱⲛ ⲧⲏⲣⲉⲛ ⲙ̀ ⲡⲉⲙⲑⲟ ⲙ̀ ⲫϯ ⲫⲓⲱⲧ ⲛ̀ ⲛⲓⲙⲉⲧ-
ϣⲉⲛϩⲏⲧ ⲉⲧ ⲥⲙⲁⲣⲟⲩⲧ ϧⲉⲛ ϩⲱⲃ ⲛⲓⲃⲉⲛ ϣⲁ ⲉⲛⲉϩ
ϩⲓⲛⲁ ⲛ̀ⲧⲉϥⲭⲁ ⲛⲉⲛ ⲛⲟⲃⲓ ⲧⲏⲣⲟⲩ ⲛⲁⲛ ⲉ̀ⲃⲟⲗ ⲛⲏ
ⲉⲧ ⲁⲛⲁⲓⲧⲟⲩ ϧⲉⲛ ⲟⲩⲉ̀ⲙⲓ ⲛⲉⲙ ϧⲉⲛ ⲙⲉⲧ ⲁⲧ ⲉ̀ⲙⲓ 25
ⲓⲉ ϧⲉⲛ ⲡⲉⲛⲟⲩⲱϣ ⲓⲧⲉ ϧⲉⲛ ⲡⲉⲛⲟⲩⲱϣ ⲁⲛ. Ⲟⲩⲟϩ

ⲡⲁ̅. ⲗ. ⲛ̀ⲧⲉϥϯ ⲛⲁⲛ ⲙ̀ ⲡⲓⲙⲱⲓⲧ ϩⲓⲛⲁ ⲛ̀ⲧⲉⲛⲭⲱ ⲛ̀ⲥⲱⲛ
ⲛ̀ ⲛⲁⲫⲁϩⲟⲩ ⲟⲩⲟϩ ⲛ̀ⲧⲉⲛϭⲟϫⲓ ⲉ̀ ⲛⲁⲧϩⲏ ⲟⲩⲟϩ

ⲛ̀ⲧⲉϥⲧⲁⲥⲟⲛ ⲛⲁϥ ⲉ̀ⲛⲟⲓ ⲛ̀ ⲁⲧ ⲑⲱⲗⲉⲃ ⲛ̀ ⲡⲉⲙⲑⲟ
ⲛ̀ ⲛⲉϥⲥⲓⲥ ϫⲉ ⲛ̀ⲑⲟⲕ ⲡⲉ ⲉⲧ ϥ̀ⲣⲱⲟⲩϣ ϩⲁⲣⲟⲛ ⲱ̀
ⲡⲓⲛⲓϣϯ ⲛ̀ ⲁⲣⲭⲏⲁⲅⲅⲉⲗⲟⲥ ⲉ̀ⲑ ⲟⲩⲁⲃ ⲙⲓⲭⲁⲏⲗ
ⲡⲓⲁⲣⲭⲏⲥⲧⲣⲁⲧⲩⲅⲟⲩⲥ ⲛ̀ⲧⲉ ⲧϫⲟⲙ ⲛ̀ ⲛⲓⲫⲏⲟⲩⲓ̀ ⲫⲏ
ⲉⲧ ϯ ⲱ̀ⲟⲩ ⲛ̀ ⲟⲩⲟⲛ ⲛⲓⲃⲉⲛ ⲉⲧ ⲉⲣ ϣⲁⲓ ⲙ̀ ⲡⲉϥⲣⲁⲛ 5
ⲉ̀ⲑ ⲟⲩⲁⲃ ϧⲉⲛ ⲙⲁⲓ ⲛⲓⲃⲉⲛ Ⲧⲁⲫⲙⲏⲓ ⲱ̀ ⲛⲁⲙⲉⲛ-
ⲣⲁϯ ⲁⲓϭⲓ ⲧⲟⲧ ⲉ̀ ⲟⲩⲛⲓϣϯ ⲛ̀ ⲁⲣⲭⲏ ⲥⲁ ⲡϣⲱⲓ
ⲛ̀ⲧⲁⲥⲟⲙⲥ ⲟⲩⲟϩ ⲁⲓⲕⲱϯ ⲛ̀ⲥⲁ ⲟⲩⲛⲓϣϯ ⲛ̀ ⲡⲉⲗⲁⲅⲟⲥ

ⲡⲁ̄. ⲃ. ⲉϥⲟⲩⲏⲟⲩ ⲉⲙⲁϣⲱ ⲛ̀ ϯⲥⲉⲙⲥⲟⲙ ⲁⲛ ⲉ̀ ⲉⲣ ⲥⲓⲛⲓⲟⲣ
ⲙ̀ⲙⲟⲥ ϫⲉ ⲟⲩⲉⲓ ⲁⲓⲥⲟⲥ ϧⲉⲛ ϯⲁⲣⲭⲏ ⲛ̀ ⲡⲓⲉⲅⲕⲱ- 10
ⲙⲓⲟⲛ ϫⲉ ⲧⲁ ⲕⲩⲃⲱⲧⲟⲥ ⲟⲩⲕⲟⲩϫⲓ ⲟⲩⲟϩ ⲧⲁ
ⲓ̀ⲉⲃϣⲱⲧ ⲥⲉⲃⲓⲏⲟⲩⲧ ⲛ̀ ϯⲉ̀ⲙⲓ ⲛ̀ ⲛⲓⲃⲓ ⲁⲛ ⲟⲩⲟϩ
ⲡⲓⲛⲟⲩⲛ ϩⲟⲥⲓ ⲉ̀ⲙⲁϣⲱ ⲉ̀ⲧⲉ ⲫⲟⲩⲱⲥⲑⲉⲛ ⲙ̀ ⲡⲁⲓ
ⲉⲅⲕⲱⲙⲓⲟⲛ ⲡⲉ ⲫⲏ ⲉ̀ ϯⲧⲁⲓⲟ̀ ⲛ̀ ϩⲓⲧϥ ⲙ ⲡⲓⲛⲓϣϯ
ⲛ̀ ⲁⲣⲭⲏⲁⲅⲅⲉⲗⲟⲥ ⲉ̀ⲑ ⲟⲩⲁⲃ ⲙⲓⲭⲁⲏⲗ Ⲁⲛⲟⲕ ⲇⲉ 15
ϯϯϩⲟ ⲉ̀ⲣⲱⲧⲉⲛ ⲱ̀ ⲛⲁⲥⲛⲏⲟⲩ ϩⲓⲛⲁ ⲛ̀ⲧⲉⲧⲉⲛϯ-
ⲧⲟⲧⲉⲛ ⲛⲉⲙⲏⲓ ϩⲓⲛⲁ ⲛ̀ⲧⲁⲛⲟϩⲉⲙ ⲉ̀ⲃⲟⲗϧⲉⲛ ⲑⲙⲏϯ
ⲙ̀ ⲡⲁⲓ ⲛⲓϣϯ ⲛ̀ ⲛⲟⲩⲛ ⲉ̀ⲧⲉ ⲙ̀ⲙⲟⲛ ⲁⲩⲣⲏϫϥ ⲛ̀ⲧⲁϥ

ⲡⲃ̄. ⲁ. ⲟⲩⲟϩ ⲛ̀ⲧⲉⲛⲓ̀ ⲉ̀ ⲡⲓⲭⲣⲟ ϧⲉⲛ ⲟⲩϩⲓⲣⲏⲛⲏ ϫⲉ ⲁⲓϭⲓⲧⲟⲧ
ⲉ̀ ⲥⲁϫⲓ ⲛⲉⲙⲱⲧⲉⲛ ⲛ̀ ⲛⲉⲛⲱ̀ⲟⲩ ⲛⲉⲙ ⲛⲉⲛⲧⲁⲓⲟ̀ 20
ⲉⲩⲧⲟⲙⲓ ⲟⲩⲟϩ ⲉⲩⲉⲣ ϣⲁⲩ ⲉ̀ ⲫⲏ ⲉⲧ ⲉⲛ ⲉⲣ ϣⲁⲓ
ⲛⲁϥ ⲙ̀ ⲫⲟⲟⲩ ⲡⲓⲁⲣⲭⲏⲁⲅⲅⲉⲗⲟⲥ ⲙⲓⲭⲁⲏⲗ Ⲡⲗⲏⲛ
ⲟⲩⲗⲁⲥ ⲛ̀ ⲥⲁⲣⲝ ⲡⲉ ⲡⲁ ⲗⲁⲥ ⲟⲩⲟϩ ⲟⲩⲥⲁⲣⲝ ⲛ̀
ⲱϥⲓ ⲡⲉ ⲧⲁ ⲥⲁⲣⲝ ⲟⲩⲟϩ ⲛ̀ ϯⲥⲉⲙⲥⲟⲙ ⲁⲛ ⲉ̀ ϫⲱ
ⲛ̀ ⲛⲓϣⲓ ⲙ̀ ⲡⲉϥⲱ̀ⲟⲩ ⲉ̀ ⲡϫⲱⲕ ⲛ̀ ⲑⲙⲉⲧⲛⲓϣϯ ⲛ̀ 25
ⲧⲉϥⲁⲝⲓⲥ Ⲛⲑⲟⲕ ⲡⲉⲧⲉ ⲫⲱⲓ ⲛⲉⲙ ⲫϯ ⲱ̀ ⲙⲓⲭⲁⲏⲗ
ⲫⲣⲁϣⲓ ⲙ̀ ⲡⲁ ϩⲏⲧ ⲱ̀ ⲡⲓⲁⲣⲭⲏⲁⲅⲅⲉⲗⲟⲥ ⲉ̀ⲑ ⲟⲩⲁⲃ
ⲡⲥⲟⲗⲥⲉⲗ ⲙ̀ ⲡⲁ ⲗⲁⲥ ⲙⲓⲭⲁⲏⲗ ⲡⲥⲁϫⲓ ⲛ̀ ⲣⲱⲓ

ⲡⲃ̅. ⲃ. ⲡⲥⲱⲟⲩⲧⲉⲛ ⲙ̀ ⲡⲁ ϩⲏⲧ ϣⲁ ⲫϯ Ⲗϣ ⲛ̀ ⲧⲁⲡⲣⲟ
ⲓⲉ ⲗϣ ⲛ̀ ⲗⲁⲥ ⲓⲉ ⲗϣ ⲛ̀ ϩⲏⲧ ⲉϥⲛⲉϩ ⲛ̀ ⲁⲣⲉⲧⲏ
ⲉ̀ ⲟⲩⲟⲛϣϫⲟⲙ ⲙ̀ⲙⲟϥ ⲉ̀ ϫⲱ ⲙ̀ ⲡϣⲓ ⲙ̀ ⲡⲉⲕⲁⲝⲓⲱⲙⲁ
ⲓⲉ ϥⲛⲁϥⲟϩ ⲉ̀ ⲡϣⲓ ⲛ̀ ⲧⲉⲕⲙⲉⲧⲛⲓϣϯ ⲛⲉⲙ ⲡⲓⲱⲟⲩ
ⲉⲧ ⲁ ⲫϯ ⲥⲉⲗⲥⲟⲗⲕ ⲛ̀ ϧⲏⲧⲕ Ⲛⲁⲓ ⲧⲏⲣⲟⲩ ⲉ̀ⲧⲁⲓ- 5
ϫⲟⲧⲟⲩ ⲱ̀ ⲡⲁⲣⲭⲱⲛ ⲛ̀ ⲑⲙⲉⲧⲟⲩⲣⲟ ⲛ̀ ⲛⲓⲫⲏⲟⲩⲓ̀
ⲉⲩⲉⲣϣⲁⲩ ⲙ̀ ⲡⲱⲟⲩ ⲛ̀ ⲧⲉⲕⲙⲉⲧⲛⲓϣϯ ⲁⲗⲗⲁ ⲭⲱ
ⲛⲏⲓ ⲉ̀ⲃⲟⲗ ⲱ̀ ⲡⲁ ϭⲥ ⲙⲓⲭⲁⲏⲗ ϫⲉ ⲁ̀ⲛⲟⲕ ⲟⲩⲣⲉϥⲉⲣ-
ⲛⲟⲃⲓ ⲟⲩⲟϩ ϯϫⲱϫⲉⲃ ⲉ̀ⲙⲁϣⲱ ϧⲉⲛ ⲛⲁϩⲃⲛⲟⲩⲓ Ⲁ̀ⲛⲟⲕ
ϯϯϩⲟ̀ ⲉ̀ⲣⲟⲕ ⲱ̀ ⲙⲓⲭⲁⲏⲗ ⲡⲓⲣⲉϥϯⲧⲟⲧϥ ϣⲱⲡ ⲉ̀ⲣⲟⲕ 10
ⲡⲅ̅. ⲁ. ⲛ̀ ⲧⲁⲑⲩⲥⲓⲁ ⲉⲧⲟⲓ ⲛ̀ ⲕⲟⲩϫⲓ ⲟⲗⲓ ⲉⲧ ⲁⲥⲣⲁⲃⲱ ϩⲓⲛⲁ
ⲛ̀ⲧⲁⲧⲏⲓⲥ ⲛⲁⲕ ϧⲉⲛ ⲡⲉⲕϣⲁⲓ ⲉ̀ⲑ ⲟⲩⲁⲃ ⲙ̀ⲡ ⲉ̀ⲣ
ⲥⲛⲁⲩϩ ⲙ̀ⲙⲟⲕ ⲁⲛ ⲉ̀ ⲥⲱⲧⲉⲙ ⲉ̀ ⲡⲉⲕⲃⲱⲕ ⲉⲑⲃⲉ ϫⲉ
ϥϫⲱϫⲉⲃ ⲛ̀ϫⲉ ⲡⲁⲇⲱⲣⲟⲛ Ⲁⲗⲗⲁ ϣⲱⲡ ⲉ̀ⲣⲟⲕ ⲛ̀ ⲧⲁ
ⲥⲡⲟⲩⲇⲏ ⲙ̀ ⲫⲣⲏϯ ⲛ̀ⲑⲁ ϯⲧⲉⲃⲓ ⲥⲛⲟⲩϯ ϫⲉ ⲟⲩⲉⲓ 15
ϯⲉ̀ⲙⲓ ϫⲉ ⲛ̀ⲑⲟⲕ ⲟⲩⲛⲁⲏⲧ ⲛ̀ ⲣⲉϥϣⲉⲛϩⲏⲧ ⲉⲑⲃⲉ ⲫⲁⲓ
ⲁⲓⲕⲱϯ ⲛ̀ ⲥⲱⲕ ⲉ̀ⲑⲃⲉ ϫⲉ ⲙ̀ⲙⲟⲛ ⲧⲏⲓ ⲛ̀ ⲕⲉ ⲣⲉϥⲉⲣ-
ⲡⲣⲉⲥⲃⲉⲩⲓⲛ ϧⲁⲧⲉⲛ ⲫϯ ⲉ̀ⲃⲏⲗ ⲉ̀ⲣⲟⲕ ⲱ̀ ⲡⲓⲁⲣⲭⲏ-
ⲁⲅⲅⲉⲗⲟⲥ ⲙⲓⲭⲁⲏⲗ Ⲁⲕϣⲁⲛⲉⲣ ⲡⲉ̀ⲑ ⲛⲁⲛⲉ ϥ ⲛⲉⲙⲏⲓ
ⲡⲅ̅. ⲃ. ⲛ̀ⲧⲉⲕ ϣⲱⲡ ⲉ̀ⲣⲟⲕ ⲙ̀ ⲡⲁ ⲕⲟⲩϫⲓ ⲛ̀ ⲧⲁⲓⲟ̀ ⲕⲁⲛ 20
ⲓⲥϫⲉ ϥϫⲱϫⲉⲃ Ⲁⲛⲟⲕ ⲇⲉ ϯⲛⲁ ⲉⲣ ⲛⲩⲙⲫⲓⲛ ⲙⲉⲛⲉⲛ-
ⲥⲁ ⲛⲁⲓ ⲉⲑⲣⲏⲛⲓ ⲛⲁⲕ ⲛ̀ ⲟⲩⲧⲁⲓⲟ̀ ⲉ̀ⲃⲟⲗϧⲉⲛ ⲣⲱⲓ
ⲛ̀ ⲣⲉϥⲉⲣⲛⲟⲃⲓ ⲛⲉⲙ ⲡⲁ ⲗⲁⲥ ⲉⲧ ϫⲱϫⲉⲃ ⲛⲉⲙ ⲡⲁ
ϩⲏⲧ ⲛ̀ ⲥⲛⲟⲩ ⲛⲓⲃⲉⲛ ⲛ̀ ⲛⲓⲉ̀ϩⲟⲟⲩ ⲧⲏⲣⲟⲩ ⲛ̀ⲧⲉ ⲡⲁ
ⲱⲛϧ Ⲛ̀ⲧⲁ ⲡⲓⲥⲧⲉⲩⲓⲛ ϧⲉⲛ ⲫⲁⲓ ⲧⲁⲫⲙⲏⲓ ϫⲉ ⲁⲓϣⲁⲛ- 25
ⲉⲣ ⲡⲱⲃϣ ⲛ̀ ⲡⲉⲕⲣⲁⲛ ⲛ̀ⲧⲁϣⲧⲉⲙ ⲉⲣ ⲡⲉϥⲙⲉⲩⲓ ⲛ̀
ⲥⲛⲟⲩ ⲛⲓⲃⲉⲛ ϧⲉⲛ ⲡⲁ ϩⲏⲧ ⲱ̀ ⲡⲓⲁⲣⲭⲏⲁⲅⲅⲉⲗⲟⲥ ⲛ̀
ⲛⲓⲉ̀ϩⲟⲟⲩ ⲧⲏⲣⲟⲩ ⲛ̀ⲧⲉ ⲡⲁ ⲱⲛϧ ⲉⲓⲉϣⲱⲡⲓ ⲛ̀ ⲁⲧ

ⲟⲩⲧⲁϩ ⲟⲩⲟϩ ⲛ̀ ⲁⲧ ⲃⲉⲭⲏ ⲛ̀ ⲡⲉⲙⲑⲟ ⲛ̀ ⲫϯ ϫⲉ

ⲡⲇ. ⲗ. ⲡⲉⲣⲫⲙⲉⲩⲓ ⲛ̀ ⲡⲉⲕⲣⲁⲛ ⲉ̇ⲑ ⲟⲩⲁⲃ ⲱ̀ ⲡⲓⲁⲣⲭⲏ-
ⲁⲅⲅⲉⲗⲟⲥ ⲉ̇ⲑ ⲟⲩⲁⲃ ⲙⲓⲭⲁⲏⲗ ⲡⲓⲛⲓϣϯ ⲛ̀ ⲁⲣⲭⲏⲁⲅⲅⲉ-
ⲗⲟⲥ ⲉ̇ⲑ ⲟⲩⲁⲃ ⲫⲏ ⲉ̇ⲧ ⲟⲓ ⲛ̀ ⲥⲱϯ ⲛⲓⲛ ϧⲉⲛ ⲡⲁ
ϫⲓⲛϩⲉⲓ ⲛⲉⲙ ⲡⲁ ϫⲓⲛⲧⲱⲛⲧ ⲱ̀ ⲡⲓⲁⲣⲭⲏⲁⲅⲅⲉⲗⲟⲥ ⲉ̇ⲑ 5
ⲟⲩⲁⲃ ⲫⲏ ⲉ̇ⲧⲉ ⲡⲅⲉⲛⲟⲥ ⲧⲏⲣϥ ⲛ̀ ⲁⲇⲁⲙ ⲁⲩϫⲓⲙⲓ
ⲛ̀ ⲟⲩⲡⲁⲣⲣⲏⲥⲓⲁ ϧⲁⲧⲉⲛ ⲫϯ ⲉ̇ⲑⲃⲏⲧⲕ ⲱ̀ ⲡⲓⲁⲣⲭⲏ-
ⲁⲅⲅⲉⲗⲟⲥ ⲙⲓⲭⲁⲏⲗ ⲛ̀ⲑⲟⲕ ⲡⲉ ⲉ̇ⲑ ⲛⲏⲟⲩ ⲉ̇ ϧⲟⲩⲛ ⲉⲕⲓ̀ⲣⲓ
ⲛ̀ ⲡⲉⲛⲙⲉⲩ̇ⲓ ⲙ̀ⲡⲉⲙⲑⲟ ⲛ̀ ⲫϯ ϩⲓⲛⲁ ⲛ̀ⲧⲉϥϣⲉⲛϩⲏⲧ
ϧⲁⲣⲟⲛ ⲉϥⲉϣⲱⲡⲓ ⲛⲁⲛ ⲟⲩⲛ ⲛ̀ ⲫⲟⲟⲩ ϧⲉⲛ ⲡⲉⲕ- 10

ⲡⲇ. ⲃ. ⲛⲓϣϯ ⲛ̀ ϣⲁⲓ ⲉⲟⲣⲉⲕ ⲉⲣ ⲡⲣⲉⲥⲃⲉⲩⲓⲛ ϧⲁⲣⲟⲛ ϧⲁⲧⲉⲛ
ⲡⲟ̄ⲥ̄ ϯⲛⲟⲩ ϩⲓⲛⲁ ⲛ̀ⲧⲉⲛϣⲱⲡ ⲉⲣⲟϥ ⲛ̀ⲧⲉⲛⲥⲡⲟⲩⲇⲁⲛ
ⲉ̇ⲧⲉⲛⲓ̀ⲣⲓ ⲙ̀ⲙⲟⲥ ⲛⲁⲕ ϧⲉⲛ ⲡⲉⲕ ⲉⲣ ⲫⲙⲉⲩ̇ⲓ ⲉ̇ⲑ ⲟⲩⲁⲃ
ⲱ̀ ⲡⲓⲛⲓϣϯ ⲛ̀ ϧⲁⲓⲣⲱⲟⲩϣ ϧⲁⲣⲟⲛ ⲙⲓⲭⲁⲏⲗ ⲉⲑⲣⲉⲛϭⲓ
ⲛ̀ ⲡⲓⲙⲱⲓⲧ ⲧⲏⲣⲉⲛ ⲉ̄ ⲡϫⲓⲛⲧⲉⲛⲙⲟϣⲓ ϧⲉⲛ ⲡⲉⲧⲣⲁⲛⲉ 15
ⲫϯ ⲛ̀ ⲥⲏⲟⲩ ⲛⲓⲃⲉⲛ ⲙ̀ ⲡⲉⲙⲑⲟ ⲛ̀ ⲛⲉϥϫⲓϫ ⲟⲩⲟϩ
ⲛ̀ⲧⲉϥⲛⲁϩⲙⲉⲛ ⲉ̇ⲃⲟⲗϧⲉⲛ ⲛⲓ ⲫⲗⲁϣ ⲧⲏⲣⲟⲩ ⲛ̀ⲧⲉ ⲫⲏ
ⲉ̇ⲧ ϯ ⲟⲩⲃⲏⲛ ⲡⲓϫⲁϫⲓ ⲛ̀ⲧⲉ ⲙⲉⲟⲛⲏⲓ ⲛⲓⲃⲉⲛ ⲡⲓⲥⲁ-
ⲙⲉⲟⲛⲟⲩϫ ⲛ̀ⲥⲁ ⲛ̀ ⲡ ⲉ̇ⲧ ϩⲱⲟⲩ Ⲟⲩⲟϩ ⲛ̀ⲧⲉ ⲫϯ
ⲧⲁϩⲟⲛ ⲉ̇ⲣⲁⲧⲉⲛ ⲛⲁϥ ⲛ̀ ⲟⲩⲙⲉⲧⲟⲩⲣⲟ ⲛⲉⲙ ⲟⲩⲙⲉ- 20

ⲡⲉ. ⲗ. ⲧⲟⲩⲏⲃ ⲛⲉⲙ ⲟⲩⲅⲉⲛⲟⲥ ⲉϥ ⲟⲩⲁⲃ ⲛⲉⲙ ⲟⲩⲗⲁⲟⲥ
ⲉϥⲱⲛϧ ϩⲓⲧⲉⲛ ⲛⲓⲧⲱⲃϩ ⲉ̇ⲧ ⲉϥⲓ̀ⲣⲓ ⲙ̀ⲙⲱⲟⲩ ϧⲁⲣⲟⲛ
ⲛ̀ϫⲉ ⲧⲉⲛ ϭⲥ ⲧⲏⲣⲉⲛ ϯⲣⲉϥϫⲫⲉ ⲫϯ ⲡⲓⲗⲟⲅⲟⲥ
Ⲁⲗⲏⲑⲱⲥ ϯⲁ̀ⲅⲓⲁ ⲙⲁⲣⲓⲁⲙ ⲑⲏ ⲉ̇ⲧ ⲟⲓ ⲛ̀ ⲡⲁⲣⲑⲉⲛⲟⲥ
ⲛ̀ ⲥⲏⲟⲩ ⲛⲓⲃⲉⲛ ⲛⲉⲙ ⲛⲉⲛⲡⲣⲉⲥⲃⲓⲁ ⲛ̀ ⲫⲏ ⲉ̄ ⲧⲉⲛ 25
ⲉⲣ ϣⲁⲓ ⲛⲁϥ ⲙ̀ ⲫⲟⲟⲩ ⲡⲓⲛⲓϣϯ ⲛ̀ ⲁⲣⲭⲏⲁⲅⲅⲉⲗⲟⲥ
ⲉ̇ⲑ ⲟⲩⲁⲃ ⲙⲓⲭⲁⲏⲗ ⲫⲏ ⲉ̇ⲧ ⲧⲱⲃϩ ⲙ̀ ⲡϭⲥ ⲉ̇ϫⲱⲛ ⲛ̀
ⲥⲏⲟⲩ ⲛⲓⲃⲉⲛ Ⲛⲉⲙ ⲛⲉⲛⲧⲱⲃϩ ⲛ̀ ⲡⲭⲱⲣⲟⲥ ⲧⲏⲣϥ

ⲛ̀ⲧⲉⲛ ⲉⲣ ϣⲫⲏⲣ ⲛ̀ ⲁⲧ ⲥⲱⲙⲁⲧⲟⲥ ⲛⲉⲙ ⲛⲉⲛⲧⲱⲃϩ
ⲛ̀ ⲫⲏ ⲉⲧⲉ ⲙ̀ⲙⲟⲛ ⲟⲩⲁⲓ ⲧⲱⲛϥ ϧⲉⲛ ⲛⲓⲙⲓⲥⲓ ⲛ̀ⲧⲉ

ⲡ︤ⲕ︦ⲃ︥. ⲛⲓϩⲓⲟⲙⲓ ⲉ̀ⲛⲁⲁϥ ⲉ̀ϩⲟⲧ ⲉ̀ⲣⲟϥ ⲡⲓⲁ̀ⲅⲓⲟⲥ ⲓⲱⲁⲛⲛⲏⲥ
ⲡⲓⲡⲣⲟⲇⲣⲟⲙⲟⲥ ⲛ̀ ⲃⲁⲡⲧⲓⲥⲧⲏⲥ ⲟⲩⲟϩ ⲙ̀ ⲙⲁⲣⲧⲩⲣⲟⲥ
ⲉⲑ ⲟⲩⲁⲃ ⲛⲉⲙ ⲛⲉⲛⲧⲱⲃϩ ⲛ̀ ⲛⲓⲡⲁⲧⲣⲓⲁⲣⲭⲏⲥ ⲛⲉⲙ 5
ⲛⲓ ⲡⲣⲟⲫⲏⲧⲏⲥ ⲛⲉⲙ ⲛⲓ ⲕⲟⲣⲩⲙⲫⲉⲟⲥ ⲛ̀ ⲁⲡⲟⲥⲧⲟⲗⲟⲥ
ⲛⲏ ⲉⲧ ⲁⲩⲟⲩⲁϩⲟⲩ ⲛ̀ⲥⲁ ⲡⲓⲡⲁⲧϣⲉⲗⲉⲧ ⲙ̀ ⲙⲏⲓ
ⲡⲉⲛϬⲥ ⲓⲏⲥ ⲡⲭ︤ⲥ︥ ⲡⲉⲛ ⲱⲛϧ ⲛⲉⲙ ⲡⲓⲅ̅ ⲛ̀ ⲁ̀ⲗⲟⲩ ⲛ̀
ⲁ̀ⲅⲓⲟⲥ ⲥⲉⲇⲣⲁⲕ ⲙⲓⲥⲁⲕ ⲁⲃⲇⲉⲛⲁⲅⲱ ⲛⲉⲙ ⲡⲓⲁ̀ⲅⲓⲟⲥ
ⲥⲧⲉⲫⲁⲛⲟⲥ ⲛⲉⲙ ⲡⲭⲱⲣⲟⲥ ⲧⲏⲣϥ ⲛ̀ⲧⲉ ⲛⲓⲁ̀ⲅⲓⲟⲥ ⲙ̀ 10
ⲙⲁⲣⲧⲩⲣⲟⲥ ⲛⲉⲙ ⲛⲓⲥⲧⲁⲩⲣⲟⲫⲱⲣⲟⲥ ⲉⲑ ⲟⲩⲁⲃ ⲛⲁⲓ

ⲡ︤ⲕ︦ⲅ︥. ⲉⲧ ⲟϩⲓ ⲉ̀ⲣⲁⲧⲟⲩ ⲧⲏⲣⲟⲩ ⲙ̀ ⲡⲉⲙⲑⲟ ⲙ̀ ⲡⲓⲑⲣⲟ-
ⲛⲟⲥ ⲛ̀ ⲃⲁⲥⲓⲗⲓⲕⲟⲛ ⲛ̀ⲧⲉ ⲫ︤ϯ︥ ⲡⲓⲗⲟⲅⲟⲥ ⲉⲩϯϩⲟ
ⲉ̀ⲣⲟϥ ⲙ̀ ⲡⲓⲉ̀ϩⲟⲟⲩ ⲛⲉⲙ ⲡⲓⲉ̀ϫⲱⲣϩ ⲉ̀ⲑⲣⲉϥ ⲉⲣ ⲟⲩⲛⲁⲓ
ϧⲁ ⲡⲉϥⲗⲁⲟⲥ ⲛ̀ⲑⲟϥ ⲡⲉⲛ Ϭⲥ ⲟⲩⲟϩ ⲡⲉⲛⲛⲟⲩϯ ⲓⲏⲥ 15
ⲡⲭ︤ⲥ︥ ⲫⲁⲓ ⲉⲧⲉ ⲉ̀ⲃⲟⲗϩⲓ ⲧⲟⲧϥ ⲉ̀ⲣⲉ ⲱⲟⲩ ⲛⲓⲃⲉⲛ ⲛⲉⲙ
ⲧⲁⲓⲟ̀ ⲛⲓⲃⲉⲛ ⲛⲉⲙ ⲡⲣⲟⲥⲕⲩⲛⲏⲥⲓⲥ ⲛⲓⲃⲉⲛ ⲛⲉⲙ ϫⲓⲛⲟⲩ-
ⲱϣⲧ ⲛⲓⲃⲉⲛ ⲉⲣ ⲡⲣⲉⲡⲓ ⲙ̀ ⲫⲓⲱⲧ ⲛⲉⲙⲁϥ ⲛⲉⲙ
ⲡⲓⲡ︤ⲛ︦ⲁ︥ ⲉⲑ ⲟⲩⲁⲃ ⲛ̀ ⲣⲉϥⲧⲁⲛϧⲟ ⲟⲩⲟϩ ⲛ̀ ⲟⲙⲟⲟⲩⲥⲓⲟⲥ
ⲛⲉⲙⲁϥ ϯⲛⲟⲩ ⲛⲉⲙ ⲛ̀ ⲥⲏⲟⲩ ⲛⲓⲃⲉⲛ ⲛⲉⲙ ϣⲁ ⲉ̀ⲛⲉϩ 20
ⲛ̀ⲧⲉ ⲛⲓⲉ̀ⲛⲉϩ ⲧⲏⲣⲟⲩ ⲁⲙⲏⲛ.

ⲡⲍ̄. ⲃ. Ⲟ ⲗⲟⲅⲟⲥ ⲛ̀ⲧⲉ ⲡⲓⲡⲁⲧⲣⲓⲁⲣⲭⲏⲥ ⲉ̇ⲑ ⲟⲩⲁⲃ ⲟⲩⲟϩ
ⲡⲓⲁⲣⲭⲏⲉ̇ⲡⲓⲥⲕⲟⲡⲟⲥ ⲛ̀ⲧⲉ ⲁⲛⲧⲓⲟⲭⲓⲁ ⲁⲃⲃⲁ ⲥⲉⲩⲏⲣⲟⲥ
ⲉ̇ ⲁϥⲧⲁⲟⲩⲟϥ ⲇⲉ ⲉϥⲟⲩⲱⲛϩ ⲉ̇ⲃⲟⲗ ⲛ̀ ⲛⲓⲙⲉⲧϣⲁⲛ-
ϩⲑⲏϥ ⲛ̀ⲧⲉ ⲫ̄ϯ ⲁϥⲥⲁϫⲓ ⲇⲉ ⲟⲛ ⲉⲑⲃⲉ ⲧⲡⲁⲣⲟⲩⲥⲓⲁ

ⲡ̄ⲏ̄. ⲁ. ⲛ̀ ⲡⲓⲁⲣⲭⲏⲁⲅⲅⲉⲗⲟⲥ ⲉ̇ⲑ ⲟⲩⲁⲃ ⲙⲓⲭⲁⲏⲗ ⲛⲉⲙ ⲧⲉϥ- 5
ⲙⲉⲧⲙⲁⲓ ⲣⲱⲙⲓ ⲛ̀ ⲫⲣⲏϯ ⲉ̇ⲧⲁϥⲥⲟⲧⲟⲩ ⲛ̀ⲙⲱⲟⲩ ⲉ̇
ⲛⲓⲥⲟⲣⲥⲥ ⲛ̀ⲧⲉ ⲡ̇ⲇⲓⲁ̇ⲃⲟⲗⲟⲥ Ⲉ̇ ⲁϥⲧⲁⲟⲩ ⲉ̇ ϩⲁⲛⲕⲟⲩϫⲓ
ⲇⲉ ⲟⲛ ⲉⲑⲃⲉ ϯⲁ̇ⲅⲓ̇ⲁ ⲛ̀ ⲕⲩⲣⲓⲁⲕⲏ ⲉ̇ⲑ ⲟⲩⲁⲃ ⲉⲑⲃⲉ ϫⲉ
ⲁ ⲡϣⲁⲓ ⲛ̀ ⲡⲓⲁⲣⲭⲏⲁⲅⲅⲉⲗⲟⲥ ⲉ̇ⲑ ⲟⲩⲁⲃ ⲙⲓⲭⲁⲏⲗ ⲉⲣ
ⲁⲡⲁⲛⲧⲁⲛ ϧⲉⲛ ϯⲣⲟⲙⲡⲓ ⲉ̇ⲧⲉⲙⲙⲁⲩ ⲉ̇ ϯⲁ̇ⲅⲓ̇ⲁ ⲛ̀ 10
ⲕⲩⲣⲓⲁⲕⲏ Ⲁϥⲥⲁϫⲓ ⲇⲉ ⲟⲛ ⲉⲑⲃⲉ ⲙⲁⲧⲑⲉⲟⲥ ⲡⲓⲡⲣⲁ-
ⲅⲙⲁⲧⲉⲩⲧⲏⲥ ⲛⲉⲙ ⲧⲉϥⲥϩⲓⲙⲓ ⲛⲉⲙ ⲛⲉϥϣⲏⲣⲓ ⲛ̀
ⲡⲓⲣⲏϯ ⲉ̇ⲧⲁⲩⲛⲁϩϯ ⲉ̇ ⲫ̄ϯ ϩⲓⲧⲉⲛ ⲛⲓϩ̇ⲟ ⲛ̀ⲧⲉ
ⲡⲓⲁⲣⲭⲏⲁⲅⲅⲉⲗⲟⲥ ⲉ̇ⲑ ⲟⲩⲁⲃ ⲙⲓⲭⲁⲏⲗ ⲉ̇ⲧⲁϥⲧⲁⲟⲩⲟ̇

ⲡ̄ⲏ̄. ⲃ. ⲇⲉ ⲛ̀ ⲡⲁⲓ ⲇⲓⲁ̇ⲗⲟⲅⲟⲥ ⲇⲉ ⲛ̀ ⲥⲟⲩ ⲓ̄ⲃ̄ ⲛ̀ ⲡⲓⲁ̇ⲃⲟⲧ 15
ⲁ̇ⲑⲱⲣ ⲉⲣⲉ ⲡⲓⲙⲏϣ ⲧⲏⲣϥ ⲑⲟⲩⲏⲧ ⲉ̇
ⲡ̇ⲧⲟⲡⲟⲥ ⲛ̀ ⲡⲓⲁⲣⲭⲏⲁⲅⲅⲉⲗⲟⲥ ⲉ̇ⲑ
ⲟⲩⲁⲃ ⲙⲓⲭⲁⲏⲗ ⲉⲩⲉⲣ ϣⲁⲓ
ⲛⲁϥ ⲛ̀ ϧⲏⲧϥ ϧⲉⲛ ⲟⲩϩⲓ-
ⲣⲏⲛⲏ ⲛ̀ⲧⲉ ⲫ̄ϯ 20
ⲁ̇ⲙⲏⲛ.

Ϯⲥⲱⲧⲉⲙ ⲉ̇ ⲡⲓ ⲯⲁⲗⲙⲱⲇⲟⲥ ⲉ̇ⲑ ⲟⲩⲁⲃ ⲇⲁⲩⲓⲇ ⲉϥ
ⲉⲣ ⲥⲩⲙⲙⲉⲛⲓⲛ ⲛⲁⲛ ⲛ̀ ⲛⲉⲑⲟⲩⲱϯ ⲉ̇ϧⲟⲩⲛ ⲛ̀ ⲡⲁⲓ ϣⲁⲓ
ⲛ̀ ⲫⲟⲟⲩ ⲉϥϣⲱ ⲉ̇ⲃⲟⲗ ⲉϥϫⲱ ⲙ̀ⲙⲟⲥ ϫⲉ ⲡⲁⲅⲅⲉⲗⲟⲥ

ⲛ̀ ⲡⳓⲥ ⲥⲓⲕⲱⲧ ⲛ̀ ⲡⲓⲕⲱϯ ⲛ̀ ⲟⲩⲟⲛ ⲛⲓⲃⲉⲛ ⲉⲧ ⲉⲣ
ϩⲟϯ ϧⲁ ⲧⲉϥϩⲏ ⲟⲩⲟϩ ϥⲛⲁⲛⲁϩⲙⲟⲩ ⲡⲁⲓ ϣⲁⲓ
ⲟⲩⲛ ⲙ̀ ⲫⲟⲟⲩ ⲱ̀ ⲛⲁ ⲙⲉⲛⲣⲁϯ ⲟⲓ ⲛ̀ ⲃ̅ ⲛ̀ ⲡϣⲁⲓ
ⲛ̀ ⲡⲓⲁⲣⲭⲏⲁⲅⲅⲉⲗⲟⲥ ⲉⲑ ⲟⲩⲁⲃ ⲙⲓⲭⲁⲏⲗ ⲛⲉⲙ ⲡϣⲁⲓ
ⲛ̀ ϯⲕⲩⲣⲓⲁⲕⲏ ⲉⲑ ⲟⲩⲁⲃ ⲧⲁⲛⲁⲥⲧⲁⲥⲓⲥ ⲙ̀ ⲡⲉⲛⲥⲱⲧⲏⲣ
Ⲓⲥ ϩⲏⲡⲡⲉ ϯⲛⲁⲩ ⲉ̀ ⲟⲩⲛⲓϣϯ ⲛ̀ ϩⲁⲙⲏⲓ ⲉϥϣⲱⲡ
ⲛ̀ⲙⲟⲛ ϩⲗⲓ ⲛ̀ ⲑⲛⲟⲩ ϣⲱϣⲧ ⲛ̀ⲙⲟⲛ ⲉ̀ ⲡⲧⲏⲣϥ ⲁⲗⲗⲁ
ⲧⲉⲧⲉⲛⲥⲉⲃⲧⲱⲧ ⲧⲏⲣⲟⲩ ⲉ̀ϣⲱⲡ ⲉ̀ⲣⲱⲧⲉⲛ ⲙ̀ ⲡⲥⲁϫⲓ
ⲛ̀ⲧⲉ ϯⲥⲃⲱ ⲓⲧⲉ ⲁⲛⲟⲛ ⲛ̀ ⲉⲧ ⲥⲁϫⲓ ⲓⲧⲉ ⲛ̀ⲑⲱⲧⲉⲛ ⲛⲏ
ⲉⲧ ⲥⲱⲧⲉⲙ Ⲟⲩⲟϩ ⲡⲁⲛⲧⲱⲥ ⲛ̀ⲧⲉ ⲡⲓⲥⲁϫⲓ ⲉ̀ⲧⲉⲙⲙⲁⲩ
ϫⲱⲕ ⲉ̀ⲃⲟⲗ ⲉ̀ϫⲱⲛ ϫⲉ ⲟⲩⲁⲓ ⲙⲉⲛ ⲁϥⲉⲣ ⲣ̅ ⲕⲉ ⲟⲩⲁⲓ
ⲇⲉ ⲁϥⲉⲣ ⲝ̅ ⲕⲉ ⲟⲩⲁⲓ ⲇⲉ ⲁϥⲉⲣ ⲗ̅ Ⲧⲉⲧⲉⲛⲥⲱⲟⲩⲛ
ⲅⲁⲣ ϫⲉ ϥⲟⲩⲛⲟⲩ ⲛ̀ⲙⲟⲛ ⲁⲛ ⲓ̀ϫⲉ ⲡⲓⲣⲉϥϯ ⲃⲉⲭⲉ
ⲙ̀ ⲙⲏⲓ ⲡⲉⲛ ⳓⲥ ⲓⲏⲥ ⲡⲭⲥ ⲡϣⲏⲣⲓ ⲙ̀ ⲫϯ ⲉⲧ ⲟⲛϧ
ϥϫⲱ ⲙ̀ⲙⲟⲥ ⲅⲁⲣ ϧⲉⲛ ⲡⲉϥⲣⲱϥ ⲉⲑ ⲙⲉϩ ⲛ̀ ⲱⲛϧ
ⲛⲉⲙ ⲙⲉⲟⲙⲏⲓ ⲛⲓⲃⲉⲛ ϫⲉ ⲡⲓⲙⲁ ⲉ̀ⲧⲉ ⲟⲩⲟⲛ ⲃ̅ ⲓⲉ ⲅ̅
ⲉⲣ ⲥⲩⲛⲁⲅⲉⲥⲑⲉ ⲙ̀ⲙⲁⲩ ϧⲉⲛ ⲡⲁⲣⲁⲛ ϯⲭⲏ ⲛ̀ⲙⲁⲩ
ϧⲉⲛ ⲧⲟⲩⲙⲏϯ Ϩⲟⲥⲟⲛ ⲉϥϣⲟⲡ ⲛⲉⲙⲁⲛ ⲛ̀ϫⲉ ⲡⲉⲛ-
ⲛⲟⲩϯ ⲙⲁⲣⲉⲛϣⲱⲡ ⲉ̀ⲣⲟⲛ ⲙ̀ ⲡⲥⲁϫⲓ ⲙ̀ ⲡⲓⲡⲣⲟⲫⲏ-
ⲧⲏⲥ ⲟⲩⲟϩ ⲡⲓⲣⲉϥⲉⲣ ⲯⲁⲗⲓⲛ ⲇⲁⲩⲓⲇ ⲉϥϫⲱ ⲙ̀ⲙⲟⲥ
ϫⲉ ⲥⲣⲱϥⲧ ⲟⲩⲟϩ ⲁ̀ⲣⲓ ⲉ̀ⲙⲓ ϫⲉ ⲁ̀ⲛⲟⲕ ⲡⲉ ⲫϯ ⲉ̀ⲓⲉ-
ϭⲓⲥⲓ ⲉ̀ϫⲉⲛ ⲛⲓⲉⲑⲛⲟⲥ ⲉ̀ⲓ̀ϭⲓⲥⲓ ⲉ̀ϫⲉⲛ ⲡⲕⲁϩⲓ ⲧⲏⲣϥ
Ⲧⲉⲧⲉⲛⲥⲱⲟⲩⲛ ⲛⲁ ⲙⲉⲛⲣⲁϯ ϫⲉ ⲡϣⲁⲓ ⲙ̀ ⲡⲉⲛ-
ⲟⲩⲁⲓ ⲡⲉ ⲫⲟⲟⲩ ⲉ̀ⲧⲉ ⲟⲁⲓ ⲧⲉ ϯⲁ̀ⲅⲓⲁ ⲛ̀ ⲕⲩⲣⲓⲁⲕⲏ
ⲉⲑ ⲟⲩⲁⲃ ⲉⲧ ⲥϣⲉ ⲡⲉ ⲛ̀ⲧⲉⲛϩⲱⲥ ⲟⲩⲟϩ ⲛ̀ⲧⲉⲛ-
ⲥⲙⲟⲩ ⲟⲩⲟϩ ⲛ̀ⲧⲉⲛⲧ ⲱ̀ⲟⲩ ⲙ̀ ⲡⳓⲥ ⲛ̀ ϣⲟⲣⲡ ϫⲉ
ⲉ̀ⲣⲉ ⲱ̀ⲟⲩ ⲛⲓⲃⲉⲛ ⲉⲣ ⲡⲣⲉⲡⲓ ⲛⲁϥ ⲛ̀ ⲥⲛⲟⲩ ⲛⲓⲃⲉⲛ
ϣⲁ ⲉ̀ⲛⲉϩ ⲛ̀ⲧⲉ ⲛⲓⲉ̀ⲛⲉϩ ⲧⲏⲣⲟⲩ ⲁ̀ⲙⲏⲛ Ⲙⲉⲛⲉⲛⲥⲱⲥ

ⲙⲁⲣⲉⲛⲧⲁⲥⲑⲟⲛ ⲛ̅ⲧⲉⲛⲥⲁϫⲓ ⲉ̀ ⲡⲧⲁⲓⲟ̀ ⲙ̅ ⲙⲓⲭⲁⲏⲗ
ⲡⲓⲛⲓϣϯ ⲛ̀ ⲁⲣⲭⲏⲁⲅⲅⲉⲗⲟⲥ ⲉ̅ⲑ ⲟⲩⲁⲃ ⲥⲱⲧⲉⲙ ⲅⲁⲣ
ⲉ̀ⲣⲟϥ ⲃⲉⲛ ⲡⲓⲉⲩⲁⲅⲅⲉⲗⲓⲟⲛ ⲉ̀ⲑ ⲟⲩⲁⲃ ⲕⲁⲧⲁ ⲙⲁⲧⲑⲉⲛ

ϥ. ⲃ. ϫⲉ ⲡⲓⲁⲣⲭⲏⲁⲅⲅⲉⲗⲟⲥ ⲛ̅ⲧⲉ ⲡϭ̅ⲥ̅ ⲡⲉϫⲁϥ ⲛ̀ ⲛⲓϩⲓⲟ̀ⲙⲓ
ϫⲉ ⲙ̅ⲡ ⲉⲣ ⲉⲣ ϩⲟϯ ⲛ̀ⲑⲱⲧⲉⲛ ϯⲉ̀ⲙⲓ ⲅⲁⲣ ⲁ̀ⲛⲟⲕ ϫⲉ 5
ⲁⲣⲉⲧⲉⲛⲕⲱϯ ⲛ̀ⲥⲁ ⲛⲓⲙ ⲓ̅ⲏ̅ⲥ̅ ⲫⲏ ⲉ̀ⲧⲁⲩ ⲉⲣ ⲥⲧⲁⲩⲣⲱ-
ⲛⲓⲛ ⲙ̅ⲙⲟϥ ϥⲭⲏ ⲙ̀ ⲡⲁⲓ ⲙⲁ ⲁⲛ ⲁⲗⲗⲁ ⲁϥⲧⲱⲛϥ
ⲕⲁⲧⲁ ⲫⲣⲏϯ ⲉ̀ⲧⲁϥϫⲟⲥ ⲛ̀ ⲛⲉϥⲙⲁⲑⲏⲧⲏⲥ ⲡⲉϫⲓⲛⲓ
ⲡⲉϫⲁϥ ⲉϥⲟ̀ⲛⲓ ⲛ̀ ⲟⲩⲥⲉⲧⲉⲃⲣⲏϫ ⲟⲩⲟϩ ⲧⲉϥϩⲉⲃⲥⲱ
ⲉⲥⲟⲩⲟⲃϣ ⲙ̀ ⲫⲣⲏϯ ⲛ̀ ⲟⲩⲭⲓⲱⲛ ⲉ̀ⲧⲉ ⲫⲁⲓ ⲡⲉ ⲡⲓⲁⲣ- 10
ⲭⲏⲁⲅⲅⲉⲗⲟⲥ ⲉ̅ⲑ ⲟⲩⲁⲃ ⲙⲓⲭⲁⲏⲗ ⲡⲓⲁⲣⲭⲏⲥⲧⲣⲁⲧⲏⲅⲟⲥ
ⲛ̅ⲧⲉ ⲧϫⲟⲙ ⲛ̀ ⲛⲓⲫⲏⲟⲩⲓ̀ ϯⲉⲛ ⲉⲣ ϣⲁⲓ ⲟⲩⲛ ⲙ̀ ⲫⲟⲟⲩ
ⲱ̀ ⲛⲁ ⲙⲉⲛⲣⲁϯ ϫⲉ ϥ̀ⲃⲉⲛ ⲧⲉⲛⲙⲏϯ ϯⲛⲟⲩ ⲛ̀ϫⲉ

ϥⲗ̅. ⲁ. ⲡϭ̅ⲥ̅ ⲛⲉⲙ ⲡⲭⲱⲣⲟⲥ ⲧⲏⲣϥ ⲛ̀ⲧⲉ ⲛⲓⲁⲅⲅⲉⲗⲟⲥ | ⲉϥ ⲉⲣ
ϣⲁⲓ ⲛⲉⲙⲁⲛ ⲃⲉⲛ ⲡϣⲁⲓ ⲙ̀ ⲡⲓⲁⲣⲭⲏⲁⲅⲅⲉⲗⲟⲥ ⲉ̀ⲑ 15
ⲟⲩⲁⲃ ⲙⲓⲭⲁⲏⲗ ⲙⲓⲭⲁⲏⲗ ⲅⲁⲣ ⲡ ⲉⲧ ϯϩⲟ ⲉ̀ ⲡϭ̅ⲥ̅
ⲃⲁ ⲡⲅⲉⲛⲟⲥ ⲛ̀ ⲛⲓⲣⲱⲙⲓ ⲛ̀ ⲛⲁⲩ ⲛⲓⲃⲉⲛ ⲡϭ̅ⲥ̅ ϩⲱϥ
ⲡ ⲉⲧ ⲭⲱ ⲛⲱⲟⲩ ⲉ̀ⲃⲟⲗ ⲛ̀ ⲛⲟⲩⲛⲟⲃⲓ ⲛⲓⲙ ⲅⲁⲣ ⲃⲉⲛ
ⲛⲏ ⲉ̀ⲑ ⲟⲩⲁⲃ ⲧⲏⲣⲟⲩ ⲉ̀ⲧⲉ ⲙ̀ⲡⲉ ⲡⲓⲁⲣⲭⲏⲁⲅⲅⲉⲗⲟⲥ
ϣⲱⲡⲓ ⲛⲉⲙⲁϥ ⲛ̀ⲧⲉϥⲛⲁϩⲙⲟⲩ ⲉ̀ⲃⲟⲗⲃⲉⲛ ⲛⲟⲩⲑ- 20
ⲗⲩⲯⲓⲥ ⲧⲏⲣⲟⲩ ⲛⲓⲙ ⲟⲛ ⲃⲉⲛ ⲛⲓⲙⲁⲣⲧⲩⲣⲟⲥ ⲧⲏⲣⲟⲩ
ⲉ̀ⲧⲉ ⲙ̀ⲡⲉ ⲡⲓⲁⲣⲭⲏⲁⲅⲅⲉⲗⲟⲥ ⲙⲓⲭⲁⲏⲗ ϯϫⲟⲙ ⲛⲁϥ
ϩⲓⲧⲉⲛ ⲡⲓⲟⲩⲁϩⲥⲁϩⲛⲓ ⲛ̀ⲧⲉ ⲡϭ̅ⲥ̅ ϣⲁⲛ ⲧⲉϥϭⲓ ⲙ̀

ϥⲗ̅. ⲃ. ⲡⲓⲭⲗⲟⲙ ⲓⲥϫⲉ ⲧⲉⲧⲉⲛ ⲟⲩⲱϣ ⲉ̀ⲙⲓ | ⲱ̀ ⲛⲁⲙⲉⲛⲣⲁϯ
ϫⲉ ⲡⲓⲁⲣⲭⲏⲁⲅⲅⲉⲗⲟⲥ ⲙⲓⲭⲁⲏⲗ ϣⲟⲡ ⲛⲉⲙ ⲣⲱⲙⲓ 25
ⲛⲓⲃⲉⲛ ⲉⲟⲛⲁϯ ⲙ̀ ⲡⲟⲩⲟⲓ ⲉ̀ ⲫϯ ⲃⲉⲛ ⲡⲟⲩϩⲏⲧ ⲧⲏⲣϥ
ⲟⲩⲟϩ ϥⲧⲱⲃϩ ⲙ̀ ⲡϭ̅ⲥ̅ ⲃⲁⲣⲱⲟⲩ ⲉ̀ⲑⲣⲉϥϣⲱⲡⲓ ⲛⲱⲟⲩ
ⲙ̀ ⲃⲟⲏⲑⲟⲥ ⲥⲱⲧⲉⲙ ⲛ̀ⲧⲁⲙⲱⲧⲉⲛ ⲉ̀ ⲧⲁⲓ ⲛⲓϣϯ ⲛ̀

ϣⲫⲏⲣⲓ ⲉⲧⲁⲥϣⲱⲡⲓ ϩⲓⲧⲉⲛ ⲧϫⲟⲙ ⲙ̅ ⲫϯ ⲛⲉⲙ ⲡⲓ-
ⲁⲣⲭⲏⲁⲅⲅⲉⲗⲟⲥ ⲉⲑ ⲟⲩⲁⲃ ⲙⲓⲭⲁⲏⲗ ⲉⲃⲟⲗϩⲓⲧⲉⲛ ⲛⲉϥ-
ⲧϩⲟ ⲛⲁⲓ ⲉⲧⲁⲩⲧⲁⲙⲟⲛ ⲉⲣⲱⲟⲩ ϩⲓⲧⲉⲛ ϩⲁⲛⲣⲱⲙⲓ
ⲛ̅ ϣⲟⲩⲛⲁϩϯ ⲉⲣⲱⲟⲩ Ⲛⲉ ⲟⲩⲟⲛ ⲟⲩⲣⲱⲙⲓ ⲇⲉ ⲙ̅
ⲡⲣⲁⲅⲙⲁⲧⲉⲩⲧⲏⲥ ⲉ̀ ⲡⲉϥⲣⲁⲛ ⲛ̅ ϣⲟⲣⲡ ⲕⲉⲧⲥⲱⲛ 5

ϥⲃ̅. ⲁ. ⲉ̀ ⲟⲩⲣⲉⲙϯⲭⲱⲣⲁ ⲡⲉ ⲛ̅ⲧⲉ ϯⲉⲛⲧⲓⲕⲏ ⲟⲩⲟϩ ⲛⲉ
ⲟⲩⲣⲁⲙⲁⲟ̀ ⲉⲙⲁϣⲱ ⲡⲉ ⲉ̀ ⲟⲩⲟⲛ ⲛ̅ⲧⲁϥ ⲛ̅ⲙⲁⲩ ⲛ̅
ⲟⲩⲛⲓϣϯ ⲙ̅ ⲡⲣⲁⲅⲙⲁⲧⲓⲁ ⲟⲩⲟϩ ⲛⲁϥⲥⲱⲟⲩⲛ ⲙ̅ ⲫϯ
ⲁⲛ ⲡⲉ ⲀⲗⲗⲀ ⲛⲉ ⲟⲩϩⲉⲗⲗⲏⲛⲟⲥ ⲡⲉ ⲉϥϣⲉⲙϣⲓ ⲙ̅
ⲡⲓⲣⲏ ⲫⲁⲓ ⲇⲉ ⲟⲩⲛ ⲉϥϣⲟⲡ ϧⲉⲛ ⲧⲉϥⲙⲉⲧⲉⲑⲛⲟⲥ 10
ⲟⲩⲟϩ ⲛⲁⲣⲉ ⲫϯ ⲟⲩⲱϣ ⲉ̀ ⲧⲟⲩϫⲟϥ ⲡⲉ Ⲁⲥϣⲱⲡⲓ
ⲇⲉ ⲛ̅ ⲟⲩⲥⲟⲡ ⲁϥⲧⲁⲗⲟ ⲛ̅ⲧⲉϥⲡⲣⲁⲅⲙⲁⲧⲓⲁ ⲉ̀ ⲟⲩϫⲟⲓ
ⲁϥϩⲱⲗ ⲉ̀ ⲟⲩⲡⲟⲗⲓⲥ ϧⲉⲛ ⲧⲭⲱⲣⲁ ⲛ̅ ⲫⲓⲗⲓⲡⲡⲟⲓⲥ
ⲉ̀ ⲡⲉⲥⲣⲁⲛ ⲡⲉ ⲕⲁⲗⲱⲛⲓⲁ ⲑⲁⲓ ⲧⲉ ⲛⲁⲩϣⲉⲙϣⲓ ⲙ̅
ⲫϯ ⲛ̅ ϧⲏⲧⲥ ⲧⲟⲛⲱ̀ ⲡⲉ Ⲉⲧⲁϥϩⲱⲗ ⲇⲉ ⲉ̀ϧⲟⲩⲛ 15

ϥⲃ̅. ⲃ. ⲉⲣⲟⲥ ⲛ̅ ⲥⲟⲩ ⲁ̅ⲓ̅ (sic) ⲙ̅ ⲡⲓⲁⲃⲟⲧ ⲁⲑⲱⲣ ⲉϥϣⲟⲡ
ⲇⲉ ϧⲉⲛ ϯⲡⲟⲗⲓⲥ ⲉϥϯ ⲛ̅ⲧⲉϥⲡⲣⲁⲅⲙⲁⲧⲓⲁ ⲁϥⲫⲟϩ
ⲛ̅ ⲥⲟⲩ ⲓ̅ⲁ̅ ⲙ̅ ⲡⲁⲓ ⲁ̀ⲃⲟⲧ ⲛ̅ ⲟⲩⲱⲧ ⲁⲑⲱⲣ Ⲙ ⲫⲛⲁⲩ
ⲇⲉ ⲛ̅ ⲙⲉⲣⲓ ⲛ̅ ⲡⲓⲉ̅ϩⲟⲟⲩ ⲉⲧⲉⲙⲙⲁⲩ ⲁϥϭⲓⲛⲓ ⲙ̅ ⲡⲓ-
ⲧⲟⲡⲟⲥ ⲛ̅ⲧⲉ ⲡⲓⲁⲣⲭⲏⲁⲅⲅⲉⲗⲟⲥ ⲙⲓⲭⲁⲏⲗ ⲁϥⲛⲁⲩ 20
ⲉⲣⲟϥ ⲉⲩⲥⲧⲉⲫⲁⲛⲟⲩ ⲛ̅ⲙⲟϥ ϧⲉⲛ ϩⲁⲛⲫⲁⲛⲟⲥ ⲛⲉⲙ
ϩⲁⲛⲃⲏⲗⲗⲟⲛ ⲁϥ ⲉⲣ ϣⲫⲏⲣⲓ ⲉ̀ⲙⲁϣⲱ ⲟⲩⲟϩ ⲁϥϩⲉⲙⲥⲓ
ϧⲉⲛ ⲡⲓⲙⲁ ⲉ̀ⲧⲉⲙⲙⲁⲩ ⲕⲁⲧⲁ ⲟⲩⲟⲓⲕⲟⲛⲟⲙⲓⲁ ⲛ̅ⲧⲉ
ⲫϯ ⲉ̀ ⲛⲁⲩ ⲉ̀ ⲡϫⲱⲕ ⲙ̅ ⲡⲓϩⲱⲃ Ⲉⲧⲁ ⲣⲟⲩϩⲓ ⲇⲉ
ϣⲱⲡⲓ ⲁϥⲛⲁⲩ ⲉ̀ ⲡⲓⲙⲏϣ ⲧⲏⲣϥ ⲉ̀ⲧⲁⲩⲑⲱⲟⲩϯ ⲉ̀ 25

ϥⲅ̅. ⲁ. ⲡⲓⲙⲁ ⲉ̀ⲧⲉⲙⲙⲁⲩ ⲁⲩⲓ̀ⲣⲓ ⲙ̅ ⲡⲓⲗⲩⲭⲛⲓⲕⲟⲛ ⲉⲩϫⲱ
ⲛ̅ ϩⲁⲛϩⲩⲙⲛⲟⲥ ⲉⲩⲥⲟⲗϫ Ⲡⲓⲣⲱⲙⲓ ⲇⲉ ⲁϥ ⲉⲣ ϣⲫⲏⲣⲓ
ⲟⲩⲟϩ ϩⲓⲧⲉⲛ ⲡⲓϩⲟⲩⲟ ⲛ̅ⲧⲉ ϯϣⲫⲏⲣⲓ ⲁϥⲉⲛⲕⲟⲧ ϩⲓⲣⲉⲛ

ϥⲣⲟ ⲛ̄ ⲡⲓⲧⲟⲡⲟⲥ ϧⲉⲛ ⲡⲓⲉ̀ⲭⲱⲣϩⲟⲛ ⲁ̀ ⲛⲓⲕⲗⲏⲣⲓⲕⲟⲥ
ⲛⲉⲙ ⲛⲓϥⲓⲗⲟⲛⲟⲙⲟⲥ ⲑⲱⲟⲩϯ ⲉⲅⲓ̀ⲣⲓ ⲛ̄ ⲡⲓⲟⲣⲑⲓⲛⲟⲛ
Ⲡⲓⲣⲱⲙⲓ ⲇⲉ ⲁϥ ⲉⲣ ϣ̀ⲫⲏⲣⲓ ⲉ̀ⲙⲁϣⲱ ⲉ̀ⲭⲉⲛ ⲛⲏ ⲉ̀ⲧ
ⲉϥⲥⲱⲧⲉⲙ ⲉ̀ⲣⲱⲟⲩ ⲏ̄ⲥⲧ ⲁ̀ ⲧⲟⲟⲅⲓ̀ ⲇⲉ ϣⲱⲡⲓ ⲁ̀ ⲡⲓ-
ⲣⲱⲙⲓ ⲉ̀ⲧⲉⲙⲙⲁⲩ ϯ ⲙ̄ ⲡⲉϥϧⲟⲓ ⲉ̀ ⲣⲱⲙⲓ ⲃ̄ ⲛ̄ 5
ⲭⲣⲏⲥⲧⲓⲁⲛⲟⲥ ⲉⲩϣⲟⲡ ϧⲉⲛ ϯⲡⲟⲗⲓⲥ ⲉ̀ⲧⲉⲙⲙⲁⲩ ⲁϥ-
ϯϩⲟ ⲉ̀ⲣⲱⲟⲩ ⲉϥϫⲱ ⲙ̄ⲙⲟⲥ Ⲭⲉ ⲛⲁ ⲥⲛⲏⲟⲩ ⲟⲩ ⲡⲉ

ϙⲅ̄. ⲃ. ⲧ ϣⲟⲡ ⲓ̀ⲉ ⲟⲩ ⲡⲉ ⲡⲓⲟⲩⲱϣ ⲉ̀ⲧ ϣⲟⲡ ϧⲉⲛ ⲧⲁⲓ
ⲡⲟⲗⲓⲥ ⲙ̄ ⲫⲟⲟⲩ Ⲡⲉⲭⲉ ⲡⲓⲣⲱⲙⲓ ⲛⲁϥ ⲭⲉ ⲙ̄ ⲫⲟⲟⲩ
ⲥⲟⲩ ⲓⲏ̄ ⲛ̄ ⲁⲑⲱⲣ ⲡⲉ ⲛ̄ ⲉⲣ ϣⲁⲓ ⲙ̄ ⲡⲓⲁⲣⲭⲏⲁⲅⲅⲉⲗⲟⲥ 10
ⲉⲑ ⲟⲩⲁⲃ ⲙⲓⲭⲁⲏⲗ ⲭⲉ ⲛ̀ⲑⲟϥ ⲉⲧ ϯϩⲟ ⲙ̄ ⲡϭ̄ⲥ̄ ⲉ̀ϩ-
ⲣⲏⲓ ⲉ̀ϫⲱⲛ ⲉⲑⲣⲉ ϥⲭⲱ ⲛⲁⲛ ⲉ̀ⲃⲟⲗ ⲛ̄ ⲛⲉⲛ ⲛⲟⲃⲓ ⲟⲩⲟϩ
ⲛ̀ⲧⲉϥⲧⲟⲩⲭⲟⲛ ⲉ̀ⲃⲟⲗϩⲁ ⲡ ⲉⲧ ϩⲱⲟⲩ ⲛⲓⲃⲉⲛ Ⲡⲓ-
ⲡⲣⲁⲅⲙⲁⲧⲉⲩⲧⲏⲥ ⲡⲉϫⲁϥ ⲛⲱⲟⲩ ⲭⲉ ⲁϥⲑⲱⲛ ⲫⲏ
ⲉ̀ⲧⲉⲙⲙⲁⲩ ⲛ̀ⲧⲁⲥⲁϫⲓ ⲛⲉⲙⲁϥ ϩⲱ ⲟⲩⲟϩ ⲛ̀ⲧⲁϯϩⲟ 15
ⲉ̀ⲣⲟϥ ⲛ̀ⲧⲉϥⲧⲟⲩⲭⲟⲓ ⲉ̀ⲃⲟⲗ ϩⲁ ⲡ ⲉⲧ ϩⲱⲟⲩ ⲛⲓⲃⲉⲛ
Ⲁⲩ ⲉⲣ ⲟⲩⲱ̀ ⲡⲉϫⲱⲟⲩ ⲛⲁϥ ⲭⲉ ⲙ̀ⲙⲟⲛ ϣϫⲟⲙ

ϙⲇ̄. ⲁ. ⲙ̀ⲙⲟⲕ ⲉ̀ ⲛⲁⲩ ⲉ̀ⲣⲟϥ ϯⲛⲟⲩ ϣⲁ ⲧⲉⲕϣⲱⲡⲓ | ⲛ̀
ⲧⲉⲗⲓⲟⲥ ⲁⲗⲗⲁ ⲉ̀ϣⲱⲡ ⲛ̀ⲧⲉⲕϣⲱⲡⲓ ⲛ̀ ⲭⲣⲏⲥⲧⲓⲁⲛⲟⲥ
ⲛ̀ⲧⲉⲕϯϩⲟ ⲉ̀ⲣⲟϥ ⲟⲩ ⲙⲟⲛⲟⲛ ⲡⲓⲃⲱⲕ ⲙ̄ⲙⲁⲩⲁⲧϥ 20
ⲁⲗⲗⲁ ⲭⲛⲁⲛⲁⲩ ⲟⲛ ⲉ̀ ⲡⲉϥ ⲟ̄ⲥ̄ ⲛ̀ⲧⲉⲕ ⲉⲣ ϣ̀ⲫⲏⲣⲓ
ⲉ̀ ⲡⲉϥϣⲟⲩ ⲟⲩⲟϩ ϥⲛⲁⲛⲁϩⲙⲉⲕ ⲉ̀ⲃⲟⲗ ϩⲁ ⲡ ⲉⲧ
ϩⲱⲟⲩ ⲛⲓⲃⲉⲛ Ⲡⲓⲡⲣⲁⲅⲙⲁⲧⲉⲩⲏⲥ ⲇⲉ ⲡⲉϫⲁϥ ⲛⲱⲟⲩ
ⲭⲉ ⲛⲁⲥⲛⲏⲟⲩ ϯϯϩⲟ ⲉ̀ⲣⲱⲧⲉⲛ ⲁ̀ⲛⲓⲧ ⲛⲉⲙⲱⲧⲉⲛ
ⲛ̀ⲧⲟⲟⲅⲓ̀ ⲛ̀ⲧⲁϣⲱⲡⲓ ⲛ̀ ⲭⲣⲏⲥⲧⲓⲁⲛⲟⲥ ⲟⲩⲟϩ ϯⲛⲁϯ 25
ⲛⲱⲧⲉⲛ ⲕⲟⲧ ⲛⲟⲙⲓⲥⲙⲁ ⲉ̀ ϥⲟⲩⲁⲓ ⲉ̄ⲡⲓ ⲁⲛ ⲁ̀ ⲡⲁ
ϩⲏⲧ ⲣⲓⲕⲓ ⲛ̀ⲥⲁ ⲡⲉⲧⲉⲛϣⲉⲙϣⲓ ⲧⲟⲛⲁ Ⲛⲓⲣⲱⲙⲓ ⲇⲉ

ϙⲇ̄. ⲃ. ⲡⲉϫⲱⲟⲩ ⲛⲁϥ ⲭⲉ ⲭⲛⲁϣⲱⲡⲓ ⲁⲛ ⲙ̀ ⲡⲉⲛⲣⲏϯ

ϣⲁ ⲛ̀ⲧⲉ ⲡⲉⲛⲓⲱⲧ ⲛ̀ ⲉⲡⲓⲥⲕⲟⲡⲟⲥ ϣⲗⲏⲗ ⲉ̀ϫⲱⲕ
ⲛ̀ⲧⲉϥ ⲉⲣ ⲁ̀ⲅⲓⲁⲍⲓⲛ ⲙ̀ⲙⲟⲕ ⲛ̀ⲧⲉϥϯ ⲱⲙⲥ ⲛⲁⲕ ϧⲉⲛ
ⲫⲣⲁⲛ ⲙ̀ ⲫⲓⲱⲧ ⲛⲉⲙ ⲡϣⲏⲣⲓ ⲛⲉⲙ ⲡⲓⲡ͞ⲛ͞ⲁ̄ ⲉ̅ⲑ ⲟⲩⲁⲃ
ⲟⲩⲟϩ ⲛ̀ⲧⲉⲕϣⲱⲡⲓ ⲛ̀ ⲭ̀ⲣⲏⲥⲧⲓⲁⲛⲟⲥ Ⲡⲗⲏⲛ ⲱ̀ⲟⲩ ⲛ̀
ϩⲏⲧ ϣⲁⲧⲉ ⲡⲉⲛⲓⲱⲧ ⲛ̀ ⲉⲡⲓⲥⲕⲟⲡⲟⲥ ⲥⲣⲱϥⲧ ⲧⲉⲛ- 5
ⲛⲁⲟⲗⲕ ϣⲁⲣⲟϥ ⲛ̀ⲧⲉϥⲁⲓⲕ ⲙ̀ ⲡⲉⲛⲣⲏϯ ⲛ̀ⲑⲟϥ ⲇⲉ
ⲁϥⲓ̀ⲣⲓ ⲕⲁⲧⲁ ⲫⲣⲏϯ ⲉ̀ⲧⲁⲩϫⲟⲥ ⲛⲁϥ ⲁϥⲱ̀ⲟⲩ ⲛ̀ ϩⲓⲧ
ⲙ̀ ⲡⲓⲉ̀ϩⲟⲟⲩ ⲉ̀ⲧⲉⲙⲙⲁⲩ Ⲡⲉϥⲣⲁⲥϯ ⲇⲉ ⲁϥⲓ̀ ϣⲁ
ⲣⲱⲟⲩ ⲡⲉϫⲁϥ ⲛⲱⲟⲩ ϫⲉ ⲛⲁ ⲥⲛⲏⲟⲩ ⲉ̅ⲑ ⲛⲁⲛⲉⲩ
ϥ̄͞. ⲁ. ϣⲟⲡⲧ ⲉ̀ⲣⲱⲧⲉⲛ ϩⲓⲛⲁ ⲛ̀ⲧⲉ ⲫϯ | ⲉ̀ⲧ ⲁⲣⲉⲧⲉⲛ ϫⲟⲥ 10
ⲛⲱⲧⲉⲛ ⲉⲑⲃⲏⲧϥ ϯ ⲛⲱⲧⲉⲛ ⲙ̀ ⲡⲉⲧⲉⲛ ⲃⲉⲭⲉ Ⲡⲓ-
ⲣⲱⲙⲓ ⲃ̄ ⲙ̀ ⲡⲓⲥⲧⲟⲥ ⲉ̀ⲧⲉⲙⲙⲁⲩ ⲁⲩⲉⲛϥ ϣⲁ ⲡⲓⲉ̀ⲡⲓⲥ-
ⲕⲟⲡⲟⲥ ⲁⲩⲧⲁⲙⲟϥ ⲉ̀ ϩⲱⲃ ⲛⲓⲃⲉⲛ ⲉ̀ⲧⲁⲩϣⲱⲡⲓ Ⲡⲓⲉ̀-
ⲡⲓⲥⲕⲟⲡⲟⲥ ⲇⲉ ⲡⲉϫⲁϥ ⲙ̀ ⲡⲓⲣⲱⲙⲓ ⲙ̀ ⲡⲣⲁⲅⲙⲁⲧⲉⲩⲧⲏⲥ
ϫⲉ ⲛ̀ⲑⲟⲕ ⲟⲩ ⲉ̀ⲃⲟⲗϧⲉⲛ ⲁϣ ⲛ̀ ⲭⲱⲣⲁ Ⲡⲉϫⲁϥ ⲛⲁϥ 15
ϫⲉ ⲁ̀ⲛⲟⲕ ⲟⲩ ⲉ̀ⲃⲟⲗϧⲉⲛ ϯⲭⲱⲣⲁ ⲛ̀ⲧⲉ ϯⲉⲛⲧⲓⲕⲏ
Ⲡⲓⲉ̀ⲡⲓⲥⲕⲟⲡⲟⲥ ⲇⲉ ⲡⲉϫⲁϥ ⲛⲁϥ ϫⲉ ⲁ̀ ⲡⲉⲕϩⲏⲧ ⲑⲏⲧ
ⲉ̀ ⲉⲣ ⲭ̀ⲣⲏⲥⲧⲓⲁⲛⲟⲥ Ⲡⲉϫⲉ ⲡⲓⲡⲣⲁⲅⲙⲁⲧⲉⲩⲧⲏⲥ ϫⲉ
ⲥⲉ ⲡⲁ ⲓⲱⲧ ⲕⲉ ⲅⲁⲣ ⲛⲏ ⲉ̀ⲧ ⲁⲓⲛⲁⲩ ⲉ̀ⲣⲱⲟⲩ ⲛⲉⲙ
ϥ̄͞. ⲃ. ⲛⲏ ⲉ̀ⲧ ⲁⲓⲥⲟⲑⲙⲟⲩ ϧⲉⲛ ⲧⲁⲓ ⲡⲟⲗⲓⲥ ⲁⲥⲣⲁⲛⲏⲓ 20
ϩⲱ ⲉ̀ⲑⲣⲓϣⲱⲡⲓ ⲛ̀ ⲭ̀ⲣⲏⲥⲧⲓⲁⲛⲟⲥ Ⲡⲉϫⲉ ⲡⲓⲉ̀ⲡⲓⲥⲕⲟⲡⲟⲥ
ⲛⲁϥ ⲕϣⲉⲙϣⲓ ⲛ̀ ⲁϣ ⲛ̀ ⲛⲟⲩϯ ⲁϥ ⲉⲣ ⲟⲩⲱ̀ ϫⲉ
ⲉⲓϣⲉⲙϣⲓ ⲙ̀ ⲡⲓⲣⲏ Ⲡⲉϫⲉ ⲡⲓⲉ̀ⲡⲓⲥⲕⲟⲡⲟⲥ ⲛⲁϥ ϫⲉ
ⲁⲣⲉϣⲁⲛ ⲡⲓⲣⲏ ϩⲱⲧⲡ ⲛ̀ⲧⲉϥϩⲱⲗ ϧⲉⲛ ⲡⲓⲕⲁϩⲓ ⲛ̀ⲧⲉ
ⲟⲩⲁ̀ⲛⲁⲅⲕⲏ ⲧⲁϩⲟⲕ ⲉⲕⲛⲁϫⲉⲙϥ ⲛ̀ⲑⲱⲛ ⲛ̀ⲧⲉϥ ⲉⲣ 25
ⲃⲟⲏⲑⲓⲛ ⲉ̀ⲣⲟⲕ Ⲡⲓⲡⲣⲁⲅⲙⲁⲧⲉⲩⲧⲏⲥ ⲇⲉ ⲡⲉϫⲁϥ ⲛⲁϥ
ϫⲉ ⲡⲁ ⲓⲱⲧ ⲙⲁⲣⲉ ⲡⲉⲕⲛⲁⲓ ⲧⲁϩⲟⲓ ⲛ̀ⲧⲉⲕϯ ⲱⲙⲥ
ⲛⲏⲓ ϯϩⲟ ⲉ̀ⲣⲟⲕ ⲁ̀ⲣⲓⲧ ⲛ̀ ⲭ̀ⲣⲏⲥⲧⲓⲁⲛⲟⲥ ⲙ̀ ⲫⲣⲏϯ

ⲛ̄ ⲛⲓⲣⲱⲙⲓ ⲧⲏⲣⲟⲩ ⲛ̄ⲧⲉ ⲧⲁⲓ ⲃⲁⲕⲓ Ⲡⲓⲉ̀ⲡⲓⲥⲕⲟⲡⲟⲥ

ϥⲅ̄. ⲁ. ⲇⲉ ⲡⲉϫⲁϥ ⲛⲁϥ ϫⲉ ⲟⲩⲟⲛ ⲟⲩⲥϩⲓⲙⲓ ⲛ̄ⲧⲁⲕ ⲓⲉ
ϣⲏⲣⲓ ⲛ̀ⲑⲟϥ ⲇⲉ ⲡⲉϫⲁϥ ⲛⲁϥ ϫⲉ ⲟⲩⲟⲛ ⲛ̄ⲧⲏⲓ ⲙ̄ⲙⲁⲩ
ⲛ̄ ⲧⲁ ⲥϩⲓⲙⲓ ⲛⲉⲙ ⲛⲁϣⲏⲣⲓ ϧⲉⲛ ⲧⲁ ⲡⲟⲗⲓⲥ Ⲡⲉϫⲉ
ⲡⲓⲉ̀ⲡⲓⲥⲕⲟⲡⲟⲥ ⲛⲁϥ ϫⲉ ⲓ̀ⲥϫⲉ ⲥⲉ ⲓⲉ ⲧⲉⲛⲛⲁϯ ⲱ̀ⲟⲩ 5
ⲛⲁⲕ ⲁⲛ ϯⲛⲟⲩ ⲙⲏⲡⲱⲥ ⲛ̄ⲧⲉϣⲧⲉⲙ ⲡⲟⲩϩⲏⲧ ⲑⲱⲧ
ⲛⲉⲙⲁⲕ ⲛ̄ϫⲉ ⲧⲉⲕⲥϩⲓⲙⲓ ⲛⲉⲙ ⲛⲉⲕϣⲏⲣⲓ ⲛ̄ⲧⲉ ⲟⲩ-
ⲥⲕⲁⲛⲇⲁⲗⲟⲛ ϣⲱⲡⲓ ϧⲉⲛ ⲧⲉⲧⲉⲛⲙⲏϯ ⲛⲉⲙ ⲛⲉⲧⲉⲛ
ⲉ̀ⲣⲏⲟⲩ ⲛ̄ⲧⲉⲥϥⲱⲣϫ ⲉ̀ⲣⲟⲕ ⲓⲉ ⲛ̄ⲧⲉⲥ ⲑⲣⲉⲕ ⲉⲣ ⲁ̀ⲡⲟ-
ⲧⲁⲍⲉⲥⲑⲉ ⲛ̀ ⲡⲓϣⲉⲙϣⲓ ⲛⲉⲙ ⲡⲓⲱⲙⲥ ⲉ̀ⲧⲁⲕϭⲓⲧϥ 10
ⲈⲐⲂⲈ ϫⲉ ϯϣⲟⲣⲡⲓ ⲛ̀ ⲡⲁⲣⲁⲃⲁⲥⲓⲥ ⲉ̀ⲧⲁⲥϣⲱⲡⲓ ⲉ̀ⲃⲟⲗ-

ϥⲅ̄. ⲃ. ϩⲓⲧⲉⲛ ϯⲥϩⲓⲙⲓ ⲁⲗⲗⲁ ⲉ̀ϣⲱⲡⲓ ⲛ̄ⲧⲉⲥⲑⲱⲧ ⲛ̀ ϩⲏⲧ
ⲛⲉⲙⲁⲕ ⲓⲉ ⲁ̀ⲙⲱⲓⲛⲓ ⲛ̄ⲧⲁ ⲉⲣ ⲑⲛⲏⲟⲩ ⲛ̀ ⲭⲣⲏⲥⲧⲓⲁ-
ⲛⲟⲥ Ⲡⲓⲡⲣⲁⲅⲙⲁⲧⲉⲩⲧⲏⲥ ⲇⲉ ⲉ̀ⲧⲁϥⲥⲱⲧⲉⲙ ⲉ̀ ⲛⲁⲓ
ⲁϥⲣⲁϣⲓ ⲉ̀ⲙⲁϣⲱ ⲧⲟⲧⲉ ⲁϥϭⲓⲥⲙⲟⲩ ⲛ̄ ⲧⲟⲧϥ ⲙ̀ ⲡⲓⲉ̀- 15
ⲡⲓⲥⲕⲟⲡⲟⲥ ⲉ̀ ⲁϥⲓ̀ ⲉ̀ⲃⲟⲗ ⲁϥⲓ̀ⲣⲓ ⲛ̀ ⲡⲉϥⲥⲟⲃϯ ⲉⲟⲣⲉϥ
ϣⲉ ⲛⲁϥ ⲉ̀ ⲧⲉϥⲡⲟⲗⲓⲥ Ⲡⲓⲇⲓⲁ̀ⲃⲟⲗⲟⲥ ⲇⲉ ⲡⲓⲙⲁⲥⲧⲉ
ⲡ ⲉⲑ ⲛⲁⲛⲉ ϥ ⲛⲓⲃⲉⲛ ⲉ̀ⲧⲁϥⲉ̀ⲙⲓ ϫⲉ ⲁ ⲡⲓⲣⲱⲙⲓ ϯ
ⲛ̀ ⲡⲉϥϩⲏⲧ ⲉ̀ ⲫϯ ⲁϥⲭⲟϥ ⲉ̀ⲣⲟϥ Ⲁⲥϣⲱⲡⲓ ⲇⲉ
ⲉ̀ⲧⲁϥⲫⲟϩ ⲉ̀ ⲑⲙⲏϯ ⲙ̀ ⲫⲓⲟⲙ ⲁϥⲧⲟⲩⲛⲟⲥ ⲟⲩⲭⲓⲙⲱⲛ 20
ⲉϥⲛⲁϣⲧ ⲟⲩⲟϩ ⲁϥⲑⲣⲉ ⲛⲓϩⲱⲓⲙⲓ ϭⲓⲥⲓ ⲉ̀ϫⲉⲛ ⲡⲓϫⲟⲓ

ϥⲍ̄. ⲁ. ϩⲱⲥ ⲇⲉ ⲡⲁⲣⲁ ⲕⲉ ⲕⲟⲩϫⲓ ⲛ̄ⲥϥⲱⲛⲥ ⲛ̄ⲥⲉⲙⲟⲩ
ⲛ̄ϫⲉ ⲟⲩⲟⲛ ⲛⲓⲃⲉⲛ ⲉⲧ ϧⲉⲛ ⲡⲓϫⲟⲓ ⲡⲓⲣⲱⲙⲓ ⲇⲉ ⲙ̀
ⲡⲣⲁⲅⲙⲁⲧⲉⲩⲧⲏⲥ ⲁϥⲱϣ ⲉ̀ⲃⲟⲗ ⲉϥϫⲱ ⲙ̀ⲙⲟⲥ ϫⲉ
Ⲡⲁϭⲥ̄ ⲓⲏ̄ⲥ̄ ⲡⲭ̄ⲥ̄ ⲁ̀ⲣⲓ ⲃⲟⲏⲑⲓⲛ ⲉ̀ⲣⲟⲓ ϧⲉⲛ ⲧⲁⲓ ⲛⲓϣϯ 25
ⲛ̀ ⲁⲛⲁⲅⲕⲏ Ⲟⲩⲟϩ ϯⲛⲁϯ ϩⲓⲧⲉⲛ ⲡⲓⲛⲓϣϯ ⲛ̀ ⲱ̀ⲟⲩ
ⲉⲧ ⲁⲓⲛⲁⲩ ⲉ̀ⲣⲟϥ ϧⲉⲛ ⲡⲧⲟⲡⲟⲥ ⲙ̀ ⲡⲓⲁⲣⲭⲏⲁⲅⲅⲉⲗⲟⲥ
ⲉⲑ ⲟⲩⲁⲃ ⲙⲓⲭⲁⲏⲗ ϫⲉ ϯⲛⲟⲩ ⲛⲉⲙ ⲛⲁ ⲡⲁⲏⲓ ⲧⲏⲣϥ

ⲛ̀ⲧⲉⲛϣⲱⲡⲓ ⲛ̀ ⲭⲣⲏⲥⲧⲓⲁⲛⲟⲥ ϣⲁ ⲡⲓϩⲟⲟⲩ ⲙ̀ ⲡⲉⲛ-
ⲙⲟⲩ Ⲟⲩⲟϩ ϧⲉⲛ ϯⲟⲩⲛⲟⲩ ⲉ̀ⲧⲉⲙⲙⲁⲩ ⲁ ⲟⲩⲥⲙⲏ
ϣⲱⲡⲓ ϩⲁⲣⲟϥ ⲉⲥϫⲱ ⲙ̀ⲙⲟⲥ ϫⲉ ⲙ̀ⲡ ⲉⲣ ⲉⲣ ϩⲟϯ

ϥⲍ̄. ⲃ. ⲙ̀ⲙⲟⲛ ϩ̀ⲗⲓ ⲙ̀ ⲡ ⲉⲧ ϩⲱⲟⲩ ⲛⲁϣⲱⲡⲓ | ⲙ̀ⲙⲟⲕ ⲁⲛ
ϧⲉⲛ ϯⲟⲩⲛⲟⲩ ⲁ ⲛⲓϩⲱⲓⲙⲓ ⲭⲁ ⲭⲱⲟⲩ ⲉ̀ϧⲣⲏⲓ ⲁⲩϭ- 5
ⲛⲟⲛ ⲁ̀ ⲡⲓϫⲟⲓ ⲟ̀ϩⲓ ⲉ̀ⲣⲁⲧϥ ⲟⲩⲟϩ ⲁϥⲙⲟϣⲓ ϧⲉⲛ
ⲟⲩⲥⲱⲟⲩⲧⲉⲛ ϧⲉⲛ ⲡⲓⲟⲩⲁϩⲥⲁϩⲛⲓ ⲇⲉ ⲛ̀ⲧⲉ ⲫϯ
ⲁϥⲙⲟⲛⲓ ⲉ̀ ⲧⲉϥⲡⲟⲗⲓⲥ ⲙ̀ⲡⲉ ϩ̀ⲗⲓ ⲙ̀ ⲡ ⲉⲧ ϩⲱⲟⲩ
ϣⲱⲡⲓ ⲙ̀ⲙⲟϥ Ⲉⲧⲁϥϩⲱⲗ ⲇⲉ ⲉ̀ ⲡⲉϥⲏⲓ ⲁϥⲣⲁϣⲓ
ϧⲉⲛ ⲟⲩⲛⲓϣϯ ⲛ̀ ⲣⲁϣⲓ ⲟⲩⲟϩ ⲁϥϫⲱ ⲛ̀ ⲛⲉϥⲣⲱⲙⲓ 10
ⲛ̀ ϯϣⲫⲏⲣⲓ ⲉ̀ⲧⲁⲥϣⲱⲡⲓ ⲙ̀ⲙⲟϥ ϧⲉⲛ ⲡⲓϫⲟⲓ ⲛⲉⲙ
ⲛⲏ ⲉⲧⲁⲩϣⲱⲡⲓ ⲙ̀ⲙⲟϥ ⲧⲏⲣⲟⲩ ϧⲉⲛ ϯⲡⲟⲗⲓⲥ ⲕⲁⲗⲱ-
ⲛⲓⲁ Ⲟⲩⲟϩ ⲛⲁϥ ϫⲱ ⲙ̀ⲙⲟⲥ ⲛⲱⲟⲩ ⲡⲉ ϫⲉ ⲁⲗⲏⲑⲱⲥ
ⲟⲩⲛⲟⲩϯ ⲁⲛ ⲡⲉ ⲡⲓⲣⲏ ⲫⲁⲓ ⲉ̀ⲧⲉⲛϣⲉⲙϣⲓ ⲙ̀ⲙⲟϥ

ϥⲏ̄. ⲁ. ⲁⲗⲗⲁ | ⲟⲩⲃⲱⲕ ⲡⲉ ⲛ̀ⲧⲉ ⲡⲓⲛⲓϣϯ ⲛ̀ ⲛⲟⲩϯ ⲛ̀ⲧⲉ 15
ⲧⲫⲉ ⲓⲏ̄ⲥ ⲡⲭ̄ⲥ ⲡϣⲏⲣⲓ ⲙ̀ ⲫϯ ⲉ̀ⲧ ⲟⲛϧ ⲫⲏ ⲉ̀ⲧⲉⲙ-
ⲙⲁⲩ ⲡⲉ ⲛ̀ⲑⲟϥ ⲡⲉ ⲫϯ ⲙ̀ ⲡⲓ ⲉⲡⲧⲏⲣϥ ⲫⲏ ⲉⲧ ⲁ̀
ϩⲱⲃ ⲛⲓⲃⲉⲛ ϣⲱⲡⲓ ⲉ̀ⲃⲟⲗϩⲓ ⲧⲟⲧϥ Ⲟⲩⲟϩ ⲁϥϫⲱ
ⲉ̀ⲣⲱⲟⲩ ⲙ̀ ⲡⲧⲁⲓⲟ̀ ⲙ̀ ⲡⲓⲁⲣⲭⲏⲁⲅⲅⲉⲗⲟⲥ ⲉ̀ⲑ ⲟⲩⲁⲃ
ⲙⲓⲭⲁⲏⲗ ⲡⲉϥⲛⲓϣϯ ⲛ̀ ϣⲫⲏⲣⲓ ⲁϥ ⲉⲣ ϣⲫⲏⲣⲓ ⲉ̀ⲙⲁ- 20
ϣⲱ Ⲡⲓⲣⲱⲙⲓ ⲇⲉ ⲁϥⲕⲟⲧϥ ⲉ̀ ⲧⲉϥⲥϩⲓⲙⲓ ⲡⲉϫⲁϥ ⲛⲁⲥ
ϫⲉ ⲉ̀ϣⲱⲡ ⲧⲉⲣⲁⲥⲱⲧⲉⲙ ⲛ̀ ⲥⲱⲓ ⲓⲉ ⲧⲱⲟⲩⲛⲓ ⲁⲙⲏ
ⲛⲉⲙⲏⲓ ⲛ̀ⲧⲉⲛϣⲱⲡⲓ ⲛ̀ ⲭⲣⲏⲥⲧⲓⲁⲛⲟⲥ ⲛ̀ⲧⲉⲛ ⲉⲣ ⲃⲱⲕ

ϥⲏ̄. ⲃ. ⲙ̀ ⲡⲭ̄ⲥ ⲟⲩⲟϩ ⲛ̀ⲧⲉⲛϣⲧⲉⲙ ⲉⲣ ϩⲏⲧ ⲃ̄ ⲉ̀ ⲡⲧⲏⲣϥ
Ⲉ̀ϣⲱⲡ ⲇⲉ ⲡⲉ ϩⲏⲧ ⲑⲏⲧ ⲁⲛ ϯ ⲉⲣ ⲁⲛⲁⲅⲕⲁⲍⲓⲛ 25
ⲙ̀ⲙⲟ ⲁⲛ ⲓⲥ ⲡ̄ ⲛ̀ ϣⲟ ⲛ̀ ⲗⲟⲅⲕⲟϫⲓ ⲥⲟϫⲡ ⲛⲏⲓ ϯⲛⲁϯ
ⲛⲉ ⲟⲩϣⲟ ⲛ̀ ⲗⲟⲅⲕⲟϫⲓ ⲛ̀ⲧⲉϩⲉⲙⲥⲓ ϧⲉⲛ ⲡⲉ ϣⲉⲙϣⲓ
ⲙ̀ⲙⲟⲛ ⲁ̀ⲛⲟⲕ ⲉⲓⲛⲁϩⲱⲗ ⲛ̀ⲧⲁϭⲓ ⲙ̀ ⲡⲭⲱ ⲉ̀ⲃⲟⲗ ⲛ̀ⲧⲉ

ⲛⲁ ⲛⲟⲃⲓ Ⲡⲉϫⲉ ⲧⲉϥⲥϩⲓⲙⲓ ⲛⲁϥ ϫⲉ ⲕⲁⲗⲱⲥ ⲡⲁ ϭⲥ
ⲛ̀ ⲥⲟⲛ ⲁ̀ⲗⲏⲑⲱⲥ ⲙⲱⲓⲧ ⲛⲓⲃⲉⲛ ⲉ̀ⲧⲉⲕⲛⲁϩⲱⲗ ⲉ̀ⲣⲟϥ
ϯⲛⲏⲟⲩ ϩⲱ ⲛⲉⲙⲁⲕ ⲟⲩⲟϩ ⲡⲓⲙⲟⲩ ⲉ̀ⲧⲉⲕⲛⲁⲙⲟⲩ
ⲛ̀ ϧⲏⲧϥ ϯⲛⲁⲙⲟⲩ ⲛ̀ ϧⲏⲧϥ ϩⲱ Ⲟⲩⲟϩ ⲡⲁⲓ ⲣⲏϯ
ⲁⲩ ⲉⲣ ⲡⲟⲩⲥⲟⲃϯ ⲧⲏⲣϥ ⲁⲩⲧⲁⲗⲱⲟⲩ ⲁⲩⲓ̀ ⲉ̀ϯⲃⲁⲕⲓ 5
ϥⲑ. ⲁ. ⲕⲁⲗⲱⲛⲓⲁ̀ ⲉϥ ⲉⲣ ϣⲫⲏⲣ ⲛ̀ ϯ ⲧⲟⲧⲟⲩ ⲛ̀ϫⲉ ⲫϯ
Ⲟⲩⲟϩ ⲁⲩϩⲱⲗ ϣⲁ ⲡⲓⲣⲱⲙⲓ ⲃ̄ ⲛ̀ⲧⲉ ϣⲟⲣⲡ ⲁⲩ ⲉⲣ
ⲁⲥⲡⲁⲍⲉⲥⲑⲉ ⲙ̀ⲙⲱⲟⲩ ⲁⲩⲧⲁⲙⲱⲟⲩ ϫⲉ ⲉ̀ⲧⲁⲩⲓ̀ ⲉ̀ ⲉⲣ
ⲭⲣⲏⲥⲧⲓⲁⲛⲟⲥ Ⲛⲏ ⲉ̀ⲧⲉⲙⲙⲁⲩ ⲇⲉ ⲁⲩϭⲓⲧⲟⲩ ϣⲁ
ⲡⲓⲉ̀ⲡⲓⲥⲕⲟⲡⲟⲥ ⲁⲩⲧⲁⲙⲟϥ ϫⲉ ⲫⲁⲓ ⲡⲉ ⲡⲓⲣⲱⲙⲓ 10
ⲉ̀ⲧⲁϥⲓ̀ ⲙ̀ ⲡⲓⲥⲛⲟⲩ ⲉ̀ ⲉⲣ ⲭⲣⲏⲥⲧⲓⲁⲛⲟⲥ ϩⲏⲡⲡⲉ ⲓⲥ
ⲫⲁⲓ ⲁϥⲓ ⲛⲉⲙ ⲧⲉϥⲥϩⲓⲙⲓ ⲛⲉⲙ ⲛⲉϥϣⲏⲣⲓ ⲉⲑⲣⲟⲩ-
ϣⲱⲡⲓ ⲛ̀ ⲭⲣⲏⲥⲧⲓⲁⲛⲟⲥ Ⲡⲓⲉ̀ⲡⲓⲥⲕⲟⲡⲟⲥ ⲇⲉ ⲁϥⲣⲁϣⲓ
ϧⲉⲛ ⲟⲩⲛⲓϣϯ ⲛ̀ ⲣⲁϣⲓ ⲉ̀ⲙⲁϣⲱ ⲉⲑⲃⲉ¹ ⲡⲓϫⲓⲛⲧⲁⲥⲑⲟ
ϥⲑ. ⲃ. ⲛ̀ ⲟⲩⲯⲩⲭⲏ Ⲉ̀ⲧⲁⲅⲉ̀ⲛⲟⲩ ⲇⲉ ϣⲁⲣⲟϥ ⲡⲉϫⲁϥ ⲛⲱⲟⲩ 15
ϫⲉ ⲁⲛ ϧⲉⲛ ⲟⲩⲙⲉⲑⲙⲏⲓ ⲧⲉⲧⲉⲛⲟⲩⲱϣ ⲉ̀ϣⲱⲡⲓ ⲛ̀
ⲭⲣⲏⲥⲧⲓⲁⲛⲟⲥ Ⲁϥ ⲉⲣ ⲟⲩⲱ̀ ⲇⲉ ϧⲉⲛ ⲟⲩⲑⲉⲃⲓⲟ ϫⲉ
ϧⲉⲛ ⲫⲟⲩⲱϣ ⲙ̀ ⲫϯ ⲡⲉⲛⲓⲱⲧ ⲛⲉⲙ ⲡⲉⲕϣⲗⲏⲗ ⲉⲑ
ⲟⲩⲁⲃ ⲧⲟⲧⲉ ⲡⲓⲉ̀ⲡⲓⲥⲕⲟⲡⲟⲥ ⲁϥⲑⲣⲟⲩ ⲉⲣ ⲡⲥⲟⲃϯ ⲙ̀
ⲡⲓⲟⲣⲇⲁⲛⲏⲥ ϧⲉⲛ ⲡⲧⲟⲡⲟⲥ ⲙ̀ ⲡⲓⲁⲣⲭⲏⲁⲅⲅⲉⲗⲟⲥ ⲉⲑ 20
ⲟⲩⲁⲃ ⲙⲓⲭⲁⲏⲗ Ⲟⲩⲟϩ ⲁϥ ⲉⲣ ⲕⲁⲑⲏⲕⲓⲛ ⲙ̀ ⲡⲓⲣⲱⲙⲓ
ⲛⲉⲙ ⲧⲉϥⲥϩⲓⲙⲓ ⲛⲉⲙ ⲡⲉϥ ⲅ̄ ⲛ̀ ϣⲏⲣⲓ ⲛⲉⲙ ⲛ̀ⲟⲩ-
ⲁⲗⲱⲟⲩⲓ̀ ⲁϥϯ ⲱⲙⲥ ⲛⲱⲟⲩ ⲉ̀ ⲫⲣⲁⲛ ⲙ̀ ⲫⲓⲱⲧ ⲛⲉⲙ
ⲡϣⲏⲣⲓ ⲛⲉⲙ ⲡⲓⲡ̄ⲛ̄ⲁ̄ ⲉⲑ ⲟⲩⲁⲃ ⲫⲣⲁⲛ ⲙ̀ ⲡⲓⲡⲣⲁⲅ-
ⲣ. ⲁ. ⲙⲁⲧⲉⲩⲧⲏⲥ ⲛ̀ ϣⲟⲣⲡ ⲡⲉ ⲕⲉⲧⲥⲱⲛ ⲁϥⲫⲟⲛϩϥ ⲇⲉ 25
ⲁϥⲙⲟⲩϯ ⲉ̀ ⲡⲉϥⲣⲁⲛ ϫⲉ ⲙⲁⲧⲑⲉⲟⲥ ⲟⲩⲟϩ ⲧⲉϥⲥ-

---

¹ The Ms. has ⲉⲡⲃⲉ.

ⲥⲓⲛⲓ ⲁϥⲙⲟⲩϯ ⲉⲣⲟⲥ ⲥⲓⲣⲏⲛⲓ Ⲟⲩⲟⲋ ⲡⲟⲩ ⲁ̅ ⲛ̀
ϣⲏⲣⲓ ⲁϥⲙⲟⲩϯ ⲉ̀ ⲡⲓⲥⲟⲩⲓⲧ ϫⲉ ⲓⲱⲁⲛⲛⲏⲥ ⲡⲓⲙⲁⲋ
ⲃ̅ ϫⲉ ⲥⲧⲉⲫⲁⲛⲟⲥ ⲟⲩⲟⲋ ⲡⲓⲙⲁⲋ ⲅ̅ ϫⲉ ⲓⲱⲥⲏⲫ ⲟⲩⲟⲋ
ⲡⲓⲙⲁⲋ ⲇ̅ ⲇⲉ ⲇⲁⲛⲓⲏⲗ ⲟⲩⲟⲋ ⲁϥⲓⲣⲓ ⲛ̀ ϯⲥⲩⲛⲁⲝⲓⲥ
ⲁϥϯ ⲛⲱⲟⲩ ⲉ̀ⲃⲟⲗϧⲉⲛ ⲛⲓⲙⲩⲥⲧⲏⲣⲓⲟⲛ ⲉ̅ⲑ ⲟⲩⲁⲃ 5
ⲡⲥⲱⲙⲁ ⲛⲉⲙ ⲡⲥⲛⲟϥ ⲙ̀ ⲡⲉⲛϬⲥ ⲓⲏ̅ⲥ ⲡⲭ̅ⲥ Ⲟⲩⲟⲋ
ⲙⲉⲛⲉⲛⲥⲁ ⲡⲓⲱⲙⲥ ⲁⲩⲉⲣ ⲟⲩⲗⲃⲟⲧ ⲛ̀ ⲉ̀ⲋⲟⲟⲩ ϧⲁ

ⲣ. ⲃ. ⲧⲟⲧϥ ⲙ̀ ⲡⲓⲉ̀ⲡⲓⲥⲕⲟⲡⲟⲥ ⲉϥ ⲉⲣ ⲕⲁⲑⲏⲕⲓⲛ ⲛ̀ⲙⲱⲟⲩ
ϧⲉⲛ ⲡⲥⲁϫⲓ ⲙ̀ ⲡⲓⲛⲁϋϯ ⲉ̀ⲧ ⲥⲟⲩⲧⲱⲛ Ⲙⲁⲧⲑⲉⲟⲥ
ⲇⲉ ⲡⲓⲡⲣⲁⲅⲙⲁⲧⲉⲩⲧⲏⲥ ⲋⲓⲧⲉⲛ ⲡⲓⲋⲟⲩⲟ ⲙ̀ ⲡⲓⲣⲁϣⲓ 10
ⲉ̀ⲧⲁϥⲧⲁⲋⲟϥ ⲁϥϯ ⲙ̀ ⲭ̅ ⲛ̀ ⲗⲟⲅⲕⲟⲭⲓ ⲉ̀ ⲡⲧⲟⲡⲟⲥ
ⲙ̀ ⲡⲓⲁⲣⲭⲏⲁⲅⲅⲉⲗⲟⲥ ϧⲁ ⲡⲉϥⲟⲩϫⲁⲓ ⲙⲉⲛⲉⲛⲥⲱⲥ
ⲁⲩϬⲓⲥⲙⲟⲩ ⲛ̀ ⲧⲟⲧϥ ⲙ̀ ⲡⲓⲉ̀ⲡⲓⲥⲕⲟⲡⲟⲥ ⲉⲑⲣⲟⲩϣⲉ
ⲛⲱⲟⲩ ⲉ̀ ⲧⲟⲩⲃⲁⲕⲓ Ⲟⲩⲟⲋ ⲛⲁⲩⲧⲫⲟ ⲛ̀ⲙⲱⲟⲩ ⲡⲉ
ⲉ̀ⲃⲟⲗ ⲋⲓⲧⲉⲛ ⲛⲓⲁⲣⲭⲱⲛ ⲛ̀ⲧⲉ ϯⲡⲟⲗⲓⲥ ⲛⲉⲙ ⲛⲓⲫⲓ- 15
ⲗⲟⲡⲟⲛⲟⲥ ϧⲉⲛ ⲟⲩⲛⲓϣϯ ⲛ̀ ⲣⲁϣⲓ ⲟⲩⲟⲋ ϧⲉⲛ
ⲫⲟⲩⲱϣ ⲙ̀ ⲫϯ ⲁⲩⲕⲟⲧⲟⲩ ⲉ̀ ⲧⲟⲩⲭⲱⲣⲁ ⲉϥϬⲓ ⲙ̀ⲱⲓⲧ

ⲣ̅ⲁ̅. ⲁ. ϧⲁ ϫⲱⲟⲩ ⲛ̀ϫⲉ ⲡⲓⲁⲣⲭⲏⲁⲅⲅⲉⲗⲟⲥ ⲉ̅ⲑ ⲟⲩⲁⲃ ⲙⲓ-
ⲭⲁⲏⲗ Ⲉ̀ⲧⲁⲩⲋⲱⲗ ⲇⲉ ⲉ̀ϧⲟⲩⲛ ⲉ̀ ⲡⲟⲩⲏⲓ ⲁⲩⲓⲣⲓ ⲛ̀
ⲟⲩⲛⲓϣϯ ⲛ̀ ϣⲁⲓ ⲉ̀ ⲛⲟⲩⲣⲱⲙⲓ ⲟⲩⲟⲋ ⲁⲩⲥⲱⲣ ⲛ̀ 20
ⲋⲁⲛⲛⲓϣϯ ⲛ̀ ⲁ̀ⲅⲁⲡⲏ ⲛ̀ ⲛⲏ ⲉ̀ⲧ ϣⲁⲧ ⲛⲉⲙ ⲛⲓⲭⲏⲣⲁ
ⲛⲉⲙ ⲛⲓⲟⲣⲫⲁⲛⲟⲥ ⲟⲩⲟⲋ ⲛⲁⲣⲉ ⲡⲟⲩϯⲙⲉ ⲉⲣ ϣⲫⲏⲣⲓ
ⲙ̀ⲙⲱⲟⲩ ⲡⲉ ⲉⲣⲉ ⲡⲟⲩⲣⲁⲛ ϧⲉⲛ ⲣⲱϥ ⲛ̀ ⲟⲩⲟⲛ
ⲛⲓⲃⲉⲛ Ⲟⲩⲟⲋ ⲛⲁⲩ ⲉⲣ ⲟⲩⲱⲓⲛⲓ ϧⲉⲛ ⲧⲟⲩⲭⲱⲣⲁ
ⲧⲏⲣⲥ ⲋⲓⲧⲉⲛ ⲛ̀ ⲟⲩⲡⲣⲁⲝⲓⲥ ⲉ̅ⲑ ⲛⲁⲛⲉⲩ Ⲙⲉⲛⲉⲛⲥⲁ 25
ⲛⲁⲓ ⲉ̀ⲧ ⲁ̀ ⲁⲃⲟⲧ ⲃ̅ ⲛ̀ ⲉ̀ⲋⲟⲟⲩ ⲥⲓⲛⲓ ⲁϥⲛ̀ⲧⲟⲛ ⲙ̀ⲙⲟϥ
ⲛ̀ϫⲉ ⲡⲓⲣⲱⲙⲓ ⲛ̀ ⲥⲱⲧⲡ ⲙⲁⲧⲑⲉⲟⲥ ⲉ̀ ⲁϥⲓ̀ ⲉ̀ ϯⲁϫⲡ

ⲣ̅ⲁ̅. ⲃ. ⲓ̅ⲁ̅ ⲁϥϬⲓ ⲙ̀ ⲫⲃⲉⲭⲉ ⲙ̀ ⲡⲓⲉ̀ⲋⲟⲟⲩ ⲧⲏⲣϥ ⲋⲓⲧⲉⲛ

ⲛⲉⲛⲧⲱⲃϩ ⲙ̅ ⲡⲓⲁⲣⲭⲏⲁⲅⲅⲉⲗⲟⲥ ⲉⲑ ⲟⲩⲁⲃ ⲙⲓⲭⲁⲏⲗ
ⲛⲉϥ ⲕⲟⲩϫⲓ ⲛ̅ ϣⲏⲣⲓ ⲛⲉⲙ ⲧⲟⲩⲙⲁⲩ ⲙ̅ⲡ ⲟⲩⲭⲁ
ⲧⲟⲧⲟⲩ ⲉⲃⲟⲗ ϧⲉⲛ ⲛⲓ ⲡⲉⲑⲛⲁⲛⲉⲩ ⲉⲧⲟⲩⲓⲣⲓ ⲙ̅ⲙⲱⲟⲩ
ⲛ̅ ⲍⲟⲅⲟ̀ ⲉ̀ ⲡⲓⲥⲛⲟⲩ ⲉϥⲟⲛϧ ⲛ̅ϫⲉ ⲡⲟⲅⲓⲱⲧ Ⲡⲓⲇⲓⲁ-
ⲃⲟⲗⲟⲥ ⲇⲉ ⲛⲉⲙ ⲛⲉϥⲇⲉⲙⲱⲛ ⲙ̅ⲡ ⲉϥϣϥⲁⲓ ⲉⲣⲟϥ 5
ⲉϥⲛⲁⲩ ⲉ̀ ⲛⲓⲡⲉⲑⲛⲁⲛⲉⲩ ⲉⲧⲟⲩⲓⲣⲓ ⲙ̅ⲙⲱⲟⲩ ⲛ̅ϫⲉ
ⲛⲁⲓ ⲁ̀ⲅⲓⲟⲥ ⲁⲗⲗⲁ ⲁϥⲧⲟⲩⲛⲟⲥ ⲛⲓⲗⲁⲟⲥ] ⲛ̅ⲧⲉ ⲧⲟⲩ-
ⲡⲟⲗⲓⲥ ⲉ̀ⲥⲱⲟⲩ ⲁϥⲑⲣⲟⲩⲙⲉⲥⲧⲱⲟⲩ ϧⲉⲛ ⲟⲩⲛⲓϣϯ ⲛ̅
ⲙⲟⲥϯ ⲗⲟⲓⲡⲟⲛ ⲁⲩⲧⲱⲟⲩⲛⲟⲩ ⲉ̀ ϫⲱⲟⲩ ⲁⲅⲱ̀ⲗⲓ ⲛ̅
ⲣ̅ⲃ. ⲁ. ⲛ̅ⲟⲩⲥ̅ⲩⲡⲁⲣⲭⲟⲛⲧⲁ ϧⲉⲛ ⲟⲩϭⲓ ⲛ̅ϫⲟⲛⲥ ⲛⲉⲙ ⲛⲏ 10
ⲉⲧ ϣⲟⲡ ϧⲉⲛ ⲟⲩⲁ̀ⲡⲟⲑⲏⲕⲏ Ⲓⲱⲁⲛⲛⲏⲥ ⲇⲉ ⲡⲉϫⲁϥ
ⲛ̅ ⲧⲉϥⲙⲁⲩ ⲛⲉⲙ ⲛⲉϥⲥⲛⲏⲟⲩ ϫⲉ ϩⲏⲡⲡⲉ ⲧⲉⲛⲛⲁⲩ
ϫⲉ ⲁⲩⲥⲉⲙⲕⲟⲛ ⲉ̀ⲙⲁϣⲱ ⲓⲥϫⲉⲛ ⲉⲧ ⲁ̀ ⲡⲉⲛⲓⲱⲧ
ⲙⲟⲩ ⲗⲟⲓⲡⲟⲛ ⲧⲱⲟⲩⲛ ⲛ̅ⲧⲉⲛⲭⲱ ⲛ̅ ⲥⲱⲛ ⲛ̅ ⲧⲁⲓ ⲃⲁⲕⲓ
ⲛ̅ⲧⲉⲛϣⲉ ⲛⲁⲛ ⲉ̀ ⲑⲃⲁⲕⲓ ⲛ̅ ϯⲙⲉⲧⲟⲩⲣⲟ ⲛ̅ⲧⲉⲛϣⲱⲡⲓ 15
ⲙ̅ⲙⲁⲩ ⲥ ⲥ̀ⲥϩⲏⲟⲩⲧ ⲅⲁⲣ ϧⲉⲛ ⲛⲓⲉ̀ⲩⲁⲅⲅⲉⲗⲓⲟⲛ ⲉⲑ
ⲟⲩⲁⲃ ϫⲉ ⲉ̀ϣⲱⲡ ⲁⲩϣⲁⲛϭⲟϫⲓ ⲛ̅ⲥⲱⲧⲉⲛ ϧⲉⲛ ⲧⲁⲓ
ⲃⲁⲕⲓ ⲫⲱⲧ ⲉ̀ ⲕⲉ ⲟⲩⲁⲓ̀ ⲡⲗⲏⲛ ⲓⲥ ϩⲏⲡⲡⲉ ⲁⲩϭⲟϫⲓ
ⲣ̅ⲃ. ⲃ. ⲛ̅ⲥⲱⲛ ⲁⲩϯ ⲛ̅ⲕⲁϩ ⲛⲁⲛ ⲁⲗⲗⲁ ⲙⲁⲣⲉ | ⲫⲟⲩⲱϣ
ⲙ̅ ⲡϭ̅ⲥ̅ ϣⲱⲡⲓ ⲉ̀ ϧⲣⲏⲓ ⲉ̀ ϫⲱⲛ Ⲡⲁⲓ ⲣⲏϯ ⲁⲩⲧⲱⲟⲩ- 20
ⲛⲟⲩ ϧⲉⲛ ⲟⲩⲭⲱⲡ ⲁⲅⲱ̀ⲗⲓ ⲙ̅ ⲡⲥⲉⲡⲓ ⲙ̅ ⲫⲏ ⲉⲧ
ⲥⲱϫⲡ ⲛⲱⲟⲩ ⲁⲩϣⲉ ⲛⲱⲟⲩ ⲉ̀ ⲑⲃⲁⲕⲓ ⲛ̅ ϯⲙⲉⲧⲟⲩⲣⲟ
ⲁⲩϣⲱⲡⲓ ⲙ̅ⲙⲁⲩ ⲛⲁⲩϫⲱ ⲙ̅ⲙⲟⲥ ⲡⲉ ϫⲉ ⲫϯ ⲙ̅ ⲡⲓ-
ⲁⲣⲭⲏⲁⲅⲅⲉⲗⲟⲥ ⲙⲓⲭⲁⲏⲗ ϣⲱⲡⲓ ⲛⲁⲛ ⲙ̅ ⲃⲟⲏⲑⲟⲥ
ⲟⲩⲟϩ ⲛⲁⲩⲧⲟⲩϩⲟ ⲟⲛ ⲡⲉ ⲉ̀ϫⲉⲛ ⲛⲓⲙⲉⲧⲛⲁϩⲧ ⲉ̀ⲧⲟⲩ- 25
ⲓⲣⲓ ⲙ̅ⲙⲱⲟⲩ ⲛ̅ ϣⲟⲣⲡ Ⲡⲓⲇⲓⲁⲃⲟⲗⲟⲥ ⲇⲉ ⲙ̅ⲡ ⲉϥϣϥⲁⲓ
ⲉ̀ⲣⲟϥ ⲁⲗⲗⲁ ⲁϥϣⲑⲟⲣⲧⲉⲣ ⲉϥⲛⲁⲩ ⲉ̀ ⲛⲏ ⲉⲑ ⲟⲩⲁⲃ
ⲉⲩϯ ⲉ̀ ⲡⲁⲛⲁⲓ ϧⲉⲛ ⲡⲓⲛⲁϩϯ ⲙ̅ⲡ ⲉϥⲉ̀ⲙⲓ ϫⲉ ⲡⲓ-

ⲣⲓ̅ⲅ̅. ⲁ. ⲁⲣⲭⲏⲁⲅⲅⲉⲗⲟⲥ ⲉⲑ ⲟⲩⲁⲃ ⲙⲓⲭⲁⲏⲗ ⲛⲁϥϯ ϣⲓⲡⲓ
ⲛⲁϥ ⲗⲟⲓⲡⲟⲛ ⲛⲁϥ ⲍⲉⲙⲍⲉⲙ ⲙ̅ ⲫⲣⲏϯ ⲛ̅ ⲟⲩⲙⲟⲅⲓ
ⲉⲧ ⲁ ⲍⲁⲛⲕⲟⲩⲍⲓ ⲛ̅ ⲉ̀ϩⲟⲟⲩ ϣⲱⲡⲓ ⲗ ⲛⲓⲣⲉϥⲣⲱⲓⲥ
ⲛ̅ⲧⲉ ϯⲃⲁⲕⲓ ϩⲱⲗ ⲁⲩϣⲉⲗ ⲡⲓⲓⲓ ⲛ̅ ⲟⲩⲛⲓϣϯ ⲛ̅ ⲁⲣ-
ⲭⲱⲛ ⲛ̅ⲧⲉ ϯⲡⲟⲗⲓⲥ ⲟⲩⲟϩ ⲁⲩⲱⲗⲓ ⲛ̅ ⲟⲩⲛⲓϣϯ ⲙ̅ 5
ⲡⲣⲉⲧⲁ ⲛⲁϥ Ⲡⲓⲁⲣⲭⲱⲛ ⲇⲉ ⲁϥⲧⲁⲙⲉ ⲡⲓϩⲏⲅⲉⲙⲱⲛ
ⲉⲧ ⲑⲏϣ ⲉ̀ ϯⲃⲁⲕⲓ ⲡⲓϩⲏⲅⲉⲙⲟⲛ ⲇⲉ ⲁϥϣⲓⲛⲓ ⲛ̅ⲥⲁ
ⲡⲓϩⲱⲃ ⲛ̅ ⲧⲟⲧϥ ⲙ̅ ⲫⲏ ⲉⲧ ⲟⲓ ⲛ̅ ⲇⲓⲟⲓⲕⲓⲧⲏⲥ ⲉ̀ ϯ-
ⲃⲁⲕⲓ Ⲡⲓ ⲇⲓⲟⲓⲕⲓⲧⲏⲥ ⲁϥⲁⲙⲟⲛⲓ ⲛ̅ ⲛⲓⲣⲉϥⲣⲱⲓⲥ ⲁϥ
ⲉⲣ ⲁⲛⲁⲅⲕⲁⲍⲓⲛ ⲙ̅ⲙⲱⲟⲩ ⲉⲑⲣⲟⲩⲍⲓⲙⲓ ⲛⲁϥ ⲛ̅ ⲛⲓⲥ- 10
ⲣ̅ⲓ̅ⲅ̅. ⲃ. ⲕⲉⲩⲟⲥ ⲛ̅ⲧⲉ ⲡⲓⲁⲣⲭⲱⲛ Ⲉⲧⲓ ⲉⲩϣⲉⲣⲑⲱⲣ ⲉⲑⲃⲉ
ⲡⲁⲓ ϩⲱⲃ ⲓⲥ ⲡⲓⲇⲓⲁⲃⲟⲗⲟⲥ ⲁϥ ⲉⲣ ⲡⲥⲙⲟⲧ ⲛ̅ ⲟⲩ-
ⲣⲱⲙⲓ ⲉϥⲙⲟϣⲓ ⲉ̀ⲃⲟⲗϧⲉⲛ ϯⲡⲟⲗⲓⲥ ⲧⲏⲣⲥ ⲉϥⲱϣ
ⲉ̀ⲃⲟⲗ ⲉϥϫⲱ ⲙ̅ⲙⲟⲥ ϫⲉ ⲁⲛⲟⲕ ϯⲥⲱⲟⲩⲛ ϫⲉ ⲛⲓⲙ
ⲡⲉ ⲉ̀ⲧⲁϥⲕⲱⲗⲡ ⲛ̅ ⲛⲓⲥⲕⲉⲩⲟⲥ ⲛ̅ⲧⲉ ⲥⲩⲗⲱⲛ ⲡⲓⲁⲣⲭⲱⲛ 15
Ⲁⲛⲟⲕ ⲅⲁⲣ ⲁⲓⲛⲁⲩ ⲉ̀ ⲡⲁⲓ ⲃ̅ ⲛ̅ ⲁⲗⲟⲩ ⲛ̅ ϣⲉⲙⲙⲟ
ⲉ̀ⲧⲁⲩⲓ̀ ⲙ̅ⲛⲁⲩ ⲛ̅ ⲛⲁⲓ ⲉ̀ϩⲟⲟⲩ ⲁⲩϩⲱⲗ ⲉ̀ ϧⲟⲩⲛ ⲉ̀
ⲡⲓⲓⲓ ⲁⲩⲕⲟⲗⲡϥ ⲟⲩⲟϩ ⲛ̅ ⲉⲙⲓ ϧⲉⲛ ⲟⲩⲙⲉⲑⲙⲏⲓ ϫⲉ
ⲡⲟⲩϩⲱⲃ ⲣⲱ ⲡⲉ ⲫⲁⲓ ⲓⲥϫⲉⲛ ⲉⲩϣⲟⲡ ϧⲉⲛ ⲧⲟⲩⲭⲱ-
ⲣⲁ Ⲡⲓⲣⲱⲙⲓ ⲇⲉ ⲛ̅ⲧⲉ ϯⲃⲁⲕⲓ ⲉ̀ⲧⲁⲩⲥⲱⲧⲉⲙ ⲉ̀ ⲛⲁⲓ 20
ⲣ̅ⲓ̅ⲇ̅. ⲁ. ⲁⲩⲧⲁⲙⲉ ⲡⲓϩⲏⲅⲉⲙⲱⲛ ⲟⲩⲟϩ ϧⲉⲛ ϯⲟⲩⲛⲟⲩ ⲁⲩ-
ⲥⲱⲕ ⲙ̅ⲙⲱⲟⲩ ⲛ̅ⲥⲁ ⲡⲓϣⲱⲓ ⲛ̅ⲧⲉ ⲧⲟⲩⲁⲫⲉ ⲕⲁⲧⲁ
ⲫⲟⲩⲁϩⲥⲁϩⲛⲓ ⲙ̅ ⲡⲓϩⲏⲅⲉⲙⲱⲛ ⲁⲩⲉ̀ⲛⲟⲩ ⲙ̅ⲡⲉϥⲙ̅ⲑⲟ
Ⲁⲩⲥⲱⲕ ⲙ̅ⲙⲱⲟⲩ ϧⲉⲛ ⲟⲩⲙⲉⲧⲁⲑⲛⲁⲓ ⲛⲁⲣⲉ ⲧⲟⲩ-
ⲙⲁⲩ ⲇⲉ ⲙⲟϣⲓ ⲛ̅ⲥⲱⲟⲩ ⲡⲉ ⲉⲥⲣⲓⲙⲓ ⲉⲥϯ ⲛⲟⲙϯ 25
ⲛⲱⲟⲩ ⲉⲥϫⲱ ⲙ̅ⲙⲟⲥ ϫⲉ ⲙ̅ⲡ ⲉⲣ ⲉⲣ ϩⲟϯ ⲛⲁ ϣⲏⲣⲓ
ⲟⲩⲟⲛ ϣϫⲟⲙ ⲙ̅ ⲫϯ ⲉⲧ ⲁⲛⲛⲁϩϯ ⲉ̀ⲣⲟϥ ⲛⲉⲙ ⲛⲉϥ-
ⲛⲓϣϯ ⲛ̅ ⲁⲣⲭⲏⲁⲅⲅⲉⲗⲟⲥ ⲉⲑ ⲟⲩⲁⲃ ⲙⲓⲭⲁⲏⲗ ⲉ̀ ⲛⲟ-

ϩⲉⲙ ⲙ̄ ⲙⲱⲧⲉⲛ ⲉ̇ⲃⲟⲗ ϩⲁ ⲡ ⲉⲧ ϩⲱⲟⲩ ⲛⲓⲃⲉⲛ ⲛⲉⲙ
ⲣ̄ⲁ̄. ⲃ. ⲉ̇ⲃⲟⲗ ϩⲁ ⲫⲏ ⲉ̇ⲧⲟⲩϫⲉ ⲙⲉⲑⲛⲟⲩϫ ⲉ̇ⲣⲱⲧⲉⲛ ⲉ̇ⲟⲃⲏⲧϥ
ⲉ̇ⲧⲓ ⲇⲉ ⲉⲥϫⲱ ⲛ̄ ⲛⲁⲓ ⲁ̇ ⲟⲩⲥⲙⲏ ϣⲱⲡⲓ ϩⲁ ⲣⲱⲟⲩ
ⲉⲥϫⲱ ⲙ̄ⲙⲟⲥ ⲉ̇ⲃⲟⲗϧⲉⲛ ⲧⲫⲉ ϫⲉ ⲙ̄ⲡ ⲉⲣ ⲉⲣ ϩⲟⲧ
ϯⲛⲁⲭⲁ ϩⲗⲓ ⲛ̄ ⲡ ⲉⲧ ϩⲱⲟⲩ ⲉ̇ ⲧⲁϩⲉ ⲑⲏⲛⲟⲩ ⲁⲛ 5
ⲁ̇ⲛⲟⲕ ⲡⲉ ⲙⲓⲭⲁⲏⲗ ϯⲛⲁⲣⲱⲓⲥ ⲉ̇ⲣⲱⲧⲉⲛ ⲉ̇ⲃⲟⲗϩⲁ ⲡ
ⲉⲧ ϩⲱⲟⲩ ⲛⲓⲃⲉⲛ ⲉ̇ⲧⲓ ⲇⲉ ⲉⲩⲟ̇ϩⲓ ⲉ̇ⲣⲁⲧⲟⲩ ⲙ̄ ⲡⲉⲙⲑⲟ
ⲙ̄ ⲡⲓϩⲏⲅⲉⲙⲱⲛ ⲉϥϭⲛⲟⲩ ⲙ̄ⲙⲱⲟⲩ ⲁ̇ ⲡⲓⲁⲣⲭⲏⲁⲅ-
ⲅⲉⲗⲟⲥ ⲉⲣ ⲡⲥⲙⲟⲧ ⲛ̄ ⲟⲩⲡⲁⲧⲣⲓⲕⲓⲟⲥ ⲛ̄ⲧⲉ ⲡⲟⲩⲣⲟ
ⲁϥⲓ̇ ϩⲓ ⲫⲟⲩⲉⲓ ⲉ̇ⲧ ⲁ̇ ⲡⲓϩⲏⲅⲉⲙⲱⲛ ⲛⲁⲩ ⲉ̇ⲣⲟϥ ⲁϥ- 10
ⲧⲱⲛϥ ⲁϥⲟ̇ϩⲓ ⲉ̇ ⲣⲁⲧϥ ⲟⲩⲟϩ ⲁϥϯϩⲟ ⲉ̇ⲣⲟϥ ϫⲉ
ⲁ̇ⲙⲟⲩ ⲛ̄ⲧⲉⲕϩⲉⲙⲥⲓ ⲛ̄ⲧⲉⲕⲥⲱⲧⲉⲙ ϩⲱⲕ ⲉ̇ ⲛⲁⲓ ⲁⲛⲧⲓ-
ⲣ̄ⲃ̄. ⲁ. ⲗⲟⲅⲓⲁ̇ ⲛ̇ⲧⲟϥ ⲇⲉ ⲁϥϩⲉⲙⲥⲓ ⲡⲓϩⲏⲅⲉⲙⲱⲛ ⲇⲉ ⲁϥ-
ⲑⲣⲟⲩⲓ̇ⲛⲓ ⲛ̄ ⲛⲓⲁⲗⲱⲅⲓ̇ ϩⲓⲧⲉⲛ ⲙ̄ⲙⲟⲙ ⲡⲉϫⲁϥ ⲛⲱⲟⲩ
ϫⲉ ⲧⲁⲭⲏ ⲙ̄ⲙⲱⲧⲉⲛ ϯ ⲛ̄ ⲡⲣⲉⲧⲁ ⲙ̄ ⲡⲓⲁⲣⲭⲱⲛ 15
ⲛⲁϥ ⲙ̄ⲡⲁ ϯ ⲉⲣ ⲃⲁⲥⲁⲛⲓⲍⲓⲛ ⲙ̄ⲙⲱⲧⲉⲛ ⲛ̇ⲑⲱⲟⲩ
ⲇⲉ ⲁⲩ ⲉⲣ ⲟⲩⲱ̇ ⲡⲉϫⲱⲟⲩ ϫⲉ ϥⲟⲛϧ ⲛ̇ϫⲉ ⲡϭ̄ⲥ̄ ⲫϯ
ⲛ̄ ⲛⲓⲭⲣⲏⲥⲧⲓⲁⲛⲟⲥ ⲛⲉⲙ ⲡⲱⲟⲩ ⲙ̄ ⲡⲉϥⲛⲓϣϯ ⲛ̄ ⲁⲣ-
ⲭⲏⲁⲅⲅⲉⲗⲟⲥ ⲉ̇ⲑ ⲟⲩⲁⲃ ⲙⲓⲭⲁⲏⲗ ϫⲉ ⲙ̄ⲡ ⲉⲛ ⲉⲣ
ⲕⲟⲓⲛⲱⲛⲓ ⲛ̄ ϩⲱⲃ ⲙ̄ ⲡⲁⲓ ⲣⲏϯ ⲉ̇ⲛⲉϩ ⲡⲉϫⲉ ⲡⲓⲁⲣ- 20
ⲭⲏⲁⲅⲅⲉⲗⲟⲥ ⲙⲓⲭⲁⲏⲗ ⲙ̄ ⲡⲓϩⲏⲅⲉⲙⲱⲛ ϫⲉ ⲁ̇ⲛⲟⲕ
ⲣ̄ⲃ̄. ⲃ. ϯⲥⲱⲟⲩⲛ ⲙ̄ ⲡⲓⲣⲏϯ ⲉⲑⲃⲉ ϯⲙⲉⲑⲙⲏⲓ ⲟⲩⲱⲛϩ ⲉ̇ⲃⲟⲗ
ⲙⲁⲣⲟⲩ ⲁ̇ⲙⲟⲛⲓ ⲙ̄ ⲡⲓⲕⲟⲩϫⲓ ⲛ̄ ⲥⲟⲛ ⲛ̄ⲧⲉ ⲛⲁⲓ ⲣⲱⲙⲓ
ⲛ̄ ⲥⲉⲟⲗϥ ⲉ̇ ϧⲟⲩⲛ ⲉ̇ ⲡⲏⲓ ⲙ̄ ⲡⲓⲁⲣⲭⲏⲣⲉϥⲣⲱⲓⲥ
ⲫⲁⲓ ⲉ̇ⲧ ⲉⲣⲉ ⲡⲉϥϧⲏⲧ ϧⲟⲥⲓ ⲉ̇ ϧⲟⲩⲛ ⲉ̇ ⲛⲁⲓ ⲣⲱⲙⲓ 25
ⲛ̄ⲧⲉϥ ⲱϣ ⲉ̇ⲃⲟⲗ ⲉϥϫⲱ ⲙ̄ⲙⲟⲥ ϫⲉ ϧⲉⲛ ⲫⲣⲁⲛ ⲙ̄
ⲡⲁϭ̄ⲥ̄ ⲓ̄ⲏ̄ⲥ̄ ⲡⲭ̄ⲥ̄ ⲉ̇ⲥⲉⲟⲩⲱⲛϩ ⲉ̇ⲃⲟⲗ ⲛ̇ϫⲉ ϯⲡⲣⲉⲧⲁ
ⲛ̄ⲧⲉ ⲥⲩⲗⲱⲛ ⲡⲓⲁⲣⲭⲱⲛ ⲑⲁⲓ ⲉ̇ⲧ ⲟⲩϫⲉⲙ ⲗⲱⲓϫⲓ

ⲉⲣⲟⲛ ⲉⲑⲃⲏⲧⲥ ϧⲉⲛ ϯⲟⲩⲛⲟⲩ ⲁ ϯⲙⲉⲑⲙⲏⲓ ⲛⲁⲟⲩ-
ⲱⲛϩ ⲉⲃⲟⲗ Ⲟⲩⲟϩ ϧⲉⲛ ϯⲟⲩⲛⲟⲩ ⲁ ⲡⲓϩⲏⲅⲉⲙⲱⲛ
ⲉⲣ ⲕⲉⲗⲉⲩⲓⲛ ⲉⲑⲣⲟⲩϭⲓ ⲙ̅ ⲡⲓⲕⲟⲩϫⲓ ⲛ̅ ϣⲏⲣⲓ ⲉ̀
ϧⲟⲩⲛ ⲉ̀ ⲡⲏⲓ ⲙ̅ ⲡⲓⲁⲣⲭⲏ ⲣⲉϥⲣⲱⲓⲥ ⲕⲁⲧⲁ ⲫⲣⲏϯ

ⲣ̅ⲝ̅. ⲗ. ⲉⲧⲁϥⲭⲟⲥ ⲛ̅ϫⲉ | ⲡⲓⲁⲣⲭⲏⲁⲅⲅⲉⲗⲟⲥ ⲙⲓⲭⲁⲏⲗ ⲟⲩⲟϩ 5
ⲁϥⲱϣ ⲉⲃⲟⲗ ⲉϥϫⲱ ⲙ̀ⲙⲟⲥ ϫⲉ ϧⲉⲛ ⲫⲣⲁⲛ ⲙ̅ ⲡⲁ
ⲟ̅ⲥ̅ ⲓ̅ⲏ̅ⲥ̅ ⲡ̅ⲭ̅ⲥ̅ ⲛⲉⲙ ⲡⲓⲁⲣⲭⲏⲁⲅⲅⲉⲗⲟⲥ ⲉⲑ ⲟⲩⲁⲃ ⲙⲓ-
ⲭⲁⲏⲗ ⲉⲥⲉⲟⲩⲱⲛϩ ⲉⲃⲟⲗ ⲛ̅ϫⲉ ⲧⲡⲣⲉⲧⲁ ⲛ̀ⲧⲉ ⲥⲩⲗⲱⲙ
ⲡⲓⲁⲣⲭⲱⲛ Ⲟⲩⲟϩ ϧⲉⲛ ϯⲟⲩⲛⲟⲩ ⲁ ⲟⲩⲥⲙⲏ ϣⲱⲡⲓ
ⲉⲣⲉ ⲟⲩⲟⲛ ⲛⲓⲃⲉⲛ ⲥⲱⲧⲉⲙ ⲉ̀ⲣⲟⲥ ϫⲉ ϩⲱⲗ ⲉ̀ ⲡⲉⲥⲏⲧ 10
ⲉ̀ ⲡⲓⲕⲁⲧⲁⲕⲓⲟⲛ ⲧⲉⲧⲉⲛⲛⲁϫⲓⲙⲓ ⲛ̀ ϩⲱⲃ ⲛⲓⲃⲉⲛ ⲛⲁⲓ
ⲕⲟⲩϫⲓ ⲛ̀ ϣⲏⲣⲓ ⲉⲑⲟⲩⲁⲃ ⲉ̀ ⲛⲟⲃⲓ Ⲟⲩⲟϩ ϧⲉⲛ ϯⲟⲩ-
ⲛⲟⲩ ⲁⲩϩⲱⲗ ⲉ̀ ⲡⲉⲥⲏⲧ ⲉ̀ ⲡⲓⲕⲁⲧⲁⲕⲓⲟⲛ ⲁⲩϫⲓⲙⲓ ⲛ̀

ⲣ̅ⲝ̅. ⲃ. ϯⲡⲣⲉⲧⲁ ⲧⲏⲣⲥ ⲟⲩⲟϩ ⲁⲩⲧⲁⲙⲉ | ⲡⲓϩⲏⲅⲉⲙⲱⲛ ⲉ̀
ⲫⲏ ⲉⲧⲁϥϣⲱⲡⲓ ⲁϥ ⲉⲣ ϣⲫⲏⲣⲓ ⲉ̀ⲙⲁϣⲱ ⲉ̀ⲧⲁϥⲕⲱϯ 15
ⲉ̀ ⲡⲉϥϩⲟ ϩⲱⲥ ϫⲉ ⲉϥⲛⲁⲭⲱ ⲙ̀ ⲫⲏ ⲉ̀ⲧⲁϥϣⲱⲡⲓ ⲙ̀
ⲡⲓⲡⲁⲧⲣⲓⲕⲓⲟⲥ ⲉⲧⲉ ⲙⲓⲭⲁⲏⲗ ⲡⲉ ⲙ̀ⲡ ⲉϥⲉ̀ⲙⲓ ϫⲉ ⲁϥ-
ϩⲱⲗ ⲉ̀ ⲑⲱⲛ Ⲧⲟⲧⲉ ⲁϥ ⲉⲣ ϣⲫⲏⲣⲓ ⲉ̀ⲙⲁϣⲱ ⲟⲩⲟϩ
ⲁϥⲭⲁ ⲡⲓ ⲁ̅ ⲛ̀ ⲁⲗⲟⲩ ⲉ̀ⲃⲟⲗ ⲉϥⲟⲓ ⲛ̀ ⲣⲉⲙϩⲉ ⲟⲩⲟϩ
ⲁⲩϩⲱⲗ ⲉ̀ ⲡⲟⲩⲏⲓ ⲉⲩϯ ⲱ̀ⲟⲩ ⲙ̀ ⲫϯ ⲛⲉⲙ ⲡⲓⲁⲣ- 20
ⲭⲏⲁⲅⲅⲉⲗⲟⲥ ⲉⲑ ⲟⲩⲁⲃ ⲙⲓⲭⲁⲏⲗ ⲫⲏ ⲉⲑ ⲟⲩⲁⲃ ⲇⲉ
ⲙ̀ⲡ ⲟⲩⲭⲁ ⲧⲟⲧⲟⲩ ϧⲉⲛ ⲛⲓ ⲡ ⲉⲑ ⲛⲁⲛⲉⲩ ⲉⲧ ⲟⲩⲓ̀ⲣⲓ
ⲙ̀ⲙⲱⲟⲩ ⲛ̀ ⲟⲩⲟⲛ ⲛⲓⲃⲉⲛ ϩⲱⲥ ⲇⲉ ⲛ̀ⲧⲉ ⲟⲩⲟⲛ ⲛⲓⲃⲉⲛ

ⲣ̅ⲍ̅. ⲗ. ⲉⲣ ϣⲫⲏⲣⲓ ⲙ̀ ⲡⲟⲩⲃⲓⲟⲥ ⲉⲑ ⲛⲁⲛⲉϥ Ⲁⲥϣⲱⲡⲓ ⲇⲉ
ⲟⲛ ⲙⲉⲛⲉⲛⲥⲁ ⲟⲩⲥⲏⲟⲩ ⲓⲥϫⲉⲛ ⲉⲧ ⲁ ⲛⲁⲓ ϣⲱⲡⲓ ⲁ 25
ⲟⲩⲣⲱⲙⲓ ϯϣⲑⲟⲩⲓⲧ ϧⲁ ⲣⲱⲙⲓ ⲃ̅ ϧⲁⲧⲉⲛ ⲡⲟⲩⲣⲟ
ϩⲱⲥ ⲇⲉ ⲉ̀ⲣⲉ ⲟⲩⲟⲛ ϩⲁⲛⲇⲏⲙⲟⲥⲓⲟⲛ ⲛ̀ ⲁⲡⲁⲥ ⲉ̀ⲣⲱⲟⲩ
Ⲡⲟⲩⲣⲟ ⲇⲉ ⲁϥϯ ⲙ̀ ⲡⲓⲣⲱⲙⲓ ⲃ̅ ⲉ̀ ⲧⲟⲧⲟⲩ ⲛ̀ ϩⲁⲛ-

ⲙⲁⲧⲟⲓ ⲉⲑⲣⲟⲩϣⲁⲧⲟⲩ ⲛ̀ ⲣ ⲛ̀ ⲗⲟⲅⲕⲟⲥⲓ ⲉ̀ ⲫⲟⲩⲁⲓ
ⲛ̀ⲙⲟⲛ ⲛ̀ⲧⲱⲟⲩ ⲇⲉ ⲉ̀ ϯ ⲫⲏ ⲉⲑ ⲟⲩⲁⲃ ⲇⲉ ⲓⲱⲁⲛⲛⲏⲥ
ⲕⲁⲧⲁ ⲟⲩⲉⲩⲕⲉⲣⲓⲁ ⲁϥ ⲉⲣ ⲁⲡⲁⲛⲧⲁⲛ ⲉ̀ⲣⲱⲟⲩ ⲉ̀ⲧⲁϥ-
ⲛⲁⲩ ⲉ̀ ⲛⲓⲙⲁⲧⲟⲓ ⲉⲩⲥⲓⲟⲩⲓ̀ ⲉ̀ ⲛⲓⲣⲱⲙⲓ ϧⲉⲛ ⲟⲩ-
ⲙⲉⲧⲁⲑⲛⲁⲓ ⲡⲉϫⲁϥ ⲛ̀ ⲛⲓⲙⲁⲧⲟⲓ ϫⲉ ⲟⲩ ⲧⲉ ϯⲗⲱⲓⲥⲓ 5

ⲣ̅ⲍ̅. ⲃ. ⲉ̀ⲣⲉⲧⲉⲛ ⲥⲓⲟⲩⲓ̀ ⲉ̀ ⲛⲁⲓ ⲣⲱⲙⲓ ⲉⲑⲃⲏⲧⲥ ⲡⲉϫⲱⲟⲩ
ⲛⲁϥ ⲛ̀ϫⲉ ⲛⲓⲙⲁⲧⲟⲓ ϫⲉ ⲁⲛⲁⲙⲟⲛⲓ ⲛ̀ⲙⲱⲟⲩ ⲉ̀ ⲣ ⲛ̀
ⲗⲟⲅⲕⲟⲥⲓ ⲉ̀ ⲫⲟⲩⲁⲓ ⲡⲉϫⲁϥ ⲛⲱⲟⲩ ϫⲉ ⲙⲉⲛⲉⲛⲥⲁ
ⲑⲣⲟⲩ ϯ ⲛ̀ ⲱ̅ ⲛ̀ ⲗⲟⲅⲕⲟⲥⲓ ⲥⲉⲛⲁⲭⲁⲩ ⲉ̀ⲃⲟⲗ ⲡⲉϫⲉ
ⲛⲓⲙⲁⲧⲟⲓ ⲛⲁϥ ϫⲉ ⲥⲉ ⲁⲗⲗⲁ ⲁⲩϣⲧⲉⲙⲧⲏⲓⲧⲟⲩ ⲥⲉⲛⲁ- 10
ϧⲟⲉⲃⲟⲩ ⲓⲱⲁⲛⲛⲏⲥ ⲇⲉ ⲁϥϯⲥ̅ⲟ̅ ⲉ̀ ⲛⲓⲙⲁⲧⲟⲓ ϫⲉ ⲱⲟⲩ
ⲛ̀ ⲥⲏⲧ ⲛ̀ ⲟⲩⲕⲟⲩϫⲓ ϣⲁ ϯⲧⲁⲥⲑⲟⲓ ϣⲁ ⲣⲱⲧⲉⲛ
ⲛ̀ⲑⲟϥ ⲇⲉ ⲁϥϩⲱⲗ ⲁϥⲉⲛ ⲡⲓ ⲱ̅ ⲛ̀ ⲗⲟⲅⲕⲟⲥⲓ ⲁϥⲧⲏⲓ-
ⲧⲟⲩ ⲁϥ ⲉⲣ ⲡⲓⲣⲱⲙⲓ ⲃ̅ ⲛ̀ ⲣⲉⲙϩⲉ ⲟⲩⲟϩ ⲡⲓ ⲕⲉ ⲁ̅
ⲛ̀ ⲙⲁⲧⲟⲓ ⲉⲧ ⲑⲏϣ ⲉ̀ⲣⲱⲟⲩ ⲁϥϯ ⲛⲱⲟⲩ ⲛ̀ ⲟⲩⲓ 15

ⲣ̅ⲏ̅. ⲁ. ⲗⲟⲅⲕⲟⲥⲓ ⲉ̀ ⲫⲟⲩⲁⲓ | ⲡⲓⲇⲓⲁⲃⲟⲗⲟⲥ ⲟⲛ ⲡⲓϫⲁϫⲓ ⲛ̀ⲧⲉ
ⲙⲉⲑⲙⲏⲓ ⲛⲓⲃⲉⲛ ⲛ̀ⲡ ⲉϥ ϣϥⲁⲓ ⲉ̀ⲣⲟϥ ⲁⲗⲗⲁ ⲁϥⲙⲟϩ
ⲛ̀ ⲭⲟϩ ⲉ̀ ϧⲟⲩⲛ ⲉ̀ ⲛⲏ ⲉⲑ ⲟⲩⲁⲃ ⲉⲑⲃⲉ ⲛⲟⲩϩⲃⲛⲟⲩⲓ̀
ⲉ̀ ⲛⲁⲛⲉⲩ ⲁϥⲧⲟⲩⲛⲟⲥ ⲟⲩⲛⲓϣϯ ⲛ̀ ⲡⲓⲣⲁⲥⲙⲟⲥ ⲉ̀
ϧⲣⲏⲓ ⲉ̀ ϫⲱⲟⲩ ⲉϥⲛⲁϣⲧ ⲉ̀ⲙⲁϣⲱ ⲛ̀ ϩⲟⲩⲟ̀ ⲉ̀ⲧⲉ 20
ⲫⲁⲓ ⲡⲉ ⲁⲥϣⲱⲡⲓ ⲇⲉ ⲙⲉⲛⲉⲛⲥⲁ ⲛⲁⲓ ⲁ̀ ⲟⲩⲣⲱⲙⲓ
ⲛ̀ⲧⲉ ϯⲃⲁⲕⲓ ⲉ̀ⲣ ⲕⲁⲗⲓⲛ ⲛ̀ ϩⲁⲛⲣⲱⲙⲓ ⲛⲉⲙ ⲕⲉ ⲣⲱⲙⲓ
ⲛ̀ ϣⲫⲏⲣ ⲛ̀ⲧⲁϥ ⲛⲉ ⲣⲟⲩϩⲓ ⲅⲁⲣ ⲡⲉ ⲡⲓⲣⲱⲙⲓ ⲇⲉ
ⲛⲁϥϣⲟⲡ ⲡⲉ ϧⲁⲧⲉⲛ ⲡⲏⲓ ⲛ̀ ⲛⲏ ⲉⲑ ⲟⲩⲁⲃ ⲉⲧⲁⲩ-
ⲟⲩⲱⲙ ⲇⲉ ⲟⲩⲟϩ ⲁⲩⲥⲱ ⲁ̀ ⲡⲓⲣⲱⲙⲓ ⲧⲱⲛϥ ⲉⲑⲣⲉϥ- 25

ⲣ̅ⲏ̅. ⲃ. ϩⲱⲗ ⲉ̀ ⲡⲉϥⲏⲓ | ⲉϥⲙⲟϣⲓ ⲇⲉ ϧⲉⲛ ⲛⲓⲡⲗⲁⲧⲓⲁ̀ ⲛ̀ⲧⲉ
ϯⲃⲁⲕⲓ ⲁ̀ ⲟⲩϭⲗⲏ ⲙⲁϩⲣⲱⲥ ⲉ̀ⲣⲟϥ ⲁϥϩⲉⲓ ⲁϥⲙⲟⲩ
ϧⲉⲛ ϯⲟⲩⲛⲟⲩ ⲟⲩⲟϩ ⲙ̀ⲡⲉ ϩⲗⲓ ⲛ̀ ⲣⲱⲙⲓ ⲉ̀ⲙⲓ ⲉ̀ ⲫⲏ

ⲉⲧⲁϥϣⲱⲡⲓ ⲙ̄ⲙⲟϥ ⲉⲧ ⲁ ⲡⲓⲣⲉϥⲣⲱⲓⲥ ⲇⲉ ⲛ̀ⲧⲉ
ϯⲡⲟⲗⲓⲥ ⲓ̀ ⲉϥⲕⲱϯ ⲛⲉⲙ ⲛⲉϥⲉ̀ⲣⲏⲟⲩ ⲁⲩϫⲓⲙⲓ ⲙ̀ ⲡⲓ-
ⲣⲱⲙⲓ ⲉϥⲙⲱⲟⲩⲧ ⲁⲩⲉⲛϥ ⲉ̀ ⲡⲓⲥⲟⲗ ⲁⲩⲙⲟⲩϣⲧ ⲙ̀
ⲡⲓⲥⲱⲙⲁ ⲟⲩⲟϩ' ⲙ̀ⲡ ⲟⲩⲉ̀ⲙⲓ ⲉ̀ ⲫⲏ ⲉ̀ⲧⲁϥϣⲱⲡⲓ ⲙ̀ⲙⲟϥ
ⲁⲩⲕⲟⲥϥ ⲉⲧ ⲁ ⲧⲟⲟⲩⲓ ⲇⲉ ϣⲱⲡⲓ ϫⲉ ⲉⲩⲛⲁⲟⲗϥ ⲉ̀ 5
ⲡⲓⲙ̀ϩⲁⲩ ⲁ ⲡⲓⲇⲓⲁ̀ⲃⲟⲗⲟⲥ ⲉⲣ ⲡⲥⲙⲟⲧ ⲛ̀ ⲟⲩⲣⲱⲙⲓ
ⲉϥⲱϣ ⲉ̀ⲃⲟⲗ ϧⲉⲛ ϯⲡⲟⲗⲓⲥ ⲧⲏⲣⲥ ⲉϥϫⲱ ⲙ̀ⲙⲟⲥ ϫⲉ

ⲣ̄ⲑ. ⲁ. ⲡⲁⲓ ⲣⲱⲙⲓ ⲉⲧⲁϥⲙⲟⲩ ⲉⲧⲉ ⲙ̀ⲡⲉ ϩⲗⲓ ⲛ̀ ⲣⲱⲙⲓ
ⲉ̀ⲙⲓ ⲉ̀ ⲡⲉϥⲙⲟⲩ ϫⲉ ⲛⲓⲙ ⲡⲉ ⲉ̀ⲧⲁϥϧⲟⲑⲃⲉϥ ⲙ̀ⲡⲉ
ⲧⲁⲓ ⲡⲟⲛⲏⲣⲓⲁ̀ ϣⲱⲡⲓ ⲛ̀ⲧⲉ ϩⲗⲓ ⲛ̀ ⲣⲱⲙⲓ ⲉ̀ⲃⲏⲗ ⲉ̀ 10
ⲡⲁⲓ ⲁ̄ ⲛ̀ ⲁ̀ⲗⲟⲩ ⲛ̀ ϣⲉⲙⲙⲟ ⲁ̀ⲛⲟⲕ ϯ ⲉⲣ ⲙⲉⲑⲣⲉ
ⲙ̀ ⲡⲁⲓ ϩⲱⲃ Ⲟⲩⲟϩ ⲁ ⲡⲁⲓ ⲥⲁϫⲓ ⲥⲱⲣ ⲉ̀ⲃⲟⲗ ϧⲉⲛ
ϯⲃⲁⲕⲓ ⲧⲏⲣⲥ ⲁ̀ ⲡⲓϩⲏⲅⲉⲙⲱⲛ ϣⲉ ⲛⲁϥ ⲁϥⲧⲁⲙⲉ
ⲡⲟⲩⲣⲟ ⲕⲉⲥⲁⲛⲑⲟⲥ ⲟⲩⲟϩ ϧⲉⲛ ϯⲟⲩⲛⲟⲩ ⲁ̀ ⲡⲟⲩⲣⲟ
ⲟⲩⲁϩⲥⲁϩⲛⲓ ⲁⲩⲓ̀ⲛⲓ ⲙ̀ ⲡⲓ ⲁ̄ ⲛ̀ ⲁ̀ⲗⲟⲩ ⲉⲩⲥⲟⲛϩ ⲛ̀ 15
ⲛⲟⲩϫⲓϫ ϩⲓ ⲫⲁϩⲟⲩ ⲙ̀ⲙⲱⲟⲩ ⲉ̀ⲣⲉ ⲟⲩⲟⲛ ϩⲁⲛⲕⲟⲗⲗⲁ-
ⲣⲓⲟⲛ ⲧⲟⲓ ⲉ̀ ⲛⲟⲩⲙⲟϯ Ⲁⲩⲱⲗⲓ ⲇⲉ ⲙ̀ⲙⲱⲟⲩ ⲉ̀ⲣⲁⲧϥ

ⲣ̄ⲑ. ⲃ. ⲙ̀ ⲡⲟⲩⲣⲟ ⲁⲩⲥⲙⲏ ϣⲱⲡⲓ ϩⲁⲣⲱⲟⲩ ⲉⲥϫⲱ ⲙ̀ⲙⲟⲥ
ϫⲉ ⲙ̀ⲡ ⲉⲣ ⲉⲣ ϩⲟϯ ⲓⲥ ⲡⲥⲛⲟⲩ ⲙ̀ ⲡⲓⲃⲓⲥⲓ ⲁϥⲥⲓⲛⲓ
ⲁ̀ ⲡⲓⲙ̀ⲧⲟⲛ ⲫⲟϩ ⲉ̀ⲣⲱⲧⲉⲛ ⲉ̀ⲃⲟⲗϩⲓⲧⲉⲛ ⲡ̄ϭ̄ⲥ̄ Ⲧⲟⲧⲉ 20
ⲁⲩⲧⲁϩⲱⲟⲩ ⲉ̀ⲣⲁⲧⲟⲩ ⲙ̀ ⲡⲉⲙⲑⲟ ⲙ̀ ⲡⲟⲩⲣⲟ ⲙ̀ ⲡⲥⲙⲟⲧ
ⲛ̀ ϩⲁⲛⲕⲁⲧⲁⲇⲓⲕⲟⲥ Ⲟⲩⲟϩ ϧⲉⲛ ϯⲟⲩⲛⲟⲩ ⲓⲥ ⲡⲓⲁⲣ-
ⲭⲏⲁⲅⲅⲉⲗⲟⲥ ⲉ̀ⲑ ⲟⲩⲁⲃ ⲙⲓⲭⲁⲏⲗ ⲁϥϭⲓ ⲙ̀ ⲡⲥⲙⲟⲧ
ⲛ̀ ⲟⲩⲛⲓϣϯ ⲛ̀ ⲥⲧⲣⲁⲧⲩⲗⲁⲧⲏⲥ ⲛ̀ⲧⲉ ⲡⲟⲩⲣⲟ ⲛ̀ ⲛⲓⲣⲱ-
ⲙⲉⲟⲥ ⲁϥⲓ̀ Ⲡⲟⲩⲣⲟ ⲇⲉ ⲕⲉⲥⲁⲛⲑⲟⲥ ⲉ̀ⲧⲁϥⲛⲁⲩ ⲉ̀ⲣⲟϥ 25
ⲁϥⲧⲱⲛϥ ⲁϥⲟ̀ϩⲓ ⲉ̀ ⲣⲁⲧϥ ϩⲓ ⲧϩⲏ ⲙ̀ⲙⲟϥ ⲉ̀ⲧⲁϥⲫⲟϩ

---

[1] The Ms. writes ⲟⲩⲟϩ twice.

ⲇⲉ ⲉⲣⲟϥ ⲁⲩϩⲉⲙⲥⲓ ⲉⲩⲥⲟⲡ ⲛⲉⲙ ⲛⲟⲩⲉⲣⲏⲟⲩ Ⲡⲓⲁⲣ-
ⲭⲏⲁⲅⲅⲉⲗⲟⲥ ⲇⲉ ⲙⲓⲭⲁⲏⲗ ⲉⲧⲁϥⲛⲁⲩ ⲉ ⲛⲓⲁⲗⲱⲟⲩⲓ
ⲉⲩⲟϩⲓ ⲉⲣⲁⲧⲟⲩ ⲡⲉϫⲁϥ ⲙ̄ ⲡⲟⲩⲣⲟ ⲕⲉⲥⲁⲛⲑⲟⲥ ϫⲉ
ⲟⲩ ⲡⲉ ⲡϩⲱⲃ ⲛ̄ ⲛⲁⲓ ⲁⲗⲱⲟⲩⲓ ⲡⲟⲩⲣⲟ ⲇⲉ ⲁϥⲧⲁⲙⲟϥ
ⲉⲑⲃⲉ ⲡⲓϩⲱⲃ ⲉⲧⲁϥϣⲱⲡⲓ Ⲡⲉϫⲉ ⲙⲓⲭⲁⲏⲗ ⲛⲁϥ ϫⲉ
ⲟⲩⲕ ⲟⲩⲛ ⲙ̄ⲡ ⲟⲩⲉⲙⲓ ⲉ̀ ϥⲏ ⲉⲧⲁϥⲃⲱⲧⲉⲃ ⲙ̄ ⲡⲓⲣⲱⲙⲓ
ⲡⲉϫⲉ ⲡⲟⲩⲣⲟ ⲛⲁϥ ϫⲉ ⲁⲩϯ ⲛ̀ ⲛⲁⲓ ⲛⲏⲓ ⲉ̀ⲃⲟⲩⲛ
ϫⲉ ⲛ̀ⲑⲱⲟⲩ ⲡⲉ ⲉⲧⲁⲩⲃⲱⲧⲉⲃ ⲙ̄ⲙⲟϥ Ⲡⲉϫⲉ ⲙⲓⲭⲁⲏⲗ
ⲛⲁϥ ϫⲉ ϩⲁⲧⲟⲧⲉⲛ ⲁⲣⲉ ϣⲁⲛ ⲟⲩϩⲱⲃ ⲙ̄ ⲡⲁⲓ ⲣⲏϯ
ϣⲱⲡⲓ ⲛ̄ⲧⲉ ⲟⲩⲁⲓ ⲙⲟⲩ ⲛ̄ⲧⲉⲛϣⲧⲉⲙⲉⲙⲓ ⲉ ϥⲏ ⲉⲧ-
ⲁϥϣⲱⲡⲓ ⲙ̄ⲙⲟϥ ϣⲁⲛⲑⲣⲟⲩⲓⲛⲓ ⲙ̀ ⲡⲓⲣⲱⲙⲓ ⲉⲧⲁϥⲙⲟⲩ
ⲉ̀ ⲑⲙⲏϯ ⲛ̄ⲧⲉⲛϭⲛⲟⲩϥ ϣⲁϥⲥⲁϫⲓ ⲛⲉⲙⲁⲛ ⲛ̄ⲧⲉϥ-
ⲧⲁⲙⲟⲛ ⲉ̀ ϥⲏ ⲉⲧⲁϥϩⲟⲑⲃⲉϥ ϯⲛⲟⲩ ⲇⲉ ⲓⲥϫⲉ ⲭⲟⲩⲱϣ
ⲉ̀ ⲉ̀ⲙⲓ ϩⲱⲕ ⲉ̀ ϯⲙⲉⲑⲙⲏⲓ ⲓⲉ ⲙⲁⲣⲟⲩⲓⲛⲓ ϩⲱϥ ⲙ̀
ϥⲏ ⲉⲧⲁϥⲙⲟⲩ ⲉ̀ ⲡⲁⲓ ⲙⲁ ⲛ̄ⲧⲉⲛϭⲛⲟⲩϥ ⲟⲩⲟϩ ϣⲁϥ-
ⲥⲁϫⲓ ⲛⲉⲙⲁϥ ⲛ̄ⲧⲉϥⲧⲁⲙⲟⲛ ⲉ̀ ϥⲏ ⲉⲧⲁϥϩⲟⲑⲃⲉϥ
Ⲟⲩⲟϩ ϧⲉⲛ ϯⲟⲩⲛⲟⲩ ⲁ ⲡⲟⲩⲣⲟ ⲉⲣ ⲕⲉⲗⲉⲩⲓⲛ ⲁⲩⲓⲛⲓ
ⲙ̀ ϥⲏ ⲉⲑ ⲙⲱⲟⲩⲧ ⲉ̀ ⲑⲙⲏϯ Ⲡⲉϫⲉ ⲡⲓⲁⲣⲭⲏⲁⲅⲅⲉⲗⲟⲥ
ⲙⲓⲭⲁⲏⲗ ⲛ̄ ⲇⲁⲛⲓⲏⲗ ⲡⲓⲕⲟⲩϫⲓ ⲛ̀ ⲥⲟⲛ ⲛ̄ⲧⲉ ⲛⲏ ⲉⲑ
ⲟⲩⲁⲃ ϫⲉ ϩⲱⲗ ⲁϫⲟⲥ ⲙ̄ ⲡⲁⲓ ⲣⲉϥⲙⲱⲟⲩⲧ ϫⲉ ϧⲉⲛ
ⲫⲣⲁⲛ ⲙ̄ ⲡⲁ ⲟ̄ⲥ ⲓ̄ⲏ̄ⲥ̄ ⲡ̄ⲭ̄ ⲫϯ ⲛ̄ⲧⲉ ⲧⲫⲉ ⲛⲉⲙ ⲡⲓⲕⲁϩⲓ
ⲙⲁⲧⲁⲙⲟⲛ | ⲉ̀ ϥⲏ ⲉⲧⲁϥϣⲱⲡⲓ ⲙ̄ⲙⲟⲕ ⲡⲓⲕⲟⲩϫⲓ ⲇⲉ
ⲛ̄ ⲁⲗⲟⲩ ⲁϥⲓⲣⲓ ⲙ̄ ⲡⲁⲓ ⲣⲏϯ ⲫϯ ⲇⲉ ⲡⲓⲙⲁⲓⲣⲱⲙⲓ
ⲉϥⲟⲩⲱϣ ⲉⲑⲣⲉ ⲡⲉϥⲣⲁⲛ ⲉⲑ ⲟⲩⲁⲃ ϭⲓ ⲱⲟⲩ ϧⲉⲛ
ⲙⲁⲓ ⲛⲓⲃⲉⲛ ⲛ̄ⲥⲉⲛⲁϩϯ ⲉⲣⲟϥ ⲁϥⲧⲁⲥⲑⲟ ⲛ̀ ϯⲯⲩⲭⲏ
ⲛ̄ⲧⲉ ⲡⲓⲣⲱⲙⲓ ⲉⲣⲟϥ ⲛ̀ ⲕⲉ ⲥⲟⲡ ⲁϥⲱⲛϧ ⲉⲑⲃⲉ ⲡⲟⲩ-
ϫⲁⲓ ⲙ̀ ⲡⲟⲩⲣⲟ ⲛⲉⲙ ⲡⲓⲙⲏϣ ⲧⲏⲣϥ ⲛ̄ⲧⲉ ϯⲭⲱⲣⲁ
ⲧⲏⲣⲥ ⲉⲧⲉⲙⲙⲁⲩ ⲟⲩⲟϩ ⲁ ⲡⲓⲣⲱⲙⲓ ⲱϣ ⲉ̀ⲃⲟⲗ ⲉϥϫⲱ

ⲙ̅ⲙⲟⲥ ⲇⲉ ⲟⲩⲟⲓ ⲛⲁⲕ ⲡⲟⲩⲣⲟ ⲕⲉⲥⲁⲛⲑⲟⲥ ⲇⲉ ⲁⲕ
ⲉⲣ ⲧⲟⲗⲙⲁⲛ ⲁⲕϭⲉⲙⲥⲓ ⲛⲉⲙ ⲡⲓⲁⲣⲭⲏⲁⲅⲅⲉⲗⲟⲥ ⲉⲑ
ⲟⲩⲁⲃ ⲙⲓⲭⲁⲏⲗ ⲡⲓⲁⲣⲭⲏⲥⲧⲣⲁⲧⲓⲕⲟⲩⲥ ⲛ̅ⲧⲉ ⲧϫⲟⲙ

ⲣⲓⲁ. ⲃ. ⲛ̅ ⲛⲓⲫⲏⲟⲩⲓ̀ Ⲕⲉ ⲅⲁⲣ ⲛⲁⲓ ⲣⲱⲙⲓ ⲉ̀ⲧⲟⲩϫⲉⲙ ⲗⲱⲓϫⲓ
ⲉ̀ⲣⲱⲟⲩ ϩⲁⲛⲇⲓⲕⲉⲟⲥ ⲛⲉ ⲟⲩⲟϩ ⲥⲉⲟⲩⲁⲃ ⲉ̀ ⲛⲟⲃⲓ ⲕⲉ 5
ⲅⲁⲣ ⲛ̀ⲱⲟⲩ ⲁⲛ ⲡⲉ ⲉ̀ⲧⲁⲩϧⲱⲧⲉⲃ ⲙ̅ⲙⲟⲓ ⲁⲗⲗⲁ
ⲟⲩϭⲗⲏ ⲡⲉ ⲉ̀ⲧⲁⲥⲙⲁϩⲣⲱⲥ ⲉ̀ⲣⲟⲓ ⲁⲓⲙⲟⲩ Ⲟⲩⲟϩ ⲉ̀ⲑⲃⲉ
ⲙⲉⲧⲥⲱⲧⲡ ⲛ̀ ⲛⲁⲓ ⲣⲱⲙⲓ ⲁ̀ ⲡⲁⲓ ⲛⲓϣϯ ⲛ̀ ⲡ ⲉ̀ⲑ
ⲛⲁⲛⲉ ϥ ⲧⲁϩⲟⲕ ⲁⲕ ⲉⲣ ⲡⲉⲙⲡϣⲁ ⲛ̀ ⲛⲁⲩ ⲉ̀ ⲡⲓ-
ⲁⲣⲭⲏⲁⲅⲅⲉⲗⲟⲥ ⲉ̀ⲑ ⲟⲩⲁⲃ ⲙⲓⲭⲁⲏⲗ ⲗⲟⲓⲡⲟⲛ ⲓⲥ ⲛⲓ- 10
ϣⲫⲏⲣⲓ ⲛ̀ⲧⲉ ⲫϯ ⲁ̀ ⲧⲉⲧⲉⲛⲛⲁⲩ ⲉ̀ⲣⲱⲟⲩ ⲙⲁⲧⲁⲥⲑⲉ
ⲑⲏⲛⲟⲩ ⲉ̀ⲣⲱⲟⲩ ϧⲉⲛ ⲡⲉⲧⲉⲛϩⲏⲧ ⲧⲏⲣϥ ⲛ̀ⲧⲉⲧⲉⲛⲭⲱ
ⲛ̀ⲥⲱⲧⲉⲛ ⲛ̀ ⲛⲁⲓ ϩⲩⲇⲟⲛⲏ ⲛⲉⲙ ⲛⲁⲓ ⲓ̀ⲇⲱⲗⲟⲛ ⲉ̀ⲧ

ⲣⲓⲃ. ⲁ. ⲛϣⲟⲩⲧ ⲉ̀ⲧⲉ ⲙ̅ⲙⲟⲛ ϩⲛⲟⲩ ⲛ̀ ⲃⲏⲓⲧⲟⲩ ϩⲓⲛⲁ ⲛ̀ⲧⲉ
ⲫϯ ⲭⲱ ⲛⲱⲧⲉⲛ ⲉ̀ⲃⲟⲗ ⲛ̀ ⲙⲉⲧⲉⲛ ϣⲟⲣⲡ ⲛ̀ ⲛⲟⲃⲓ ⲕⲉ 15
ⲅⲁⲣ ⲁ̀ⲛⲟⲕ ϩⲱ ⲉ̀ ⲟⲩⲛⲓϣϯ ⲛ̀ ϩⲙⲟⲧ ⲧⲁϩⲟⲓ ϫⲉ
ⲁⲓⲛⲁⲩ ⲉ̀ ⲡⲓⲁⲣⲭⲏⲁⲅⲅⲉⲗⲟⲥ ⲙⲓⲭⲁⲏⲗ ⲉ̀ⲑⲃⲉ ⲛⲁⲓ
ⲣⲱⲙⲓ ⲛ̀ ⲇⲓⲕⲉⲟⲥ ⲟⲩⲟϩ ϧⲉⲛ ϯⲟⲩⲛⲟⲩ ⲁ̀ ⲡⲓⲁⲣⲭⲏⲁⲅ-
ⲅⲉⲗⲟⲥ ⲙⲓⲭⲁⲏⲗ ϩⲱⲗ ⲉ̀ ⲡϭⲓⲥⲓ ϧⲉⲛ ⲟⲩⲛⲓϣϯ ⲛ̀
ⲱⲟⲩ ⲉ̀ⲣⲉ ⲡⲟⲩⲣⲟ ⲛⲁⲩ ⲉ̀ⲣⲟϥ ⲛⲉⲙ ⲡⲓⲙⲏϣ ⲧⲏⲣϥ 20
ⲉϥϩⲏⲗ ⲉ̀ ⲡϣⲱⲓ ⲉ̀ ⲧⲫⲉ ⲉ̀ ⲁϥϭⲓ ⲛⲉⲙⲁϥ ⲛ̀ ⲧⲯⲩⲭⲏ
ⲛ̀ ⲫⲏ ⲉ̀ⲧⲁϥⲙⲟⲩ ⲉ̀ ⲡϣⲱⲓ ⲉ̀ ⲛⲓⲫⲏⲟⲩⲓ Ⲡⲟⲩⲣⲟ ⲇⲉ
ⲛⲉⲙ ⲟⲩⲟⲛ ⲛⲓⲃⲉⲛ ⲁⲩϣⲱⲡⲓ ϧⲉⲛ ⲟⲩⲛⲓϣϯ ⲛ̀ ϩⲟϯ

ⲣⲓⲃ. ⲃ. ⲉ̀ⲙⲁϣⲱ Ⲙⲉⲛⲉⲛⲥⲁ ⲟⲩⲛⲓϣϯ ⲛ̀ ⲛⲁⲩ ⲁ̀ ⲡϩⲏⲧ ⲙ̀
ⲡⲟⲩⲣⲟ ⲥⲉⲙⲛⲓ ⲉ̀ⲣⲟϥ ⲉ̀ⲃⲟⲗϧⲉⲛ ϯϩⲟϯ ⲛⲉⲙ ⲡⲓⲛⲓϣϯ 25
ⲛ̀ ϩⲱⲃ ⲛ̀ ϣⲫⲏⲣⲓ ⲉ̀ⲧⲁϥⲛⲁⲩ ⲉ̀ⲣⲟϥ ⲁϥⲧⲱⲛϥ ⲁϥϯ
ⲉ̀ⲣⲱϥ ⲛ̀ ⲓⲱⲁⲛⲛⲏⲥ ⲉϥϫⲱ ⲙ̅ⲙⲟⲥ ϫⲉ ⲥⲥⲙⲁⲣⲱⲟⲩⲧ
ⲛ̀ϫⲉ ϯⲟⲩⲛⲟⲩ ⲉ̀ⲧ ⲁⲣⲉⲧⲉⲛ ⲓ̀ ⲉ̀ ϧⲟⲩⲛ ⲉ̀ ⲧⲁⲓ ⲡⲟⲗⲓⲥ

ⲛ̀ ⲃⲏⲧⲥ Ⲧⲉⲛϯϩⲟ ⲉ̀ⲣⲱⲧⲉⲛ ⲙⲁⲧⲁⲙⲟⲓ ⲉ̀ ⲡⲉⲧⲉⲛ
ⲛⲟⲩϯ ⲉⲧ ⲁ̀ⲣⲉⲧⲉⲛ ⲛⲁϩϯ ⲉ̀ⲣⲟϥ ⲟⲩⲟϩ ⲛ̀ⲧⲉⲛⲛⲁϩϯ
ⲉ̀ⲣⲟϥ ϩⲱⲛ ⲛ̀ⲧⲉⲛⲟⲩⲱⲗⲓ Ⲓⲱⲁⲛⲛⲏⲥ ⲇⲉ ⲡⲉϫⲁϥ ⲛⲱⲟⲩ
ϫⲉ ⲉⲛⲛⲁϩϯ ⲉ̀ ⲡϭ̄ⲥ̄ ⲓ̄ⲏ̄ⲥ̄ ⲡⲭ̄ⲥ̄ ⲡϣⲏⲣⲓ ⲛ̀ ⲫϯ ⲉⲧ
ⲟⲛϧ Ⲡⲟⲩⲣⲟ ⲇⲉ ⲁϥϣⲱ ⲉ̀ⲃⲟⲗ ⲉϥϫⲱ ⲙ̀ⲙⲟⲥ ⲛⲉⲙ 5

ⲣ̄ⲡ̄ⲅ̄. ⲁ. ⲡⲓⲙⲏϣ ⲧⲏⲣϥ ϫⲉ ⲁ̀ⲗⲏⲑⲱⲥ ⲟⲩⲛⲟⲩϯ ⲉϥⲟⲛϧ ⲡⲉ
ⲓ̄ⲏ̄ⲥ̄ ⲡⲭ̄ⲥ̄ ⲟⲩⲟϩ ⲙ̀ⲙⲟⲛ ⲕⲉ ⲛⲟⲩϯ ⲉ̀ⲃⲏⲗ ⲉ̀ⲣⲟϥ
Ⲓⲱⲁⲛⲛⲏⲥ ⲇⲉ ⲡⲉϫⲁϥ ⲙ̀ ⲡⲟⲩⲣⲟ ϫⲉ ⲧⲱⲛⲕ ⲛ̀ⲧⲉⲕ-
ϭ̀ⲁⲓ ⲛ̀ ⲕⲱⲥⲧⲁⲛⲧⲓⲛⲟⲥ ⲡⲟⲩⲣⲟ ⲛ̀ ⲛⲓⲣⲱⲙⲉⲟⲥ ⲛ̀ⲧⲉⲕ-
ⲧⲁⲙⲟϥ ⲉ̀ ϩⲱⲃ ⲛⲓⲃⲉⲛ ⲛ̀ⲧⲉⲕϯϩⲟ ⲉ̀ⲣⲟϥ ϩⲓⲛⲁ 10
ⲛ̀ⲧⲉϥⲟⲩⲱⲣⲡ ⲛⲁⲛ ⲛ̀ ⲟⲩⲁⲓ ⲛ̀ ⲛⲓⲉ̀ⲡⲓⲥⲕⲟⲡⲟⲥ ⲛ̀ ⲧⲉ-
ⲧⲉⲛⲭⲱⲣⲁ ⲛ̀ⲧⲉϥ ⲉⲣ ⲕⲁⲑⲏⲅⲓⲛ ⲙ̀ⲙⲱⲧⲉⲛ ⲉ̀ ⲫⲣⲁⲛ
ⲙ̀ ⲫⲓⲱⲧ ⲛⲉⲙ ⲡϣⲏⲣⲓ ⲛⲉⲙ ⲡⲓⲡ̄ⲛ̄ⲁ̄ ⲉ̀ⲑ ⲟⲩⲁⲃ Ⲡⲟⲩⲣⲟ
ⲇⲉ ⲕⲉⲥⲁⲛⲑⲟⲥ ⲁϥⲥϧⲁⲓ ⲉ̀ⲣⲁⲧϥ ⲙ̀ ⲡⲟⲩⲣⲟ ⲕⲱⲥ-
ⲧⲁⲛⲧⲓⲛⲟⲥ ⲉϥϫⲱ ⲙ̀ⲙⲟⲥ ⲛⲁϥ ⲙ̀ ⲡⲁⲓ ⲣⲏϯ Ⲕⲉⲥⲁ- 15

ⲣ̄ⲡ̄ⲅ̄. ⲃ. ⲛⲑⲟⲥ ⲫⲏ ⲉⲧ ⲟⲩϫⲱ ⲙ̀ⲙⲟⲥ ⲉ̀ⲣⲟϥ ϫⲉ ⲟⲩⲟⲩⲣⲟ
ⲡⲉ ⲉϥ ⲉⲣⲧⲟⲗⲙⲁⲛ ⲉϥⲥϧⲁⲓ ⲉ̀ ⲣⲁⲧϥ ⲙ̀ ⲡⲓⲛⲓϣϯ ⲛ̀
ⲟⲩⲣⲟ ⲛ̀ ⲁⲩⲧⲟⲕⲣⲁⲧⲱⲣ ⲕⲱⲥⲧⲁⲛⲧⲓⲛⲟⲥ ⲫⲃⲱⲕ ⲛ̀
ⲓ̄ⲏ̄ⲥ̄ ⲡⲭ̄ⲥ̄ ⲭⲉⲣⲉⲧⲉ Ⲟⲩⲛⲓϣϯ ⲅⲁⲣ ⲛ̀ ϩⲙⲟⲧ ⲁϥⲧⲁ-
ϩⲟⲛ ϩⲓⲧⲉⲛ ⲫϯ ⲡⲓⲁ̀ⲅⲁⲑⲟⲥ ⲁϥ ⲉⲣ ⲡⲉⲛⲙⲉⲩⲓ ⲁϥ- 20
ⲉⲛⲧⲉⲛ ⲉ̀ⲃⲟⲗϧⲉⲛ ϯⲙⲉⲧϣⲁⲙϣⲉ ⲓ̀ⲇⲱⲗⲟⲛ ⲉⲧ ϭⲁϧⲉⲙ
ⲁϥⲧⲁⲥⲑⲟⲛ ⲉ̀ⲣⲟϥ ϩⲓⲧⲉⲛ ⲧⲉϥⲛⲓϣϯ ⲙ̀ ⲙⲉⲧⲁ̀ⲅⲁⲑⲟⲥ ⲉ̀
ⲛⲁϣⲱⲥ ⲛⲉⲙ ⲛⲉⲛϯϩⲟ ⲙ̀ ⲡⲓⲛⲓϣϯ ⲛ̀ ⲁⲣⲭⲏⲁⲅⲅⲉⲗⲟⲥ
ⲉ̀ⲑ ⲟⲩⲁⲃ ⲙⲓⲭⲁⲏⲗ ⲫⲁⲓ ⲉ̀ⲧⲁϥⲁ̀ⲓⲧ ⲛ̀ ⲉⲙⲡϣⲁ ⲉ̀ⲑⲣⲓ-
ⲛⲁⲩ ⲉ̀ⲣⲟϥ ⲛ̀ ⲛⲁⲃⲁⲗ ⲟⲩⲟϩ ⲁϥⲑⲣⲉ ⲡⲓⲣⲉϥⲙⲱⲟⲩⲧ ⲥⲁ- 25

ⲣ̄ⲡ̄ⲇ̄. ⲁ. ϫⲓ ⲛⲉⲙⲁⲛ ⲛ̀ ⲣⲱϥ ⲛⲉⲙ ⲣⲱⲛ ⲙⲉⲛⲉⲛⲥⲁ ⲑⲣⲉϥⲙⲟⲩ
ⲙⲉⲛⲉⲛⲥⲱⲥ ⲁϥϩⲱⲗ ⲉ̀ ⲡϭⲓⲥⲓ ϧⲉⲛ ⲟⲩⲛⲓϣϯ ⲛ̀ ⲱ̀ⲟⲩ
ⲉⲛⲛⲁⲩ ⲉ̀ⲣⲟϥ ⲧⲏⲣⲟⲩ ⲗⲟⲓⲡⲟⲛ ⲧⲉⲛϯϩⲟ ⲉ̀ ⲧⲉⲕⲙⲉⲧϭ̄ⲥ̄

ⲉⲑⲣⲉⲕⲟⲩⲱⲣⲡ ⲛⲁⲛ ⲛ̀ ⲟⲩⲁⲓ ⲛ̀ ⲛⲓⲉ̀ⲡⲓⲥⲕⲟⲡⲟⲥ ⲉ̀ⲧ
ϩⲁ ⲧⲟⲧⲕ ⲉⲑⲣⲉϥ ⲉⲣ ⲟⲩⲱⲓⲛⲓ ⲉ̀ⲣⲟⲛ ⲙ̀ ⲡⲓⲛⲁϩϯ ⲉ̀ⲧ
ⲥⲟⲩⲧⲱⲛ ⲟⲩⲟϩ ⲛ̀ⲧⲉϥⲧⲁⲙⲟⲛ ϩⲱⲛ ⲉ̀ ⲡⲓⲙⲱⲓⲧ ⲛ̀
ϩⲱⲗ ϣⲁ ⲫϯ ⲟⲩⲟϩ ⲛ̀ⲧⲉϥϯ ⲛⲁⲛ ⲛ̀ ϯⲥⲫⲣⲁⲅⲓⲥ ⲉ̀ⲑ
ⲟⲩⲁⲃ ⲕⲉ ⲅⲁⲣ ⲁⲕϣⲁⲛ ⲉⲣ ⲫⲁⲓ ⲛⲁⲛ ⲭⲛⲁϭⲓ ⲛ̀ ⲕⲉ 5
ⲛⲓϣϯ ⲛ̀ ⲭⲗⲟⲙ ϩⲁⲧⲉⲛ ⲡⲭ̅ⲥ̅ ϩⲁ ⲡⲁⲓ ϩⲱⲃ ⲟⲩϫⲁⲓ
ⲡⲓⲟⲩⲣⲟ ⲙ̀ ⲙⲁⲓⲛⲟⲩϯ ϩⲓⲧⲉⲛ ⲧϫⲟⲙ ⲙ̀ ⲡⲭ̅ⲥ̅ ⲡⲟⲩⲣⲟ

ⲣⲓ̅ⲇ̅. ⲃ. ⲙ̀ ⲡⲧⲏⲣϥ Ⲟⲩⲟϩ ⲃⲉⲛ ⲟⲩⲛⲓϣϯ ⲛ̀ ⲥⲡⲟⲩⲇⲁⲏ ⲁϥϭⲓ
ⲛ̀ ⲛⲓⲥϩⲁⲓ ⲛ̀ϫⲉ ⲡⲟⲩⲣⲟ ⲕⲱⲥⲧⲁⲛⲧⲓⲛⲟⲥ ⲁϥⲟϣⲟⲩ
ⲁϥ ⲉⲣ ϣⲫⲏⲣⲓ ⲉ̀ⲙⲁϣⲱ ⲉ̀ϫⲉⲛ ⲫⲏ ⲉ̀ⲧⲁϥϣⲱⲡⲓ ⲁϥϯ 10
ⲱ̀ⲟⲩ ⲙ̀ ⲫϯ Ⲟⲩⲟϩ ⲃⲉⲛ ⲟⲩⲛⲓϣϯ ⲛ̀ ⲙⲉⲧϥⲁⲓⲣⲱⲟⲩϣ
ⲁϥⲥϩⲁⲓ ϣⲁ ⲡⲓⲁ̀ⲅⲓⲟⲥ ⲓⲱⲁⲛⲛⲏⲥ ⲡⲓⲁⲣⲭⲏⲉ̀ⲡⲓⲥⲕⲟⲡⲟⲥ
ⲛ̀ⲧⲉ ⲉ̀ⲫⲉⲥⲟⲥ ⲙ̀ ⲡⲁⲓ ⲣⲏϯ ϩⲁ ⲧϩⲏ ⲇⲉ ⲛ̀ ϩⲱⲃ
ⲛⲓⲃⲉⲛ ϯ ⲉⲣ ⲁⲥⲡⲁⲍⲉⲥⲑⲉ ⲛ̀ ⲛⲉⲕϫⲓϫ ⲉ̀ⲑ ⲟⲩⲁⲃ ⲛⲁⲓ
ⲉ̀ⲧ ⲁ̀ⲙⲟⲛⲓ ⲛ̀ ⲧⲥⲁⲣⲝ ⲙ̀ ⲡϣⲏⲣⲓ ⲙ̀ ⲫϯ ⲃⲉⲛ ⲟⲩ- 15
ⲙⲉⲑⲙⲏⲓ ⲟⲩⲛⲓϣϯ ⲛ̀ ⲣⲁϣⲓ ⲁϥϣⲱⲡⲓ ϩⲁⲣⲟⲛ ⲉ̀ⲃⲟⲗ
ϩⲓⲧⲉⲛ ⲫϯ ⲓ̅ⲥ̅ ϩⲏⲡⲡⲉ ⲁ̀ⲛⲟⲩⲟⲣⲡϥ ⲛⲁⲕ ϩⲱⲕ ⲉⲛ-

ⲣⲓ̅ⲉ̅. ⲁ. ⲥⲱⲟⲩⲛ ϫⲉ ⲭⲛⲁⲣⲁϣⲓ ⲛ̀ ϩⲟⲩⲟ̀ ϯⲩϣⲱϣ ⲟⲩⲛ
ⲉⲑⲣⲉⲕϭⲁⲓ ϩⲁ ⲟⲩⲕⲟⲩϫⲓ ⲛ̀ ϩⲓⲥⲓ ⲉⲕⲣⲱⲟⲩⲧ ⲃⲉⲛ
ⲡⲉⲕϩⲏⲧ ⲧⲏⲣϥ ϩⲱⲥ ⲉⲕⲉ̀ⲙⲓ ϫⲉ ⲡⲉⲕϩⲓⲥⲓ ⲛⲁϣⲉⲓ 20
ⲉ̀ⲃⲟⲗ ⲁⲛ ⲁ̀ⲣⲓⲧⲥ ⲉⲑⲃⲉ ⲡⲭ̅ⲥ̅ ⲫⲁⲓ ⲉ̀ⲧⲁϥϣⲉⲡϩⲓⲥⲓ
ⲉⲑⲃⲉ ⲡⲅⲉⲛⲟⲥ ⲛ̀ ⲛⲓⲣⲱⲙⲓ ⲛ̀ⲧⲉⲕⲥⲕⲓⲗⲓ ⲙ̀ⲙⲟⲕ ⲛ̀ⲧⲉⲕ-
ϩⲱⲗ ϣⲁ ϯⲃⲁⲕⲓ ϯⲉⲛⲧⲓⲁⲥ ⲛ̀ⲧⲉⲕ ⲉⲣ ⲫⲁϩⲣⲓ ⲛ̀
ⲛⲏ ⲉ̀ⲧ ϣⲱⲡⲓ ⲛ̀ ϩⲏⲧⲥ ⲃⲉⲛ ⲫⲣⲁⲛ ⲙ̀ ⲡⲭ̅ⲥ̅ ⲛ̀ⲧⲉⲕ-
ⲟⲗⲟⲩ ⲉ̀ⲃⲟⲗⲃⲉⲛ ⲡϣⲉⲙϣⲓ ⲛ̀ ϯⲙⲉⲧϣⲁⲙϣⲉ ⲓⲇⲱⲗⲟⲛ 25
ⲉ̀ⲧ ⲥⲱϥ ⲛ̀ⲧⲉⲕϯ ⲱⲙⲥ ⲛⲱⲟⲩ ⲉ̀ ⲫⲣⲁⲛ ⲙ̀ ⲫⲓⲱⲧ
ⲛⲉⲙ ⲡϣⲏⲣⲓ ⲛⲉⲙ ⲡⲓⲡ̅ⲛ̅ⲁ̅ ⲉ̀ⲑ ⲟⲩⲁⲃ ⲫⲁⲓ ⲛⲁϣⲱⲡⲓ

ⲣⲓ̅ⲉ̅. ⲃ. ⲛⲁⲕ ⲉⲩϣⲟⲩϣⲟⲩ ϩⲁⲧⲉⲛ ⲡϭ̅ⲥ̅ ⲛⲉⲙ ⲛⲉϥⲁⲅⲅⲉⲗⲟⲥ

ⲉⲑ ⲟⲩⲁⲃ ⲥⲓⲛⲁ ⲛ̇ⲧⲉⲛⲟⲩⲭⲁⲓ ⲉⲩⲥⲟⲡ ϩⲓⲧⲉⲛ ⲧϫⲟⲙ
ⲛ̇ⲧⲉ ⲡⲭ̅ⲥ̅ ⲡⲉⲛⲛⲟⲩϯ ⲛⲁⲓ ⲉⲧⲁⲓ ⲇⲉ ⲁ ⲡⲟⲩⲣⲟ ⲕⲱⲥ-
ⲧⲁⲛⲧⲓⲛⲟⲥ ⲟⲩⲱⲣⲡⲟⲩ ⲛ̇ ⲁⲃⲃⲁ ⲓⲱⲁⲛⲛⲏⲥ ⲡⲓⲁⲣⲭⲏⲉ̇ⲡⲓ-
ⲥⲕⲟⲡⲟⲥ ⲛ̇ⲧⲉ ⲉ̇ⲫⲉⲥⲟⲥ ⲛⲉⲙ ϯ ⲕⲉ ⲉ̇ⲡⲓⲥⲧⲟⲗⲏ ⲛ̇ⲧⲉ
ⲕⲉⲥⲁⲛⲑⲟⲥ ⲡⲟⲩⲣⲟ ⲡⲓⲁⲣⲭⲏⲉ̇ⲡⲓⲥⲕⲟⲡⲟⲥ ⲇⲉ ⲉ̇ⲧⲁϥϣϣ 5
ⲛ̇ ⲙⲓⲭⲁⲓ ⲁϥⲣⲁϣⲓ ⲉ̇ⲙⲁϣⲱ ⲉ̇ϩⲣⲏⲓ ⲉ̇ϫⲉⲛ ⲡϫⲓⲛⲧⲁⲥ-
ⲑⲟ ⲛ̇ ϯⲭⲱⲣⲁ ⲧⲏⲣⲥ ⲧⲟⲧⲉ ⲁϥϭⲓ ⲛⲉⲙⲁϥ ⲛ̇ ⲇⲓⲁ-
ⲕⲟⲛ ⲃ̅ ⲛⲉⲙ ⲟⲩⲡⲣⲉⲥⲃⲩⲧⲉⲣⲟⲥ ⲛⲉⲙ ⲟⲩⲁⲛⲁⲅⲛⲱⲥⲧⲏⲥ

ⲣⲓ̅ⲥ̅. ⲁ. ⲛⲉⲙ ⲓ̅ ⲛ̇ ⲯⲁⲗⲙⲱⲇⲟⲥ ⲛⲉⲙ ⲓ̅ⲏ̅ ⲛ̇ ⲫⲓⲗⲟⲡⲟⲛⲟⲥ
ⲟⲩⲟϩ ⲁϥⲱ̇ⲗⲓ ⲛⲉⲙⲁⲛ ⲛ̇ ⲡⲥⲟⲃϯ ⲙ̇ ⲡⲓⲑⲩⲥⲓⲁⲥⲧⲏⲣⲓⲟⲛ 10
ⲟⲩⲧⲣⲁⲡⲏⲍⲁ ⲛ̇ ⲛⲟⲩⲃ ⲛⲉⲙ ⲁ̅ ⲛ̇ ⲡⲟⲧⲏⲣⲓⲟⲛ ⲛ̇ ϩⲁⲧ
ⲛⲉⲙ ⲓ̅ ⲛ̇ ⲡⲟⲧⲏⲣⲓⲟⲛ ⲛ̇ ⲛⲟⲩⲃ ⲛⲉⲙ ⲟⲩⲙⲁⲡⲡⲁ ⲛ̇
ϣⲉⲛⲥ ⲉⲧ ⲥⲟⲧⲡ ⲛⲉⲙ ⲟⲩⲥⲕⲉⲡⲁⲥⲙⲁ ⲛ̇ ⲟⲗⲟⲥⲓⲣⲓⲕⲟⲛ
ⲛⲉⲙ ⲡⲓ ⲁ̅ ⲛ̇ ⲉⲩⲁⲅⲅⲉⲗⲓⲟⲛ ⲛⲉⲙ ⲡⲓ ⲯⲁⲗⲧⲏⲣⲓⲟⲛ
ⲛⲉⲙ ⲡⲓⲁⲡⲟⲥⲧⲟⲗⲟⲥ ⲛⲉⲙ ⲡⲓⲡⲣⲁⲝⲓⲥ ⲛⲉⲙ ⲛⲓⲉ̇ⲡⲓ- 15
ⲥⲧⲟⲗⲏ ⲛ̇ ⲕⲁⲑⲟⲗⲓⲕⲟⲛ ⲁⲡⲗⲱⲥ ⲡⲥⲟⲃϯ ⲧⲏⲣϥ ⲛ̇
ϯⲉⲕⲕⲗⲏⲥⲓⲁ ⲁⲩϣⲗⲏⲗ ⲁⲩⲙⲟϣⲓ ϩⲓ ⲡⲙⲱⲓⲧ ⲉⲩⲣⲁϣⲓ
ⲉ̇ⲧⲁⲩϧⲱⲛⲧ ⲇⲉ ⲉ̇ ϯⲃⲁⲕⲓ ⲁⲩⲉⲣⲥⲩⲙⲙⲉⲛⲓⲛ ⲙ̇ ⲡⲟⲩ-

ⲣⲓ̅ⲥ̅. ⲃ. ⲣⲟ ⲛ̇ ⲧⲡⲁⲣⲟⲩⲥⲓⲁ ⲙ̇ ⲡⲓⲁⲣⲭⲏⲉ̇ⲡⲓⲥⲕⲟⲡⲟⲥ ⲛⲉⲙ
ⲛⲏ ⲉⲑ ⲛⲉⲙⲁϥ ⲡⲟⲩⲣⲟ ⲇⲉ ⲁϥⲓ̇ ⲉ̇ⲃⲟⲗ ⲛⲉⲙ ⲓⲱⲁⲛ- 20
ⲛⲏⲥ ⲛⲉⲙ ⲡⲓⲙⲏϣ ⲧⲏⲣϥ ⲛ̇ⲧⲉ ϯⲡⲟⲗⲓⲥ ⲉⲣ ⲁⲡⲁⲛⲧⲁⲛ
ⲉ̇ ⲡⲓⲁⲣⲭⲏⲉ̇ⲡⲓⲥⲕⲟⲡⲟⲥ ⲉ̇ⲧⲁϥⲛⲟϩ ⲇⲉ ⲉ̇ ⲡⲓⲁⲣⲭⲏ-
ⲉ̇ⲡⲓⲥⲕⲟⲡⲟⲥ ⲁ ⲡⲟⲩⲣⲟ ⲛⲉⲙ ⲡⲓⲙⲏϣ ⲧⲏⲣϥ ⲟⲩⲱϣⲧ
ⲛⲁϥ ⲟⲩⲟϩ ⲁⲩϭⲓ ⲥⲙⲟⲩ ⲉ̇ⲃⲟⲗϩⲓ ⲧⲟⲧϥ ⲡⲟⲩⲣⲟ ⲇⲉ
ⲁϥⲭⲱ ⲉ̇ ⲡⲓⲁⲣⲭⲏⲉ̇ⲡⲓⲥⲕⲟⲡⲟⲥ ⲛ̇ ϩⲱⲃ ⲛⲓⲃⲉⲛ ⲉ̇ⲧⲁⲩ- 25
ϣⲱⲡⲓ ⲙ̇ⲙⲟϥ ⲟⲩⲟϩ ⲁϥⲧⲁⲙⲟϥ ⲉ̇ ⲓⲱⲁⲛⲛⲏⲥ ⲉϥϫⲱ
ⲙ̇ⲙⲟⲥ ϫⲉ ⲉ̇ⲃⲟⲗϩⲓⲧⲉⲛ ⲫⲁⲓ ⲛⲉⲙ ⲛⲉϥⲥⲛⲏⲟⲩ ⲁ ⲫϯ

ⲣⲓ̅ⲍ̅. ⲁ. ⲛⲁⲓ ⲛⲁⲛ ⲟⲩⲟϩ ⲡⲁⲓ ⲣⲏϯ ⲁⲩϣⲉ ⲛⲱⲟⲩ ⲉ̇ ϯⲃⲁⲕⲓ

11*

ϧⲉⲛ ⲟⲩⲛⲓϣϯ ⲛ̀ ⲝⲗⲙⲏ Ⲡⲟⲩⲣⲟ ⲇⲉ ⲁϥϯϩⲟ ⲉ̀ ⲡⲓ-
ⲁⲣⲭⲏⲉ̀ⲡⲓⲥⲕⲟⲡⲟⲥ ⲁϥⲟⲗϥ ⲉ̀ϧⲟⲩⲛ ⲉ̀ ⲡⲓⲡⲁⲗⲗⲁⲧⲓⲟⲛ
ⲛⲉ ⲙ̀ⲡⲁⲧⲟⲩ ⲕⲉⲧ ⲉⲕⲕⲗⲏⲥⲓⲁ ⲡⲉ ϧⲉⲛ ϯⲡⲟⲗⲓⲥ Ⲙ̀
ⲡⲉϥⲣⲁⲥϯ ⲇⲉ ⲡⲉϫⲉ ⲡⲓⲁⲣⲭⲏⲉ̀ⲡⲓⲥⲕⲟⲡⲟⲥ ⲙ̀ ⲡⲟⲩⲣⲟ
ϫⲉ ⲙⲁⲣⲉⲛϯ ⲙ̀ ⲡⲑⲱϣ ⲛ̀ ⲟⲩⲉ̀ⲕⲕⲗⲏⲥⲓⲁ Ⲡⲟⲩⲣⲟ ⲇⲉ
ⲡⲉϫⲁϥ ϫⲉ ⲡⲁ ⲓⲱⲧ ⲟⲩⲟⲛ ⲛ̀ⲧⲏⲓ ⲙ̀ⲙⲁⲩ ⲛ̀ ⲟⲩⲙⲱⲓⲧ
ⲙ̀ ⲃⲉⲣⲓ ⲉⲅⲕⲱⲧ ⲉ̀ⲣⲟϥ ⲙⲁⲣⲟⲛ ⲛ̀ⲧⲉⲕⲛⲁⲩ ⲉ̀ⲣⲟϥ
ⲉ̀ϣⲱⲡ ϥⲛⲁ ⲉⲣ ϣⲁⲩ ⲧⲉⲛⲛⲁⲓϥ ⲛ̀ ⲉ̀ⲕⲕⲗⲏⲥⲓⲁ Ⲡⲓ-
ⲁⲣⲭⲏⲉ̀ⲡⲓⲥⲕⲟⲡⲟⲥ ⲇⲉ ⲛⲉⲙ ⲡⲟⲩⲣⲟ ⲁⲩϩⲱⲗ ⲉⲩⲥⲟⲡ
ⲁⲩⲛⲁⲩ ⲉ̀ ⲡⲓⲙⲱⲓⲧ ⲉ̀ⲧⲟⲩⲕⲱⲧ ⲉ̀ⲣⲟϥ ⲟⲩⲟϩ ⲁϥ-
ⲣⲁⲛⲁ ⲙ̀ ⲡⲓⲁⲣⲭⲏⲉ̀ⲡⲓⲥⲕⲟⲡⲟⲥ Ⲡⲟⲩⲣⲟ ⲇⲉ ⲁϥⲑⲣⲉ
ⲡⲓⲕⲩⲣⲓⲝ ⲱϣ ⲉ̀ⲃⲟⲗ ϧⲉⲛ ϯⲡⲟⲗⲓⲥ ⲧⲏⲣⲥ ϫⲉ ⲙⲁⲣⲉ
ⲣⲱⲙⲓ ⲛⲓⲃⲉⲛ ⲓ̀ ⲛ̀ⲥⲉ ⲉⲣ ϩⲱⲃ ⲉ̀ ϯⲉⲕⲕⲗⲏⲥⲓⲁ Ⲟⲩⲟϩ
ⲡⲁⲓ ⲣⲏϯ ⲁ̀ ϯ ⲡⲟⲗⲓⲥ ⲧⲏⲣⲥ ⲑⲱⲟⲩϯ ⲁⲩⲉⲣϩⲱⲃ
ⲉ̀ ϯⲉⲕⲕⲗⲏⲥⲓⲁ ⲓ̀ⲧⲉ ⲁⲣⲭⲱⲛ ⲓ̀ⲧⲉ ϩⲏⲕⲓ ϣⲁ ⲉ̀ϧⲟⲩⲛ
ⲉ̀ ⲡⲟⲩⲣⲟ ⲛⲁϥ ⲉⲣ ϩⲱⲃ ϩⲱϥ ⲡⲉ ϧⲉⲛ ⲛⲉϥϫⲓϫ
ⲙ̀ⲙⲓⲛ ⲙ̀ⲙⲟϥ ⲙ̀ ⲫⲣⲏϯ ⲛ̀ ⲟⲩⲟⲛ ⲛⲓⲃⲉⲛ ⲉϥⲛⲁϩϯ
ϫⲉ ϥⲛⲁϭⲓ ⲛ̀ ⲟⲩⲥⲙⲟⲩ ⲉ̀ⲃⲟⲗ ϩⲓⲧⲉⲛ ⲡ̅ⲭ̅ⲥ̅ ⲟⲩⲟϩ
ϧⲉⲛ ⲫ· ⲟⲩⲱϣ ⲙ̀ ⲫϯ ⲁⲩϫⲱⲕ ⲙ̀ ⲡⲓⲕⲱⲧ ⲉ̀ⲃⲟⲗ ⲙ̀
ⲓ̅ⲉ̅ ⲛ̀ ⲉ̀ϩⲟⲟⲩ Ⲡⲓⲁⲣⲭⲏⲉ̀ⲡⲓⲥⲕⲟⲡⲟⲥ ⲇⲉ ⲁϥ ⲉⲣ
ⲁⲅⲓⲁⲍⲓⲛ ⲛ̀ ϯⲉⲕⲕⲗⲏⲥⲓⲁ ⲉ̀ ⲫⲣⲁⲛ ⲛ̀ ϯⲡⲁⲣⲑⲉⲛⲟⲥ
ⲉⲑ ⲟⲩⲁⲃ ϯⲑⲉⲟⲇⲟⲕⲟⲥ ⲙⲁⲣⲓⲁ Ⲟⲩⲟϩ ⲉ̀ⲧⲁϥⲛⲁⲩ
ⲉ̀ ⲡⲓⲛⲓϣϯ ⲙ̀ ⲙⲏϣ ⲉⲑ ⲛⲁϭⲓ ⲱⲙⲥ ⲡⲉϫⲁϥ ⲙ̀ ⲡⲟⲩⲣⲟ
ϫⲉ ⲁⲛⲛⲁ ϯ ⲱⲙⲥ ⲙ̀ ⲡⲁⲓ ⲙⲏϣ ⲛ̀ⲑⲱⲛ ϫⲉ ⲙ̀ⲡⲁ-
ⲧⲟⲩ ⲕⲉⲧ ⲉ̀ⲕⲕⲗⲏⲥⲓⲁ ϧⲉⲛ ⲧⲁⲓ ⲃⲁⲕⲓ ⲉ̀ⲣⲉ ⲟⲩⲟⲛ
ⲕⲟⲗⲩⲙⲃⲏⲑⲣⲁ ⲛ̀ ϧⲓⲧⲟⲩ Ⲁϥ ⲉⲣ ⲟⲩⲱ̀ ⲛ̀ϫⲉ ⲡⲓⲥⲟ-
ⲫⲟⲥ ⲓⲱⲁⲛⲛⲏⲥ ⲡⲉϫⲁϥ ⲙ̀ ⲡⲟⲩⲣⲟ ⲛⲉⲙ ⲡⲓⲁⲣⲭⲏ-
ⲉ̀ⲡⲓⲥⲕⲟⲡⲟⲥ ϫⲉ ⲧⲁⲓ ⲗⲩⲙⲛⲏ ⲙ̀ⲙⲱⲟⲩ ⲉ̀ⲧ ⲥⲁ ⲡⲉⲓⲉⲃⲧ

ⲛ̀ ϯⲡⲟⲗⲓⲥ ϯⲭⲱ ⲙ̀ⲙⲟⲥ ϫⲉ ⲛ̀ⲑⲟⲥ ⲉ̀ⲧ ⲙ̀ⲡϣⲁ ⲛ̀
ⲡ̅ⲡ̅ⲅ̅. ⲃ. ⲡⲁⲓ ⲛⲓϣϯ ⲛ̀ ⲧⲁⲓⲟ̀ ⲟⲩⲟϩ ϧⲉⲛ ϯⲟⲩⲛⲟⲩ ⲁ̀ ⲟⲩⲥⲙⲏ
ϣⲱⲡⲓ ⲉ̀ⲃⲟⲗϧⲉⲛ ⲧϥⲉ ⲉⲣⲉ ⲟⲩⲟⲛ ⲛⲓⲃⲉⲛ ⲥⲱⲧⲉⲙ
ϫⲉ ⲫⲁⲓ ⲡⲉ ⲫⲏ ⲉ̀ⲧⲁⲩⲑⲁⲙϥ ϩⲓⲧⲉⲛ ⲫϯ ⲱ̀ ⲓ̀ⲱⲁⲛⲛⲏⲥ
ⲡϣⲏⲣⲓ ⲛ̀ ⲁ̀ⲡⲟⲥⲧⲟⲗⲟⲥ Ⲡⲓⲁⲣⲭⲏⲉ̀ⲡⲓⲥⲕⲟⲡⲟⲥ ⲇⲉ ⲛⲉⲙ 5
ⲡⲟⲩⲣⲟ ⲛⲉⲙ ⲡⲓⲙⲏϣ ⲧⲏⲣϥ ⲉ̀ⲧⲁⲩⲥⲱⲧⲉⲙ ⲁⲩ ⲉⲣ
ϣⲫⲏⲣⲓ Ⲟⲩⲟϩ ⲡⲓⲁⲣⲭⲏⲉ̀ⲡⲓⲥⲕⲟⲡⲟⲥ ⲛⲉⲙ ⲡⲟⲩⲣⲟ
ⲁⲩϫⲟⲥ ⲉⲑⲣⲉ ⲡⲓⲙⲏϣ ⲑⲱⲟⲩϯ ⲉ̀ ⲫⲙⲁ ⲛ̀ ϯⲗⲩⲙⲛⲏ
Ⲡⲓⲁⲣⲭⲏⲉ̀ⲡⲓⲥⲕⲟⲡⲟⲥ ⲇⲉ ⲁϥϣⲗⲏⲗ ⲉ̀ϫⲉⲛ ⲛⲓⲙⲱⲟⲩ
ⲕⲁⲧⲁ ⲡⲓⲑⲱϣ ⲧⲏⲣϥ ⲛ̀ⲧⲉ ϯⲕⲟⲗⲩⲙⲃⲏⲧⲣⲁ Ⲟⲩⲟϩ 10
ⲡ̅ⲡ̅ⲇ̅. ⲁ. ⲟⲩⲛⲓϣϯ ⲛ̀ ϣⲫⲏⲣⲓ ⲁⲥϣⲱⲡⲓ ⲙ̀ ⲡⲓⲛⲁⲩ ⲉ̀ⲧⲉⲙⲙⲁⲩ
ⲉ̀ⲧⲁϥϥⲟϩ ⲇⲉ ⲉ̀ ⲡⲓⲁ̀ⲅⲓⲁⲥⲙⲟⲥ ⲁ̀ ⲡⲓⲙⲏϣ ⲧⲏⲣϥ ⲥⲱ-
ⲧⲉⲙ ⲉ̀ ϩⲁⲛⲥⲙⲏ ϧⲉⲛ ⲛⲓⲙⲱⲟⲩ ⲉ̀ⲩⲧⲁⲟⲩⲟ̀ ⲙ̀ ⲡⲓ-
ⲁ̀ⲅⲓⲁⲥⲙⲟⲥ ⲛⲉⲙ ⲡⲓⲁⲣⲭⲏⲉ̀ⲡⲓⲥⲕⲟⲡⲟⲥ ⲉⲧ ⲁ̀ ⲡⲓⲁⲣⲭⲏ-
ⲉ̀ⲡⲓⲥⲕⲟⲡⲟⲥ ϫⲱⲕ ⲉ̀ⲃⲟⲗ ⲛ̀ ⲛⲓⲉⲩⲭⲏ ⲁϥⲟⲩⲁϩⲥⲁϩⲛⲓ 15
ⲉⲑⲣⲉ ⲡⲓⲙⲏϣ ⲧⲏⲣϥ ϩⲱⲗ ⲉ̀ϧⲣⲏⲓ ⲉ̀ ⲡⲓⲙⲱⲟⲩ ⲟⲩⲟϩ
ⲁⲩϧⲟϫⲟⲩ ⲉ̀ϧⲣⲏⲓ ⲉ̀ ⲡⲓⲙⲱⲟⲩ ⲧⲏⲣⲟⲩ ⲉⲩⲱϣ ⲉ̀ⲃⲟⲗ
ⲉⲩϫⲱ ⲙ̀ⲙⲟⲥ ϫⲉ ⲛ̀ϭⲓ ⲱⲙⲥ ⲉ̀ ⲫⲣⲁⲛ ⲙ̀ ⲫⲓⲱⲧ ⲛⲉⲙ
ⲡϣⲏⲣⲓ ⲛⲉⲙ ⲡⲓⲡ̅ⲛ̅ⲁ̅ ⲉⲑ ⲟⲩⲁⲃ Ⲟⲩⲟϩ ⲉⲧ ⲁ̀ ⲡⲟⲩⲣⲟ
ϭⲓ ⲱⲙⲥ ⲛⲉⲙ ⲡⲓⲙⲏϣ ⲧⲏⲣϥ ⲁ̀ ⲡⲓⲁⲣⲭⲏⲉ̀ⲡⲓⲥⲕⲟⲡⲟⲥ 20
ⲡ̅ⲡ̅ⲑ̅. ⲃ. ⲉ̀ⲛⲟⲩ ⲉ̀ ϯⲉⲕⲕⲗⲏⲥⲓⲁ ⲁϥ ⲉⲣ ⲭⲩⲣⲟⲇⲟⲛⲓⲛ ⲛ̀
ⲓⲱⲁⲛⲛⲏⲥ ⲛ̀ ⲉ̀ⲡⲓⲥⲕⲟⲡⲟⲥ Ⲟⲩⲟϩ ⲡⲉϥ ⲕⲉ ⲅ̅ ⲛ̀ ⲥⲟⲛ
ⲟⲩⲁⲓ ⲙⲉⲛ ⲁϥ ⲉⲣ ⲭⲩⲣⲟⲇⲟⲛⲓⲛ ⲙ̀ⲙⲟϥ ⲙ̀ ⲡⲣⲉⲥⲃⲩ-
ⲧⲉⲣⲟⲥ ⲟⲩⲟϩ ⲡⲓ ⲕⲉ ⲃ̅ ⲁϥⲁⲓⲧⲟⲩ ⲛ̀ ⲇⲓⲁⲕⲱⲛ Ⲟⲩⲟϩ
ⲛⲉ ⲟⲩⲟⲛ ⲛ̀ⲧⲉ ⲡⲟⲩⲣⲟ ⲛ̀ ⲟⲩϣⲏⲣⲓ ⲙ̀ⲙⲁⲩ ⲉ̀ ⲡⲉϥ- 25
ⲣⲁⲛ ⲡⲉ ⲉ̀ϫⲓⲗⲗⲁⲥ ⲁϥⲁⲓϥ ⲛ̀ ⲇⲓⲁⲕⲱⲛⲟⲥ ⲛⲁⲣⲉ
ⲡⲓⲙⲏϣ ⲧⲏⲣϥ ⲑⲉⲗⲏⲗ ϧⲉⲛ ⲡϭ̅ⲥ̅ Ⲧⲟⲧⲉ ⲡⲓⲁⲣⲭⲏ-
ⲉ̀ⲡⲓⲥⲕⲟⲡⲟⲥ ⲁϥϥⲓ ⲫⲣⲱⲟⲩϣ ⲛ̀ ϯⲡⲣⲟⲥⲫⲟⲣⲁ ⲁϥ-

ⲧⲁⲗⲟⲥ ⲉ̄ ϩⲣⲏⲓ ⲉ̄ϫⲉⲛ ⲡⲓⲙⲁ ⲛ̄ ⲉⲣ ϣⲱⲟⲩϣⲓ ⲁϥ
ⲉⲣ ⲡⲣⲟⲥⲫⲉⲣⲓⲛ ⲉ̄ϫⲱⲥ Ⲡⲟⲩⲣⲟ ⲇⲉ ⲛⲉⲙ ⲡⲓⲙⲏϣ

ⲣ̄ⲕ̄. ⲁ. ⲧⲏⲣϥ ⲁϥ ⲉⲣ ϣⲫⲏⲣⲓ ⲉ̄ϫⲉⲛ ⲛⲏ ⲉ̄ⲧⲟⲩⲛⲁⲩ ⲉ̄ⲣⲱⲟⲩ
ⲛⲉⲙ ⲛⲏ ⲉ̄ⲧⲟⲩⲥⲱⲧⲉⲙ ⲉ̄ⲣⲱⲟⲩ ⲉ̄ⲡⲓ ⲇⲏ ⲙ̄ⲡ ⲟⲩ-
ⲥⲱⲧⲉⲙ ⲉ̄ ⲥⲁϫⲓ ⲙ̄ ⲡⲁⲓ ⲣⲏϯ ⲉ̄ⲛⲉϩ ⲟⲩⲇⲉ ⲙ̄ⲡ ⲟⲩ- 5
ⲛⲁⲩ ⲉ̄ ⲡⲁⲓ ⲧⲩⲡⲟⲥ ⲉ̄ ⲡⲧⲏⲣϥ ⲛⲉ ⲫⲁⲓ ⲅⲁⲣ ⲡⲉ
ⲡⲓϣⲟⲣⲡ ⲛ̄ ⲥⲟⲡ ⲉ̄ⲧⲁⲩⲧⲁⲗⲉ ⲡⲣⲟⲥⲫⲟⲣⲁ ⲉ̄ ⲡϣⲱⲓ
ϩⲉⲛ ⲧⲭⲱⲣⲁ ⲉ̄ⲧⲉⲙⲙⲁⲩ ⲉ̄ⲧⲁⲩϭⲓ ⲧⲏⲣⲟⲩ ⲉ̄ⲃⲟⲗϩⲉⲛ
ⲛⲓⲙⲩⲥⲧⲏⲣⲓⲟⲛ ⲉ̄ⲑ ⲟⲩⲁⲃ ⲁ̄ ⲡⲓⲁⲣⲭⲏⲉ̄ⲡⲓⲥⲕⲟⲡⲟⲥ ϯ
ⲛⲱⲟⲩ ⲛ̄ ϯϩⲓⲣⲏⲛⲏ ⲟⲩⲟϩ ⲁ̄ ⲡⲓⲟⲩⲁⲓ ⲡⲓⲟⲩⲁⲓ ⲉⲣ 10
ⲁⲛⲁⲭⲱⲣⲓⲛ ⲉ̄ ⲡⲉϥⲙⲁⲛϣⲱⲡⲓ Ⲡⲓⲁⲣⲭⲏⲉ̄ⲡⲓⲥⲕⲟⲡⲟⲥ
ⲇⲉ ⲁϥ ⲉⲣ ⲟⲩⲁⲃⲟⲧ ⲛ̄ ⲉ̄ϩⲟⲟⲩ ϩⲁ ⲧⲟⲧⲟⲩ ⲉϥ ⲉⲣ

ⲣ̄ⲕ̄. ⲃ. ⲕⲁⲑⲏⲕⲓⲛ ⲙ̄ⲙⲱⲟⲩ ⲟⲩⲟϩ ⲉϥⲧⲥⲁⲃⲟ ⲙ̄ⲙⲱⲟⲩ ⲉ̄
ⲡⲓⲑⲱϣ ⲛ̄ ϯⲉⲕⲕⲗⲏⲥⲓⲁ ⲙⲉⲛⲉⲛⲥⲱⲥ ⲁϥϩⲱⲗ ⲉ̄ ⲧⲉϥ-
ⲃⲁⲕⲓ ϩⲉⲛ ⲟⲩⲛⲓϣϯ ⲛ̄ ⲣⲁϣⲓ Ⲡⲟⲩⲣⲟ ⲇⲉ ⲕⲉⲥⲁⲛ- 15
ⲑⲟⲥ ⲛⲉⲙ ⲡⲓⲙⲏϣ ⲧⲏⲣϥ ⲛ̄ⲧⲉ ϯⲃⲁⲕⲓ ⲛⲁⲩϯ ϣⲟⲩ
ⲙ̄ ⲫϯ ⲟⲩⲟϩ ⲛⲁⲩ ⲉⲣ ⲉ̄ ⲧⲓⲙⲁⲛ ⲙ̄ ⲡⲓⲁ̄ⲅⲓⲟⲥ ⲓⲱⲁⲛⲛⲏⲥ
ⲡⲓⲉ̄ⲡⲓⲥⲕⲟⲡⲟⲥ ⲛⲉⲙ ⲡⲉϥⲥⲛⲏⲟⲩ ϫⲉ ⲟⲩⲏⲓ ⲛⲁⲩ ⲉⲣ
ⲡⲣⲟⲕⲟⲡⲧⲓⲛ ⲡⲉ ϩⲉⲛ ϯⲥⲃⲱ ⲛ̄ⲧⲉ ⲡϭⲥ Ⲙⲉⲛⲉⲛⲥⲁ
ϩⲁⲛⲕⲟⲩϫⲓ ⲛ̄ ⲉ̄ϩⲟⲟⲩ ⲡⲉϫⲉ ⲡⲓⲉ̄ⲡⲓⲥⲕⲟⲡⲟⲥ ⲉ̄ⲑ ⲟⲩⲁⲃ 20
ⲙ̄ ⲡⲟⲩⲣⲟ ϫⲉ ⲙⲁⲣⲉⲛ ⲕⲱⲧ ⲛ̄ ⲟⲩⲉⲕⲕⲗⲏⲥⲓⲁ ⲉ̄ ⲫⲣⲁⲛ

ⲣ̄ⲕ̄ⲁ̄. ⲁ. ⲙ̄ ⲡⲓⲁⲣⲭⲏⲁⲅⲅⲉⲗⲟⲥ ⲉ̄ⲑ ⲟⲩⲁⲃ ⲙⲓⲭⲁⲏⲗ Ⲡⲟⲩⲣⲟ
ⲇⲉ ⲡⲉϫⲁϥ ⲛⲁϥ ϫⲉ ⲁⲣⲓ ⲫⲟⲩⲱϣ ⲧⲏⲣϥ ⲛ̄ⲧⲉⲕⲯⲩⲭⲏ
ⲱ̄ ⲡⲉⲛⲓⲱⲧ ⲧⲉⲛⲥⲉⲃⲧⲱⲧ ⲉ̄ ⲥⲱⲧⲉⲙ ⲛ̄ ⲥⲱⲕ Ⲡⲓⲉ̄-
ⲡⲓⲥⲕⲟⲡⲟⲥ ⲇⲉ ⲉ̄ⲑ ⲟⲩⲁⲃ ⲓⲱⲁⲛⲛⲏⲥ ⲁϥϩⲓ ⲥⲉⲛϯ ⲉⲛ 25
ϯⲉⲕⲕⲗⲏⲥⲓⲁ ⲟⲩⲟϩ ⲛⲁⲣⲉ ⲛⲁ ϯⲃⲁⲕⲓ ⲧⲏⲣⲥ ϯ ⲛ̄
ⲧⲟⲧⲟⲩ ⲛⲉⲙⲁϥ ⲡⲉ ⲟⲩⲟϩ ϩⲉⲛ ⲟⲩⲛⲓϣϯ ⲛ̄ ⲥⲡⲟⲩⲇⲏ
ⲁϥϫⲟⲕⲥ ⲉ̄ⲃⲟⲗ ⲟⲩⲟϩ ⲁϥ ⲙ̄ ⲡⲉⲥⲗⲱⲃϣ ⲛ̄ ⲡ̄ ⲛ̄

ⲁⲃⲟⲧ Ⲡⲓⲉⲡⲓⲥⲕⲟⲡⲟⲥ ⲇⲉ ⲉⲑ ⲟⲩⲁⲃ ⲓⲱⲁⲛⲛⲏⲥ ⲁϥ
ⲉⲣ ⲁⲅⲓⲁⲍⲓⲛ ⲙ̇ ⲡⲓⲧⲟⲡⲟⲥ ⲛ̇ ⲥⲟⲩ ⲓ̅ⲃ̅ ⲙ̇ ⲡⲓⲁⲃⲟⲧ

ⲣ̅ⲕ̅ⲁ̅. ⲃ. ⲁⲑⲱⲣ ⲙ̇ ⲫⲣⲁⲛ ⲙ̇ ⲡⲓⲁⲣⲭⲏⲁⲅⲅⲉⲗⲟⲥ ⲙⲓⲭⲁⲏⲗ
Ⲟⲩⲟϩ ⲁ ⲡϣⲁⲓ ⲙ̇ ⲡⲓⲁⲣⲭⲏⲁⲅⲅⲉⲗⲟⲥ ⲙⲓⲭⲁⲏⲗ ϣⲱⲡⲓ
ⲉϥⲟⲓ ⲛ̇ ⲇⲓⲡⲗⲟⲩⲛ ⲉ̇ ⲡϣⲁⲓ ⲙ̇ ⲡⲓⲁⲣⲭⲏⲁⲅⲅⲉⲗⲟⲥ 5
ⲛⲉⲙ ⲡϣⲁⲓ ⲙ̇ ⲡⲓⲁⲅⲓⲁⲥⲙⲟⲥ ⲛ̇ⲧⲉ ϯⲉⲕⲕⲗⲏⲥⲓⲁ Ⲙⲉ-
ⲛⲉⲛⲥⲁ ϯⲥⲩⲛⲁⲍⲓⲥ ⲇⲉ ⲁ ⲡⲓⲉⲡⲓⲥⲕⲟⲡⲟⲥ ϩⲱⲗ ⲛⲉⲙ
ⲡⲟⲩⲣⲟ ⲛⲉⲙ ⲡⲓⲙⲏϣ ⲧⲏⲣϥ ⲉⲩⲥⲟⲡ ⲛ̇ⲧⲉ ϯⲡⲟⲗⲓⲥ ⲉ̇
ⲡⲓⲉⲣⲫⲉⲓ ⲛ̇ⲧⲉ ⲡⲓⲍⲉⲩⲥ ⲁⲅⲣⲟⲕϩϥ Ⲟⲩⲟϩ ⲡⲓⲇⲉⲙⲱⲛ
ⲉⲧ ϭⲁⲗⲏⲟⲩⲧ ⲉ̇ ⲡⲓⲓⲇⲱⲗⲟⲛ ⲁϥⲱϣ ⲉ̇ⲃⲟⲗ ⲉϥϫⲱ 10
ⲙ̇ⲙⲟⲥ ϫⲉ ⲁⲕϯ ϩⲓⲥⲓ ⲛⲏⲓ ⲉ̇ⲙⲁϣⲱ ⲱ̇ ⲓⲱⲁⲛⲛⲏⲥ
ⲁⲕϩⲓⲧⲧ ⲉ̇ⲃⲟⲗϧⲉⲛ ⲡⲁ ⲙⲁⲛϣⲱⲡⲓ Ⲡⲟⲩⲣⲟ ⲇⲉ ⲁϥ-

ⲣ̅ⲕ̅ⲃ̅. ⲁ. ⲑⲣⲟⲩ ⲕⲱⲧ ⲛ̇ ⲟⲩⲛⲓϣϯ ⲛ̇ ⲉⲕⲕⲗⲏⲥⲓⲁ | ϧⲉⲛ ⲫⲙⲱⲓⲧ
ⲙ̇ ⲡⲓⲉⲣⲫⲉⲓ ⲁϥϯ ⲫⲣⲁⲛ ⲙ̇ ⲛⲓⲁⲡⲟⲥⲧⲟⲗⲟⲥ ⲉ̇ⲣⲟⲥ
Ⲡⲓⲁⲅⲓⲟⲥ ⲇⲉ ⲓⲱⲁⲛⲛⲏⲥ ⲁϥⲧⲁϫⲣⲟ ⲛ̇ ⲟⲩⲟⲛ ⲛⲓⲃⲉⲛ 15
ϧⲉⲛ ⲡⲓⲛⲁϩϯ ⲟⲩⲟϩ ⲛⲁⲩϯ ⲱ̇ⲟⲩ ⲛⲁϥ ϩⲓⲧⲉⲛ ⲟⲩⲟⲛ
ⲛⲓⲃⲉⲛ Ⲕⲱⲥⲧⲁⲛⲧⲓⲛⲟⲥ ⲇⲉ ⲡⲟⲩⲣⲟ ⲉ̇ⲧⲁϥⲥⲱⲧⲉⲙ
ⲉ̇ⲑⲃⲉ ϩⲱⲃ ⲛⲓⲃⲉⲛ ⲉⲑ ⲛⲁⲛⲉⲩ ⲉ̇ ⲛⲁⲣⲉ ⲓⲱⲁⲛⲛⲏⲥ
ⲓ̇ⲣⲓ ⲙ̇ⲙⲱⲟⲩ ⲁϥϯ ⲱⲟⲩ ⲙ̇ ⲫϯ ⲁϥⲥϧⲁⲓ ⲛⲁϥ ⲛ̇
ⲟⲩⲉⲡⲓⲥⲧⲟⲗⲏ ⲁϥϯϩⲟ ⲉ̇ⲣⲟϥ ⲉⲑⲣⲉϥⲥⲙⲟⲩ ⲉ̇ⲣⲟϥ ⲛⲉⲙ 20
ⲧⲉϥⲙⲉⲧⲟⲩⲣⲟ ⲉϥⲙⲟⲩϯ ⲉ̇ⲣⲟϥ ⲛ̇ ϧⲏⲧⲥ ϫⲉ ⲇⲁⲛⲓⲏⲗ
ⲙ̇ ⲃⲉⲣⲓ ⲡⲓⲣⲉϥⲧⲁⲕⲟ ⲛ̇ ⲛⲓⲓ̇ⲇⲱⲗⲟⲛ ϯⲭⲱⲣⲁ ⲇⲉ ⲛ̇ⲧⲉ

ⲣ̅ⲕ̅ⲃ̅. ⲃ. ϯⲉⲛⲧⲓⲁⲥ ⲛⲁⲥϯ ⲉ̇ⲡⲁⲛⲁⲓ ⲙ̇ⲙⲏⲛⲓ ⲛ̇ ⲛⲓⲉ̇ϩⲟⲟⲩ
ⲧⲏⲣⲟⲩ ⲛ̇ⲧⲉ ⲡⲓⲁⲅⲓⲟⲥ ⲓⲱⲁⲛⲛⲏⲥ ϩⲓⲧⲉⲛ ⲡϣⲁⲓ ⲙ̇
ⲛⲓϣⲫⲏⲣⲓ ⲉⲧ ⲁ ⲫϯ ⲉⲣⲉ ⲉⲛⲉⲣⲅⲓⲛ ⲙ̇ⲙⲱⲟⲩ ⲉ̇ⲃⲟⲗϩⲓ 25
ⲧⲟⲧϥ Ⲁ ⲧⲉⲧⲉⲛⲛⲁⲩ ⲱ̇ ⲛⲁⲙⲉⲛⲣⲁϯ ⲉ̇ ϯϫⲟⲙ ⲛ̇ⲧⲉ
ⲫϯ ⲛⲉⲙ ⲛⲓⲙⲉⲧϣⲁⲛϩ̇ⲑⲏϥ ⲛ̇ⲧⲉ ⲡⲓⲁⲣⲭⲏⲁⲅⲅⲉⲗⲟⲥ
ⲉⲑ ⲟⲩⲁⲃ ⲙⲓⲭⲁⲏⲗ Ⲧⲉⲛϫⲓⲙⲓ ⲙ̇ ⲡ̇ϫⲟ ⲙ̇ ⲙⲓⲭⲁⲏⲗ

ϧⲉⲛ ⲡⲣⲱⲧ ⲛ̀ ⲛⲓⲭⲣⲱⲥ ⲧⲏⲣⲟⲩ ⲛ̀ⲧⲉ ⲧⲕⲟⲓ ϩⲓⲧⲉⲛ
ⲙⲉⲛⲧⲱⲃϩ ⲙ̀ ⲙⲓⲭⲁⲏⲗ ⲉ̀ⲣⲉ ⲛⲓϣϣⲏⲛ ϯ ⲙ̀ ⲡⲟⲩⲕⲁⲣ-
ⲡⲟⲥ Ⲧⲉⲛⲭⲓⲙⲓ ⲙ̀ ⲡ̀ϯϩⲟ ⲙ̀ ⲙⲓⲭⲁⲏⲗ ϧⲉⲛ ⲛⲓⲉ̀ⲭⲛⲟⲩ

ⲣⲕⲅ. ⲁ. ⲓ̀ⲧⲉ ⲉⲩϣ̀ⲃⲏⲣ ⲓ̀ⲧⲉ ⲉⲩⲙⲟⲛⲓ | ⲧⲉⲛⲭⲓⲙⲓ ⲙ̀ ⲡ̀ϯϩⲟ ⲙ̀
ⲙⲓⲭⲁⲏⲗ ϧⲉⲛ ⲛⲓⲁⲥⲕⲓⲧⲏⲥ ⲉⲧ ϧⲉⲛ ⲛⲓⲧⲱⲟⲩ ⲉϥϯ 5
ⲭⲟⲙ ⲛ̀ⲱⲟⲩ ϧⲉⲛ ⲛ̀ⲟⲩⲁⲥⲕⲩⲥⲓⲥ Ⲧⲉⲛⲭⲓⲙⲓ ⲙ̀ ⲡ̀ϯϩⲟ ⲙ̀
ⲙⲓⲭⲁⲏⲗ ϧⲉⲛ ⲡⲑⲱⲟⲩϯ ⲉ̀ ϧⲟⲩⲛ ⲛ̀ ⲛⲓⲙⲟⲩⲛⲁⲭⲟⲥ ⲉϧⲟⲓ
ⲛ̀ ϩⲓⲣⲏⲛⲓⲕⲟⲛ ϧⲉⲛ ⲧⲟⲩⲙⲏϯ Ⲧⲉⲛⲭⲓⲙⲓ ⲙ̀ ⲡ̀ϯϩⲟ ⲙ̀
ⲙⲓⲭⲁⲏⲗ ϧⲉⲛ ⲛⲉⲛϣ̀ⲗⲏⲗ ⲛ̀ ⲛⲓⲉ̀ⲡⲓⲥⲕⲟⲡⲟⲥ ⲛⲉⲙ ⲛⲓ-
ⲡⲣⲉⲥⲃⲩⲧⲉⲣⲟⲥ ⲛⲉⲙ ⲛⲓⲇⲓⲁⲕⲱⲛ ϩⲓⲭⲉⲛ ϯⲧⲣⲁⲡⲏⲍⲁ 10
Ⲧⲉⲛⲭⲓⲙⲓ ⲙ̀ ⲡ̀ϯϩⲟ ⲙ̀ ⲙⲓⲭⲁⲏⲗ ϧⲉⲛ ⲛⲏ ⲉⲧ ϣⲱⲛⲓ

ⲣⲕⲅ. ⲃ. ⲉϥϯ ⲭⲟⲙ ⲛ̀ⲱⲟⲩ ⲟⲩⲟϩ ⲉϥⲧⲁⲗϭⲟ ⲙ̀ⲙⲱⲟⲩ | Ⲧⲉⲛ-
ⲭⲓⲙⲓ ⲙ̀ ⲡ̀ϯϩⲟ ⲙ̀ ⲙⲓⲭⲁⲏⲗ ⲉϥϣⲟⲡ ⲙ̀ ⲃⲟⲏⲑⲟⲥ ⲛ̀
ⲛⲏ ⲉ̀ⲧⲟⲩϩⲟⲭϩⲉⲭ ⲙ̀ⲙⲱⲟⲩ ϧⲉⲛ ⲛⲓⲇⲓⲕⲁⲥⲧⲏⲣⲓⲟⲛ
Ⲧⲉⲛⲭⲓⲙⲓ ⲙ̀ ⲡ̀ϯϩⲟ ⲙ̀ ⲙⲓⲭⲁⲏⲗ ⲡⲓⲁⲣⲭⲏⲁⲅⲅⲉⲗⲟⲥ 15
ⲉϥ ⲉⲣ ⲃⲟⲏⲑⲓⲛ ⲉ̀ ⲛⲏ ⲉⲧ ϧⲉⲛ ⲛⲓⲕⲟⲗⲁⲥⲓⲥ ⲛ̀ⲡⲗⲱⲥ
ⲛⲏ ⲉⲧ ⲟⲛϧ ϥϯ ⲭⲟⲙ ⲛ̀ⲱⲟⲩ ϧⲉⲛ ⲛ̀ⲟⲩⲁ̀ⲛⲁⲅⲕⲏ
ⲟⲩⲟϩ ⲛⲏ ⲉⲑ ⲙⲱⲟⲩⲧ ϥϯϩⲟ ⲉ̀ ⲫ̀ϯ ⲉ̀ϩⲣⲏⲓ ⲉ̀ⲭⲱⲟⲩ
ⲉⲟⲣⲉϥⲭⲁⲓ ⲛⲱⲟⲩ Ⲛⲓⲙ ⲅⲁⲣ ϧⲉⲛ ⲛⲓⲇⲓⲕⲉⲟⲥ ⲧⲏⲣⲟⲩ
ⲉⲧⲉ ⲙ̀ⲡⲉ ⲡⲓⲁⲣⲭⲏⲁⲅⲅⲉⲗⲟⲥ ⲙⲓⲭⲁⲏⲗ ϩⲱⲗ ϣⲁⲣⲟϥ 20

ⲣⲕⲇ. ⲁ. ⲛ̀ⲧⲉϥ ϯ ⲭⲟⲙ ⲛⲁϥ ϧⲉⲛ ⲛⲉϥⲁ̀ⲛⲁⲅⲕⲏ ⲧⲏⲣⲟⲩ | ⲛⲓⲙ
ϧⲉⲛ ⲛⲓⲙⲁⲣⲧⲩⲣⲟⲥ ⲉⲧⲉ ⲙ̀ⲡⲉ ⲡⲓⲁⲣⲭⲏⲁⲅⲅⲉⲗⲟⲥ ⲙⲓ-
ⲭⲁⲏⲗ ⲓ̀ ϣⲁⲣⲟϥ ⲛ̀ⲧⲉϥⲛⲁϩⲙⲟⲩ ⲉ̀ⲃⲟⲗ ϧⲉⲛ ⲛ̀ⲟⲩ-
ⲑⲗⲓⲯⲓⲥ ⲧⲏⲣⲟⲩ ⲛⲉⲙ ⲛⲟⲩⲃⲁⲥⲁⲛⲟⲥ ⲟⲩⲟϩ ⲛ̀ⲧⲉϥϯ
ⲭⲟⲙ ⲛ̀ⲱⲟⲩ Ⲓⲥ ϩⲏⲡⲡⲉ ⲱ̀ ⲛⲁ ⲙⲉⲛⲣⲁϯ ⲁⲛⲉ̀ⲙⲓ ⲉ̀ 25
ⲑⲙⲉⲧⲙⲁⲓⲣⲱⲙⲓ ⲛ̀ ⲫ̀ϯ ⲛⲉⲙ ⲛⲓϯϩⲟ ⲛ̀ⲧⲉ ⲡⲓⲁⲣ-
ⲭⲏⲁⲅⲅⲉⲗⲟⲥ ⲙⲓⲭⲁⲏⲗ ϫⲉ ϥϣⲟⲡ ⲙ̀ ⲡⲣⲉⲥⲃⲩⲧⲏⲥ ⲛ̀
ϯⲙⲉⲧⲣⲱⲙⲓ ⲧⲏⲣⲥ ⲉϥϯϩⲟ ⲉ̀ϩⲣⲏⲓ ⲉ̀ⲭⲱⲟⲩ ⲛⲁϩⲣⲉⲛ

ⲫϯ ⲫⲓⲱⲧ ⲉⲑⲣⲉϥ ⲛⲁⲓ ⲛⲱⲟⲩ ⲧⲏⲣⲟⲩ ⲟⲩⲟϩ ⲛ̀ⲧⲉϥ-

ⲣ̅ⲕ̅ⲇ̅. ⲃ. ⲥⲟⲩⲧⲱⲛ ⲡⲟⲩⲙⲱⲓⲧ Ⲁⲛⲟⲛ ϩⲱⲛ ⲙⲁⲣⲉⲛϯ ⲛⲁϥ ⲛ̀
ⲛⲏ ⲉⲧ ⲉϥⲟⲩⲁϣⲟⲩ ⲟⲩⲟϩ ⲛ̀ⲧⲉϥⲃ̅ⲱⲛⲥ ⲉ̀ⲣⲟⲛ ⲉ̀ⲃⲏ-
ⲧⲟⲩ ϩⲓⲛⲁ ⲛ̀ⲧⲉϥⲙⲉⲛⲣⲓⲧⲧⲉⲛ ⲛ̀ϩⲟⲩⲟ̀ ⲟⲩⲟϩ ⲛ̀ⲧⲉϥ-
ϩⲟ ⲉ̀ϩⲱⲛ ⲛⲁϩⲣⲉⲛ ⲫϯ Ⲙⲁⲣⲉⲛ ⲙⲉⲛⲣⲉ ⲛⲉⲛⲉ̀ⲣⲏⲟⲩ 5
ϧⲉⲛ ⲟⲩⲙⲉⲓ ⲛ̀ⲧⲉ ⲫϯ ⲟⲩⲟϩ ⲛ̀ⲧⲉⲛϣⲱⲡⲓ ϧⲉⲛ ⲟⲩ-
ⲙⲉⲧⲙⲁⲓⲥⲟⲛ ⲛ̀ⲟⲩⲱⲧ ⲡⲉⲛⲣ̀ⲑⲣⲉ ⲕⲁⲧⲁⲗⲁⲗⲓⲁ̀ ϣⲱⲡⲓ
ϧⲉⲛ ⲛⲉⲛⲥⲫⲟⲧⲟⲩ ϫⲉ ⲟⲩⲗⲟⲣⲭⲏ ⲉ̀ϩϩⲱⲟⲩ ⲡⲉ ϯⲕⲁ-
ⲧⲁⲗⲁⲗⲓⲁ̀ Ⲟⲩⲛⲟⲃⲓ ⲉϥⲭⲟⲛⲥ ⲡⲉ ϯⲡⲟⲣⲛⲓⲁ ⲟⲩϣⲟⲩ-
ⲙⲟⲥϯ ⲧⲉ ⲛⲁϩⲣⲉⲛ ⲫϯ ⲛⲉⲙ ⲛⲉϥⲁⲅⲅⲉⲗⲟⲥ ⲟⲩⲙⲟⲩ 10

ⲣ̅ⲕ̅ⲉ̅. ⲁ. ⲛⲉⲙ ⲟⲩⲙⲉⲧϩⲏⲕⲓ ⲧⲉ ⲛ̀ ϯⲯⲩⲭⲏ ⲛⲉⲙ ⲡⲓⲥⲱⲙⲁ
Ⲟⲩϣⲫⲏⲣ ⲛ̀ⲧⲉ ⲡⲓⲇⲓⲁ̀ⲃⲟⲗⲟⲥ ⲡⲉ ϯⲡⲟⲣⲛⲓⲁ ⲟⲩϫⲁϫⲓ
ⲧⲉ ⲛ̀ⲧⲉ ⲫϯ ⲛⲉⲙ ⲛⲉϥⲁⲅⲅⲉⲗⲟⲥ ⲟⲩϣⲟⲩⲙⲟⲥϯ ⲧⲉ
ⲛ̀ ⲛⲓⲭⲣⲏⲥⲧⲓⲁⲛⲟⲥ ⲟⲩϣⲫⲏⲣ ⲧⲉ ⲛ̀ⲧⲉ ⲡⲧⲁⲓⲱ ϯⲛⲟⲩ
ϫⲉ ⲛⲁϣⲏⲣⲓ ⲙⲁⲣⲉⲛϩⲓⲟⲩⲓ̀ ⲥⲁⲃⲟⲗ ⲙ̀ⲙⲟⲛ ⲛ̀ ⲛⲓⲙⲱⲓⲧ 15
ⲉⲧ ϭⲁϧⲉⲙ ⲛ̀ⲧⲉⲛⲙⲟϣⲓ ϧⲉⲛ ⲛⲓⲙⲱⲓⲧ ⲉⲑ ⲛⲁⲛⲉⲩ
ⲛⲉⲙ ⲛⲓⲙⲱⲓⲧ ⲉⲧ ⲥⲟⲩⲧⲱⲛ Ⲙⲁⲣⲉⲛⲙⲟϣⲓ ϧⲉⲛ ⲟⲩ-
ⲙⲉⲧⲁⲑⲛⲟⲃⲓ ⲛⲉⲙ ⲟⲩⲙⲉⲧⲁⲧϭⲛⲓ ⲙ̀ⲡⲉ ⲅⲁⲙⲟⲥ ⲅⲁⲣ
ⲉϥⲧⲟⲩⲃⲏⲟⲩⲧ ϭⲁϧⲉⲙ ⲣⲱⲙⲓ ⲉ̀ⲛⲉϩ Ⲁⲙⲁⲩ ⲉ̀ ⲙⲱⲩ-

ⲣ̅ⲕ̅ⲉ̅. ⲃ. ⲥⲏⲥ ⲉ̀ⲧⲁϥⲥⲁϫⲓ ⲛⲉⲙ ⲫϯ ⲛ̀ ⲫ̅ⲟ̅ ⲛ̀ ⲥⲟⲡ ⲉ̀ ⲟⲩⲟⲛ 20
ⲛ̀ⲧⲁϥ ⲙ̀ⲙⲁⲩ ⲛ̀ⲧⲉϥϩⲓⲙⲓ ⲛⲉⲙ ⲛⲉϥϣⲏⲣⲓ ⲙ̀ⲡⲉⲛⲁⲓϣϯ
ϭⲣⲟⲡ ⲛⲁϥ ⲉ̀ϧⲟⲩⲛ ⲉ̀ ⲡⲓϩⲟⲥⲉⲙ Ⲁⲗⲗⲁ ⲙ̀ⲡ ⲉⲛ-
ⲑⲣⲉⲛⲧⲁϣⲉ ⲡⲓⲥⲁϫⲓ ⲛ̀ϩⲟⲩⲟ̀ ⲉⲑⲃⲉ ⲛⲁⲓ ⲥⲉⲣⲱϣⲓ
ⲅⲁⲣ ⲉ̀ⲣⲟⲛ ⲛ̀ϫⲉ ⲛⲉⲛⲙⲉⲑⲣⲉⲩ ⲛ̀ ϯⲡⲁⲗⲉⲁ ⲛⲉⲙ
ϯⲅⲉⲛⲛⲏ ⲗⲟⲓⲡⲟⲛ ⲙⲁⲣⲉⲛϫⲉⲕ ⲡⲓⲥⲁϫⲓ ⲉ̀ⲃⲟⲗ ⲛ̀ⲧⲉⲛⲓ 25
ⲉ̀ϫⲉⲛ ⲫⲏ ⲉⲧ ⲉⲛⲉⲣ ϣⲁⲓ ⲛⲁϥ ⲙ̀ ⲫⲟⲟⲩ ⲡⲓⲁⲣⲭⲏⲁⲅ-
ⲅⲉⲗⲟⲥ ⲉⲑ ⲟⲩⲁⲃ ⲙⲓⲭⲁⲏⲗ Ⲉⲣⲉ ⲡⲁⲓ ϣⲁⲓ ⲅⲁⲣ ⲙ̀
ⲫⲟⲟⲩ ⲉⲣ ⲭⲣⲓⲁ ⲁⲛ ⲙ̀ ⲙⲉⲧⲣⲁⲙⲁⲟ̀ ⲉϥⲟⲩⲱⲛ ⲉϥⲥⲱ

ⲙ̄ⲙⲁⲩⲁⲧϥ ⲉϥⲟⲩⲛⲟϥ ⲉϥⲭⲱ ⲛ̄ ⲛⲓ ⲥ̄ⲏⲕⲓ ⲥⲱϥ ⲛⲉⲙ

ⲣ̄ⲕ̄ⲉ̄. ⲁ. ⲡⲓⲟⲣⲫⲁⲛⲟⲥ ⲛⲉⲙ ϯⲭⲏⲣⲁ ⲉⲩⲥⲟⲕⲉⲣ ⲉⲩⲟ̀ⲃⲓ | ⲉⲣⲉ
ⲡⲁⲓ ϣⲁⲓ ⲅⲁⲣ ⲁⲛ ⲉⲣⲭⲣⲓⲁ̀ ⲛ̄ ⲙⲉⲧⲣⲁⲙⲁⲟ̀ ⲉⲕ ⲉⲣ-
ⲫⲟⲣⲓⲛ ⲛ̀ ⲥⲁⲛⲥⲃⲱⲥ ⲉ̀ⲛⲁϣⲉ ⲉ̀ⲥⲟⲩⲉⲛⲟⲩ ⲉⲣⲉ ⲡⲓ-
ⲥ̄ⲏⲕⲓ ⲥⲱϥ ⲃⲛϣ ⲉϥⲟ̀ⲥⲉⲃ ϧⲉⲛ ϯⲫⲣⲱ ⲉ̀ⲣⲉ ⲡⲁⲓ ϣⲁⲓ 5
ⲅⲁⲣ ⲁⲛ ⲉⲣ ⲭⲣⲓⲁ̀ ⲛ̀ ⲑⲙⲉⲧⲣⲁⲙⲁⲟ̀ ⲛ̀ ⲥⲁⲛⲣⲱⲙⲓ
ⲉⲩⲙⲟⲧⲉⲛ ⲙ̀ⲙⲱⲟⲩ ϧⲉⲛ ⲥⲁⲛⲓⲓ ⲉⲩⲥⲟⲗⲥⲉⲗ ⲉⲣⲉ
ⲡⲓⲥ̄ⲏⲕⲓ ⲥⲱϥ ⲱ̀ⲥⲉⲃ ⲉϥⲉⲛⲕⲟⲧ ϧⲉⲛ ⲡⲓⲃ̀ⲓⲣ ⲉ̀ⲣⲉ ⲡⲁⲓ-
ϣⲁⲓ ⲅⲁⲣ ⲁⲛ ⲉⲣ ⲭⲣⲓⲁ̀ ⲛ̀ ⲟⲩⲁⲓ ⲉϥⲟⲩⲱⲙ ⲉϥⲟⲩ-
ⲛⲟϥ ⲉⲣⲉ ⲡⲓⲥ̄ⲏⲕⲓ ⲥⲱϥ ⲥⲉⲥϩⲱⲥ ϧⲉⲛ ⲡⲓϣⲧⲉⲕⲟ 10
ⲉ̀ⲣⲉ ⲡⲁⲓ ϣⲁⲓ ⲅⲁⲣ ⲉⲣ ⲭⲣⲓⲁ̀ ⲁⲛ ⲙ̄ ⲫ̄ϯ ⲉ̀ⲧ ⲣⲱⲟⲩⲧϥ

ⲣ̄ⲕ̄ⲉ̄. ⲃ. ⲙ̄ⲙⲁⲩⲁⲧϥ ⲉⲣⲉ ⲡⲓⲥ̄ⲏⲕⲓ | ⲥⲱϥ ϣⲱⲛⲓ ⲛ̀ ⲁⲧ ⲥⲉⲙ
ⲡⲉϥϣⲓⲛⲓ ⲙⲁⲣⲱⲙⲓ ⲁⲛ ⲡⲉ ⲛⲓⲉⲛⲧⲟⲗⲏ ⲁⲗⲗⲁ ⲛⲁ
ⲫ̄ϯ ⲡⲉ ⲫ̄ϯ ⲅⲁⲣ ϥⲛⲁϯ ⲥⲁ ⲡⲉⲛⲅⲉⲛⲟⲥ ⲛ̀ ⲛⲓⲣⲱⲙⲓ
ϩⲓⲧⲉⲛ ⲛⲓⲉⲛⲧⲟⲗⲏ ⲉ̀ⲧ ⲥ̀ϧⲏⲟⲩⲧ ϧⲉⲛ ⲡⲓⲉⲩⲁⲅⲅⲉⲗⲓⲟⲛ 15
ⲗⲟⲓⲡⲟⲛ ⲛⲁⲙⲉⲛⲣⲁϯ ⲙⲁⲣⲉⲛϯⲥⲟ ⲉ̀ ⲡⲓⲁⲣⲭⲏⲁⲅⲅⲉⲗⲟⲥ
ⲙⲓⲭⲁⲏⲗ ϧⲉⲛ ⲟⲩϩⲏⲧ ⲉϥⲥⲟⲩⲧⲱⲛ ϩⲓⲛⲁ ⲛ̀ⲧⲉϥϭⲓ
ϩⲙⲟⲧ ⲉ̀ϩⲣⲏⲓ ⲉ̀ϫⲱⲛ ⲛⲁϩⲣⲉⲛ ⲫ̄ϯ ϯϫⲱ ⲙ̀ⲙⲟⲥ ⲛⲱ-
ⲧⲉⲛ ϫⲉ ⲉⲣⲉ ⲡⲓⲕⲟⲥⲙⲟⲥ ⲧⲏⲣϥ ⲧⲁϩⲛⲟⲩ ⲉ̀ⲣⲁⲧϥ
ϩⲓⲧⲉⲛ ⲛⲉⲛϯϩⲟ ⲛ̄ ⲙⲓⲭⲁⲏⲗ ⲛⲉⲙ ⲛⲁ ϯⲡⲁⲣⲑⲉⲛⲟⲥ 20
ⲉ̀ⲑ ⲟⲩⲁⲃ ϯⲑⲉⲟⲇⲟⲕⲟⲥ ⲙⲁⲣⲓⲁ ϯⲛⲟⲩ ϫⲉ ⲙⲁⲣⲉⲛϯ

ⲣ̄ⲕ̄ⲍ̄. ⲁ. ⲱⲟⲩ ⲛ̀ⲱⲟⲩ | ϧⲉⲛ ⲡⲓⲱ̀ⲟⲩ ⲉ̀ⲧ ⲉⲣ ⲡⲣⲉⲡⲓ ⲙ̀ ⲡⲁⲓ
ϣⲁⲓ ϯⲛⲁⲩ ⲅⲁⲣ ϫⲉ ⲁ̀ ⲡⲓⲛⲁⲩ ϣⲱⲡⲓ ⲉⲑⲣⲉⲛϯ ⲛ̀
ⲡⲉⲛ ⲟⲩⲟⲓ ⲛ̀ⲧⲉⲛϫⲱⲕ ⲉ̀ⲃⲟⲗ ⲛ̀ ⲛⲓⲙⲩⲥⲧⲏⲣⲓⲟⲛ ⲉ̀ⲑ
ⲟⲩⲁⲃ ⲛ̀ⲧⲉⲛϯ ⲱ̀ⲟⲩ ⲙ̀ ⲫⲏ ⲉ̀ⲧ ⲉⲣⲉ ⲱ̀ⲟⲩ ⲛⲓⲃⲉⲛ 25
ⲉⲣ ⲡⲣⲉⲡⲓ ⲛⲁϥ ⲡⲉⲛ ⲟ̄ⲥ̄ ⲟⲩⲟϩ ⲡⲉⲛⲛⲟⲩϯ ⲟⲩⲟϩ
ⲡⲉⲛ ⲥⲱⲧⲏⲣ ⲓⲏ̄ⲥ̄ ⲡ̄ⲭ̄ⲥ̄ ⲫⲁⲓ ⲉ̀ⲧⲉ ⲉ̀ⲃⲟⲗϩⲓ ⲧⲟⲧϥ
ⲉ̀ⲣⲉ ⲱ̀ⲟⲩ ⲛⲓⲃⲉⲛ ⲛⲉⲙ ⲧⲁⲓⲟ̀ ⲛⲓⲃⲉⲛ ⲛⲉⲙ ⲡⲣⲟⲥ-

ⲕⲩⲛⲏⲥⲓⲥ ⲛⲓⲃⲉⲛ ⲉⲣ ⲡⲣⲉⲡⲓ ⲙ̀ ⲫⲓⲱⲧ ⲛⲉⲙⲁϥ ⲛⲉⲙ
ⲡⲓⲡ̅ⲛ̅ⲁ̅ ⲉⲑ ⲟⲩⲁⲃ ⲛ̀ ⲣⲉϥⲧⲁⲛϧⲟ ⲟⲩⲟϩ ⲛ̀ ⲟⲙⲟ-
ⲟⲩⲥⲓⲟⲥ ⲛⲉⲙⲁϥ ϯⲛⲟⲩ ⲛⲉⲙ ⲛ̀ ⲥⲏⲟⲩ ⲛⲓⲃⲉⲛ
ⲛⲉⲙ ϣⲁ ⲉ̀ⲛⲉϩ ⲛ̀ⲧⲉ ⲛⲓⲉ̀ⲛⲉϩ ⲧⲏⲣⲟⲩ

ⲁⲙⲏⲛ.   5

ⲣⲕⲏ. ⲃ. ⲟⲩⲉⲛⲕⲱⲙⲓⲟⲛ ⲉ̀ ⲁϥⲧⲁⲟⲩⲟϥ ⲛ̀ϫⲉ ⲡⲓ ⲉ̀ⲡⲁ ⲉⲩⲥⲧⲁ-
ⲑⲓⲟⲥ ⲡⲓⲉ̀ⲡⲓⲥⲕⲟⲡⲟⲥ ⲛ̀ⲧⲉ ϯⲑⲣⲁⲕⲏ ϯⲛⲓⲥⲟⲥ ⲡⲓⲙⲁ
ⲉ̀ⲧ ⲁ ϯⲟⲩⲣⲱ ⲉ̀ⲣ ⲉⲝⲱⲣⲓⲍⲓⲛ ⲙ̀ ⲡⲓⲁ̀ⲅⲓⲟⲥ ⲓⲱⲁⲛⲛⲏⲥ
ⲡⲓⲭⲣⲏⲥⲟⲥⲧⲟⲙⲟⲥ ⲉ̀ⲣⲟϥ ⲡⲓⲙⲁ ⲉ̀ⲧⲁϥϫⲱⲕ ⲉ̀ⲃⲟⲗ ⲛ̀
ϧⲏⲧϥ. ⲉ̀ⲧⲁϥⲧⲁⲟⲩⲟ̀ ⲇⲉ ⲙ̀ ⲡⲁⲓ ⲉⲅⲕⲱⲙⲓⲟⲛ ⲛ̀ 5
ⲣⲗ. ⲁ. ϧⲏⲧϥ ⲟⲛ ⲉ̀ ⲡϣⲁⲓ ⲙ̀ ⲡⲓⲁⲣⲭⲏⲁ̀ⲅⲅⲉⲗⲟⲥ ⲉ̀ⲑ ⲟⲩⲁⲃ
ⲙⲓⲭⲁⲏⲗ ϧⲉⲛ ⲥⲟⲩ ⲓ̅ⲃ̅ ⲙ̀ ⲡⲓⲁ̀ⲃⲟⲧ ⲡⲁⲱ̀ⲛⲓ ⲫⲁⲓ ⲉ̀ⲧ
ⲁ ⲡⲓⲙⲁⲕⲁⲣⲓⲟⲥ ⲉⲣⲉⲛϯ ⲙ̀ⲙⲟϥ ϧⲉⲛ ⲡⲥⲁϫⲓ ϧⲁⲧⲉⲛ
ⲙ̀ⲡⲁⲧⲉ ϥⲭⲁ ⲥⲱⲙⲁ ⲉ̀ϩⲣⲏⲓ ⲁϥⲥⲁϫⲓ ⲟⲛ ⲛ̀ ϧⲏⲧϥ
ⲉⲑⲃⲉ ⲟⲩⲣⲱⲙⲓ ⲛ̀ ⲑⲙⲏⲓ ⲉ̀ ⲡⲉϥⲣⲁⲛ ⲡⲉ ⲁ̀ⲣⲓⲥⲧⲁⲣⲭⲟⲥ 10
ⲛⲉⲙ ⲧⲉϥⲥϩⲓⲙⲓ ⲙ̀ ⲙⲁⲓⲛⲟⲩϯ ⲉⲩⲫⲩⲙⲓⲁ̀ ϯⲥⲩⲛⲕⲗⲏ-
ⲧⲓⲕⲏ ⲁϥϫⲉ ϩⲁⲛⲕⲟⲩϫⲓ ⲇⲉ ⲟⲛ ϧⲉⲛ ⲧϧⲁⲏ
ⲙ̀ ⲡⲁⲓ ⲉⲅⲕⲱⲙⲓⲟⲛ ⲛ̀ ⲟⲩⲱⲧ ⲉ̀ ⲫⲏ
ⲉ̀ⲑ ⲟⲩⲁⲃ ⲓⲱⲁⲛⲛⲏⲥ ⲡⲓⲭⲣⲏⲥⲟⲥ-
ⲧⲟⲙⲟⲥ ⲉⲩⲱ̀ⲟⲩ ⲛ̀ ϯⲧⲣⲓⲁⲥ 15
ⲉ̀ⲑ ⲟⲩⲁⲃ ϧⲉⲛ ⲟⲩϩⲓ-
ⲣⲏⲛⲏ ⲛ̀ⲧⲉ ⲫϯ.
ⲁ̀ⲙⲏⲛ.

ⲣⲗ. ⲃ ϯⲛⲁⲟⲩⲱⲛ ⲛ̀ ⲣⲱⲓ ϧⲉⲛ ϩⲁⲛⲡⲁⲣⲁⲃⲟⲗⲏ ⲟⲩⲟϩ
ⲛ̀ⲧⲁⲥⲁϫⲓ ⲛ̀ ⲛⲏ ⲉ̀ⲧ ϩⲏⲡ ϧⲉⲛ ⲡⲁⲗⲁⲥ ⲕⲁⲧⲁ ⲡⲥⲁϫⲓ 20
ⲙ̀ ⲡⲓⲉ̀ⲣⲟⲩⲯⲁⲗⲧⲏⲥ ⲇⲁⲩⲓⲇ ⲫⲓⲱⲧ ⲙ̀ ⲡⲭ̅ⲥ̅ ⲕⲁⲧⲁ
ⲥⲁⲣⲝ. ⲛ̀ⲧⲁϣⲱ ⲉ̀ⲃⲟⲗ ⲉ̀ϩⲟⲧⲉ ⲥⲛⲃⲓ ⲛⲓⲃⲉⲛ ⲛ̀ϣⲱ

ⲛⲉⲙ ⲙⲟⲩⲥⲓⲕⲟⲛ ⲛⲉⲙ ⲥⲩⲙⲃⲁⲗⲟⲛ ⲛⲉⲙ ⲕⲩⲑⲁⲣⲁ
ⲟⲩⲟϩ ⲛ̀ⲧⲁⲝⲟⲥ ϩⲱ ⲛⲉⲙ ⲡⲓⲑⲉⲙⲏⲓ ϫⲉ ϣⲁⲣⲉ ⲡⲁⲅ-
ⲅⲉⲗⲟⲥ ⲛ̀ ⲡϭⲥ ⲥ̇ⲓⲕⲟⲧ ⲛ̀ ⲡⲕⲱϯ ⲛ̀ ⲛⲏ ⲉ̇ⲧ ⲉⲣ ϩⲟϯ
ϧⲁⲧⲉϥ ϩⲛ ⲟⲩⲟϩ ⲛ̀ⲧⲉϥⲛⲁϩⲙⲟⲩ. Ⲙⲁⲣⲉⲛⲟⲩⲟϩ
ⲟⲛ ⲉ̇ϫⲉⲛ ⲡⲥⲁϫⲓ ⲛ̀ ⲡⲓⲡⲣⲟⲫⲏⲧⲏⲥ ⲛ̀ⲧⲉⲛϫⲟⲥ ϫⲉ 5
ⲣⲗ̄ⲁ̄. ⲁ. ⲫⲁⲓ ⲡⲉ ⲡⲓⲉ̇ϩⲟⲟⲩ ⲉ̇ⲧ ⲁ ⲡϭⲥ ⲑⲁⲙⲓⲟϥ ⲙⲁⲣⲉⲛ-
ⲑⲱⲟⲩϯ ⲛ̀ⲧⲉⲛⲑⲉⲗⲏⲗ ⲟⲩⲟϩ ⲛ̀ⲧⲉⲛⲟⲩⲛⲟϥ ⲙ̀ⲙⲟⲛ
ⲛ̀ ϧⲏⲧϥ ϧⲉⲛ ⲟⲩϩⲣⲱⲟⲩ ⲙ̀ⲙⲁⲩⲁⲧϥ ⲁⲛ ⲁⲗⲗⲁ ϧⲉⲛ
ⲟⲩⲟⲩⲛⲟϥ ⲛ̀ ⲣⲁϣⲓ ⲉϥⲥⲁⲡϣⲱⲓ ⲛ̀ ⲣⲁϣⲓ ⲛⲓⲃⲉⲛ.
Ⲧⲉⲛⲛⲁⲩ ⲅⲁⲣ ⲉ̇ ⲡⲓⲣⲉϥⲑⲁⲙⲓⲟ̇ ⲛ̀ⲧⲉ ⲡⲓⲉⲡⲧⲏⲣϥ 10
ⲉϥⲑⲟⲩⲏⲧ ⲛⲉⲙⲁⲛ ⲙ̀ⲫⲟⲟⲩ ϧⲉⲛ ⲡⲁⲣⲓⲥⲧⲟⲛ ⲛ̀ ⲡⲉϥ-
ⲛⲓϣϯ ⲛ̀ ⲁⲣⲭⲏⲁⲅⲅⲉⲗⲟⲥ ⲉ̇ⲑ ⲟⲩⲁⲃ ⲙⲏⲭⲁⲏⲗ ⲡⲓ-
ⲁⲣⲭⲏⲥⲧⲣⲁⲧⲓⲕⲟⲥ ⲛ̀ⲧⲉ ⲧϫⲟⲙ ⲛ̀ ⲛⲓⲫⲏⲟⲩⲓ̇. Ⲛⲓⲙ
ⲡⲉ ⲉ̇ⲧⲉⲛ ϥⲛⲁ ⲉⲣ ϣⲁⲓ ⲁⲛ ⲉϥⲛⲁⲩ ⲉ̇ ⲡⲟⲩⲣⲟ ⲛ̀ⲧⲉ
ⲛⲓⲟⲩⲣⲱⲟⲩ ⲟⲩⲟϩ ⲡϭⲥ ⲛ̀ⲧⲉ ⲥⲁⲣⲝ ⲛⲓⲃⲉⲛ ⲉϥⲑⲟⲩⲏⲧ 15
ⲣⲗ̄ⲁ̄. ⲃ. ⲉ̇ ϧⲟⲩⲛ ⲉ̇ ⲡⲁⲓ ϣⲓ ⲉ̇ⲑ ⲟⲩⲁⲃ ⲙ̀ ⲫⲟⲟⲩ ⲉϥϯ ⲧⲁⲓⲟ̇
ⲙ̀ ⲡⲉϥⲛⲓϣϯ ⲛ̀ ⲁⲣⲭⲏⲥⲧⲣⲁⲧⲩⲗⲁⲧⲏⲥ ⲉ̇ⲑ ⲙⲉϩ ⲛ̀ ⲱⲟⲩ
ⲙⲏⲭⲁⲏⲗ ⲡⲓⲁⲣⲭⲱⲛ ⲛ̀ⲧⲉ ⲫⲟⲩⲱⲓⲛⲓ. Ⲛⲓⲙ ⲡⲉ ⲉ̇ⲧⲉⲛ
ϥⲛⲁ ⲉⲣ ⲫⲟⲣⲓⲛ ⲁⲛ ⲛ̀ ⲟⲩϩⲉⲃⲥⲱ ⲛ̀ ⲱⲟⲩ ⲉϥⲑⲟⲩⲏⲧ
ⲉ̇ ⲡⲁⲓ ϣⲓ ⲉ̇ⲑ ⲟⲩⲁⲃ ⲙ̀ ⲫⲟⲟⲩ ⲉϥⲟⲩⲱⲙ ⲉ̇ⲃⲟⲗϧⲉⲛ 20
ⲡⲓⲁ̇ⲅⲁⲑⲟⲛ ⲉ̇ⲧ ⲁ ⲡⲓⲟⲩⲣⲟ ⲟⲩⲟϩ ⲡϣⲏⲣⲓ ⲙ̀ ⲡⲓⲟⲩⲣⲟ
ⲥⲉⲃⲧⲱⲧⲟⲩ ⲛⲁⲛ ϧⲉⲛ ⲛⲉϥⲇⲓⲡⲛⲟⲛ ϧⲉⲛ ⲡⲁⲣⲁⲥⲧⲟⲛ
ⲙ̀ ⲡⲓⲁⲣⲭⲏⲁⲅⲅⲉⲗⲟⲥ ⲉ̇ⲑ ⲟⲩⲁⲃ ⲙⲏⲭⲁⲏⲗ. Ⲛⲓϫⲓ-
ⲛⲟⲩⲱⲙ ⲉ̇ⲧⲁⲩⲭⲁⲩ ϧⲁⲣⲱⲛ ⲙ̀ ⲫⲟⲟⲩ ϩⲁⲛⲥⲁⲣⲕⲓⲕⲟⲛ
ⲁⲛ ⲛⲁⲓ ⲉ̇ϣⲁⲕ ⲉⲣ ⲡⲱⲃϣ ⲙ̀ⲡⲟⲩⲟⲩⲛⲟϥ ⲙⲉⲛⲉⲛⲥⲁ 25
ⲑⲣⲉⲕⲟⲩⲱⲙ ⲉ̇ⲃⲟⲗ ⲛ̀ ϧⲏⲧⲟⲩ. Ⲁⲗⲗⲁ ⲛⲓϫⲓⲛⲟⲩⲱⲙ
ⲣⲗ̄ⲃ̄. ⲁ. ⲉ̇ⲧⲁⲩⲥⲉⲃⲧⲱⲧ ⲟⲩ ⲛⲁⲛ ⲙ̀ ⲫⲟⲟⲩ ⲡⲥⲱⲙⲁ ⲙ̀ ⲫϯ
ⲡⲉ ⲫⲁⲓ ⲉ̇ⲧⲁϥ ⲉⲣ ⲫⲟⲣⲓⲛ ⲙ̀ⲙⲟϥ ϧⲉⲛ ⲑⲛⲉϫⲓ ⲛ̀

ϯπαρθενος ⲉⲑ ⲟⲩⲁⲃ ⲙⲁⲣⲓⲁ ϯϭⲓⲉⲃⲓ ⲛ̀ ⲁⲧ ⲑⲱ-
ⲗⲉⲃ ⲫⲁⲓ ⲉⲧⲁϥⲧⲏⲓϥ ϩⲁⲣⲟⲛ ϣⲁⲧⲉϥⲧⲟⲩϫⲟⲛ ⲉⲃⲟⲗϩⲓ
ⲧⲟⲧϥ ⲙ̀ ⲡⲓϫⲁϫⲓ. Ⲡⲓⲏⲣⲡ ⲉⲧⲁⲩⲭⲁϥ ϩⲁⲣⲱⲛ ⲙ̀
ⲫⲟⲟⲩ ⲟⲩⲏⲣⲡ ⲛ̀ ϩⲩⲗⲓⲕⲟⲛ ⲁⲛ ⲡⲉ ⲫⲁⲓ ⲉϣⲁⲛⲥⲱ
ⲛ̀ ϧⲏⲧϥ ⲛ̀ⲧⲉⲛⲑⲓϧⲓ ⲟⲩⲟϩ ⲛ̀ⲧⲉ ⲟⲩⲙⲉⲧⲁⲧϣⲁⲩ ϣⲱⲡⲓ 5
ⲛ̀ ϧⲏⲧⲉⲛ. Ⲁⲗⲗⲁ ⲡⲓⲥⲛⲟϥ ⲡⲉ ⲉⲧ ⲁ ⲡⲓⲙⲁⲧⲟⲓ
ϫⲟⲧϥ ⲡⲉϥϩⲓⲣ ⲙ̀ ⲫϯ ⲡⲓⲗⲟⲅⲟⲥ ϩⲓ ⲡⲓⲥⲧⲁⲩⲣⲟⲥ
ⲁϥⲫⲟⲛϥ ⲉⲃⲟⲗ ϩⲁⲣⲟⲛ ϣⲁⲧⲉ ϥ ⲧⲟⲩϫⲟⲛ ⲉⲃⲟⲗϧⲉⲛ
ⲣ̅ⲗ̅ⲃ̅. ⲃ̅. ⲛⲉⲛⲛⲟⲃⲓ. Ⲥⲁⲙⲁϥ ⲁⲛ ⲉⲧⲁⲩⲭⲁϥ ϩⲁⲣⲟⲛ ⲙ̀ ⲫⲟⲟⲩ
ⲛⲁⲓ ⲉϣⲁⲩⲥⲱⲧⲡ ⲛ̀ ⲟⲩⲉϩⲟⲟⲩ ⲓⲉ ⲃ ⲛ̀ⲥⲉⲧⲁⲕⲟ ⲟⲩⲟϩ 10
ⲛ̀ⲥⲉⲭⲱⲛⲥ. Ⲁⲗⲗⲁ ϩⲁⲛⲛⲟⲓⲙⲁ ⲛⲉ ⲛ̀ⲧⲉ ϯⲅⲣⲁⲫⲏ
ⲉⲑ ⲟⲩⲁⲃ ⲛⲁⲓ ⲉϣⲁⲩϣⲱⲡⲓ ⲉⲩⲙⲏⲛ ⲉⲃⲟⲗ ϣⲁ ⲉⲛⲉϩ
ⲉⲩϯ ⲙ̀ ⲡⲥⲁⲓ. (1) ⲛⲓⲙ ⲉⲑ ⲛⲁϣⲟⲣⲡ ⲉϥⲛⲟⲩⲥ ⲛ̀
ⲣⲉⲙ ⲛ̀ⲫⲉ ⲙ̀ ⲫⲟⲟⲩ ⲉϥⲛⲁⲩ ⲉ ⲡⲁⲓ ⲛⲓϣϯ ⲛ̀ ⲣⲁϣⲓ
ⲉϥⲫⲱⲣϣ ⲉⲃⲟⲗ ϧⲉⲛ ⲧⲫⲉ ⲛⲉⲙ ϩⲓϫⲉⲛ ⲡⲕⲁϩⲓ ⲉⲑⲃⲉ 15
ⲡ ⲉⲣ ⲫⲙⲉⲩⲓ ⲙ̀ ⲡⲓⲁⲣⲭⲏⲁⲅⲅⲉⲗⲟⲥ ⲉⲑ ⲟⲩⲁⲃ ⲙⲓⲭⲁⲏⲗ.
Ⲙⲁⲣⲉⲛ ⲧⲁⲥⲑⲟⲛ ϯⲛⲟⲩ ϩⲓϫⲉⲛ ⲛⲓϫⲟⲙ ⲛⲉⲙ ⲛⲓϣⲫ-
ⲏⲣⲓ ⲉⲧⲁⲩϣⲱⲡⲓ ⲉⲃⲟⲗϩⲓⲧⲉⲛ ⲡⲓⲁⲣⲭⲏⲁⲅⲅⲉⲗⲟⲥ ⲙⲓ-
ⲭⲁⲏⲗ ⲫⲁⲓ ⲉⲧⲉⲛⲑⲟⲩⲏⲧ ⲉ ϧⲟⲩⲛ ⲉ ⲡⲉϥⲧⲟⲡⲟⲥ ⲛ̀
ⲣ̅ⲗ̅ⲅ̅. ⲁ̅. ⲫⲟⲟⲩ ⲉⲛϫⲱⲕ ⲉⲃⲟⲗ ⲛ̀ ϧⲏⲧϥ ⲙ̀ ⲡ ⲉⲣ ⲫⲙⲉⲩⲓ 20
ⲙ̀ ⲡⲉϥⲧⲁⲓⲟ ⲛⲉⲙ ⲡⲉϥⲧⲟⲡⲟⲥ ⲉⲧⲁⲛⲕⲟⲧϥ ϧⲉⲛ
ⲡⲉϥⲣⲁⲛ ⲉⲑ ⲟⲩⲁⲃ. Ϩⲁⲣⲁ ⲧⲉⲧⲉⲛⲓⲣⲓ ⲙ̀ ⲫⲙⲉⲩⲓ
ⲛ̀ ⲑⲱⲧⲉⲛ ⲁⲛ ⲛ̀ ⲉⲩⲫⲏⲙⲓⲁ ϯⲥⲩⲛⲕⲗⲏⲧⲓⲕⲏ ⲧⲉϩⲓⲙⲓ
ⲛ̀ ⲁⲣⲓⲥⲧⲁⲣⲭⲟⲥ ⲡⲉⲥⲧⲣⲁⲧⲩⲗⲁⲧⲏⲥ ⲫⲁⲓ ⲉⲧ ⲁ ⲡⲟⲩⲣⲟ
ⲛ̀ ⲉⲩⲥⲉⲃⲏⲥ ⲟⲛⲛⲟⲩⲣⲓⲟⲥ ⲑⲁϣϥ ϩⲓϫⲉⲛ ϯⲛⲏⲥⲟⲥ ⲛ̀ⲧⲉ 25
ϯⲣⲁⲕⲏ. Ⲧⲉⲧⲉⲛⲥⲱⲟⲩⲛ ⲅⲁⲣ ⲧⲏⲣⲟⲩ ⲱ̅ ⲡⲓⲗⲁⲟⲥ
ⲙ̀ ⲙⲁⲓⲭ̅ⲣ̅ⲥ̅ ϫⲉ ⲟⲩⲉⲩⲥⲉⲃⲏⲥ ⲡⲉ ⲉⲙⲁϣⲱ ⲡⲉ ⲡⲓⲥⲧ-
ⲣⲁⲧⲩⲗⲁⲧⲏⲥ ⲉⲧⲉⲙⲙⲁⲩ ⲉⲧ ⲉⲣ ⲙⲉⲑⲣⲉ ϣⲁⲣⲟϥ

ⲥⲓⲧⲉⲛ ⲟⲩⲟⲛ ⲛⲓⲃⲉⲛ ϫⲉ ⲛⲉϥϣⲗⲏⲗ ⲛⲉⲙ ⲛⲉϥⲙⲉⲑ-
ⲣⲗⲅ̅. ⲃ ⲛⲁⲏⲧ ⲁⲩⲓ ⲉϩⲣⲏⲓ ⲙ̀ ⲡⲉⲙⲑⲟ ⲙ̀ ⲫϯ ⲙ̀ ⲫⲣⲏϯ
ⲛ̀ ⲕⲟⲣⲛⲏⲗⲓⲟⲥ ⲙ̀ ⲡⲓⲥⲛⲟⲩ. Ⲡⲁⲓ ⲣⲱⲙⲓ ⲉ̀ⲧ ⲧⲁⲓⲏⲟⲩⲧ
ⲉ̀ⲧⲉⲙⲙⲁⲩ ⲁⲣⲓⲥⲧⲁⲣⲭⲟⲥ ⲡⲓⲥⲧⲣⲁⲧⲩⲗⲁⲧⲏⲥ ⲓⲥϫⲉⲛ
ⲉ̀ⲧⲁϥϭⲓ ⲙ̀ ⲡⲓⲱⲙⲥ ⲉ̀ⲑ ⲟⲩⲁⲃ ⲉ̀ⲃⲟⲗϩⲓⲧⲟⲧϥ̀ ⲙ̀ ⲡⲉⲛⲓⲱⲧ 5
ⲉ̀ⲧ ⲧⲁⲓⲏⲟⲩⲧ ⲟⲩⲟϩ ⲙ̀ⲡⲁⲣⲉϥⲧⲥⲃⲱ ⲡⲓⲛⲓϣϯ ⲓⲱ-
ⲁⲛⲛⲏⲥ ⲙ̀ⲡⲉ ϥ ⲭⲁ ⲧⲟⲧϥ ⲉ̀ⲃⲟⲗ ⲉϥϯ ⲁ̀ⲅⲁⲡⲏ ⲛⲉⲙ
ϩⲁⲛⲡⲣⲟⲥⲫⲟⲣⲁ ⲛ̀ ⲥⲟⲩ ⲓ̅ⲏ̅ ⲕⲁⲧⲁ ⲁ̀ⲃⲟⲧ ϧⲉⲛ ⲫⲣⲁⲛ
ⲙ̀ ⲡⲓⲁⲣⲭⲏⲁⲅⲅⲉⲗⲟⲥ ⲉ̀ⲑ ⲟⲩⲁⲃ ⲙⲓⲭⲁⲏⲗ. Ⲛⲉⲙ ⲥⲟⲩ
ⲕ̅ⲁ̅ ⲟⲛ ⲕⲁⲧⲁ ⲁ̀ⲃⲟⲧ ϧⲉⲛ ⲫⲣⲁⲛ ⲛ̀ ϯⲡⲁⲣⲑⲉⲛⲟⲥ 10
ⲉ̀ⲑ ⲟⲩⲁⲃ ⲙⲁⲣⲓⲁ̀ ⲛⲉⲙ ⲥⲟⲩ ⲕ̅ⲑ̅ ⲟⲛ ⲕⲁⲧⲁ ⲁ̀ⲃⲟⲧ
ⲉ̀ⲧⲉ ⲡⲉ̀ϩⲟⲟⲩ ⲙ̀ ⲙⲓⲥⲓ ⲡⲉ ⲙ̀ ⲡⲉⲛϭ̅ⲥ̅ ⲓ̅ⲏ̅ⲥ̅ ⲡ̅ⲭ̅ⲥ̅ ⲉϥϯ
ⲣⲗⲇ̅. ⲁ. ⲛ̀ ϩⲁⲛⲡⲣⲟⲥⲫⲟⲣⲁ ⲛⲉⲙ ϩⲁⲛⲙⲉⲧⲛⲁⲏⲧ ⲛ̀ ⲁⲧ ϭⲓ
ⲏⲡⲓ ⲙ̀ⲙⲱⲟⲩ ⲉ̀ ⲡ ⲉⲣ ⲫⲙⲉⲩⲓ̀ ⲙ̀ ⲫϯ ⲡⲓⲗⲟⲅⲟⲥ.
Ⲛ̀ⲑⲟϥ ⲟⲛ ⲡⲓⲣⲱⲙⲓ ⲛ̀ ⲑⲙⲏⲓ ⲁϥϣⲱⲡⲓ ⲉϥⲓⲣⲓ ⲙ̀ 15
ⲡⲁⲓ ⲣⲏϯ ⲛ̀ ⲟⲩ ⲛⲓϣϯ ⲛ̀ ⲥⲛⲟⲩ. Ⲙⲉⲛⲉⲛⲥⲁ ⲛⲁⲓ
ⲇⲉ ⲁ̀ ⲡⲉϥⲥⲛⲟⲩ ϫⲱⲕ ⲉ̀ⲃⲟⲗ ⲉ̀ⲑⲣⲉϥϣⲉ ⲛⲁϥ ϩⲁ ⲡ̅ⲭ̅ⲥ̅
ⲙ̀ ⲫⲣⲏϯ ⲛ̀ ⲣⲱⲙⲓ ⲛⲓⲃⲉⲛ ⲟⲩⲟϩ ⲁϥⲙⲟⲩϯ ⲉ̀ ⲉⲩⲫⲏ-
ⲙⲓⲁ ϯⲥⲩⲛⲕⲗⲏⲧⲓⲕⲏ ⲧⲉϥϩⲓⲙⲓ ⲡⲉϫⲁϥ ⲛⲁⲥ. Ϫⲉ
ⲧⲁⲥⲱⲛⲓ ⲓⲥ ϩⲏⲡⲡⲉ ⲧⲉⲛⲁⲩ ⲉ̀ⲣⲟⲓ ϫⲉ ⲁ̀ ⲡⲁ ⲥⲛⲟⲩ 20
ϫⲱⲕ ⲉ̀ⲃⲟⲗ ⲉ̀ⲑⲣⲓϩⲱⲗ ⲉ̀ⲣⲁⲧϥ ⲙ̀ ⲡϭ̅ⲥ̅ ⲙ̀ ⲫⲣⲏϯ ⲛ̀
ⲛⲓⲓⲟϯ ⲧⲏⲣⲟⲩ. Ⲁⲣⲉⲥⲱⲧⲉⲙ ϩⲱⲓ ⲉ̀ ⲛⲓⲥⲃⲱⲟⲩⲓ̀ ⲛ̀
ⲣⲗⲇ̅. ⲃ. ⲱⲛϧ ⲉ̀ⲧⲁϥϩⲟⲛϩⲉⲛ ⲙ̀ⲙⲱⲟⲩ ⲉ̀ ⲧⲟⲧⲉⲛ ⲛ̀ϫⲉ ⲡⲓ-
ⲧⲣⲓⲥⲙⲁⲕⲁⲣⲓⲟⲥ ⲛ̀ ⲓⲱⲧ ⲓⲱⲁⲛⲛⲏⲥ ⲫⲁⲓ ⲉ̀ⲧ ⲁ ⲧⲁⲓ
ⲛⲏⲥⲟⲥ ⲧⲏⲣⲥ ϭⲓ ⲟⲩⲱⲓⲛⲓ ⲉ̀ⲃⲟⲗϩⲓ ⲧⲟⲧϥ ⲟⲩⲟϩ 25
ⲁⲩⲥⲟⲩⲉⲛ ⲫϯ. Ⲉⲩⲙⲏϣ ⲅⲁⲣ ⲛ̀ ⲥⲟⲡ ⲁ̀ⲣⲉⲥⲱⲧⲉⲙ
ⲉ̀ⲃⲟⲗϩⲓ ⲧⲟⲧϥ ϧⲉⲛ ⲛⲉⲙⲁϣϫ ⲙ̀ ⲡⲏⲓ ⲙ̀ⲙⲟ ϫⲉ ⲙ̀ⲙⲟⲛ
ⲡ ⲉⲧ ⲟⲓ ⲛ̀ ⲛⲓϣϯ ⲉ̀ ϯⲁ̀ⲅⲁⲡⲏ. Ⲟⲩⲟϩ ⲟⲛ ϫⲉ

DISCOURSE OF EUSTATHIUS.

ϣⲁⲣⲉ ⲡⲓⲛⲁⲓ ϣⲟⲩϣⲟⲩ ⲙ̇ⲙⲟϥ ⲉ̇ϫⲉⲛ ϯⲕⲣⲓⲥⲓⲥ ⲁⲡⲗⲱⲥ
ⲙ̀ ⲡ ⲕⲉ ⲥⲉⲡⲓ ⲛ̀ ⲛⲓⲥⲁϫⲓ ⲛ̀ ⲥⲟⲗⲥⲉⲗ ⲉ̇ⲧⲁϥϫⲟⲧⲟⲩ
ⲛⲁⲛ ⲉⲑⲃⲉ ⲡⲟⲩϫⲁⲓ ⲛ̀ ⲛⲉⲛⲯⲩⲭⲏ ⲛ̀ϫⲉ ⲡⲓⲛⲓϣϯ
ⲉ̇ⲧⲉⲙⲙⲁⲩ ⲓⲱⲁⲛⲛⲏⲥ ⲗⲟⲓⲡⲟⲛ ϩⲩⲡⲡⲉ ϯⲣ̇ⲟⲛϩⲉⲛ

ⲣⲗⲉ. ⲁ. ⲉ̇ⲧⲟϯ ⲙ̀ ⲫⲟⲟⲩ ⲉⲓⲭⲱ ⲙ̀ ⲫϯ ϧⲉⲛ ⲧⲁⲙⲏϯ ⲛⲉⲙ
ⲉ̀ ⲃ̇ⲁⲧⲁϩⲏ ⲙ̇ⲡⲁⲧ ⲁⲓ̇ ⲉ̇ⲃⲟⲗϧⲉⲛ ⲡⲁⲓ ⲕⲟⲥⲙⲟⲥ
ϫⲉ ⲭⲁⲥ ⲛ̀ⲛⲏ ⲭⲁ ⲧⲟϯ ⲉ̇ⲃⲟⲗϧⲉⲛ ⲛⲏ ⲉ̇ⲧⲉⲛⲓ̇ⲣⲓ
ⲙ̇ⲙⲱⲟⲩ ϯⲛⲟⲩ ϧⲉⲛ ⲥⲟⲩ ⲓⲃ ⲛ̀ ⲉ̇ϩⲟⲟⲩ ⲙ̀ ⲡⲓⲁ̇ⲃⲟⲧ
ⲡⲉ̇ϩⲟⲟⲩ ⲙ̀ ⲡⲓⲁⲣⲭⲏⲁⲅⲅⲉⲗⲟⲥ ⲉ̇ⲑ ⲟⲩⲁⲃ ⲙⲓⲭⲁⲏⲗ
ⲛⲉⲙ ϧⲉⲛ ⲥⲟⲩ ⲕⲁ ⲟⲛ ⲛ̀ ⲉ̇ϩⲟⲟⲩ ⲛ̀ ϯⲟⲩⲣⲱ ⲑⲙⲁⲩ
ⲙ̀ ⲡⲟⲩⲣⲟ ⲛ̇ⲧⲉ ⲛⲓⲟⲩⲣⲱⲟⲩ ϧⲉⲛ ⲥⲟⲩ ⲕⲑ ⲇⲉ ⲟⲛ
ⲛ̀ ⲉ̇ϩⲟⲟⲩ ⲙ̇ ⲙⲓⲥⲓ ⲙ̀ ⲫϯ ⲡⲓⲗⲟⲅⲟⲥ. ⲁⲛⲁⲩ ϫⲉ ⲟⲩⲛ
ⲙ̇ⲡⲉⲣ ⲉⲣ ⲕⲁⲧⲁⲫⲣⲟⲛⲓⲛ ⲛ̀ ϯⲡⲣⲟⲥⲫⲟⲣⲁ ⲛ̇ⲧⲉ ⲡⲓ-
ⲁⲣⲭⲏⲁ̇ⲅⲅⲉⲗⲟⲥ ⲉ̇ⲑ ⲟⲩⲁⲃ ⲙⲓⲭⲁⲏⲗ ϫⲉ ⲟⲩⲏⲓ ⲛ̇ⲑⲟϥ
ⲉⲧ ⲧⲱⲃϩ ⲉ̇ϫⲉⲛ ⲟⲩⲟⲛ ⲛⲓⲃⲉⲛ ϫⲉ ⲭⲁⲥ ⲛ̀ⲧⲉϥⲧⲱⲃϩ

ⲣⲗⲉ. ⲃ. ⲉ̇ϩⲣⲏⲓ | ⲉ̇ϫⲱⲛ ⲙ̀ ⲡⲉⲙⲑⲟ ⲙ̀ ⲫϯ ⲛ̇ⲧⲉϥ ⲉⲣ ⲟⲩⲛⲁⲓ
ⲛ̀ ⲁⲅⲁⲡⲏ ⲛⲉⲙⲁⲛ ⲛ̇ⲧⲉϥϣⲱⲡ ⲉ̇ⲣⲟϥ ⲛ̇ ⲧⲁⲯⲩⲭⲏ
ⲛ̀ ⲧⲁⲗⲉⲡⲱⲣⲟⲥ. ⲛ̇ⲑⲟⲥ ⲇⲉ ϯϩϩⲓⲙⲓ ⲛ̀ ⲥⲁⲃⲏ ⲉ̇ⲧⲉⲙ-
ⲙⲁⲩ ⲡⲉϫⲁⲥ ⲙ̀ ⲡⲉⲥϩⲁⲓ ϫⲉ ⲡⲁϭⲥ̅ ⲟⲩⲟϩ ⲡⲁⲥⲟⲛ
ϧⲟⲛϧ ⲛ̇ϫⲉ ⲡϭ̅ⲥ̅ ⲫⲁⲓ ⲉ̇ⲧⲁⲛⲛⲁϩϯ ⲉ̇ⲣⲟϥ ϫⲉ ϯⲛⲁⲭⲱ
ⲉ̇ⲫⲁϩⲟⲩ ⲁⲛ ϧⲉⲛ ⲛⲏ ⲉⲧ ⲁⲕⲟⲩⲁϩⲥⲁϩⲛⲓ ⲙ̇ⲙⲱⲟⲩ
ⲛⲏⲓ ⲁⲗⲗⲁ ϯⲛⲁⲧⲟⲩϩⲟ ⲉ̇ϩⲣⲏⲓ ⲉ̇ϫⲱⲟⲩ ⲛ̇ϩⲟⲩⲟ̇.
ⲡⲗⲏⲛ ⲟⲩⲟⲛ ⲟⲩⲥⲁϫⲓ ϧⲉⲛ ⲡⲁϩⲏⲧ ϯⲟⲩⲱϣ ⲉⲑⲣⲉⲕ
ⲉⲣ ⲡⲗⲏⲣⲟⲫⲟⲣⲓⲛ ⲙ̇ⲙⲟⲓ ⲛ̀ ϧⲏⲧϥ ⲟⲩⲟϩ ⲛ̇ⲧⲉϥϫⲟⲕϥ
ⲛⲏⲓ ⲉ̇ⲃⲟⲗ ϧⲁ ⲧϩⲏ ⲙ̇ⲡⲁⲧⲉ ⲕⲭⲁ ⲥⲱⲙⲁ ⲉ̇ϧⲣⲏⲓ.

ⲣⲗϝ. ⲁ. ⲛ̇ⲑⲟϥ ⲇⲉ ⲡⲉϫⲁϥ ⲛⲁⲥ ϫⲉ ϩⲱⲃ ⲛⲓⲃⲉⲛ ⲁⲣⲉ-
ⲟⲩⲁϣⲟⲩ ⲁ̇ϫⲟⲧⲟⲩ ⲛⲏⲓ ϯⲛⲁϫⲟⲕⲟⲩ ⲛⲉ ⲉ̇ⲃⲟⲗϧⲉⲛ
ⲫⲟⲩⲱϣ ⲙ̀ ⲫϯ. ⲛ̇ⲑⲟⲥ ⲇⲉ ⲡⲉϫⲁⲥ ⲛⲁϥ ϫⲉ ⲉⲓⲟⲩⲱϣ

ⲉⲑⲣⲉⲕⲟⲩⲁⲥⲥⲁϩⲛⲓ ⲛ̄ ⲟⲩⲍⲱⲕⲣⲁⲫⲟⲥ ⲉⲑⲣⲉϥⲫⲱⲧⲥ
ⲛⲏⲓ ⲉⲃⲟⲗ ⲙ̄ ⲫⲗⲩⲙⲓⲛ ⲙ̄ ⲡⲓⲁⲣⲭⲏⲁⲅⲅⲉⲗⲟⲥ ⲉⲑ
ⲟⲩⲁⲃ ⲙⲓⲭⲁⲏⲗ ⲉ̀ ⲟⲩⲫⲱϣⲓ ⲛ̀ ϣⲉ ⲛ̀ⲧⲉⲕⲧⲏⲓⲥ ⲛⲏⲓ
ⲛ̀ⲧⲁⲭⲁⲥ ⲉ̀ ϧⲟⲩⲛ ⲉ̀ ⲡⲓⲕⲟⲓⲧⲱⲛ ⲉ̀ ϯⲛ̀ⲕⲟⲧ ⲛ̀ ϧⲏⲧϥ.
Ⲟⲩⲟϩ ⲛ̀ⲧⲉⲕⲧⲏⲓⲧ ⲉ̀ ⲧⲟⲧϥ ϩⲱⲥ ⲡⲁⲣⲁⲑⲏⲕⲏ ϫⲉ ⲭⲁⲥ 5
ⲁⲕϣⲁⲛⲓ̀ ⲉ̀ⲃⲟⲗϧⲉⲛ ⲥⲱⲙⲁ ⲛ̀ⲧⲉϥϣⲱⲡⲓ ⲉϥⲣⲱⲓⲥ
ⲉ̀ⲣⲟⲓ ⲟⲩⲟϩ ⲉϥⲛⲟϩⲉⲙ ⲙ̀ⲙⲟⲓ ⲉ̀ⲃⲟⲗϩⲁ ⲙⲉⲩⲓ̀ ⲛⲓⲃⲉⲛ

ⲣⲗϛ̄. ⲃ. ⲉⲧ ϩⲱⲟⲩ ⲛ̀ⲧⲉ ⲡⲥⲁⲧⲁⲛⲁⲥ. | Ⲉⲡⲓ ⲇⲏ ⲁⲕϣⲁⲛⲓ̀
ⲉ̀ⲃⲟⲗϧⲉⲛ ⲥⲱⲙⲁ ϯⲛⲁⲟⲩⲱⲛ ⲛ̀ ⲡⲁ ⲱⲓⲕ ϧⲉⲛ ⲟⲩ-
ⲣⲓⲙⲓ ⲛⲉⲙ ⲟⲩⲛ̀ⲕⲁϩ ⲛ̀ ϩⲏⲧ ϫⲉ ⲟⲩⲏⲓ ⲓ̀ⲥϫⲉⲛ ⲡⲓⲛⲁⲩ 10
ⲉ̀ⲣⲟ ⲡϫⲁⲓ ⲛ̀ ⲟⲩϩϩⲓⲙⲓ ⲛⲁϩⲱⲗ ⲉ̀ⲃⲟⲗϩⲓ ⲧⲟⲧⲥ
ⲙ̀ⲙⲟⲛⲧⲉⲥ ϩⲗⲓ ⲛ̀ ϩⲉⲗⲡⲓⲥ ⲛ̀ ⲱⲛϧ ⲙ̀ⲙⲁⲩ ⲛ̀ ⲕⲉ
ⲥⲟⲡ ⲉⲥⲧⲉⲛⲑⲱⲛ ⲅⲁⲣ ⲉ̀ ⲟⲩⲥⲱⲙⲁ ⲙ̀ⲙⲟⲛ ⲁⲫⲉ ⲙ̀ⲙⲟϥ
ⲡⲓⲥⲱⲙⲁ ⲅⲁⲣ ⲛ̀ ⲁⲧ ⲁⲫⲉ ⲟⲩ ⲁⲧ ⲯⲩⲭⲏ ⲧⲉ ⲟⲩⲟϩ
ϥⲙⲱⲟⲩⲧ ϧⲁⲣⲓ ϧⲁⲣⲟϥ. Ⲕⲉ ⲅⲁⲣ ⲡⲓⲥⲟⲫⲟⲥ ⲡⲁⲩⲗⲟⲥ 15
ⲕⲏⲛ ⲉ̀ⲣⲟϥ ⲉϥϫⲱ ⲙ̀ⲙⲟⲥ ϫⲉ ⲧⲁⲫⲉ ⲛ̀ ϯϩⲓⲙⲓ ⲡⲉ
ⲡⲉⲥϫⲁⲓ ⲟⲩⲟϩ ϯϩⲓⲙⲓ ⲉⲧⲉ ⲙ̀ⲙⲟⲛⲧⲉⲥ ϩⲗⲓ ⲙ̀ⲙⲁⲩ
ⲉⲥⲧⲉⲛⲑⲱⲛⲧ ⲉ̀ ⲟⲩϫⲟⲓ ⲛ̀ ⲁⲧ ϩⲓⲏ ⲉϥⲥⲉⲃⲧⲱⲧ ⲉ̀

ⲣⲗⲍ̄. ⲁ. ⲱⲙⲥ ⲛⲉⲙ ⲡⲓ̀ⲗⲟⲅⲓⲛ ⲉⲧ ⲧⲁⲗⲏⲟⲩⲧ ⲉ̀ⲣⲟϥ. ϯⲛⲟⲩ
ϫⲉ ⲡⲁ ϭⲥ ⲟⲩⲟϩ ⲡⲁ ⲥⲟⲛ ⲙ̀ ⲫⲣⲏϯ ⲉ̀ⲧⲉ ⲙ̀ⲡⲉ 20
ⲕϯ ⲙ̀ⲕⲁϩ ⲛ̀ ϩⲏⲧ ⲛⲏⲓ ϧⲉⲛ ϩⲗⲓ ⲉ̀ⲛⲉϩ ⲛ̀ ⲥⲁϫⲓ
ⲁⲓϣⲁⲛⲉⲣⲉ̀ⲧⲓⲛ ⲙ̀ⲙⲟⲕ ⲛ̀ ϧⲏⲧⲟⲩ ⲙ̀ⲡⲉ ⲣ̄ ϯ ⲙ̀ⲕⲁϩ
ⲛ̀ ϩⲏⲧ ⲛⲏⲓ ⲁⲛ ⲟⲛ ϧⲉⲛ ⲡⲁⲓ ⲕⲉ ⲟⲩⲁⲓ ϫⲉ ⲭⲁⲥ
ⲉ̀ⲣⲉ ⲡⲓⲁⲣⲭⲏⲁⲅⲅⲉⲗⲟⲥ ⲉⲑ ⲟⲩⲁⲃ ⲙⲓⲭⲁⲏⲗ ⲛⲁ-
ϣⲱⲡⲓ ⲉϥⲣⲱⲓⲥ ⲉ̀ⲣⲟⲓ. Ⲉⲑⲃⲉ ϫⲉ ⲙ̀ⲙⲟⲛ ϩⲗⲓ ⲛ̀ 25
ϩⲉⲗⲡⲓⲥ ⲛ̀ⲧⲏⲓ ⲙ̀ⲙⲁⲩ ⲁⲗⲗⲁ ⲉⲓϫⲟⲩϣⲧ ⲉ̀ⲃⲟⲗ ϩⲁ
ϫⲱϥ ⲙ̀ ⲡⲓⲛⲁⲓ ⲛ̀ⲧⲉ ⲫϯ ⲛⲉⲙ ⲡⲉϥⲛⲓϣϯ ⲛ̀ ⲁⲣⲭⲏ-
ⲁⲅⲅⲉⲗⲟⲥ ⲉⲑ ⲟⲩⲁⲃ ⲙⲓⲭⲁⲏⲗ. Ⲛⲑⲟϥ ⲇⲉ ⲡⲉⲥⲧⲣⲁ-

DISCOURSE OF EUSTATHIUS.

ⲧⲩⲗⲁⲧⲏⲥ ⲉⲧⲁϥⲥⲱⲧⲉⲙ ⲉ̀ ⲛⲁⲓ ⲥⲁϫⲓ ⲁϥⲭⲱⲗⲉⲙ
ⲣ̅ⲗ̅ⲍ̅. ⲃ. ⲉⲑⲣⲉϥϫⲱⲕ | ⲉ̀ⲃⲟⲗ ⲛ̀ ⲫⲏ ⲉ̀ⲧⲁⲥⲉⲣⲉ̀ⲧⲓⲛ ⲙ̀ⲙⲟϥ.
Ⲟⲩⲟϩ ⲥⲁ ⲧⲟⲧϥ ⲁϥⲟⲩⲁϩⲥⲁϩⲛⲓ ⲛ̀ ϯⲟⲩⲛⲟⲩ
ⲉⲑⲣⲟⲩⲓⲛⲓ ⲛ̀ ⲟⲩⲥⲟⲫⲟⲥ ⲛ̀ ⲍⲱⲅⲣⲁⲫⲟⲥ ⲁϥⲟⲩⲁϩ-
ⲥⲁϩⲛⲓ ⲛⲁϥ ⲉⲑⲣⲉϥϩⲱⲧϩ ⲙ̀ ⲡⲓⲭⲁⲣⲁⲕⲧⲏⲣ ⲙ̀ ⲡⲓ- 5
ⲁⲣⲭⲏⲁⲅⲅⲉⲗⲟⲥ ⲉⲑ ⲟⲩⲁⲃ ⲙⲓⲭⲁⲏⲗ ⲉ̀ ⲟⲩⲫⲟϫⲓ ⲛ̀
ϣⲉ ⲛ̀ⲧⲉϥϯ ⲉ̀ⲣⲟϥ ⲛ̀ ⲟⲩⲡⲉⲇⲁⲗⲟⲛ ⲛ̀ ⲛⲟⲩⲃ ⲉϥⲥⲱⲧⲡ
ⲛⲉⲙ ϩⲁⲛⲱⲛⲓ ⲙ̀ⲙⲏⲓ. Ⲟⲩⲟϩ ⲉ̀ⲧⲁϥϫⲟⲕϥ ⲉ̀ⲃⲟⲗ
ⲁϥⲧⲏⲓϥ ⲛⲁϥⲥ ⲁⲥⲣⲁϣⲓ ⲉ̀ϩⲣⲏⲓ ⲉ̀ ϫⲱϥ ⲙ̀ ⲫⲣⲏϯ
ⲙ̀ ⲫⲏ ⲉ̀ⲧⲁϥϫⲓⲙⲓ ⲛ̀ ⲟⲩⲙⲏϣ ⲛ̀ ϣⲱⲗ ⲕⲁⲧⲁ ⲫⲣⲏϯ 10
ⲉⲧ ⲥϧⲏⲟⲩⲧ. Ⲛⲑⲟⲥ ⲇⲉ ⲡⲉϫⲁⲥ ⲛⲁϥ ϫⲉ ⲡⲁ ⲟ̅ⲥ̅
ⲣ̅ⲗ̅ⲏ̅. ⲁ. ⲛ̀ ⲥⲟⲛ ⲙⲁⲣⲉ ⲡⲉⲕⲛⲁⲓ ⲧⲁϩⲟⲓ ⲛ̀ⲧⲉⲕⲑⲱⲧ ⲙ̀ ⲡⲁ
ϩⲏⲧ ϧⲉⲛ ⲡⲁⲓ ⲕⲉ ⲥⲁϫⲓ ϩⲓⲛⲁ ϫⲉ ⲉ̀ⲣⲉ ⲡⲁ ϩⲏⲧ
ⲛⲁⲭⲱ ⲉ̀ⲃⲟⲗ ⲟⲩⲟϩ ⲛ̀ⲧⲁ ⲉⲣ ⲑⲁⲣⲡⲓ ϫⲉ ⲙ̀ⲙⲟⲛ ϩⲗⲓ
ⲛⲉ ⲡⲓⲃⲟⲩⲗⲏ ⲛⲁⲧⲱⲟⲩⲛⲟⲩ ⲉ̀ϫⲱⲓ ⲁⲕϣⲁⲛⲭⲁ ⲥⲱⲙⲁ 15
ⲉ̀ϧⲣⲏⲓ. Ⲛⲑⲟϥ ⲇⲉ ⲡⲉϫⲁϥ ⲛⲁⲥ ϫⲉ ϩⲱⲃ ⲛⲓⲃⲉⲛ
ⲉ̀ⲧⲉ ⲉ̀ⲣⲉⲧⲓⲛ ⲙ̀ⲙⲱⲟⲩ ϯⲥⲉⲃⲧⲱⲧ ⲉ̀ϫⲟⲕ ⲟⲩⲛ ⲉ̀ⲃⲟⲗ
ϩⲱⲥ ⲉ̀ⲣⲉ ⲥⲱⲟⲩⲛ ϫⲉ ⲙ̀ⲡⲓ ϯ ⲙ̀ⲕⲁϩ ⲛ̀ ϩⲏⲧ ⲡⲉ
ϧⲉⲛ ϩⲗⲓ ⲛ̀ ϩⲱⲃ ⲉ̀ⲛⲉϩ. Ⲛⲑⲟⲥ ⲇⲉ ⲡⲉϫⲁⲥ ⲛⲁϥ
ϫⲉ ϯⲟⲩⲱϣ ⲉⲑⲣⲉⲕⲧⲛⲓⲧ ⲉ̀ ⲧⲟⲧϥ ⲙ̀ ⲡⲓⲁⲣⲭⲏⲁⲅⲅⲉⲗⲟⲥ 20
ⲉⲑ ⲟⲩⲁⲃ ⲙⲓⲭⲁⲏⲗ ⲫⲁⲓ ⲉ̀ⲧⲁⲕ ⲉⲣ ⲍⲱⲅⲣⲁⲫⲓⲛ ⲙ̀ⲙⲟϥ
ⲉ̀ ⲧⲁⲓ ⲫⲟϫⲓ ⲛ̀ ϣⲉ ⲟⲩⲟϩ ⲛ̀ⲧⲉⲕϯϩⲟ ⲉ̀ⲣⲟϥ ⲉ̀ϩⲣⲏⲓ
ⲣ̅ⲗ̅ⲏ̅. ⲃ. ⲉ̀ϫⲱⲓ ϫⲉ ⲭⲁⲥ ⲉϥⲉ̀ϣⲱⲡⲓ ⲛ̀ ⲛⲁϣϯ ⲛⲏⲓ ϣⲁ ⲡⲓⲉ̀-
ϩⲟⲟⲩ ⲙ̀ ⲡⲁ ⲙⲟⲩ. Ϫⲉ ⲁⲕϣⲁⲛⲓ̀ ⲉ̀ⲃⲟⲗϧⲉⲛ ⲥⲱⲙⲁ
ⲙ̀ⲙⲟⲛ ϩⲗⲓ ⲛ̀ ϩⲉⲗⲡⲓⲥ ⲛ̀ ⲱⲛϧ ⲛ̀ⲧⲏⲓ ⲙ̀ⲙⲁⲩ ⲉ̀ⲃⲏⲗ 25
ⲉ̀ ⲫϯ ⲛⲉⲙ ⲡⲓⲁⲣⲭⲏⲁⲅⲅⲉⲗⲟⲥ ⲙⲓⲭⲁⲏⲗ. Ⲕⲉ ⲅⲁⲣ
ⲕⲥⲱⲟⲩⲛ ϫⲉ ϣⲁⲣⲉ ϯⲥϩⲓⲙⲓ ⲛ̀ ⲭⲏⲣⲁ ⲟⲩⲱⲙ ⲙ̀
ⲡⲉⲥⲱ̀ⲓⲕ ϧⲉⲛ ⲟⲩⲣⲓⲙⲓ ⲛⲉⲙ ⲟⲩϥⲓⲁ̀ϩⲟⲙ. Ⲛⲑⲟϥ

ⲇⲉ ⲡⲉⲥⲧⲣⲁⲧⲩⲗⲁⲧⲏⲥ ⲉⲧⲁϥⲥⲱⲧⲉⲙ ⲉ̀ ⲛⲁⲓ ⲁϥ ⲉⲣ
ⲛⲓⲕⲁϩ ⲛ̀ ϩⲏⲧ ⲉ̀ϫⲉⲛ ⲛⲁⲓ ⲥⲁϫⲓ ⲛ̀ ⲭⲟⲗⲏ ⲉϥϫⲱ
ⲙ̀ⲙⲱⲟⲩ ⲛⲁϥ ⲡⲗⲏⲛ ⲛⲁϥ ⲉⲣ ϣ̀ⲫⲏⲣⲓ ⲛ̀ ⲡⲉⲥⲛⲓϣϯ
ⲛ̀ ⲛⲁϩϯ ⲉ̀ϧⲟⲩⲛ ⲉ̀ ⲡⲓⲁⲣⲭⲏⲁ̀ⲅⲅⲉⲗⲟⲥ ⲉ̀ⲑ ⲟⲩⲁⲃ
ⲣⲗⲑ. ⲁ. ⲙⲓⲭⲁⲏⲗ. ⲗⲟⲓⲡⲟⲛ ⲛⲁϥⲁ̀ⲙⲟⲛⲓ ⲛ̀ ⲧⲉⲥϫⲓϫ ⲁϥⲧⲏⲓⲥ 5
ⲉ̀ ⲧⲟⲧϥ ⲙ̀ ⲡⲓⲁⲣⲭⲏⲁ̀ⲅⲅⲉⲗⲟⲥ ⲉ̀ⲑ ⲟⲩⲁⲃ ⲙⲓⲭⲁⲏⲗ
ⲉ̀ⲧⲁϥϥⲱⲧϩ ⲙ̀ ⲡⲉϥⲭⲁⲣⲁⲕⲧⲏⲣ ⲉ̀ ϯϕⲟϫⲓ ⲛ̀ ϣⲉ ⲉϥ-
ⲱϣ ⲉ̀ⲃⲟⲗ ⲉϥϫⲱ ⲙ̀ⲙⲟⲥ ϪⲈ ⲡⲓⲁⲣⲭⲏⲁⲅⲅⲉⲗⲟⲥ ⲉ̀ⲑ
ⲟⲩⲁⲃ ⲙⲓⲭⲁⲏⲗ ⲫⲏ ⲉ̀ⲧⲁϥϩⲱⲧⲉⲃ ⲙ̀ ⲡⲓϩⲟϥ ⲛ̀ ⲁⲣ-
ⲭⲉⲟⲥ ⲫⲏ ⲉ̀ⲧⲁϥⲥⲓϯ ⲉ̀ⲃⲟⲗ ⲙ̀ ⲡⲓⲃⲁⲥⲓϩⲏⲧ ⲉϥϯⲟⲩⲃⲉ 10
ⲡⲉϥ ϭⲥ ⲟⲩⲟϩ ⲁϥⲭⲁϥ ⲉϥⲥⲟⲛϩ ϧⲉⲛ ⲟⲩⲗⲩⲙⲛⲏ
ⲛ̀ ⲭⲣⲱⲙ ⲉ̀ⲑ ⲙⲟϩ ϧⲉⲛ ⲟⲩⲭⲣⲱⲙ ⲛⲉⲙ ⲟⲩⲑⲏⲛ ⲫⲏ
ⲉ̀ⲧ ⲫⲁϩⲧ ⲛ̀ ⲥⲛⲟⲩ ⲛⲓⲃⲉⲛ ⲛ̀ ⲡⲉⲙⲑⲟ ⲙ̀ ⲫⲓⲱⲧ ⲛ̀
ⲁⲅⲁⲑⲟⲥ ⲉⲑⲃⲉ ⲡⲓⲅⲉⲛⲟⲥ ⲛ̀ ⲛⲓⲣⲱⲙⲓ ⲡⲓⲙⲓ ⲟⲩⲟϩ
ⲣⲗⲑ. ⲃ. ⲧϩⲓⲕⲱⲛ ⲙ̀ ⲫϯ ⲡⲓⲡⲁⲛⲧⲟⲕⲣⲁⲧⲱⲣ ϩⲏⲡⲡⲉ ϯϯ 15
ⲉ̀ ⲧⲟⲧⲕ ⲙ̀ ⲫⲟⲟⲩ ⲛ̀ ⲉⲩⲫⲏⲙⲓⲁ ⲧⲁ ⲥϩⲓⲙⲓ ⲙ̀ ⲫⲣⲏϯ
ⲛ̀ ⲟⲩⲡⲁⲣⲁⲑⲏⲕⲏ ϫⲉ ⲭⲁⲥ ⲉ̀ⲕⲉⲣⲱ̀ⲓⲥ ⲉ̀ⲣⲟⲥ ⲟⲩⲟϩ
ⲛ̀ⲧⲉⲕⲛⲁϩⲙⲉⲥ ⲉ̀ⲃⲟⲗϩⲁ ⲡⲓⲃⲟⲩⲗⲏ ⲛⲓⲃⲉⲛ ⲛ̀ⲧⲉ ⲡⲓⲇⲓⲁ-
ⲃⲟⲗⲟⲥ ⲉ̀ⲑ ⲛⲁⲧⲱⲛϥ ⲉ̀ϫⲱⲥ ⲁⲥϣⲁⲛⲧⲱⲃϩ ⲙ̀ⲙⲟⲕ
ⲉⲩⲃⲟⲏ̀ⲑⲓⲁ ⲛⲁⲥ ⲉ̀ⲕⲉⲥⲱⲧⲉⲙ ⲉ̀ⲣⲟⲥ ⲟⲩⲟϩ ⲛ̀ⲧⲉⲕⲛⲁϩ- 20
ⲙⲉⲥ ϫⲉ ⲙ̀ⲙⲟⲛ ϩ̀ⲗⲓ ⲛ̀ ϩⲉⲗⲡⲓⲥ ⲛ̀ⲧⲁⲛ ⲉ̀ⲃⲏⲗ ⲉ̀ ⲫϯ
ⲛⲉⲙⲁⲕ. ⲛⲁⲓ ⲇⲉ ⲉ̀ⲧⲁⲥⲥⲱⲧⲉⲙ ⲉ̀ⲣⲱⲟⲩ ⲛ̀ϫⲉ
ⲉⲩⲫⲏⲙⲓⲁ ⲁⲥⲣⲁϣⲓ ⲉ̀ⲙⲁϣⲱ ⲟⲩⲟϩ ⲁⲥ ⲉⲣ ⲑⲁⲣⲏⲛ
ϧⲉⲛ ⲟⲩⲛⲓϣϯ ⲛ̀ ⲛⲁϩϯ ϫⲉ ⲙ̀ⲙⲟⲛ ϩ̀ⲗⲓ ⲛ̀ ⲕⲟⲧⲥ
ⲛ̀ⲧⲉ ⲡⲓϫⲁϫⲓ ⲛⲁϣϫⲉⲙϫⲟⲙ ⲉ̀ⲣⲟⲥ ⲁⲛ ⲓⲥϫⲉⲛ ⲡⲁⲓ 25
ⲛⲁⲩ ϫⲉ ⲟⲩⲟⲛ ⲛ̀ⲧⲁⲥ ⲙ̀ⲙⲁⲩ ⲙ̀ ⲡⲓⲁⲣⲭⲏⲁ̀ⲅⲅⲉⲗⲟⲥ
ⲣⲙ. ⲁ. ⲙⲓⲭⲁⲏⲗ ⲉϥⲣⲱⲓⲥ ⲉ̀ⲣⲟⲥ. ⲙⲉⲛⲉⲛⲥⲁ ⲛⲁⲓ ⲇⲉ ⲁⲥ-
ⲱ̀ⲗⲓ ⲙ̀ ⲡⲓⲭⲁⲣⲁⲕⲧⲏⲣ ⲛ̀ⲧⲉ ⲧϩⲓⲕⲱⲛ ⲙ̀ ⲡⲓⲁⲣⲭⲏⲁ̀ⲅ-

ⲅⲉⲗⲟⲥ ⲫⲱⲧⲥ̅ ⲉ̀ⲣⲟⲥ ⲁⲥⲧⲁϩⲟⲥ ⲉ̀ ⲣⲁⲧⲥ ϧⲉⲛ ⲡⲓ-
ⲕⲱⲓⲧⲱⲛ ⲉ̀ⲧ ⲉⲥⲛ̀ⲕⲟⲧ ⲛ̀ ϧⲏⲧϥ. ⲁⲥϣⲱⲡⲓ ⲇⲉ ⲉⲥϯ
ⲉ̀ ⲡϣⲱⲓ ϩⲁ ϯⲥⲓⲕⲱⲛ ⲛ̀ ϩⲁⲛⲥⲑⲟⲓ ⲛ̀ ⲟⲩϥⲓ ⲛⲁϣⲉⲛ-
ⲥⲟⲩⲉⲛⲟⲩ ⲟⲩⲟϩ ⲛⲁⲣⲉ ⲟⲩⲫⲁⲛⲟⲥ ⲙⲟϩ ⲉ̀ⲣⲟⲥ ⲡⲉ
ⲛ̀ ⲡⲓⲉ̀ϩⲟⲟⲩ ⲛⲉⲙ ⲡⲓⲉ̀ϫⲱⲣϩ ϧⲉⲛ ⲟⲩⲙⲉⲧⲁⲑⲙⲟⲩⲛⲕ 5
ⲟⲩⲟϩ ⲛⲁⲥⲟⲩⲱϣⲧ ⲙ̀ⲙⲟϥ ⲡⲉ ⲛ̀ ⲅ̅ ⲛ̀ ⲥⲟⲡ ⲙ̀ ⲙⲏⲛⲓ
ⲉⲥⲉⲣⲉ̀ⲧⲓⲛ ⲙ̀ⲙⲟϥ ⲉ̀ⲟⲩⲃⲟⲏ̀ⲑⲓⲁ̀ ⲛⲁⲥ. ⲁⲥϣⲱⲡⲓ ⲇⲉ

ⲣ̅ⲙ̅. ⲃ. ⲙⲉⲛⲉⲛⲥⲁ ⲛⲁⲓ ⲁ̀ ⲫϯ ϣⲓⲛⲓ ⲛ̀ⲥⲁ ⲡⲓⲉⲩⲥⲉⲃⲏⲥ
ⲁⲣⲓⲥⲧⲁⲣⲭⲟⲥ ⲡⲓⲥⲧⲣⲁⲧⲩⲗⲁⲧⲏⲥ ⲫⲁⲓ ⲉ̀ⲧⲁⲛ ⲉⲣ ϣⲟⲣⲡ
ⲛ̀ⲧⲁⲟⲩ ⲉ̀ ⲡⲉϥⲣⲁⲛ ϧⲁⲭⲉⲛ ⲟⲩⲕⲟⲩϫⲓ ⲁϥϣⲉ ⲛⲁϥ 10
ⲉ̀ ⲫⲙⲱⲓⲧ ⲛ̀ ⲣⲱⲙⲓ ⲛⲓⲃⲉⲛ. ϯⲥϩⲓⲙⲓ ⲇⲉ ⲛ̀ⲥⲁⲃⲉ
ⲉⲩⲫⲩⲙⲓⲁ̀ ϯⲥⲩⲛⲕⲗⲏⲧⲓⲕⲏ ϯⲥϩⲓⲙⲓ ⲛ̀ ⲁⲣⲓⲥⲧⲁⲣⲭⲟⲥ
ⲡⲓⲥⲧⲣⲁⲧⲉⲗⲁⲧⲏⲥ ⲙ̀ⲡⲉ ⲥⲭⲁ ⲧⲟⲧⲥ ⲉ̀ⲃⲟⲗϧⲉⲛ ⲛⲉ-
ⲥⲁ̀ⲅⲁⲡⲏ ⲉ̀ⲧ ⲉⲥⲓⲣⲓ ⲙ̀ⲙⲱⲟⲩ ⲛⲉⲙ ⲛⲉⲥⲡⲣⲟⲥⲫⲟⲣⲁ
ⲛⲁⲓ ⲉ̀ ⲛⲁⲣⲉ ⲡⲓⲥⲧⲣⲁⲧⲩⲗⲁⲧⲏⲥ ⲓ̀ⲣⲓ ⲙ̀ⲙⲱⲟⲩ ⲉ̀ⲧⲓ 15
ⲉϥⲟⲛϧ ⲙ̀ⲡⲁⲧⲉ ϥⲙⲟⲩ ϧⲉⲛ ⲫⲣⲁⲛ ⲙ̀ ⲡⲓⲁⲣⲭⲏⲁ̀ⲅ·
ⲅⲉⲗⲟⲥ ⲉ̀ⲑ ⲟⲩⲁⲃ ⲙⲓⲭⲁⲏⲗ. ⲟⲩⲟϩ ⲛⲁⲥⲓ̀ⲛⲓ ⲙ̀ⲙⲟⲥ
ⲡⲉ ⲉ̀ ⲧⲟⲩϩⲟ ⲉ̀ ϫⲱⲟⲩ ⲉ̀ⲙⲁϣⲱ ⲡⲁⲣⲁ ⲡⲓⲥⲛⲟⲩ ⲉ̀

ⲣ̅ⲙ̅ⲁ̅. ⲁ. ⲛⲁⲣⲉ ⲡⲉⲥϩⲁⲓ ⲱⲛϧ. ⲡⲓⲇⲓⲁⲃⲟⲗⲟⲥ ⲇⲉ ⲙ̀ ⲡⲓ-
ⲙⲟⲥⲧⲉ ⲡ ⲉ̀ⲑ ⲛⲁⲛⲉ ϥ ⲛⲓⲃⲉⲛ ⲛ̀ⲧⲉ ⲡⲉⲛⲅⲉⲛⲟⲥ 20
ⲓⲥϫⲉⲛ ϣⲟⲣⲡ ⲙ̀ⲡⲉ ϥϣϥⲁⲓ ⲉ̀ⲣⲟϥ ⲉϥⲛⲁⲩ ⲉ̀ ⲛⲓ ⲡ
ⲉ̀ⲑ ⲛⲁⲛⲉⲩ ⲉ̀ⲣⲉ ⲧⲁⲓ ⲥϩⲓⲙⲓ ⲓ̀ⲣⲓ ⲙ̀ⲙⲱⲟⲩ ϧⲉⲛ ⲫⲣⲁⲛ
ⲙ̀ ⲡⲓⲁⲣⲭⲏⲁ̀ⲅⲅⲉⲗⲟⲥ ⲉ̀ⲑ ⲟⲩⲁⲃ ⲙⲓⲭⲁⲏⲗ ⲁϥⲭⲟϩ
ⲉ̀ⲣⲟⲥ ⲁϥⲟⲩⲱϣ ⲉ̀ ⲧⲁⲕⲟ ⲙ̀ ⲡⲉⲥⲃⲉⲭⲉ ⲫⲁⲓ ⲉ̀ⲧ ⲉⲥ
ϫⲟⲩϣⲧ ⲉ̀ⲃⲟⲗ ϧⲁ ϫⲱϥ ⲉ̀ⲃⲟⲗϩⲓⲧⲉⲛ ⲫϯ. ⲁⲥϣⲱⲡⲓ 25
ⲇⲉ ⲛ̀ ⲟⲩⲉ̀ϩⲟⲟⲩ ⲁϥⲟⲩ̀ⲟⲛϩϥ ⲛⲁϥ ⲛ̀ ⲟⲩⲥⲭⲏⲙⲁ ⲙ̀ ⲙⲟⲩ-
ⲛⲁⲭⲏ ⲉ̀ⲣⲉ ϩⲁⲛ ⲕⲉ ⲇⲉⲙⲱⲛ ⲙⲟϣⲓ ⲛⲉⲙⲁⲥ ⲛ̀
ⲡⲥⲙⲟⲧ ⲛ̀ ϩⲁⲛⲡⲁⲣⲑⲉⲛⲟⲥ ⲟⲩⲟϩ ⲛⲁϥϫⲟⲗϩ ⲛ̀ ⲟⲩⲥⲭⲏ-

ρ̄μ̄ᾱ. ʙ. ⲙⲁ ⲛ̀ ⲙⲟⲩⲃ ⲁϥⲓ̀ ⲁϥⲟ̀ϩⲓ ⲉ̀ ⲣⲁⲧϥ ϩ̇ⲁⲧⲉⲛ ⲫⲣⲟ
ⲛ̀ ⲡⲉⲥⲏⲓ ⲁⲥⲟⲩⲱⲣⲡ ⲛ̀ⲧⲉⲥⲃⲱⲕⲓ ⲛⲁⲥ ⲉ̀ ϧⲟⲩⲛ ⲉⲥϫⲱ
ⲙ̀ⲙⲟⲥ ϫⲉ ⲙⲁϣⲉ ⲛⲉ ⲁ̀ϫⲟⲥ ⲛ̀ ⲉⲩⲫⲏⲙⲓⲁ ϯⲥⲩⲛ-
ⲕⲗⲏⲧⲓⲕⲏ ⲧⲥϩⲓⲙⲓ ⲛ̀ ⲁⲣⲓⲥⲧⲁⲣⲭⲟⲥ ⲡⲓⲥⲧⲣⲁⲧⲩⲗⲁⲧⲏⲥ
ϫⲉ ⲓⲥ ⲟⲩⲡⲁⲣⲑⲉⲛⲟⲥ ⲛ̀ⲙⲟⲩⲛⲁⲭⲏ ⲟ̀ϩⲓ ⲉ̀ ⲣⲁⲧⲥ ϩⲓⲣⲉⲛ 5
ⲡⲓⲣⲟ ⲉⲥⲟⲩⲱϣ ⲉ̀ ⲉⲣ ⲡⲣⲟⲥⲕⲩⲛⲏⲛ ⲙ̀ⲙⲟ ⲛⲉⲙ ⲛⲉⲥ
ⲕⲉ ϣⲉⲣⲓ ⲉ̀ⲑ ⲛⲁⲛⲉⲥ. ϯⲥϩⲓⲙⲓ ⲇⲉ ⲛ̀ ⲥⲁⲃⲉ ⲉ̀ⲧⲉⲙ-
ⲙⲁⲩ ⲉ̀ⲧⲁⲥⲥⲱⲧⲉⲙ ⲉ̀ ⲛⲁⲓ ⲥⲁϫⲓ ⲁⲥⲓ̀ ⲉ̀ⲃⲟⲗϩⲁ ⲡⲓ-
ⲙⲁϩ ⲇ̄ ⲛ̀ ⲣⲟ ⲛ̀ⲧⲉ ⲡⲉⲥⲏⲓ ⲟⲩⲟϩ ⲁⲥⲟⲩⲁϩⲥⲁϩⲛⲓ
ⲉ̀ⲑⲣⲟⲩⲉⲛⲥ ⲉ̀ ϧⲟⲩⲛ ϣⲁⲣⲟⲥ ⲉⲥⲙⲉⲩⲓ̀ ϫⲉ ⲟⲩⲙⲟⲩ- 10
ⲛⲁⲭⲏ ⲛ̀ ⲧⲁⲫⲙⲏⲓ ⲧⲉ. Ⲟⲩⲟϩ ⲉⲧ ⲁ ⲛⲓ ⲕⲉ
ρ̄μ̄ⲃ̄. ⲁ. ⲉ̀ⲃⲓⲁ̀ⲓⲕ ⲓ̀ ⲉ̀ⲃⲟⲗ ⲁⲩⲛⲁⲩ ⲉ̀ⲣⲟϥ ⲛ̀ⲑⲟϥ ⲡⲓⲇⲓⲁ̀ⲃⲟⲗⲟⲥ
ⲉϥⲟ̀ϩⲓ ⲉ̀ ⲣⲁⲧϥ ⲉϥ ⲉⲣ ⲫⲟⲣⲓⲛ ⲛ̀ ⲟⲩⲥⲭⲏⲙⲁ ⲛ̀
ⲛⲟⲩϫ ⲁⲩⲟⲩⲱϣⲧ ⲙ̀ⲙⲟϥ ⲟⲩⲟϩ ⲁⲩⲟⲩⲁϩⲥⲁϩⲛⲓ
ⲛⲁϥ ⲛⲉⲙ ⲛⲏ ⲉ̀ⲑ ⲛⲉⲙⲁϥ ⲉ̀ ⲓ̀ ⲉ̀ϧⲟⲩⲛ. Ⲡⲓⲇⲓⲁ̀- 15
ⲃⲟⲗⲟⲥ ⲇⲉ ⲁϥⲓ̀ ⲉ̀ϧⲟⲩⲛ ⲉⲣⲉ ⲡⲉϥϩⲟ ⲫⲁϩⲧ ⲉ̀ⲡⲉⲥⲏⲧ
ϩⲱⲥ ⲙⲟⲩⲛⲁⲭⲏ ⲛ̀ ⲧⲁⲫⲙⲏⲓ ⲟⲩⲟϩ ⲛⲏ ⲉ̀ⲑ ⲙⲟϣⲓ
ⲛⲉⲙⲁϥ ⲛⲁⲩⲓ̀ⲣⲓ ⲙ̀ ⲡⲁⲓ ⲣⲏϯ ⲟⲛ ⲡⲉ. Ⲉⲩⲫⲏⲙⲓⲁ
ⲇⲉ ϯⲥⲩⲛⲕⲗⲏⲧⲓⲕⲏ ⲉ̀ⲧⲁⲥⲛⲁⲩ ⲉ̀ⲣⲟⲥ ϧⲉⲛ ⲡⲁⲓ
ⲥⲭⲏⲙⲁ ⲙ̀ ⲡⲁⲓ ⲣⲏϯ ⲁⲥ ⲉⲣ ϣⲫⲏⲣⲓ ⲉ̀ⲙⲁϣⲱ ⲙ̀ 20
ⲡⲉϥⲙⲱϯ ⲛ̀ ⲑⲉⲃⲓⲟ̀ ⲁⲥⲧⲱⲛⲥ ⲁⲥⲁ̀ⲙⲟⲛⲓ ⲙ̀ⲙⲟϥ ⲛ̀
ρ̄μ̄ⲃ̄. ʙ. ⲭⲱⲗⲉⲙ ⲉ̀ⲡⲓ ⲇⲏ ⲁϥ ⲉⲣ ⲫⲟⲣⲓⲛ ⲛ̀ ⲟⲩⲥⲭⲏⲙⲁ ⲛ̀
ⲥϩⲓⲙⲓ ⲡⲉ ⲁⲥⲟⲗϥ ⲉ̀ ϧⲟⲩⲛ ⲉ̀ ⲡⲉⲥⲏⲓ. Ⲉ̀ⲧⲁϥϩⲟϩ
ⲇⲉ ⲉ̀ ⲡⲓⲕⲟⲓⲧⲱⲛ ⲡⲓⲙⲁ ⲉ̀ⲣⲉ ⲧϩⲓⲕⲱⲛ ⲙ̀ ⲡⲓⲁⲣⲭⲏⲁ̀ⲣ-
ⲅⲉⲗⲟⲥ ⲙⲓⲭⲁⲏⲗ ⲛ̀ ϧⲏⲧϥ ⲁϥ ⲉⲣ ϩⲟϯ ⲛ̀ϫⲉ ⲡⲓ- 25
ⲇⲓⲁⲃⲟⲗⲟⲥ ⲉ̀ ϩⲱⲗ ⲉ̀ ϧⲟⲩⲛ ⲛ̀ⲑⲟϥ ⲛⲉⲙ ⲛⲏ ⲉ̀ⲑ
ⲛⲉⲙⲁϥ. ϯⲥϩⲓⲙⲓ ⲇⲉ ⲛ̀ ⲥⲁⲃⲏ ⲉ̀ⲧⲉⲙⲙⲁⲩ ⲛⲁⲥϯ
ⲧⲁⲓⲟ̀ ⲛⲁⲥ ⲡⲉ ⲉⲥϫⲱ ⲙ̀ⲙⲟⲥ ϫⲉ ⲁ̀ⲣⲓ ϯⲁ̀ⲅⲁⲡⲏ

ⲧⲁⲙⲉⲛⲣⲓⲧ ⲛ̄ ⲥⲱⲛⲓ ⲛ̄ⲧⲉ ⲓ̀ ⲉ̀ ϧⲟⲩⲛ ⲉ̀ ⲡⲁⲓ ⲕⲟⲓⲧⲱⲛ
ⲛ̄ⲧⲉⲛⲉ ϣⲗⲏⲗ ⲉ̀ⲑ ⲟⲩⲁⲃ ϣⲱⲡⲓ ⲛ̄ ϧⲏⲧ ϥ. Ⲉⲡⲓ
ⲇⲏ †ⲉⲣⲙⲉⲑⲣⲉ ⲛⲉ ⲙ̄ ⲡⲉⲙⲑⲟ ⲙ̄ ⲫ† ⲛⲉⲙ ⲡⲉϥ-
ⲁⲣⲭⲏⲁⲅⲅⲉⲗⲟⲥ ⲉ̀ⲑ ⲟⲩⲁⲃ ⲙⲓⲭⲁⲏⲗ ϫⲉ ⲓ̀ⲥϫⲉⲛ ⲡⲓⲉ̀-
ϩⲟⲟⲩ ⲉ̀ⲧ ⲁ ⲡⲁ ⲙⲁⲕⲁⲣⲓⲟⲥ ⲛ̄ ⲉ̀ⲗⲓ ⲁⲣⲓⲥⲧⲁⲣⲭⲟⲥ 5

ⲣ̅ⲙ̅ⲅ̅. ⲁ. ⲙ̄ⲧⲟⲛ ⲙ̄ⲙⲟϥ ϣⲁ †ⲛⲟⲩ ⲙ̄ⲡⲉ ⲟⲩⲣⲱⲙⲓ ⲛ̄ ⲟⲩⲱⲧ
ⲉⲣ ⲥⲁ ϧⲟⲩⲛ ⲙ̄ ⲫⲣⲟ ⲙ̄ ⲡⲁⲓ ⲕⲟⲓⲧⲱⲛ ⲉ̀ⲃⲏⲗ ⲉ̀
ⲛⲁ ⲉⲃⲓⲁ̀ⲓⲕ ⲛ̄ ⲥϩⲓⲙⲓ ⲙ̄ⲙⲁⲩⲁⲧⲟⲩ. Ⲛⲁⲓ ⲉ̀ⲧ ϣⲉⲙ-
ϣⲓ ⲛⲏⲓ ⲛ̄ ⲙⲓⲭⲣⲓⲁ̀ ⲛ̄ⲧⲉ ⲡⲓⲥⲱⲙⲁ ⲛⲉⲙ ⲛⲓⲥϩⲓⲟ̀ⲙⲓ
ⲛ̄ ⲉⲩⲅⲉⲛⲏⲥ ⲛ̄ ⲥⲩⲛⲕⲗⲏⲧⲓⲕⲏ ⲉ̀ⲑ ⲛⲏⲟⲩ ϣⲁ ⲣⲟⲓ 10
ⲁⲩϭⲓ ⲙ̄ ⲡⲁ ϣⲓⲛⲓ ⲕⲁⲧⲁ ⲟⲩⲁ̀ⲅⲁⲡⲏ ⲛ̄ⲧⲉ ⲫ†. Ⲁϥ
ⲉⲣ ⲟⲩⲱ̀ ⲛ̄ϫⲉ ⲡⲓⲇⲓⲁ̀ⲃⲟⲗⲟⲥ ⲉϥⲟⲓ ⲙ̄ ⲡⲥⲙⲟⲧ ⲛ̄ †-
ⲙⲟⲛⲁⲭⲏ ⲉϥϫⲱ ⲙ̄ⲙⲟⲥ ϫⲉ ⲉⲑⲃⲉ ⲟⲩ ⲣⲱ ⲙ̄ⲡⲉ
ⲣⲱⲙⲓ ⲓ̀ ⲉ̀ ϧⲟⲩⲛ ϧⲉⲛ ⲫⲣⲟ ⲙ̄ ⲡⲉⲕⲟⲓⲧⲱⲛ ϩⲟⲗⲱⲥ
ⲣⲱ ⲙⲁⲓ ⲛⲓⲃⲉⲛ ⲉ̀ⲧⲉ ⲙ̄ⲙⲟⲛ ϩⲱⲟⲩⲧ ⲛ̄ ϧⲏⲧϥ ⲙ̄ⲙⲟⲛ 15

ⲣ̅ⲙ̅ⲅ̅. ⲃ. ⲉ̀ⲗⲓ ⲙ̄ ⲃⲟⲏ̀ⲑⲓⲁ̀ | ⲛ̀ⲧⲉ ⲫ† ⲛ̄ ϧⲏⲧϥ ⲁⲛ. Ⲛⲓⲥϩⲓⲟⲙⲓ
ⲧⲏⲣⲟⲩ ⲉⲧ ϩⲓϫⲉⲛ ⲡⲕⲁϩⲓ ⲥⲉϩⲉⲙⲥⲓ ⲛⲉⲙ ⲡⲟⲩϩⲁⲓ
ⲉ̀ⲃⲏⲗ ⲉ̀ ⲧⲁⲓ ⲥϩⲓⲙⲓ ⲛ̄ ⲟⲩⲱⲧ ϫⲉ ⲙⲁⲣⲓⲁ̀ ⲑⲙⲁⲩ ⲙ̄
ⲡ̄ⲭ̄ⲥ̄. ⲗⲟⲓⲡⲟⲛ ⲉ̀ϣⲱⲡ ⲧⲉⲟⲩⲱϣ ⲉ̀ ⲣⲁⲛⲁϥ ⲙ̄ ⲫ†
ϧⲉⲛ ⲡⲉϩⲏⲧ ⲧⲏⲣϥ †ⲛⲁ† ⲥⲟϭⲛⲓ ⲛⲉ ⲉ̀ ⲡⲓϩⲱⲃ ⲉ̀ⲑ 20
ⲛⲁⲛⲉϥ ⲙ̄ ⲡⲉⲙⲑⲟ ⲙ̄ ⲡϭ̄ⲥ̄. Ⲛ̀ⲑⲟⲥ ⲇⲉ ⲡⲉϫⲁⲥ ϫⲉ
ⲁϣ ⲛⲉ. Ⲡⲉϫⲉ ⲡⲓⲇⲓⲁ̀ⲃⲟⲗⲟⲥ ⲛⲁⲥ ϫⲉ ⲉ̀ⲡⲓ ⲇⲏ ⲧⲉ-
ⲥⲱⲟⲩⲛ ϫⲉ ⲕⲩⲣⲓ ⲏ̀ⲗⲁⲣⲓⲭⲟⲥ ⲡⲓⲛⲓϣ† ⲛ̄ ⲗⲁⲡⲣⲭⲟⲥ
ⲫⲁⲓ ⲉ̀ⲧ ⲟⲓ ⲛ̄ ⲛⲓϣ† ϧⲉⲛ ⲡⲓⲁⲥⲡⲁⲥⲙⲟⲥ ⲛ̀ⲧⲉ ⲡⲟⲩⲣⲟ
ⲟⲛⲙⲟⲩⲣⲓⲟⲥ ⲡⲁⲥⲩⲅⲅⲉⲛⲏⲥ ⲡⲉ ⲟⲩⲟϩ ϥϧⲉⲛⲧ ⲉ̀ 25

ⲣ̅ⲙ̅ⲇ̅. ⲁ. ϧⲟⲩⲛ ⲉ̀ ⲡⲟⲩⲣⲟ ϧⲉⲛ ⲡⲉϥⲅⲉⲛⲟⲥ ⲟⲩⲟϩ | ⲁ ⲧⲉϥⲥ-
ϩⲓⲙⲓ ⲙⲟⲩ ϧⲁⲧϩⲏ ⲛ̄ ⲛⲁⲓ ⲉ̀ϩⲟⲟⲩ. Ⲗⲟⲓⲡⲟⲛ ⲉ̀ⲧⲁϥ-
ⲥⲱⲧⲉⲙ ϫⲉ ⲁϥⲙ̄ⲧⲟⲛ ⲙ̄ⲙⲟϥ ⲛ̀ϫⲉ ⲡⲉϩⲗⲓ ⲁⲣⲓⲥⲧⲁⲣⲭⲟⲥ

ⲡⲓⲥⲧⲣⲁⲧⲩⲗⲁⲧⲏⲥ ⲉⲧ ⲧⲁⲓⲏⲟⲩⲧ ⲁϥⲥⲟⲥ ϫⲉ ⲟⲩ-
ⲇⲓⲕⲉⲟⲛ ⲁⲛ ⲡⲉ ⲉⲑⲣⲓ ϭⲓ ⲥϩⲓⲙⲓ ⲉϥϣⲏϣ ⲡⲁⲣⲁ ⲣⲟⲓ
ϧⲉⲛ ⲡⲁ ⲧⲁⲓⲟ. Ⲁⲗⲗⲁ ϯⲛⲁⲧⲱⲛⲧ ⲛ̄ⲧⲁϭⲓ ⲛⲓⲙ ⲛ̄
ⲉⲩⲫⲏⲙⲓⲁ ϯⲥⲩⲛⲕⲗⲏⲧⲓⲕⲏ ⲉⲧ ⲉⲛⲑⲟ ⲡⲉ ⲟⲩⲟϩ
ϯⲛⲁⲧⲁⲛϣⲟ ⲛ̄ ⲧⲉⲥϭⲏϫⲓ ⲡⲁⲣⲁ ⲡⲓϣⲟⲣⲡ ⲛ̄ ⲥⲟⲡ ⲓ̅ⲥ̅
ⲛⲁⲓ ⲧⲁⲓⲟ ⲁϥⲧⲏⲓⲧⲟⲩ ⲛⲏⲓ ϫⲉ ⲙⲏⲓⲧⲟⲩ ⲛⲉ ϫⲉ
ⲛ̄ⲧⲁⲑⲉⲧ ⲡⲉϩⲏⲧ ⲉ̄ ϩⲉⲙⲥⲓ ⲛⲉⲙⲁϥ ⲟⲩⲛⲓϣϯ ⲅⲁⲣ
ⲣ̅ⲓ̅ⲇ̅. ⲃ. ϧⲉⲛ ⲡⲓⲡⲁⲗⲗⲁⲧⲓⲱⲛ ⲟⲩⲟϩ ⲡⲟⲩⲣⲟ ⲙⲉⲓ ⲙ̄ⲙⲟϥ.
Ⲟⲩⲟϩ ϧⲉⲛ ϯⲟⲩⲛⲟⲩ ⲁϥⲧⲁⲙⲟⲥ ⲉ̄ ⲟⲩⲛⲓϣ ⲛ̄ ⲛⲟⲩⲃ
ⲛⲉⲙ ⲟⲩⲙⲏϣ ⲛ̄ ϩⲁⲧ ⲛⲉⲙ ϩⲁⲛⲕⲟⲥⲙⲉⲥⲓⲥ ⲛ̄ ⲛⲟⲩⲃ
ⲉϥⲟⲩⲱϣ ⲉ̄ ⲉⲣ ϩⲁⲗ ⲙ̄ⲙⲟⲥ ϧⲉⲛ ⲛⲉϥⲕⲟⲧⲥ ⲉⲧ
ϩⲱⲟⲩ. Ⲛⲑⲟⲥ ⲇⲉ ϯⲥⲩⲙⲛⲏⲓ ⲉⲙⲁϣⲱ ⲁⲥ ⲉⲣ ⲟⲩⲱ̄
ϧⲉⲛ ⲟⲩⲛⲓϣϯ ⲙ̄ ⲙⲉⲧⲣⲉⲙⲣⲁⲩϣ ϫⲉ ⲛ̄ ⲁϣ ⲛ̄
ⲣⲏϯ ⲟⲩⲟⲛϣϫⲟⲙ ⲙ̄ⲙⲟⲓ ⲉ̄ ⲉⲣ ⲟⲩϩⲱⲃ ⲛ̄ ⲡⲁⲓ ⲣⲏϯ
ϧⲉⲛ ⲡⲁ ⲟⲩⲱϣ ⲙ̄ⲙⲁⲩⲁⲧ. Ⲭⲁⲧ ⲗⲟⲓⲡⲟⲛ ⲛ̄ⲧⲁϣⲉ
ⲛⲏⲓ ⲛ̄ⲧⲁ ⲥⲟⲃⲛⲓ ⲉ̄ ⲡⲁ ⲕⲟⲩⲗⲁⲧⲱⲣ ⲉⲧ ⲁ ⲡⲁ ⲙⲁ-
ⲕⲁⲣⲓⲟⲥ ⲛ̄ ϩⲁⲓ ⲧⲏⲓⲧ ⲉ̄ ⲧⲟⲧϥ ϩⲁⲧϩⲏ ⲙ̄ ⲡⲁⲧⲉ ϥⲓ
ⲉ̄ⲃⲟⲗϧⲉⲛ ⲥⲱⲙⲁ ⲟⲩⲟϩ ⲁϥϣⲁⲛⲟⲩⲁϩⲥⲁϩⲛⲓ ⲛⲏⲓ
ⲣ̅ⲓ̅ⲉ̅. ⲁ. ϫⲉ ϩⲉⲙⲥⲓ ⲛⲉⲙ ϩⲁⲓ ϯⲛⲁϩⲉⲙⲥⲓ ⲁⲧϭⲛⲉ ϩⲏⲧ ⲃ̄
ⲁϥϣⲧⲉⲙⲟⲩⲁϩⲥⲁϩⲛⲓ ⲛⲏⲓ ϯⲛⲁϣ ⲉⲣ ⲟⲩϩⲱⲃ ⲁⲛ
ϧⲉⲛ ⲡⲗⲟⲩⲱϣ ⲙ̄ⲙⲓⲛ ⲙ̄ⲙⲟⲓ. Ⲁϥ ⲉⲣ ⲟⲩⲱ̄ ⲛ̄ϫⲉ
ⲡⲓⲇⲓⲁⲃⲟⲗⲟⲥ ϫⲉ ⲟⲩⲟϩ ⲛⲓⲙ ⲡⲉ ⲡⲓⲕⲟⲩⲗⲁⲧⲱⲣ
ⲉ̄ⲧⲉⲙⲙⲁⲩ. Ⲁⲥⲉⲣ ⲟⲩⲱ̄ ⲛ̄ϫⲉ ⲉⲩⲫⲏⲙⲓⲁ ϫⲉ ϩⲏⲡⲡⲉ
ϥϧⲉⲛ ⲡⲁ ⲕⲟⲓⲧⲱⲛ ⲛⲉⲙⲏⲓ ⲛ̄ ⲡⲓ ⲉϩⲟⲟⲩ ⲛⲉⲙ ⲛⲓⲉ̄-
ϫⲱⲣϩ ⲓⲥϫⲉⲛ ⲡⲓⲉ̄ϩⲟⲟⲩ ⲉⲧ ⲁ ⲡⲁ ⲙⲁⲕⲁⲣⲓⲟⲥ ⲛ̄
ϩⲁⲓ ⲧⲏⲓⲧ ⲉ̄ ⲧⲟⲧϥ ϣⲁ ⲉ̄ ϧⲟⲩⲛ ⲉ̄ ϯⲛⲟⲩ ϥⲣⲱⲓⲥ
ⲉ̄ⲣⲟⲓ. Ⲁϥ ⲉⲣ ⲟⲩⲱ̄ ⲛ̄ϫⲉ ⲡⲓⲇⲓⲁⲃⲟⲗⲟⲥ ⲡⲉϫⲁϥ ⲛⲁⲥ
ϫⲉ ϩⲓⲛⲁ ⲛ̄ⲧⲉⲉ̄ⲙⲓ ϫⲉ ⲁⲣⲉ ⲭⲁⲥ ϧⲉⲛ ⲡⲉϩⲏⲧ

ⲣ̄ⲙ̄ⲉ̄. ⲃ. ⲉⲑⲣⲉⲧⲱⲕ ⲉⲃⲟⲗ ⲛ̀ ⲛⲓⲉⲛⲧⲟⲗⲏ ⲛ̀ⲧⲉ ⲡ̄ⲟ̄ⲥ̄ ⲟⲩⲟϩ ϩⲏⲡⲡⲉ ⲁⲣⲉ ϣⲱⲡⲓ ⲁⲣⲉ ϭⲓϣⲟⲩⲧ ⲛ̀ ϧⲏⲧⲟⲩ ⲧⲏⲣⲟⲩ. ⲕⲉ ⲅⲁⲣ ⲁϥϫⲟⲥ ⲛ̀ϫⲉ ⲡ̄ⲟ̄ⲥ̄ ϫⲉ ⲫⲏ ⲉⲑ ⲛⲁϭⲓ ̀ ϧⲉⲛ ⲟⲩⲉⲛⲧⲟⲗⲏ ⲛ̀ ⲟⲩⲱⲧ ⲁϥϣⲱⲡⲓ ⲉϥϭⲓϣⲟⲩⲧ ⲛ̀ ϧⲏⲧⲟⲩ ⲧⲏⲣⲟⲩ ⲟⲩⲟϩ ⲧⲉⲥϣⲟⲩⲛ ϫⲉ ⲫ̄ϯ ⲙⲟⲥϯ ⲛ̀ ϯⲙⲉⲑ- 5 ⲛⲟⲩϫ ⲉ̀ⲙⲁϣⲱ. ⲟⲩⲟϩ ⲟⲛ ⲇⲁⲩⲓⲇ ϫⲱ ⲙ̀ⲙⲟⲥ ϧⲉⲛ ⲡⲓⲙⲁϩ ⲉ̄ ⲙ̀ ⲯⲁⲗⲙⲟⲥ ϫⲉ ⲡ̄ⲟ̄ⲥ̄ ⲛⲁⲧⲁⲕⲉ ⲟⲩⲟⲛ ⲛⲓⲃⲉⲛ ⲉ̀ⲧ ⲥⲁϫⲓ ⲛ̀ ϯⲙⲉⲑⲛⲟⲩϫ ⲟⲩⲟϩ ⲁⲣⲉ ϣⲱⲡⲓ ⲁⲣⲉ ϫⲉ ⲙⲉⲑⲛⲟⲩϫ ⲫ̄ϯ ⲛⲁⲧⲁⲕⲟ ⲛ̀ ⲭⲱⲗⲉⲙ ⲙⲏ ⲙ̀ⲡⲉ ϫⲟⲥ ⲛⲏⲓ ϧⲁ ⲧϩⲏ ⲛ̀ ⲟⲩⲕⲟⲩϫⲓ ϫⲉ ⲓ̀ⲥϫⲉⲛ 10

ⲣ̄ⲙ̄ⲋ̄. ⲁ. ⲡⲓⲉ̀ϩⲟⲟⲩ ⲉ̀ⲧ ⲁ ⲡⲁ ϩⲁⲓ ⲓ̀ ⲉ̀ⲃⲟⲗϧⲉⲛ ⲥⲱⲙⲁ ϣⲁ ⲉ̀ ϧⲟⲩⲛ ⲉ̀ ϯⲛⲟⲩ ⲙ̀ⲡⲉ ⲟⲩⲣⲱⲙⲓ ⲛ̀ ⲟⲩⲱⲧ ⲉⲣ ⲥⲁ- ϧⲟⲩⲛ ⲉ̀ ⲫⲣⲟ ⲙ̀ ⲡⲁ ⲕⲟⲓⲧⲱⲛ ϣⲁ ⲉ̀ϩⲣⲏⲓ ⲉ̀ ⲛⲁ ⲕⲉ ⲉ̀ⲃⲓⲁⲓⲕ. ⲁⲥ ⲉⲣ ⲟⲩⲱ̀ ⲛ̀ϫⲉ ⲉⲩⲫⲏⲙⲓⲁ ϫⲉ ⲑⲙⲏⲓ̀ ⲡⲉ ϯϫⲱ ⲙ̀ⲙⲟⲥ ⲛⲉ ⲟⲩⲟϩ ⲟⲩⲙⲉⲑⲛⲟⲩϫ ⲁⲛ ⲡⲉ 15 ϯϫⲱ ⲙ̀ⲙⲟⲥ ⲱ̀ ⲧⲁ ⲥⲱⲛⲓ ⲉ̀ⲧ ⲧⲁⲓⲏⲟⲩⲧ. ϯⲱⲣⲕ ⲛⲉ ⲙ̀ ⲫ̄ϯ ⲡⲓⲡⲁⲛⲧⲱⲕⲣⲁⲧⲱⲣ ⲛⲉⲙ ⲡⲉϥⲛⲓϣϯ ⲛ̀ ⲁⲣⲭⲏⲁⲅⲅⲉⲗⲟⲥ ⲉⲑ ⲟⲩⲁⲃ ⲙⲓⲭⲁⲏⲗ ⲫⲁⲓ ⲉ̀ⲧⲁϥ- ϧⲱⲧⲉⲃ ⲙ̀ ⲡⲓϩⲟϥ ⲛ̀ ⲁⲣⲭⲉⲟⲥ ϫⲉ ⲓ̀ⲥϫⲉⲛ ⲡⲓⲉ̀ϩⲟⲟⲩ ⲉ̀ⲧ ⲁ̀ ⲡⲁ ⲙⲁⲕⲁⲣⲓⲟⲥ ⲛ̀ ϩⲁⲓ ⲓ̀ ⲉ̀ⲃⲟⲗϧⲉⲛ ⲥⲱⲙⲁ 20 ϣⲁ ⲉ̀ϧⲟⲩⲛ ⲉ̀ ⲫⲟⲟⲩ ⲛ̀ ⲉ̀ϩⲟⲟⲩ ⲙ̀ⲡⲉ ⲟⲩⲣⲱⲙⲓ ⲛ̀

ⲣ̄ⲙ̄ⲋ̄. ⲃ. ⲟⲩⲱⲧ ⲉⲣ ⲥⲁϧⲟⲩⲛ ⲉ̀ ⲫⲣⲟ ⲙ̀ ⲡⲁ ⲕⲟⲓⲧⲱⲛ | ⲟⲩⲇⲉ ⲙ̀ ⲡⲓ ⲉⲣ ⲁⲛⲉⲭⲉⲥⲑⲉ ⲉ̀ⲑⲣⲟⲩ ϧⲱⲛⲧ ⲉ̀ ϧⲟⲩⲛ ⲉ̀ⲣⲟⲓ ϫⲉ ⲭⲁⲥ ⲛ̀ ⲧⲟⲩⲛⲁⲩ ⲉ̀ ⲡⲁ ϩⲟ ⲉ̀ ⲡⲧⲏⲣϥ. ⲁϥ ⲉⲣ ⲟⲩⲱ̀ ⲛ̀ϫⲉ ⲡⲓⲇⲓⲁⲃⲟⲗⲟⲥ ⲉϥⲟⲓ ⲙ̀ ⲡⲥⲙⲟⲧ ⲛ̀ ϯⲛⲟⲩ- 25 ⲛⲁⲭⲏ ⲡⲉϫⲁϥ ⲛ̀ ⲉⲩⲫⲏⲙⲓⲁ ϯⲥⲩⲛⲕⲗⲏⲧⲓⲕⲏ ϫⲉ ⲛ̀ ϣⲟⲣⲡ ⲙⲉⲛ ⲁⲣⲉ ϫⲟⲥ ⲙ̀ⲡⲉ ⲟⲩⲣⲱⲙⲓ ⲛ̀ ⲟⲩⲱⲧ ⲓ̀ ⲉ̀ϧⲟⲩⲛ ϣⲁ ⲣⲟⲓ ⲓ̀ⲥϫⲉⲛ ⲉ̀ⲧ ⲁ ⲡⲁ ϩⲁⲓ ⲙ̀ⲧⲟⲛ ⲙ̀ⲙⲟϥ.

ϯⲛⲟⲩ ⲇⲉ ϩⲏⲡⲡⲉ ⲁⲣⲉ ⲉⲣ ⲛⲟⲃⲓ ⲟⲩⲟϩ ϯⲕⲉ ⲁⲛⲟⲙⲓⲁ
ⲁⲣⲉ ⲇⲟⲕⲥ ⲉⲃⲟⲗ ϩⲏⲡⲡⲉ ⲁⲣⲉ ⲇⲉ ⲙⲉⲑⲛⲟⲩⲇ ⲁⲣⲉ
ⲱⲣⲕ ⲛ̀ ⲛⲟⲩⲇ. ⲙⲏ ⲙ̀ⲡⲉ ⲇⲟⲥ ⲛⲏⲓ ϧⲁ ⲧⲉⲛ ⲛ̀

ⲣ̄ⲛ̄ⲍ̄. ⲁ. ⲟⲩⲕⲟⲩⲍⲓ ⲇⲉ ⲭⲁⲥ ⲛ̀ ϣⲟⲣⲡ ⲛ̀ⲧⲁ ϣⲉ ⲛⲏⲓ ⲉ̀ ϧⲟⲩⲛ
ⲉ̀ ⲡⲁ ⲕⲟⲓⲧⲱⲛ ⲛ̀ⲧⲁⲥⲟⲃⲛⲓ ⲉ̀ ⲡⲁ ⲕⲟⲩⲗⲁⲧⲱⲣ ⲉ̀ⲧ 5
ⲁ ⲡⲁ ϩⲁⲓ ⲧⲏⲓⲧ ⲉ̀ ⲧⲟⲧϥ ⲙ̀ⲡⲁⲧ ⲉϥⲓ̀ ⲉ̀ⲃⲟⲗϧⲉⲛ
ⲥⲱⲙⲁ ⲛⲏⲓ ⲡⲓⲕⲟⲩⲗⲁⲧⲏⲣ ⲟⲩⲣⲱⲙⲓ ⲁⲛ ⲡⲉ ⲛⲏ
ϣⲁⲅⲕⲧⲉ ⲛ̀ ϩⲟⲩⲧ ⲕⲟⲩⲗⲁⲧⲱⲣ ⲉ̀ ⲥϩⲓⲙⲓ ⲉ̀ⲛⲉϩ ⲟⲩⲕ
ⲟⲩⲛ ⲟⲩⲟⲛ ⲟⲩⲣⲱⲙⲓ ⲉ̀ ϧⲟⲩⲛ ϧⲉⲛ ⲡⲉⲕⲟⲓⲧⲱⲛ
ϯⲛⲟⲩ ⲟⲩⲟϩ ⲡⲁⲓ ⲕⲉ ⲟⲩⲁⲓ ⲟⲛ ⲉ̀ⲫ ⲟⲥⲟⲛ ⲁⲓⲭⲉⲙ 10
ⲡⲁⲓ ⲣⲱⲙⲓ ⲉⲛ ϧⲟⲩⲛ ϧⲉⲛ ⲡⲉⲕⲟⲓⲧⲱⲛ ⲉ̀ ⲁⲣⲉ ⲇⲉ
ⲙⲉⲑⲛⲟⲩⲇ ⲉ̀ ⲇⲱϥ ⲟⲩⲟϩ ⲁⲣⲉ ⲱⲣⲕ ⲛ̀ ⲛⲟⲩⲇ ⲛ̀
ϯⲛⲁϣⲉⲡⲧⲟϯ ⲁⲛ ⲉ̀ ⲡⲧⲏⲣϥ ⲛ̀ ⲡⲁ ⲥⲩⲅⲅⲉⲛⲏⲥ
ⲁⲣⲉ ϣⲁⲛϯ ⲛⲏⲓ ⲛ̀ⲧⲉ ⲙⲉⲧⲣⲁⲙⲁⲟ̀ ⲧⲏⲣⲥ. ϯϩⲓⲙⲓ

ⲣ̄ⲛ̄ⲍ̄. ⲃ. ⲇⲉ ⲛ̀ ⲥⲁⲃⲏ ⲉⲩⲫⲏⲙⲓⲁ̀ ⲁⲥⲛⲉⲧϥ ⲣⲱⲥ ⲛ̀ ⲥⲱⲃⲓ 15
ϧⲉⲛ ⲟⲩⲥⲱⲃⲓ ⲛ̀ ⲡ̄ⲛ̄ⲁ̄ⲧⲓⲕⲟⲛ ⲟⲩⲟϩ ⲡⲉⲭⲁⲥ ⲛ̀ ⲡⲓ
ⲇⲓⲁⲃⲟⲗⲟⲥ ⲉϥⲟⲓ ⲛ̀ ⲡⲥⲙⲟⲧ ⲛ̀ ϯⲙⲟⲩⲛⲁⲭⲏ ⲇⲉ ⲱ̀
ⲧⲁⲥⲱⲛⲓ ⲡⲁⲓ ϩⲱⲃ ⲣⲱ ⲇⲉ ϩⲉⲙⲥⲓ ⲛⲉⲙ ϩⲁⲓ ⲟⲩ
ⲙⲉⲧⲁⲧⲇⲟⲛ ⲛⲏⲓ ⲡⲉ ⲫⲁⲓ ⲟⲩⲟϩ ϯⲭⲱ ⲙ̀ⲙⲟⲥ ⲛⲉ
ⲇⲉ ⲟⲩ ⲙⲟⲛⲟⲛ ⲛⲓⲭⲣⲏⲙⲁ ⲉ̀ⲧ ⲁⲣⲉ ⲉ̀ⲛⲟⲩ ⲛⲉⲙ 20
ⲛⲓⲕⲟⲥⲙⲏⲥⲓⲥ ⲉⲑⲃⲉ ⲡⲁⲓ ϩⲱⲃ ϧⲉⲛ ⲟⲩⲙⲉⲑⲙⲏⲓ ϣⲁⲩϯ
ⲛⲏⲓ ⲛ̀ ⲛⲓⲭⲣⲏⲙⲁ ⲉ̀ⲧ ϧⲉⲛ ⲡⲓⲡⲁⲗⲗⲁⲧⲓⲟⲛ ⲛ̀ⲧⲉ
ⲟⲛⲛⲟⲩⲣⲓⲟⲥ ⲡⲓⲟⲩⲣⲟ ⲛ̀ ⲉⲩⲥⲉⲃⲏⲥ ⲛⲉⲙ ⲛⲓⲕⲟⲥⲙⲏⲥⲓⲥ
ⲉ̀ⲧ ϣⲟⲡ ⲛⲁϥ ⲧⲏⲣⲟⲩ ⲛⲉⲙ ⲛⲓⲭⲣⲏⲙⲁ ⲛ̀ⲧⲉ ⲡⲁⲓ
ⲕⲟⲥⲙⲟⲥ ⲧⲏⲣϥ ⲛ̀ⲛⲉ ⲥϣⲱⲡⲓ ⲙ̀ⲙⲟⲓ ⲉⲑⲣⲓ ⲉⲣ ⲡⲁⲣⲁ- 25

ⲣ̄ⲛ̄ⲏ̄. ⲁ. ⲃⲉⲛⲓⲛ ⲛ̀ ⲛⲓⲥⲩⲛⲑⲏⲕⲏ ⲉ̀ⲧ ⲁⲓⲥⲉⲙⲛⲏⲧⲟⲩ ⲛⲉⲙ ⲡⲁ
ⲙⲁⲕⲁⲣⲓⲟⲥ ⲛ̀ ϩⲁⲓ ⲁⲣⲓⲥⲧⲁⲣⲭⲟⲥ ⲡⲓⲥⲧⲣⲁⲧⲩⲗⲁⲧⲏⲥ
ⲉⲩⲧⲁⲓⲏⲟⲩⲧ ⲛ̀ⲧⲁ ⲉⲣ ⲕⲱⲓⲛⲱⲛⲓⲛ ⲛⲉⲙ ⲕⲉ ⲣⲱⲙⲓ

ⲛ̀ ϣⲉⲙⲙⲟ ϣⲁ ϯϫⲉ ⲛⲏⲓ ⲉ̀ ⲣⲁⲧϥ ⲉⲓⲧⲟⲩⲃⲏⲟⲩⲧ
ⲉ̀ⲃⲟⲗ ⲥⲁ ⲥⲱⲃⲉⲙ ⲛⲓⲃⲉⲛ ⲟⲩⲟϩ ⲁⲓϫⲟⲥ ϫⲉ ⲡⲁ-
ⲕⲟⲩⲗⲁⲧⲱⲣ ⲉ̀ⲛ ⲃⲟⲩⲛ ⲃⲉⲛ ⲡⲁ ⲕⲟⲓⲧⲱⲛ ⲟⲩⲟϩ ⲛ̀ ϯϫⲉ
ⲙⲉⲑⲛⲟⲩϫ ⲁⲛ ⲡⲓⲕⲟⲩⲗⲁⲧⲱⲣ ⲉ̀ⲧ ⲁ ⲡⲁ ϭⲥ ⲛ̀ ⲥⲁⲓ
ⲧⲏⲓⲧ ⲉ̀ ⲧⲟⲧϥ ϥϫⲟⲣ ⲉ̀ϩⲟⲧⲉ ⲕⲟⲩⲗⲁⲧⲱⲣ ⲛⲓⲃⲉⲛ 5
ⲛⲉⲙ ⲛⲓⲟⲩⲣⲱⲟⲩ ⲧⲏⲣⲟⲩ ⲛ̀ⲧⲉ ⲡⲓⲕⲟⲥⲙⲟⲥ. ⲫⲁⲓ
ϥ ⲉ̀ⲣ ⲭⲣⲓⲁ ⲁⲛ ⲉⲑⲣⲉⲕⲉ ⲟⲩⲁⲓ ⲧⲁⲙⲟϥ ⲉ̀ⲑⲃⲉ
ⲣ̄ⲡ̄ⲏ̄. ⲃ. ⲟⲩⲛⲟⲃⲓ ⲓⲉ ⲉⲑⲃⲉ ⲟⲩⲁ̀ⲅⲁⲑⲟⲛ ⲓⲉ ⲫⲏ ⲉ̀ⲑ ⲛⲁⲑⲱϣ
ⲉ̀ ϫⲱϥ ⲁⲗⲗⲁ ⲫⲏ ⲉ̀ⲧⲉⲛⲛⲁ̀ⲙⲉⲩⲓ̀ ⲉ̀ⲣⲟϥ ⲓⲉ ⲫⲏ ⲉ̀ⲧⲉⲛ-
ⲛⲁⲙⲟⲕⲙⲉⲕ ⲉ̀ⲣⲟϥ ⲃⲉⲛ ⲡⲉⲛϩⲏⲧ ⲛⲉⲙ ⲛⲉⲛⲗⲟⲅⲓⲥ- 10
ⲙⲟⲥ ϣⲁϥⲉ̀ⲙⲓ ⲉ̀ⲣⲱⲟⲩ ⲛ̀ ϯⲟⲩⲛⲟⲩ. Ⲕⲁⲛ ⲟⲩⲕⲟⲩϫⲓ
ⲙ̀ ⲙⲉⲩⲓ̀ ⲛ̀ⲧⲉ ⲡⲓⲇⲓⲁⲃⲟⲗⲟⲥ ⲡⲉ ⲁϥϣⲁⲛϩⲱⲗ ⲉ̀ ⲡϩⲏⲧ
ⲛ̀ ⲟⲩⲁⲓ ⲛ̀ⲧⲉϥϣⲱⲡⲓ ⲉ̀ⲣⲉ ϩⲑⲏϥ ⲭⲏ ⲉ̀ ⲡⲓⲕⲟⲩⲗⲁ-
ⲧⲱⲣ ⲉ̀ⲧⲉⲙⲙⲁⲩ ⲓⲥϫⲉⲛ ⲡⲓⲛⲁⲩ ϥⲛⲁⲧⲱⲃϩ ⲉ̀ ⲡⲉϥ-
ⲣⲁⲛ ⲙ̀ⲙⲁⲩⲁⲧϥ. Ⲕⲁⲛ ⲉ̀ⲣⲉ ⲟⲩⲛⲓϣϯ ⲛ̀ ⲥⲧⲣⲁⲧⲉⲩⲙⲁ 15
ⲛ̀ⲧⲉ ⲡⲓⲇⲓⲁⲃⲟⲗⲟⲥ ⲕⲱϯ ⲉ̀ⲣⲟϥ ⲓⲉ ⲛ̀ⲥⲉⲓ̀ ⲉ̀ ⲡⲉϥⲕⲱϯ
ϣⲁϥⲓ̀ ⲛ̀ ϯⲟⲩⲛⲟⲩ ⲛ̀ⲧⲉϥⲑⲣⲟⲩϫⲱⲣ ⲉ̀ⲃⲟⲗ ⲙ̀ ⲫⲣⲏϯ
ⲣ̄ⲡ̄ⲑ̄. ⲁ. ⲛ̀ ⲟⲩⲕⲁⲡⲛⲟⲥ ⲟⲩⲟϩ ⲉϣⲱⲡ ⲛ̀ⲧⲉⲟⲩⲱϣ ⲱ ⲧⲁ
ⲥⲱⲛⲓ ϯⲛⲁⲧⲏⲓⲧ ⲉ̀ ⲧⲟⲧϥ ⲙ̀ ⲡⲓⲕⲟⲩⲗⲁⲧⲱⲣ ⲉ̀ⲧⲉⲙ-
ⲙⲁⲩ ⲛ̀ⲧⲉϥϣⲱⲡⲓ ϩⲱⲓ ⲙ̀ ⲃⲟⲏ̀ⲑⲟⲥ ϣⲁ ⲡⲓⲉ̀ϩⲟⲟⲩ 20
ⲉ̀ⲧ ⲉⲣ ⲁⲓ̀ ⲉ̀ⲃⲟⲗⲃⲉⲛ ⲥⲱⲙⲁ. Ⲟⲩⲟϩ ⲃⲉⲛ ⲡⲉⲕⲉⲙⲟⲩ
ⲟⲛ ϥⲛⲁⲧⲏⲓϯ ⲉ̀ ⲧⲟⲧϥ ⲙ̀ ⲫϯ ⲡⲓⲁ̀ⲅⲁⲑⲟⲥ ⲙ̀ ⲫⲣⲏϯ
ⲛ̀ ⲟⲩⲇⲱⲣⲟⲛ ⲉ̀ ⲛⲁⲛⲉϥ ⲛ̀ⲧⲉ ⲉⲣ ⲕⲗⲏⲣⲟⲛⲟⲙⲓⲛ ⲙ̀
ⲡⲓⲱⲛⲃ ⲛ̀ ⲉⲛⲉϩ. Ⲁϥ ⲉⲣ ⲟⲩⲱ̀ ⲛ̀ϫⲉ ⲡⲓⲇⲓⲁⲃⲟⲗⲟⲥ
ⲉϥⲟⲓ ⲙ̀ ⲡⲥⲙⲟⲧ ⲛ̀ ϯⲙⲟⲩⲛⲁⲭⲏ ⲟⲩⲟϩ ⲡⲉϫⲁϥ ⲛⲁⲥ 25
ϫⲉ ⲙⲁⲧⲁⲙⲟⲓ ϩⲱ ⲉ̀ ⲡⲁⲓⲣⲱⲙⲓ ⲙ̀ ⲡⲁⲓ ⲣⲏϯ ⲉ̀ⲡⲓ
ⲇⲉ ⲅⲁⲣ ⲕⲁⲧⲁ ⲫⲣⲏϯ ⲉ̀ⲣⲉ ϫⲱ ⲙ̀ⲙⲟⲥ ⲟⲩⲛⲓϣϯ
ⲣ̄ⲡ̄ⲑ̄. ⲃ. ⲛ̀ ⲣⲁⲙⲁⲟ̀ ⲡⲉ ⲡⲁⲓ ⲣⲱⲙⲓ | ⲁⲥ ⲉⲣ ⲟⲩⲱ̀ ⲛ̀ϫⲉ

ⲉⲩⲫⲏⲙⲓⲁ ⲡⲉⲝⲁⲥ ⲛⲁⲥ ⲝⲉ ⲧⲱⲛⲓ ⲛ̀ ϣⲟⲣⲡ ⲛ̀ⲧⲉⲛ-
ⲕⲱⲧ ⲛ̀ ⲡⲉⲛϩⲟ ⲉ̀ ⲡⲥⲁ ⲛ̀ ϯⲁⲛⲁⲧⲟⲗⲏ ⲛ̀ⲧⲉⲛϣⲗⲏⲗ
ⲛ̀ⲧⲉⲛϯ ⲛ̀ ⲟⲩⲡⲣⲟⲥⲉⲩⲭⲏ ⲛ̀ ⲡⲉⲙⲑⲟ ⲙ̀ ⲡϭⲥ ⲉⲣⲉ
ⲉⲣ ⲟⲙⲟⲗⲟⲅⲓⲛ ⲛ̀ ⲫⲏ ⲉ̀ⲧ ⲁⲣⲉ ⲙⲉⲩⲓ̀ ⲉ̀ⲣⲟϥ ϧⲉⲛ
ⲡⲉϩⲏⲧ ⲉ̀ ϧⲟⲩⲛ ⲉ̀ ⲡⲓⲕⲟⲩⲗⲁⲧⲱⲣ ⲉ̀ⲧⲉⲙⲙⲁⲩ ⲉ̀ⲣⲉ 5
ⲝⲱ ⲙ̀ⲙⲟⲥ ⲙ̀ ⲡⲁⲓ ⲣⲏϯ. ⲝⲉ ⲫϯ ⲭⲱ ⲛⲏⲓ ⲉ̀ⲃⲟⲗ
ⲛ̀ ⲫⲏ ⲉ̀ⲧⲁⲓⲙⲉⲩⲓ̀ ⲉ̀ⲣⲟϥ ⲉ̀ ϧⲟⲩⲛ ⲉ̀ ⲡⲓⲕⲟⲩⲗⲁⲧⲱⲣ
ⲛⲉⲙ ϯⲥϩⲓⲙⲓ ⲉ̀ⲧ ⲁ ⲡⲉⲥϩⲁⲓ ⲑⲛⲓⲥ ⲉ̀ ⲧⲟⲧϥ ⲟⲩⲟϩ
ϯⲛⲁⲧⲁⲥⲑⲟⲓ ⲁⲛ ⲝⲉ ⲉⲑⲣⲉ ⲙⲉⲩⲓ̀ ⲙ̀ ⲡⲁⲓ ⲣⲏϯ ⲁⲗⲏⲓ
ⲉ̀ⲝⲉⲛ ⲡⲁ ϩⲏⲧ ⲉ̀ ϧⲟⲩⲛ ⲉ̀ ⲫⲏ ⲉⲑ ⲟⲩⲁⲃ ⲛ̀ⲧⲉ ⲡϭⲥ. 10
ⲟⲩⲟϩ ⲁⲣⲉ ϣⲁⲛ ⲉⲣ ⲟⲙⲟⲗⲟⲅⲓⲛ ⲙ̀ ⲡⲁⲓ ⲣⲏϯ ⲁⲛⲟⲕ
ⲣⲡ̄. ⲁ. ⲉⲑ ⲛⲁⲧⲁⲙⲟ ⲉ̀ⲡⲓⲕⲟⲩⲗⲁⲧⲱⲣ ⲛ̀ ϩⲟⲩⲟⲃⲉϩⲟ ⲙⲉⲛⲉⲛ-
ⲥⲱⲥ ⲛ̀ⲧⲉ ⲉⲣⲉⲧⲓⲛ ⲙ̀ⲙⲟϥ ⲉ̀ ⲟⲩⲃⲟⲏⲑⲓⲁ ⲛⲉ ⲟⲩⲟϩ
ⲛ̀ ⲛⲁϣϯ ⲛ̀ ⲥⲁ ⲧϩⲏ. ⲡⲉⲝⲉ ⲡⲓⲇⲓⲁⲃⲟⲗⲟⲥ ⲛⲁⲥ
ⲝⲉ ⲁⲩϯ ⲛ̀ⲧⲟⲗⲏ ⲛⲏⲓ ϧⲁ ⲧϩⲏ ⲙ̀ⲡⲁⲧⲟⲩ ⲙⲟⲣⲧ ⲛ̀ 15
ⲡⲁⲓ ⲥⲭⲏⲙⲁ ⲉⲑ ⲟⲩⲁⲃ ⲝⲉ ⲭⲁⲥ ⲛ̀ ⲛⲁⲫⲱⲣϣ ⲛ̀
ⲛⲁⲝⲓⲝ ⲉ̀ⲃⲟⲗ ⲉ̀ ϣⲗⲏⲗ ϣⲁ ϯⲧⲁⲥⲑⲟⲓ ⲉ̀ ⲧⲁⲙⲟⲛⲏ
ⲟⲩⲇⲉ ⲉϣⲧⲉⲙⲟⲩⲱⲙ ⲛⲉⲙ ϩⲗⲓ ⲛ̀ ⲕⲟⲥⲙⲓⲕⲟⲛ ⲉ̀ϣⲱⲡ
ϥ ⲉⲣ ⲫⲟⲣⲓⲛ ⲁⲛ ⲙ̀ ⲡⲉⲛⲥⲭⲏⲙⲁ. ⲁⲉ ⲉⲣ ⲟⲩⲱ
ⲛ̀ⲝⲉ ⲉⲩⲫⲏⲙⲓⲁ ⲡⲉⲝⲁⲥ ⲙ̀ ⲡⲓⲇⲓⲁⲃⲟⲗⲟⲥ ⲝⲉ ⲉ̀ⲡⲓ ⲇⲏ 20
ⲁⲣⲉ ⲝⲟⲥ ⲛⲏⲓ ⲝⲉ ⲫⲏ ⲉⲑ ⲛⲁ ⲁⲣⲉϩ ⲉ̀ ⲡⲓⲛⲟⲙⲟⲥ
ⲣⲡ̄. ⲃ. ⲧⲏⲣϥ ⲛ̀ⲧⲉϥϩⲉⲓ ϧⲉⲛ ⲟⲩϩⲱⲃ ⲛ̀ ⲟⲩⲱⲧ ⲁϥϣⲱⲡⲓ
ⲛ̀ ⲉⲛⲟⲭⲟⲥ ⲙ̀ⲙⲱⲟⲩ ⲧⲏⲣⲟⲩ. ⲛ̀ⲑⲟ ϩⲱⲓ ⲁⲓⲧⲁϩⲟ
ϧⲉⲛ ⲣⲱ ⲛ̀ⲙⲓⲛ ⲙ̀ⲙⲟ ⲁⲣⲉ ⲉⲣ ⲡⲁⲣⲁⲃⲉⲛⲓⲛ ⲛ̀ ϯⲉⲛ-
ⲧⲟⲗⲏ ⲛ̀ⲧⲉ ⲡϭⲥ ⲉ̀ⲧⲉ ⲛⲁⲓ ⲛⲉ ⲛⲏ ⲉ̀ⲧⲁϥϩⲟⲛϩⲉⲛ 25
ⲙ̀ⲙⲱⲟⲩ ⲉ̀ ⲧⲟⲧⲟⲩ ⲛ̀ ⲛⲉϥⲁ̀ⲡⲟⲥⲧⲟⲗⲟⲥ ⲉⲑ ⲟⲩⲁⲃ
ⲓⲥⲝⲉⲛ ⲡⲉⲛⲉϩ. ⲡⲓⲇⲓⲁⲃⲟⲗⲟⲥ ⲇⲉ ⲡⲉⲝⲁϥ ⲛⲁⲥ ⲝⲉ
ⲁϣ ⲛⲉ ⲛⲓⲉⲛⲧⲟⲗⲏ ⲉ̀ⲧ ⲁⲓ ⲉⲣ ⲡⲁⲣⲁⲃⲉⲛⲓⲛ ⲙ̀ⲙⲱⲟⲩ

ⲙⲁⲧⲁⲙⲟⲓ ⲙ̄ⲙⲟⲛ ϯⲛⲁⲧⲟⲩⲛⲟⲥ ⲟⲩⲛⲓϣϯ ⲛ̀ ϫⲱⲛⲧ
ⲛ̀ⲧⲉ ⲫⲙⲟⲩ ⲉ̀ϩⲣⲏⲓ ⲉ̀ϫⲱ ⲁ̀ⲣⲉ ϣⲧⲉⲙ ⲟⲩⲟⲛϩⲟⲩ
ⲉ̀ⲣⲟⲓ ϯⲛⲟⲩ. Ⲁⲥ ⲉⲣ ⲟⲩⲱ̀ ⲛ̀ϫⲉ ⲉⲩⲫⲏⲙⲓⲁ ϯⲥⲩⲛ-

ⲣ̄ⲛ̄ⲁ̄. ⲁ. ⲕⲗⲏⲧⲓⲕⲏ ⲡⲉϫⲁⲥ ⲙ̀ ⲡⲓⲇⲓⲁ̀ⲃⲟⲗⲟⲥ ϫⲉ ⲛ̀ ϣⲟⲣⲡ
ⲙⲉⲛ ⲁ̀ ⲡⲉⲛⲥⲱⲧⲏⲣ ⲛ̀ ⲁ̀ⲅⲁⲑⲟⲥ ϩⲟⲛϩⲉⲛ ⲉ̀ ⲧⲟⲧⲟⲩ 5
ⲛ̀ ⲛⲉϥⲙⲁⲑⲏⲧⲏⲥ ⲉϥⲟⲩⲱⲣⲡ ⲙ̀ⲙⲱⲟⲩ ⲉ̀ⲃⲟⲗ ⲉ̀ ϩⲓⲱⲓϣ
ϫⲉ ⲡⲓⲏⲓ ⲉ̀ ⲧⲉⲧⲉⲛⲛⲁϣⲉ ⲛⲱⲧⲉⲛ ⲉ̀ϧⲟⲩⲛ ⲉ̀ⲣⲟϥ ⲁ̀ⲣⲓ
ⲁⲥⲡⲁⲍⲉⲥⲑⲉ ⲙ̀ⲙⲟϥ ⲟⲩⲟⲥ ⲁ̀ϫⲟⲥ ϫⲉ ⲧϩⲓⲣⲏⲛⲏ ⲙ̀
ⲡⲁⲓ ⲏⲓ ⲙⲁⲣⲉ ⲧⲉⲧⲉⲛ ϩⲓⲣⲏⲛⲏ ϣⲱⲡⲓ ⲛ̀ ϧⲏⲧϥ ⲟⲩⲟϩ
ⲉ̀ϣⲱⲡⲓ ⲙ̀ⲙⲟⲛ ⲙⲁⲣⲉ ⲧⲉⲧⲉⲛ ϩⲓⲣⲏⲛⲏ ⲕⲟⲧⲥ ⲉ̀ⲣⲱⲧⲉⲛ. 10
Ⲟⲩⲕ ⲟⲩⲛ ⲁϥϩⲟⲛϩⲉⲛ ⲉ̀ ⲧⲟⲧⲟⲩ ⲟⲛ ⲉⲑⲣⲟⲩ ϣⲗⲏⲗ
ϧⲉⲛ ⲡⲓⲙⲁ ⲉ̀ⲧⲟⲩ ⲛⲁϩⲱⲗ ⲉ̀ⲣⲟϥ ⲟⲩⲟϩ ⲟⲛ ⲉⲑ-
ⲣⲟⲩⲟⲩⲱⲙ ⲛⲉⲙ ⲟⲩⲟⲛ ⲛⲓⲃⲉⲛ ⲉ̀ⲃⲏⲗ ⲉ̀ ⲛⲏ ⲉⲧ

ⲣ̄ⲛ̄ⲁ̄. ⲃ. ⲁⲩϫⲉ ⲁ̀ ⲡ̄ⲭ̄ⲥ̄ ⲉ̀ⲃⲟⲗ ϫⲉ ⲙ̀ⲡⲉ ϥⲓ ϧⲉⲛ ⲧⲥⲁⲣⲝ
ⲉϥϫⲱ ⲙ̀ⲙⲟⲥ ϫⲉ ϩⲱⲃ ⲛⲓⲃⲉⲛ ⲉ̀ⲧⲟⲩⲛⲁⲭⲁⲩ ϧⲁ 15
ⲣⲱⲧⲉⲛ ⲟⲩⲟⲙⲟⲩ ⲁⲧϭⲛⲉ ϧⲟⲧϧⲉⲧ ⲟⲩⲱⲙ ϧⲉⲛ ⲟⲩ-
ϣⲉⲡ ϩⲙⲟⲧ. Ⲟⲩⲟϩ ⲟⲛ ⲁ̀ ⲡⲓⲁ̀ⲡⲟⲥⲧⲟⲗⲟⲥ ϩⲟⲛϩⲉⲛ
ⲉ̀ ⲧⲟⲧⲉⲛ ϧⲉⲛ ⲛⲉϥⲉ̀ⲡⲓⲥⲧⲟⲗⲏ ⲉϥϫⲱ ⲙ̀ⲙⲟⲥ ϫⲉ
ϣⲗⲏⲗ ϧⲉⲛ ⲟⲩⲙⲉⲧⲁⲑⲙⲟⲩⲛⲕ ⲟⲩⲟϩ ϣⲉⲡ ϩⲙⲟⲧ
ϧⲉⲛ ϩⲱⲃ ⲛⲓⲃⲉⲛ ⲕⲉ ⲅⲁⲣ ⲣⲱⲙⲓ ⲛⲓⲃⲉⲛ ⲛ̀ⲧⲉ ⲫϯ 20
ⲙ̀ⲙⲁⲩ ⲭⲁ ⲧⲟⲧⲟⲩ ⲉ̀ⲃⲟⲗ ⲉⲩϣⲗⲏⲗ ⲙ̀ ⲡⲓⲉ̀ϩⲟⲟⲩ
ⲛⲉⲙ ⲡⲓⲉ̀ϫⲱⲣϩ. Ⲉϣⲱⲡ ⲇⲉ ϩⲱⲓ ⲛ̀ⲑⲟ ⲟⲩⲥϩⲓⲙⲓ
ⲟⲩⲟϩ ⲙ̀ⲙⲟⲛ ⲛⲟⲩⲏⲓ ⲛ̀ ⲭⲣⲟϥ ϩⲏⲡ ⲛ̀ ϧⲏⲧ ⲧⲱⲛⲓ

ⲣ̄ⲛ̄ⲃ̄. ⲁ. ⲛ̀ⲧⲉⲛϣⲗⲏⲗ ⲉⲩⲥⲟⲡ ⲟⲩⲟϩ ⲙⲉⲛⲉⲛⲥⲁ ⲡⲓϣⲗⲏⲗ
ϯⲛⲁⲓ̀ⲛⲓ ⲙ̀ ⲡⲓⲕⲟⲩⲗⲁⲧⲱⲣ ⲉ̀ⲧⲉⲙⲙⲁⲩ ⲛ̀ⲧⲉⲛⲁⲩ ⲉ̀ⲣⲟϥ 25
ⲟⲩⲟϩ ⲛ̀ⲧⲉⲛ ⲉⲣ ⲁⲥⲡⲁⲍⲉⲥⲑⲉ ⲙ̀ⲙⲟϥ ⲛ̀ ⲣⲱϥ ⲛⲉⲙ
ⲣⲱϥ ⲉ̀ϣⲱⲡ ϩⲟⲗⲱⲥ ⲧⲉ ⲙ̀ⲡϣⲁ ⲛ̀ϫⲟⲩϣⲧ ⲉ̀ϧⲟⲩⲛ
ϧⲉⲛ ⲡⲉϥϩⲟ. Ⲡⲓⲇⲓⲁ̀ⲃⲟⲗⲟⲥ ⲇⲉ ⲉ̀ⲧⲁϥⲉ̀ⲙⲓ ϫⲉ ⲁ̀

ⲉⲩⲫⲏⲙⲓⲁ ϯⲥⲩⲛⲕⲗⲏⲧⲓⲕⲏ ⲟⲣⲃⲉϥ ⲉϧⲟⲩⲛ ⲥⲁⲥⲁ
ⲛⲓⲃⲉⲛ ⲁϥⲕⲱϯ ⲛⲥⲁ ⲡⲓⲣⲏϯ ⲛ̄ ⲫⲱⲧ ⲟⲩⲟϩ ⲁϥ ⲉⲣ
ϩⲏⲧⲥ ⲛ̄ ϣⲓⲃϯ ⲛ̄ ⲡⲉϥⲓⲛⲓ ⲁϥ ⲉⲣ ⲫⲟⲣⲓⲛ ⲛ̄ ⲟⲩⲙⲟⲣ-
ⲫⲏ ⲉⲥϣⲉⲃⲓⲏⲟⲩⲧ ⲉⲙⲁϣⲱ. ϯⲥϩⲓⲙⲓ ⲇⲉ ⲉⲧ ⲧⲁⲓ-
ⲏⲟⲩⲧ ⲉⲩⲫⲏⲙⲓⲁ ϯⲥⲩⲛⲕⲗⲏⲧⲓⲕⲏ ⲉⲧⲁⲥⲛⲁⲩ ⲉⲣⲟϥ ϫⲉ 5

ⲁϥϣⲓⲃϯ ϧⲉⲛ ⲡⲉϥⲓⲛⲓ ⲁⲥ ⲉⲣ ϩⲟϯ ⲉⲙⲁϣⲱ ⲁⲥⲱϣ
ⲉⲃⲟⲗ ⲉⲥϫⲱ ⲙ̄ⲙⲟⲥ ϫⲉ ⲡⲓⲁⲣⲭⲏⲁⲅⲅⲉⲗⲟⲥ ⲙⲓⲭⲁⲏⲗ
ⲁⲣⲓ ⲃⲟⲏⲑⲓⲛ ⲉⲣⲟⲓ ϧⲉⲛ ⲧⲁⲓ ⲟⲩⲛⲟⲩ ⲛ̄ ⲁⲛⲁⲅⲕⲏ ⲫⲏ
ⲉⲧⲁϥϧⲟⲛϧⲉⲛ ⲛ̄ ϯϫⲟⲙ ⲧⲏⲣⲥ ⲛ̄ⲧⲉ ⲡⲓϫⲁϫⲓ ⲁⲣⲓ
ⲃⲟⲏⲑⲓⲛ ⲉⲣⲟⲓ ϫⲉ ⲕⲥⲱⲟⲩⲛ ⲱ ⲡⲟ̅ⲥ̅ ϫⲉ ⲛ̄ⲑⲟⲕ ⲡⲉ 10
ⲉⲧ ⲁ ⲡⲁⲙⲁⲕⲁⲣⲓⲟⲥ ⲛ̄ ϩⲁⲓ ⲧⲏⲓⲧ ⲉ ⲧⲟⲧ ⲕ ϧⲁ
ⲧϩⲏ ⲙ̄ⲡⲁⲧ ⲉϥⲓ ⲉⲃⲟⲗϧⲉⲛ ⲥⲱⲙⲁ ϫⲉ ⲭⲁⲥ ⲉⲕⲉϣⲱⲡⲓ
ⲉⲕⲣⲱⲓⲥ ⲉⲣⲟⲓ ⲟⲩⲟϩ ⲉⲕⲟⲓ ⲛ̄ ⲥⲟⲃⲧ ⲉⲧ ⲧⲁϫⲣⲏⲟⲩⲧ
ⲉⲃⲟⲗϩⲁ ⲉⲡⲓⲃⲟⲩⲗⲏ ⲛⲓⲃⲉⲛ ⲛ̄ⲧⲉ ⲡⲓϫⲁϫⲓ. ⲫⲁⲓ ⲇⲉ
ⲉⲧⲁⲥϫⲟϥ ⲁⲥ ⲉⲣ ⲥⲫⲣⲁⲅⲓⲍⲓⲛ ⲙ̄ⲙⲟⲥ ϧⲉⲛ ⲫⲣⲁⲛ 15

ⲙ̄ ⲫⲓⲱⲧ ⲛⲉⲙ ⲡϣⲏⲣⲓ ⲛⲉⲙ ⲡⲓⲡ̅ⲛ̅ⲁ̅ ⲉⲑ ⲟⲩⲁⲃ
ⲟⲩⲟϩ ϧⲉⲛ ϯⲟⲩⲛⲟⲩ ⲁ ⲡⲓⲇⲓⲁⲃⲟⲗⲟⲥ ⲃⲱⲗ ⲉⲃⲟⲗ
ⲛⲉⲙ ⲛⲉϥⲉ̄ⲛⲉⲣⲅⲓⲁ ⲧⲏⲣⲟⲩ ⲙ̄ⲡⲉⲥⲙ̄ⲑⲟ ⲉⲃⲟⲗ ⲙ̄ ⲫⲣⲏϯ
ⲛ̄ ⲟⲩⲥⲧⲁϫⲟⲩⲗ. ⲙⲉⲛⲉⲛⲥⲁ ⲛⲁⲓ ⲇⲉ ⲁ ⲡⲓⲇⲓⲁⲃⲟⲗⲟⲥ
ⲟⲩⲟⲛϩϥ ⲉⲣⲟⲥ ⲙⲉⲛⲉⲛⲥⲁ ⲟⲩⲥⲛⲟⲩ ⲉϥⲟⲓ ⲙ̄ ⲡⲥⲙⲟⲧ 20
ⲛ̄ ⲟⲩⲣⲱⲙⲓ ⲛ̄ ⲉⲑⲱϣ ⲉϥϣⲟⲩⲟ ⲉⲙⲁϣⲱ ⲉⲣⲉ ⲟⲩ-
ⲙⲟⲣⲫⲏ ⲙ̄ⲙⲟϥ ⲙ̄ ⲫⲣⲏϯ ⲛ̄ ⲟⲩϭⲓⲉ ⲙ̄ ⲃⲁⲉⲙⲡⲓ ⲉⲣⲉ
ⲛⲉϥⲃⲁⲗ ⲙⲉϩ ⲛ̄ ⲥⲛⲟϥ ⲉⲙⲁϣⲱ ⲉⲣⲉ ⲡⲓϧⲱⲓ ⲛ̄ⲧⲉ
ⲧⲉϥ ⲁⲫⲉ ⲧⲉⲥ ⲉ ⲡϣⲱⲓ ⲙ̄ ⲫⲣⲏϯ ⲛ̄ ⲟⲩⲣⲓⲣ ⲛ̄ⲧⲱⲟⲩ
ⲉⲣⲉ ⲟⲩⲥⲛϥⲓ ⲛ̄ ⲣⲟ ⲃ̄ ⲑⲟⲕⲉⲙ ϧⲉⲛ ⲧⲉϥϫⲓϫ ⲉϥⲟⲓ 25

ⲛ̄ ⲭⲁⲗⲓⲉ ⲉⲙⲁϣⲱ. ⲟⲩⲟϩ ⲉⲧⲁϥⲟϩⲓ ⲉⲣⲁⲧϥ | ⲙ̄
ⲡⲉⲥⲙ̄ⲑⲟ ⲉⲃⲟⲗ ⲁ ⲡⲉϥⲥⲑⲟⲓⲃⲱⲛ ϣⲱϣ ⲉⲃⲟⲗ ⲛⲁϩ-
ⲣⲁⲥ ⲉⲙⲁϣⲱ. ⲉⲩⲫⲏⲙⲓⲁ ⲇⲉ ϯⲥⲩⲛⲕⲗⲏⲧⲓⲕⲏ

ⲉⲧⲁⲥⲛⲁⲩ ⲉⲣⲟϥ ⲉⲧⲁϥϣⲓⲃϯ ϧⲉⲛ ⲡⲉϥⲓⲛⲓ ϧⲉⲛ ϯⲟⲩ-
ⲛⲟⲩ ⲁⲥⲣⲱⲗ ⲉϧⲟⲩⲛ ⲉ ⲡⲉⲥⲕⲟⲓⲧⲱⲛ ⲁⲥⲁⲙⲟⲛⲓ ⲛ̀
ϯⲍⲓⲕⲱⲛ ⲉⲣⲉ ⲡⲓⲗⲩⲙⲛⲏ ⲛ̀ⲧⲉ ⲡⲓⲁⲣⲭⲏⲁⲅⲅⲉⲗⲟⲥ ⲉⲑ
ⲟⲩⲁⲃ ⲙⲓⲭⲁⲏⲗ ⲉⲣ ⲍⲱⲅⲣⲁⲫⲓⲛ ⲉ̀ⲣⲟⲥ ⲁⲥϣⲱⲡⲓ ⲁⲥ
ⲉⲣ ⲁⲙⲁⲗⲏⲥ ⲉ̀ϧⲟⲩⲛ ⲉ̀ⲣⲟⲥ ⲁⲥⲱϣ ⲉ̀ⲃⲟⲗ ⲉⲥⲭⲱ 5
ⲙ̀ⲙⲟⲥ ⲥⲉ ⲡⲓⲁⲣⲭⲏⲁⲅⲅⲉⲗⲟⲥ ⲉⲑ ⲟⲩⲁⲃ ⲙⲓⲭⲁⲏⲗ
ⲁⲣⲓ ⲃⲟⲏⲑⲓⲛ ⲉ̀ⲣⲟⲓ ⲛ̀ⲧⲉⲕⲛⲁϩⲙⲉⲧ ⲛ̀ ⲧⲟⲧϥ ⲙ̀ ⲡⲓⲥⲁ-
ⲛ̀ⲭⲣⲟϥ. Ⲡⲓⲇⲓⲁⲃⲟⲗⲟⲥ ⲇⲉ ⲁϥϣⲱⲡⲓ ⲉϥⲟ̀ϩⲓ ⲉ̀ⲣⲁⲧϥ
ⲣ̄ⲡ̄ⲇ̄. ⲁ. ⲥⲁⲃⲟⲗ ⲙ̀ ⲫⲣⲟ ⲙ̀ ⲡⲓⲕⲟⲓⲧⲱⲛ ⲉⲡⲓ ⲇⲏ ⲙ̀ⲡⲉ ϥϫⲉⲙ-
ϫⲟⲙ ⲛ̀ ϩⲱⲗ ⲉ̀ϧⲟⲩⲛ ⲉⲑⲃⲉ ⲡⲱⲟⲩ ⲙ̀ ⲡⲓⲁⲣⲭⲏⲁⲅ- 10
ⲅⲉⲗⲟⲥ ⲉⲑ ⲟⲩⲁⲃ ⲙⲓⲭⲁⲏⲗ ⲉⲧⲁϥⲙⲁϩ ⲡⲓⲕⲟⲓⲧⲱⲛ
ⲁϥⲧⲁⲗⲉ ⲡⲉϥⲧⲏⲃ ϩⲓϫⲉⲛ ⲡⲉϥϣⲁⲓ ⲁϥⲥⲉⲕⲃ̀ⲣⲱⲟⲩ
ⲉ̀ⲃⲟⲗϧⲉⲛ ⲡⲉϥϫⲉⲃϣⲁⲓ ⲉϥⲱϣ ⲉ̀ⲃⲟⲗ ⲉϥϫⲱ ⲙ̀ⲙⲟⲥ
ϫⲉ ⲱ̀ ⲃⲓⲁ ⲟⲩ ⲡⲉ ϯⲛⲁⲗⲓϥ ⲛⲉ ⲉⲩⲫⲏⲙⲓⲁ̀ ⲁⲗⲓ̀ ⲉ̀-
ϧⲟⲩⲛ ϣⲁ ⲣⲟ ⲉⲓⲟⲩⲱϣ ⲉ̀ ⲉⲣ ϩⲁⲗ ⲙ̀ⲙⲟ ⲟⲩⲟϩ 15
ⲛ̀ⲧⲁⲥⲟⲕⲓ ⲉ̀ ⲡⲧⲁⲕⲟ ⲛⲉⲙⲏⲓ ⲁⲓϫⲉⲙϯ ⲉ̀ⲣⲉ ⲟ̀ⲣⲛⲟⲩⲧ
ⲉ̀ⲣⲟⲓ ⲉⲑⲃⲉ ⲧⲁⲓ ⲫⲟϫⲓ ⲛ̀ ϣⲉ ⲁⲣⲉ ⲁ̀ⲙⲟⲛⲓ ⲙ̀ⲙⲟⲥ ⲛ̀
ϣⲟⲣⲡ ⲙⲉⲛ ⲁⲓⲧⲟⲩⲛⲟⲥ ⲡⲓⲗⲁⲟⲥ ⲛ̀ⲧⲉ ⲛⲓⲟⲩⲇⲁⲓ
ⲣ̄ⲡ̄ⲇ̄. ⲃ. ⲉ̀ϫⲉⲛ ⲙⲉⲥⲓⲁⲥ ⲫⲏ ⲉⲧ ⲟⲩⲙⲟⲩⲧⲉ ⲉ̀ⲣⲟϥ ϫⲉ ⲡⲭ̄ⲥ̄
ⲉⲓⲙⲉⲩⲓ̀ ⲛⲏⲓ ⲡⲉ ϫⲉ ϯⲛⲁϣⲕⲱⲣϥ ⲛ̀ⲧⲉϥϫⲟⲙ ⲁϥⲑⲉ- 20
ⲃⲓⲟⲓ ⲛⲉⲙ ⲧⲁ ϫⲟⲙ ⲧⲏⲣⲥ ϧⲁⲧⲉⲛ ⲡⲓϣⲉ ⲛ̀ⲧⲉ ⲡⲓⲥ-
ⲧⲁⲩⲣⲟⲥ Ⲟⲩⲟϩ ⲓⲥϫⲉⲛ ϣⲟⲣⲡ ⲁ̀ⲛⲟⲕ ⲡⲉ ⲉⲧ ⲁⲓ ⲉⲣ
ϩⲁⲗ ⲛ̀ ⲁⲇⲁⲙ ⲛⲉⲙ ⲉⲩⲁ̀ ⲁⲓⲑⲣⲟⲩ ⲉⲣ ⲡⲁⲣⲁⲃⲁⲛⲓⲛ
ⲛ̀ ϯⲉⲛⲧⲟⲗⲏ ⲛ̀ⲧⲉ ⲫϯ ⲁⲓⲗⲓⲧⲟⲩ ⲛ̀ ϣⲉⲙⲙⲟ ⲉ̀ ⲡⲓ-
ⲡⲁⲣⲁⲇⲓⲥⲟⲥ ⲛⲉⲙ ⲡⲓⲙⲁ ⲛ̀ ϣⲱⲡⲓ ⲛ̀ ⲟⲩⲱⲓⲛⲓ. Ⲁ̀ⲛⲟⲕ 25
ⲟⲛ ⲡⲉ ⲉ̀ⲧⲁⲓ ⲉⲣ ϩⲁⲗ ⲛ̀ ⲛⲁ ⲁⲅⲅⲉⲗⲟⲥ ϣⲁⲧ ⲟⲩ-
ϩⲓⲧⲟⲩ ⲉ̀ⲃⲟⲗϧⲉⲛ ⲡⲟⲩⲱⲟⲩ ⲁ̀ⲛⲟⲕ ⲡⲉ ⲉ̀ⲧⲁⲓ ⲣⲉ
ⲛⲓⲁ̀ⲫⲱϥ ⲉⲣⲛⲟⲃⲓ ϣⲁⲛⲧⲉ ⲫϯ ϥⲟⲧⲟⲩ ⲉ̀ⲃⲟⲗϧⲉⲛ

ⲡⲓⲙⲱⲟⲩ ⲛ̀ ⲕⲁⲧⲁⲕⲗⲩⲥⲙⲟⲥ. ⲁ̀ⲛⲟⲕ ⲡⲉ ⲉ̀ⲧⲁⲓⲧⲁⲙⲉ

ⲣ̅ⲛ̅ⲉ̅. ⲁ. ⲛⲓⲣⲉⲙⲥⲟⲇⲟⲙⲁ ⲛⲉⲙ ⲅⲟⲙⲟⲣⲣⲁ ⲛⲉⲙ ⲑⲉⲇⲱⲓⲙ
ⲛⲉⲙ ⳝⲱⲃⲟⲓⲛ ⲉⲑⲣⲟⲩ ⲓ̀ⲣⲓ ⲛ̀ ⲛⲁⲓ ⲛⲓϣϯ ⲛ̀ ⲡⲁⲣⲁ-
ⲛⲟⲙⲓⲁ̀ ϣⲁⲛ̀ⲧⲉ ⲫϯ ⳝⲱⲟⲩ ⲉ̀ⳝⲱⲟⲩ ⲛ̀ ⲟⲩⲭⲣⲱⲙ
ⲛⲉⲙ ⲟⲩⲑⲏⲛ ⲛ̀ⲧⲉϥϥⲟⲧⲟⲩ ⲉ̀ⲃⲟⲗ. ⲁⲛⲟⲕ ⲡⲉ ⲉ̀ⲧⲁⲓ- 5
ⲧⲁⲙⲉ ⲓ̀ⲉⳅⲁⲃⲉⲗ ⲉ̀ ⲫⲛⲟⲃⲓ ⲁⲓⳜⲱⲧⲉⲃ ⲛ̀ ⲡⲓ ⲕⲉ ⲁⲭⲁⲃ
ⲛⲉⲙⲁⲥ Ⳝⲉⲛ ⲧⲉⲥ ⲡⲁⲣⲁⲛⲟⲙⲓⲁ̀. ⲁⲛⲟⲕ ⲡⲉ ⲉ̀ⲧⲁⲓ-
ⲧⲟⲩⲛⲟⲥ ⲛⲉⲛϣⲏⲣⲓ ⲛ̀ ⲡⲓⲥ̅ⲗ̅ ⲉ̀ⳃⲉⲛ ⲁⲁⲣⲱⲛ ⲁⲩϣⲱⲡⲓ
ⲉⲩϯ ⲛ̀ⲕⲁⳅ ⲛⲁϥ ϣⲁⲧⲉ ϥⲑⲁⲙⲓⲟ̀ ⲛ̀ⲱⲟⲩ ⲛ̀ ⲟⲩⲙⲁⲥⲓ
ⲛ̀ⲧⲟⲩϣⲉⲙϣⲓ ⲛ̀ⲙⲟϥ ⲉ̀ ⲁ̀ ⲫϯ ⳃⲱⲛⲧ ⲉ̀ⲣⲱⲟⲩ ⲟⲩⲟⳅ 10
ⲁϥϥⲟⲧⲟⲩ ⲉ̀ⲃⲟⲗ. ⲁ̀ⲡⲗⲱⲥ ⲛⲟⲃⲓ ⲛⲓⲃⲉⲛ ⲁ̀ⲛⲟⲕ ⲡⲉ

ⲣ̅ⲛ̅ⲉ̅. ⲃ. ⲉ̀ⲧⲁⲓⲑⲣⲟⲩϣⲱⲡⲓ. ⲱ̀ ⲙⲓⲭⲁⲏⲗ ⲙⲏ ⲛ̀ⲑⲟⲕ ⲁⲛ ⲡⲉ
ⲉ̀ⲧⲁⲕⲥⲁⲧ ⲉ̀ⲃⲟⲗⳜⲉⲛ ⲧⲫⲉ ⲛⲉⲙ ⲛⲁ ⲁⲅⲅⲉⲗⲟⲥ ⲁⲩⳜⲓⲧ
ⲉ̀Ⳝⲣⲏⲓ ⲉ̀ ϯⲗⲩⲙⲛⲏ ⲛ̀ ⲭⲣⲱⲙ ⲉ̀ⲑ ⲙⲟⳅ. ⲱ̀ ⲙⲓⲭⲁⲏⲗ
ⲓⲥ ⲧⲫⲉ ⲛⲉⲙ ⲡⲓⲕⲁⳅⲓ ⲁⲓⲭⲁⲩ ⲛⲁⲕ ⲁⲛϣⲱⲡⲓ ⲛ̀ⳅⲏⲗ 15
ⲉⲙⲛⲏⲓ ⲛⲉⲙ ⲛⲁⲓ Ⳝⲉⲛ ⲡⲓⲗⲏⲣ ⲛ̀ⲙⲁⲩⲁ̀ⲧⲉⲛ ⲉ̀ⲛⳝⲟⲣ
ⲉ̀ ⲛⲏ ⲉ̀ⲧⲉⲛⲛⲁϣⳃⲉⲙⳃⲟⲙ ⲛ̀ⲧⲁⳅⲱⲟⲩ. ⲟⲩⲁⲓ Ⳝⲉⲛ
ⲟⲩⲡⲟⲣⲛⲓⲁ̀ ⲕⲉ ⲟⲩⲁⲓ Ⳝⲉⲛ ⲟⲩⲙⲉⲧⲛⲱⲓⲕ ⲟⲩⲁⲓ Ⳝⲉⲛ
ⲟⲩⲁ̀ⲛⲁϣ ⲛ̀ ⲛⲟⲩⳃ ⲕⲉ ⲟⲩⲁⲓ Ⳝⲉⲛ ⲟⲩⲕⲁⲧⲁⲗⲁⲗⲓⲁ̀
ⲟⲩⲁⲓ Ⳝⲉⲛ ⲟⲩⲭⲣⲟϥ ⲕⲉ ⲟⲩⲁⲓ Ⳝⲉⲛ ⲟⲩⲙⲉⲧⲥⲁⲛⲕⲟⲧⲥ 20
ⲟⲩⲁⲓ Ⳝⲉⲛ ⲟⲩⲭⲟⳅ ⲕⲉ ⲟⲩⲁⲓ Ⳝⲉⲛ ⲟⲩⲉⲗⲕϣⲁⲓ ⲟⲩⲁⲓ
Ⳝⲉⲛ ⲟⲩⲃⲓⲟⲅⲓ̀. Ⲉϣⲱⲡ ⲁⲛϣⲁⲛⲉ̀ⲙⲓ ⳃⲉ ⲙ̀ⲡⲉ ⲛ̅ϣ̅-

ⲣ̅ⲛ̅ⳅ̅. ⲁ. ⳃⲉⲙⳃⲟⲙ ⲉ̀ⲣⲟϥ Ⳝⲉⲛ ⲟⲩⳃⲟⲣⳃⲥ ⲛ̀ ⲡⲁⲓ ⲣⲏϯ ϣⲁⲛ-
ⲓⲛⲓ ⲉ̀Ⳝⲣⲏⲓ ⲉ̀ⳝⲱϥ ⲛ̀ ⲟⲩⳅⲓⲛⲓⲙ ⲉϥⲟϣ ⳃⲉ ⲭⲁⲥ ⲛ̀ⲛⲉϥ-
ⲣⲱⲓⲥ ⲛ̀ⲧⲉϥ ⲉⲣ ⲟⲩⲥⲟⲡ ⲛ̀ ϣⲗⲏⲗ Ⳝⲁ ⲛⲉϥⲛⲟⲃⲓ. 25
Ⳅⲏⲡⲡⲉ ⲗⲟⲓⲡⲟⲛ ⲁⲛⲭⲱ ⲛ̀ⲧⲫⲉ ⲛⲉⲙ ⲡⲓⲕⲁⳅⲓ ⲛⲁⲕ
ⲉϣⲧⲉⲙⲑⲣⲉⲛⲛⲁⲩ ⲉ̀ ⲡⲉⲕⳅⲟⲩ ⲉ ⲧⲉⲕⲙⲟⲣⲫⲏ ϯ ⳅⲟⳅ
ⲛⲁⲛ ⲉ̀ⲙⲁϣⲱ ⲟⲩⲟⳅ ⲧⲉⲕⲥⲧⲟⲗⲏ ⲉⲧ Ⳝⲉⲛ ⲧⲁⲓ ⳅⲱⲅ-

ⲣⲁⲫⲓⲁ ⲉⲧ ϧⲉⲛ ⲧⲁⲓ ⲫⲟⲥⲓ ⲛ̀ ϣⲉ ⲉⲥⲫⲱⲧⲥ̀ ϧⲉⲛ
ϩⲁⲛⲫⲁϩⲣⲓ ⲛ̀ ⲗⲟⲅⲓⲗⲃⲁⲛ ⲁⲥϭⲣⲟ ⲉ̀ ⲧⲁⲓ ⲛⲓϣϯ ⲛ̀
ⲥⲟⲙ ⲛ̀ ⲫⲟⲟⲩ. Ⲟⲩϣⲉ ϥⲏ ⲉ̀ⲧⲁⲩⲁⲓϥ ⲛ̀ ⲥⲧⲁⲩⲣⲟⲥ
ϣⲁⲧⲉ ϥ̀ⲫⲱⲣⲕ ⲛ̀ ⲧⲁ ⲛⲟⲩⲛⲓ ϩⲁ ⲧⲥⲏ ⲛ̀ ⲫⲟⲟⲩ

ⲣ̅ⲓ̅ⲅ̅. ⲃ. ⲟⲩϣⲉ ⲟⲛ ϯⲛⲟⲩ ⲡⲉ ⲉⲣⲉ ⲧⲉⲕⲥⲓⲕⲱⲛ ⲫⲟⲧⲥ̀ ⲉ̀ⲣⲟϥ 5
ⲱ̀ ⲙⲓⲭⲁⲏⲗ ⲡⲉ ⲉ̀ⲧⲁⲥ ⲉⲣ ⲕⲱⲗⲓⲛ ⲛ̀ⲙⲟⲓ ⲟⲩⲟϩ ⲁⲥϭⲣⲟ
ⲉ̀ⲣⲟⲓ ⲛⲉⲙ ⲧⲁ ⲥⲟⲙ ⲧⲏⲣⲥ ⲛ̀ ⲫⲟⲟⲩ ⲙ̀ⲡ ⲁⲥⲭⲁⲧ
ⲛ̀ⲧⲁⲥⲱⲕ ⲛ̀ ⲡⲁ ⲟⲩⲱϣ ⲉ̀ⲃⲟⲗ ⲛⲉⲙ ⲉⲩⲫⲏⲙⲓⲁ
ϯⲥⲩⲛⲕⲗⲏⲧⲓⲕⲏ. Ⲱ ⲃⲓⲁ ⲛ̀ ⲫⲟⲟⲩ ⲉ̀ⲣⲉ ⲙⲓⲭⲁⲏⲗ ϯ
ϩⲓⲥⲓ ⲛⲏⲓ ⲥⲁ ⲥⲁ ⲛⲓⲃⲉⲛ ⲁⲓϩⲱϣ ⲟⲩⲡⲉ ϯⲛⲁⲁⲓϥ ⲛⲉ 10
ⲱ̀ ⲉⲩⲫⲏⲙⲓⲁ ϯⲥⲩⲛⲕⲗⲏⲧⲓⲕⲏ ⲁⲣⲉ ⲥⲱ ⲙ̀ⲙⲟⲥ ϯⲛⲟⲩ
ⲥⲉ ϯⲛⲁϣⲥⲉⲙⲥⲟⲛ ⲉ̀ⲣⲟ ⲁⲛ ⲉ̀ⲣⲉ ⲉⲣ ⲑⲁⲣⲓⲛ ⲉ̀ ⲧⲁⲓ
ⲕⲟⲩϫⲓ ⲛ̀ ⲫⲟⲥⲓ ⲛ̀ ϣⲉ ⲉⲧ ϧⲉⲛ ⲛⲉⲥⲓⲥ. Ⲓⲥⲭⲉ ⲁϩⲁ
ⲓⲉ ⲁⲣⲓ ⲉ̀ⲙⲓ ⲛⲉ ⲥⲉ ϯⲛⲏⲟⲩ ϣⲁ ⲣⲟ ⲟⲛ ϧⲉⲛ ⲟⲩⲉ̀ϩⲟⲟⲩ ⲉ̀ⲣⲉ ⲥⲱⲟⲩⲛ ⲛ̀ⲙⲟϥ ⲁⲛ ⲉ̀ⲧⲉ ⲥⲟⲩ ⲓ̅ⲃ̅ ⲙ̀ 15

ⲣ̅ⲓ̅ⲍ̅. ⲁ. ⲡⲁⲱⲛⲓ ⲡⲓϩⲟⲟⲩ ⲉ̀ⲧⲉⲙⲙⲁⲩ ϣⲁⲩⲥⲉⲙ ⲙⲓⲭⲁⲏⲗ
ⲉϥⲑⲟⲩⲏⲧ ⲛⲉⲙ ⲛⲓⲁⲅⲅⲉⲗⲟⲥ ⲉϥϥⲁϩⲧ ⲛⲉⲙ ϯⲁⲅ-
ⲅⲉⲗⲓⲕⲏ ⲧⲏⲣⲥ ⲥⲁⲃⲟⲗ ⲛ̀ ⲡⲓⲕⲁⲧⲁⲡⲉⲧⲁⲥⲙⲁ ⲛ̀ⲧⲉ
ⲫⲓⲱⲧ ⲉⲑⲃⲉ ⲛⲓⲙⲱⲟⲩ ⲛ̀ⲧⲉ ⲫⲓⲁⲣⲟ ⲛ̀ ⲭⲏⲙⲓ ⲟⲩⲟϩ
ⲉⲑⲃⲉ ⲛⲓⲓ̀ⲱϯ ⲛⲉⲙ ⲛⲓⲙⲱⲟⲩ ⲛ̀ ϩⲱⲟⲩ. Ⲟⲩⲟϩ 20
ϯⲥⲱⲟⲩⲛ ⲁ̀ⲛⲟⲕ ⲛ̀ ⲫⲁⲓ ⲥⲉ ϣⲁⲥϣⲱⲡⲓ ⲛ̀ⲧⲉϥ ⲉⲣ
ⲅ̅ ⲛ̀ ⲉ̀ϩⲟⲟⲩ ⲛⲉⲙ [ⲅ̅] ⲛ̀ ⲉ̀ϫⲱⲣϩ ⲙ̀ⲡ ⲁϥⲕⲏⲛ ⲉϥⲧⲱⲃϩ
ⲟⲩⲟϩ ⲉϥϥⲁϩⲧ ⲁⲧϭⲛⲉ ⲧⲱⲟⲩⲛⲟⲩ ⲉ̀ ⲡϣⲱⲓ ϣⲁⲛⲧⲉ
ⲫϯ ⲥⲱⲧⲉⲙ ⲉ̀ⲣⲟϥ ⲛ̀ⲧⲉϥ ⲉⲣ ⲭⲁⲣⲓⲍⲉⲥⲑⲉ ⲛⲁϥ ⲛ̀
ⲡⲉϥ ⲉ̀ⲧⲏⲙⲁ. Ⲗⲟⲓⲡⲟⲛ ⲁⲓϣⲁⲛⲓ ⲉ̀ ⲡⲓⲉ̀ϩⲟⲟⲩ ⲉ̀ⲧⲉⲙ- 25

ⲣ̅ⲓ̅ⲍ̅. ⲃ. ⲙⲁⲩ ϯⲛⲁⲓ ⲛⲉ ⲉⲓⲥⲉⲃⲧⲱⲧ ϧⲉⲛ ⲧⲁⲓ ⲛⲓϣϯ ⲛ̀ⲥⲟⲙ
ⲛ̀ⲧⲁⲗ̀ⲙⲟⲛⲓ ⲛ̀ ⲧⲁⲓ ⲫⲟⲥⲓ ⲛ̀ ϣⲉ ⲉⲧ ϧⲉⲛ ⲛⲉⲥⲓⲥ ⲛ̀ⲧⲁⲗⲓ
ⲙ̀ ⲙⲉⲣⲟⲥ ⲙⲉⲣⲟⲥ ⲉ̀ϩⲣⲏⲓ ⲉ̀ϫⲉⲛ ⲧⲉ ⲁ̀ⲫⲉ ⲛ̀ⲧⲉⲛⲁⲩ ⲥⲉ

ⲧⲉⲣⲁⲍⲉ ⲛ̇ ⲡⲓⲁⲣⲭⲏⲁⲅⲅⲉⲗⲟⲥ ⲙⲓⲭⲁⲏⲗ ⲛ̇ⲛⲁⲓ ⲛ̇ⲧⲉϥ
ⲉⲣ ⲃⲟⲏⲑⲓⲛ ⲉ̇ ⲣⲟⲙⲡⲓ ⲉ̇ⲥ̇ⲟⲟⲩ ⲉ̇ⲧⲉⲙⲙⲁⲩ. Ⲛⲁⲓ ⲇⲉ
ⲉⲥⲥⲱⲧⲉⲙ ⲉ̇ⲣⲱⲟⲩ ⲛ̇ⲭⲉ ϯⲥ̇ⲓⲙⲓ ⲛ̇ ⲥⲁⲃⲏ ⲉ̇ⲧⲉⲙⲙⲁⲩ
ⲁⲥϭⲓ ⲛⲁⲥ ⲛ̇ ϯⲍ̇ⲓⲕⲱⲛ ⲛ̇ⲧⲉ ⲡⲓⲁⲣⲭⲏⲁⲅⲅⲉⲗⲟⲥ ⲙⲓ-
ⲭⲁⲏⲗ ⲁⲥϭⲟϫⲓ ⲛ̇ⲥⲱϥ ⲥⲁⲃⲟⲗ ⲛ̇ ⲫⲣⲟ ⲛ̇ ⲡⲉⲥⲕⲟⲓⲧⲱⲛ 5
ⲟⲩⲟϩ ϧⲉⲛ ϯⲟⲩⲛⲟⲩ ⲁϥ ⲉⲣ ⲗⲑⲟⲩⲱⲛϩ ⲉ̇ⲃⲟⲗ ⲛ̇
ⲣ̅ⲡ̅ⲏ̅. ⲁ. ⲡⲉⲥⲙ̇ⲑⲟ ϯⲥ̇ⲓⲙⲓ ⲇⲉ ⲉ̇ⲧ ⲧⲁⲓⲛⲟⲩⲧ ⲉ̇ⲧⲉⲙⲙⲁⲩ
ⲉⲩⲫⲏⲙⲓⲁ ϯⲥⲩⲛⲕⲗⲏⲧⲓⲕⲏ ⲁⲥϣⲱⲡⲓ ⲉⲥⲓ̇ⲣⲓ ⲛ̇ ϩⲁⲛϯϩ
ⲛⲉⲙ ϩⲁⲛϣⲗⲏⲗ ⲉⲩⲟϣ ⲛ̇ ⲡⲓⲉ̇ϩⲟⲟⲩ ⲛⲉⲙ ⲡⲓⲉ̇-
ϫⲱⲣϩ ⲓⲥϫⲉⲛ ⲡⲓⲉ̇ϩⲟⲟⲩ ⲉ̇ⲧ ⲁ ⲡⲓⲇⲓⲁⲃⲟⲗⲟⲥ ϣⲉ ⲛⲁϥ 10
ⲉ̇ⲃⲟⲗ ϩⲁⲣⲟⲥ ϣⲁ ⲡⲓⲉ̇ϩⲟⲟⲩ ⲉ̇ⲧⲁϥϫⲟⲥ ϫⲉ ϯⲛⲏⲟⲩ
ⲛ̇ⲧⲁϯ ⲛⲉⲙⲉ ⲉ̇ⲧⲉ ⲥⲟⲩ ⲓ̅ⲃ̅ ⲛ̇ ⲡⲁⲱ̇ⲛⲓ ⲡⲉ. Ⲟⲩⲟϩ
ⲛⲁⲥⲧϩⲟ ⲛ̇ ⲫϯ ⲡⲉ ⲛⲉⲙ ⲡⲓⲁⲣⲭⲏⲁⲅⲅⲉⲗⲟⲥ ⲉ̇ⲑ
ⲟⲩⲁⲃ ⲙⲓⲭⲁⲏⲗ ⲉⲑⲣⲉϥϣⲱⲡⲓ ⲛⲁⲥ ⲛ̇ ⲃⲟⲏⲑⲟⲥ ⲛⲉⲙ
ⲛⲁϣϯ. Ⲁⲥϣⲱⲡⲓ ⲇⲉ ϧⲉⲛ ⲥⲟⲩ ⲓ̅ⲃ̅ ⲛ̇ ⲡⲁⲱ̇ⲛⲓ 15
ⲡⲉϩⲟⲟⲩ ⲛ̇ ⲡⲓⲁⲣⲭⲏⲁⲅⲅⲉⲗⲟⲥ ⲙⲓⲭⲁⲏⲗ ⲁ̀ ⲉⲩⲫⲏⲙⲓⲁ
ⲣ̅ⲡ̅ⲏ̅. ⲃ. ⲥⲟⲃϯ ⲛ̇ ⲛⲏⲉ̇ⲧⲟⲩ ⲛⲁ ⲉⲣ ⲭⲣⲓⲁ̀ ⲛ̇ⲙⲟϥ ⲉ̇ ⲡϣⲁⲓ
ⲛ̇ ⲙⲓⲭⲁⲏⲗ ⲓ̇ⲧⲉ ϯⲡⲣⲟⲥⲫⲟⲣⲁ ⲛⲉⲙ ϯⲁⲡⲁⲣⲭⲏ ⲛ̇ⲧⲉ
ⲡⲓⲗⲁⲟⲥ ϧⲉⲛ ⲡⲓⲧⲟⲡⲟⲥ ⲓ̇ⲧⲉ ⲡⲥⲟⲃϯ ⲛ̇ ⲛⲓⲥⲛⲏⲟⲩ
ϧⲉⲛ ⲡⲓⲙⲁ ⲛ̇ ϣⲱⲡⲓ ⲙⲉⲛⲉⲛⲥⲁ ϯϩⲓⲣⲏⲛⲓ ⲁⲡⲗⲱⲥ 20
ⲁⲥϥⲓ ⲫⲣⲱⲟⲩϣ ⲛ̇ ⲡⲓϣⲁⲓ ⲛ̇ ⲕⲁⲗⲱⲥ ⲕⲁⲧⲁ ⲡⲉⲧⲥϣⲉ
ⲉ̇ⲡⲓ ⲁⲛ ⲛⲉ ⲟⲩⲣⲁⲙⲁⲟ̇ ⲧⲉ ⲉ̇ⲙⲁϣⲱ. Ⲡⲓⲇⲓⲁⲃⲟⲗⲟⲥ
ⲇⲉ ⲡⲓⲙⲁⲥⲧⲉ ⲡⲉⲑⲛⲁⲛⲉϥ ⲛ̇ ⲥⲏⲟⲩ ⲛⲓⲃⲉⲛ ⲙ̇ⲡⲉ
ϥϣϥⲁⲓ ⲉ̇ⲣⲟϥ ⲉϥⲛⲁⲩ ⲉ̇ ⲡⲓⲁ̀ⲅⲁⲑⲟⲥ ⲉ̇ⲣⲉ ⲧⲁⲓ ⲥϩⲓⲙⲓ
ⲓ̇ⲣⲓ ⲛ̇ⲙⲱⲟⲩ ⲉⲥⲥⲟⲃϯ ⲛ̇ⲙⲱⲟⲩ ⲉ̇ⲑⲣⲉⲥⲧⲏⲓⲧⲟⲩ ϧⲉⲛ 25
ⲡϣⲁⲓ ⲛ̇ ⲡⲓⲁⲣⲭⲏⲁⲅⲅⲉⲗⲟⲥ ⲉ̇ⲑ ⲟⲩⲁⲃ ⲙⲓⲭⲁⲏⲗ
ⲣ̅ⲡ̅ⲑ̅. ⲁ. ⲉ̇ⲧ ⲁ ⲡⲓⲟⲩⲱⲓⲛⲓ ⲓ̇ ⲉ̇ⲃⲟⲗ ⲛ̇ ϩⲁⲛⲁⲧⲟⲟⲩⲓ̇ ⲛ̇ ⲥⲟⲩ
ⲓ̅ⲃ̅ ⲛ̇ ⲡⲁⲱ̇ⲛⲓ ⲉ̇ⲧⲓ ⲉⲥⲟϩⲓ ⲉ̇ ⲣⲁⲧⲥ ⲉⲥϣⲗⲏⲗ ⲛ̇

ⲫⲛⲁⲩ ⲛ̇ ϣⲱⲣⲡ ⲉⲥⲉⲣⲉ̇ⲧⲓⲛ ⲙ̇ ⲫϯ ϧⲉⲛ ⲫⲣⲁⲛ ⲛ̇
ⲡⲓⲁⲣⲭⲏⲁⲅⲅⲉⲗⲟⲥ ⲙⲓⲭⲁⲏⲗ ⲉ̇ⲑⲣⲉϥⲟ̇ϩⲓ ⲉ̇ ⲣⲁⲧϥ
ⲛⲉⲙⲁⲥ ϣⲁⲧ ⲉⲥϫⲱⲕ ⲉ̇ⲃⲟⲗ ⲛ̇ ⲡⲓϣⲉⲙϣⲓ ⲉ̇ⲧⲁⲥ-
ϭⲓⲧⲟⲧⲥ ⲉ̇ⲣⲟϥ ⲟⲩⲟϩ ⲛ̇ⲧⲉϥⲛⲁϩⲙⲉⲥ ⲉ̇ ⲡⲓⲕⲟⲧⲥ
ⲧⲏⲣⲟⲩ ⲛ̇ⲧⲉ ⲡⲓⲇⲓⲁ̇ⲃⲟⲗⲟⲥ. ϩⲏⲡⲡⲉ ⲓ̇ⲥ ⲡⲓⲇⲓⲁ̇ⲃⲟⲗⲟⲥ 5
ⲁϥⲓ̇ ⲁϥⲟ̇ϩⲓ ⲉ̇ ⲣⲁⲧ ϥ ⲙ̇ⲡⲉⲥⲙ̇ⲑⲟ ⲉ̇ⲃⲟⲗ ⲉϥⲟⲓ ⲙ̇
ⲡⲥⲙⲟⲧ ⲛ̇ ⲟⲩⲁⲣⲭⲏⲁⲅⲅⲉⲗⲟⲥ ⲉ̇ⲣⲉ ϩⲁⲛⲛⲓϣϯ ⲛ̇
ⲧⲉⲛϩ ⲙ̇ⲙⲟϥ ⲉϥⲙⲏⲣ ⲛ̇ ⲟⲩⲙⲟϫϧ ⲛ̇ ⲛⲟⲩⲃ ϩⲓϫⲉⲛ
ⲣⲛⲑ. ⲃ. ⲧⲉϥϯⲡⲓ ⲉϥⲧⲟⲧⲥ ⲛ̇ ⲱ̇ⲛⲓ ⲙ̇ⲙⲏⲓ   ⲉⲣⲉ ⲟⲩⲭⲗⲟⲙ
ϩⲓϫⲉⲛ ⲧⲉϥⲁ̇ⲫⲉ ⲁϥⲑⲁⲙⲓⲟⲩⲧⲉ ⲉ̇ⲃⲟⲗϧⲉⲛ ϩⲁⲛⲱ̇ⲛⲓ 10
ⲙ̇ ⲙⲁⲣⲅⲁⲣⲓⲧⲏⲥ ⲉ̇ⲛⲁϣⲉ ⲛ̇ ⲥⲟⲩⲉⲛⲟⲩ ⲉⲣⲉ ⲟⲩϣ-
ⲃⲱⲧ ⲛ̇ ⲛⲟⲩⲃ ϧⲉⲛ ⲧⲉϥϫⲓϫ ⲛ̇ ⲟⲩⲓ̇ⲛⲁⲙ ⲁⲗⲗⲁ ⲡⲓ-
ⲙⲏⲓⲛⲓ ⲛ̇ⲧⲉ ⲡⲓⲥⲧⲁⲩⲣⲟⲥ ⲉ̇ⲑ ⲟⲩⲁⲃ ⲭⲏ ϩⲓϫⲱϥ ⲁⲛ.
ⲉ̇ⲧⲁϥⲓ̇ ⲁϥⲟϩⲓ ⲉ̇ⲣⲁⲧϥ ⲙ̇ⲡⲉⲥⲙ̇ⲑⲟ ⲉ̇ⲃⲟⲗ ⲉϥϧⲉⲛ
ⲡⲁⲓ ⲛⲓϣϯ ⲛ̇ ⲱⲟⲩ ⲛ̇ ⲧⲁⲓ ⲙⲁⲓⲏ ⲉ̇ⲧⲁⲥⲛⲁⲩ ⲉ̇ⲣⲟϥ 15
ⲁⲥ ⲉⲣ ϩⲟϯ ⲉ̇ⲙⲁϣⲱ ⲁⲥϩⲉⲓ ϩⲓϫⲉⲛ ⲡⲓⲕⲁϩⲓ. ⲛ̇ⲑⲟϥ
ⲇⲉ ⲁϥϯⲧⲟⲧⲥ ⲁϥⲧⲟⲩⲛⲟⲥⲥ ⲡⲉϫⲁϥ ⲛⲁⲥ ϫⲉ ⲙ̇ⲡ ⲉⲣ
ⲉⲣϩⲟϯ ⲱ̇ ϯⲥϩⲓⲙⲓ ⲉⲧ ⲧⲁⲓⲏⲟⲩⲧ ⲙ̇ⲡⲉⲙⲑⲟ ⲙ̇ ⲫϯ
ⲣⲕ. ⲁ. ⲛⲉⲙ ⲛⲉϥⲁⲅⲅⲉⲗⲟⲥ ⲉ̇ⲑ ⲟⲩⲁⲃ   ⲭⲉⲣⲉ ϯⲥϩⲓⲙⲓ ⲉ̇ⲧ
ⲁ ⲡⲉⲥⲙⲁⲕⲁⲣⲓⲟⲥ ⲛ̇ ϩⲁⲓ ϫⲉⲙ ϩⲙⲟⲧ ⲙ̇ⲡⲉⲙⲑⲟ ⲙ̇ 20
ⲫϯ. ⲛ̇ⲑⲟ ⲇⲉ ϩⲱⲓ ⲁ ⲡⲉⲙⲁⲕⲁⲣⲓⲥⲙⲟⲥ ϣⲱⲡⲓ ⲙ̇
ⲫⲣⲏϯ ⲛ̇ ⲟⲩⲗⲁⲙⲡⲁⲥ ⲉϥ ⲉⲣ ⲟⲩⲱⲓⲛⲓ ⲙ̇ ⲡⲉⲙⲑⲟ ⲙ̇ ⲫϯ
ⲭⲉⲣⲉ ⲑⲏ ⲉ̇ⲧ ⲁ ⲛⲉⲥ ⲑⲩⲥⲓⲁ ⲛⲉⲙ ⲛⲉⲥ ⲁ̇ⲅⲁⲡⲏ ϣⲱⲡⲓ ⲙ̇
ⲫⲣⲏϯ ⲛ̇ ⲟⲩⲥⲟⲃⲧ ⲛ̇ ⲁⲇⲁⲙⲁⲛⲧⲓⲛⲟⲛ ⲉ̇ ϯⲟⲓⲕⲟⲩⲙⲉⲛⲏ
ⲧⲏⲣⲥ ϫⲉ ⲛ̇ⲛⲉ ⲡⲓⲇⲓⲁ̇ⲃⲟⲗⲟⲥ ⲉⲧ ϩⲱⲟⲩϣ ⲉⲣ ϩⲁⲗ 25
ⲙ̇ⲙⲟⲥ. ⲁⲣⲓ ⲡⲓⲥⲧⲉⲩⲓⲛ ⲛⲏⲓ ⲱ̇ ϯⲥϩⲓⲙⲓ ⲉ̇ⲧ ⲥⲙⲁ-
ⲣⲱⲟⲩⲧ ϫⲉ ⲉⲓⲛⲏⲟⲩ ⲉ̇ⲃⲟⲗϩⲓⲧⲉⲛ ⲫϯ ⲡⲓⲡⲁⲛⲧⲟ-
ⲕⲣⲁⲧⲱⲣ ⲁⲓⲛⲁⲩ ⲉ̇ ⲛⲉ ϣⲗⲏⲗ ⲉ̇ⲧ ⲁⲣⲉⲓⲧⲟⲩ ⲙ̇

ⲣⲓ̅ⲉ̅. ⲃ̅. ⲫⲟⲟⲩ ⲁⲩⲓ̀ ⲉ̀ ⲡϣⲱⲓ ⲙ̀ ⲡⲉⲙⲑⲟ ⲙ̀ ⲫϯ ⲉⲩ ⲉⲣ
ⲟⲩⲱⲓⲛⲓ ⲉ̀ⲍⲟⲧⲉ ⲫⲣⲏ ⲛ̀ ⲟⲩⲑⲃⲁ ⲛ̀ ⲕⲱⲃ ⲛ̀ ⲥⲟⲡ
ⲁⲩϣⲱⲡⲓ ⲉⲩϭⲓ ⲁⲕⲧⲓⲛ ⲉ̀ⲃⲟⲗ ⲉ̀ⲙⲁϣⲱ ⲁⲩϣⲑⲟⲣⲧⲉⲣ
ⲛ̀ ϯⲁⲅⲅⲉⲗⲓ ⲧⲏⲣⲥ. Ⲟⲩⲟϩ ⲁϥⲟⲩⲟⲣⲡⲧ ϣⲁⲣⲟ ⲛ̀ϫⲉ
ⲫϯ ⲟⲩⲟϩ ⲁϥϫⲱ ⲛ̀ ϩⲁⲛⲥⲁϫⲓ ⲛⲏⲓ ϫⲉ ⲛ̀ⲧⲁϫⲟⲧⲟⲩ 5
ⲛⲉ ϫⲉ ⲭⲁⲥ ⲛ̀ⲧⲉⲥⲱⲧⲉⲙ ⲛ̀ⲛⲏ ⲉ̀ⲑ ⲛⲁⲓ ⲉ̀ⲃⲟⲗϧⲉⲛ ⲣⲱⲓ
ϩⲓⲛⲁ ⲛ̀ⲧⲉϫⲓⲙⲓ ⲛ̀ ⲟⲩⲛⲓϣϯ ⲛ̀ ⲧⲁⲓⲟ ⲙ̀ ⲡⲉⲙⲑⲟ ⲙ̀
ⲫϯ. Ⲧⲉ ⲥⲱⲟⲩⲛ ϫⲉ ⲁϥⲕⲏⲛ ⲉ̀ϫⲟⲥ ⲛ̀ϫⲉ ⲫϯ ϫⲉ
ϥⲥⲱⲧⲡ ⲛ̀ϫⲉ ⲡⲓⲥⲱⲧⲉⲙ ⲉ̀ϩⲟⲧⲉ ⲡⲓϣⲟⲩϣⲱⲟⲩϣⲓ ⲟⲩⲟϩ
ⲉ̀ ⲁⲣⲉ ϣⲁⲛ ⲉⲣ ⲁⲧ ⲥⲱⲧⲉⲙ ⲛ̀ⲥⲁ ⲛⲏ ⲉ̀ ϯⲛⲁϫⲟⲧⲟⲩ 10
ⲣⲓ̅ⲋ̅. ⲁ̅. ⲛⲉ ⲁⲛⲟⲕ ⲁⲛ ⲡⲉ ⲉⲧ ⲁⲣⲉ ⲉⲣ ⲁⲧ ⲥⲱⲧⲉⲙ ⲛ̀ⲥⲱϥ
ⲁⲗⲗⲁ ⲫϯ ⲡⲉ ⲉⲧⲑⲛⲟⲩⲧ ⲅⲁⲣ ϫⲉ ⲁⲧ ⲥⲱⲧⲉⲙ ⲛⲓⲃⲉⲛ
ⲁϥϣⲟⲡ ϧⲉⲛ ⲡⲧⲁⲕⲟ. Ⲁⲥ ⲉⲣ ⲟⲩⲱ ⲛ̀ϫⲉ ϯⲥϩⲓⲙⲓ
ⲛ̀ ⲥⲁⲃⲏ ⲉⲥϫⲱ ⲙ̀ⲙⲟⲥ ϫⲉ ⲙⲁⲧⲁⲙⲟⲓ ϫⲉ ⲁϣ ⲛⲉ
ⲛⲓⲥⲁϫⲓ ⲉ̀ⲧⲁϥϩⲉⲛϩⲱⲛⲕ ⲉ̀ⲣⲱⲟⲩ ⲛ̀ϫⲉ ⲫϯ ⲉⲑⲣⲉⲕ- 15
ϫⲟⲧⲟⲩ ⲛⲏⲓ ⲁⲛⲟⲕ ϯⲛⲁⲓⲧⲟⲩ ⲟⲩⲟϩ ⲛ̀ⲧⲁⲁⲣⲉϩ
ⲉ̀ⲣⲱⲟⲩ. Ⲁϥⲉⲣ ⲟⲩⲱ ⲛ̀ϫⲉ ⲡⲓⲇⲓⲁⲃⲟⲗⲟⲥ ⲉϥϫⲱ
ⲙ̀ⲙⲟⲥ ϫⲉ ⲁ ⲫϯ ϩⲟⲛϩⲉⲛ ⲉ̀ ⲧⲟⲧ ⲉⲛⲛⲏⲟⲩ ⲉ̀ⲃⲟⲗ-
ϩⲓ ⲧⲟⲧϥ ⲉⲛⲛⲏⲟⲩ ϩⲁⲣⲟ ϫⲉ ϩⲱ ⲉ̀ⲣⲟ ⲉ̀ⲣⲉⲧⲁⲕⲟ ⲙ̀
ⲡⲉⲧⲉⲛⲧⲉ ⲡⲉⲙⲁⲕⲁⲣⲓⲟⲥ ⲛ̀ ϩⲁⲓ ⲁⲣⲉ ϫⲱ ⲙ̀ⲙⲟⲥ ϫⲉ 20
ⲣⲓ̅ⲋ̅. ⲃ̅. ⲉⲓϯ ⲁ̀ⲅⲁⲡⲏ ϧⲁ ⲡⲟⲩϫⲁⲓ ⲛ̀ ⲧⲉϥⲯⲩⲭⲏ. Ⲓⲥ ⲡⲉϫⲁⲓ
ⲁϥ ⲉⲣ ⲕⲗⲏⲣⲟⲛⲟⲙⲓⲛ ⲛ̀ ⲛⲓⲁⲅⲁⲑⲟⲛ ⲛ̀ⲧⲉ ⲑⲙⲉⲧⲟⲩⲣⲟ
ⲛ̀ ⲛⲓⲫⲏⲟⲩⲓ̀. Ⲟⲩ ⲅⲁⲣ ⲉ̀ⲣⲟ ⲡⲉ ⲉ̀ ⲡⲗⲱⲁⲓ ⲛ̀ ⲛⲁⲓ
ⲡⲣⲟⲥⲫⲟⲣⲁ̀ ⲛⲉⲙ ⲛⲁⲓ ⲁ̀ⲅⲁⲡⲏ ⲧⲏⲣⲟⲩ ⲉ̀ⲣⲉϯ ⲙ̀ⲙⲱⲟⲩ
ⲛⲉⲙ ⲛⲁⲓ ϣⲗⲏⲗ ⲉⲧ ⲟϣ ⲉⲣⲉ ⲓ̀ⲣⲓ ⲙ̀ⲙⲱⲟⲩ. Ϯ ⲟⲩ- 25
ⲕⲟⲩϫⲓ ⲟⲩⲟϩ ⲭⲁ ⲟⲩⲕⲟⲩϫⲓ ϧⲉⲛ ⲡⲉⲛ ⲙⲏⲡⲱⲥ
ⲛ̀ⲧⲉ ⲉⲣ ϧⲁⲉ̀ ⲙⲉⲛⲉⲛⲥⲁ ⲟⲩⲥⲏⲟⲩ. Ⲟⲩⲟϩ ⲙⲉⲛⲉⲛⲥⲁ
ⲛⲁⲓ ⲉ̀ϣⲱⲡ ⲛ̀ⲧⲉ ⲡⲓⲇⲓⲁⲃⲟⲗⲟⲥ ⲛⲁⲩ ⲉ̀ⲣⲟ ⲙ̀ ⲡⲁⲓ

ⲣⲏϯ ⲉⲣⲉ ϯⲁⲅⲁⲡⲏ ϭⲛⲁⲭⲟⲥ ⲉⲣⲟ ⲛ̀ⲧⲉϥϣⲱⲣ ⲉⲃⲟⲗ
ⲛ̀ ⲡⲉⲧⲉⲛⲧⲉ ⲕⲁⲧⲁ ⲫⲣⲏϯ ⲉⲧⲁϥϣⲱⲣ ⲉⲃⲟⲗ ⲛ̀
ⲣ̅ⲕ̅ⲃ̅. ⲁ. ⲛ̀ⲥⲩⲡⲁⲣⲭⲟⲛⲧⲁ ⲛ̀ⲧⲉ ⲓⲱⲃ | ⲉ̀ⲡⲓ ⲇⲏ ⲓⲱⲃ ⲍⲱϥ
ⲛⲁϥⲓⲣⲓ ⲙ̀ ⲡⲁⲓ ⲣⲏϯ ⲛ̀ ⲛⲓⲍⲏⲕⲓ ⲉⲑⲃⲉ ⲫⲁⲓ ⲁϥⲧⲁⲕⲟ
ⲙ̀ ⲡⲉⲛⲧⲁϥ ⲧⲏⲣϥ ⲟⲩⲟⲥ ⲁϥⲃⲱⲗ ⲙ̀ⲡⲉϥ ⲕⲉ ⲥⲱⲙⲁ 5
ϧⲉⲛ ϩⲁⲛϭⲉⲛⲧ ⲉⲩϩⲱⲟⲩ ⲛⲉⲙ ⲛⲓⲛⲕⲁϩ ⲛ̀ϩⲏⲧ
ⲛ̀ⲧⲉ ⲛⲉϥϣⲏⲣⲓ ⲛⲉⲙ ⲛⲉϥϣⲏⲣⲓ (sic) ⲁϥⲑⲣⲉ ⲡⲓⲓⲓ
ϩⲓⲓ ⲉ̀ϧⲣⲏⲓ ⲉ̀ϫⲱⲟⲩ ⲟⲩⲟϩ ⲁⲩⲙⲟⲩ ⲛ̀ ⲟⲩⲥⲟⲡ ⲛ̀
ⲟⲩⲱⲧ. Ⲓⲥ ⲫⲏ ⲉⲑ ⲟⲩⲁⲃ ⲟⲛ ⲇⲁⲟⲩⲃⲓⲇ ⲁϥⲭⲟⲥ ⲉ̀ⲣⲟϥ
ⲉⲑⲃⲉ ⲛⲓⲙⲉⲧⲛⲁⲏⲧ ⲉ̀ ⲛⲁϥⲓⲣⲓ ⲙ̀ⲙⲱⲟⲩ ⲉϥⲕⲱⲥ ⲛ̀ 10
ⲛⲓⲥⲱⲙⲁ ⲛ̀ⲧⲉ ⲛⲏ ⲉⲧ ⲉϥⲛⲁϣⲉⲙⲟⲩ ⲉⲩⲙⲱⲩⲧ
ⲉϥⲑⲱⲙⲥ ⲙ̀ⲙⲱⲟⲩ ⲁ̀ ⲡⲓⲇⲓⲁⲃⲟⲗⲟⲥ ⲭⲟⲥ ⲉ̀ⲣⲟϥ
ⲣ̅ⲕ̅ⲃ̅. ⲃ. ⲁϥⲓⲛⲓ ⲉ̀ϩⲣⲏⲓ ⲉ̀ϫⲱϥ ⲛ̀ ⲟⲩⲙⲉⲧϩⲏⲕⲓ ⲕⲉ ⲡⲉⲣ
ⲟⲩⲣⲁⲙⲁⲟ̀ ⲉ̀ⲙⲁϣⲱ ⲡⲉ. Ⲉ ⲡϧⲁⲉ̀ ⲁϥⲑⲣⲉ ⲛⲓϭ-
ⲁϥⲉⲣⲙⲏ ⲉ̀ϫⲉⲛ ⲛⲉϥⲃⲁⲗ ⲁⲩⲁ̀ⲓϥ ⲙ̀ ⲃⲉⲗⲗⲉ ⲙⲁⲗⲗⲟⲛ 15
ϩⲁⲛϩⲁⲗⲁϯ ⲁⲛ ⲛⲉ ⲙ̀ ⲡⲁⲓ ⲣⲏϯ ⲁⲗⲗⲁ ⲛ̀ⲑⲟϥ
ⲡⲓⲇⲓⲁⲃⲟⲗⲟⲥ ⲡⲉ ⲛⲉⲙ ϩⲁⲛ ⲕⲉ ⲇⲉⲙⲱⲛ ⲁⲩ ⲉⲣ
ⲡⲓⲥⲙⲟⲧ ⲛ̀ ⲛⲓϩⲁⲗⲁϯ ⲁⲩⲁⲓϥ ⲙ̀ ⲃⲉⲗⲗⲉ ⲉⲑⲃⲉ
ⲡⲟⲩⲭⲟⲥ ⲉ̀ϧⲟⲩⲛ ⲉ̀ⲣⲟϥ. Ⲗⲟⲓⲡⲟⲛ ⲧⲁϣⲉⲣⲓ ⲉ̀ϣⲱⲡ
ⲧⲉⲣⲁⲥⲱⲧⲉⲙ ⲛ̀ⲥⲱⲓ ⲕⲁⲧⲁ ⲡⲓⲟⲩⲁϩⲥⲁϩⲛⲓ ⲛ̀ⲧⲉ ⲡϭ̅ⲥ̅ 20
ϩⲱ ⲉ̀ⲣⲟ ϧⲉⲛ ⲛⲁⲓ ϩⲃⲏⲟⲩⲓ̀ ⲙ̀ ⲡⲁⲓ ⲣⲏϯ. Ⲁϥϫⲟⲥ
ⲛⲏⲓ ⲟⲛ ⲛ̀ϫⲉ ⲫ̅ϯ̅ ϫⲉ ⲁ̀ϫⲟⲥ ⲛⲉ ϫⲉ ϩⲏⲡⲡⲉ ⲙ̀ⲙⲟⲛ
ϣⲏⲣⲓ ϣⲱⲡ ⲛⲉ ⲛⲉⲙ ⲡⲉⲙⲁⲕⲁⲣⲓⲟⲥ ⲛ̀ ϩⲁⲓ ⲁ̀ⲣⲓⲥ-
ⲣ̅ⲕ̅ⲅ̅. ⲁ. ⲧⲁⲣⲭⲟⲥ ⲡⲓⲥⲧⲣⲁⲧⲩⲗⲁⲧⲏⲥ ⲗⲟⲓⲡⲟⲛ ⲧⲱⲛⲓ ⲛ̀ⲧⲉ
ϩⲉⲙⲥⲓ ⲛⲉⲙ ⲟⲩⲣⲱⲙⲓ ⲉϥⲧⲁⲓⲏⲟⲩⲧ ϫⲉ ⲉⲣⲉ ϫⲫⲟ 25
ⲛ̀ ⲟⲩϣⲏⲣⲓ ⲛⲉⲙⲁϥ Ⲭⲉ ϫⲁⲥ ⲁⲣⲉϣⲁⲛⲓ̀ ⲉ̀ⲃⲟⲗϧⲉⲛ
ⲥⲱⲙⲁ ⲛ̀ⲧⲉϥ ⲉⲣ ⲕⲗⲏⲣⲟⲛⲟⲙⲓⲛ ⲙ̀ ⲫⲏ ⲧ ⲉⲛⲧⲉ ⲟⲩⲟϩ
ⲛ̀ⲧⲉϥϣⲱⲡⲓ ⲉϥⲓⲣⲓ ⲙ̀ ⲡⲉⲙⲉⲩⲓ̀ ⲁⲣⲉϣⲁⲛⲓ̀ ⲉ̀ⲃⲟⲗϧⲉⲛ

ⲥⲱⲙⲁ ⲉⲣⲉ ⲉⲣ ⲟⲩ ⲉⲣⲉ ⲟⲓ ⲛ̀ ⲁⲧ ϣⲏⲣⲓ ⲙ̀ⲙⲟⲛ
ϩⲗⲓ ⲛ̀ ϩⲉⲗⲡⲓⲥ ⲛⲁϣⲱⲡⲓ ⲛⲉ ϣⲁ ⲉ̀ⲛⲉϩ. Ⲟⲩⲟϩ
ⲁϥⲟⲩⲁϩϭⲁϩⲛⲓ ⲛⲏⲓ ⲟⲛ ⲛ̀ϫⲉ ⲡϭ̅ⲥ̅ ϫⲉ ⲁ̀ϫⲟⲥ ⲛⲉ
ⲉ̀ϣⲱⲡ ⲧⲉⲣⲁⲥⲱⲧⲉⲙ ⲛ̀ⲥⲱⲓ ⲛ̀ⲧⲉ ϩⲉⲙⲥⲓ ⲛⲉⲙ ϩⲁⲓ
ⲓⲉ ϩⲉⲙⲥⲓ ⲛⲉⲙ ⲏⲗⲗⲁⲣⲓⲭⲟⲥ ⲫⲏ ⲉⲧ ϯⲧⲱⲛ ⲛⲉⲙ 5

ⲣ̅ⲓ̅ⲍ̅. ⲃ. ⲟⲛⲛⲟⲩⲣⲓⲟⲥ ⲡⲟⲩⲣⲟ Ⲥⲓⲡⲡⲉ ⲅⲁⲣ ⲁϥⲟⲩⲱϣ ⲉ̀
ⲥⲟⲃϯ ⲙ̀ ⲡⲉϥⲥⲧⲣⲁⲧⲉⲩⲙⲁ ⲉϥⲟⲩⲱϣ ⲉ̀ ⲱⲗⲓ ⲛ̀ⲧⲉϥ
ⲙⲉⲧⲟⲩⲣⲟ ⲛ̀ ⲧⲟⲧϥ ⲟⲩⲟϩ ⲛ̀ⲧⲉϥ ⲉⲣ ϭ̅ⲥ̅ ⲉ̀ ⲛⲓⲭⲣⲏⲙⲁ
ⲧⲏⲣⲟⲩ ⲛ̀ⲧⲉ ⲛⲓⲣⲱⲙⲉⲟⲥ ϯϩⲓⲙⲓ ⲇⲉ ⲉ̀ⲧⲉⲙⲙⲁⲩ ⲛ̀
ⲥⲁⲃⲉ ⲉⲩⲫⲏⲙⲓⲁ ⲁⲥⲉⲣ ⲑⲁⲛⲉⲥⲑⲉ ⲉ̀ ⲛⲓⲙⲉⲧⲥⲁⲛⲕⲟⲧⲥ 10
ⲛ̀ⲧⲉ ⲡⲓⲇⲓⲁⲃⲟⲗⲟⲥ ⲟⲩⲟϩ ⲁⲥⲉ̀ⲙⲓ ϫⲉ ⲛ̀ⲑⲟϥ ⲡⲉ ⲉⲧ
ⲥⲁϫⲓ ⲛⲉⲙⲁⲥ ϩⲓⲧⲉⲛ ⲛⲉϥⲥⲁϫⲓ̀ ⲉ̀ⲑ ⲛⲉϩ ⲛ̀ ⲡⲁⲑⲟⲥ
Ⲛ̀ⲑⲟⲥ ⲇⲉ ⲡⲉϫⲁⲥ ⲛⲁϥ ϫⲉ ⲙⲁⲧⲁⲙⲟⲓ ϫⲉ ⲁⲥⲥ̀ⲫⲛⲟⲩⲧ
ⲛ̀ⲑⲱⲛ ϧⲉⲛ ⲛⲓⲅⲣⲁⲫⲏ ϫⲉ ⲙ̀ⲡ ⲉⲣ ϯ ⲁ̀ⲅⲁⲡⲏ ⲟⲩⲇⲉ
ⲡⲣⲟⲥⲫⲟⲣⲁ̀ ⲓⲉ ϫⲉ ⲙ̀ⲡ ⲉⲣ ϣⲗⲏⲗ ⲓⲉ ϫⲉ ϩⲉⲙⲥⲓ 15

ⲣ̅ⲓ̅ⲏ̅. ⲁ. ⲛⲉⲙ ϩⲁⲓ ⲃ Ⲕⲉ ⲅⲁⲣ ⲧⲉⲛϫⲓⲙⲓ ⲛ̀ ⲫϯ ⲉϥⲥⲟⲛϩⲉⲛ
ⲛⲁⲛ ϧⲉⲛ ⲟⲩⲙⲏϣ ⲛ̀ ⲙⲁ ϫⲉ ϣⲁⲣⲉ ϯⲁ̀ⲅⲁⲡⲏ ϩⲱⲃⲥ
ⲉ̀ⲃⲟⲗϩⲓ ϫⲉ ⲛ̀ ⲟⲩⲙⲏϣ ⲛ̀ ⲛⲟⲃⲓ ⲟⲩⲟϩ ⲟⲛ ϫⲉ ⲡⲓⲛⲁⲓ
ϣⲁϥϣⲟⲩϣⲟⲩ ⲙ̀ⲙⲟϥ ϩⲓϫⲉⲛ ϯⲕⲣⲓⲥⲓⲥ Ⲟⲩⲟϩ ⲟⲛ
ⲧⲉⲛⲥⲱⲧⲉⲙ ⲉ̀ ⲡⲓⲡⲣⲟⲫⲏⲧⲏⲥ ⲉϥⲱϣ ⲉ̀ⲃⲟⲗ ⲉϥϫⲱ 20
ⲙ̀ⲙⲟⲥ ϫⲉ ϫⲁⲓ ⲛ̀ ⲛⲉⲧⲉⲛⲑⲩⲥⲓⲁ̀ ⲙⲁϣⲉ ⲛⲱⲧⲉⲛ
ⲉ̀ϧⲟⲩⲛ ⲉ̀ ⲛⲉϥⲁⲩⲗⲏⲟⲩ ⲟⲩⲟϩ ⲟⲛ ⲕⲉ ⲙⲁ ϫⲉ ⲟⲩⲑⲩ-
ⲥⲓⲁ̀ ⲛⲉⲙ ⲥⲙⲟⲩ ⲉ̀ⲑ ⲛⲁϯ ⲱⲟⲩ ⲛⲏⲓ ⲟⲩⲟϩ ⲟⲛ ϫⲉ
ϯⲑⲩⲥⲓⲁ̀ ⲛ̀ⲧⲉ ⲡϭ̅ⲥ̅ ⲟⲩⲑⲏⲧ ⲉϥ ⲟⲩⲁⲃ ⲡⲉ Ⲟⲩⲟϩ ⲟⲛ
ⲧⲉⲛⲥⲱⲧⲉⲙ ⲉ̀ ⲡⲁⲩⲗⲟⲥ ⲡⲓⲣⲉϥϯⲥⲃⲱ ⲉϥϩⲓⲱⲓϣ 25

ⲣ̅ⲓ̅ⲏ̅. ⲃ. ⲛⲁⲛ ϧⲉⲛ ⲛⲉϥⲥⲁϫⲓ ⲉⲧ ϩⲟⲗϫ ϫⲉ ϣⲗⲏⲗ ϧⲉⲛ
ⲟⲩⲙⲉⲧⲁⲑⲙⲟⲩⲛⲕ ⲟⲩⲟϩ ϣⲉⲡ ϩⲙⲟⲧ ϧⲉⲛ ϩⲱⲃ
ⲛⲓⲃⲉⲛ Ⲟⲩⲟϩ ⲟⲛ ⲁⲕϫⲟⲥ ⲛⲏⲓ ϫⲉ ϩⲉⲙⲥⲓ ⲛⲉⲙ ϩⲁⲓ

DISCOURSE OF EUSTATHIUS.

ⲥⲛⲁⲩ ⲛ̄ ϣⲟⲣⲡ ⲙⲉⲛ ⲕⲉ ⲟⲩⲁⲓ ⲉ̄ⲧⲁⲕⲧⲁⲟⲩ ⲉ̄
ⲡⲉϥⲣⲁⲛ ϫⲉ ϩⲉⲙⲥⲓ ⲛⲉⲙⲁϥ ⲟⲩϩⲉⲣⲉⲧⲓⲕⲟⲥ ⲡⲉ ⲛ̄
ⲁⲑⲛⲟⲩϯ ⲫⲁⲓ ⲉⲣⲉ ⲫϯ ⲛⲁⲧⲁⲕⲟϥ ⲁⲧϭⲛⲉ ⲱⲥⲕ
ⲛ̄ⲧⲉϥϯ ⲛ̄ ⲟⲩⲭⲁⲗⲓⲛⲟⲩⲥ ⲉ̄ ⲣⲱϥ ⲛ̄ⲧⲉϥⲥⲟⲛϩϥ ϧⲉⲛ
ⲡⲓⲡⲉⲗⲁⲅⲟⲥ ⲛ̄ⲧⲉ ⲫⲓⲟⲙ ⲟⲩⲟϩ ⲛ̄ⲧⲉϥⲑⲉⲃⲓⲟϥ ⲛⲉⲙ 5
ⲧⲉϥϫⲟⲙ ⲧⲏⲣⲥ ϧⲁ ⲣⲁⲧϥ ⲙ̄ ⲡⲓⲉⲩⲥⲉⲃⲏⲥ ⲟⲛⲛⲟⲩ-
ⲣⲓⲟⲥ Ⲡⲁⲗⲓⲛ ⲇⲉ ⲟⲛ ⲉⲑⲃⲉ ⲡⲓⲙⲁϩ ⲃ̄ ⲛ̄ ϩⲁⲓ ⲥⲟⲗⲟ-

ⲣ̄ⲝ̄ⲉ̄. ⲁ. ⲙⲱⲛ ⲧⲁⲙⲟ ⲙ̄ⲙⲟⲛ ⲉ̄ ⲫⲁⲓ ϧⲉⲛ | ⲡⲓⲫⲩⲥⲓⲁⲗⲟⲅⲟⲥ
ϫⲉ ⲁⲣⲉ ⲡⲓϣⲟⲣⲡ ⲛ̄ ϩⲁⲓ ⲛ̄ⲧⲉ ϯⲃⲣⲟⲙⲡϣⲁⲗ ⲙⲟⲩ ⲙ̄ⲡ
ⲁⲥϩⲉⲙⲥⲓ ⲛⲉⲙ ϩⲁⲓ ⲛ̄ ⲕⲉ ⲥⲟⲡ ⲁⲗⲗⲁ ϣⲁⲥϣⲉ ⲛⲁⲥ 10
ⲉ̄ ⲡϣⲁϥⲉ ⲛ̄ⲧⲉⲥ ⲉⲣ ϩⲏⲃⲓ ϣⲁ ⲡⲉϫⲟⲟⲩ ⲙ̄ ⲡⲉⲥⲙⲟⲩ
ⲉϥⲧⲁⲙⲟ ⲙ̄ⲙⲟⲛ ϫⲉ ⲙ̄ⲡ ⲁⲣⲉ ⲡⲅⲉⲛⲟⲥ ⲛ̄ ⲛⲓⲁⲃⲟⲕⲓ
ϩⲉⲙⲥⲓ ⲛⲉⲙ ϩⲱⲟⲩⲧ ⲛ̄ ϣⲉⲙⲙⲟ ⲉ̄ⲃⲏⲗ ⲉ̄ ⲟⲩϩⲱⲟⲩⲧ
ⲛ̄ ⲟⲩⲱⲧ ⲟⲩⲟϩ ⲙ̄ ⲫⲣⲏϯ ⲉ̄ ϣⲁⲛⲁⲓⲥ ⲙ̄ ⲫⲱⲃ ⲛ̄
ⲛⲉⲛϩⲃⲱⲥ ϩⲓϫⲉⲛ ⲟⲩⲥⲟⲛ ⲛ̄ⲧⲁⲛ ϩⲟⲧⲁⲛ ⲁϥϣⲁⲛⲙⲟⲩ 15
ⲫⲁⲓ ⲡⲉ ⲙ̄ ⲫⲣⲏϯ ⲁⲣⲉϣⲁⲛ ⲡϩⲁⲓ ⲛ̄ ⲟⲩⲁ̄ⲃⲟⲕⲓ ⲙⲟⲩ
ϣⲁⲥⲓⲛⲓ ⲙ̄ ⲡⲉⲥⲗⲁⲥ ⲉ̄ⲃⲟⲗ ⲙ̄ⲙⲓⲛ ⲙ̄ⲙⲟⲥ ⲛ̄ ⲧⲉⲥⲫⲁϩϥ

ⲣ̄ⲝ̄ⲉ̄. ⲃ. ϧⲉⲛ ⲡⲉⲥⲓⲉⲃ ⲙ̄ ⲫⲁⲧ , ϫⲉ ⲭⲁⲥ ⲁⲥϣⲁⲛⲱϣ ⲉ̄ⲃⲟⲗ-
ϧⲉⲛ ⲧⲉⲥⲁⲥⲡⲓ ⲛ̄ⲧⲉ ⲟⲩⲟⲛ ⲛⲓⲃⲉⲛ ⲉ̄ⲙⲓ ϫⲉ ⲙ̄ⲙⲟⲛ
ⲧⲉⲥϩⲁⲓ ⲙ̄ⲙⲁⲩ ⲉ̄ⲑⲃⲉ ⲫⲁⲓ ⲁ̄ⲣⲉϣⲁⲛ ⲟⲩⲁ̄ⲃⲱⲕ 20
ⲟⲩⲱϣ ⲉ̄ ϭⲓⲧⲥ ⲛ̄ ϫⲟⲛⲥ ϣⲁⲥⲱϣ ⲉ̄ⲃⲟⲗ ⲛ̄ ϯⲟⲩⲛⲟⲩ
ⲟⲩⲟϩ ϣⲁⲩⲥⲱⲧⲉⲙ ⲉ̄ ⲧⲉⲥⲥⲙⲏ ⲟⲩⲟϩ ϣⲁⲩⲉ̄ⲙⲓ ϫⲉ
ⲟⲩⲁⲓ ⲟⲩⲱϣ ⲉ̄ ϭⲓⲧⲥ ⲛ̄ ϫⲟⲛⲥ ϩⲓⲧⲉⲛ ⲛⲉⲥⲗⲁⲥ ⲉ̄ⲧ
ⲫⲟⲣϫ ⲡⲁⲓ ⲣⲏϯ ϣⲁⲩⲑⲱⲟⲩⲧ ⲉ̄ ⲣⲟⲥ ⲛ̄ϫⲉ ⲡⲓⲁ̄ⲃⲱⲕ
ⲧⲏⲣⲟⲩ ⲛ̄ⲧⲟⲩϣⲱⲡⲓ ⲛⲁⲥ ⲙ̄ ⲃⲟⲏⲑⲟⲥ ⲟⲩⲟϩ ⲛ̄ⲥⲉ 25
ⲉⲣ ⲉⲡⲓⲧⲓⲙⲁⲛ ⲙ̄ ⲫⲏ ⲉ̄ⲑ ⲟⲩⲱϣ ⲉ̄ ϭⲓⲧⲥ ⲛ̄ ϫⲟⲛⲥ
ⲉ̄ⲑⲃⲉ ⲫⲁⲓ ⲁ̄ⲣⲉϣⲁⲛ ⲛⲓⲁ̄ⲗⲱⲟⲩⲓ̈ ⲛⲁⲩ ⲉ̄ ⲛⲓⲁ̄ⲃⲱⲕ

ⲣ̄ⲝ̄ⲋ̄. ⲁ. ⲉⲩⲑⲟⲩⲏⲧ ⲙ̄ ⲡⲁⲓ ⲣⲏϯ | ⲉⲩϣϣ ⲉ̄ⲃⲟⲗ ⲉⲩⲟⲩⲱϣ

ⲉ̀ ⲉⲣ ⲉⲡⲓⲧⲓⲙⲁⲛ ⲙ̀ ⲫⲏ ⲉ̀ⲑ ⲟⲩⲱϣ ⲉ̀ ϭⲓⲧⲥ ⲛ̀
ϫⲟⲛⲥ ϫⲉ ⲉϥⲟⲩⲱϣ ⲉ̀ ⲉⲣ ⲃⲁⲗ ⲙ̀ ⲫⲏ ⲉ̀ⲧ ⲁ̀ ⲫϯ
ϩⲟⲛϩⲉⲛ ⲙ̀ⲙⲟϥ ⲉ̀ ⲧⲟⲧⲟⲩ ϣⲁⲩϫⲟⲥ ⲛ̀ϫⲉ ⲛⲓⲗⲱⲟⲅⲓ̀
ⲛ̀ ⲁⲧ ϩⲏⲧ ⲉ̀ⲧⲉⲙⲙⲁⲩ ϫⲉ ⲉⲣⲉ ⲛⲓⲁ̀ⲃⲱⲕ ⲓ̀ⲣⲓ ⲛ̀
ⲟⲩϩⲟⲡ ⲙ̀ ⲫⲟⲟⲩ ⲛ̀ⲥⲉⲥⲱⲟⲩⲛ ⲁⲛ ⲉ̀ⲣⲉ ⲛⲓⲁ̀ⲃⲱⲕ 5
ⲟⲩⲱϣ ⲉ̀ ⲉⲣ ⲉⲡⲓⲧⲓⲙⲁⲛ ⲙ̀ ⲫⲏ ⲉ̀ⲧⲁϥⲟⲩⲱϣ ⲉ̀ ⲉⲣ
ⲛⲟⲃⲓ ⲛ̀ ⲑⲏ ⲉ̀ⲧ ⲁ̀ ⲡⲉⲥϩⲁⲓ ⲙⲟⲩ ⲗⲟⲓⲡⲟⲛ ⲛ̀ⲛⲉ
ϣⲱⲡⲓ ⲙ̀ⲙⲟⲓ ⲉ̀ⲛⲉϩ ⲉ̀ ⲑⲱⲃ ⲛⲉⲙ ⲟⲩⲅⲁⲙⲟⲥ ⲛ̀ⲧⲉ
ⲡⲁ ϭⲥ ⲛ̀ ϩⲁⲓ ⲁⲣⲓⲥⲧⲁⲣⲭⲟⲥ Ⲟⲩϫⲉ ⲛ̀ ϯⲛⲁⲭⲁ ⲧⲟⲧ
ⲣⲝⲋ. ⲃ. ⲉ̀ⲃⲟⲗ ⲁⲛ ϧⲉⲛ ⲛⲁⲡⲣⲟⲥⲫⲟⲣⲁ ⲛⲉⲙ ⲛⲁⲁ̀ⲅⲁⲡⲏ ⲛⲁⲓ 10
ⲉ̀ⲧ ⲉϥⲓ̀ⲣⲓ ⲙ̀ⲙⲱⲟⲩ ϧⲁ ⲧⲏⲓ ⲙ̀ⲡⲁⲧ ⲉϥⲙⲟⲩ ⲛ̀ϫⲉ
ⲡⲁ ⲙⲁⲕⲁⲣⲓⲟⲥ ⲛ̀ ϩⲁⲓ ϧⲉⲛ ⲫⲣⲁⲛ ⲙ̀ ⲡⲓⲁⲣⲭⲏ-
ⲁⲅⲅⲉⲗⲟⲥ ⲉ̀ⲑ ⲟⲩⲁⲃ ⲙⲓⲭⲁⲏⲗ Ⲡⲗⲏⲛ ⲙⲁⲧⲁⲙⲟⲓ ϫⲉ
ⲛ̀ⲑⲟⲕ ⲛⲓⲙ ⲙ̀ ⲡⲁⲓ ⲣⲏϯ ⲁⲕ ⲉ̀ⲕ ⲉⲣ ⲫⲟⲣⲓⲛ ⲙ̀ ⲡⲁⲓ
ⲛⲓϣϯ ⲛ̀ⲱⲟⲩ ⲛ̀ ⲧⲁⲓ ⲙⲁⲓⲏ̀ ⲓⲉ ⲉ̀ⲧⲉⲕⲓ̀ ⲉ̀ⲃⲟⲗ ⲑⲱⲛ 15
ⲓ̀ⲉ ⲛⲓⲙ ⲡⲉ ⲡⲉⲕⲣⲁⲛ ⲉ̀ⲡⲓ ϫⲏ ⲁ̀ ⲡⲉⲕϫⲓⲛⲓ̀ ϣⲁⲣⲟⲓ
ⲁϥϣⲑⲟⲣⲧⲉⲣ ⲉ̀ⲙⲁϣⲱ Ⲁϥ ⲉⲣ ⲟⲩⲱ̀ ⲛ̀ϫⲉ ⲡⲓⲇⲓⲁ-
ⲃⲟⲗⲟⲥ ⲉϥϫⲱ ⲙ̀ⲙⲟⲥ ϫⲉ ⲛⲓⲓ ⲛ̀ⲑⲟⲩ ⲟⲛ ⲡⲉ ⲉ̀ⲧ ⲁⲣⲉⲧⲓⲛ
ⲣⲝⲍ. ⲁ. ⲛ̀ⲧⲉⲛ ⲫϯ ⲓ̀ⲥϫⲉⲛ ⲡⲓⲉ̀ϩⲟⲟⲩ ⲉ̀ⲧ ⲁ ⲡⲓⲇⲓⲁⲃⲟⲗⲟⲥ ⲓ̀
ϣⲁⲣⲟ ⲉϥⲟⲓ ⲙ̀ ⲡⲥⲙⲟⲧ ⲛ̀ ϯⲙⲟⲛⲁⲭⲏ ⲉϥⲟⲩⲱϣ 20
ⲉ̀ ⲉⲣ ϩⲁⲗ ⲙ̀ⲙⲟ Ⲙⲏ ⲙ̀ⲡ ⲉϥϫⲟⲥ ⲛⲉ ϫⲉ ϯⲛⲏⲟⲩ
ϣⲁⲣⲟ ⲛ̀ ⲥⲟⲩ ⲓⲏ ⲙ̀ ⲡⲁⲱ̀ⲛⲓ ⲉ̀ⲧⲉ ⲫⲁⲓ ⲡⲉ ⲡⲉϩⲟⲟⲩ
ⲙ̀ ⲡⲓⲁⲣⲭⲏⲁⲅⲅⲉⲗⲟⲥ ⲉ̀ ⲁϥϫⲟⲥ ⲛⲉ ϫⲉ ⲡⲓⲁⲣⲭⲏ-
ⲁⲅⲅⲉⲗⲟⲥ ⲙⲓⲭⲁⲏⲗ ⲥⲣⲱⲧϥ ⲁⲛ ⲙ̀ ⲡⲓⲉ̀ϩⲟⲟⲩ ⲉ̀ⲧⲉⲙ-
ⲙⲁⲩ ⲉϥⲫⲗⲏⲧ ⲛ̀ ⲡⲉⲙⲑⲟ ⲙ̀ ⲫϯ ⲉⲑⲃⲉ ⲛⲓⲙⲱⲟⲩ 25
ⲛ̀ⲧⲉ ⲫⲓⲁⲣⲟ ⲛⲉⲙ ⲛⲓⲙⲟⲩ ⲛ̀ ϩⲱⲟⲩ ⲛⲉⲙ ⲛⲓⲱⲧ
ϯⲛⲟⲩ ϫⲉ ⲁ̀ⲛⲟⲕ ⲡⲉ ⲙⲓⲭⲁⲏⲗ ⲡⲓⲁⲣⲭⲏⲁⲅⲅⲉⲗⲟⲥ ⲉ̀ⲧ
ⲁ̀ ⲡϭⲥ ⲟⲩⲟⲣⲡ ϣⲁⲣⲟ ⲉ̀ⲑⲣⲓϣⲱⲡⲓ ⲉ̀ⲓ̀ ⲉⲣ ⲃⲟⲏⲑⲓⲛ

DISCOURSE OF EUSTATHIUS   121

ⲉⲣⲟ ϣⲁⲧⲉ ⲫⲣⲏ ϩⲱⲧⲡ ⲙ̄ ⲫⲟⲟⲩ ϫⲉ ⲭⲁⲥ ⲛ̄ⲛⲉ
ⲣ̄ⲍ̄ⲍ̄. ⲃ. ϭⲓ ⲛ̄ϫⲉ ⲡⲓϫⲉⲣⲏϫ ⲉⲧ ϩⲱⲟⲩ ⲛ̄ⲧⲉϥ ⲉⲣ ⲡ ⲉⲧ ϩⲱⲟⲩ
ⲛⲉ ⲉⲑⲃⲉ ⲫⲁⲓ ⲡ ⲉⲧ ⲥϣⲉⲛⲉ ⲡⲉ ⲛ̄ⲧⲉⲛ ⲛ̄ⲧⲉ ⲟⲩⲱϣⲧ
ⲙ̄ⲙⲟⲓ ϫⲉ ⲁⲓⲭⲱ ⲛ̄ⲥⲱⲓ ⲛ̄ ⲧⲁ ⲁⲅⲅⲉⲗⲓ ⲁⲩ̄ ϣⲁⲣⲟ Ⲁⲥ
ⲉⲣ ⲟⲩⲱ̀ ⲛ̄ϫⲉ ⲉⲩⲫⲏⲙⲓⲁ ϯⲥⲩⲛⲕⲗⲏⲧⲓⲕⲏ ⲡⲉϫⲁⲥ 5
ⲛⲁϥ ϫⲉ ⲁⲓⲥⲱⲧⲉⲙ ϧⲉⲛ ⲡⲓⲉⲩⲁⲅⲅⲉⲗⲓⲟⲛ ⲉⲑ ⲟⲩⲁⲃ
ϫⲉ ϧⲉⲛ ⲡⲓⲥⲛⲟⲩ ⲉⲧ ⲁ ⲡⲓⲇⲓⲁⲃⲟⲗⲟⲥ ϯ ⲙ̄ ⲡⲉϥⲟⲩⲟⲓ
ⲉ̀ ⲡⲉⲛⲥⲱⲧⲏⲣ ⲛ̄ ⲁⲅⲁⲑⲟⲥ ⲉⲑⲣⲉϥ ⲉⲣ ⲡⲓⲣⲁϫⲓⲛ
ⲙ̄ⲙⲟϥ Ⲁϥϫⲟⲥ ⲛⲁϥ ϩⲱϥ ϫⲉ ϥⲁϩ̄ⲧⲕ ⲛ̄ⲧⲉⲕⲟⲩⲱϣⲧ
ⲙ̄ⲙⲟⲓ ⲁ̀ⲛⲟⲕ ϯⲛⲁϯ ⲛⲁⲕ ⲛ̄ ⲛⲓⲙⲉⲧⲟⲩⲣⲱⲟⲩ ⲧⲏⲣⲟⲩ 10
ⲛ̄ⲧⲉ ⲡⲓⲕⲟⲥⲙⲟⲥ ⲛⲉⲙ ⲡⲟⲩⲱ̀ⲟⲩ Ⲟⲩⲟϩ ⲁ ⲡⲭ̄ⲥ̄ ⲉ̀ⲛⲓ
ⲣ̄ⲍ̄ⲏ̄. ⲁ. ⲛ̄ ϯⲟⲩⲛⲟⲩ ϫⲉ ⲟⲩⲥⲁ ⲙ̄ ⲡⲉⲧϩⲱⲟⲩ ⲛⲉ ; Ⲁϥ ⲉⲣ
ⲉ̀ⲡⲓⲧⲓⲙⲁⲛ ⲛⲁϥ ⲙⲏⲡⲱⲥ ⲛ̄ⲑⲟⲕ ⲡⲉ ⲫⲏ ⲉ̀ⲧⲉⲙⲙⲁⲩ
ⲉⲕⲟⲩⲱϣ ⲉ̀ ⲉⲣ ϩⲁⲗ ⲙ̄ⲙⲟⲓ Ⲁϥ ⲉⲣ ⲟⲩⲱ̀ ⲛ̄ϫⲉ
ⲡⲓⲇⲓⲁⲃⲟⲗⲟⲥ ϫⲉ ⲁ̀ⲛⲟⲕ ⲁⲛ ⲡⲉ ⲫⲏ ⲉ̀ⲧⲉⲙⲙⲁⲩ ⲛ̄ⲛⲉ 15
ⲥϣⲱⲡⲓ ⲙ̄ⲙⲟⲓ ⲉ̀ⲛⲉϩ ⲛ̄ ⲁϣ ⲛ̄ ⲣⲏϯ ⲉⲣⲉ ⲫⲏ
ⲉ̀ⲧⲉⲙⲙⲁⲩ ⲛⲁϫⲓⲙⲓ ⲙ̄ ⲡⲁⲓ ⲛⲓϣϯ ⲛ̄ ⲱⲟⲩ ⲉ̀ ϯⲉⲣ
ϣⲟⲣⲡ ⲙ̄ⲙⲟϥ Ⲓⲥϫⲉⲛ ⲡⲓⲛⲁⲩ ⲅⲁⲣ ⲉ̀ⲧⲁϥ ⲉⲣ ⲁⲧ
ⲥⲱⲧⲉⲙ ⲛ̄ⲥⲁ ϯⲉⲛⲧⲟⲗⲏ ⲛ̄ⲧⲉ ⲡ̄ϭ̄ⲥ̄ Ⲁϥϫⲱⲛⲧ ⲉ̀ⲣⲟϥ
Ⲁϥⲟⲩⲁϩⲥⲁϩⲛⲓ ⲛⲏⲓ ⲁ̀ⲛⲟⲕ ⲙⲓⲭⲁⲏⲗ ⲁⲓⲃⲁϣϥ ⲉ̀ⲃⲟⲗ 20
ⲙ̄ⲡⲉϥ ⲱⲟⲩ ⲧⲏⲣϥ Ⲁⲥ ⲉⲣ ⲟⲩⲱ̀ ⲛ̄ϫⲉ ϯϩⲓⲙⲓ
ⲣ̄ⲍ̄ⲏ̄. ⲃ. ⲉ̀ⲧⲧⲁⲓⲏⲟⲩⲧ ⲉⲥϫⲱ ⲙ̄ⲙⲟⲥ ϫⲉ ⲓⲥϫⲉ ⲛ̄ⲑⲟⲕ ⲡⲉ
ⲙⲓⲭⲁⲏⲗ ⲁϥⲑⲱⲛ ⲡⲓⲙⲏⲓⲛⲓ ⲛ̄ⲧⲉ ⲡⲓⲥⲧⲁⲩⲣⲟⲥ ⲉϥ
ϩⲓϫⲉⲛ ⲡⲉⲕϣⲃⲱⲧ ⲕⲁⲧⲁ ⲡⲓⲣⲏϯ ⲉ̀ ϯⲛⲁⲩ ⲉ̀ⲣⲟϥ
ⲉϥⲫⲟⲧϩ ⲉ̀ ⲧⲁⲓ ϩⲓⲕⲱⲛ ⲉⲣⲉ ⲡⲓⲭⲁⲣⲁⲕⲧⲏⲣ ⲛ̄ⲧⲉ 25
ⲙⲓⲭⲁⲏⲗ ⲫⲟⲧϩ ⲉ̀ⲃⲟⲗ ⲉ̀ⲣⲟⲥ Ⲁϥ ⲉⲣ ⲟⲩⲱ̀ ⲛ̄ϫⲉ
ⲡⲓⲇⲓⲁⲃⲟⲗⲟⲥ ⲉϥϫⲱ ⲙ̄ⲙⲟⲥ ϫⲉ ⲛⲁⲓ· ⲍⲱⲅⲣⲁⲫⲓⲁ
ⲉⲩⲟⲩⲱϣ ⲉ̀ ⲧⲁⲗⲉ ⲕⲟⲥⲙⲏⲥⲓⲥ ⲉ̀ϫⲱⲟⲩ ⲛ̄ϫⲉ ⲛⲓϩⲱ-

16

ⲅⲣⲁⲫⲟⲥ ⲇⲉ ϫⲁⲥ ⲉⲣⲉ ⲧⲟⲩⲧⲉⲭⲛⲏ ⲛⲁϭⲓ ⲱⲟⲩ ⲛ̀
ϩⲟⲩ̀ⲟ̀ Ⲉ̀ⲡⲓ ⲁⲛ ⲡⲓⲙⲏⲓⲛⲓ ⲛ̀ⲧⲉ ⲡⲓⲥⲧⲁⲩⲣⲟⲥ ⲛ̀ ⲧⲟⲧⲉⲛ
ⲁⲛ ⲟⲩⲇⲉ ϧⲉⲛ ϯⲁⲅⲅⲉⲗⲓ ⲧⲏⲣⲥ Ⲁⲥ ⲉⲣ ⲟⲩⲱ̀ ⲛ̀ϫⲉ
ⲉⲩⲫⲏⲙⲓⲁ̀ ⲉⲥϫⲱ ⲙ̀ⲙⲟⲥ ϫⲉ ⲛ̀ ⲁϣ ⲛ̀ ⲣⲏϯ ϯⲛⲁⲧⲉⲛ-
ⲣ̅ⲕ̅ⲑ̅. ⲁ. ϩⲟⲩⲧ ⲛⲉⲕⲥⲁϫⲓ ⲕⲉ ⲅⲁⲣ ⲙⲁⲧⲟⲓ ⲛⲓⲃⲉⲛ ⲉ̀ⲑ ⲛⲁⲓ̀ 5
ⲉ̀ⲃⲟⲗ ϩⲓⲧⲉⲛ ⲡⲟⲩⲣⲟ ⲙ̀ⲡⲁⲣⲉ ϩⲗⲓ ⲛ̀ ⲣⲱⲙⲓ ϫⲱⲕ
ⲙ̀ⲡⲟⲩⲁϩⲥⲁϩⲛⲓ ⲉ̀ⲃⲟⲗ ⲉⲧⲁⲩⲓ̀ ⲉⲑⲃⲏⲧϥ ⲟⲩⲇⲉ ⲙ̀ⲡ
ⲁⲩϣⲟⲡⲟⲩ ⲉ̀ⲣⲱⲟⲩ ⲉ̀ ⲡⲧⲏⲣϥ ⲉⲑⲃⲉ ϫⲉ ϯⲧⲉⲃⲥ ⲛ̀ⲧⲉ
ⲡⲟⲩⲣⲟ ⲛ̀ⲧⲟⲧⲟⲩ ⲁⲛ ⲟⲩⲟϩ ⲟⲛ ⲛⲓ ⲕⲉ ⲥϧⲁⲓ ⲉ̀ ϣⲁⲣⲉ
ⲡⲟⲩⲣⲟ ⲟⲩⲟⲣⲡⲟⲩ ⲉ̀ⲃⲟⲗϧⲉⲛ ⲧⲉϥⲙⲉⲧⲟⲩⲣⲟ ⲕⲁⲛ 10
ϩⲁⲛⲥϧⲁⲓ ⲛ̀ ϩⲓⲣⲏⲛⲓⲕⲟⲛ ⲛⲉ ⲙ̀ⲡⲁⲩⲧⲉⲛ ϩⲟⲩⲧⲟⲩ
ⲛ̀ϫⲉ ⲟⲩⲟⲛ ⲛⲓⲃⲉⲛ ⲉ̀ϣⲱⲡ ⲥⲉⲧⲏⲃⲥ ⲁⲛ ⲉ̀ ϯⲥⲫⲣⲁⲅⲓⲥ
ⲛ̀ⲧⲉ ⲡⲟⲩⲣⲟ ⲫⲁⲓ ⲇⲉ ϩⲱϥ ⲡⲉ ⲙ̀ ⲫⲣⲏϯ ⲛ̀ ⲛⲓⲁⲅⲅⲉⲗⲟⲥ
ⲁⲩϣⲁⲛⲓ̀ ϩⲓϫⲉⲛ ⲡⲓⲕⲁϩⲓ ⲉ̀ⲣⲉ ⲡⲓⲙⲏⲓⲛⲓ ⲛ̀ⲧⲉ ⲡⲓⲥⲧⲁⲩ-
ⲣ̅ⲕ̅ⲑ̅. ⲃ. ⲣⲟⲥ ⲛ̀ⲧⲉ ⲡⲟⲩⲣⲟ ⲛ̀ⲧⲉ ⲡⲱⲟⲩ ϩⲓϫⲱϥ ⲁⲛ ⲙ̀ 15
ⲡⲁⲩⲧⲉⲛϩⲟⲩⲧⲟⲩ ϫⲉ ϩⲁⲛⲁⲅⲅⲉⲗⲟⲥ ⲛⲉ Ⲁⲗⲗⲁ
ⲧⲉⲛⲛⲁⲫⲱⲧ ⲥⲁ ⲃⲟⲗ ⲙ̀ⲙⲱⲟⲩ ϫⲉ ϩⲁⲛⲇⲉⲙⲱⲛ
ⲛⲉ ⲙⲁⲗⲓⲥⲧⲁ ⲡⲓⲛⲓϣϯ ⲛ̀ ⲁⲣⲭⲏⲁⲅⲅⲉⲗⲟⲥ ⲛ̀ⲧⲉ
ⲛⲓⲁⲅⲅⲉⲗⲟⲥ ⲧⲏⲣⲟⲩ ⲛ̀ ⲁϣ ⲛ̀ ⲣⲏϯ ϥⲛⲁⲓ̀ ϩⲓϫⲉⲛ
ⲡⲓⲕⲁϩⲓ ⲛ̀ⲧⲉϥϣⲧⲓ ⲙⲉⲛ ⲡⲓϩⲟⲡⲗⲟⲛ ⲛ̀ⲧⲉ ϯⲥⲫⲣⲁⲅⲓⲥ 20
ⲛ̀ ⲟⲩϫⲁⲓ ⲛ̀ⲧⲉ ⲡⲉϥⲟⲩⲣⲟ ⲉϥⲓ̀ⲛⲟⲩ ⲉ̀ⲧⲉ ⲫⲁⲓ ⲡⲉ
ⲡⲓⲥⲧⲁⲩⲣⲟⲥ ⲉ̀ⲑ ⲟⲩⲁⲃ ⲛ̀ⲧⲉ ⲓ̅ⲏ̅ⲥ̅ ⲡ̅ⲭ̅ⲥ̅ ⲡϣⲏⲣⲓ ⲙ̀
ⲫϯ ⲉⲧ ⲟⲛϧ Ⲉϣⲱⲡ ⲭⲟⲩⲱϣ ⲛ̀ⲧⲁⲧⲉⲛ ϩⲟⲩⲧⲕ ϫⲉ
ⲛ̀ⲑⲟⲕ ⲡⲉ ⲙⲓⲭⲁⲏⲗ ⲡⲓⲣⲉϥⲛⲟϩⲉⲙ ϫⲁⲧ ⲛ̀ⲧⲁⲓ̀ⲛⲓ
ⲣ̅ⲗ̅. ⲁ. ϩⲁⲣⲟⲕ ⲛ̀ⲧⲉϥϩⲓⲕⲱⲛ ⲛ̀ ⲛ̀ⲧⲉⲕ ⲉⲣ ⲁⲥⲡⲁⲍⲉⲥⲑⲉ 25
ⲙ̀ⲙⲟⲥ ⲟⲩⲟϩ ⲁⲛⲟⲕ ϯⲛⲁⲟⲩⲱϣⲧ ⲙ̀ⲙⲟⲕ ⲁⲧϭⲛⲉ
ϩⲏⲧ ⲃ ⲉ̀ ⲡⲧⲏⲣϥ Ⲡⲓⲇⲓⲁ̀ⲃⲟⲗⲟⲥ ⲇⲉ ⲉ̀ⲧⲁϥⲛⲁⲩ ϫⲉ
ⲁⲥⲟⲣⲃⲉϥ ⲉ̀ ϧⲟⲩⲛ ⲥⲁ ⲥⲁ ⲛⲓⲃⲉⲛ ⲟⲩⲟϩ ⲙ̀ⲡ ⲉϥϫⲉⲙ

DISCOURSE OF EUSTATHIUS. 123

ϩⲗⲓ ⲛ̇ ⲁ̇ⲡⲟⲗⲟⲅⲓⲁ̇ ⲉ̇ⲭⲱ ⲙ̇ ⲡⲉⲥⲙ̇ⲑⲟ ⲉ̇ⲃⲟⲗ ⲟⲩⲟϩ
ⲁⲥⲧⲱⲛⲥ ϧⲉⲛ ⲡⲓⲙⲁ ⲉ̇ ⲛⲁⲥϩⲉⲙⲥⲓ ⲛ̇ ϧⲏⲧⲥ ⲉ̇ⲥⲟⲩⲱϣ
ⲉ̇ϣⲁⲡⲟϥ ⲛ̇ ϯⲕⲓⲕⲱⲛ ⲛ̇ⲧⲉ ⲡⲓⲁⲣⲭⲏⲁⲅⲅⲉⲗⲟⲥ ⲉ̇ⲑ
ⲟⲩⲁⲃ ⲙⲓⲭⲁⲏⲗ ⲁϥϣⲓⲃϯ ⲙ̇ⲡⲉϥⲥⲙⲟⲧ ⲁϥϭⲓ ⲙ̇ ⲡⲓⲓⲛⲓ
ⲛ̇ ⲟⲩⲙⲟⲩⲓ ⲉϥϩⲉⲙϩⲉⲙ ϩⲱⲥ ⲇⲉ ⲛ̇ⲧⲉ ⲡⲉϥⲃ̇ⲣⲱⲟⲩ 5

ⲣⲕ̅. ⲃ. ⲙⲟϩ ⲛ̇ ϯⲡⲟⲗⲓⲥ ⲧⲏⲣⲥ ⲁϥⲭⲱⲗⲉⲙ ⲁϥⲁ̇ⲙⲟⲛⲓ ⲛ̇ |
ⲡⲉⲥⲙⲟⲩⲧ ⲁϥⲱϣϩ ⲙ̇ⲙⲟⲥ ϩⲱⲥ ⲇⲉ ⲛ̇ⲧ ⲉ̇ⲥⲭⲁ ⲧⲟⲧⲥ
ⲉ̇ⲃⲟⲗ ⲫⲙⲟⲩ ⲟⲩⲟϩ ⲁϥⲥⲱ ⲛ̇ ϩⲁⲛⲥⲁϫⲓ ⲙ̇ ⲡⲁⲓ
ⲣⲏϯ ⲟⲛ ϫⲉ ⲫⲁⲓ ⲡⲉ ⲡⲓⲉ̇ϩⲟⲟⲩ ⲉ̇ⲧ ⲁⲣⲉ ⲓ̇ ⲉ̇ⲃⲟⲗ
ϫⲓϫ ⲛ̇ ϧⲏⲧϥ ⲁⲓϧⲓⲥⲓ ⲉⲓϣⲱⲣϫ ⲉ̇ⲣⲟ ⲓⲥ ⲟⲩⲛⲓϣϯ 10
ⲛ̇ ⲥⲛⲟⲩ ⲁⲗⲗⲁ ⲙ̇ⲡⲓ ϣϫⲉⲙϫⲟⲙ ⲉ̇ⲣⲟ ϣⲁ ϯⲛⲁⲩ
ⲙⲁⲣⲉ ϭⲓ̇ ϯⲛⲟⲩ ⲛ̇ⲧⲉϥⲛⲁϩⲙⲓ ⲉ̇ⲃⲟⲗϧⲉⲛ ⲛⲁ ϫⲓϫ
ⲛ̇ϫⲉ ⲫⲏ ⲉⲣⲉ ⲉⲣ ⲑⲁⲣⲓⲛ ⲙ̇ⲙⲟϥ ϯⲥϩⲓⲙⲓ ⲇⲉ ⲛ̇ ⲥⲁⲃⲏ
ⲉ̇ⲧⲉⲙⲙⲁⲩ ⲛⲁⲥϩⲉϫϩⲱϫ ⲉ̇ⲙⲁϣⲱ ⲡⲉ ϩⲱⲥ ⲇⲉ
ⲛ̇ⲧⲉⲥ ⲭⲁ ⲧⲟⲧⲥ ⲉ̇ⲃⲟⲗ ⲉ̇ ⲫⲙⲟⲩ ⲁⲥⲱϣ ⲉ̇ⲃⲟⲗ ⲉⲥϫⲱ 15

ⲣⲕ̅ⲁ̅. ⲁ. ⲙ̇ⲙⲟⲥ ϫⲉ ⲡⲓⲁⲣⲭⲏⲁⲅⲅⲉⲗⲟⲥ ⲙⲓⲭⲁⲏⲗ | ⲁ̇ⲣⲓ ⲃⲟⲏⲑⲓⲛ
ⲉ̇ⲣⲟⲓ ϧⲉⲛ ⲧⲁⲓ ⲟⲩⲛⲟⲩ ⲛ̇ ⲁⲛⲁⲅⲕⲏ ⲉ̇ⲧⲓ ⲇⲉ ⲉϥⲕⲱϯ
ⲉ̇ϯ ⲙ̇ⲕⲁϩ ⲛⲁⲥ ⲛ̇ϫⲉ ⲡⲓⲇⲓⲁ̇ⲃⲟⲗⲟⲥ ⲓⲥ ⲡⲓⲁⲣⲭⲏⲁ-
ⲅⲅⲉⲗⲟⲥ ⲉ̇ⲑ ⲟⲩⲁⲃ ⲙⲓⲭⲁⲏⲗ ⲁϥⲟⲩⲱⲛϩ ⲛⲁⲥ ⲉ̇ⲃⲟⲗ
ⲛ̇ ϯⲟⲩⲛⲟⲩ ⲉϥ ⲉⲣ ⲫⲟⲣⲓⲛ ⲛ̇ ⲟⲩⲁ̇ⲝⲓⲱⲙⲁ ⲙ̇ ⲃⲁⲥⲓ- 20
ⲗⲓⲕⲟⲛ ⲉⲣⲉ ⲟⲩⲟⲛ ⲟⲩϣⲃⲱⲧ ⲛ̇ ⲛⲟⲩⲃ ⲭⲏ ϧⲉⲛ ⲧⲉϥ-
ϫⲓϫ ⲛ̇ ⲟⲩⲓ̇ⲛⲁⲙ ⲉ̇ⲃⲟⲗ ⲉⲣⲉ ⲡⲧⲩⲡⲟⲥ ⲙ̇ ⲡⲓⲥⲧⲁⲩⲣⲟⲥ
ⲉ̇ⲑ ⲟⲩⲁⲃ ⲭⲏ ϩⲓϫⲱϥ ⲟⲩⲟϩ ⲁ̇ ⲡⲓⲙⲁ ⲧⲏⲣϥ ⲉⲣ
ⲟⲩⲱⲓⲛⲓ ⲉ̇ϩⲟⲧⲉ ⲫⲣⲏ ⲛ̇ ⲟⲩⲑⲃⲁ ⲛ̇ ⲕⲱⲃ ⲛ̇ ⲥⲟⲡ
ⲡⲓⲇⲓⲁ̇ⲃⲟⲗⲟⲥ ⲇⲉ ⲉ̇ⲧⲁϥⲛⲁⲩ ⲉ̇ⲣⲟϥ ⲁϥⲱϣ ⲉ̇ⲃⲟⲗ ϧⲉⲛ 25
ⲟⲩ ϩⲟϯ ⲉϥϫⲱ ⲙ̇ⲙⲟⲥ ϫⲉ ⲡⲁ ϭⲥ ⲡⲓⲁⲣⲭⲏⲁⲅⲅⲉⲗⲟⲥ

ⲣⲕ̅ⲁ̅. ⲃ. ⲙⲓⲭⲁⲏⲗ ⲁⲓ ⲉⲣ ⲛⲟⲃⲓ | ⲉ̇ ⲧⲫⲉ ⲛⲉⲙ ⲡⲉⲕⲙ̇ⲑⲟ ⲉ̇ⲃⲟⲗ
ϫⲉ ⲁⲓ ⲉⲣ ⲧⲟⲗⲙⲁⲛ ϩⲟⲗⲱⲥ ⲁⲓ̇ⲓ̇ ⲉ̇ ϧⲟⲩⲛ ⲉ̇ ⲡⲓⲙⲁ ⲉⲣⲉ

16*

ⲧⲉⲕⲥⲓⲕⲱⲛ ⲛ̀ ϩⲓⲧϥ ϯϩⲟ ⲉ̀ⲣⲟⲕ ⲙ̀ⲡ ⲉⲣ ⲧⲁⲕⲟⲓ ϧⲁ
ⲧⲉⲛ ⲙ̀ ⲡⲁ ⲥⲛⲟⲩ ⲁ̀ ⲡⲓⲣⲉϥ ⲑⲁⲙⲓⲟ̀ ⲅⲁⲣ ⲉⲣ
ⲥⲩⲛⲭⲱⲣⲓⲛ ⲛⲏⲓ ⲛ̀ ϩⲁⲛ ⲕⲉ ⲕⲟⲩⲍⲓ ⲛ̀ ⲉ̀ϩⲟⲟⲩ Ⲛ̀ⲟⲕ
ⲇⲉ ⲱ̀ ⲡⲁ ϭⲥ̅ ⲡⲓⲁⲣⲭⲏⲁⲅⲅⲉⲗⲟⲥ ⲛ̀ⲑⲟⲕ ⲡⲉ ⲉ̀ⲧⲁⲕⲁⲓⲧ
ⲛ̀ ϣⲉⲙⲙⲟ ⲉ̀ ⲛⲓⲙⲁⲛϣⲱⲡⲓ ⲛ̀ⲧⲉ ⲛⲓⲫⲏⲟⲩⲓ ⲟⲩⲟϩ 5
ϯⲛⲁϣⲉ ⲛⲏⲓ ⲛ̀ⲧⲁ ⲫⲱⲧ ⲥⲁⲃⲟⲗ ⲙ̀ⲙⲟⲕ ϣⲁ ⲡⲓⲉ̀ϩⲟⲟⲩ
ⲛ̀ⲧⲉ ⲡⲁⲓⲛⲓϣϯ ⲛ̀ ϣⲓⲡⲓ ϯ ⲉⲣ ⲟ̀ⲙⲟⲗⲟⲅⲓⲛ ⲛⲁⲕ ⲟⲩⲟϩ
ϯⲱⲣⲕ ⲙ̀ ⲡⲉⲙⲑⲟ ⲙ̀ ⲫϯ ⲥⲉ ⲛ̀ ⲛⲁⲧⲁⲥⲑⲟⲓ ⲁⲛ ϫⲉ
ⲣⲟⲃ. ⲁ. ⲓⲥϫⲉⲛ ⲡⲁⲓ ⲛⲁⲩ ⲉ̀ ⲉⲣ ⲡⲓⲣⲁⲍⲓⲛ ϩⲁⲛⲣⲱⲙⲓ ⲓⲉ
ⲥϩⲓⲙⲓ ϧⲉⲛ ⲡⲓⲙⲁ ⲉ̀ⲛ ⲁⲕⲭⲏ ⲙ̀ⲙⲟⲕ Ⲛⲁⲓ ⲇⲉ ⲉⲣⲉ 10
ⲡⲓⲇⲓⲁ̀ⲃⲟⲗⲟⲥ ϫⲱ ⲙ̀ⲙⲱⲟⲩ ⲉϥⲥⲟⲛϩ ⲛ̀ ⲧⲟⲧϥ ⲙ̀
ⲡⲓⲁⲣⲭⲏⲁⲅⲅⲉⲗⲟⲥ ⲉ̀ⲑ ⲟⲩⲁⲃ ⲙⲓⲭⲁⲏⲗ ⲙ̀ ⲫⲣⲏϯ
ⲟⲩⲃⲁϫ ϧⲉⲛ ⲧϫⲓϫ ⲛ̀ ⲟⲩⲕⲟⲩϫⲓ ⲛ̀ ⲁ̀ⲗⲟⲩ ⲟⲩⲟϩ
ⲉ̀ⲧⲁϥⲁⲓⲥ ⲛ̀ ⲟⲩϫⲱⲃ ⲉ̀ⲙⲁϣⲱ ⲁϥⲭⲁϥ ⲉ̀ⲃⲟⲗ ϧⲉⲛ
ⲟⲩⲛⲓϣϯ ⲛ̀ ϣⲓⲡⲓ Ⲡⲉϫⲉ ⲡⲓⲁⲣⲭⲏⲁⲅⲅⲉⲗⲟⲥ ⲙⲓⲭⲁⲏⲗ 15
ⲛ̀ ⲉⲩⲫⲏⲙⲓⲁ ϯⲥⲩⲛⲕⲗⲏⲧⲓⲕⲏ ϫⲉ ϭⲣⲟ ⲙ̀ⲙⲟ ⲟⲩⲟϩ
ϫⲉⲙ ⲛⲟⲙϯ ⲙ̀ⲡ ⲉⲣ ⲉⲣ ϩⲟϯ ϧⲁ ⲧⲉⲛ ⲙ̀ ⲡⲓⲇⲓⲁ̀-
ⲃⲟⲗⲟⲥ ⲉ̀ⲡⲓ ⲇⲉ ϥⲛⲁϣϫⲉⲙϫⲟⲙ ⲉⲣⲟ ⲁⲛ ϫⲉ ⲓⲥϫⲉⲛ
ⲣⲟⲃ. ⲃ. ⲡⲁⲓ ⲛⲁⲩ ⲁ̀ⲛⲟⲕ ⲡⲉ ⲙⲓⲭⲁⲏⲗ ⲡⲓⲁⲣⲭⲏⲁⲅⲅⲉⲗⲟⲥ
ⲫⲏ ⲉ̀ⲧ ⲉⲣ ⲇⲓⲁ̀ⲕⲱⲛⲓⲛ ⲉ̀ⲣⲟϥ ⲫⲏ ⲉ̀ⲧ ⲁ̀ ⲡⲉⲙⲁ- 20
ⲕⲁⲣⲓⲟⲥ ⲛ̀ ϩⲁⲓ ⲁⲣⲓⲥⲧⲁⲣⲭⲟⲥ ⲡⲓⲥⲧⲣⲁⲧⲩⲗⲁⲧⲏⲥ
ⲧⲏⲓϯ ⲉ̀ ⲧⲟⲧ Ⲁ̀ⲛⲟⲕ ⲡⲉ ⲙⲓⲭⲁⲏⲗ ⲫⲏ ⲉ̀ⲣⲉ
ⲧⲱⲃϩ ⲙ̀ⲙⲟϥ ⲛ̀ ⲙⲏⲛⲓ ⲙ̀ ⲡⲉⲙⲑⲟ ⲉ̀ⲃⲟⲗ ⲛ̀ ⲧⲁ
ϩⲓⲕⲱⲛ ⲉ̀ⲣⲉ ⲡⲁ ⲭⲁⲣⲁⲕⲧⲏⲣ ⲥϧⲏⲟⲩⲧ ⲉ̀ⲣⲟⲥ ⲉ̀
ϧⲟⲩⲛ ϧⲉⲛ ⲡⲉ ⲕⲟⲓⲧⲱⲛ Ⲁ̀ⲛⲟⲕ ⲡⲉ ⲙⲓⲭⲁⲏⲗ ⲫⲏ 25
ⲉ̀ⲧ ⲱ̀ⲗⲓ ⲛ̀ ⲛⲉ ⲧⲱⲃϩ ⲉ̀ ϧⲟⲩⲛ ⲙ̀ ⲡⲉⲙⲑⲟ ⲙ̀ ⲫϯ
Ⲁ̀ⲛⲟⲕ ⲡⲉ ⲉ̀ⲧ ⲟϩⲓ ⲉ̀ ⲣⲁⲧϥ ⲙ̀ ⲡⲓⲛⲁⲩ ⲉ̀ⲣⲉ ⲥⲁϫⲓ
ⲛⲉⲙ ⲡⲉ ϩⲁⲓ ϫⲉ ⲙⲁⲣⲟⲩⲫⲱⲧϩ ⲛⲏⲓ ⲉ̀ⲃⲟⲗ ⲙ̀ ⲡⲓ-

ⲣⲕⲉ̅. ⲁ. ⲭⲁⲣⲁⲕⲧⲏⲣ ⲙ̀ ⲡⲓⲁⲣⲭⲏⲁⲅⲅⲉⲗⲟⲥ ⲙⲓⲭⲁⲏⲗ ⲛ̀ⲧⲁⲭⲁϥ
ϧⲉⲛ ⲡⲁ ϩⲓ ⲛ̀ ⲛⲁϣϯ ⲟⲩⲟϩ ⲛ̀ⲧⲉⲕⲧⲙⲓⲧ ⲉ̀ ⲧⲟⲧϥ
ⲛ̀ⲧⲉϥϣⲱⲡⲓ ⲛⲏⲓ ⲛ̀ ⲕⲟⲩⲗⲁⲧⲱⲣ ⲛ̀ⲧⲉϥ ⲉⲣ ⲛⲁϣϯ
ⲛⲏⲓ ϧⲁⲧⲉⲛ ⲡϭ̅ⲥ̅ ϣⲁⲧ ⲉϥϣⲓⲛⲓ ⲛⲏⲓ ⲛ̀ⲧⲁϩⲱⲗ
ϣⲁⲣⲟϥ ⲙ̀ ⲫⲣⲏϯ ⲛ̀ ⲣⲱⲙⲓ ⲛⲓⲃⲉⲛ ⲁ̓ⲛⲟⲕ ⲡⲉ ⲙⲓⲭⲁⲏⲗ 5
ⲫⲏ ⲉⲧ ⲥⲱⲧⲉⲙ ⲛ̀ ⲟⲩⲟⲛ ⲛⲓⲃⲉⲛ ⲉⲧ ⲧⲱⲃϩ ⲙ̀ ⲫϯ
ϧⲉⲛ ⲡⲁ ⲣⲁⲛ ⲙ̀ⲡ ⲉⲣ ⲉⲣ ϩⲟϯ ϩⲏⲡⲡⲉ ⲅⲁⲣ ⲙⲉⲛ-
ⲉⲛⲥⲁ ⲑⲣⲉ ⲥⲱⲕ ⲙ̀ⲡⲉ ϣⲉⲙϣⲓ ⲉ̀ⲃⲟⲗ ⲉ̀ⲣⲉ ⲓ̀ⲣⲓ ⲙ̀ⲙⲟϥ
ϧⲉⲛ ⲡⲁⲣⲁⲛ ϯⲛⲓⲟⲩ ⲛ̀ⲥⲱⲓ ⲁ̀ⲛⲟⲕ ⲛⲉⲙ ⲕⲉ ⲙⲏϣ
ⲛ̀ ⲁⲅⲅⲉⲗⲟⲥ ⲛ̀ⲧⲁⲟⲗϯ ⲉ̀ ⲛⲓ ⲙⲁ ⲛ̀ ⲉⲙⲧⲟⲛ ⲛ̀ⲧⲉ ⲫϯ 10
ⲣⲕⲉ̅. ⲃ. ⲛⲁⲓ ⲉ̀ⲧ ⲁ ⲡⲉ ϩⲁⲓ ⲉⲣ ⲕⲗⲏⲣⲟⲛⲟⲙⲓⲛ ⲙ̀ⲙⲱⲟⲩ ϯⲉⲓⲣⲏⲛⲏ
ⲛⲉⲙⲉ Ⲟⲩⲟϩ ⲉ̀ⲧⲁϥϫⲉ ⲛⲁⲓ ⲛⲁⲥ ⲛ̀ϫⲉ ⲡⲓⲁⲣⲭⲏⲁⲅ-
ⲅⲉⲗⲟⲥ ⲙⲓⲭⲁⲏⲗ ⲁϥϩⲱⲗ ⲉ̀ ⲡϣⲱⲓ ⲉ̀ ⲛⲓⲫⲏⲟⲩⲓ̀ ϧⲉⲛ
ⲟⲩⲛⲓϣϯ ⲛ̀ ⲱ̀ⲟⲩ ⲉⲥⲟϩⲓ ⲉ̀ ⲣⲁⲧⲥ ⲉⲥⲥⲟⲙⲥ ⲛ̀ ⲥⲱϥ
Ⲙⲉⲛⲉⲛⲥⲁ ⲛⲁⲓ ⲇⲉ ⲁⲥϣⲉ ⲛⲁⲥ ⲉ̀ ϯⲉⲕⲕⲗⲏⲥⲓⲁ ⲉ̀ 15
ⲣⲁⲧϥ ⲛ̀ ⲁ̀ⲃⲃⲁ ⲁⲛⲑⲩⲙⲟⲥ ⲡⲓⲉ̀ⲡⲓⲥⲕⲟⲡⲟⲥ ⲛ̀ⲧⲉ
ⲧⲁⲓ ⲡⲟⲗⲓⲥ Ⲡⲓϣⲟⲣⲡ ⲙ̀ ⲫⲱϣⲉⲛ ϧⲉⲛ ⲛⲉⲛϫⲓϫ ⲙ̀
ⲡⲓⲭⲣⲏⲥⲟⲥⲧⲟⲙⲟⲥ ⲉ̀ⲑ ⲟⲩⲁⲃ ⲓⲱⲁⲛⲛⲏⲥ ⲡⲓⲁⲣⲭⲏⲉ̀-
ⲡⲓⲥⲕⲟⲡⲟⲥ ⲛ̀ⲧⲉ ⲕⲱⲥⲧⲁⲛⲧⲓⲛⲟⲩⲡⲟⲗⲓⲥ ⲫⲏ ⲉ̀ⲧ ⲁ̀
ⲣⲕⲋ̅. ⲁ. ⲧⲁⲓ ⲛⲏⲥⲟⲥ ⲧⲏⲣⲥ ϭⲓ ⲟⲩⲱⲓⲛⲓ ⲉ̀ⲃⲟⲗϩⲓ ⲧⲟⲧϥ ⲟⲩⲟϩ 20
ⲁⲥⲧⲁⲙⲟϥ ⲉ̀ ⲛⲏⲓ ⲧⲏⲣⲟⲩ ⲉ̀ⲧ ⲁ̀ ⲡⲓⲁⲣⲭⲏⲁⲅⲅⲉⲗⲟⲥ
ϫⲟⲧⲟⲩ ⲛⲁⲥ ⲁϥϯ ⲱ̀ⲟⲩ ⲙ̀ ⲫϯ ⲛⲉⲙ ⲡⲓⲛⲓϣϯ ⲛ̀
ⲁⲣⲭⲏⲁⲅⲅⲉⲗⲟⲥ ⲉ̀ⲑ ⲟⲩⲁⲃ ⲙⲓⲭⲁⲏⲗ Ⲟⲩⲟϩ ⲁϥⲑⲱⲟⲩϯ
ⲛ̀ ϯⲥⲩⲛⲁⲍⲓⲥ ⲁϥⲭⲱ ⲙ̀ ⲡⲓϣⲉⲙϣⲉ ⲉ̀ⲃⲟⲗ ϧⲉⲛ ⲟⲩ-
ⲭⲱⲗⲉⲙ ⲛⲉⲙ ⲟⲩⲛⲓϣϯ ⲛ̀ ⲧⲁⲓⲟ̀ Ⲙⲉⲛⲉⲛⲥⲁ ⲛ̀ ϯ 25
ⲥⲩⲛⲁⲍⲓⲥ ⲁⲥⲓ̀ ⲉ̀ⲃⲟⲗϧⲉⲛ ϯⲉⲕⲕⲗⲏⲥⲓⲁ ⲁⲥϩⲱⲗ ⲉ̀
ⲡⲉⲥⲏⲓ ⲟⲩⲟϩ ⲁⲥϫⲱⲕ ⲉ̀ⲃⲟⲗ ⲙ̀ ⲡⲓϣⲉⲙϣⲓ ⲛ̀ⲧⲉ
ⲛⲓⲥⲛⲏⲟⲩ ⲛ̀ ϩⲏⲕⲓ ⲉⲥ ⲉⲣ ⲇⲓⲁ̀ⲕⲱⲛⲓⲛ ⲉ̀ⲣⲱⲟⲩ Ⲟⲩⲟϩ

ⲉ̀ⲧⲁⲩⲕⲏⲛ ⲉⲩⲟⲩⲱⲛ ⲟⲩⲟϩ ⲉⲩⲥⲱ ⲁⲥⲟⲩⲱⲣⲡ ⲛ̀ⲥⲁ
ⲣ̄ⲕ̄ⲇ̄. ⲃ. ⲡⲁ ⲓⲱⲧ ⲉ̀ⲛⲉⲡⲓⲥⲕⲟⲡⲟⲥ ⲁⲥϯϩⲟ ⲉ̀ⲣⲟϥ ⲉⲑⲣⲉϥⲁ̀ⲓⲥ
ⲛⲉⲙⲡϣⲁ ⲛ̀ⲧⲉϥϩⲱⲗ ⲉ̀ ⲡⲉⲥⲏⲓ ⲟⲩⲟϩ ⲁϥϩⲱⲗ ϣⲁ-
ⲣⲟⲥ ⲛ̀ ⲭⲱⲗⲉⲙ Ⲉⲧⲁⲩⲉⲗ ⲡⲓϣⲓⲛⲓ ⲇⲉ ⲛⲁⲥ ⲛ̀ⲧⲉϥ
ⲡⲁⲣⲟⲩⲥⲓⲁ ϣⲁⲣⲟⲥ ⲁⲥⲓ̀ ⲉ̀ⲃⲟⲗ ϩⲁ ⲥⲱϥ ϣⲁ ⲡⲓⲙⲁϩ 5
ⲅ̄ ⲛ̀ ⲣⲟ ⲛ̀ⲧⲉ ⲡⲉⲥⲏⲓ ⲁⲥⲫⲁϩⲧⲥ ⲉ̀ϫⲉⲛ ⲛⲉϥϭⲁⲗⲁⲩϫ
ⲁⲥϯϥⲓ ⲉ̀ⲣⲱⲟⲩ ⲛ̀ ⲟⲩⲛⲓϣϯ ⲛ̀ ⲛⲁⲩ Ⲛ̀ⲑⲟϥ ⲇⲉ
ⲡⲓⲉ̀ⲡⲓⲥⲕⲟⲡⲟⲥ ⲉ̀ⲑ ⲟⲩⲁⲃ ⲁϥⲧⲟⲩⲛⲟⲥⲥ ⲉ̀ϩⲣⲏⲓ ⲉϥϫⲱ
ⲙ̀ⲙⲟⲥ ⲛⲁⲥ ϫⲉ ⲧⲱⲛⲓ ⲉ̀ϩⲣⲏⲓ ⲱ̀ ϯⲥϩⲓⲙⲓ ⲉ̀ⲧ ⲥⲙⲁ-
ⲣⲱⲟⲩⲧ ϩⲓⲧⲉⲛ ⲫϯ ⲛⲉⲙ ⲡⲓⲣⲱⲙⲓ Ⲁⲗⲏⲑⲱⲥ ⲁ ⲫϯ 10
ϭⲓ ⲛ̀ ⲛⲉ ⲑⲩⲥⲓⲁ ⲛ̀ⲧⲟϯ ⲙ̀ ⲫⲣⲏϯ ⲛ̀ Ⲁ̀ⲃⲉⲗ ⲡⲓⲑⲙⲏⲓ
ⲣ̄ⲕ̄ⲉ̄. ⲁ. ⲟⲩⲟϩ ⲁϥϣⲱⲗⲉⲙ ⲉ̀ ⲛⲉⲃⲗⲓⲗ ⲙ̀ ⲫⲣⲏϯ ⲛ̀ ⲛⲁ
ⲙⲉⲗⲭⲓⲥⲉⲇⲉⲕ ⲡⲟⲩⲣⲟ ⲛ̀ ⲥⲁⲗⲏⲙ ⲡⲓⲟⲩⲏⲃ ⲛ̀ⲧⲉ ⲫϯ
ⲉ̀ⲧ ϭⲟⲥⲓ ϫⲉ ⲁ̀ⲣⲉ ⲉ̀ⲛ ⲟⲩ ϧⲉⲛ ⲟⲩⲥⲱⲟⲩⲧⲉⲛ Ⲛ̀ⲑⲟⲥ
ⲇⲉ ⲁⲥⲁ̀ⲙⲟⲛⲓ ⲙ̀ⲙⲟϥ ϧⲉⲛ ⲟⲩⲛⲓϣϯ ⲛ̀ ⲧⲓⲙⲏ ⲁⲥⲟⲗϥ 15
ⲉ̀ϧⲟⲩⲛ ⲉ̀ ⲡⲉⲥⲕⲟⲓⲧⲱⲛ ⲉ̀ⲣⲉ ⲧϩⲓⲕⲱⲛ ⲙ̀ ⲡⲓⲁⲣⲭⲏⲁⲅ-
ⲅⲉⲗⲟⲥ ⲙⲓⲭⲁⲏⲗ ⲛ̀ ϧⲏⲧϥ Ⲁⲥⲭⲱ ϩⲁⲣⲟϥ ⲛ̀ ⲟⲩ-
ⲑⲣⲟⲛⲟⲥ ⲉ̀ⲛ ⲉⲗⲉⲫⲁⲛⲧⲓⲛⲟⲛ ⲛⲉⲙ ϩⲁⲛⲥⲩⲙⲯⲉⲗⲓⲟⲛ
ⲛ̀ ϩⲁⲧ ⲉⲑⲣⲉ ⲛⲓⲡⲣⲉⲥⲃⲩⲧⲉⲣⲟⲥ ⲛⲉⲙ ⲛⲓⲇⲓⲁ̀ⲕⲱⲛ
ϩⲉⲙⲥⲓ ϩⲓϫⲱⲟⲩ Ⲉ̀ⲧⲁⲩϣⲗⲏⲗ ⲇⲉ ⲁⲩϩⲉⲙⲥⲓ ⲟⲩⲟϩ 20
ⲣ̄ⲕ̄ⲉ̄. ⲃ. ⲁⲥⲟⲩⲱⲛ ⲛ̀ ⲛⲓⲣⲱⲟⲩ ⲛ̀ⲧⲉ ⲡⲉⲥⲏⲓ ⲁⲥ ⲓ̀ⲛⲓ ⲛ̀ ⲛⲉⲥ-
ϩⲩⲡⲁⲣⲭⲟⲛⲧⲁ ⲧⲏⲣⲟⲩ ⲉ̀ⲃⲟⲗ ⲓⲥϫⲉⲛ ⲟⲩ ⲕⲉⲫⲁⲗⲉⲟⲛ
ϣⲁ ⲟⲩ ⲉ̀ⲗⲁⲭⲓⲥⲧⲟⲛ ⲫⲏ ⲉ̀ⲧ ⲧⲁⲓⲏⲟⲩⲧ ⲛⲉⲙ ⲫⲏ
ⲉ̀ⲧ ϫⲟϫⲉⲃ ⲁⲥⲭⲁⲩ ⲙ̀ⲡⲉⲥⲙ̀ⲑⲟ ⲉ̀ⲃⲟⲗ Ⲡⲉϫⲁⲥ ⲛⲁϥ
ϫⲉ ⲡⲗⲓⲱⲧ ⲉ̀ⲑ ⲟⲩⲁⲃ ϭⲓ ⲛ̀ ⲛⲁⲓ ⲕⲟⲩϫⲓ ⲛ̀ ⲭⲣⲏⲙⲁ 25
ⲛ̀ ⲧⲟⲧ ⲛ̀ⲧⲉⲕⲥⲟⲣⲟⲩ ⲉ̀ ⲛⲓϩⲏⲕⲓ ϩⲁⲣⲟⲓ ⲛⲉⲙ ⲡⲁ ⲙⲁ-
ⲕⲁⲣⲓⲟⲥ ⲛ̀ ϩⲁⲓ ϧⲉⲛ ⲫⲣⲁⲛ ⲙ̀ ⲡⲓⲁ̀ⲣⲭⲏⲁⲅⲅⲉⲗⲟⲥ
ⲉ̀ⲑ ⲟ̀ⲩⲁⲃ ⲙⲓⲭⲁⲏⲗ ϩⲓⲛⲁ ⲛ̀ⲧⲉϥ ϯϩⲟ ⲉ̀ϫⲱⲓ ⲙ̀ ⲡⲉⲛ-

DISCOURSE OF EUSTATHIUS.

ⲑⲟ ⲛ̄ ⲫϯ ⲁⲛⲟⲕ ⲛⲉⲙ ⲡⲁ ⲙⲁⲕⲁⲣⲓⲟⲥ ⲛ̀ ⲥⲁⲓ
ⲁ̀ⲣⲓⲥⲧⲁⲣⲭⲟⲥ ⲡⲓⲥⲧⲣⲁⲧⲩⲗⲁⲧⲏⲥ ⲉⲑⲣⲉ ϥ ⲉⲣ ⲟⲩⲛⲁⲓ
ρ̄ⲕ̄ⲍ̄. ⲁ. ⲛⲉⲙ ⲧⲁⲧⲁⲗⲉ ⲡⲱⲣⲟⲥ ⲛ̀ ⲯⲩⲭⲏ ϧⲉⲛ ⲡⲉϥⲃⲏⲙⲁ
ⲉ̀ⲧ ⲟⲓ ⲛ̀ ⲥⲟⲧ Ⲡⲓⲉ̀ⲡⲓⲥⲕⲟⲡⲟⲥ ⲇⲉ ⲁϥⲟⲩⲁⲥⲥⲁϩⲛⲓ
ⲉ̀ⲑⲣⲟⲩ ⲱ̀ⲗⲓ ⲛⲉⲛ ⲭⲁⲓ ⲛⲓⲃⲉⲛ ⲉ̀ⲧ ⲉⲛⲧⲁⲥ ⲉ̀ ϯⲉⲕ- 5
ⲕⲗⲏⲥⲓⲁ̀ ⲟⲩⲟϩ ⲛⲉⲥⲉ̀ⲃⲓⲁⲓⲕ ⲁⲥⲭⲁⲩ ⲉ̀ⲃⲟⲗ ⲉⲩⲟⲓ ⲛ̀
ⲣⲉⲙϩⲉ Ⲁⲥϣⲱⲡⲓ ⲇⲉ ϧⲉⲛ ⲡⲁⲓ ⲉ̀ϩⲟⲟⲩ ⲛ̀ ⲟⲩⲱⲧ
ⲉ̀ⲧⲉ ⲥⲟⲩ ⲓ̄ⲏ̄ ⲛ̀ ⲡⲁⲱⲛⲓ ⲡⲉ Ⲉ̀ⲧⲓ ⲉⲛϩⲉⲙⲥⲓ ⲛⲉⲙ
ⲡⲓⲉ̀ⲡⲓⲥⲕⲟⲡⲟⲥ ⲛ̀ ⲥⲁϫⲓ ⲁⲛϣⲱⲗⲉⲙ ⲉ̀ ⲟⲩⲛⲓϣϯ ⲛ̀
ⲥⲑⲟⲓ ⲛ̀ ⲟⲩϧⲓ ⲛ̀ⲡ ⲉⲛϣⲱⲗⲉⲙ ⲉ̀ ⲟⲩⲟⲛ ⲛ̀ ⲡⲉϥⲣⲏϯ 10
ⲉ̀ⲛⲉϩ Ⲉ̀ⲡⲓ ⲇⲏ ⲛⲁⲓ ⲙ̀ⲙⲁⲩ ϩⲱ ⲡⲉ ⲉⲓϩⲉⲙⲥⲓ ⲛⲉⲙ
ⲡⲁ ⲓⲱⲧ ⲁⲛⲑⲩⲙⲟⲥ ⲡⲓⲉ̀ⲡⲓⲥⲕⲟⲡⲓⲥ (sic) ⲉ̀ⲑ ⲟⲩⲁⲃ
ρ̄ⲕ̄ⲍ̄. ⲃ̄. ⲡⲓϣⲟⲣⲡ ⲛ̀ ⲫⲱϣⲉⲛ ϧⲉⲛ ⲛⲉⲛⲭⲓϫ ⲛ̀ ⲫⲏ ⲉ̀ⲑ
ⲟⲩⲁⲃ ⲓⲱⲁⲛⲛⲏⲥ ⲡⲓⲡⲓⲭⲣⲏⲥ[ⲟⲥ]ⲧⲟⲙⲟⲥ ⲉⲓⲟⲓ ⲙ̀ ⲡⲣⲉⲥ-
ⲃⲩⲧⲉⲣⲟⲥ Ⲉ̀ⲧⲁⲛϣⲱⲗⲉⲙ ⲇⲉ ⲛ̀ ⲡⲁⲓ ⲛⲓϣϯ ⲛ̀ ⲥⲑⲟⲓ 15
ⲛ̀ ⲟⲩϧⲓ ⲁⲛⲭⲁ ⲧⲟⲧⲉⲛ ⲉ̀ⲃⲟⲗϩⲓⲧⲉⲛ ⲧⲁⲓ ⲛⲓϣϯ ⲛ̀
ⲑⲉⲱ̀ⲣⲓⲁ̀ Ⲙⲉⲛⲉⲛⲥⲱⲥ ⲁⲥⲧⲁⲥⲑⲟⲥ ϩⲁ ⲡⲁ ⲓⲱⲧ ⲛ̀
ⲉ̀ⲡⲓⲥⲕⲟⲡⲟⲥ ⲡⲉϫⲁⲥ ⲛⲁⲥ ϫⲉ ϯϯϩⲟ ⲉ̀ⲣⲟⲕ ⲡⲁ ⲓⲱⲧ
ⲉ̀ⲑⲣⲉⲕϯϩⲟ ⲉ̀ϫⲱⲓ ϩⲓⲛⲁ ⲛ̀ⲧⲁ ⲉⲣ ⲁ̀ⲡⲁⲛⲧⲁⲛ ⲉ̀ ⲫϯ
ϧⲉⲛ ⲟⲩⲟⲩⲛⲟⲩ ⲉ̀ ⲛⲁⲛⲉⲥ Ⲇⲉ ⲟⲩⲏⲓ ⲁⲥϭⲱⲛⲧ ⲉ̀ⲣⲟⲓ 20
ⲛ̀ϫⲉ ϯⲟⲩⲛⲟⲩ ⲉ̀ⲧⲟⲩⲛⲁⲫⲱⲣϫ ⲛ̀ ⲧⲁ ⲯⲩⲭⲏ ⲉ̀ⲃⲟⲗ-
ρ̄ⲕ̄ⲏ̄. ⲁ. ϧⲉⲛ ⲡⲁ ⲥⲱⲙⲁ ⲛ̀ ⲉ̀ⲃⲓⲏⲛ ϣⲁ ⲡⲓⲉ̀ϩⲟⲟⲩ ⲛ̀ⲧⲉ
ⲡⲓⲛⲓϣϯ ⲛ̀ ϩⲁⲡ Ⲕⲉ ⲅⲁⲣ ⲓⲥ ⲡⲓⲁⲣⲭⲏⲁⲅⲅⲉⲗⲟⲥ
ⲙⲓⲭⲁⲏⲗ ⲁϥⲓ̀ ⲛ̀ⲥⲱⲓ ⲉ̀ⲣⲉ ⲁⲣⲓⲥⲧⲁⲣⲭⲟⲥ ⲡⲁ ϩⲁⲓ
ⲙⲟϣⲓ ⲛⲉⲙⲁϥ ⲛⲉⲙ ϩⲁⲛ ⲕⲉ ⲙⲏϣ ⲛ̀ ⲁⲅⲅⲉⲗⲟⲥ 25
ⲛⲉⲙⲁϥ Ⲉ̀ⲧⲁⲥ ⲉⲛⲕⲟⲧ ⲇⲉ ⲉ̀ϫⲉⲛ ⲡⲉⲥⲙⲁ ⲉⲛ ⲕⲟⲧ
ⲉ̀ⲧⲁⲥⲫⲟⲣϣϥ ϧⲉⲛ ⲛⲉⲥϫⲓϫ ⲁ̀ ⲡⲓⲉ̀ⲡⲓⲥⲕⲟⲡⲟⲥ ϣⲗⲏⲗ
ⲉ̀ϫⲱⲥ ⲛ̀ ⲟⲩⲛⲓϣϯ ⲛ̀ ⲛⲁⲩ Ⲙⲉⲛⲉⲛⲥⲱⲥ ⲁⲥϥⲁⲓ

ⲙ̀ ⲡⲉϩⲟ ⲉ̀ ⲡϣⲱⲓ ϧⲉⲛ ⲡϩⲟ ⲙ̀ ⲡⲓⲉ̀ⲡⲓⲥⲕⲟⲡⲟⲥ
ⲛⲉⲙ ⲡⲓⲙⲏϣ ⲧⲏⲣϥ ⲡⲉϫⲁⲥ ⲛⲱⲟⲩ ϫⲉ ϯϣⲓⲛⲓ ⲉ̀ⲣⲱ-
ⲧⲉⲛ ϧⲉⲛ ⲡϭ̄ⲥ̄ ⲁ̀ⲣⲓ ϯⲁ̀ⲅⲁⲡⲏ ⲛ̀ ⲧⲉⲧⲉⲛϯ ⲛⲏⲓ ⲛ̀
ⲧϩⲓⲕⲱⲛ ⲙ̀ ⲡⲓⲁⲣⲭⲏⲁⲅⲅⲉⲗⲟⲥ ⲙⲓⲭⲁⲏⲗ ⲛ̀ⲧⲁ ⲉⲣ
ⲁⲥⲡⲁⲍⲉⲥⲑⲉ ⲙ̀ⲙⲟⲥ ⲙ̀ ⲡⲁⲓ ⲕⲉ ⲥⲟⲡ ϧⲁ ϯϩⲏ ⲙ̀ⲡⲁ
ϯ ⲉ̀ⲃⲟⲗϧⲉⲛ ⲥⲱⲙⲁ ϧⲉⲛ ϯⲟⲩⲛⲟⲩ ⲁ̀ ⲡⲓⲉ̀ⲡⲓⲥⲕⲟⲡⲟⲥ
ⲁ̀ⲙⲟⲛⲓ ⲛ̀ ϯϩⲓⲕⲱⲛ ⲁϥⲧⲏⲓ̀ⲥ ⲛⲁⲥ ⲛ̀ⲑⲟⲥ ⲇⲉ ⲁⲥ ⲉⲣ
ⲁⲥⲡⲁⲍⲉⲥⲑⲉ ⲙ̀ⲙⲟⲥ ⲉⲥϫⲱ̀ ⲙ̀ⲙⲟⲥ ϫⲉ ⲡⲁ ϭ̄ⲥ̄ ⲡⲓⲁⲣⲭⲏ
ⲁⲅⲅⲉⲗⲟⲥ ⲉ̀ⲑ ⲟⲩⲁⲃ ⲙⲓⲭⲁⲏⲗ ⲟϩⲓ ⲉ̀ ⲣⲁⲧⲕ ⲛⲉⲙⲏⲓ
ϧⲉⲛ ⲧⲁⲓ ⲟⲩⲛⲟⲩ ⲑⲁⲓ ⲉ̀ⲧ ⲟⲓ ⲛ̀ ϩⲟϯ ⲛⲁⲓ ⲇⲉ
ⲉⲛ ⲥⲱⲧⲉⲙ ⲉ̀ⲣⲟⲥ ⲉⲥϫⲱ̀ ⲙ̀ⲙⲱⲟⲩ ⲁ̀ⲛⲟⲛ ⲇⲉ ⲛⲉⲙ
ⲡⲓⲙⲏϣ ⲁⲛⲥⲱⲧⲉⲙ ⲉ̀ ⲡⲉ̀ϧⲣⲱⲟⲩ ⲛ̀ ⲟⲩⲛⲓϣϯ ⲛ̀ ⲙⲏϣ
ⲉⲩϭⲟϩⲓ ⲉ̀ⲙⲁϣⲱ ⲉ̀ϫⲉⲛ ⲛⲟⲩⲉ̀ⲣⲏⲟⲩ ⲙ̀ ⲫⲣⲏϯ ⲛ̀
ⲟⲩⲕⲁⲧⲁⲣⲁⲕⲧⲏⲥ ⲉϥϣ ⲉ̀ⲃⲟⲗ ⲟⲩⲟϩ ⲁ̀ ⲛⲉⲛⲃⲁⲗ
ⲛ̀ ⲛⲓⲙⲏϣ ⲛⲓⲕⲟⲩϫⲓ ⲛⲉⲙ ⲛⲓⲛⲓϣϯ ⲛⲓϩⲱⲟⲩⲧ ⲛⲉⲙ
ⲛⲓϩⲓⲟⲙⲓ ⲁⲩⲛⲁⲩ ⲉ̀ ⲡⲓⲁⲣⲭⲏⲁⲅⲅⲉⲗⲟⲥ ⲉ̀ⲑ ⲟⲩⲁⲃ
ⲙⲓⲭⲁⲏⲗ ⲉϥ ⲉⲣ ⲟⲩⲱⲓⲛⲓ ⲙ̀ ⲫⲣⲏϯ ⲙ̀ ⲫⲣⲏ ⲉϥⲟ̀ϩⲓ
ⲉ̀ ⲣⲁⲧϥ ϩⲓϫⲉⲛ ⲉⲩⲫⲏⲙⲓⲁ ϯⲥⲩⲛⲕⲗⲏⲧⲓⲕⲏ ⲉⲣⲉ
ⲛⲓⲥⲛⲏⲓ ⲛ̀ ⲣⲁⲧϥ ⲟⲓ ⲙ̀ ⲫⲣⲏϯ ⲛ̀ ⲟⲩϩⲟⲙⲧ ⲙ̀ ⲃⲁⲣⲱⲧ
ⲉϥⲫⲟⲥⲓ ϧⲉⲛ ⲟⲩⲭⲣⲱⲙ ⲉⲣⲉ ⲟⲩⲟⲛ ⲟⲩⲥⲁⲗⲡⲓⲅⲅⲟⲥ
ϧⲉⲛ ⲧⲉϥϫⲓϫ ⲛ̀ ⲟⲩⲓ̀ⲛⲁⲙ ⲉ̀ⲃⲟⲗ ⲉⲣⲉ ⲟⲩⲟⲛ ⲟⲩⲧⲣⲟ-
ⲭⲟⲥ ⲙ̀ ⲫⲣⲏϯ ⲛ̀ ⲟⲩϩⲁⲣⲙⲁ ϧⲉⲛ ⲧⲉϥϫⲓϫ ⲛ̀ ϭⲁϫⲏ
ⲉ̀ⲣⲉ ⲟⲩⲟⲛ ⲟⲩⲥⲧⲁⲩⲣⲟⲥ ϩⲓϫⲱϥ ⲉϥ ⲉⲣ ⲫⲟⲣⲓⲛ ⲛ̀
ⲟⲩϩⲉⲃⲥⲟ ⲉⲥⲥⲱⲧⲡ ⲉ̀ϩⲟⲧⲉ ⲑⲁ ⲛⲓⲟⲩⲣⲱⲟⲩ ⲛ̀ⲧⲉ
ⲡⲓⲕⲟⲥⲙⲟⲥ ⲛ̀ ⲟⲩⲑⲃⲁ ⲛ̀ ⲕⲱⲃ ⲛ̀ ⲥⲟⲡ ⲉ̀ⲧⲁⲛⲛⲁⲩ ⲇⲉ
ⲉ̀ⲣⲟϥ ⲙ̀ ⲡⲁⲓ ⲣⲏϯ ⲁⲛϣⲑⲟⲣⲧⲉⲣ ⲟⲩⲟϩ ⲁⲛⲭⲁ
ⲧⲟⲧⲉⲛ ⲉ̀ⲃⲟⲗ ⲉ̀ⲑⲃⲉ ⲧⲉϥϩⲟϯ ⲟⲩⲟϩ ⲁⲛⲛⲁⲩ ⲉ̀ⲣⲟϥ
ⲉϥⲟ̀ϩⲓ ⲉ̀ ⲣⲁⲧϥ ⲉϥⲥⲟⲩⲧⲉⲛ ⲛ̀ⲧⲉϥⲥⲧⲟⲗⲏ ⲛ̀ ⲟⲩⲱⲓⲛⲓ

DISCOURSE OF EUSTATHIUS. 129

ⲉⲃⲟⲗ ϩⲱⲥ ⲉϥⲥⲟⲗⲥⲉⲗ ⲛ̀ ϯⲯⲩⲭⲏ ⲛ̀ ϯⲥϩⲓⲙⲓ ⲛ̀
ⲙⲁⲕⲁⲣⲓⲁ ⲉⲧⲉⲙⲙⲁⲩ ⲉⲩⲫⲏⲙⲓⲁ ϯⲥⲩⲛⲕⲗⲏⲧⲓⲕⲏ
ⲉⲑⲣⲉⲥⲓ̀ ⲉ̀ⲥⲉⲛ ⲧⲉϥⲥⲧⲟⲗⲏ ⲉⲑ ⲟⲩⲁⲃ Ⲡⲁⲓ ⲣⲏϯ ⲇⲉ
ⲁⲥϯ ⲙ̀ ⲡⲉⲥⲡⲛⲁ̄ ⲉ̀ⲣⲉ ϯϩⲓⲕⲱⲛ ⲛ̀ⲧⲉ ⲡⲓⲁⲣⲭⲏⲁⲅ-
ⲣ̅ⲕ̅ⲑ̅. ⲁ. ⲅⲉⲗⲟⲥ ⲙⲓⲭⲁⲏⲗ ⲧⲁⲗⲏⲟⲩⲧ ϩⲓⲥⲉⲛ ⲛⲉⲥⲃⲁⲗ ⲙ̀ⲡⲁⲧⲉ- 5
ⲥⲓ̀ ⲉ̀ⲃⲟⲗϧⲉⲛ ⲥⲱⲙⲁ Ⲟⲩⲟϩ ⲁⲛⲥⲱⲧⲉⲙ ⲉ̀ ⲡⲓ̀ⲣⲱⲟⲩ
ⲛ̀ ⲙⲏϣ ⲉⲩ ⲉⲣ ⲯⲁⲗⲓⲛ ⲉⲩⲥⲱ ⲙ̀ⲙⲟⲥ ϫⲉ ⲡⲟ̄ⲥ̄
ⲥⲱⲟⲩⲛ ⲛ̀ ⲫⲛⲱⲓⲧ ⲛ̀ⲧⲉ ⲛⲉⲑⲙⲏⲓ ⲧⲟⲩⲕⲗⲏⲣⲟⲛⲟⲙⲓⲁ
ⲉ̀ⲥⲉϣⲱⲡⲓ ϣⲁ ⲉ̀ⲛⲉϩ ϯϩⲓⲕⲱⲛ ⲇⲉ ⲛ̀ⲧⲉ ⲡⲓⲁⲣⲭⲏⲁⲅ-
ⲅⲉⲗⲟⲥ ⲙⲓⲭⲁⲏⲗ ⲉⲧ ⲭⲏ ϩⲓⲥⲉⲛ ⲡϩⲟ ⲛ̀ ϯⲥϩⲓⲙⲓ 10
ϫⲉ ⲉ̀ⲧⲁⲥϯ ⲙ̀ ⲡⲉⲥ ⲡⲛⲁ̄ ⲁ̀ ϯϩⲓⲕⲱⲛ ϩⲁⲗⲁⲓ ⲛ̀
ϯⲟⲩⲛⲟⲩ ⲙ̀ⲡ ⲉⲛⲉ̀ⲙⲓ ϫⲉ ⲉ̀ⲧⲁⲥϩⲱⲗ ⲉ̀ ⲑⲱⲛ ⲟⲩⲟϩ
ⲁⲛⲭⲁ ϯⲥϩⲓⲙⲓ ϧⲉⲛ ⲡⲓⲙ̀ϩⲁⲩ ⲛ̀ⲧⲉ ⲁ̀ⲣⲓⲥⲧⲁⲣⲭⲟⲥ
ⲡⲉⲥϩⲁⲓ Ⲁⲥϣⲱⲡⲓ ⲇⲉ ⲉ̀ⲧⲁⲛⲑⲱⲙⲥ ⲙ̀ⲙⲟⲥ ⲁⲛⲓ̀ ⲉ̀
ⲣ̅ⲕ̅ⲑ̅. ⲃ. ϯⲉⲕⲕⲗⲏⲥⲓⲁ ⲉⲑⲣⲉⲛ ⲉⲣ ϯⲥⲩⲛⲁⲝⲓⲥ ⲁ̀ ⲡⲓⲉ̀ⲡⲓⲥ- 15
ⲕⲟⲡⲟⲥ ⲓ̀ ⲉ̀ϧⲟⲩⲛ ⲉ̀ ⲡⲓⲧⲟⲡⲟⲥ ⲫⲁⲓ ⲛ̀ ⲑⲟⲩⲏⲧ ⲛ̀ ϩⲓⲧϥ
ϯⲛⲟⲩ ⲇⲉ ϧⲉⲛ ⲫⲣⲁⲛ ⲙ̀ ⲡⲓⲁⲣⲭⲏⲁⲅⲅⲉⲗⲟⲥ ⲉⲑ ⲟⲩⲁⲃ
ⲙⲓⲭⲁⲏⲗ Ⲟⲩⲟϩ ⲉⲧⲁϥ ϣⲉ ⲉ̀ϧⲟⲩⲛ ⲉ̀ ⲡⲓⲑⲩⲥⲓⲁⲥⲧⲏ-
ⲣⲓⲟⲛ ⲕⲁⲧⲁ ⲧⲉϥⲥⲩⲛⲏⲑⲓⲁ ⲁϥⲛⲁⲩ ⲉ̀ ϯϩⲓⲕⲱⲛ ⲛ̀
ⲡⲓⲁⲣⲭⲏⲁⲅⲅⲉⲗⲟⲥ ⲑⲏ ⲉ̀ⲧⲁⲥϩⲁⲗⲁⲓ ⲉ̀ⲃⲟⲗϧⲉⲛ ⲡⲓⲏⲓ 20
ⲛ̀ ⲉⲩⲫⲏⲙⲓⲁ ⲉⲥⲁϣⲓ ϧⲉⲛ ⲡⲓⲁⲏⲣ ⲁⲧϭⲛⲉ ϫⲓϫ ⲛ̀
ⲣⲱⲙⲓ ϧⲉⲛ ϯⲭⲟⲣⲕⲓ ⲛ̀ⲧⲉ ⲡⲓⲙⲁ ⲉⲑ ⲟⲩⲁⲃ Ⲡⲓⲉ̀ⲡⲓⲥ-
ⲕⲟⲡⲟⲥ ⲇⲉ ⲁϥⲱϣ ⲉ̀ⲃⲟⲗ ⲉϥϫⲱ ⲙ̀ⲙⲟⲥ ϫⲉ ⲱ̀ ⲛⲓⲣⲱⲙⲓ
ⲛ̀ⲧⲉ ϯⲧⲣⲁⲕⲏ ϯⲛⲓⲥⲟⲥ ⲁ̀ⲙⲱⲓⲛⲓ ⲛ̀ ⲧⲉⲧⲉⲛⲛⲁⲩ ⲉ̀
ⲣ̅ⲗ̅. ⲁ. ⲧⲁⲓ ⲛⲓϣϯ ⲛ̀ ϫⲟⲙ ⲛ̀ⲧⲉ ⲡⲓⲁⲣⲭⲏⲁⲅⲅⲉⲗⲟⲥ ⲉⲑ 25
ⲟⲩⲁⲃ ⲙⲓⲭⲁⲏⲗ Ⲟⲩⲟϩ ⲁ̀ ⲡⲓⲙⲏϣ ⲧⲏⲣϥ ϭⲟϫⲓ ⲉ̀
ϧⲟⲩⲛ ⲉ̀ ⲡⲓⲑⲩⲥⲓⲁⲥⲧⲏⲣⲓⲟⲛ ⲟⲩⲟϩ ⲁⲛⲛⲁⲩ ϧⲉⲛ ⲛⲉⲛ
ⲃⲁⲗ ⲉ̀ ϯϩⲓⲕⲱⲛ ⲛ̀ⲧⲉ ⲡⲓⲁⲣⲭⲏⲁⲅⲅⲉⲗⲟⲥ ⲙⲓⲭⲁⲏⲗ

17

ⲉ̀ⲥⲁϣⲓ ϧⲉⲛ ⲡⲓⲁⲏⲣ ⲁⲧϭⲛⲉ ⲭⲓⲭ ⲛ̀ ⲣⲱⲙⲓ ⲓⲉ ⲕⲉ
ϩⲗⲓ ⲛ̀ ⲡⲁⲓ ⲣⲏϯ ⲀⲖⲖⲀ ⲛⲁⲥⲧⲁⲩⲣⲏⲟⲩⲧ ⲛ̀ ⲁⲧⲕⲓⲙ
ⲛ̀ ⲟⲩⲥⲧⲩⲗⲟⲥ ⲛ̀ ⲁⲇⲁⲙⲁⲛⲧⲓⲛⲟⲛ ⲉ̀ⲧⲉ ⲛ̀ⲙⲡ ⲁϥⲕⲓⲙ
ⲛ̀ⲥⲁ ϩⲗⲓ ⲛ̀ ⲥⲁ ⲉ̀ ⲡⲧⲏⲣϥ Ⲱⲟⲩⲏⲣ ⲙⲉ ⲙⲓϩⲣⲱⲟⲩ
ⲉⲧⲁⲩϣⲱⲡⲓ ⲛ̀ ⲛⲓⲛⲁⲩ ⲉ̀ⲧⲉⲙⲙⲁⲩ ⲉ̀ⲣⲉ ⲡⲓⲙⲏϣ ⲧⲏⲣϥ 5
ⲣⲡ. ⲃ. ⲱϣ ⲉ̀ⲃⲟⲗ ⲉⲩϯⲱ̀ⲟⲩ ⲛ̀ ⲫϯ ⲛⲉⲙ ⲡⲓⲁⲣⲭⲏⲁⲅⲅⲉⲗⲟⲥ
ⲉ̀ⲑ ⲟⲩⲁⲃ ⲙⲓⲭⲁⲏⲗ Ⲟⲩⲟϩ ⲁ̀ ⲡϣⲓⲛⲓ ⲛ̀ ⲧⲁⲓ ϣⲫⲏⲣⲓ
ⲛ̀ ⲧⲁⲓ ⲙⲁⲓⲏ̀ ⲫⲟϩ ϣⲁ ⲙⲟⲩⲅⲣⲱⲟⲩ ⲛ̀ ⲙⲁⲓ ⲛⲟⲩϯ
ⲉⲣⲕⲁⲇⲓⲟⲥ ⲛ̀ ⲉⲩⲇⲟⲝⲓⲁ̀ ϯⲟⲩⲣⲱ ϧⲉⲛ ⲕⲱⲥⲧⲁⲛⲧⲓⲛⲟⲩ-
ⲡⲟⲗⲓⲥ ⲛⲉⲙ ⲡⲟⲩⲣⲟ ⲟⲛⲛⲟⲩⲣⲓⲟⲥ ϧⲉⲛ ⲣⲱⲙⲏ Ⲟⲩⲟϩ 10
ⲁⲩⲥⲉⲙⲛⲏⲧⲥ ⲉⲑⲣⲟⲩ ⲉⲣ ⲁⲡⲁⲛⲧⲁⲛ ⲉ̀ ⲧⲁⲓ ⲛⲓⲥⲟⲥ
ⲛⲉⲙ ⲛ̀ ⲟⲩⲉ̀ⲣⲏⲟⲩ Ⲟⲩⲟϩ ⲡⲁⲓ ⲣⲏϯ ⲁⲩ ⲉⲣ ⲁⲡⲁⲛ-
ⲧⲁⲛ ⲛⲉⲙ ⲟⲩⲉ̀ⲣⲏⲟⲩ ⲉⲩⲥⲟⲡ ⲛⲉⲙ ϯⲟⲩⲣⲱ ⲁⲩⲛⲁⲩ
ϧⲉⲛ ⲛⲟⲩⲃⲁⲗ ⲉ̀ ϯϣⲫⲏⲣⲓ ⲛ̀ⲧⲉ ϯⲍⲓⲕⲱⲛ ⲛ̀ⲧⲉ ⲡⲓⲁⲣ-
ⲭⲏⲁⲅⲅⲉⲗⲟⲥ ⲉ̀ⲑ ⲟⲩⲁⲃ ⲙⲓⲭⲁⲏⲗ Ⲟⲩⲟϩ ⲁⲩⲟⲩⲱϣⲧ 15
ⲣⲡⲁ̄. ⲁ. ϩⲓⲭⲉⲛ ⲡⲓⲕⲁϩⲓ ϩⲓⲭⲉⲛ ⲡⲓⲃⲗⲟⲭ ⲛ̀ⲧⲉ ⲡⲓⲙⲁⲕⲁⲣⲓⲟⲥ
ⲓⲱⲁⲛⲛⲏⲥ ⲡⲓⲭⲣⲏⲥⲟⲥⲧⲟⲙⲟⲥ ⲉ̀ⲧⲁϥϫⲱⲕ ⲉ̀ⲃⲟⲗϩⲓ
ϩⲱϥ ⲫⲁⲓ ⲉ̀ⲧⲁϥⲓ̀ⲣⲓ ⲛ̀ ϩⲁⲛⲙⲏϣ ⲛ̀ ⲧⲁⲗϭⲟ ϧⲉⲛ
ⲧⲁⲓ ⲛⲓⲥⲟⲥ ϩⲱⲥ ⲇⲉ ⲣⲱⲙⲓ ⲛⲓⲃⲉⲛ ϧⲉⲛ ϯⲟⲩⲛⲟⲩ
ⲁⲩϣⲁⲛ ⲛ̀ ⲕⲟⲧ ϩⲓⲭⲉⲛ ⲡⲓⲃⲗⲟⲭ ⲉ̀ⲧⲉⲙⲙⲁⲩ ⲛ̀ⲧⲉ 20
ⲡⲓⲁ̀ⲅⲓⲟⲥ ⲓⲱⲁⲛⲛⲏⲥ ϣⲁⲩϯⲙⲁϯ ⲛ̀ ⲡⲓⲟⲩϫⲁⲓ ⲥⲁ
ⲧⲟⲧⲟⲩ (1) ⲛⲓⲙ ⲉⲑⲛⲁϣⲁϫⲓ ⲉ̀ ⲛⲓϣⲫⲏⲣⲓ ⲉ̀ⲧⲁⲩϣⲱⲡⲓ
ⲉ̀ⲃⲟⲗϩⲓⲧⲉⲛ ϯⲍⲓⲕⲱⲛ ⲉ̀ⲧⲉⲙⲙⲁⲩ ⲛ̀ⲧⲉ ⲡⲓⲁⲣⲭⲏⲁⲅ-
ⲅⲉⲗⲟⲥ ⲙⲓⲭⲁⲏⲗ ⲑⲁⲓ ⲉ̀ⲧ ⲁⲛⲛⲁⲩ ⲉ̀ⲣⲟⲥ ϯⲛⲟⲩ ϧⲉⲛ
ⲣⲡⲁ̄. ⲃ. ⲛⲉⲛⲃⲁⲗ ⲉ̀ⲥⲟⲩⲟⲛϩ ⲉ̀ⲃⲟⲗϧⲉⲛ ⲡⲉϥⲧⲩⲡⲟⲥ ⲉ̀ⲑ ⲟⲩⲁⲃ 25
ⲫⲁⲓ ⲉ̀ⲧⲉⲛⲑⲟⲩⲏⲧ ⲉ̀ⲣⲟϥ ϧⲉⲛ ⲡⲉϥ ⲉⲣ ⲫⲙⲉⲩⲓ̀ ⲉ̀ⲑ
ⲟⲩⲁⲃ ⲛ̀ ⲫⲟⲟⲩ ϩⲱⲥ ⲇⲉ ⲕⲁⲧⲁ ⲥⲟⲩ ⲓ̄ⲃ̄ ⲛ̀ ⲡⲓⲁ̀ⲃⲟⲧ
ⲛ̀ⲧⲉ ⲡⲉϩⲟⲟⲩ ⲡⲉ ⲙ̀ ⲡⲓⲁⲣⲭⲏⲁⲅⲅⲉⲗⲟⲥ ⲙⲓⲭⲁⲏⲗ

DISCOURSE OF EUSTATHIUS.

ⲡⲉ ϣⲁⲣⲉ ϯⲉⲓⲕⲱⲛ ⲉⲧⲉⲙⲙⲁⲩ ⲧⲁⲟⲩⲟ ⲉⲃⲟⲗ ⲉⲁⲛ-
ⲭⲁⲗ ⲛ̄ ⲭⲱⲓⲧ ⲙ̄ ⲡⲓⲁ̅ ⲛ̄ ⲥⲁⲛⲧⲁⲥ ⲉⲩⲟⲡⲧ ⲛ̄ ⲕⲁⲣⲡⲟⲥ
ⲉϥⲉⲟⲗⲝ ⲕⲁⲧⲁ ⲡⲁⲓ ⲣⲏϯ ϩⲱⲥ ϫⲉ ⲟⲩϣⲉ ⲛ̄ ⲭⲱⲓⲧ
ⲧⲉ ϯϕⲟⲝⲓ ⲉⲧⲉⲙⲙⲁⲩ ⲉⲣⲉ ϯⲉⲓⲕⲱⲛ ⲫⲟⲧϩ ⲉⲣⲟⲥ
ϩⲁⲣⲁ ⲧⲉⲧⲉⲛⲓⲣⲓ ⲙ̄ ⲫⲙⲉⲩⲓ ⲁⲛ ⲛ̄ⲑⲉ ⲉⲣⲉ ⲥⲁ ⲃⲟⲗ ⲛ 5
ⲙ̄ⲙⲟⲥ ϣⲱⲛⲓ ϧⲉⲛ ⲡⲓϣⲱⲛⲓ ⲉⲧⲟⲩⲙⲟⲩϯ ⲉⲣⲟϥ ϫⲉ
ⲁⲡⲟⲥⲧⲏⲙⲁ ⲉⲧⲉ ⲡⲓⲭⲁⲗⲕⲱⲛ ⲡⲉ ⲛⲉⲙ ⲡⲓⲣⲏϯ ⲉ-

ⲣⲡⲃ̅. ⲁ. ⲧⲁⲥϣⲙⲁ ⲉⲃⲟⲗ ⲉ ⲡⲧⲏⲣϥ ⲟⲩⲟϩ ⲁⲥ ⲉⲣ ⲁⲧ ϫⲟⲙ
ⲉⲙⲁϣⲱ ϩⲓⲧⲉⲛ ⲡⲓϣⲱⲛⲓ ⲛⲉⲙ ⲡⲓ ϧⲓⲥⲓ ⲉⲧ ϩⲓ ϫⲱⲥ
ⲟⲩⲟϩ ⲉⲧⲁⲥⲓ ϧⲉⲛ ⲡⲉⲥⲛⲓϣϯ ⲛ̄ ⲛⲁϩϯ ⲉ ϧⲟⲩⲛ ⲉ 10
ⲡⲁⲓ ⲧⲟⲡⲟⲥ ⲉⲑ ⲟⲩⲁⲃ ⲁⲥϭⲓ ⲉⲃⲟⲗϧⲉⲛ ⲡⲓⲕⲁⲣⲡⲟⲥ
ⲛ̄ⲭⲱⲓⲧ ⲉⲧ ⲁ ϯⲉⲓⲕⲱⲛ ⲧⲁⲟⲩⲱⲟⲩ ⲉⲃⲟⲗ ⲛ̄ ⲥⲟⲩ
ⲓⲃ̅ ⲙ̄ ⲡⲓⲁⲃⲟⲧ ⲉⲧⲁϥⲥⲓⲛⲓ Ⲟⲩⲟϩ ⲁ ⲧⲉⲧⲉⲛⲛⲁⲩ
ⲉⲣⲟⲥ ϫⲉ ϧⲉⲛ ⲡϫⲓⲛⲑⲣⲉⲥ ⲟⲩⲱⲙ ⲉⲃⲟⲗϧⲉⲛ ⲡⲟⲩⲧⲁϩ
ⲛ̄ ϯⲉⲓⲕⲱⲛ ⲁ ⲡⲓϣⲱⲛⲓ ⲉⲧ ⲥⲁⲃⲟⲩⲛ ⲙ̄ⲙⲟⲥ ⲫⲟⲝⲓ 15
ⲛ̄ ϯⲟⲩⲛⲟⲩ ⲁⲥⲧⲟⲩⲃⲟ ⲟⲩⲟϩ ⲁⲥⲟⲩϫⲁⲓ ⲁⲥϣⲉ
ⲛⲁⲥ ⲉ ⲡⲉⲥⲏⲓ ⲉⲥϯ ⲱⲟⲩ ⲙ̄ ⲫϯ ⲛⲉⲙ ⲡⲓⲁⲣⲭⲏ-

ⲣⲡⲃ̅. ⲃ. ⲁⲅⲅⲉⲗⲟⲥ ⲉⲑ ⲟⲩⲁⲃ ⲙⲓⲭⲁⲏⲗ ϩⲱⲥ ⲁⲉ ⲙ̄ⲡ ⲉⲥϣⲱ-
ⲛⲓ ⲉ ⲡⲧⲏⲣϥ Ⲥⲱⲧⲉⲙ ⲟⲛ ⲉ ⲧⲁⲓ ⲕⲉ ⲛⲓϣϯ ⲛ̄
ϣⲫⲏⲣⲓ ⲉⲧⲁⲥϣⲱⲡⲓ ⲉⲛⲟⲩⲉϣ ⲉⲛⲭⲁⲥ ⲉⲃⲟⲗ ⲁⲛ ⲧⲉ 20
ⲁⲣⲉⲧⲉⲛⲛⲁⲩ ⲁⲉ ⲟⲛ ⲉ ⲡⲓⲣⲱⲙⲓ ⲉⲧ ϣⲱⲛⲓ ⲉ ⲡⲉϥ-
ⲕⲣⲁⲛⲓⲟⲛ ⲉϥϯ ⲧⲕⲁⲥ ⲉ ⲡⲉϥⲟⲩⲁⲓ ⲛ̄ ⲥⲫⲓⲣ ⲛ̄ⲧⲉ
ⲧⲉϥⲁⲫⲉ ϩⲱⲥ ϫⲉ ⲛ̄ⲧⲉ ⲡⲉϥⲃⲁⲗ ⲛ̄ ⲟⲩⲓⲛⲁⲙ ⲥⲱⲧⲡ
ⲡⲁⲣⲁ ⲕⲉ ⲕⲟⲩϫⲓ ⲛ̄ⲧⲉϥϥⲱϣⲓ ⲉⲃⲟⲗϧⲉⲛ ⲧⲉϥⲁⲫⲉ
Ⲟⲩⲟϩ ⲉⲧⲁϥⲓ ⲉ ϧⲟⲩⲛ ⲉ ⲡⲁⲓ ⲧⲟⲡⲟⲥ ⲉⲑ ⲟⲩⲁⲃ 25
ⲁϥϭⲓ ⲛ̄ ⲟⲩⲕⲟⲩϫⲓ ⲛ̄ ⲛⲉϩ ϧⲉⲛ ⲡⲓⲫⲁⲛⲟⲥ ⲁϥ ⲉⲣ

ⲣⲡⲅ̅. ⲁ. ⲥⲫⲣⲁⲅⲓⲍⲓⲛ ⲙ̄ ⲡⲉϥϩⲟ ϧⲉⲛ ⲫⲣⲁⲛ ⲙ̄ ⲫⲓⲱⲧ ⲛⲉⲙ |
ⲡϣⲏⲣⲓ ⲛⲉⲙ ⲡⲓⲡ̅ⲛ̅ⲁ̅ ⲉⲑ ⲟⲩⲁⲃ Ⲟⲩⲟϩ ⲁϥϭⲓ ⲛ̄ ⲟⲩ-

17*

ϩⲱⲃ ϧⲉⲛ ⲛⲏ ⲉⲣⲉ ϯⲥⲓⲕⲱⲛ ⲧⲁⲟⲩⲟ ⲙ̇ⲙⲱⲟⲩ ⲉ̇ⲃⲟⲗ
ⲁϥⲭⲁⲥ ϩⲓϫⲉⲛ ⲡⲓⲙⲁ ⲉ̇ⲑ ⲙⲟⲕϩ ⲛ̇ⲧⲉ ⲧⲉϥⲁ̇ⲫⲉ
ⲁϥⲟⲩϫⲁⲓ ⲛ̇ ϯⲟⲩⲛⲟⲩ ⲟⲩⲟϩ ⲁϥϣⲉ ⲛⲁϥ ⲉ̇ ⲡⲉϥⲏⲓ
ϧⲉⲛ ⲟⲩϩⲓⲣⲏⲛⲏ Ⲧⲉⲛ ⲛⲁⲥⲁϫⲓ ⲉ̇ ⲁϣ ⲛ̇ⲉ̇ ⲧⲉⲛⲛⲁⲭⲁ
ⲁϣ ⲉ̇ⲃⲟⲗ ⲱ̇ ⲡⲁ ϭⲥ ⲟⲩⲟϩ ⲡⲁ ⲛⲏⲃ ⲙⲉⲛⲉⲛⲥⲁ 5
ⲫϯ Ⲁ̇ⲗⲏⲑⲱⲥ ⲛ̇ⲑⲟⲕ ⲡⲉ ⲡⲓⲣⲉϥⲉⲣϩⲙⲙⲓ ⲛ̇ⲧⲉ ⲣⲱⲙⲓ
ⲛⲓⲃⲉⲛ ⲛⲉⲙ ⲛⲓⲧⲉⲃⲛⲱⲟⲩⲓ̇ ⲉⲕ ⲉⲣ ⲟⲓⲕⲟⲛⲟⲙⲓⲛ ⲙ̇ⲙⲱⲟⲩ
ⲧⲏⲣⲟⲩ ⲙ̇ ⲡⲉⲙⲑⲟ ⲙ̇ ⲫϯ Ⲁϣ ⲡⲉ ⲡⲓⲧⲁⲓⲟ̇ ⲉⲧ

ⲣⲡⲅ̅. ⲃ. ⲉⲓⲛⲁϣⲧⲁⲓⲟ̇ⲕ ⲛ̇ ϧⲓⲧϥ ⲱ̇ ⲡⲓⲁⲣⲭⲏⲥⲧⲣⲁⲧⲓⲕⲟⲥ
ⲛ̇ⲧⲉ ⲧϫⲟⲙ ⲛ̇ ⲛⲓⲫⲏⲟⲩⲓ̇ ⲉⲓⲥⲱⲟⲩⲛ ϫⲉ ⲙ̇ⲙⲟⲛ ⲧⲁⲓⲟ̇ 10
ϣⲏϣ ⲛⲉⲙ ⲫⲱⲕ ϫⲉ ⲟⲩⲛ ⲕⲟ̇ϩⲓ ⲉ̇ ⲣⲁⲧⲕ ⲛ̇ ⲥⲛⲟⲩ
ⲛⲓⲃⲉⲛ ⲙ̇ ⲡⲉⲙⲑⲟ ⲙ̇ ⲡⲓⲑⲣⲟⲛⲟⲥ ⲛ̇ⲧⲉ ⲡⲓⲡⲁⲛⲧⲟ
ⲕⲣⲁⲧⲱⲣ ⲉⲕⲧⲱⲃϩ ⲙ̇ⲙⲟϥ ⲉ̇ⲟⲃⲉ ⲡⲧⲁϩⲟ ⲉ̇ ⲣⲁⲧϥ ⲛ̇
ϯⲙⲉⲧⲣⲱⲙⲓ ⲧⲏⲣⲥ Ⲟⲩⲟϩ ⲧⲉⲛⲥⲱⲟⲩⲛ ϫⲉ ⲛ̇ⲑⲟⲕ
ⲡⲉ ⲉ̇ⲧⲉ ⲡⲓⲉⲣϣⲓϣⲓ ⲛ̇ ⲧⲟⲧⲕ ⲉ̇ⲟⲣⲉⲕϭⲁⲓ ⲉ̇ϩⲣⲏⲛ ⲉ̇ 15
ⲡⲓⲕⲁⲧⲁⲡⲉⲧⲁⲥⲙⲁ ⲛ̇ⲧⲉ ⲫϯ ⲡⲓⲡⲁⲛⲧⲟⲕⲣⲁⲧⲱⲣ ⲁⲧ-
ϭⲛⲉ ⲉⲣ ⲕⲟⲗⲓⲛ ⲙ̇ⲙⲟⲕ Ⲙⲁⲣⲉⲛϩⲱ ⲉ̇ⲣⲟⲛ ϣⲁ ⲡⲁⲓ
ⲙⲁ ⲉⲛⲥⲁϫⲓ ⲉ̇ⲟⲃⲉ ⲡⲓⲁⲅⲅⲉⲗⲟⲥ ⲛ̇ ⲡϭⲥ ⲛⲁⲓ ⲣⲉϥ-
ϣⲉⲛϩⲏⲧ ⲛ̇ ϣⲁϩ ⲛ̇ ⲭⲣⲱⲙ ⲡⲓⲁⲣⲭⲓⲁⲅⲅⲉⲗⲟⲥ ⲉ̇ⲑ ⲟⲩⲁⲃ

ⲣⲡⲇ̅. ⲁ. Ⲟⲩⲟϩ ⲛ̇ⲧⲉⲛϫⲟⲥ ϩⲱⲛ ⲛⲉⲙ ⲡⲓⲡⲣⲟⲫⲏⲧⲏⲥ ⲇⲁⲩⲓ̇ⲇ 20
ⲫⲁⲓ ⲉ̇ⲧⲁϥⲭⲁϥ ⲛⲁⲛ ⲉ̇ϩⲣⲏⲓ ϧⲉⲛ ⲧⲁⲣⲭⲏ ⲛ̇
ⲡⲓⲗⲟⲅⲟⲥ ⲛ̇ⲧⲉⲛ ϫⲟⲥ ϩⲱⲛ ⲙ̇ ⲡⲁⲓ ⲣⲏϯ Ⲭⲉ ϣⲁⲣⲉ
ⲡⲁⲅⲅⲉⲗⲟⲥ ⲙ̇ ⲡϭⲥ ϩⲓⲕⲟⲧ ⲙ̇ ⲡⲕⲱϯ ⲛ̇ ⲟⲩⲟⲛ ⲛⲓⲃⲉⲛ
ⲉⲧ ⲉⲣ ϩⲟϯ ϧⲁ ⲧⲉϥϩⲏ ⲟⲩⲟϩ ⲛ̇ⲧⲉϥⲛⲁϩⲙⲟⲩ
Ⲙⲁⲣⲉⲛⲧⲁⲥⲑⲟ ⲙ̇ ⲡⲓⲥⲁϫⲓ ϩⲓϫⲉⲛ ⲡⲓⲣⲉϥϭⲟ ⲟⲩⲟϩ 25
ⲡⲓⲣⲉϥϭⲓ ⲭⲗⲟⲙ ⲟⲩⲟϩ ⲡⲓⲉ̇ⲛⲱ̇ⲭⲟⲥ ⲫⲁⲓ ⲉ̇ⲧⲁϥϩⲣⲟ
ϧⲉⲛ ⲁⲅⲱⲛ ⲛⲓⲃⲉⲛ ⲉⲧ ϩⲏⲡ ⲛⲉⲙ ⲛⲏ ⲉⲑ ⲟⲩⲱⲛϩ
ⲉ̇ⲃⲟⲗ ⲫⲁⲓ ⲉ̇ⲧⲁϥϭⲓ ⲛ̇ ϯⲇⲱⲣⲉⲁ ⲛ̇ⲧⲉ ⲡⲓⲡⲛ̅ⲁ̅ ⲉ̇ⲑ

ⲟⲩⲁⲃ ⲫⲁⲓ ⲉⲧⲁϥⲣⲱⲃⲧ ⲉ̀ ϧⲣⲏⲓ ⲛ̀ ⲭⲟⲗⲇⲟⲅⲟⲙⲟⲣ

ⲣ̅ⲡ̅ⲇ̅. ⲃ. ⲛ̀ ⲃⲉⲣⲓ ⲫⲏ ⲉ̀ⲧ ⲉⲣ ⲟⲩⲱⲓⲛⲓ ⲉ̀ ⲕⲱⲥⲧⲁⲛⲧⲓⲛⲟⲩ-
ⲡⲟⲗⲓⲥ ⲙ̀ⲙⲁⲩⲁⲧⲥ ⲁⲛ ⲁⲗⲗⲁ ⲛⲉⲙ ⲛⲓ ⲕⲉ ⲛⲏⲥⲟⲥ
ⲛⲉⲙ ϯⲟⲓⲕⲟⲩⲙⲉⲛⲏ ⲧⲏⲣⲥ ⲉⲓⲥ ⲁⲝⲓ ⲉ̀ ⲡⲁ ⲟ̅ⲥ̅ ⲛ̀ ⲓⲱⲧ
ⲓⲱⲁⲛⲛⲏⲥ ⲡⲓⲁⲣⲭⲏⲉ̀ⲡⲓⲥⲕⲟⲡⲟⲥ ⲛ̀ⲧⲉ ⲕⲱⲥⲧⲁⲛⲧⲓⲛⲟⲩ- 5
ⲡⲟⲗⲓⲥ ⲙⲁⲗⲗⲟⲛ ⲇⲉ ϯⲟⲓⲕⲟⲩⲙⲉⲛⲏ ⲧⲏⲣⲥ ⲱ̀ ⲛⲓⲙ
ⲉⲑⲛⲁϣⲫⲓⲣⲓ ⲉ̀ ⲛⲉⲕⲥⲁϫⲓ ⲉ̀ⲑ ⲙⲉϩ ⲛ̀ ⲡⲱⲛϧ ⲉ̀ⲑ ⲙⲉϩ
ⲛ̀ ⲥⲟⲗⲥⲉⲗ ⲛⲓⲃⲉⲛ ⲛ̀ ⲡ̅ⲛ̅ⲁ̅ⲧⲓⲕⲟⲛ ⲱ̀ ⲛⲓⲙ ⲉⲑⲛⲁϣ-
ⲥⲁϫⲓ ⲟⲩⲟϩ ⲛ̀ⲧⲉϥ ϭⲓ ⲏⲡⲓ ⲛ̀ ⲡⲁ ϣⲁⲓ ⲛ̀ ⲛⲉⲕⲉ-
ⲝⲉⲅⲏⲥⲓⲥ ⲉ̀ⲧⲁⲕ ⲉⲣ ⲉⲝⲏⲅⲏⲍⲓⲛ ⲙ̀ⲙⲱⲟⲩ ⲱ̀ ⲡⲓ- 10
ⲭⲣⲏⲥⲟⲥⲧⲟⲙⲟⲥ ⲉ̀ⲑ ⲟⲩⲁⲃ ⲓⲱⲁⲛⲛⲏⲥ ⲡⲓⲗⲁⲥ ⲛ̀ ⲛⲟⲩⲃ

ⲣ̅ⲡ̅ⲉ̅. ⲁ. ⲉⲕ ⲉⲣ ⲉⲛⲭⲣⲓⲁ ⲛ̀ ⲣⲱⲕ ⲙ̀ⲙⲓⲛ ⲙ̀ⲙⲟⲕ ⲉ̀ⲑⲣⲉ ⲕϫⲱ
ⲛ̀ ⲡⲉⲕⲧⲁⲓⲟ̀ ϫⲉ ⲟⲩⲛⲓ ⲙ̀ⲙⲟⲛϣϫⲟⲙ ⲛ̀ ⲗⲁⲥ ⲛ̀ ⲥⲁⲣⲝ
ⲛ̀ⲁⲥϫⲱ ⲙ̀ ⲡⲧⲁⲓⲟ̀ ⲛ̀ ⲡⲉⲕⲃⲓⲟⲥ ⲉ̀ⲑ ⲟⲩⲁⲃ Ⲁⲕϣϥⲓ
ⲟⲛ ϩⲁⲛⲟⲩⲣⲱⲟⲩ ⲛ̀ⲕⲱϣⲡⲓ ⲁⲛ ϧⲉⲛ ⲡϫⲓⲛⲑⲣⲟⲩⲣⲁⲕⲟⲩ 15
ⲥⲁ ⲃⲟⲗ ⲛ̀ ϯⲙⲉⲑⲙⲏⲓ ⲕⲁⲧⲁ ⲫⲣⲏϯ ⲉ̀ⲣⲉ ⲇⲁⲩⲓⲇ
ⲉⲣ ⲡⲣⲟⲫⲏⲧⲉⲩⲓⲛ ϧⲁ ⲛⲉⲙⲓⲟϯ ⲛ̀ ⲁⲡⲟⲥⲧⲟⲗⲟⲥ ⲉϥϫⲱ
ⲙ̀ⲙⲟⲥ ϫⲉ ⲁ̀ ⲡⲟⲩϧⲣⲱⲟⲩ ϣⲉ ⲛⲁϥ ⲉ̀ⲃⲟⲗ ϩⲓϫⲉⲛ
ⲡⲕⲁϩⲓ ⲧⲏⲣϥ ⲟⲩⲟϩ ⲛⲟⲩⲥⲁϫⲓ ⲁⲩⲫⲟϩ ϣⲁ
ⲁⲩⲣⲏϫⲥ ⲛ̀ ϯⲟⲓⲕⲟⲩⲙⲉⲛⲏ Ⲛ̀ⲑⲟⲕ ϩⲱⲕ ⲱ̀ ⲡⲓⲛⲓϣϯ 20
ⲓⲱⲁⲛⲛⲏⲥ ⲁϣ ⲡⲉ ⲡⲓⲙⲱⲓⲧ ⲓⲉ ⲁϣ ⲡⲉ ⲡⲓⲙⲟⲩⲛⲁⲥ-

ⲣ̅ⲡ̅ⲉ̅. ⲃ. ⲧⲏⲣⲓⲟⲛ ⲉ̀ⲧ ϧⲉⲛ ϯⲟⲓⲕⲟⲩⲙⲉⲛⲏ ⲧⲏⲣⲥ ⲉⲧⲉⲕⲛⲁϫⲓⲙⲓ
ⲛ̀ ϧⲏⲧⲟⲩ ⲁⲛ ⲙ̀ ⲡⲉⲕⲃⲓⲟⲥ ⲛⲉⲙ ⲛⲉⲕⲉⲝⲏⲅⲏⲥⲓⲥ ⲉ̀ⲧ
ϩⲟⲗϫ ϣⲁ ⲉ̀ϧⲣⲏⲓ ⲉ̀ ⲛⲏ ⲉ̀ⲧⲟⲩⲙⲟⲩϯ ⲉ̀ⲣⲱⲟⲩ ϫⲉ
ⲫⲩⲥⲓⲥ ⲥⲛⲟⲩϯ ⲁⲩⲓ̀ ⲓⲥ ⲡⲉⲛⲡⲟⲗⲓⲥ ⲉ̀ ⲡⲟⲗⲓⲥ ⲛⲉⲙ 25
ⲓⲥϫⲉⲛ ⲭⲱⲣⲁ ⲉ̀ ⲭⲱⲣⲁ ⲁⲩⲟⲩⲱⲧⲉⲃ ⲛ̀ ⲛⲉⲕⲗⲟⲅⲟⲥ
ⲁⲩⲭⲁ ⲛ̀ ⲧⲟⲧⲟⲩ ⲙ̀ ⲫⲩⲗⲁⲕⲧⲏⲣⲓⲟⲛ ⲉⲩ ⲉⲣ ⲙⲉⲗⲉⲧⲁⲛ
ⲛ̀ ϧⲏⲧⲟⲩ ⲛ̀ ⲥⲛⲟⲩ ⲛⲓⲃⲉⲛ ϯⲛⲁ ⲉⲣ ⲧⲟⲗⲙⲁⲛ ⲛ̀ⲧⲁϫⲟⲥ

ϫⲉ ⲉⲧ ⲁ ⲫ̄ϯ ⲟⲩⲣⲱ ⲉⲣ ⲉⲝⲱⲣⲓⲍⲓⲛ ⲙ̄ⲙⲟⲕ ⲉ̀ ⲧⲁⲓ
ⲛⲏⲥⲟⲥ ⲉ̀ⲃⲟⲗ ϩⲓⲧⲉⲛ ⲟⲩⲥⲩⲛⲭⲱⲣⲏⲥⲓⲥ ⲛ̀ⲧⲉ ⲫ̄ϯ ⲉ̀
ⲁⲕϥⲱⲛϩ ⲛ̀ⲧⲉⲛϥⲩⲥⲓⲥ ⲉ̀ⲑⲛⲁϣⲧ ⲙ̀ ⲫⲣⲏϯ ⲛ̀ ⲛⲓⲱⲛⲓ
ⲣⲡⲍ̄. ⲁ. ⲟⲩⲟϩ ⲁⲕⲑⲣⲟⲩϭⲛⲟⲛ ⲉ̀ⲛⲁϣⲱ | Ⲟⲩⲟϩ ⲁⲛⲭⲱ
ⲛ̀ⲥⲱⲛ ⲛ̀ ϯⲙⲉⲧϣⲁⲛ̀ϣⲉ ⲓⲇⲱⲗⲟⲛ ⲉ ⲁⲛϣⲉⲛϣⲓ ⲙ̀ 5
ⲫ̄ϯ ⲡⲓⲣⲉϥⲟⲗⲙⲓⲟ ⲛ̀ⲧⲉ ⲡⲓⲉⲡⲧⲏⲣϥ ⲉ̀ ⲁⲕⲓ̀ ⲉ̀ ⲧⲁⲓ
ⲛⲏⲥⲟⲥ ⲙ̀ ⲫⲣⲏϯ ⲛ̀ ⲟⲩϣⲉⲙⲙⲟ ⲁⲕϣⲉ ⲛⲁⲕ ⲉⲕⲧⲉⲛ-
ⲑⲱⲛⲧ ⲉ̀ ⲟⲩϫⲟⲓ ⲉϥⲙⲟⲛⲓ ϧⲉⲛ ⲡⲓⲡⲁⲗⲁⲧⲓⲟⲛ ⲛ̀ⲧⲉ
ⲡⲓⲟⲩⲣⲱⲟⲩ ⲉϥⲟⲡⲧ ⲛ̀ ⲉⲭⲙⲁⲗⲱⲧⲟⲥ ⲉ̀ ⲁⲕⲁⲓⲧⲟⲩ ⲛ̀
ⲣⲉⲙϩⲉ ⲉ̀ ⲁⲩⲧⲁⲥⲑⲱⲟⲩ ⲉ̀ ⲡⲟⲩⲕⲁϩⲓ ϧⲉⲛ ⲟⲩϩⲓ- 10
ⲣⲏⲛⲏ ⲛⲉⲙ ⲟⲩⲱⲟⲩ ϫⲉ ⲟⲩⲏⲓ ⲁ ⲡⲓⲇⲓⲁⲃⲟⲗⲟⲥ ⲉⲣ
ⲉⲭⲙⲁⲗⲱⲧⲉⲩⲓⲛ ⲙ̀ⲙⲱⲟⲩ ⲓⲥϫⲉⲛ ϣⲟⲣⲡ ⲟⲩⲟϩ ⲁϥ-
ϩⲓⲧⲟⲩ ⲉ̀ ϧⲟⲩⲛ ⲉ̀ ⲡⲓⲭⲁⲕⲓ ⲉⲧ ⲧⲉⲛⲑⲱⲙ ⲁ̀ ⲡⲟⲩⲣⲟ
ⲣⲡⲍ̄. ⲃ. ⲛ̀ⲧⲉ ⲛⲓⲟⲩⲣⲱⲟⲩ ⲉⲣ ⲥⲧⲟⲗⲓⲍⲓⲛ ⲙ̀ⲙⲱⲟⲩ ⲟⲩⲟϩ
ⲁϥⲟⲩⲟⲣⲡⲕ ⲉ̀ ⲧⲁⲓ ⲛⲏⲥⲟⲥ ⲉⲑⲣⲉⲕ ⲥⲱϯ ⲙ̀ⲙⲟⲛ 15
ⲉ̀ⲃⲟⲗϩⲓ ⲧⲟⲧⲥ ⲛ̀ ϯⲉⲭⲙⲁⲗⲱⲥⲓⲁ ⲛ̀ⲧⲉ ⲡⲓⲇⲓⲁⲃⲟⲗⲟⲥ
ⲟⲩⲟϩ ⲁⲕⲧⲛⲧⲉⲛ ⲛ̀ ⲇⲱⲣⲟⲛ ⲛ̀ ⲡⲟⲩⲣⲟ ⲛ̀ⲧⲉ ⲛⲓⲟⲩ-
ⲣⲱⲟⲩ ⲉ̀ϩⲟⲧⲉ ⲇⲱⲣⲟⲛ ⲛⲓⲃⲉⲛ ⲙ̀ ⲃⲁⲥⲓⲗⲓⲕⲟⲛ Ⲟⲩⲟϩ
ⲟⲩ ⲡⲉ ⲉⲧ ⲥⲱⲧⲡ ⲛ̀ ϩⲟⲩⲟ̀ ⲓⲉ ⲟⲩ ⲡⲉ ⲉⲧ ⲧⲁⲓⲱⲟⲩⲧ
ⲛ̀ ϩⲟⲩⲟ ⲉ̀ ⲛⲓⲯⲩⲭⲏ ⲧⲏⲣⲟⲩ ⲉ̀ⲧⲁⲕⲥⲟⲧⲟⲩ ⲛ̀ 20
ⲧⲟⲧϥ ⲙ̀ ⲡⲓⲇⲓⲁⲃⲟⲗⲟⲥ ⲁⲕⲉⲛⲟⲩ ⲉ̀ⲃⲟⲗ ⲉ̀ ϧⲟⲩⲛ ⲉ̀
ⲡⲓⲡⲁⲗⲗⲁⲧⲓⲟⲛ ⲛ̀ⲧⲉ ⲡⲟⲩⲣⲟ ⲛ̀ⲧⲉ ⲛⲓⲟⲩⲣⲱⲟⲩ ϯϩⲟ̀
ⲉ̀ⲣⲟⲕ ⲱ̀ ⲡⲁ ϭⲥ̄ ⲛ̀ ⲓⲱⲧ ⲉ̀ⲑ ⲟⲩⲁⲃ ϫⲉ ⲭⲁⲥ
ⲉ̀ⲕⲉϯ ⲛⲏⲓ ⲛ̀ ⲟⲩⲭⲱ ⲉ̀ⲃⲟⲗ ⲉ̀ⲡⲓ ⲇⲏ ⲁⲓ ⲉⲣ ⲧⲟⲗ-
ⲣⲡⲍ̄. ⲁ. ⲙⲁⲛ ⲉ̀ ⲟⲩϩⲱⲃ ⲉϥ ⲥⲁ ⲡϣⲱⲓ ⲛ̀ ⲛⲁ ⲙⲉⲧⲣⲟⲛ 25
ⲉ̀ⲧⲉ ⲫⲁⲓ ⲡⲉ ⲉⲑⲣⲉ ⲥⲁϫⲓ ⲉ̀ ⲡⲉⲕⲧⲁⲓⲟ̀ ϯⲙⲉⲩⲓ ⲱ̀
ⲛⲁ ⲙⲉⲛⲣⲁϯ ϫⲉ ⲁ ⲡⲓϣⲓ ⲛ̀ ⲥⲁϫⲓ ϣⲱⲡⲓ ⲥⲁ ⲥⲁ
ⲛⲓⲃⲉⲛ ϣⲁⲣⲉ ⲡⲓϩⲟⲟⲩ ⲛ̀ ⲥⲁϫⲓ ⲅⲁⲣ ⲉⲑⲣⲉ ⲕ ⲉⲣ

πωβϣ ⲙ̀ ⲡⲓϣⲟⲣⲡ ⲉ̀ⲧⲁⲕ ⲥⲟⲃⲙⲉϥ ⲟⲩϣⲓ ⲅⲁⲣ ⲡⲉ
ⲉ̀ⲧ ϣⲟⲡ ϧⲉⲛ ϩⲱⲃ ⲛⲓⲃⲉⲛ ⲗⲟⲓⲡⲟⲛ ⲙⲁⲣⲉⲛ ϯ ⲙ̀
ⲡⲉⲛⲟⲩⲟⲓ ⲉ̀ ⲡⲓⲁⲣⲭⲏⲁⲅⲅⲉⲗⲟⲥ ⲉ̀ⲑ ⲟⲩⲁⲃ ⲙⲓⲭⲁⲏⲗ
ⲛ̀ⲧⲉⲛϯϩⲟ ⲉ̀ⲣⲟⲕ ϫⲉ ⲉϥⲉⲧⲱⲃϩ¹ ⲉ̀ϫⲱⲛ ⲛⲁϩⲣⲉⲛ ⲫ̀ϯ
ⲡⲓⲁⲅⲁⲑⲟⲥ ⲛ̀ⲧⲉϥⲭⲁ ⲛⲉⲛ ⲛⲟⲃⲓ ⲛⲁⲛ ⲉ̀ⲃⲟⲗ ϫⲉ
ⲛ̀ⲑⲟϥ ⲡⲉ ⲉ̀ⲧⲉ ⲟⲩⲟⲛϣϫⲟⲙ ⲙ̀ⲙⲟϥ ⲛⲁϩⲣⲉⲛ ⲡⲉⲛ
ⲟ̅ⲥ̅ ⲓⲏⲥ ⲡⲭ̅ⲥ̅ ⲫⲁⲓ ⲉ̀ⲧⲉ ⲉ̀ⲃⲟⲗϩⲓ ⲧⲟⲧϥ ⲉⲣⲉ ⲱⲟⲩ
ⲛⲓⲃⲉⲛ ⲛⲉⲙ ⲧⲁⲓⲟ⳿   .   .   .
                    .   .

The last words of this Encomium are wanting. After the words وكل كرامة, which = ⲛⲉⲙ ⲧⲁⲓⲟ [ⲛⲓⲃⲉⲛ], there is written by another hand الان وكل اوان والى ابد الابدين امين.

¹ The Ms. has ⲉϥⲉϥⲉⲧⲱⲃϩ.

SPECIMEN OF THE ARABIC VERSION

OF THE

ENCOMIUM UPON SAINT MICHAEL

BY

ABBA THEODOSIUS OF ALEXANDRIA.

كان انسان تحت للاله بار من سميور المدينه
حبا للمصدقات والمعروف (sic) اسمه دوروثاوس وكان
ايدا معينة اسمها ثااوبسنا وكانت عابدد عابدد جدًا
كاملم في المرحمه والمحبّه مثل زوجها وكان ليهم
5 قرابين عظيمه علي اسم اله رئيس الملايكة الاطيار
ميخاديل ٭ وكانا مند زمان زيجتهما شباب وكاذا والديهما
قد خلفو ايهما ارث عظيم بسعة غنا واموال عظيمه
وانعام كثيرد من الاعنام والبقر والبيايم جدا مع
بقيه زينة هذا العالم وكان ليهم الاثنان نية صالحه
10 اله ورئيس ملايكته الاطيار ميخاديل ٭ وكانوا اذا
بلغوا الي اثني عشر في الشهر يهتموا بالقرابين من
باكر اليوم الحادي عشر الي اليوم الثاني عشر في
الشهر يرسلوا القربان والخمر الي كنيسة رييس الملايكة
ميخاديل بمشاعل عظيم بغير توادي ٭ ومن بعد هذا
15 يدبحوا الاعنام ويرجعوا الي الاعتمام بالطعام بحكمه
كما يليق بالشعب ومن بعد التداول من السراير

المحيبيد في اليوم الثاني عشر من الشهر يجمعوا كل
المعوزين من الطعام العميان والعرج والمعوزين من الايتام
والارامل والغربا ويقفوا يخدمومم بانتشاط نفس وسعة
روح وفرح قلب حتى يكملوا الاكل حينئذ يقدموا
5 ايهم خمرا مختارا ويسقوهم حتى يكملوا الشرب يدهنوا
رووسهم بدهن مكرم قايلين امضوا بسلام ايتها
الاخوة الاحبا لانا قد استحقينا عظم عدد الكرامه
اليوم وهذا المجد العالي بنقل اقدامكم البي منزل
عبيدكم * فبكذا كانوا يعملون في كل اثني عشر
10 من الشهر حتى ان سيطهم (sic) ذاع في كل مكان من
كورة مصر وكان كثير يفتقرون بهم ويبتجدا الله
خالقهم من اجل مجد اعمالهم الصالحه ويكرموا
ويمجدوا ابايهم الذين ولدوهم وكان كل الناس يعظمومم
لاجل تزيكتهم الصالحه التي اظهروها باسم الاد
15 ميخائيل وكانوا دايما هاربين من المجد الفارغ فان
رجاهم كان ثابتا بالله ورييس الملايكه الاطهار
ميخائيل * وكان من بعد زمان كبير وهم مواظبين
على هذا العمل هكذا امر الله ان لا تمطر السما
على الارض ثلثة سنين من اجل خطايا بني البشر
20 حتى قلقت جميع ارض مصر وكل سكانها لاجل شدة
عدم الشبع وموت الجزع كما هو مكتوب * حينئذ تجلا
(sic) كثيرين وماتوا وفنيت البهايم معا لان ما المطر
لم يطلع ولم ينزل على الارض مطرا (sic) مدة ثلثة سنين
وكان هذا الرجل القديس وزوجته ام يفتقروا مما كانوا
25 يعملود في كل شهر يطلبون من الله ورييس ملايكته
ميخائيل قايلين يا اله ميخائيل لا تنزع قربانك ولا

ENCOMIUM BY ABBA THEODOSIUS.

حبيتك اله. ذن عبيدك وفيما عم في عذا اله يجدوا عوضا
وكثير من بيابيهم علكوا فلما كملت سنتين
استقبلوا الثالث نوع كل شي ، ايهم وعوزوا واله بيت
ايهم الا القليل وماث جميع غنمهم سوى خروف
5 واحد ٠ فقال ذلك الرجل العابد لزوجته الطوبانيه الم
تعلمى يا اختى ان اليوم عو الحادى عشر من بابه
وغدا يكون عيد رئيس الملايكه ميخاييل فلمينه
تقربان ذلذعذ الاتهم ونذبح عذا الخروف فيهى
عبد رئيس الملايكه الاظهار ميخاييل وان متقدما
10 فنحن الرب وان عشنا فنحن له ايضا وليكون
اسم الرب مباركا الى الابد ٠ فقالت زوجته حتى
عو الرب يا اخي ان عذا الحزن كاين معى من
داخل قلبى من قبل امس لكنى لم اجد جسارد ان
اسألك لأنى اعلم ما الذي كان منا والان فعظيم عو
15 فرحي لأنك لم تنس قربان اللّه فاصنع يا اخي كما
قد قلت فلما كان باكر الثانى عشر من بابه قاموا
سكرا جدا وكملوا جميع خدمهم وله يقصروا شي ، عن
رمان سعتهم ولم يبق ايهم شى خلا قليل دقيق
ويسير من الخمر وفنيت ثيابهم ما خلا الذي تزوجوا
20 فيهم فقط وكانوا مع عذا يمجدون اللّه ورئيس
الملايكه الاظهار ميخاييل بتسابيح وبركات فى الليل
والنهار بدموع كثيرة قايلين يا ربنا يسوع المسيح
عمنا (sic) يا رئيس الملايكه ميخاييل اسأل الرب فينا
لكي يغنى لنا يد نعمته وبركته لمالا يغنى مما رجا
25 حبيتك وقربانى عذا الذى نقدمه للّه على اسمك
الطاعر يا رئيس الملانكه ميخاييل ٠ انت تعلم

قلوبنا وحببتنا فيك وليس لنا شفيع الا انت انت هو
شفيعنا منذ صغرنا والي الان تشفع فيما قدام الله Fol. 41a.
خلصنا ۞ نحن الان نطلب اليك ايها المعتم الصالح
ميخائيل رييس الملايكة الاطهار فان هذا الحزن
5 العظيم ادركنا في اخرتنا من بعد ما كنا قد تقررنا
مع الله ومعك ان لا تقطع قرباننك وصدقاتك علمد ركنا
صلاحك ۞ اطلب الي الله ليصنع معنا رحمه
عظيمه ويخرجنا من هذا العمر الباطل مثل جميع Fol. 41b.
اباينا فياهوذا انت ترا يا شفيعنا ما قد اصابنا
10 لاجل خطايانا وجيد لنا ان نموت الان فان الموت
لكل احد خير من الحياة بغير ثمرة صالحه لبلا تدوم
علينا هذه الشدد فنفسي قرباننك وصدقاتك الذي
تقررناهم مع الله ومعك ايضا لان المسكنه تصنع اعمال
كثيره تجلب الي الموت وتلدجي الناس الي الملل ۞ Fol. 42a.
15 والان نحن نطير ضعفنا بين يديك يا رييس الملايكه
ميخائيل فلا تنسانا من اجل خطايانا بل اصنع
معنا كمثل ما هو مكتوب ان ملاك الرب يحوط جميع
الذين يخافونه وينجيهم وقال داوود ايضا من
اجل اقوام انه يقوتهم في اوان الجوع وقال البار ايضا
20 يطلب خبزا النهار كله والرب يعطى ويرحمه والان Fol. 42b.
ايها الشفيع الطاهر ميخائيل رييس الملايكه انت
تعلم كل ما تفعله عبيدك وليس لنا كلام نقوله الا هذا
فقط انا قد بلغنا ان نموت فاعنا يا الله خلصنا
ونقول ايضا هذا القول الاخر ذبارك الرب الرب اعطنا
25 والرب اخذ فلتكن مشية الرب وليكن اسم الرب مبارك
الى الابد امين ۞ وبهذا الكلام وما اشبهه كان

القدّيسين يقولون منذ الثانى عشر من بابه
مواظبين الطلب الى الاد ميخاييل الى الحادي عشر
من شهر هتور الذي يكون صبحته الثانى عشر
منه يوم العيد العظيم الذى لرييس الملايكه ميخاييل
5 كما نكن مجتمعين فيه اليوم نعيّد معكم يا احبانا
فلما بلغوا وقت الاهتمام بالقربان المقدّس عشية
اليوم الحادي عشر ليلة الثانى عشر كل شهر كعادتهم
عاد ذلك الرجل المومن بالحقيقة الى امراته العابدة
وقال ليها يا اختى انتى جالسة ماذا تعلمين الست
10 تعلمين ان غدا هو العيد هل نسيتى القربان الصالح
او هل ثقل عليك ذكر رييس الملايكة ميخاييل الكريم
الحلو على قلبك يا اختى لا تكونى عديمة الرجا بالله
فانه هو الذي ينعم على كل احد ۞ فقالت له تلك
الطوبانيه جيدا اتيتنى بهذا الانفاق المملو فرحا
15 جيدا جلبت لي عزا ، وفرحا وغنا النفس وهو تذكار
رييس الملايكه ميخاييل المكرّم بالحقيقة يا اخي انّ
من باكر هذا النهار والى الان لم تمتنع دموع
عينى والنار تاكل في احشاي من اجل عيد رييس
الملايكة الاطهار شفيعنا ميخاييل والان يا اخى انظر
20 ماذا تفعل ليلا يهلك قربانّا ويكسر الشى الاخر
الذي فرغنا ان نفعله لانّا سمعنا المعلم بولس يقول
ان الذي يبتدى بفعل الخير فليكمله الى يوم ظهور
ربنا يسوع المسيح وهوذا نحن قد بدينا بالعمل
الصالح فلنحرص على كماله فقال ليها فما الذي يكون
25 منّا يا اختى اذ ليس لنا كفاف في ما نعجزه فقالت
بفرح هوذا عندنا قليل خبز تحبّ ان نضعه قدام

الاخود وقليل زيت يلقى في الطعام ومسح رووس الاخود
لكن ليس عندنا دقيق ولا قمح فقال الحقيقه يا
اختى ليس لنا شىء ولا عندنا خروف نذبحه لكن
ارادة الربّ تكون ليس يطالبنا الله الا بقوتنا كما
5 هو مكتوب احبّك يا ربّ قوتي فجيّد ان نعطى قليل
افضل من ان لا نصنع شى البته لكن الذي خطر
ببالي انا اقولهُ لك هوذا ثياب كل واحد واحد منّا
الذي للاكليل قد بقوا انا احد ثوبى اوّلا اشترى
به قمح للقربان فيه يكفي لقربان الشعب من اجل
10 الجوع وغلا القمح واذا كان غدا اخذت ثوبك انتى
ايضًا . وامضى فاشتري به خروف ونذبحه ضيحه
العيد فاذه عيد عظيم لرييس الملايكه الاطهار ميخاييل
وان وجدنا اكلنا وان لم نجد نجدنا الله . وان متنا
الربّ يقبلنا لاننا لم نقطع قربانه فقالت لهُ المراة الحكيمه
15 يا اخي ليس ثوبى وثوبك فقط بل ورداي ايضًا واسلم
نفسي لاجل قربان الربّ والصّدقه فقال ايها يعلمها
جيدا يا اختي لقد اظهرتني قريبه صالحه لكن حتّى
رداك لاجل انك تستري راسك به كمثل قول المعلم
بولس . بعد هذا اخذ ثوبه الذى تناول فيه السرايير
20 المقدّسه ودفعه عن القمح ودفع القمح للامنوت (sic) وعاد
الي بيته بفرح قايلا قد عيا لنا الربّ امر القربان
فلما كان باكر اليوم الثانى عشر من عنور اجتمعت به
المراة العابده وقالت لهُ قم يا اخي لتاخذ ثوبى
ولعلّ تجد به خروف لكي نهيى شغل الاخود الذين
25 ياتوا اليمنا . فاراد ان يعلم قريحته فقال ايها يا
اختى اذا اخذت ثوبك واردتى ان تبارك فماذا

تصنعی فی هذا العید العظیم الیوم فانی انا ذکر
اذا مضیت الی مکان وانا هکذا فلا انفضح والمراة
فلا یمکنها ان تعری جسدها ولاسیما فی الکنیسه ۰
فلما سمعت عابده الاله هذا الکلام بکت بمراره
5 وقالت الویل لی یا اخی الحبیب ما هذا الذی تقوله
لی هل افترقنا الیوم وصرنا اثنین الیس اذا وانت
جسدا واحدا الیس یکون لی معك نصیب فی القربان
الیس اخذنا ایضا جزو فی عید رییس الملایکه
میخاییل لا یا اخی لا تظن بهذا هکذا فی قلبك
10 اننی اصیر عریانه فان الحاضرین فی الکنیسه الذکور
والاناث بالمسیح ثم ملایکه ورووسا ملایکه والشاروبیم
والساراڤیم والمتکلمت فی وسطهم وکانت تقول هذا وهی
تبکی بمراره فلما رای عظم احتراق نفسها قلق
بسببها وفرح لقوة ایمانها ۰ وقال لها قومی فاعتمی
15 بالقربان واریت لنرسلها الی الکنیسه فنضع الموایدد
مع الخبز القلیل واهتمی بیسیر من البقل حتی امضی
لعل یعط الله لنا خروف نجیز للاخود طعام فی
هذا العید العظیم. وللوقت قام باجتهاد عظیم
ونیه صالحه بالله ورییس ملایکته الاطهار میخاییل
20 واخذ الثوب وسار طالبا من الاد میخاییل ان یسیل
طریقه وبینما هو جایز مر براعی غنم فقال له السلام
لك یا حبیب فقال له الراعی ولك انت ایضا فقل
الرجل العابد للراعی هل اجد عندك الیوم خروف
فان انسان کبیر قد جا الینا فقال له الراعی نعم
25 کم یکون ثمنه فقال له یکفی ثلث دینار فقال له
الراعی اعطینی الثمن لکی اعطیه لك فدفع له ذلك

الرجل الصالح ثوب زوجته قايلا خذ هذذ عندك
الي ثلثه ايام فاذا لم احضر اليك ثلث دينار فخذه
وانت في حلّ منه فاجابه الراعي قايلا وما افعل انا
بهذا الثوب وليس احد في بيتي يلبس عليه الّا
5 صوف ‖ ورّد الثوب الي الرجل العابد فعاد في طريقه
باكيا بمرارة مفكرا في نفسه ان ماذا يفعل وماذا
يقول لزوجته وفيما هو ساير في طريقه باكيا وعنداد
تقبيله من البكا. فنظر قدامه غراي رييس الملايكه
ميخاييل جاديا راكب فرس اشهب كمثل ارخن
10 الملك العظيم وملايكه اخر سايرين معه في شبه
اجناد فخاف جدّا وكان يسعى في الطريق المسلوك
فترك طريق الارخن واجناده ۰ فلما بلغ اليه رييس
الملايكه الاطهار ميخاييل جيد (sic) بالجام الذي في
فم الفرس الي دوروثاوس فوقف وقال افرح يا دوروثاوس
15 البارّ الصالح الي اين انت ماضي ومن اين اتيت
وانت هكذا لابس هذا الثوب تسير وحدك في
الطريق ۰ فاجاب دوروثاوس قايلا نحو ذلك الرييس
السلام عليك انت ايضا يا سيّدي ومولاي الرييس
حسنا كان مجيّك الينا اليوم ۰ فقال له الرييس الذي
20 هو ميخاانييل اليس ثاوبستنا حيّه ۰ فاجاب دوروثاوس
ووجهه ناظرا الي الارض من اجل جحد الارخن وقال
عبدتك حيّه يا سيدي فقال له الامير ما هو هذا
الذي معك ۰ فاجابه دوروثاوس وهو مستحي هي ثوب
زوجتي فقال له ذلك الارخن ماذا تفعل بها فاجابه
25 دوروثاوس ان انسان عظيم قد جآ الي اليوم وله
احد شي ۰ يلابمه وليس ببدي ذهب من اجل

ENCOMIUM OF ABBA THEODOSIUS

الزمان الذي بلغنا اليك اخذتها لاعطيها في ثمن
خروف علم ياخذها الراعي وليس اعلم ماذا اصنع
وماذا اضع قدام الرييس ۞ فقال له الارخن الذي
هو ميخائيل فاذا ضممتك منه واخذت لك خروف
5 تضيفني اليوم والذين معي ۞ فاجاب دوروثاوس
وقال نعم يا سيدي اجعلني مستحق ان تدخل
تحت سقف بيت عبدكم فاجاب الارخن الذي هو
ميخائيل وقال لاحد الملايكه التابعين له اذهب مع
دوروثاوس الي الراعي فقل له قال لك الرييس الذي
10 جاز بك الساعه ارسل له خروف ثمنه ثلث دينار وانا
اخذ ثمنه في نصف النهار وارسله اليك ۞ فذهب
دوروثاوس مع ذلك الملاك المتشبّه بالجند الي
الراعي على اسم رييس الملايكه واخذوا الخروف فتفرس
الرييس الذي هو ميخائيل في دوروثاوس وقال له هوذا
15 الخروف قد حصل من اجل صنيع ذلك الرجل العظيم
الذي اضفته في وليمتك اليوم فانظر لعل تجد اي حوت
لحاجتي فانني لا اكل لحمًا فقال دوروثاوس للارخن
بفرح اللّه يعدّه لاشتريه ۞ فقال له الارخن باي
شي تشتريه۔ فقال له اضع هذا الثوب رهنا حتي اعطي
20 الثمن فقال الارخن اذا كان هكذا ضع الثوب عندك
وانا ارسل باسمي واخذ الحوت حتي اوسل له الثمن ۞
ودعا ذلك الارخن احد الاجناد الذين معه وقال
له اذهب الي المورده وقل للصيّادين قال لكم الرييس
الذي جاز بكم ارسلوا الي حوثا جيدًا يكون ثمنه
25 ثلث دينار وانا ارسل اليكم الثمن مع دوروثاوس في
نصف هذا النهار فذهب ذلك الملاك الذي هو في

حلية جندي باسم ميخائيل الي صيّادين السمك
واخذ منهم حوتا وجاً به الي الرئيس فقال ذلك
الارخن لدوروثاوس قد كمل الشغل فقال دوروثاوس
نعم يا سيّدي قد كمل كلّ شي ۞ فاجاب الارخن
5 وقال انطلقوا فحملوا الخروف والحوت وذهبوا وكان
دوروثاوس يسير وهو مفكر في قلبه من اين اجد
ثمن الخروف والحوت مع ما يحتاجه هذا الرئيس من
الخبز والخمر والفرش وكانت افكار كثيرة علي قلبه ان
ما هو الذي يصنعه وكان مواظب علي الصلاة الي
10 اللّه ولرئيس الملائكة الاطهار ميخائيل قايلا يا
رئيس الملائكة الاطهار شفيعنا الامين قف معي
اليوم انا عبدك فانك عالم انني صانع هذا كله علي
اسم ربّنا يسوع المسيح وكان دوروثاوس مفكر بهذا
وهو يمشي وكان رئيس الملائكة يعلم فكر قلبه وهو
15 مشّاذي عليه حتي يري تزكيته الصالحة فلما بلغوا
الي بيت دوروثاوس قرع ميخائيل اولا باب المسكن
فخرجت ثاوبستنا المراة الحرّه فقال ميخائيل السلام
لك يا ثاوبستنا المراة الصالحة حبّة الاله ما هو عملك
في عدد الايام فاجابته ثاوبستنا وعليك السلام انت
20 ايضا يا سيّدي ومولاي الارخن حسنا اتا بك اللّه
الينا اليوم ورئيس ملائكته الاطهار ميخائيل ادخل
يا سيّدي ولا تقف خارجا وفيما ثاوبستنا المراة العابدد
تقول هذا واذا بدوروثاوس زوجها قد اقبل والخروف
معه والحوت والثوب ايضا فتركيه اماميها فقالت له يا
25 سيّدي واخي من اين وجدت مولاي وانت بهم معك
الي عاهنا ولا سيما انا انظر الثوب معك فقال ايها

دوروثاوس الارخن استوهبنى انا ودفع لى عولا . فقالت
له ثاوبستنا حسنًا اتى اللّه الينا اليوم بهذا الرييس
ورييس الملايكة الاطهار ميخابيل والذين معه
بالحقيقة نعمْ الذين قد ضمنونا وكانت تقول هذا
5 بفرح فقال الرييس الذي هو ميخابيل هوذا انا اذهب
الي القداس فانّ اليوم عيد رييس الملايكة الاطهار
ميخابيل وقد حان الوقت فاجلسوا انتم وهيّوا المكان
جيّدًا اما الخروف فاذبحوه والحوت فلا تدنوا منه الي
ان احضر اعمل فيه ارادتي فقالوا يكون كامر سيّدنا
10 وذهب عنهم فامّا هم فلم يعلموا من هو لكنهم كاذوا
يظنوا انّه رييس ارضي فقال دوروثاوس لزوجته ثاوبستنا
ما الذى نصنعه وما الذي نفرش تحت هذا الرييس
ومن اين نجد خبزا يصلح لكرامته دعيني اتسوّل
اليوم لنصنع ما نقدر عليه ۞ فقالت له زوجته يا اخى
15 ان اللّه لا يتخلّا عنّا قم لعل تجد انسان يذبح
الخروف ونجهّز الة البيت فصنع كذلك فقالت آنا
ايضًا تقدّم القليل الخمر لنعلم هل يصلح للارخن ام
لا ۞ فذهب وفتح ثم المطمورة فوجدها مملوّة خمر
الي الباب فذعر دوروثاوس وعاد الي زوجته وسالها
20 تاييلاً هل احد احضر خمر الي هنا من حين خرجت
فقالت له حىّ هو الربّ انّ من حين الوقت الذي
اخرجت فيه القليل الخمر الي القربان اليوم لم يفضل
شي في المطمورة سوا ضرف واحد داخلها فقال لها
تاذي حتي ننظر كمول الامر ثم عادوا ليخرجوا قليل
25 زيت لاجل المفقدة ومسح رووس الاخود ۞ فلما دخلوا
الي مكان الزيت وجدوا سبع ضروف زيت مملوة الي

فوق وامطار مملود من كل شي . من جميع ما يعوزد
البيت . سمن وجبن وعسل وخل وبقية ما يكون
في البيت امّا هو فوقع عليهم الخوف من بعد ذلك
دخلوا الي قيطونهم فوجدوا صندوق مملوا من كل
5 صنف من القماش المكرّم يفوق من عرسيم وايامهم
الاولي بعد هذا مضوا الي موضع استعداد الخبز
فوجدوا خبزا سخنًا مختارا فعلموا للوقت بالنعمة التي
جاءتهم فمجّدوا اللّه . ورئيس الملايكه ميخائيل
فقال دوروثاوس لثاوبستا زوجته ان اللّه قد اعد
10 لنا كل شي تعالي نفرش للارض لان الوقت دنا من
حضور والقدّاس (sic) الطاهر فهيوا كل شي . وفرشوا فرش
عظيم كبير كما يليق بكرامة الرئيس ونصبوا مايلد
للاخوة كما جرت عادتهم ولبسوا عليهم حلل مختارة
ومضوا الي الخدمة المقدّسة . في كنيسة رئيس الملايكة
15 الاطهار ميخائيل وهم فرحين فرح عظيم جدا فلما
دخلوا الاثنين الي الكنيسه سجدوا امام الاراديون
وصلوا للّه بشكر عظيم وسبّحوا امام صورة رئيس
الملايكه ميخائيل قايلين نشكرك يا رتّنا يسوع
المسيح وابيك الصالح والروح القديس الي الابد
20 امين ونبارك رئيس ملايكتك الاطهار ميخائيل لانك
لم تكتم رحمتك عنّا ولم تنس قرابيننا لكن ارسلت
لمنا تكننك سريعا . بعد ذلك تناولوا من السراير
وقبلوا السلام واسرعوا وخرجوا امام الاخوة وجلسوا
ينتظروا الرئيس باجتهاد عظيم وجمعوا النسآ . والرجال
25 حتي امتلا المكان ذكور واناث وكان دوروثاوس
وثاوبستا مشدودين (sic) قيام يبخدموهم في كل شي

ENCOMIUM OF ABBA THEODOSIUS.

يعوزود مختفلين بالخمر الجيّد والنفقات المختارة
وغيرها هو هكذا واذا بالرئيس الذي هو ميخائيل قد
جا واجنادة معة وقرعوا الباب فاسرع دوروثاوس
وثااوسِستنا وخرجوا بفرح وفتَحوا الباب وقبلوه
5 قايلين حسنا استَحقبنا مجيّك الينا اليوم يا سيّدنا
الرئيس واجنادك حقّا نفرح اليوم ‫ لانّ‫ اليوم العظيم
عيد سيّدنا رئيس الملايكة الاطهار ميخائيل ادخل
ايّها الرجل المبارك اللّه يفرح معك فلمّا دخل ذلك
الرئيس وجدا (sic) المكان كلّه مملوا رجال ونساء صغار
10 وكبار صار كمن هو متعجّب وقال لدوروثاوس وثااوسستنا
ايّها الاخود ما حاجتكم بكثرة هولاء . الجموع الرجال
والنساء الذين انا اراهم هكذا اليس قد حمّلتم
نفوسكم ثقل عظيم اليوم من اجل مجيّنا اليكم
اليس انتم ترون هذه الشدة الان كان هذا ينبغى
15 ان يصنع في زمن الرخا فقالوا يا سيّدنا الرئيس
اغفر لنا فانّنا لم نحتمل نفوسنا ثقل من اجلك
لكنّا نشكر اللّه ورئيس ملايكته ميخائيل لانّ كل
الذين تراهم ليس احد منهم غريب منّا لكن كلّهم
اقربانا وكلّنا جميعنا واحداً في اللّه وكانوا اوليك
20 القدّيسين يقولون هذا وميخائيل رئيس الملايكة
يفرح معهم ليكمّل همتهم ومن بعد هذا دخل مع
الذين معة الي المكان الذي هيود لهُ فلمّا دخلوا
اجلسوا رئيس الملايكة علي كرسي فقال لدوروثاوس
احضر الحوت من قبل ان تعملوا فيه شيئا فلمّا
25 احضروه قال لدوروثاوس اجلس وشقّ بطنه . ففعل
كذلك فقال لهُ الرئيس اخرج ..... رانه فاخرجهُ واذا

هو عظيم جدًّا فقال له وما هو هذا يا سيدي
فقال له افتحه فلما فتحه دوروثاوس وجد فيه صرّد
داخله مختومه بخواتيم فتعجّب دوروثاوس فيما كان
وقال ما هو هذا يا سيدي الرييس فقال له الارخن
5 الذي هو ميخاييل ان الجيشان الكبار عم هكذا يبتلعوا
كل شي يجدود في الميعاد لكن افتح الصرّد حتى ترى
ما الذي هو داخلها فقال له دوروثاوس يا سيدي
وكيف يبتلعها وهي مختومه فمدّ ميخاييل رييس
الملايكه يدد واحد الصرّد واذا هي مملود ذهبا
10 مختارًا تعدهم توجدهم ثلثماية دينار وثلثة قراريط
فاخذهم ورفع عينيه الى السماء وقال انت عادل يا
ربّ واحكامك مستقيمه ولا يخزون المتوكلين عليك
فقال الرييس لدوروثاوس وثاوبستا زوجته تعالوا
امامي ايها الاخوة الاحبا لاكلمكم لانكم اناس
15 متواضعين ومن اجل انكم تعبتم بزياده لاجلي اليوم
في بجي البيكم ها اللّه قد اعطاكم هذا الذهب بيذه
الخواتيم لانّ هذا هو مال سيدي الملك وهذه خواتيمه
والان نعوض تعبتكم وتعبكم مع جنس البشر الذي
صنعتم معي ومعهم اليوم انعم اللّه عليكم بهذه
20 الثلثماية مثقال وهذه الثلاثة اتلات خذهم اعط
واحد للمراعي وواحد للسمّاك عوض الحوت وخذ
هذا الاخر ادفعه عوض القمح الذي دفعتم الثوب
عنده امس واعطيتمود للمقربان فتحيّروا وسجدوا امام
الرييس اعنى دوروثاوس وثاوبستا واجابوا قايلين
25 بما هو هذا الذى تقوله لنا يا مولانا وسيدنا الارخن
لعلك اتنبت اليما نحن عبيدك لناخذ منك شي

ليس واجب علي كل انسان ان يخدم اجناد الملك
ليس انت مسلط علي اجسادنا لكي تصنع فينا
ارادتك الا تنال شي من نعمة الله وكرامته اما تعرف
ايها السيد الرييس مقدار هذا العيد العظيم اليوم
وان هذا الخبز القليل الذي اكلته مع اقاربنا ليس
هو لما اكنته لله ولرييس ملايكته الاطهار ميخاييل
الذي نحن نعيد له اليوم ٭ لكن ان كانت هذد
ارادتك يا سيدنا الرييس فنحن ناخذ هذه الاثلاث
فقط عوضا عن الخروف والحوت والاخر نتخلص به
الثوب كما اشرت ٭ فاجابهم الرييس الذي هو
ميخاييل وقال بالحقيقه وحق حياة سيدي الملك لا
بد ان ناخذوهم كليهم ولا تفضلوا منهم شي وان
كنتم تخافون من سيدي الملك ليلا يسمع فيغضب
انا احتج عنكم عند سيدي الملك وارضي قلبه ان
ينعم عليكم بكرامات اعظم من هذد واريد ان تعرفوا
الحق ان ليس هولا ٠ فقط نصيبكم مني اعطيه اليكما
لكن اذا رجعت الي مدينتي انا اوهبكم (sic) روس ماليكم
وكرامات عظيم اعظم من هذا لكن اقبلوا هذا فانه
فايدد ٭ فتعجب دوروثاوس وثاودسنا زوجته لما
سمعوا هذا وقالوا له نطلب اليك يا سيدنا ان لا
تضحك بنا نحن عبيدك ولا تكلمنا بما يفوق
طبيعتنا متى جيت الينا يا سيدنا واعطيناك ذهب
حتي ناخذ فايدته منك بالحقيقه لم نراك قط يا
سيدنا ولم تدخل بيتنا ابدا ومتي راينا وجهك غير
اليوم فكيف تقول انك اخذت منا شيا فاجاب
الرييس وقال اسمعني لاخبركم متي دخلت الي بيتكم

من وقت ماتوا اباىكم وورثتم اموالهم ومكاسبهم ۰ من ذلك الوقت والى اليوم انا فى بيوتكم موجود فى كل شهر ومن بعد مضيى ترسلون الى مدىنتى كرامات عظيمه الى سىدى الملك وقد شرع ان يكتب
اسمايكم علىهم جمىعهم الى حين حضوركم عند سىدى الملك يعطيها لكم متضاعفه فاجاب دوروثاوس وثاودىستا قايلين نطلب اليك اىها السىد الارخن اصنع معنا معروفا وعرفنا اسمك لاننا ملعوزىن من اجل الكلام الذى قلته لنا فاجاب الرىىس الذى
مم مىخاىىل وقال لهما انا اعلمكما باسمى واسم مدينتى ان اردتم ان تسمعوا ۰ انا هو مىخاىىل رئىس السماىىن والارضىىن انا هو مىخاىىل رئىس اجناد قوات السموات انا هو مىخاىىل رئىس الدهور المتفرد انا هو مىخاىىل القوى مفرق الحروب كلها امام
الملك انا هو مىخاىىل فخر السماىىن والارضىىن انا هو مىخاىىل العظيم الذى تحمن اللّه جميعه (sic) ساكنه فيه انا هو مىخاىىل كرسى المملكة السماىىه ۰ انا هو مىخاىىل رىىس الملاىكه الواقفين بين يدى اللّه انا هو مىخاىىل الذى يقدم قرابىن وكرامات
الناس الى اللّه الملك انا هو مىخاىىل الماشى مع الناس الذين رجاهم بالرب ۰ انا هو مىخاىىل رىىس الملاىكه المهتم بكل البشرىه باستقامة وخدمتكم انتم اىضا منذ صغركم والى الان ولا افتر عن خدمتكم الى ان تبلغوا الى ملكى المسيح الغير زاىل كما
خدمتمونى انا اىضا وسىدى بقوة عظىمة على انفس قراىىنكم او اترك عنى كراماتكم وصدقاتكم الذى

ENCOMIUM OF ABBA THEODOSIUS.

تدعوهم الله على اسمى ٭ اليس انا كنت واقف
بالامس في وسطكم اسمع ما كنتم تقولون مع بعضكم
بسبب عادتكم في القربان والعيد اليس كنت معكم
في الوقت الذي بكيتم فيه وطلبتم الي وقلتم اسال
5 الله ان ينقلنا من هذا العالم من قبل ان ينقطع
عنا رجا صدقاتك اليس انا كنت اراكم في الوقت
الذي اخرجتما ثياب بركتكما وابعدتموهم من اجل
قرباني ٭ اقول لكما انني موجود في هذا جميعه
معكما ولم انس شيا مما دفعتموه من منذ صغركما
10 والى الان لكني معترف بهم الجميع عنكم قدام الله
الذي هو ملكي ٭ بالحقيقه قد اخذتم مراحمكم مثل
هابيل ونوح وابرهيم لانكم دفعتم باستقامة علوباكما
والخير يكون لكما مثل اسمايكما كذلك ايضا بركاتكما ٭
الان تفسير دوروثاوس هو قربان الله وتفسير ثااوبستنا
15 هي المؤمنه بالله انا هو رييس الملايكه ميخاييل
القايم بين يدي الله وقد صرت شفيعا فيكما عند
الله انا هو ميخاييل الذي اخذت صلواتكما وطلباتكما
وقرابينكما ومراحمكما واصعدتهم الي الله وهكذا ايضا
قرنيليوس انا الذي مضيت اليه واعلمته طريق الحياة
20 من قبل المعمودية التي نالها من بطرس الرسول
العظيم لا تتخافا غاننى لا اغادركما وقد اقتربت منكما
عند سيدي بسبب قربكما مني ومن اجل محبتكما
العظيمه في انه مكتوب اقتربوا من الله يقترب الله
منكم والان يا دوروثاوس وثااوبستنا اقبلا اليكم القوة
25 والرحمة من يدي لاني قد فرغت ان اقول لكما ان
هذه الفوايد والتاج في يروشليم السماويه مدينة

20

ملك السماويين والارضيين ٭ قد فرغت ان اشكر
لكما قدام اللّه عوضًا من قرابينكما وصدقاتكما ٭
فلما قال هذا اعطاهم الذهب والسلام وصعد الي
السماء والملايكه وكان دوروثاوس وثااوبستنا ناظرين
5 اليه بخوف حتى دخل الي السماء بسلام من اللّه
امين فصنع دوروثاوس وثااوبستنا كما امرتهما رييس
الملايكه الاطهار ميخاييل واكملا العيد بفرح واكلا
ومجدا اللّه ولم يكسلا في عملهما ومراحمهما التي
يصنعاها باسم اله ميخاييل حتى اكملوا عمرهما ٭

SPECIMEN OF THE ARABIC VERSION

OF THE

ENCOMIUM UPON SAINT MICHAEL

BY

SEVERUS, BISHOP OF ANTIOCH.

فاسمعوا لاعلمكم هذه الاعجوبة العظيمة التي
كانت بقوة الله ورييس الملايكة الاطهار ميخاييل
وتطلباته التى اخبرنا بها من جهة اناس مؤمنين
بها ۞ كان انسان كاتب يسمى اولًا قطسُن من اهل
كورة انتيكى وكان غنيًا جدًا وكان له اموال كثيرة 5   Fol. 92 a.
ولم يكن يعرف الله لكنهُ كان كافرا يعبد الشمس وكان
هذا مقيمًا بين امته وكانت ارادة الله خلاصه ۞ فلما
كان مرة وقد حمل تجارته فى سفينة ومضى الى
مدينة من كورة فيلبايس تسمى قلونية وكانت عبادة
الله فى هذه ظاهرة فلما دخل اليها | فى الاوّل من 10   Fol. 92 b.
شهر هتور فاقام فى المدينة ليبيع تجارته فيبلغ الى
اليوم الحادى عشر من شهر هتور فلما كان وقت
الظهيرة فى ذلك اليوم اجتاز ببيعة رييس الملايكه
ميخاييل فراها وهي مزيّنه بالقناديل والشموع تعجّب
جدا وجلس فى ذلك المكان وكان بتدبير من 15
الله لينظر كمال الامر فلما كان المساء نظر الى كل

20*

Fol. 93 a. الشعب الذين اجتمعوا بذلك المكان يصنعون الحانا
ويقولوا ترانيل حلوه فتعجب الرجل ومن زيادة
تعجبه رقد علي باب البيعه فاجتمع الكهنه وبقية
الشعب ايضا في الليل ليعملوا العيد ۞ فتعجب
5 الرجل ايضا جدًا لاجل ما سمع فلما كان باكرا حضر
ذلك الرجل الي اثنين مسيحيين سكان في تلك
Fol. 93 b. المدينه وطلب اليهم قايلًا ۞ يا اخوتي ما الذي كان
وما عذا الرسم الذي كان في عذد المدينه اليوم
فقالا لذ اوليك ان اليوم الثاني عشر من عشور وعو
10 عيد رييس الملايكه الاطيار ميخاييل لانه اعوا الذي
يطلب الي الله عنا ان يغفر لنا خطايانا وينقذنا من كل
شر فقال ايها الكاتب واين عو ذلك لاتكلم انا ايضا
معه واطلب منه ان ينقذني من كل شر فاجابا وقالا
Fol. 94 a. له ليس يمكنك ان تراه الان حتى تصير كاملًا لكن
15 ان اردت ان تصير مسيحيا فاطلب منه وليس العبد
فقط ترا بل وسيدد ايضا تنظر وتتعجب من جدد
وعو ينجيك من كل شر فقال ليهم ذلك الكاتب يا
اخوتي اطلب اليكم ان تاخذوني معكم باكرا واصير
نصرانيا وانا اعطيكم دينارا لكل واحد لان قلبي
20 قد مال الي معبودكم فقال له الرجلين ليس تقدر
Fol. 94 b. تصير مثلنا حتى يصلي عليك انبنا الاسقف ويرشمك
ويعمدك باسم الاب والابن والروح القدس فتصير
نصرانيا لكن طول روحك حتى ينفرغ ابينا الاسقف
نحملك اليه ويصيرك مثلنا اما هو فصنع كما قالا لذ
25 وثاثًا ذلك اليوم وفي الغد اتا اليهما وقال ايهما يا
Fol. 95 a. اخوتي الصالحين اتملاذي اليكما لكي الله الذي قلتما

ابي من اجله يعطيكما اجركما فاتيا به اوليك الرجلين
المومنين الي الاسقف واعلماه بكلما كان فقال الاسقف
لذلك الرجل الكاتب من اي كورة انت فقال له انا
من كورة انتيبكي فقال له الاسقف قلبك راغبي بان
5 تصير نصرانيًا فقال ذلك الكاتب نعم يا ابي فان
الذي قد رايته وسمعته في هذه المدينه اضطرني ان
اصير نصرانيا فقال له الاسقف اي الاه تعبد فقال
له انا اعبد الشمس فقال له الاسقف فاذا غابت
الشمس عن الارض وتلحقك شده فاين تجدها
10 لتعينك فقال له الكاتب يا ابي لتدركني رحمتك
وتعمدني انا اطلب اليك ان تصيرني نصرانيا مثل
رجال هذه المدينه كلهم فقال له الاسقف فيل لك
زوجه او بنون اما هو فقال له ان زوجتي واولادي
في مدينتي ۞ فقال له الاسقف ان كان نعم فليس
15 نباركك الان ليلا لا يرتضوا زوجتك وبنوك بهذا
فيصير بينكم شقاق مع بعضكم البعض ويفترقوا
منك وانما ان جحدوك العبادد والصبغة التي نلتها
فان المخالفة الاولي لم تكن الا بالمراة لكن ان
ارتضوا بهذا فتعالوا لاجعلكم مسيحيين فلما سمع
20 الكاتب هذا فرح جدًا حينمذ قبل من الاسقف
البركه وخرج واستعد ليمضي الي مدينته وان الشيطان
مبغض كل خير لما علم ان الرجل قد مال بقلبه
الي الله حسده ولما توسط البحر اقام عاصف شديد
الي ان صارت الامواج يعلوا السفينه حتي عن قليل
25 كادت تغرق ويموت كلمن فيها فصرخ ذلك الرجل
الكاتب قايلًا يا سيدي يسوع المسيح عيني في

هذه الشدّه العظيمه وانا اومن بالمجد العظيم الذي
رايته في بيعة رييس الملايكة الاطهار ميخاييل الآن
انا واهل بيتي مقبلين لنكون نصارا الي يوم موتنا
وفي تلك الساعه جا اليه صوتنا تابيلا لا تخف فليس

5 شي من الشرّ يصيبك في الساعه صارت الامواج
التي سكون وهدات السفينه وسارت مستقيمه وبامر
اللّه وصل الي مدينته ولم يصيبه شي من الشرّ فلما
دخل الي بيته فرح فرحا عظيما وتقى على اعله
الاجوبه التي كانت في البحر وكلما كان عنده في

10 مدينة قلونيه ۞ ثم قال لهم ايضا بالحقيقه ان
الشمس التي تخدمنها ليست هي الاله بل شي عبدد
للاله العظيم السماني يسوع المسيح ابن اللّه الحى
ذاك الذي هو اله الكلّ الذي به كان كل شي . وكلمته
ايضا بكرامة رييس الملايكة الاطهار ميخاييل فتعجب

15 ابنه الاكبر عجبا شديدا ثم عاد الرجل الي زوجته
وقال لها ان كنتي انتي تطيعيني فقومي تعالي معي
ونصير نصاري ونتعبد للمسيح من غير ان نشك
البتّه وان كنتي غير راضيه فانا اتوكل وعودا قد بقي
لي ثمانية الف مثقال اعطيك منهم الف مثقال

20 وابقي في عبادتك وانا امضي لكي انال مغفرة خطاياي
فقالت له زوجته جيدا يا اخي وسيّدي بالحقيقه كل
طريق تمضي فيه انا ايضا الي معك والموت الذي
تموت به انا ايضا اموت به ۞ وهكذا جيّزوا كل ماليهم
وركبوا واتوا الي مدينة قلونيه بمعاضدة اللّه لهم

25 فمضوا الي الرجلين الاوليين فسلموا عليهما واعلموهما
انهم قد حضروا ليصيروا نصاري واوليك ادخلوهم

الى الاسقف واعلماك ان هذا ذلك الرجل الذى انا
زمانا لكى يصير نصرانيا فيا هو قد انا وزوجته
وبنيه لكى يصيروا مسيحيين ففرح الاسقف فرحا
عظيما جدًا من اجل رجعة نفوسهم ۞ فلما دخلوا
5 اليه قال لهم نعم انتم بالحقيقه تريدوا ان تصيروا
نصارا فاجابوا بتواضع قايلين بمشية الله يا ابينا
وصلواتك المقدسه حينئذٍ امر الاسقف ان يهيئوا الاردن
فى بيعة رييس الملايكه ميخاييل ووعظ الرجل وزوجته
واربعة اولاده وعبيدهم ثم عمدهم باسم الاب والابن
10 والروح القدس وكان اسم الكاتب اولًا كتسون فغيّره
واسماه مثاوس ودعا اسم زوجته السلامه ۞ واربعة
اولاده اسما الاول يوحنا والثانى استفانوس والثالث
يوسف والرابع دانيال ثم تقدم القداس وناولهم
من السراير المقدسه جسد ودم ربنا يسوع المسيح ۞
15 ومن بعد الصبغه اقاموا شهر ايام عند الاسقف
وهو يعظهم بكلام الايمان المستقيم فامّا مثاوس
الكاتب من زيادة الفرح الذى ادركه دفع سنمايه
مثقال لبيعة رييس الملايكه عن خلاصه بعد هذا
تزودوا البركه من الاسقف ليمضوا الى مدينتهم
20 فشيعهم رؤسا المدينه وجميع الشعب بفرح عظيم
وبمشية الله ورجعوا الى كورتهم مستبشدين بررييس
الملايكه الاطهار ميخاييل فلما مضوا الى بيوتهم
صنعوا عيدا عظيمًا لاهلهم وفرقوا صدقات عظيمه
للمعاجزين والارامل والايتام وكان اهل الكوره يتعجبون
25 منهم وكان اسمهم فى فم كل احدٍ وكانوا يضوا فى
جميع تلك الكوره بسيرتهم الحسنه فلما كان من بعد

انقضىا شهرين ايام تنىّج الانسان المختار مثاوس
وصل الي الساعة الحادية عشرة واخذ اجرة الذخيار
كلّه بطلبات رييس الملايكه ميخاييل فاتما اولادد
الصغار وامّهيم فلم يملوا من الخيرات التي يصنعوها
5 اكثر من زمان حياة ابيهيم فاتما الشيطان وجنودد
فلم يحتمل ما كان يرا من الخيرات التي يصنعوها
هولاء القديسيين بل اقام اهل المدينة عليهيم وجعلهيم
يبغضوهم بغضه شديدد فقاموا عليهيم واخذوا اموالهيم
بالظلم وكلّما كان في خازنيهم ۞ فقال يوحنّا لاخوته
10 واخوته اما ترون اننا قد تعبنا جدّا من حيين مات
ابينا فقوموا بنا نترك هذه المدينه ونمضي الي
مدينة المملكه ونسكن هناك فانه مكتوب في الانجيل
المقدّس اذا طردوكم من هذه المدينه فاهربوا الي
اخري وها هوذا هم قد طردونا واتعبونا فلمتكن ارادة
15 الرب علينا وهكذا قاموا في خغيه واخدوا ببقية ما
فضل ليهم وذهبوا الي مدينة المملكه وسكنوا هناك
وكانوا يقولوا يا الهـ رييس الملايكه ميخاييل كن لنا
عونًا ثم زادوا علي صدقاتيهم التى كانوا يعملوها
اولاً فلم يحتمل الشيطان هذا لكنه فلق لانه كان
20 ينظر ان القديسيين يعطوا الصدقات بامانة ولم
يعلم ان رييس الملايكه الاطيار ميخاييل كان يفتحه
وهو فكان يزير كالاسد فلما مضت ايامًا قليلًا دخلوا
حراس المدينه وسرقوا دار ارخن المدينه الاعظم
واخذوا لهـ اموال عظيمه فاعلم ذلك الارخن الوالي
25 المسلط علي تلك المدينه بيهذا فسال الوالي عن
الامر من نواب المدينه وانّ النواب مسكوا الحرّاس

وكلفوهم ان يبحثوا عن اذية ذلك الرييس وفيما هم
مضطربين لهذا الامر واذا الشيطان قد تشبّه بانسان
وصار يمشي في المدينة كلها ويصرخ تايلا انا اعرف
من سرق اذية سيلون الارخن ٠ لانّي ارا غولاي الاربعة
5 صبيان الغربا الذي اتوا البي عنّا في هذه الايام ٠
الذي دخلوا الي البيت وسرقود انا اعلم بالحقيقه
ان الامر هو هكذا منذ سكنهم هذه الكورة وان
رجال تلك المدينة لما سمعوا هذا اعلموا بِهْ الوالي
وفي الساعه جذبوهم بشعور رووسهم كما امر الوالي
10 وجاو بهم امامه وكانوا يجذبوهم بلا رحمه وكانت امهم
يمشي خلفهم وتبكي وتعزيهم تايلا ٠ لا تخافوا يا
اولادي لانّ اللّه الذي امنّا به وعظيم رووسا ملايكته
الاطهار ميخاييل قادر ان يخلصكم من كلّ شرّ ومن
الذي كذبوا عليكم بسببه وفيما هي تتكلّم بهذا
15 كان نحوهم صوتا من السماء قايلا لا تخافوا فاني لا
ادع شيا من الشر يصيبكم انا هو ميخاييل حافظكم
من كل شرّ وفيما هم قيام امام الوالي وهو يسالهم واذا
بريس الملايكه قد تشبّه بوزير الملك واتا من بعد
فلما راد الوالي قام ووقف لهُ وطلب اليه ان ياتي
20 ويجلس لكي يسمع هو ايضًا هذا الاحتجاج اما هو
فجلس ٠ فامر القايد ان يقدّم اليه الصبيان فقال
لهم لعلكم ان تردّوا عملة الارخن اليه من قبل ان
اعتّ بكم اما هم فاجابوا قايلين حتّى هو الربّ الاه
المسيحيّين وبحد اعظم روسا ملايكته الاطهار ميخاييل
25 لم يتفق لنا مثل هذا الامر ابدًا فقال رييس الملايكه
ميخاييل للوالي انا اعرف كيف يظهر الحقّ ٠ ليمسك

الاصغر في اخوة هولاء القوم ويدخل به الي دار رييس
الحراس الذي قلبه متنعوب بهولاء الناس ويصرخ
قايلا باسم سيدي يسوع المسيح تظهر عملة سيلون
الارخن هذه التي اعتمونا بها ففي تلك الساعة يظهر
5 الحق ۞ وللوقت امر الوالي ان يوخذ الابن الاصغر
ويدخل به الي دار رييس الحراس كما قال رييس
الملايكه ميخاييل ثم صرخ قايلا باسم سيدي يسوع
المسيح ورييس الملايكه الاطهار ميخاييل تظهر عملة
سيلون الارخن ۞ وفي تلك الساعه كان صوتا وكل
10 احد يسمعه انزلوا الي اسفل الدهليز فتجدوا كل
شي وهولاء الصبيان ابريا كل ذنب فنزلوا الوقت
الي اسفل الدهليز فوجدوا العملة كلها واعلموا
الوالي بالذي كان يتعجب جدا فحول وجهه مستحيا
ان كيف يقول الذي كان لذلك الوزير الذي هو
15 ميخاييل ثم لم يعلم الي اين مضي حينيذ تعجب
جدا واطلق الاربعة صبيان وهم يربيين فدخلوا الي
بيوتهم وهم ممجدين لله ورييس الملايكه ميخاييل
قايما القديسين فلم يملوا من الخيرات التي يصنعوها
مع كل احد حتى ان الجميع تعجبوا من سيرتهم
20 الصالحه   وكان ايضا من بعد زمان مذ كان هذا
سعى انسان في رجلين عند الملك ان له عليهما
دين قديم ۞ فسلّم الملك الرجلين الي اجناد حتى
يعطيه كل منهما ماية مثقال ولم يكن لهما ما يعطود
وان القديس يوحنا وجدهما صدفه فرآ الاجناد
25 يقتلان الرجلين بغير رحمه فقال للاجناد ما هي
العله التي انتم تضربون هذين الرجلين بسببها

فقال لهم الاجناد انهم ممسوكين على ماية مثقال كل
واحد منهم فقال ليهم فاذا اخذتم المايتى مثقال
تطلقونهم فقال الاجناد نعم واذا لم يعطونا اياهم
مستقتلهم فطلب يوحنا الى الجندان يتانوا قليلا
5 الى ان يعود اليهم اما هو فمضى واحضر المايتى مثقال
ودفعها ليهم وعتق اوليك الرجلين والاربعة اجناد
المتوسمين بهما دفع لكلّ واحد منهم مثقال. فلم
تحمل الشيطان عدو كل صدق بل امتلا حسد على
القديسين من اجل اعمالهم الحسنه فاثار عليهم
10 تجارب صعبه جدًا بزيادةٍ وهي هذا وكان من بعد
هذا استضاف رجل من اهل تلك المدينه برجل
صديق له وكان المساء. وكان ذلك الرجل ساكن
بجنب بيت اوليك القديسين فلما اكلوا وشربوا قام ذلك
الرجل ليذهب الى بيته | وبينما هو ماشى في شوارع
15 المدينه فلدغته عقرب فوقع ميتًا في الساعه ولم
يعلم انسان بما كان وفيما كان حرّاس المدينه يطوفوا
مع اصحابهم وجدوا ذلك الرجل ميتًا فاتوا بسراج
وفتشوا جسده ولم يعلموا بما كان منه ثم كفنوه فلما
كان باكرا ارادوا ان يحملوه الى القبر واذا بالشيطان
20 قد تشبّه بانسان وكان يصيح في المدينه كلها
قايلًا انّ هذا الرجل المييت | الذي لم يعلم احد من
الناس بموته ولا من قتله لم يكن هذا الشر من احد
من الناس الا هولاء الاربعة صبيان الغربا واذا اشهد
بهذا الامر فذاع هذا الكلام في المدينة كلها فذهب
25 الوالى واعلم الملك كسنطس بهذا وفي تلك الساعة
امر الملك بان ياتوا بالاربعة صبيان مكتفين اليدين

الى خلف وان يعملوا في اعناقهم جنازير ثقالا بيهم
واوقفوهم امام الملك فكان فخوهم صوتا قايلا لا
تتحاملوا فيها قد انقضى زمان التعب وحصل لكم
النياح من قبل الرب حينئذ لما اقاموهم امام الملك
5 بشبه ظلمه فى تلك الساعه تشبه رييس الملايكه
ميخاييل بشبه اميرا كبيرا لملك الروم واتى ۞ فلما
راه الملك كسنطس قام ووقف امامه فلما بلغ اليد
جلسا مع بعضيهما بعض فلما راى رييس الملايكه
ميخاييل الصبيان قيام قال للملك كسنطس ما هو
10 امر هولا الصبيان فاعلمه الملك بالذي كان فقال له
ميخاييل فمن يعلم من الذي قتل هذا الرجل فقال
له الملك قد اخبرت ان هولا۔ هم الذين قتلوه ۞
فقال ميخاييل ان عندنا اذا كان امرا هكذا وهو ان
يموت واحدا ولم نعلم ما الذي كان منه فنحضر
15 الرجل الميت في الوسط ونساله فيكلمنا ويخبرنا
من الذي قتله والان ان كنت تريد ان تعرف الحق
فليتقدم ايضا ذلك الرجل الميت الي ها هنا ونساله وهو
يكلمنا ويعرفنا من الذي قتله وفي تلك الساعه امر
الملك فقدموا الميت في الوسط فقال رييس الملايكه
20 ميخاييل لذانيال اصغر اخوة القديسيين اذهب وقل
لهذا الميت باسم سيدي يسوع المسيح الاه السما
والارض اخبرنا ما الذي كان منك فنفعل المغنى الصغير
هكذا وان الله يحب المبشر المويد ان يتمجد اسمه
المقدس في كل مكان ليومنوا به اعاد نفس الرجل
25 اليه مرة اخرى وعاش من اجل خلاص الملك والجمع
كله الذى فى تلك الكورة وصرح ذلك الرجل قايلا المويد

اليك ايها الملك كسنطس لانك تجاسرت وجلست مع
رييس الملايكه ميخاييل رييس اجناد القوات
السماييه ان هولاء الرجال الذين اتهمتموهم هم
صديقين وابريا من الذنب وليس هم الذين قتلونى
5 لكن عقرب المدعنى نمت لكن لاجل صفوة هولاء
الرجال ادركك هذا الخير العظيم واستحقيت ان تنظر
الى رييس الملايكه الاطهار ميخاييل والان فقد رايتم
اعاجيب الله فارجعوا من كل قلوبكم واتركوا عنكم
هذه اللذات وهذه الاصنام المييته التى لا ربح فيها
10 لكى الله يغفر لكم ما سلف من خطاياكم وانما انا
فادركتنى نعمة عظيمة لاننى رايت رييس الملايكه
ميخاييل من اجل هولاء الرجال الابرار * وفى تلك
الساعه ارتفع رييس الملايكه صاعدا بمجد عظيم
والملك ينظره وكل الجمع وهو صاعدا الى السماء
15 واخذ معه نفس ذلك المييت الى السموات واما الملك
وكل احد فصاروا فى خوف عظيم جدا ومن بعد وقت
كبير اطمان قلب الملك من الخوف ومن ذلك الامر
المعجب الذى راد وقام وقبل فم يوحنا قايلا مباركة
هى الساعة التى دخلتم فيها الى هذه المدينه
20 اطلب اليكم ان تعرفونى الاسكم الذى امنتم به
لنومن نحن به ايضا فنخلص * فقال لهم يوحنا
نحن مومنون بالرب يسوع المسيح ابن الله الحى
فصرخ الملك قايلا وكل الجمع معه بالحقيقة الـه حى
هو يسوع المسيح وليس الاحد سواه * فقال يوحنا
25 للملك قم فاكتب لملك روميه قسطنطين واعلمه
بكل شى واطلب اليه ان يرسل البنا واحدا من

الاساقفه الي كورتنا فيبعظكم باسم الاب والابن والروح
القدس فكتب الملك كسنطس الي الملك قسطنطينوس
قايلا ‏‎ هكذا كسنطس الذي يقال له ملكا استجرا
وكتب لعظمه الملك وجلالته قسطنطين عبد يسوع
5 المسيح السلام لك ان نعمه عظيمه قد ادركتنا من
قبل الله الشامل فذكرنا واخرجنا من عباده الاصنام
الطمثه واعادنا اليد من قبل صلاحيته الكبيرو
وطلبات ريس الملايكه الاطهار ميخابيل هذا الذي
جعلني مستحقًا ان انظرو بعيني وجعل الميت
10 يكلمنا مشافيه من بعد موته وبعد هذا مضي صاعدا
بمجد عظيم ونحن باجمعنا ننظرو والان نطلب الي
سيادتك ان ترسل الينا واحدا من الاساقفه الذي
عندك ليمضي لنا بالامانه المستقيمه ويعرفنا نحن
ايصا الطريق الموديه الي الله ويهب لنا الخاتم
15 المقدس واذا فعلت معنا هذا تنال اكليلا عظيمه
عند المسيح علي هذا الامر كن معافا ايها الملك
الالهي بقوه المسيح ملك الكل وباجتهاد عظيم
اخذ الملك البار قسطيطين الكتب فقراعم وتعجب
جدًا مما كان ومجد الله • وباهتمام عظيم كتب الي
20 القديس يوحنا ريس اساقفه افسس هكذا • قبل كل
شي اقبل يديك الطاهرين المتين يقلبوا جسد ابن
الله • انه بالحقيقه صار الينا فرح عظيم من الله
وهذا انا ارسل اليك انت ايضا فانني عارف انك تفرح
بزياده | اريد ان تتعب تعبا قليلا وتجتهد بقلبك
25 كله اذ تعلم ان تعبك لا يسقط فانعل من اجل
المسيح الذي تعب من اجل جنس البشر وتتكلف

وتمضى الى مدينة انتياس لتشفى المرضى الذين بها
باسم المسيح وتخرجهم من خدمة عبادة الاوثان
النجسه وتعمد باسم الاب والابن والروح القدس فهذا
يصير لك افتخارًا عند الرب | وعند ملايكته الاطهار
5 لكى ذا خلص معًا بقوة المسيح الاهنا ۞ هذه الكتب
ارسلها الملك قسطنطين ابى انبا بوحنا رئيس
اساقفة افسس مع رسالة كسنطس الملك فلما قرا
رئيس الاساقفه الكتب فرح جدًا على رجوع الكوره
كلها حينيذٍ اخذ معه شماسيين وقسوس واغنسطسيين
10 وثلثة مرتليين واثنى عشر من | الشعب واخذ معنا
استعداد الهيكل وهى ماىىدة ذهب واربعة كاسات
فضه وثلثه كاسات ذهب وملعقه من الحجر الكريم
والاربعة اناجيل والمزمور والرسول والابركسيس ورسايل
القتاليقون وعلى الجمله كل استعداد البيعة ثم ساروا
15 فى الطريق وهم يصلّوا بفرح فلما قربوا من المدينه
عرفوا الملك بمجى رئيس الاساقفه والذين معه فخرج
الملك وبوحنا وكل جماعة المدينه ليتلقوا رئيس
الاساقفه فلما بلغوا الى رئيس الاساقفه سجد له الملك
وكل الجمع وتباركوا منه وقبّى الملك على رئيس الاساقفه
20 كلما كان منه واعلمه ببوحنا قايلًا ان من قبل هذا
واخوته رحمنا الله وهكذا مضوا | الى مدينه بهد و فرح
عظيم وان الملك سال رئيس الاساقفه وادخلو الى
القصر لان المدينه لم يكن بنى فيها كنيسه بعد
فلما كان الغد قال رئيس الاساقفه للملك لنحدّد رسم
25 كنيسه فقال الملك يا ابى ان ابى طريق جديد وهم
يبنون فيه امض بنا لمنظره فان كان يوائق صنعنا د

كنيسه فمضى رييس الاساقفه والملك معا فنظروا الى الطريق الذى يبنون فيه فارضا ذلك رييس الاساقفه فامر الملك ان يصرح المنادي في المدينة كلها ان ياتى ساير الناس ويعملوا في الكنيسه وهكذا اجمع
5 اهل المدينه كلها وعملوا في الكنيسه من الرييس الى المسكين حتى الى الملك كان هو ايضا يعمل بيديه مثل كل احد مومن انه ينال بركه من المسيح وبارادة اللّه كمل البنا في ستة عشر يوما. وكرز رييس الاساقفه الكنيسه على اسم العذرى القديسه والدة
10 الاله مريم فلما راى كثرة الجموع يعمدون قال للملك في اين يعتمد هذا الجميع العظيم لان المدينه لم يكن بنى فيها كنايس ولم يكن فساقى فاجاب الحكيم يوحنا وقال للملك وليرييس الاساقفه انا اقول ان هذه البركة الما. التى هي شرقى المدينه انها
15 مستحققه ليهذه الكرامة العظيمة. وفي تلك السّاعه كان صوت من السما. وكل احد يسمعه قايلا هذا هو الذى رسمه اللّه يا يوحنا ابن الرسل ۞ فلما سمع رييس الاساقفه والملك وكل الجمع ذلك تعجّبوا ثم امر رييس الاساقفه والملك ان يجتمع الجمع الى تلك
20 البركه وصلى رييس الاساقفه على الما. كعادة الفساقى كلّهم وكانت اعاجوبه عظيمه في ذلك الوقت وهو انه لما بلغ الى التقديس سمع الجمع كله صوت من الما. يقول التقديس مع رييس الاساقفه فلما كمّل رييس الاساقفه الصلوات امر ان ينزل الجمع كلّه الى
25 الما. فانطرحوا كلّهم في الما. وهم يصرخون قايلين ننصبغ باسم الاب والابن وبروح القدس ثم اعتمد

الملك وكل الجمع واثبتنا بهم رئيس الاساقفة الي الكنيسة
وقسم يوحنا اسقفًا ليهم واخوته الثلثة قسم احدهم
قسيسا والاثنين الاخر شمامسه ۞ وكان للملك ابنا
اسمه اتلاس فصيّرة شماسا وكان جميع الشعب يجذلون
بالرب حينيذٍ اهتم رئيس الاساقفة بالقربان فرفعه
على المذبح وقدّس عليه ۞ فتعجّب الملك وكلّ
الجمع ممّا رآوا وسمعوا الذيهم لم يسمعوا كلام هكذا
ابدا ولم يروا هذا المثال البتّه وهذا كان اوّل مرّةٍ
رفع القربان في تلك الكورة ۞

SPECIMEN OF THE ARABIC VERSION

OF THE

ENCOMIUM UPON SAINT MICHAEL

BY

EUSTATHIUS, BISHOP OF TRAKÊ.

اتري تذكرون انتم اوفيميه زوجة ارسطرخوس
الامير هذا الذى وآلاه الملك العابد انوريوس على
جزيرة الاتركي انتم تعرفون كلكم ايّها الشعب المحبّ
للمسيح ان هذا الامير كان عابدًا جدا كما يشهد
5 لذلك كل احد ان صلواته وصدقاته صعدت قدّام
Fol. 133 b. الله مثل ترنيلبوس زمانا كان هذا الرجل المكرم
ارسطرخوس اميرا ومنذ اخذ المعمودية المقدسه من
يد ابينا المكرّم والمعلم العظيم يوحنّا لم يفتر من
الصد قات والقرابين في كل اثني عشر من الشهر
باسم رييس الملايكة الاطهار ميخائيل وفي الحادي
10 وعشرين من الشهر باسم العذري الطاهره مريم
والتاسع وعشرين من الشهر ميلاد ربنا يسوع المسيح
Fol. 134 a. وكان يعطي القرابين , والصدقات التي لا عدد لها
لذكر اسم الله الكلمه كان هذا الرجل البار يصنع
هذا زمانا كبيرا من بعد كمل زمانه ليمضى الي
15 المسيح مثل كل انسان فدعا اوفيميه زوجته وقال لها

يا اختى هوذا انتى ترى ان زمانى قد تمّ لامضي
الى الربّ كمثل ابايى كلهم ۞ وقد سمعتى انتى كل
التعاليم المكيبة التى اوصانا بها | الاب الطوباني
يوحنا هذا الذى به استمنأت هذه الجزيره كلها
5 وعرفت اللّه وقد سمعت منه مرار كثيره باذنك في
بيتك يقول ان ليس شئ اعظم من المكبّه وايضا قال
ان للمرحمه فخر في الدينونه وعلى الجمله بقية وصايا
المعزيه التى قالها لنا من اجل خلاص نفوسنا اعنى
ذلك العظيم يوحنّا ۞ وايضا هوذا انا اوصيك وقد
10 جعلتُ اللّه رقيبى | وامامى من قبل خروجى من
هذا العالم اذك الا تفترى ولا تتركى ما كنا نصنعه الان
فى اليوم الثانى عشر من الشهر عيد رييس الملايكه
الاطهار ميخاييل والحادى والعشرين عيد الملكه ام
ملك الملوك والتاسع والعشرين ميلاد الاله الكلمه
15 واحذرى ان تحقرى قربان رييس الملايكة الاطهار
ميخاييل لانه يطلب عن كل احدٍ فلعله يطلب
عنّا امام اللّه ليصنع معنا رحمه صدقه ويقبل اليه
نفسى الشقيّه فاما تلك المراة الحكيمه فقالت لبعلها
يا سيّدي واخى حىّ هو الربّ الذى امنّا به اننى لا اترك
20 خلفى شيّ ممّا اوصيتنى به لكنى ازيد عليه بالاكثر
بل فى قلبى كلام اريدك ان تحتملنى فيه وتكمله
لى من قبل ان يدفن جسدك اما هو فقال | ايها كلّ
شىٰ تريديه قوليه لي وانا اكمله لك بمشيّة اللّه
فقالت له انا اريد ان تامر مصوّر ان ينقش لى صوره
25 رييس الملايكه الاطهار ميخاييل فى لوح خشب
وتعطيها لى لاجعلها فى فيطونى الذى انام فيه

وتسلمنى لهُ كالوديعه لكى اذ خرجت من الجسد
يكون لى حارسًا ومنجّيا من كل الافكار الشريرة
الشيطانيه | الذلك اذا خرجت من الجسد اكل خبزى
بالبكا ووجع القلب لان منذ الوقت الذى يمضى
5 زوج المراة عنها ليس يبقى لها رجا فى الحياد مرة
اخرى وتكون تشبه جسد بغير راس وجسد بغير
الراس هو ميت وحدد ۞ لان الحكيم بولس فرغ ان
يقول ان راس المراة بعلها وامراة بغير زوج تشبه
سفينه بغير مدبر مستعد للغرق ٔ وكل الركاب فيها
10 فالان يا سيدى واخى كما انك لم تحزن قلبى البته
بكلمة فهذا الذى سالته منك ايضا الا توجعنى بسببه
ليكون رييس الملايكه الاظهار ميخاييل حافظا لك ۞
فان ليس رجآ بعد لكننى مترجيه رحمة الله ورييس
ملايكه الاعظم ميخاييل فلمًا سمع الاسفهسلار ذلك
15 الكلام عجل ليكمل ما سالته وللوقت من الساعه امر
ان يوتا اليه مصور حكيم فامره ان ينقش شخص
رييس الملايكه الاظهار ميخاييل فى لوح خشب
ويطليه بالذهب المختار والحجارة الكريمه فلمًا كمله
ودفعه لها فرحت به جدًا كمثل من وجد غنايم كثيرة
20 كما هو مكتوب وقالت لهُ يا سيدى الاخ لتدركنى
رحمتك وتسلى فى قلبى فى هذا الكلام الاخير لكى
اذا تحلل قلبى وصرت ضعيفه فلا ينور على شى من
المواميرات من بعد دفن جسدك ۞ فقال لها كلما
تتمنيه انا مستعد ان اكمله لك كما تعلمى اننى لم
25 احزن قلبك فى امر من الامور البته اما هى فقالت
لهُ انا اريد ان تسلمنى ليد رييس الملايكة الاظهار

ENCOMIUM OF EUSTATHIUS. 173

ميخابيل هذا الذي صورته لي في هذا اللوح الخشب
وتطلب اليه عني لكي يكون لي عضدا الي يوم Fol. 138b.
مماتي لان بعد خروجك من الجسد لا يبقا لي رجا
الا بالله ورئيس الملايكه ميخابيل لانك تعلم ان
5 الامراة الارملد تاكل خبزها بالبكا . والتنهّد فلما
سمع ذلك الامير هذا تآلم لاجل هذا الكلام المر
الذي قالته له لكنه تعجّب من عظم امانتها في
رئيس الملايكه الاطهار ميخابيل ثم امسك ابيدها وسلّمها Fol. 139a.
لرئيس الملايكه ميخابيل الذي نقش صورته في اللوح
10 الخشب وصرخ قايلا يا رئيس الملايكه ميخابيل الذي
قتل الثعبان الاوّل الذي زرع العظمه وقاوم سيّدد
فربطه وجعله في البحيرة النار المملود من النيران
والكبريت ايّها الساجد في كل حين امام الاب الصالح
من اجل جنس البشر شبهه وصورة الله ضابط الكلّ Fol. 139b.
15 ها انذا اسلّم اليك اليوم اوفيميه زوجتي كمثل الوديعه
لكي تحرسها وتنجّيها من كلّ المواميرات الشيطانيه
التى يتميرهم عليها واذا طلبت اليك تعينها وتسمع
لها وتخلصها لان ليس لنا رجا الّا الله واياك فلما
سمعت اوفيميه فرحت جدًا ووثقت بامانة عظيمه ان
20 ليس بقى سىّ من حيل الشيطان يقدر عليها من
ذلك . الوقت لان رئيس الملايكه ميخابيل صار Fol. 140a.
لها حارسا ۞ ومن بعد هذا اخذت صورة رئيس
الملايكه المنقوشه فاقامتها في القيطون الذى تنام
فيه وصارت ترفع امام الصورة دكورا فايق وقنديل
25 موقودا امامها ليلا ونهارا بغير فتور وكانت تسجد له
ثلاث دفوع في كل يوم وتسأله ان يعينها ۞ وكان

Fol. 140b. من بعد هذا | افتقد اللّه الامير ارسطرخوس العابد
الذي سبقنا فذكرنا اسمه عن قليل فمضى الي
طريق ساير الناس فاما اوفيميه المراة الحكيمة
زوجة ارسطرخوس الامير فلم تمل عن الصدقات
5 التي تصنعهم والقداسات التي كان ارسطرخوس
يعملهم وهو حيّ قبل وفاته باسم رييس الملايكه الاطهار
ميخاييل ۞ وكانت مسرعه في ان تزيد عليهم
Fol. 141a. جدا اكثر من ذلك الزمان الذي كان زوجها حيّ ۞
وان الشيطان المبغض الخبير لجنسنا منذ الاول لم
10 يحتمل ان ينظر الي تلك الخيرات التي كانت الامراة
تعملهم باسم رييس الملايكه الاطهار ميخاييل فحسدها
واراد ان يضيع اجرها الذي كانت تنرجاه من اللّه
ولمّا كان ذات يوم التمس شكل راهبه وسار معه شياطين
اخر في شكل عذارا لابسين اساكيم ذهب وجا فوقف
Fol. 141b. 15 عند باب بيتها وارسل اليها جاريه تايلا اذهبي
فقولي لاوفيميه الفقيه زوجة ارسطرخوس الامير ان
هوذا عذري راهبه واقف علي الباب تريد ان تخشع
لك هي وبنتها معها وان تلك الامراة الحكيمه لما
سمعت هذا الكلام خرجت الي الباب الرابع من
20 بيتها وامرت ان تدخل اليها تظنّ انها راهبه بالحقيقة
Fol. 142a. فخرجوا العبيد فرآود واذ هو الشيطان قايما متنسّكًا
باسكيم زور ۞ فسجدوا له فامرود بالدخول هو والذين
معه ۞ فدخل الشيطان ووجهه مطرق الي الارض كانها
راهبه بالحقيقة والذين معه عملوا هم ايضا هكذا فلما

---

[1] On the margin المحتشمه.

رأتهم اوفيميه البارّة وهم بهذا الشكل هكذا تعاجبت
جدًّا من عظم تواضعهم فقامت وامسكتهُ لانه كان
لابس شكل امراه وادخلته الي بيتها فلما بلغ الي   Fol. 142b.
القيطون حيث صورة رئيس الملايكه ميخائيل خاف
5 ذلك الشيطان ان يدخلهُ هو ومن معهُ فاما تلك
الامراة الحكيمه فكانت تكرمهم قايله اصنعوا حبّه يا
احباي الاخوات وادخلوا الي هذا القيطون لتحلّ (sic)
صلواتكم المقدسه فيه× الاذي اشهد لكم الله عليّ
ورئيس ملايكته الاطهار ميخائيل ان مذ يوم توفي
10 زوجي الطوباني ارسطرخوس والي الان لم يدخل   Fol. 143a.
انسان قطّ من داخل باب هذا القيطون الا جواري
خاصّه الذين يخدموني في حاجة الجسد والنسوان
اقاربي المتّقيات الآتيات اليّ ليتفقد وذي ككعبة اللّه ✣
فاجاب الشيطان المتشبّه بالراهبه قايلا لماذا لم
15 يدخل رجلًا البتّه من داخل قيطونك وكل مكانٍ لا
يكون فيه ذكرًا ليس يكون معونة اللّه فيه ✣ وجميع   Fol. 143b.
النسوة اللاتي على الارض متزوّجين سوا امراةً واحدةً
وهي مريم امّ المسيح ✣ واذا ارادتي مرضاة اللّه من
كل قلبك فانا ابشر عليك با مر صالح امام الربّ فقالت
20 وما هو فقال الشيطان اما تعرفي السيد اللوروخس
الرئيس العظيم هذا كبير في اعلاح امر الملك
انوريوس هو نسيبي وهو قريب الملك في جنسه×   Fol. 144a.
وقد ماتت امراتهُ قبل هذه الايام وعند ما سمع بنياح
زوجك ارسطرخوس الامير الجلّ قال ليس هو عدل ان
25 اتزوّج امراه حقيره دون كرامتي لكن اقوم فاتزوج
اوفيميه البارة وهي انتى واقدّم لها الارجوان اكثر

من المرة الاولي وقد اعطاني هذا المهر كي اعطيه
لك ليطيب قلبك ان تجلسي معه فايدة كبير في البلاط Fol. 144b.
والملك يحبه جدًا ۞ وللوقت اوراها ذهب كثير وفضه
وحلي ذهب يقصد تطغيها بحيله الشرير وان العفيفه
5 اجابت بوداعة عظيمه كيف يمكنني ان اعمل امرا
هكذا من ذاتي وحدي دعيني حتي امضي واستشير
كفيلي الذي سلمني اليه زوجي الطوباني قبل خروجه
من الجسد فان امرني ان اقيم مع زوج فانا اقيم Fol. 145a.
من غير تشكك واذ لم يامرني بذلك فلا افعل شي
10 من ذاتي ابدا فاجاب الشيطان قايلًا واين عو ذلك
الكفيل فقالت اوفيميه ها عوذا داخل قيطوني معي
مذ يوم سلمني له زوجي يحرسني ليلا ونهارا والي
هذه الساعه ۞ فاجاب الشيطان وقال ايها المعلمين
انك قد وضعتني في قلبك ان تكملي وصايا الرب Fol. 145b.
15 فيها عوذا قد صرتي مدانه بهم كليهم لان الرب قال
ان الذي يسقط في وصية واحدد فهو مدانا بالكل
اما تعرفي ان الله يبغض الكذب جدًا وداوود ايضا
يقول في المزمور الخامس الرب يبيد كل الناطقين
بالكذب فمتي اعتمدتي الكذب فان الله يهلكك
20 سريعًا الم تقولي ابي عن قليل ان من يوم خرج
زوجي من الجسد والي هذه الساعة لم يدخل رجل Fol. 146a.
واحد الي قيطوني حتى ولا عبيدي فاجابت اوفيميه
قايله اني انما قلت لك الحق ولم اكذب اقول لك
يا اختي المكرمه واحلف لك بالله ضابط الكل
25 وبرييس ملايكته الاطهار ميخاييل الذي قتل الحيه
الاولي ان مذ يوم توفي الطوباني زوجي والي هذا

Fol. 146b. اليوم لم يدخل رجل واحد داخل باب قيطوني
ولم احتمل ان يقترب مني فلا سيما ان يرا وجهي
فاجاب الشيطان المتشبّه بالراهبه وقال لاوفيميّه الم
تقولي من الاوّل انه منذ تنقيح زوجي لم يدخل الّتي
5 ولا رجل واحد فيها عوذا الان قد اخطيتي واكملتي
الاثم اذ حلفتي كاذبه الم تقولي لي عن تليل دعيمي
Fol. 147a. اولًا ادخل الى قيطوني لاستشير كفيلي الذي سلمني
زوجي له من قبل خروجه من المجسد اليس الكفيل
رجل عل يوهن كفيل على امراة قطّ هوذا الرجل
10 الان داخل قيطونك وقد وجدته انا من داخل
مخدعك فالا قد كذبتي واتهمتي كذبًا وانا فلا
اقبلك البتة ولا اخذك لقريبى ولو دفعت لي جميع
Fol. 147b. ما لك امّا اوفيميّه فضحكت ضحكًا روحانيّا وقالت
للشيطان المتشبّه بالراهبه يا اختي انّ هذا الامر
15 عسر علىّ معما انّ ليس هذا المال ولا هذا الحلى
الذي احضرته معك فقط بل ولو اعطيت بالحقيقه
الاموال والتحف التي في قصر الملك البارّ انوريوس
Fol. 148a. وجميع زينته وكل كنوز العالمي لا يكون لي ان اخالف
العهود التي قرّرتها مع الطوباني بعلي ارسطرخوس
20 الامير الجليل ولا اتفق مع رجل اخر غريب حتى امضى
اليه طاهره من كل دنس واذا قلت ان كفيلي داخل
قيطوني لم اكذب فان الكفيل الذي سلمني اليه
سيّدي وبعلي هو اشد من كل الكفلا الذى للعالمي ۞
Fol. 148b. فانه غير محتاج ان يعرّفه احد عن خطيه ولا عن
25 صلاح ومهما اضمرناد او فكرناد في قلوبنا وحواسنا
يعلمه للوقت وانّ خطر ببال احد فكر شيطاني

فيمضى ويتوكل[1] ذلك الكفيل للوقت ويستشفع باسمه
خاصّه وان احتاطت عساكر الشيطان احد وسيّجت
عليه غياتيه ومن ساعته يتفرقون مثل الدخان
وان اخترتي يا اختي فانا اسلمك لذلك الكفيل
5 ليكون لك انتي ايضا معينًا الى يوم خروجك من
الجسد ۞ ومن بعد موتك ايضا يسلمك الى الالٰه
الصّالح مثل قربان طيب وترثين الحياة المؤبدد
فاجاب ذلك الشيطان المتشبّه بالراهبه وقال ايها
اريني انا ايضا هذا الرجل فانه كما تقولين عظيم
10 هو غناد فاجابت اوفيميّه وقالت لها قومي بنا
لنحوّل وجوهنا لناحية الشرق ونصلى صلاة امام
الرب وتعترفي لذلك الكفيل بما قد اضمرتيه في
قلبك وتقولين هكذا ۞ اللهم اغفر لي عمّا اضمرته في
هذا الكفيل وهذذ المراة التى سلميها زوجيها له واذني
15 الا ارجع اذكر هكذا في قلبي بقدوس اللّٰه ابدا فاذا
انتى اعترفتي هكذا انا اريك الكفيل مواجهه ومن
بعد ذلك تسالينه في معونتك واسعافك فقال لها
الشيطان ان علىّ وصيه من قبل ان اتوشح بهذا
الاسكيم المقدّس انني لا ابسط يدي للصلاة حتى
20 اعود الى مكاني ولا اكل مع احد من العلمانيين اذ
لم يكن متشكل بشكلنا فاجابت اوفيميّه وقالت
للشيطان انك قد قلتى لي ان من حفظ الناموس
كله ويسقط في شىّ واحد فقد صار مدانا بالكلّ

---

[1] On the margin ويقصد.

ENCOMIUM OF EUSTATHIUS.

يهوذا انتى قد وتعتى من فمك وحدك وخالفتى
وصايا الرب التى اوصا بها رسله القديسين منذ
البدء فقال لها الشيطان وما هى الوصايا التى
خالفتها اعلمينى بهم ليلا اقيم عليك حرب عظيم
5 للموت اذ لم تظهر بهم لى الان فاجابت اوفيميه
وقالت لذلك الشيطان البيس فى الاوّل اوصا مخلّصنا
الصالح تلاميذه عند ما ارسلهم ليكرزوا فايلا واىّ
بيت دخلتموه فسلموا عليه وقولوا السلام لهذا
البيت فان سلامكم يحلّ عليه وان كان لا فسلامكم
10 يرجع اليكم واوصاهم ايضًا ان يصلوا فى الموضع
الذى يدخلونه وان ياكلوا ايضا مع كل احد ما خلا
الذين لا يعترفون بان المسيح جآ بالجسد اذ
قال كلوا ممّا يقدّم لكم وكلوا بغير فحص وكلوا
بشكر وقد اوصانا الرّسول ايضًا فى رسايله فايلا هكذا
15 صلّوا بلا فتور واشكروا فى كل شىء وان رجال اللّه
ايضًا يصلّون على الدوام ليلا ونهارًا فان كنتى
انتى امراه وليس فيك شىء من اصل المكر فانهضى
بنا نصلى ومن بعد الصلاه انا احضر لك ذلك
الكفيل ونراه ونسلم عليه فم لفم وان كنا غير
20 مستحقين لنظر وجهه ۞ فلمّا علم الشيطان انّ
اوفيميه قد حصرته من كلّ جهة احتار كيف يهرب
فبدا يغيّر شكله وتشكّل بشكل شنع جدا ۞ وان
تلك المراة الكريمه اوفيميه لما رات انّ شكله قد
تغيّر خافت جدًّا وصرخت قايلة يا ريس الملايكه
25 ميخاييل اعنى فى هذه السّاعة الشديده يا من
سلك كل قوّة العدوّ اعنّى فانك تعلم يا سيّدى ان

الطوباني زوجي اسلمني البك قبل خروجه من الجسد
لكى تكرسني وتكون لي حصنا منيعا من كل
مضرات العدو ولما قالت هذا رشمت ذاتها باسم
الاب والابن والروح القدس ، وفي تلك الساعة انحل Fol. 153a
5 الشيطان وكل افعاله من قدامها كمثل العنكبوت
ومن بعد ذلك بزمان ظهر ليها الشيطان بشكل
انسان حبشي شنع جدًا وعليه جلود المعزي وعينيه
مملود دمًا وشعر راسه مثل شعر خنزير بري وفي يديه
سيفين مسلولة يلمعان جدا ۰ فوقف امامها وكانت Fol. 153b
10 رايكته فايكه امامها كثيرا فلمّا راته اوفيميه انه قد
تغيّر في شكله نهضت للوقت ودخلت الي قيطونها
ومسكت المثال الذي صورة رييس الملايكه ميخابيل
مصورة فيه وكانت تعانقه وتصوح قايله يا رييس الملايكه
الطهار ميخابيل اعني ونجني من هذا المكار وان
15 الشيطان وقف خارجا من باب القيطون فانه لم Fol. 154a
يقدر ان يدخل لاجل مجد رييس الملايكه ميخابيل
الذي ملاه وجعل اصابعه في انفه وصاح من انفه
صارخا قايلا الغوث ما الذي افعله يا وفيميّه دخلت
البك اريد ان اطغيك واحدتك الي الهلاك معي
20 فغلبتيني بهذا اللوح الخشب الذي مسكتيه انا من
الاوّل حرّكت شعب اليهود علي ماسيا الذي يدعى Fol. 154b
المسيح ظانّا اني ابطل قوته فذلني وكل قوتي عند
خشبة الصليب ومنذ لبد۰ انا الذي اطغيت ادم
وحوًا وصبرتهم خالفوا وصية الله وغربتهم من
25 الفردوس والمساكن النورانيه وانا ايضا الذي اطغيت
الملايكه حتى سقطوا من مجدهم انا الذي جعلت

الجبابرة اخطوا حتى محقهم الله بما الطوفان
وانا الذي عرّفت اهل سدوم وغامورا | وثادويم
وزاوبين ان يصنعوا هذه الاثام حتى امطر الله عليهم
نارا وكبريتا ومحقهم وانا الذي علمت ازبال الخطا
5 وتنلت احاب معها بمخالفتها وانا الذي هيّجت
بني اسرائيل على هرون حتى كلفوه ان يصنع لهم
العجل يعبدوه وغضب الله عليهم وابادهم وعلي
الجمله انا الذي جعلت كل الخطايا يا ميخائيل
انت الذي اسقطني من السما· وملايكتي والقيتني في
10 البحيرة النار المتوقده ۰ يا ميخائيل ها قد تركت لك
السما· والارض وصرنا نتطاير في الجو وحدنا ونصيد
الذين نقدر على صيدهم واحد بالزنا واخر بالفسق
واخر باليمين الكاذب واخر بالنميمه واخر بالمكر
واخر بالخيل واخر بالحسد واخر بالاحتقاد واخر
15 بالسرقه وان علمنا اننا لا نقدر على احد | نصيده
هكذا جلبنا عليه نوما ثقيلا حتى لا يسهر يصلي
على خطاياه ولا مرّه واحده فالان هوذا قد تركنا لك
السما· والارض حتى لا ننظر وجهك لان صورتك
مخيفه لنا جدا وحليتك التي هي مصوره في هذا
20 اللوح الخشب المذهب منقوشه للاشفيه غلبت
بهذه القوه العظيمه اليوم خشبه عملت صليب
فحطمت اصلي قبل اليوم وخشبه ايضا منقوش
فيها صورتك يا ميخائيل هي التي منعتني وغلبتني
وكل (sic) قوتي اليوم ولم تدعني ان اكمل مشيتي اليوم
25 مع اوفيميه يا الملعوت اليوم فان ميخائيل اتعبني
من كل جهه ما الذي اعمل يا اوفيميه وانتي تقولي

اننى ما اقدر عليك لانك قد تعلقنى بهذا اللوح
الذى فى يديك فان كان نعم فاعلمى اننى اتى
اليك فى يوم لا تعرفيه وهو الثانى عشر من بوونه Fol. 157a.
فى ذلك اليوم يكون ميخاييل وجميع الملايكه
5 مجتمعين ساجدين خارج حجاب الاب من اجل
مياه نهر مصر ولاجل الندا. والامطار ثانى انا اعلم
هذا انه يقيم ثلثة ايام وثلثة ليال لا يفتر من الطلبه
ساجدا من غير ان يرفع راسه حتى يستجيب الله
له ويهبه جميع مسالاته هوذا انا اجيبك فى ذلك Fol. 157b.
10 اليوم واهبى قوات عظيمه وامسك هذا اللوح الذى
فى يديك واجعله جزوًا جزوًا على راسك حتى انظر
اين تجدى ميخاييل رييس الملايكه ليعينك فى
ذلك اليوم فلمّا سمعت المراة الحكيمه هذا اخذت
صورة رييس الملايكه ميخاييل وطردته بها حتى
15 خرج عن باب القيطون وفى تلك الساعه صار غير
ظاهرا امامها فاما تلك المراة الكريمة اوفيميه Fol. 158a.
فصارت تصنع طلبات عظيمه وصلوات كثيره ليلا
ونهارا مذ يوم مضى عنها الشيطان الى اليوم الذى
قال لها اننى اتيك فيه واحاربك وهو اليوم الثانى
20 عشر من بوونه وكانت تطلب من الله ورييس
الملايكه ميخاييل المعونه والظفر فلما كان فى الثانى
عشر من بوونه عيد رييس الملايكه ميخاييل اعدّت
اوفيميه كل ما تحتاج اليه لعيد ميخاييل من Fol. 158b.
القربان والخمر للشعب فى الكنيسه وهيت للاخود
25 فى بيتها بعد البركه وعلى الجمله اعدّت العيد
حسنا كما ينبغى لانها كانت غنيه جدّا وانّ الشيطان

ENCOMIUM OF EUSTATHIUS.

نبعض الخير كلّ حين لم يحتمل ان ينظر الصّالحات
التي صنعتهم هذا المراد وهيئتهم لسعيد رئيس
الملايكت الاطهار ميخائيل ۞ فلما كان النهار باكر
الثاني عشر من بؤونه فيما هي قايمة تصلي وقت
5 الصباح وتسال اللّه باسم رئيس الملايكه ميخائيل
ان يقف معها حتى تكمل الخدمه التي ابتدات بها
وينجيها من جميع حيل الشيطان واذا بالشيطان
قد اقبل ووقف امامها بشبه رئيس ملايكه وله اجنحه
عظيمه متمنطق بمنطقة دهب على حقويه مرصعه
10 بحجارة كريمة ۞ وعلى راسه اكليل مصنوع من
جواهر كريمة مثمنه وبيده اليمنى قضيب من ذهب
لكن ليس عليه علامة الصليب فجا ووقف امامها
وهو بهذا المجد العظيم فلما راته خافت جدّا وسقطت
على الارض امّا هو فعضدها واقامها وقال لها لا
15 تخافي ايتها المراة الكريمه امام اللّه وملايكته
الاطهار ۞ افرحى ايتها المراة الذي وجد الطوباني
بعلها نعمه قدام اللّه وانتى ايضا صارت طوبانيتك
مثل المصباح يضى قدام اللّه افرحى يا من صارت
قرابينها وصدقاتها مثل السّور يصدّ عن المسكونه
20 كلها طغيان الشيطان الشرير صدّقيني ايتها المراة
المباركه فانني اتيت من عند اللّه ضابط الكل لها
رايت صلواتك التي صنعتيهم اليوم صعدوا قدام اللّه
مضيّه اكثر من الشمس اضعافا كثيرة بشعاع عظيم
جدا حتى اضطربت جميع عساكر الملايكه وارسلني
25 اللّه اليك وقال لى كلام اقوله لك فاسمعى جميع ما
يخرج من فمى لتمجدي كرامه عظيمه قدام اللّه

اما تعلمين ان اللّه قال ان الطاعة افضل من
القرابين فان كنتى لا تسمعي الذي اتولُهُ لك فليس
انا الذي اتخالفينى بل اللّه فقد كتب ان كل من
هو غير مطيع فانه صاير للهلاك فاجابت تلك المراة
5 الحكيمة قايله عرّفنى ما هو الكلام الذي امرك اللّه
ان تقوله لي وانا اصنعه واحفظيم فاجاب الشيطان
وقال لها ان اللّه اوصاني ان اخرج من عندك وانتى
اليك واقول لك لا تتلفي اموال الطوبانى زوجك وتقولي
انني اصنع صدقات لخلاص نفسه هوذا زوجك قد
10 ورث خيرات ملكوت السموات كقيبى قليل عن هذه
القرابين وهذه الصدقات الكثيرة التى تصنعيهم فى
عندي اصرفى قليل وادعى في بيتك قليل ليلا تعوزي
بعد زمان ثم بعد هذا اذا راي الشيطان هذه
الصدقات هكذا يحسدك ويبذّر ما لك كما بذّر مال
15 ايوب فان ايوب قد كان هو ايضا يفعل هكذا
للمساكين فليهذا ضاع كلما له وانحل جسده بالدود
الردى ومات مع ما حصل له من الحزن علي اولاده
وبناته فان البيت وقع عليهم وماتوا كليهم في
دفعة واحده والقديس دويد ايضا حسده من اجل
20 الصدقات التي كان يصنعهم فانه كان يكفن اجساد
الموتي الذين يجدهم ويدفنهم فغار عليه ايضا
وجلب عليه المسكنة معما انّه كان غنيًا جدًا
واخيرا جعل العصافير دفعت في عيناه فعمى وليس
الطيور هم هكذا لكنه الشيطان وجنوده تشبيهوا
25 بالطيور واعمود لاجل حسدهم له والان يا ابنتى ان
انتى اطعتينى كاوامر الربّ والا انتى تقعى في هذه

ENCOMIUM OF EUSTATHIUS.

الافعال هكذا لان اللّه قال لي ان اقول لك ان ليس
لك ولد من الطوباني زوجك ارسطرخوس الامير
والان فقومي وتزوجي برجل جليل لتنزرعي منه الاولاد Fol. 163a.
لكي اذا خرجتي من الجسد يرث كل مالك ويكون
5 يتجدّد ذكرك بعد موتك فاذا اقمتي بغير ولد فلا
يكون لك رجا ابدا ۞ وامرني الرب ايضا ان اقول
لك ان كنتي لا تطيعيني وتتزوجي احدا والا فتزوجي
بالـمـوروخس الذي يـكـارب اثوريبوس الملك ۞ لانّ Fol. 163b.
هوذا قد عيا عساكره يريد ان يقلع منه المملكة
10 ويسلط علي جميع كنوز الروم وان تلك المراة الحكيمة
اوتيمية ادركت حيل الشيطان وعلمت انه هو المتكلم
معها بكلام مملو اوجاع فقالت له اعلمني في
اي الكتب مكتوب ان لا اصدق وان لا اصنع قربان
وان لا اصلي وان اتزوج رجلين لانا نجد الملك Fol. 164a.
15 يوصينا في اماكن كثيرة قايلا ان المحبّة تغطي
كثرة الخطايا وايضا ان الرحمة يكون لها فخر في
الدينونة وسمعنا ايضا النبي يصرخ قايلا احملوا
قرابينكم وانطلقوا فادخلوا ديار وفي موضع اخر
يقول ذبيحه وتسبيح هو يمجدني وايضا ذبايح
20 اللّه قلوب ظاهره وسمعنا بولس ايضا المعلم يكرز
لنا ۞ | بكلامه الحلو قايلا صلوا بغير فتور واشكروا Fol. 164b.
في كل شي وتقول لي اجلس مع رجلين لا سيما الرجل
الذي ذكرته لي اولًا ان اجلس معه هو هراطقي ليس
له الاد هذا الذي يهلكه اللّه سريعًا ويجعل في فاد
25 لجام ويربطه في لجّة البحر ويذله مع كل قوته تحت
رجلين الملك الباز اثوريوس وايضا لاجل الزوج

الثاني فقد اعلمنا سليمن بهذا في جوابه ان
الزوج الاول الذي للميام اذا مات الا يجلسوا مع
زوج اخر مرّة اخري بل يذهبوا الي البريّة ينوحوا
الي يوم المات ويعلمنا ايضا ان جنس الغربان لا
5 يجلسوا مع ذكر غريب بل ذكر واحد وكما اننا
نشق ثيابنا علي ان لنا عند ما يموت هكذا
يكون اذا مات زوج احد الغربان تخرج لسانها
وحدها وتشقّه بظفرها لكي اذا زعقت بلغتها يعلم
كل احد ان ليس لها زوج من اجل هذا اذا اراد
10 غراب ان يغصبها تصرخ فللوقت اذا سمعوا صوتها
يعلموا ان واحدًا اراد ان يغصبها بلسانها
المشقوق وهكذا تجتمع ساير الغربان ويساعدوها
وينتهروا ذلك الذي اراد ان يغصبها فلهذا اذا
نظروا الصبيان الي الغربان مجتمعين هكذا
15 وهم يصرخون قاصدين زجر ذلك الذي يقصد
الاغتصاب لانه اراد ان يطغي الذي اوصاهم اللّه
عليه فيقولوا اوليك الصبيان الجهله ان الغربان
يصنعوا عرسًا ولم يعلموا انهم يقصدوا ان يزجروا
ذلك المريد الخطاء بتلك التي مات زوجها فلا
20 يكون لي ان اخلط مع سيّدي ارسطرخوس بعلي
زيجة اخري ابدًا ولا افتر من قرابيني وصدقاتي
التي كنت اصنع قبل موت الطوباني زوجي باسم رييس
الملايكه الاطهار ميخاييل لكن عرّفيني من انت
هكذا اذ انت لابس هذا المجد العظيم ومن اين
25 اتيت وما اسمك فان مجيّك الّي قد افلقني جدًا ❊
فاجاب الشيطان قايلا اليس انتي سالتي اللّه عند

اليوم الذي جا البك الشيطان فيه المتشبّه بالراعبد Fol. 167a.
وازاد ان يطغيك الم يقول لك انهٔ ياتى البك في
اليوم الثاني عشر من بوونهٔ وهو عيد ريس الملايكه
فان رييس الملايكه ميخاييل لا يتفرغ في ذلك اليوم
5 من السجود امام الله من اجل ميّاد الانهار والمطر
والبشدّا ۞ والان فانا هو ميخاييل رييس الملايكه
ارسلنى الرب اليك لاعينك قبل غروب الشمس اليوم
ليلا ياتى زارع الشر فيصنع بك شرّا فلذلك يجب Fol. 167b.
عليك ان تاتي وتسجدي لي فانني توكت ملايكى
10 واتيت البك فاجابت اوتيميه وقالت لهٔ سمعت في
الانجيل المقدس ان في الزمان الذي تقدم الشيطان
الي مخلصنا الصالح لكي يجربه فقال لهٔ اركع لي
ساجدًا وانا اعطيك جميع ممالك العالم وكلّ مجدهم ۞
وللوقت علم المسيح انهٔ الشرير | فزجره فلعلك Fol. 168a.
15 انت هو ذاك تريد تطغيني ۞ فاجابها الشيطان
ليس انا هو ذاك لا يكون لي ان اكون هكذا ابدًا
ومن اين يجد ذاك هذا المجد العظيم الذي انا
لابسهٔ لانّ من الوقت الذي خالف وصيّة الربّ فيه
غضب عليه وامرني انا ميخاييل نعرّيته من جميع
20 مجده فاجابت المراة الجليله تايلهٔ ان كنت
انت | هو ميخاييل فاين هي علامة الصليب التي Fol. 168b.
علي صليبك كما انا اراد منقوش في هذه الصوره
التي هى شخص صورة الملاك ميخاييل فاجاب
الشيطان تايلا هولاء المصوّرين يقصدوا زينه بصورتهم
25 لتمجّد صنعتهم بالاكثر فانّ ليس عندنا علامة
الصليب في جميع الملايكه فاجابت اوتيميه تايله

2*

كيف يمكن ان اصدّق قولك | فانّ كل جنديّ Fol. 169a.
يخرج من عند الملك لا يكمل احد من الناس
الامر الذي جآ بسببه ولا يقبلوه البته فانه ليس
مرسوم برسم الملك وهكذا ايضا الكتب الذي يرسلهم
5 الملك من مملكته وان كانت كتب سلامه فلا يقبلهم
احد فانهم ليسوا مختومين بخواتم الملك وهكذا
ايضا الملايكه اذا نزلوا علي الارض اذ لم يكن
معهم علامة صليب ملك المجد | لا يصدّقوا انّهم Fol. 169b.
ملايكه لكن يهربوا منهم فانهم شياطين ۰ لا سيما
10 رييس جميع الملايكه كيف ينزل علي الارض ولا ياتي
معه بسلاح خاتم الخلاص الذي للملك وهو الصليب
المقدس الذي ليسوع المسيح ابن الله الحيّ ۰ فان
كنت تريد ان اصدّق انك انت ميخاييل المنقذ
فدعني اتقدّم لك صورته وتقبّلها وعند ذلك اذا Fol. 170a.
15 اسيد لك من غير اكون ذا تلبيين فلمّا راي الشيطان
انّها قد حصرته من كل جهة ولم يقدر علي حجة
يقولها امامها وانها قامت من المكان الذي كانت
جالسه فيه تريد ان تحضر له صورة رييس الملايكه
ميخاييل غيّر شكله وصار شبه اسد يزيّر حتي ان
20 صوته ملا المدينة كلها واسرع فامسك | حنجرتها Fol. 170b.
وخنقها حتي تاربت الموت وكان يقول لها هكذا
هذا اليوم الذي فيه وتعتى في يدي تعبت ولي زمان
كبير اصيدك لكن لم اتمكن الي الان فليات الان
الذي انتى معتمد عليه ويخلصك من يدي وان
25 تلك المراة الحكيمه فانها ضاقت جدًا حتى انها
قاربت الموت فصرخت قايله يا رييس الملايكه ميخاييل Fol. 171a.

اعتى في هذه الساعة الشديده وفيما كان الشيطان
يولمنها كثيرا واذا بوريس الملايكه ميخاييل طاير
ليها للوقت البسا كرتبه ملوكيه وبيده اليمنى قضيب
من ذهب وعليه موضوع علامة الصليب فاشرق
5 المكان اكثر من الشمس اضعاف كثيره فلما راد
الشيطان صرخ بخوف قايلا يا سيدي رييس الملايكه
ميخاييل اخطات في السما وقدامك فاذنى قد
اسة جربت ودخلت الى المكان الذي صورتك فيه
اسالك ان لا تهلكنى قبل زماني فان الخالق سمح
10 لي اياما قلايل ٠ وانت يا سيدي يا رييس الملايكه
الذى غربتنى من مساكن السموات والان فانا اهرب
منك الي يوم الخزي العظيم انا اعترف لك واقسم
قدام اللّه انني لا اعود من هذا الوقت ان اجرب
رجل ولا امراه في الموضع الذي تكون فيه هذا ما كان
15 الشيطان يقوله وهو مربوط مع رييس الملايكه
ميخاييل مثل عصفور في يد طفل صغير وهو حقير جدا
ثم بعد ذلك اطلقه بخزي عظيم فقال رييس الملايكه
ميخاييل لاوميه اغلبى الشيطان وتقوي ولا تخافي
منه فانه لا يقدر عليك من هذا الوقت انا هو
20 ميخاييل رييس الملايكه الذي اتى تخدمينه الذي
سلمك لي ارسطارخوس زوجك الامين الطوباذي انا هو
ميخاييل الذى تسالينى كل يوم امام صورتي الذي
شخص منسوخ داخل فبطونك انا هو ميخاييل الذي
ارفع طلباتك امام اللّه انا كنت قايم في الوقت
25 الذي فيه خاطبتنى زوجك قايله انقش لي شخص
رييس الملايكه لاجعله في بيتك ناصرا لي سلمنى

لة ليصير لي كفيلاً ويكون لي عضدا عند الرب
ويتعاهدذي اذا مضيت اليه مثل جميع الناس انا هو
ميخاييل سامع كل الذيين يدعون الله باسمي
لا تخافى لان هوذا من بعد ان تكملى خدمتك
5 التى تصنعينها باسمي تاتى التى انا مع كثير من
الملايكه لارفعك الي اماكن النعيم التي لله التى
ورثيها زوجك السلام لك ولما قال ايها رييس الملايكه
ميخاييل هذا صعد الي السموات بمجد عظيم وهي
واقفه تنظر اليه ومن بعد ذلك مضت الي الكنيسه
10 حيث انبا انتموس اسقف المدينه اول من كرز من
يد القديس يوحنا فم الذهب رييس اساقفه مدينه
تسطنطينيه الذي استضت جميع البجرايب من قبله
واعلمته جميع ما قاله ايها رييس الملايكه فمجد الله
ورييس ملايكته الاطيار ميخاييل وقدم القداس وخدم
15 بسرعة وكرامة عظيمه ومن بعد القداس خرجت من
البيعه ومضت الي بيتيها وكملت الخدمه مع الاخوة
الفقرا وهي تخدمهم فلما فرغوا ياكلوا ويشربوا
ارسلت خلف الاب الاسقف وطلبت اليه ان ياتيها
للحضور الي بيتيها فجا اليها سريعا فلما بلغها
20 مجيه اليها خرجت للقايه الي ثالث باب من بيتيها
وخرّت على قدميه وقبلتيهما زمان كبيرا وان الاسقف
القديس اقامها قايلا قومي ايتيها المراة المباركه من
الله والناس بالحقيقه قد قبل الله منك قربانك
مثل عابيل الصديق واشتم بخورك مثل بخور
25 ملكيسداق ملك ساليم كاهن الله العلي لاذلك فعلتى
باستقامه ٭ اما هي فاخذته بكرامة عظيمه وادخلته

التي قيطونيها الذي فيه صورة رئيس الملايكه ميخابيل
ونصبت له كرسي من عاج والات من فضه لكي
تجلس عليها القسا والشمامسه فلما صلوا وجلسوا
فتحت ابواب بيتها واخرجت ساير اموالها من Fol. 175b.
5 الجليل الى الحقير الثمين والدون ووضعتهم
قدامها وقالت له يا ابي القديس خذ مني هذا
المال القليل وفرقه على الفقرا عني وعن الطوباني
زوجي باسم رئيس الملايكه الاطهار ميخابيل ليسال
الله في انا والطوباني زوجي الامير ارسطرخوس ليصنع
10 رحمه مع نفسي الشقيه امام منبر المخوف غامر Fol. 176a.
الاسقف ان يحمل كل مالها الى الكنيسه واما
عبيدها فصيرت الكل احرارا فلما كان في هذا اليوم
الواحد الذي هو الثاني عشر من بوونه فيما نحن
جالسين تحدث مع الاسقف شممنا رايحة بخور
15 عظيم لم يشتم مثله ابدا ۰ وانا كنت جالسا مع
انتيموس الاب الاسقف القديس اول | تسمه الاب Fol. 176b.
القديس ابنا يوحنا ثم الذهب وكنت انا قسا فلما
شممنا رايحة ذلك البخور العظيم بيتنا لذلك
المنظر العجيب من بعد ذلك رجعت اوفيميه الى
20 الاب الاسقف وقالت له اسال لك يا ابي ان تطلب
عني كي التقى الله في ساعة جيدة فان الساعه
قد اقترب الذي فيها تفترق نفسي من جسدي
المسكين الى يوم | الحكم العظيم فان عوذا ميخابيل Fol. 177a.
رئيس الملايكه قد اتاني وزوجي ارسطرخوس معه
25 وكثير من الملايكه وانها انضجعت على مرقدها
وبسطت يديها وان الاب الاسقف صلى عليها وقتا

طويلا ۞ من بعد هذا رفعت وجهها في وجه
الاسقف والجميع كلذ وقالت لهم انا اسالكم بالرب
ان تصنعوا محبة وتعطوني صورة رئيس الملائكة
ميخائيل لاقبّلها مرة اخرى قبل خروجى من
5 الجسد وفي الساعه تناول الاسقف الصورة وناولها
ايها اما هى فقبلتها قايله يا سيدي يا رئيس الملائكه
الاطهار ميخائيل قف معي في هذه الساعة المستوحشة
وفيما نحن نسمعها وهي تقول هذا والجميع كله
سمعنا ايضا صوت جموعا كثيرة مسرعين جدا مع
10 بعضهم مثل المهاريب الكبيرة فرفع الجمع الصغار
والكبار والرجال والنساء اعينهم فراوا ميخائيل
رئيس الملائكه يضى مثل الشمس وهو قايما
عند اوفيميّة المحتشمة وقصب رجليه مثل النحاس
المحرق المسبوك بالنار وبيده اليمنى بوق وبيده
15 اليسرى بكرة مثل المركبه وعليها صليب وهو
لابس لباس | محتار احسن من لباس ملوك
العالم اضعاف كثيرة فلما راينا هكذا اضطربنا
وبهتنا من خوفه ۞ وراينا قايما يهيى حلة نورانية
يزين بها نفس تلك المراة الطوبانية اوفيميّة لتخرج
20 في حلته المقدسه ۞ وهكذا اسلمت روحها وصورة
رئيس الملائكه ميخائيل علي عينها قبل خروجها
من الجسد ۞ وسمعنا اصوات جماعه يرتلون قايلين
ان الرب عارف بطريق الابرار وميراثهم يدوم الى
الابد ۞ وكانت صورة رئيس الملائكه ميخائيل موضوعة
25 على وجه المراة التي ان اسلمت روحها والوقت غارت
الصورة ولم نعلم الى اين مضت وان نحن جعلنا

المراة في قبر زوجها ارسطرخوس ولما دفناها اتينا
الي الكنيسه لتقدّس وانّ الاسقف دخل الي المكان
الذي نحن مجتمعين فيه الان باسم ميخاييل رييس
الملايكه ولما دخل الي المذبح كعادته راى صورة
5 رييس الملايكه ميخاييل التى طارت من بيت اوفيميه
معلقه في الجوّ من غير يد انسان في القبة المقدّسة
فصرخ الاسقف قايلا يا رجال جزيرة الاتراكي تعالوا
لكي تنظروا عظم قوة رييس الملايكه ميخاييل فاسرع
الجميع كله الي داخل المذبح فرينا باعيننا صورة
10 ميخاييل رييس الملايكه معلقه في الجوّ بغير يد
انسان ولا بشي اخر لكنها ثابته كعمود لا يتحرك
ولا يتزعزع بشي البته ۞ فيا للاصوات التى كانت في
تلك الساعه من الجمع كله صارخين ممجدين لله
ورييس الملايكه ميخاييل وبلغ خبر هذا الاعجوبه
15 العظيمه الي الملك ارغاديوس المحبّ للاله والي
اودكسيه الملكه بمدينه قسطنطينيه والملك انوريوس
بروميه ومرروا ان يلقوا بعضهم البعض في هذا
الجزيرد وهكذا تلقوا بعضهم مع الملكة ونظروا
باعينهم الاعجوبه وهي صورة رييس الملايكه ميخاييل
20 وسجدوا على الارض على سرير الطوباني يوحنّا ثم
الذهب الذي تبيح عليه هذا الذى صنع اشفيه
عظيمه في هذه الجزيرة حتى كان كل انسان يرقد
على ذلك السرير للقديس يوحنّا يحصل لهم البر
للوقت من يقدر ان يصف العجايب التى كانت من
25 صورة رييس الملايكه ميخاييل هذا التى رايناها الان
باعيننا ظاهرة في بيعته المقدّسه الذي نحن

مجتمعين في تذكاره المقدس اليوم حتى انها كانت
في كلّ اثنى عشر يوما من الشهر عيد رييس الملايكه
ميخاييل يخرج من اربعة جوانبها اربعة اغصان زيتون
مثمره ثمرة طيّبه فان ذلك اللوح الذي كانت الصورة
منقوشه عليه كان من خشب الزيتون اترى تذكرون
تلك التي كان في احشاها مرض الاستسقا وكانت
تسمى ابسطلينا وكيف ورمت | وصارت بغير قوة من
الضعف والشده التي كانت فيها وانها انت بامانه
عظيمه الي عذه البيعة المقدّسه واخذت من ثمرة
ذلك الزيتون الذي خرج من الصورة في الثاني عشر
من الشهر الماضي وقد رايتم كلكم انه عندما اكلت
من ثمرة تلك الصورة فارتتها العله التي كانت في
احشاها للوقت وتطهرت وبريت ومضت الي بيتها
ممجّده لله ورييس ملايكته الاطهار ميخاييل
حتى كانها لم تمرض ۞ اسمعوا ايضا عذه الاعجوبه
التي كانت فانني لا اتركها رايتم ذلك الرجل الضعيف
الذي كان باضارب الشّديد في احدى اجناب راسه
حتى ان عينه الايمن كادت عن قليل تنقلع وتخرج
من راسه فاتا الي البيعة المقدّسه واخذ قليل زيت
من القنديل ورشم وجهه باسم الاب | والابن والروح
القدّس واخذ من الورق الذي اخرجتيم الصورة
وجعل منه علي الموضع الذى يوجعه في راسه فبرى
للوقت ومضي الي بيته بسلام ۞

THE ETHIOPIC VERSION

OF THE

ENCOMIUM UPON SAINT MICHAEL

BY

SEVERUS OF ANTIOCH.

በሚካኤል ፡ ምንባብ ።

Fol. 156a. በስመ ፡ አብ ፡ ወወልድ ፡ ወመንፈስ ፡ ቅዱስ ፡ ፩ አምላክ ።

ድርሳን ፡ እመ ፡ ዓሠሩ ፡ ወሰኑዩ ፡ ለነዳር ፡ ዘደረሰ ፡ ሊቀ ፡ ጳጳሳት ፡ ዘእንጾኪያ ፡ በእንተ ፡ ሊቀ ፡ መላእክት ፡ ሚካኤል ፡ ወአፍቅሮቱ ፡ ለሰብእ ፡ ወተናገረ ፡ በእንተ ፡ ሰንበት ፡ ቅድስት ፡ እስመ ፡ ኀብረ ፡ በዓለ ፡ ሚካኤል ፡ በይ 5 እቲ ፡ ዓመት ፡ ምስለ ፡ ዕለተ ፡ ሰንበት ፡ ወካዕበ ፡ ተናገረ ፡ በእንተ ፡ ማቴዎስ ፡ ነግድ ፡ ወብእሲቱ ፡ ወውሉዱ ፡ ዘከ መ ፡ እመኑ ፡ በእግዚአብሔር ፡ በስእለተ ፡ ሚካኤል ፡ ሊ ቀ ፡ መላእክት ፡ እስመ ፡ ይቤ ፡ ዘንተ ፡ ድርሳነ ፡ እመ ፡ ፲ ወ፪ ፡ ለነዳር ፡ እንዘ ፡ ጉብአን ፡ ሕዝብ ፡ በቤተ ፡ ክር 10 ስቲያን ፡ ሚካኤል ፡ ሊቀ ፡ መላእክት ፡ ይግበሩ ፡ በዓለ ፡ በሰላመ ፡ እግዚአብሔር ፡ አሜን ።

ስምዑ ፡ ለመዝምር ፡ ቅዱስ ፡ ዳዊት ፡ ዘነገረነ ፡ ኅብረ ተ ፡ ግንቱ ፡ በዓል ፡ ዮም ፡ ይትፌሣሕ ፡ እንዘ ፡ ይኬልሕ ፡ ወይብል ፡ ይትዐየን ፡ መልአከ ፡ እግዚአብሔር ፡ አውዶ 15 ሙ ፡ ለእለ ፡ ይፈርህዎ ፡ ወያድኅኖሙ ። አፍቁራንየ ፡ ከ

ልኤተ ፡ በዓል ፡ ዮም ፡ በዓለ ፡ ሚካኤል ፡ ቅዱስ ፡ ሊቀ ፡
መላእክት ፡ ወበዓለ ፡ እሑድ ፡ ትንሣኤሁ ፡ ለመድኃኒን ፡
ናሁ ፡ እሬኢ ፡ ህድአተ ፡ ዓቢየ ፡ ወአልቦ ፡ ዘከክ ፡ ዘይክል
አን ፡ ወባሕቱ ፡ ተደለዉ ፡ ኵልክሙ ፡ ትስምዑ ፡ ነገረ ፡
ትምህርት ፡ ዘንነግረክሙ ። ወአንተሙሂ ፡ እላ ፡ ትሰ ምዑ ፡ 5
በእግን ፡ ዘንተ ፡ ነገረ ፡ ስምዑ ፡ ዘይቤ ፡ በዘምእት ፡
ወበ ፡ ዘስሳ ፡ ወበ ፡ ዘሠላሳ ፡ ከመ ፡ ታእምሩ ፡ ኢኮነ ፡ ርሑ
ቀ ፡ እምኔነ ፡ ዘይሁብ ፡ ዕሴተ ፡ በእግን ፡ እግዚእነ ፡ ኢየ
ሱስ ፡ ክርስቶስ ፡ ወልደ ፡ እግዚአብሔር ፡ ሕያው ፡ እስመ ፡
ይቤ ፡ እምአፉሁ ፡ ዘምሉእ ፡ ሐይወት ፡ ወነሎ ፡ ጽድቀ ። 10
ነበ ፡ ሀለዉ ፡ ክልኤተ ፡ ወሠለስተ ፡ ጉቡአን ፡ በስምየ ፡
ህየ ፡ ሀሎኩ ፡ ማእከሎሙ ፡ ወእመሰ ፡ አምላክነ ፡ ምስሌ
ነ ፡ ንትወከፍ ፡ እንከ ፡ ነገረ ፡ ነቢይ ፡ ዳዊት ፡ መዝምር ፡
ዘይቤ ፡ በፍሥሓ ። እስም ፡ ንጉሥ ፡ እግዚአብሔር ፡ ዲ
በ ፡ ኵሉ ፡ ምድር ፡ ዘምሩ ፡ ልብወ ፡ ነግሠ ፡ እግዚአብሐ 15
ር ፡ ላዕለ ፡ ኵሉ ፡ አሕዛብ ። አእምሩ ፡ ፍቁራንየ ፡ ከመ ፡
በዓለ ፡ ለመድኃኒን ፡ ዮም ፡ እንተ ፡ ይእቲ ፡ ሰንበት ፡ ቅ
ድስት ፡ ይደልወን ፡ ንስብሕ ፡ ወንባርክ ፡ ወናክብሮ ፡ ለእ
ግዚአብሔር ፡ ቀዳሙ ፡ እስመ ፡ ይደልዎ ፡ ኵሉ ፡ ክብር ፡
በኵሉ ፡ ጊዜ ፡ ለዓለመ ፡ ዓለም ፡ አሜን ። 20
    ወእምዝ ፡ ንንግር ፡ ክብሮ ፡ ለሚካኤል ፡ ዓቢይ ፡ ሊ
ቀ ፡ መላእክት ፡ ቅዱሳን ፡ ሰማዕክሙ ፡ ማቴዎስ ፡ ዘይቤ ፡
በወንጌል ፡ ቅዱስ ። ይቤሉን ፡ መልአክ ፡ ለአንስት ፡ ኢ
ትፍርሃ ፡ አንትንሰ ፡ አአምር ፡ ከመ ፡ ኢየሱስሃ ፡ ዘተሰቅ
ለ ፡ ተነሣ ፡ ኢሀሎ ፡ ዝየ ፡ ተንሥአ ፡ በከመ ፡ ይቤሉ 25
ሙ ፡ ለእርዳኢሁ ፡ ወረአዮ ፡ ከመዝ ፡ ሙብረቅ ፡ ወአልባ
ሲሁ ፡ ጸዓዳ ፡ ከመ ፡ በረድ ፡ ዝውእቲ ፡ ሊቀ ፡ መላእክት ፡
ቅዱስ ፡ ሚካኤል ፡ ቀዳሚ ፡ ሐራ ፡ እምንዴለ ፡ ሰግያት ፡

ንግበር ፡ በዓለ ፡ ዮም ፡ አናቱራንየ ፡ እስመ ፡ እግዚእነ ፡
ሀሎ ፡ ማእከሌነ ፡ ወዥሎሙ ፡ ሰራዊተ ፡ መላእክተ ፡ ይገ
ብሩ ፡ በዓለ ፡ ለበዓለ ፡ ሚካኤል ፡ መልአክ ፡ ቅዱስ ፡ ወ
ሚካኤልኒ ፡ ይስእሎ ፡ ለእግዚአብሔር ፡ በእንተ ፡ ዘመደ ፡
ሰብእ ፡ በዥሉ ፡ ጊዜ ፡ ወእግዚአብሔር ፡ ይነድግ ፡ ሎሙ ፡ 5
ነጢአቶሙ ። መኑ ፡ እምነሎሙ ፡ ቅዱሶን ፡ ዘኢሀሎ ፡ ም
ስሌሁ ፡ ሊቀ ፡ መላእክተ ፡ ወዘኢያድኃኖ ፡ እምነሎሙ ፡ ም
ንዳቤሁ ። መኑ ፡ እምነሎሙ ፡ ሰማዕት ፡ ዘኢሀሎ ፡ ምስሌ
ሁ ፡ ሚካኤል ፡ ሊቀ ፡ መላእክት ፡ ወዘኢያጸንዖ ፡ ለትእ
ግዛ ፡ እግዚአብሔር ፡ ከመ ፡ ይንሣእ ፡ አክሊሎ ። ወለእ 10
መ ፡ ፈቀድክሙ ፡ ታእምሩ ፡ ናቱራንየ ፡ ከመ ፡ ሚካኤል ፡
ሊቀ ፡ መላእክት ፡ ይሀሎ ፡ ምስለ ፡ ዥሉ ፡ ሰብእ ፡ እለ ፡
ይቀርቡ ፡ ኀበ ፡ እግዚአብሔር ፡ በዥሉ ፡ ልበሙ ፡ ወይስ
እሎ ፡ ለእግዚአብሔር ፡ በእንቲአሆሙ ፡ ከመ ፡ ይኩኖ
ሙ ፡ ረዳኤ ። ስምዑ ፡ እንግርክሙ ፡ ዘንተ ፡ ታእምረ ፡ 15
ዓቢየ ፡ ዘከነ ፡ እምኅይለ ፡ እግዚአብሔር ፡ ወሚካኤል ፡
ሊቀ ፡ መላእክት ፡ በስእለቱ ፡ ዘንገርናክሙ ፡ በእንተ ፡
ሰብእ ፡ እለ ፡ የአምኑ ። ሀሎ ፡ ብእሲ ፡ ዘየአምን ፡ ቀዳሚ ፡
ስሙ ፡ ቂሶን ፡ እምሰብአ ፡ ደወለ ፡ ቆ|ሉ|ንያ ፡ ወባዕል ፡ ውእ
ቱ ፡ ፈድፋደ ፡ ወይግብር ፡ ዓቢየ ፡ መንግደ ፡ ወኢያምር ፡ ለእ 20
ግዚአብሔር ፡ አላ ፡ መስግል ፡ ውእቱ ፡ ወያመልክ ፡ ጣዖ
ተ ፡ ከመዝ ፡ ኮነ ፡ በእብዶ ። ወእግዚአብሔርሰ ፡ ፈቀደ ፡
ያድኅኖ ፡ ወእንዘ ፡ ይወሰድ ፡ መንግዮ ፡ በሐመር ፡ በጽሐ ፡
ሀገረ ፡ እንተ ፡ ሰሚ ፡ ቀሉንያ ፡ ወሰብእ ፡ ያመልክም ፡
ለእግዚአብሔር ፡ ወበጽሐ ፡ ህየ ፡ አመ ፡ አሚሩ ፡ ለነዳር ፡ 25
ወሀሎ ፡ ውስተ ፡ ሀገር ፡ ምስያጠ ፡ ሐንግዳ ። ወአመ ፡
ከነ ፡ ፲ ወ ፭ ፡ ለወርኅን ፡ ነዳር ፡ በይእቲ ፡ ዕለት ፡ ጊዜ ፡ ቀ
ትር ፡ ኀለፈ ፡ ሚካኤል ፡ ሊቀ ፡ መላእክት ፡ እንተ ፡ ምሥ

ያጥ ። ወርእዮሙ ፡ ለሡየጥ ፡ እንዘ ፡ ያሜነዩ ፡ መኔትው ፡
ወአልባስ ። ወአንክረ ፡ ፈድፋዴ ፡ ወነበረ ፡ ህየ ፡ ወበምክሩ ፡
ለእግዚአብሔር ፡ ርእየ ፡ ተናጸሜተ ፡ ግብሩ ። ወመሲ
ዮ ፡ ርእዮሙ ፡ ለኵሉ ፡ ሕዝብ ፡ እለ ፡ ተጋብኡ ፡ በውእ
ቱ ፡ መካን ፡ ወገብሩ ፡ ጸሎተ ፡ ሰርክ ፡ ወይቤሉ ፡ ዝማሬ ፡ 5
ጥዑመ ። ወውእቱ ፡ ብእሲ ፡ አንክረ ፡ ወእምብዝኅን ፡ ዘር
እየ ፡ ኖመ ፡ እንቀጸ ፡ ቤተ ፡ ክርስቲያን ። ወበሌሊት ፡ ከ
ዕብ ፡ ተጋብኡ ፡ ካህናት ፡ ወጠቢባን ፡ ከመ ፡ ይጸልዩ ፡ ጸ
ሎተ ፡ ነግህ ፡ ወውእቱሰ ፡ ብእሲ ፡ አንክረ ፡ ፈድፋዴ ፡ በ
እንተ ፡ ዘሰምዐ ። ወጸቢሐ ፡ ረከበ ፡ ክልኤተ ፡ ዕደ ወ ። 10
ክርስቲያን ፡ እምሰብአ ፡ ይእቲ ፡ ሀገር ፡ ወተስእሎሙ ፡
ወይቤ ፡ አንዊየ ፡ ምንትኑ ፡ ዘኮን ፡ በዛቲ ፡ ዕለት ፡ ወሌሊ
ት ፡ ውስተ ፡ ዛቲ ፡ ሀገር ፡ ብዝኅን ፡ ዘምሮ ፡ ወፍሥሓ ። ወ
ይቤልዎ ፡ ክልኤሆሙ ፡ ዮም ፡ ፲ወ፪ ፡ ለነዳር ፡ ንግበር ፡
በዓለ ፡ ለሊቀ ፡ መላእክት ፡ ቅዱስ ፡ ሚካኤል ፡ እስመ ፡ 15
ይስእሎ ፡ ለእግዚአብሔር ፡ በእንቲአን ፡ ከመ ፡ ይስረይ ፡
ለነ ፡ ኃጢአተን ፡ ወያድኅነነ ፡ እምኵሉ ፡ እኩይ ፡ ወይቤ
ሎሙ ። ውእቱ ፡ ብእሲ ፡ አይቴ ፡ ሀሎ ፡ ከመ ፡ እትንገር ፡
ምስሉሁ ፡ ወእስአሎ ፡ ከመ ፡ ያድኅነኒ ፡ እምኵሉ ፡ ምን
ዳቤየ ፡ አውሥኡ ። ወይቤልዎ ፡ ኢትክል ፡ ትርእዮ ፡ ይ 20
እዜ ፡ እስከ ፡ ትከውን ፡ ፍጹመ ፡ ወለአመ ፡ ኮንከ ፡ ክርስ
ቲያናዊ ፡ አከ ፡ ንብረ ፡ ባሕቱ ፡ ዘትስእል ፡ እላ ፡ ትሬእዮ ፡
ለእግዚኤ ። ወታነክር ፡ እምስብሓቲሁ ፡ ወውእቱ ፡ ያደ
ኅነክ ፡ እምኵሉ ፡ እኩይ ፡ ወይቤሎሙ ፡ ውእቱ ፡ ብእሲ ፡
አስተብቁዕክሙ ፡ አንዊየ ፡ ትሰዱኒ ፡ ምስሌክሙ ። ወእ 25
ኩን ፡ ክርስቲያናዊ ፡ ወእሁብክሙ ፡ በበ ፡ ዲናር ፡ ወርቅ ፡
እስመ ፡ ተመይጠ ፡ ልብየ ፡ ኀበ አምልኮትክሙ ፡ ኔቡረ ፡
ወይቤልዎ ፡ እሉ ፡ ዕደው ፡ ኢትክውን ፡ ከማነ ፡ እስከ ፡ ይ

ENCOMIUM OF SEVERUS.

ጼሊ ፡ ለዕሌክ ፡ አቡነ ፡ ቋቋስ ፡ ወየንተመክ ፡ ወያጠምቀ
ከ ፡ በስመ ፡ አብ ፡ ወወልድ ፡ ወመንፈስ ፡ ቅዱስ ፡ ወትከ
ውን ፡ ክርስቲያናዊ ፡ ዳእሙ ፡ ተገነበ ፡ እስከ ፡ ይፈጽ
ም ፡ አቡነ ፡ ኤጲስ ፡ ቆጶስ ፡ ወንወስዶከ ፡ ኀቤሁ ፡ ወይፈ
ስየከ ፡ ከማነ ፡ ወገብረ ፡ በከመ ፡ ይቤልዎ ፡ ወተገስ ፡ ዮ   5
እተ ፡ ዕለተ ፡ ወበሳኒታ ፡ በጽሐ ፡ ኀቤሆሙ ፡ ወይቤሎ
ሙ ፡ አነዋየ ፡ ኔራን ፡ ተወክፉኒ ፡ ኀቤክሙ ፡ ከመ ፡ እግ
ዚአብሔር ፡ ዘንገርክሙ ፡ ከያሁ ፡ የሀብክሙ ፡ ዕሲትክ
ሙ ። ወክልኤሆሙ ፡ መሀይምናን ፡ ወሰድዎ ፡ ኀበ ፡ ኤ
ጲስ ፡ ቆጶስ ፡ ወይቤሎ ፡ ለውእቱ ፡ ብእሲ ፡ እምአይ ፡ ብ 10
ሔር ፡ አንተ ፡ ወይቤ ፡ እንሰ ፡ እምደወለ ፡ ቆ|ሉ|ንያ ። ወይ
ቤሎ ፡ ኤጲስ ፡ ቆጶስ ፡ ሡምሩ ፡ ልብከ ፡ ትኩን ፡ ክርስቲ
ያናዊ ፡ ወይቤ ፡ ውእቱ ፡ ነግድ ፡ እወ ፡ አባ ፡ ዘርኢኩ ፡
ወዘሰማዕኩ ፡ በዛቲ ፡ ሀገር ፡ ሡምሩን ፡ እኩን ፡ ክርስቲያና
ዊ ። ወይቤሎ ፡ ቋቋስ ፡ መነ ፡ ታመልክ ፡ እምአግልክት ፡ 15
ወአውሥአ ፡ ወይቤ ፡ አመልክ ፡ በሐየ ፡ ወይቤሎ ፡ ቋቋ
ስ ፡ ሰብ ፡ የዐርብ ፡ በሐይ ፡ ውስተ ፡ ምድር ፡ ወይረክበከ
ምንዳቤ ፡ በአይቱ ፡ ትረክበ ፡ ከመ ፡ ይርዳእከ ። ወአው
ሥአ ፡ ውእቱ ፡ ነግድ ፡ ወይቤ ፡ ምሕረትክ ፡ ትብጽሐኒ ፡
ከመ ፡ ታጥምቀኒ ፡ ወአስተብቍዐክ ፡ ትረሲየኒ ፡ ክርስቲያ 20
ናዊ ፡ ከመ ፡ ኲሎሙ ፡ ሰብአ ፡ ዛቲ ፡ ሀገር ። ወይቤሎ ፡
ቋቋስ ፡ ብከኑ ፡ ብእሲተ ፡ ወውሉደ ፡ ወይቤ ፡ ቢየ ፡ ህየ ፡
ብእሲተ ፡ ወውሉደ ፡ በሀገርየ ፡ ወይቤሎ ፡ ቋቋስ ፡ በእንተ
ዝ ፡ ኢይንክል ፡ ናጥምቀ ፡ ይእዜ ፡ እስከ ፡ ተሐውር ፡ ኀቤ
ሆሙ ፡ ከመ ፡ ኢትትናፈቱ ፡ በበይናቲክሙ ፡ ወኢትፈ 25
ለጡ ፡ አው ፡ ትክሕድ ፡ ቅኔክ ፡ ወጥምቀትክ ፡ እንተ ፡ ተ
ወከፍከ ፡ እስመ ፡ ቀዳሚት ፡ ዕልወት ፡ ከነት ፡ እምነብ
ብእሲት ። ወባሕቱ ፡ ለእመ ፡ ሰምረ ፡ ልባ ፡ ምስለከ ፡ ን

ሁ ፡ ወእሬስየክሙ ፡ ክርስቲያን ፡ ወሙእቱ ፡ ነግድ ፡ ሶ
በ ፡ ሰምዐ ፡ ዘንተ ፡ ተፈሥሐ ፡ ፈድፋደ ፡ ወሶቤሃ ፡ ተባረ
ከ ፡ እምኤጲስ ፡ ቆጶስ ፡ ወወዕአ ፡ ወተደለወ ፡ ይሐር ፡ ብ
ሐር ። ወናሁ ፡ ሰይጣን ፡ ጸላኤ ፡ ኵሉ ፡ ሠናይት ፡ አአ
ማሪ ፡ ከመ ፡ መጠወ ፡ ልበ ፡ ውእቱ ፡ ብእሲ ፡ ኀበ ፡ እግ 5
ዚአብሐር ፡ ቀንአ ፡ ላዕሌሁ ፡ ወሶበ ፡ በጽሐ ፡ ማእከለ ፡
ባሕር ፡ አንሥአ ፡ በውሉ ፡ ጽኑዐ ፡ ወረሰየ ፡ ማዕበለ ፡ ዘይ
ትሌዓል ፡ እም ፡ ሐመር ፡ እስከ ፡ ሕቀ ፡ ከመ ፡ ዘእምተሰ
ጥመት ፡ ወእሞቱ ፡ ኵሉሙ ፡ እለ ፡ ውስተ ፡ ሐመር ። ወ
ውእቱሰ ፡ ብእሲ ፡ ነግድ ፡ ከልሐ ፡ ወይቤ ፡ እግዚእ ፡ እ 10
የሱስ ፡ ክርስቶስ ፡ ርድአኒ ፡ በዝንቱ ፡ ዓቢይ ፡ ምንዳቤ ፡
ወአነ ፡ አአምን ፡ በእንተ ፡ ስብሐት ፡ ዓቢይ ፡ ዘርኢኩ ፡
በገዛ ፡ ቤተ ፡ ክርስቲያኑ ፡ ለሊቀ ፡ መላእክት ፡ ሚካኤል ፡
ቅዱስ ፡ እስመ ፡ እመጽእ ፡ አነ ፡ ወኵሉ ፡ ቤትየ ፡ ወንክ
ውን ፡ ክርስቲያን ፡ እስከ ፡ ዕለተ ፡ ንመውት ። ወሶቤሃ ፡ 15
መጽአ ፡ ኀቤሁ ፡ ቃል ፡ እንዘ ፡ ይብል ፡ ኢትፍራህ ፡ አል
በ ፡ እኩየ ፡ ዘይቀርብ ፡ ኀቤከ ፡ ወበጊዜሃ ፡ እርመመ ፡ ማ
ዕበል ፡ እስከ ፡ ታሕቱ ፡ ወኮነ ፡ ዝሕን ፡ ወተወርየ ፡ ሐመረ ፡
ወሐረ ፡ በርቱዕ ፡ በትእዛዘ ፡ እግዚአብሐር ፡ ወበጽሐ ፡
ብሐር ፡ ወኢረከበ ፡ ምንተኒ ፡ እኩየ ፡ ወአቲዎ ፡ ቤቶ ፡ 20
ተፈሥሐ ፡ ዓቢየ ፡ ፍሥሐ ፡ ወነገሮሙ ፡ ለሰብኤ ፡ ተአ
ምረ ፡ ዘኮነ ፡ ዓቤሁ ፡ በውስተ ፡ ሐመር ። ወኵሉሙ ፡ ዘኮነ ፡
እስከ ፡ ሣገረ ፡ ቆ|ሉ|ንያ ፡ ወይቤሎሙ ፡ በአማን ፡ ኢኮነ ፡ በ
ሐይ ፡ አምላክ ፡ ዝንቱ ፡ ዘናመልክ ፡ ዳእሙ ፡ ናምልክ
ለአምላክ ፡ ሰማይ ፡ ኀያል ፡ ኢየሱስ ፡ ክርስቶስ ፡ ወልደ ፡ 25
እግዚአብሐር ፡ ሕያው ፡ ውእቱኬ ፡ አምላክ ፡ ኵሉ ፡ ወ
ኵሉ ፡ እምነቤሁ ፡ ወነገሮሙ ፡ ዕበየ ፡ ክብሩ ፡ ለሊቀ ፡ መ
ላእክት ፡ ሚካኤል ። ወአንከረ ፡ ፈድፋደ ፡ ዘየዐቢ ፡ ወል

ዳ ፡ ወሐረ ፡ ውእቱ ፡ ብእሲ ፡ ኀበ ፡ ብእሲቱ ፡ ወይቤላ ፡
እመ ፡ ሰማዕክኒ ፡ ተንሥኢ ፡ ምስለየ ፡ ንኩን ፡ ክርስቲያን ፡
ወንትቀነይ ፡ ለክርስቶስ ፡ ወኢ ትኩኒ ፡ ዘክልኤ ፡ ልቡ ፡
ግሙራ ። ወለእመ ፡ ኢሠምረ ፡ ልብኪ ፡ እንሰ ፡ ኢየአዝ
ዘኪ ፡ ኑሁ ፡ ሰማንያ ፡ ምእት ፡ ወርቅ ፡ ዘተርፈኒ ፡ ወእነ ፡ 5
እሁብኪ ፡ ዐሠርተ ፡ ምእተ ፡ ዲናረ ፡ ወንበራ ፡ በእምልክ
ትኪ ። ወእንሰ ፡ አሐውር ፡ እንግእ ፡ ስርየተ ፡ ኂጠአት
የ ። ወትቤሎ ፡ ብእሲቱ ፡ ሠናየ ፡ እግዚእየ ፡ እኑየ ፡ በ
አማን ፡ ኩሎ ፡ ፍኖተ ፡ ኀበ ፡ ተሐውር ፡ እነሂ ፡ አሐውር ፡
ምስሌከ ፡ ወሞተ ፡ እንተ ፡ ትመውት ፡ እመውት ፡ ምስሌ 10
Fol. 160a. ኪ ። ወከማሁ ፡ ተሡ ናእው ፡ ኩሎሙ ፡ ወዐርጉ ፡ ሐመ
ረ ፡ ወመርሐሙ ፡ እግዚአብሐር ፡ በረድኤቱ ፡ ወበጽሐ ።
ሀገረ ፡ ቆሎንያ ፡ ወሐሩ ፡ ኀበ ፡ ክልኤ ፡ ዕደው ፡ እለ ፡ ት
ክት ፡ ወእምነዎሙ ፡ ወነገርዎሙ ፡ ከመ ፡ መጽኢ ፡ ይኩ
ኑ ፡ ክርስቲያን ። ወእሙንቱኒ ፡ ወሰድዎሙ ፡ ኀበ ፡ ጳጳ 15
ስ ፡ ወይቤልም ፡ ውእቱ ፡ ብእሲ ፡ ዘመጽአ ፡ ቀዳሙ ፡ ይ
ኩን ፡ ክርስቲያን ፡ ኑሁ ፡ መጽአ ፡ ምስለ ፡ ብእሲቱ ፡ ወው
ሉዱ ፡ ይኩኑ ፡ ክርስቲያን ፡ ወተፈሥሐ ፡ ጳጳስ ፡ ዐቢየ ፡
ፍሥሐ ፡ በእንተ ፡ መድኀኒተ ፡ ነፍስ ። ወቀርቡ ፡ ኀቤሁ ፡
ወይቤሎሙ ፡ በእማንቱ ፡ ትፈቅዱ ፡ ትኩኑ ፡ ክርስቲያን ፡ 20
ወእውሥኢ ፡ በትሕትና ፡ ወይቤሉ ፡ አቡነ ፡ ለእመ ፡ ፈ
ቀደ ፡ እግዚአብሐር ፡ ወጸሎትከ ፡ ቅድስት ። ወሰቤሃ ፡
አስተዳለወ ፡ ጳጳስ ፡ ጥምቀተ ፡ በቤተ ፡ ክርስቲያን ፡ ዘሊ
ቀ ፡ መላእክት ፡ ቅዱስ ፡ ሚካኤል ፡ ወመሀሮ ፡ ለውእቱ ፡
ብእሲ ፡ ወለብእሲቱ ፡ ወለአርባዕቱ ፡ ውሉዱ ፡ ወለአግብ 25
ርቲሆሙ ፡ ወአጥመቆሙ ፡ በስመ ፡ አብ ፡ ወወልድ ፡ ወ
መንፈስ ፡ ቅዱስ ፡ ወቀዳሚ ፡ ስሙ ፡ ለውእቱ ፡ ባዕል ፡
ቴሶን ፡ ወወለጠ ፡ ስሞ ፡ ወሰምየ ፡ ማቲያስ ፡ ወለብእሲ

ተ ፡ ሰመይ ፡ ኔራና ፡ ወለአርባዕቱ ፡ ውሉዱ ፡ ሰመዮ ፡ ለ
ቀዳሚ ፡ ዮሐንስ ፡ ወለካልኡ ፡ እስጢፋኖስ ፡ ወለዛልስ ፡
ዮሴፍ ፡ ወለራብዕ ፡ ዳንኤል ። ወሡርዐ ፡ ቅዳሴ ፡ ወመጠ
ሞሙ ፡ እምስጢር ፡ ቅዱስ ፡ ወደሞ ፡ ለእግዚእነ ፡ ኢየ
ሱስ ፡ ክርስቶስ ። 5

ወእምድኅረ ፡ ተጠምቁ ፡ ነበሩ ፡ ወርኅ ፡ ፍጹመ ፡ ኃ
በ ፡ ጻጻስ ፡ እንዘ ፡ ይሜህሮሙ ፡ ነገረ ፡ ሃይማኖት ፡ ርትዕ
ት ። ወማቲያስ ፡ ነግዶ ፡ እምብዝኅ ፡ ፍሥሓ ፡ ዘረከበ ፡
ወሀበ ፡ ፴፻ ፡ ዲናር ፡ ለቤተ ፡ ክርስቲያን ፡ ሊቀ ፡ መላእክ
ት ፡ በእንተ ፡ መድኃኒቱ ። ወእምዝ ፡ ተባረኩ ፡ እምጻጻስ ፡ 10
ወሑሩ ፡ ብሔሮሙ ፡ እንዘ ፡ ይሴኒይሞሙ ፡ ዐቢየተ ፡ ሀገ
ር ፡ ወጠቢባን ፡ በዐቢይ ፡ ፍሥሓ ፡ ወበ ፡ ፈቃደ ፡ እግዚ
እብሔር ፡ አተው ፡ ሃገሮሙ ፡ እንዘ ፡ ይመርሐሙ ፡ ሊቀ ፡
መላእክት ፡ ሚካኤል ። ወእቲዖሙ ፡ ቤቶሙ ፡ ገብሩ ፡ በ
ዓለ ፡ ዐቢየ ፡ ለእዝማዲሆሙ ፡ ወወሀቡ ፡ ብዙኃን ፡ ምጽ 15
ዋተ ፡ ለነዳያን ፡ ወለምበለታት ፡ ወለእጓለ ፡ ማውታ ፡ እስ
ከ ፡ ያነክሮሙ ፡ ዂሎ ፡ ሰብእ ፡ ወጥዑም ፡ አስማቲሆሙ ፡
በአፈ ፡ ዂሉ ፡ ወተሰምዐ ፡ በብሔሮሙ ፡ ሠናይ ፡ ምግባ
ሮሙ ፡ ወእምድኅረ ፡ ክልኤ ፡ አውራኅ ፡ አዕረፈ ፡ ውእ
ቱ ፡ ብእሲ ፡ ማቲያስ ፡ ኃሩይ ፡ እስመ ፡ መጽአ ፡ በ ፲ ወ ፭ ፡ 20
ሰኑት ፡ ወነሥአ ፡ ዐስበ ፡ መዓልት ፡ ፍጹመ ፡ በስእለቱ ፡
ለቅዱስ ፡ ሚካኤል ፡ ሊቀ ፡ መላእክት ። ወደቂቁሰ ፡ ምስ
ለ ፡ እሞሙ ፡ ኢያንተጉ ፡ ሠናየ ፡ ዘይገብሩ ፡ ፈድፋደ ፡
እመዋዕለ ፡ አባሆሙ ። ወዳያብሉስሰ ፡ ምስለ ፡ አጋንንቲ
ሁ ፡ ኢተወግሰ ፡ ይርእይ ፡ ንሩተ ፡ ዘይገብሩ ፡ እሉ ፡ ቅዱሳ 25
ን ፡ እላ ፡ አቀመ ፡ ሳዕሌሆሙ ፡ መኳንንተ ፡ ሀገር ፡ ወእስ
ተጸልአሙ ፡ ዐቢየ ፡ ጽልእ ፡ ወቆሙ ፡ ሳዕሌሆሙ ፡ ጠነ
ሥኡ ፡ ንዋዮሙ ፡ በዐመፃ ፡ ወዘወስተ ፡ መዛግብቲሆሙ ።

ወየሐንስሰ ፡ ይቤሎሙ ፡ ለእሙ ፡ ወለአንዋይሁ ፡ ናሁ ፡ ን
ሬእዮሙ ፡ ለእሉ ፡ እንዘ ፡ ይማቅዩን ፡ ፈድፋደ ፡ እምአ
ሙ ፡ ጦተ ፡ እቡን ፡ ተንሥኤ ፡ ንንድጋ ፡ ለዛቲ ፡ ሀገር ፡
ወንሐር ፡ ሀገረ ፡ ንጉሥ ፡ ወንንድር ፡ ህየ ፡ እስመ ፡ ጽሑ
ፍ ፡ በወንጌል ፡ ቅዱስ ፡ ሶበ ፡ ይሰዱክሙ ፡ እምዛቲ ፡ ሀገ 5
ር ፡ ጉየ ፡ ውስተ ፡ ካልእታ ። ወይእዜኒ ፡ ናሁ ፡ ሰይዱን ፡
ወማቅዩን ፡ ወእሕመሙነ ፡ ዳእሙ ፡ ይኩን ፡ ፈቃደ ፡ እግ
ዚአብሔር ፡ በላዕሌን ። ወእምዝ ፡ ተንሥኤ ፡ በነቡእ ፡
ወነሥኤ ፡ ዘተርፈ ፡ ንዋዮሙ ፡ ወሐሩ ፡ ውስተ ፡ ሀገረ ፡
ንጉሥ ፡ ወነደሩ ፡ ህየ ፡ እንዘ ፡ ይብሉ ፡ እግዚኡ ፡ ለሚካ 10
ኤል ፡ ሊቀ ፡ መላእክት ፡ ኩነነ ፡ ረዳኤ ። ወወሰኩ ፡ ካዕበ ፡
ምጽዋተ ፡ እምዝ ፡ ይገብሩ ፡ ቀዳሚ ። ወሰይጣንሰ ፡ ኢተ
ዐገሰ ፡ አላ ፡ ተሀውክ ፡ ሶበ ፡ ርእዮሙ ፡ ለቅዱሳን ፡ እንዘ ፡
ይሁቡ ፡ ምጽዋተ ፡ በሀይማኖት ፡ ወኢያእመረ ፡ ከመ ፡
ያስተነፍር ፡ ቅዱስ ፡ ሚካኤል ፡ ሊቀ ፡ መላእክት ፡ ወእነ 15
ዘ ፡ ይጠሐር ፡ ከመ ፡ እንበሳ ፡ ወእምድኅረ ፡ ሐዳጣ ፡ መዋ
ዕል ፡ ሐሩ ፡ ዐቀብተ ፡ ሀገር ፡ ኀበ ፡ ቤተ ፡ እሐዱ ፡ ባዕል ፡
ወሡረቁ ፡ ቤቶ ፡ በይእቲ ፡ ሀገር ፡ ወነሥኤ ፡ ብዙን ፡ ንዋ
ዮ ፡ ወነገር ፡ ባዕል ፡ ለመስፍን ፡ ዘይኴንን ፡ ይእቲ ፡ ሀገ
ረ ። ወሐተቶሙ ፡ መስፍን ፡ ለሰገራት ፡ እለ ፡ ይእቲ ፡ ሀገ 20
ር ። ወሰገራትኒ ፡ አንገዝምሙ ፡ ለእለ ፡ የዐቅቡ ፡ ወአሰር
ዎሙ ፡ ከመ ፡ ያርኢዮ ፡ ንዋየ ፡ ውእቱ ፡ ባዕል ፡ ወእንዘ ፡
ይሁውክዎሙ ፡ በእንተዝ ። ወናሁ ፡ ሰይጣን ፡ ተመሰለ ፡
ከመ ፡ ሰብእ ፡ ወአንሰወወ ፡ ውስተ ፡ ኵሉ ፡ ሀገር ፡ እንዘ ፡
ይኬልሕ ፡ ወይብል ፡ አን ፡ አአምር ፡ ዘሰረቀ ፡ ንዋዮ ፡ ለሰ 25
ሉም ፡ ባዕል ፡ ወአን ፡ ርኢክዎሙ ፡ ለእሉ ፡ አርባዕቱ ፡
ወራዙት ፡ ፈላሲያን ፡ እለ ፡ መጽኡ ፡ ዝየ ፡ በዝንቱ ፡ መ
ዋዕል ፡ ከመ ፡ ቦኡ ፡ ቤቶ ፡ ወእአመርኩ ፡ ጥዩቀ ፡ ከመ ፡

ዝንቱ ፡ ምግባሮሙ ፡ እም ፡ አመ ፡ ሀለዉ ፡ ብሔሮሙ ።
ወሰሚያሙ ፡ ዝንተ ፡ ሰብእ ፡ ሀገር ፡ ነገሮሙ ፡ ለመስፍን ፡
ወበጊዜሃ ፡ ሰሐብዎሙ ፡ በሥዕርተ ፡ ርእሶሙ ፡ በትእዛዘ ፡
መስፍን ፡ ወአምጽእዎሙ ፡ ቅድሜሁ ፡ እንዘ ፡ ይስሕብ
ዎሙ ፡ ዘእንበለ ፡ ምሕረት ። ወሀለዉት ፡ እሞሙ ፡ ተሐ 5
ውር ፡ ድኅሬሆሙ ፡ ወትበክ ፡ ወትናገዞሙ ፡ እንዘ ፡ ትብ
ል ፡ ኢ.ትፍርሁ ፡ ደቂቅየ ፡ አነ ፡ እአምን ፡ ከመ ፡ እግዚአብ
ሔር ፡ ወሊቀ ፡ መላእክት ፡ ሚካኤል ፡ ዘተአመነ ፡ ኪያሁ ፡
ይክል ፡ አድኅኖትክሙ ፡ እምነሉ ፡ እኩይ ፡ በእንተ ፡ ዘ
ሐሰዉ ፡ ሳዕሌክሙ ። ወዝንተ ፡ እንዘ ፡ ትብል ፡ ወናሁ ፡ 10
ቃል ፡ እምሰማይ ፡ ዘይብል ፡ ኢ.ትፍርሁ ፡ አነ ፡ ኢ.የኀድ
ግ ፡ ምንተ ፡ ኂ ፡ እኩይ ፡ ኢ.ይርክብክሙ ፡ አነ ፡ ሚካኤል ፡
ዘአሀቅበክሙ ፡ እምነሉ ፡ እኩይ ። ወእንዘ ፡ ይቀውሙ ፡
ቅድመ ፡ መስፍን ፡ ወያአምንዎሙ ፡ ወናሁ ፡ ሊቀ ፡ መላ
እክት ፡ በአምሳለ ፡ መልእክተ ፡ ንጉሥ ፡ መጽአ ፡ እምር 15
ሑቅ ። ወሶበ ፡ ርእዮ ፡ መስፍን ፡ ተንሥአ ፡ ወአስተብ
ቀዖ ፡ ይንብር ፡ ከመ ፡ ይስመዕ ፡ ውእቱ ፡ ፍትሐ ፡ ወነብ
ረ ፡ ወአዘዘ ፡ መስፍን ፡ ያምጽእዎሙ ፡ ለደቂቅ ፡ ወይቤ
ሎሙ ፡ አፍጥኑ ፡ እንተሙሰ ፡ ሀቡ ፡ ንዋየ ፡ ለባዕል ፡ እ
ምቅድመ ፡ ትትኩነኑ ። ወአውሥኡ ፡ ወይቤልዎ ፡ ሒያ 20
ው ፡ እግዚአብሔር ፡ እምላክሙ ፡ ለክርስቲያን ፡ ወክብ
ሩ ፡ ለቅዱስ ፡ ሚካኤል ፡ ሊቀ ፡ መላእክት ፡ ከመ ፡ ኢ.ተደ
መርነ ፡ በዝንቱ ፡ ግብር ። ወይቤሉ ፡ ሊቀ ፡ መላእክት ፡
ሚካኤል ፡ ለመስፍን ፡ አነ ፡ እአምር ፡ ዘከመ ፡ ይትከሠት ፡
እሙነ ፡ አንገዞ ፡ ለዘ ፡ ይንእስ ፡ እንሆሙ ፡ ለእሉ ፡ ዕደ 25
ው ፡ ወአብእም ፡ ውስተ ፡ ቤተ ፡ ዐቀብት ፡ እለ ፡ አጸመ
ውዎሙ ፡ ለእሉ ፡ ሰብእ ፡ ወይክላሕ ፡ ወይበል ፡ በስሙ ፡
ለእግዚእነ ፡ ኢ.የሱስ ፡ ክርስቶስ ፡ ይትከሠት ፡ ንዋየ ፡ ለ

ENCOMIUM OF SEVERUS.

ሴሎም ፡ ባዕል ፡ ዘበእንቲአሃ ፡ ርክቡ ፡ ምክንያተ ፡ ወሰቤ
ሃ ፡ በአግን ፡ ያስተርኢ ።
 ወእምዝ ፡ አዘዘ ፡ መስፍን ፡ ይንሥእም ፡ ለዘ ፡ ይንእ
ስ ፡ ወልደ ፡ ወያብእም ፡ ውስተ ፡ ቤተ ፡ ሊቀ ፡ ዐቀብተ ፡
Fol. 162b. በከመ ፡ ይቤ ፡ ሊቀ ፡ መላእክት ፡ ሚ|ካኤል ፡ ወክልሔ ፡ 5
ወይቤ ፡ በስመ ፡ እግዚእነ ፡ ኢየሱስ ፡ ክርስቶስ ፡ ወሊቀ ፡
መላእክት ፡ ቅዱስ ፡ ሚካኤል ፡ ይትከሥት ፡ ንዋየ ፡ ለሴ
ሎም ፡ ባዕል ። ወበጊዜሃ ፡ ኮነ ፡ ቃል ፡ ወሰምዑ ፡ ኲሎ
ሙ ፡ ዘይብል ፡ ረዱ ፡ ውስተ ፡ ዛቲ ፡ በዓት ፡ ወትረክቡ ፡
ኲሎሙ ፡ ወገዝኂ ፡ ወልደ ፡ ዘይንእስ ፡ ወአንዋዩሁ ፡ ንጽሓን ፡ 10
እምነጢአት ። ወሰቤሃ ፡ ወረዱ ፡ ውስተ ፡ በዓት ፡ ወረከ
ቡ ፡ ኲሎሙ ፡ ንዋየ ፡ ወነገርዎ ፡ ለመስፍን ፡ ዘኮነ ፡ ወእንከ
ረ ፡ ፈድፋደ ። ወሰበ ፡ ተመይጠ ፡ ከመ ፡ ይንግር ፡ ለዘ ፡
መስሎ ፡ ላእክ ፡ ግውእቱ ፡ ሚካኤል ፡ ወኢረከበ ። ወሰ
ቤሃ ፡ አንከረ ፡ ፈድፋደ ፡ ወሪነዎሙ ፡ ለአርባዕቱ ፡ ደቂቅ ፡ 15
ግዑዛኒሆሙ ፡ ወአተው ፡ ቤቶሙ ፡ እንዘ ፡ ይሴብሕም ፡
ለእግዚአብሔር ፡ ወለሊቀ ፡ መላእክት ፡ ሚካኤል ፡ ቅዱ
ስ ። ወእሙንቱሰ ፡ ቅዱሳን ፡ ኢያንተጉ ፡ ኂሩተ ፡ ዘይገ
ብሩ ፡ ኲሎ ፡ ጊዜ ፡ እስከ ፡ ያነክር ፡ ኲሎ ፡ እምሡናይ ፡
ግዕዘሙ ። ወከዕብ ፡ እምድኅረ ፡ ሕዳጥ ፡ መዋዕል ፡ እስ 20
ተዋደዮሙ ፡ ብእሲ ፡ ለአክሌ ፡ ዕደው ፡ በቅድመ ፡ ንጉ
ሥ ፡ ባዕደ ፡ ዘላዕሌሆሙ ፡ እምቅድም ፡ ወመጠዎሙ ፡
ንጉሥ ፡ ውስተ ፡ እደ ፡ ሐራ ፡ ከመ ፡ ይንሥእሙ ፡ በበ ፡
ምእት ፡ ዲናር ፡ ወአልበሙ ፡ ዘይሁብ ፡ ወናሁ ፡ ቅዱስ ፡
ዮሐንስ ፡ ተራከበሙ ፡ በቅሩብ ፡ ወርእዮሙ ፡ ለሐራ ፡ እ 25
Fol. 163a. ንዘ ፡ ይቀሥፍዎሙ ፡ ለዕደው ፡ ዘእ ንበለ ፡ ምሕርት ።
ወይቤሎሙ ፡ ለሐራ ፡ ምንትኑ ፡ ገብሩ ፡ ዘትዘብጥዎሙ ፡
ለእሉ ፡ ዕደው ፡ በእንቲአሁ ። ወይቤሉ ፡ ሐራ ፡ ንሕነ ፡ ን

እንዚሙ ፡ በእንተ ፡ ምእት ፡ ዲናር ፡ ወይቤሎሙ ፡ ለእ
ሙ ፡ ወሀቡክሙ ፡ ክልኤተ ፡ ምእተ ፡ ዲናረ ፡ ተነድግዎ
ሙኑ ፡ ወይቤሉ ፡ ሐሪ ፡ እወ ፡ ዳእሙ ፡ ለእሙ ፡ ኢወሀቡ ፡
ንሕነ ፡ ንቀትሎሙ ። ወዮሐንስ ፡ ሰአሎሙ ፡ ላሐረ ፡ ወ
ይቤ ፡ ተአገሱኒ ፡ ንስቲተ ፡ እስከ ፡ እገብእ ፡ ኀቤክሙ ፡ 5
ወሐረ ፡ ወአምጽአ ፡ ክልኤተ ፡ ምእተ ፡ ዲናረ ፡ ወወሀበ
ሙ ፡ ወፈትሐሙ ፡ ለክልኤ ፡ ዕደው ፡ ወለአርባዕቱ ፡ ሐ
ረ ። ዘስሉጣን ፡ ላዕሌሆሙ ፡ ወሀቡሙ ፡ በበ ፡ ዲናር ። ወ
ከዕበ ፡ ሰይጣን ፡ ጸላኢ ፡ ኵሎ ፡ ሠናይ ፡ ኢተገስ ፡ እላ ፡
መልአ ፡ ቅንአተ ፡ ላዕለ ፡ ቅዱሳን ፡ በእንተ ፡ ሠናይ ፡ ግ 10
ብሮሙ ፡ ወእንሥአ ፡ ዐቢየ ፡ መከራ ፡ ላዕሌሆሙ ፡ ወዕ
ጼብ ፡ ወናሁ ፡ ንነግር ።

ወእምዝ ፡ ሀሎ ፡ ብእሲ ፡ ውስተ ፡ ሀገር ፡ ወጸውዖ
ሙ ፡ ለፋቁራኒሁ ፡ ሰርክ ፡ ወውእቱ ፡ ብእሲ ፡ ይንድር ፡
አንጻረ ፡ አንቀጸሙ ፡ ለእሉ ፡ ቅዱሳን ፡ ወእምድኀረ ፡ በ 15
ልዑ ፡ ወሰተዮ ፡ ተንሥአ ፡ አሐዱ ፡ እምኔሆሙ ፡ ይእቱ ፡
ቤቶ ፡ ወእንዘ ፡ የሐውር ፡ ውስተ ፡ ጽጕ ፡ ሀገር ፡ ነሰከ ፡
አቅረብ ፡ ወወድቀ ፡ ወሞተ ፡ ሰቤሃ ፡ ወአልቦ ፡ ዘአእመር ፡
ዘክነ ፡ እምሰብእ ። ወሐበይተ ፡ ሀገር ፡ እለ ፡ የአውዱ ፡
ረከብዎ ፡ ለውእቱ ፡ ብእሲ ፡ ምዉተ ፡ ወወሰድዎ ፡ ውስ 20
ተ ፡ መርዕብ ፡ ወንሡሁ ፡ ኵሎ ፡ ሥጋሁ ፡ ወኢያእመሩ ፡
ዘክነ ፡ ወበጽባሕ ፡ ሐሩ ፡ ይቅብርዎ ፡ ወናሁ ፡ ሰይጣን ፡
ከነ ፡ በአምሳለ ፡ ሰብእ ፡ ወክልሐ ፡ ውስተ ፡ ኵላ ፡ ሀገር ፡
እንዘ ፡ ይብል ፡ ግንቱ ፡ ብእሲ ፡ ዘሞተ ፡ አልቦ ፡ እም ፡ ሰ
ብእ ፡ ዘአእመረ ፡ ሞቶ ፡ ወእንሰ ፡ አአምር ፡ ዘቀተሎ ፡ ወ 25
ኢኪን ፡ ግንቱ ፡ ግብር ፡ እምካልእ ፡ ሰብእ ፡ ዘእንበለ ፡ እ
ሉ ፡ አርላዕቱ ፡ ደቂቅ ፡ ነኪራን ፡ ወእነ ፡ ስምዕ ፡ በግንቱ ፡
ግብር ። ወተሰምዐ ፡ ግንቱ ፡ ነገር ፡ ውስተ ፡ ኵላ ፡ ሀገር ፡

ወሐረ ፡ መስፍን ፡ ወነገሮ ፡ ለንጉሥ ፡ ከሚቲጦስ ፡ ወበጊ
ዜሃ ፡ አዘዘ ፡ ንጉሥ ፡ ያምጽእዎሙ ፡ ለቲአር ፡ ዶባዕቂቅ ፡
እሱራነ ፡ እደዊሆሙ ፡ ዲነሪተ ፡ ወጋግ ፡ ውስተ ፡ ክሳው
ዲሆሙ ፡ እንዘ ፡ ይስሕብዎሙ ፡ ኀበ ፡ ንጉሥ ። ወመጽ
አ ፡ ኀቤሆሙ ፡ ቃል ፡ ዘይብል ፡ ኢትፍርሁ ፡ ናሁ ፡ መዋ 5
ዕለ ፡ ጻግ ፡ ኀለፈ ፡ ወቀርብ ፡ ኀቤክሙ ፡ ዕረፍት ፡ እምነ
በ ፡ እግዚአብሔር ፡ ወአቀምዎሙ ፡ ቅድመ ፡ ንጉሥ ፡
ከመዘ ፡ አባሲያን ። ወሰቤሃ ፡ ናሁ ፡ ሊቀ ፡ መለእክት ፡
ቅዱስ ፡ ሚካኤል ፡ ተመሰለ ፡ በአመሳለ ፡ ዐቢይ ፡ ላእከ ፡
ዘንጉሡ ፡ ሮም ፡ ወሰብ ፡ ርእዮ ፡ ንጉሥ ፡ ከሚቲጦስ ፡ ቆ 10
መ ፡ ቅድሜሁ ፡ ወቀሪበ ፡ ኀቤሁ ፡ ወነበሩ ፡ ኀቡረ ፡ ወሚ
ካኤል ፡ ሊቀ ፡ መላእክት ፡ ሰበ ፡ ይሬእዮሙ ፡ ለደቂቅ ፡
እንዘ ፡ ይቀውሙ ፡ ይቤሎ ፡ ለንጉሥ ፡ ከሚቲጦስ ፡ ምነ
ተ ፡ ገብሩ ፡ እሉ ፡ ሕፃናት ፡ ወነገር ፡ ንጉሥ ፡ ኵ ሎ ፡
ዘከነ ፡ ወይቤሎ ፡ ሚካኤል ፡ በእማንኑ ፡ ኢያእመርክሙ ፡ 15
ዘከነ ፡ ብእሲሁ ፡ ወይቤሎ ፡ ንጉሥ ፡ አምጽእዎሙ ፡ ሊ
ተ ፡ ለእሉ ፡ ወይቤሉ ፡ እሉ ፡ እሙንቱ ፡ እለ ፡ ቀተሉ ፡
ወይቤሎ ፡ ሚካኤል ፡ በነቤነሰ ፡ ሰበ ፡ ይከውን ፡ ከመገዘ
ወይመውት ፡ ብእሲ ፡ ወኢያአምሩ ፡ ዘከነ ፡ ናመጽአ ፡ ለ
ውእቱ ፡ ብእሲ ፡ ዘሞተ ፡ ማእከለ ፡ ወንሰእሎ ፡ ወውእቱ ፡ 20
ይትናገር ፡ ምስሌን ፡ ወይነግረነ ፡ ዘቀተሎ ። ወይእዜኒ ፡
እመ ፡ ፈቀድከ ፡ ታእምር ፡ ጽድቀ ፡ ያምጽእዎ ፡ ለውእቱ ፡
ዘሞተ ፡ ውስተ ፡ ዝንቱ ፡ መካን ፡ ወንሰአሎ ፡ ወውእቱ ፡
ይትናገር ፡ ምስሌነ ፡ ወናእምር ፡ ዘቀተሎ ። ወበጊዜሃ ፡
አዘዘ ፡ ንጉሥ ፡ ያምጽእዎ ፡ ለዝ ፡ ሞተ ፡ ማእከለ ፡ ወይቤ 25
ሎ ፡ ሊቀ ፡ መላእክት ፡ ሚካኤል ፡ ለዳንኤል ፡ ዘይንእስ ፡
እንኁሆሙ ፡ ሐር ፡ ወበሎ ፡ ለዝንቱ ፡ ምውት ፡ በስመ ፡ እ
ግዚእየ ፡ ኢየሱስ ፡ ክርስቶስ ፡ ንጉሡ ፡ ሰማይ ፡ ወምድር ፡

ንግረኒ ፡ ዘከንከ ። ወገብረ ፡ ውእቱ ፡ ወልድ ፡ ንኡስ ፡ ከ
ማሁ ፡ ወእግዚአብሔር ፡ መፍቀሬ ፡ ሰብእ ፡ ፈቀደ ፡ ይሰ
ባሕ ፡ ስሙ ፡ ቅዱስ ፡ በዝንቱ ፡ መካን ፡ ወይእሜኑ ፡ ቦቱ ፡
ወእግብእ ፡ ነፍሰ ፡ ውእቱ ፡ ብእሲ ፡ ዳግመ ፡ ወሐይወ ፡ በእ
ንተ ፡ መድኃኒተ ፡ ንጉሥ ፡ ወለቦሎሙ ፡ ሰብእ ፡ ይእቲ ፡ 5
ብሔር ፡ ወክልሐ ፡ ውእቱ ፡ ብእሲ ፡ ወይቤ ፡ አልለከ ፡ ከ
ሚቲጦስ ፡ ንጉሥ ፡ እስመ ፡ ይፈርህ ፡ ወነበርከ ፡ ምስለ ፡
ሊቀ ፡ መላእክት ፡ ቅዱስ ፡ ሚካኤል ፡ ሊቀ ፡ ኃይል ፡ ሰማ
ያት ፡ ወሉዑ ፡ ዕደው ፡ እለ ተእግልክምም ፡ ቅዳሳን ፡
ወንጽሐን ፡ ወአለቦሙ ፡ ኃጢአት ። ወአከ እሙንቱ ፡ 10
እለ ፡ ቀተሉኒ ፡ አላ ፡ አቅረብ ፡ ነሰከኒ ፡ ወሞትኩ ፡ ወበ
ንተ ፡ ዘተናርዮ ፡ እሉ ፡ ዕደው ፡ ረከበተኒ ፡ ዛቲ ፡ ዐባይ ፡
ሠናይት ፡ ወከንኩ ፡ ድልወ ፡ እርአዮ ፡ ለሊቀ ፡ መላእክ
ት ፡ ቅዱስ ፡ ሚካኤል ። ወይእዜኒ ፡ ናሁ ፡ ርኢክሙ ፡ ተ
አምረ ፡ እግዚአብሔር ፡ ተመየጡከ ፡ ኀቤሁ ፡ በኩሉ ፡ 15
ልብክሙ ፡ ወንድግ ፡ እምኔክሙ ፡ ዘንተ ፡ ፍትወተ ፡ ወዘ
ንተ ፡ አማልክተ ፡ ምውታን ፡ እለ ፡ አልቦሙ ፡ ነፍስ ፡ ከመ ፡
ይስረዮ ፡ ለክሙ ፡ እግዚአብሔር ፡ ኃጢአትክሙ ፡ ዘተክ
ት ። ወሊተኒ ፡ ዐቢየ ፡ ጸጋ ፡ ረከበተኒ ፡ እስመ ፡ ርኢክም ፡
ለሊቀ ፡ መላእክት ፡ ሚካኤል ፡ በእንተ ፡ እሉ ፡ ዕደው ፡ 20
ቅዳሳን ፡ ወበጊዜሃ ፡ ሐረ ፡ ሊቀ ፡ መላእክት ፡ ሚካኤል ፡
ውስተ ፡ እርያም ፡ በዐቢይ ፡ ስብሐት ፡ ወርእዮ ፡ ንጉሥ ፡
ወኵሎ ፡ ሕዝብ ፡ እንዘ ፡ የዐርግ ፡ ውስተ ፡ ሰማይ ፡ ወወ
ሰደ ፡ ምስሌሁ ፡ ነፍሰ ፡ ለዘ ፡ ሞተ ፡ ወንጉሥ ፡ ወኵሎ
ሙ ፡ ፈርሁ ፡ ፈድፋደ ። ወእምድኃረ ፡ ጉንዳዩ ፡ ገብአ ፡ 25
ልቡ ፡ ለንጉሥ ፡ እምፍርሀት ፡ በእንተ ፡ ዐቢይ ፡ መንክር ፡
ዘርእየ ። ወተንሥአ ፡ ወሰንሞ ፡ አፉሁ ፡ ለዮሐንስ ፡ ወ
ይቤ ፡ ቡርክት ፡ ሰንት ፡ እንተ ፡ ቦአክሙ ፡ ውስተ ፡ ዛቲ ፡

ሀገር ፡ ወ ንስእለክሙ ፡ ትንግሩነ ፡ አምላክሙ ፡ ዘተአ
ምኑ ፡ ቦቱ ፡ ከመ ፡ ንእነኒ ፡ ንእመን ፡ ቦቱ ፡ ወንድኅነን ።
ወይቤሉሙ ፡ ዮሐንስ ፡ ንሕነሰ ፡ ነአምን ፡ በእግዚእነ ፡
ኢየሱስ ፡ ክርስቶስ ፡ ወልደ ፡ እግዚአብሔር ፡ ሕያው ።
ወከልሑ ፡ ንጉሥ ፡ ወኲሎሙ ፡ ሕዝብ ፡ እንዘ ፡ ይብሉ ፡ 5
በአማን ፡ አምላክ ፡ ሕያው ፡ ኢየሱስ ፡ ክርስቶስ ፡ ወአል
ቦ ፡ አምላክ ፡ ዘእንበሌሁ ። ወይቤሎ ፡ ዮሐንስ ፡ ለንጉሥ ፡
ተንሥእ ፡ ወለእከ ፡ ኅበ ፡ ቄስጠንጢኖስ ፡ ንጉሥ ፡ ሮም ፡
ወንግሮ ፡ ኲሎ ፡ ወሰአሎ ፡ ከመ ፡ ይፈኑ ፡ ለነ ፡ አሐዩ ፡
እምኤጲስ ፡ ቆጶሳት ፡ እለ ፡ ብሔሩ ፡ ዘይሜህረክሙ ፡ ወ 10
ያጠምቀክሙ ፡ በስመ ፡ አብ ፡ ወልድ ፡ ወመንፈስ ፡ ቅዱ
ስ ። ወለእከ ፡ ንጉሥ ፡ ኀሚቲዮስ ፡ ኀበ ፡ ቄስጠንጢኖስ ፡
ንጉሥ ፡ እንዘ ፡ ይብል ፡ ከመዝ ፡ ከሚቲዮስ ፡ ዘተሰምየ ፡
ንጉሥ ፡ ይትኀበል ፡ ይልአከ ፡ ለንጉሥ ፡ ዐቢይ ፡ አነዚ ፡
ቄስጠንጢኒያ ፡ ገብሩ ፡ ለኢየሱስ ፡ ክርስቶስ ፡ ሰላም ፡ ለ 15
ከ ፡ እ ፡ ወዐባይ ፡ ጸጋ ፡ እንተ ፡ ረከብተነ ፡ እምነብ ፡ እግ
ዚአብሔር ፡ ኔር ። ወተዘከረነ ፡ ወአንገፈነ ፡ እምተቀንዮ ፡
ለአማልክት ፡ ርኩሳን ፡ ወሜጠነ ፡ ኀቤሁ ፡ በእንተ ፡ ዕበየ ፡
ኂሩቱ ፡ ዘኢይት ፡ ኍለቍ ፡ ወስእለቱ ፡ ለዐቢይ ፡ ሊቀ ፡
መላእክት ፡ ቅዱስ ፡ ሚካኤል ፡ ዘረሰየኒ ፡ ድልወ ፡ እርአ 20
ዮ ፡ በዕይንትየ ፡ ወረሰየ ፡ ለምውት ፡ ይትናገር ፡ ምስ
ሌነ ፡ እፊ ፡ በአፉ ፡ እምድኅነረ ፡ ሞተ ። ወእምዝ ፡ ሐረ
ውስተ ፡ አርያም ፡ በዓቢይ ፡ ስብሐት ፡ እንዘ ፡ ይፌአይ ፡
ኲሎ ። ወዓዲ ፡ ንስእል ፡ ዕበየከ ፡ ትፈኑ ፡ ለነ ፡ አሐደ ፡
እምኤጲስቆጶሳት ፡ እለ ፡ ምኁናንከ ፡ ከመ ፡ ያብርህ ፡ ላዕ 25
ሌነ ፡ በብርሃነ ፡ ሃይማኖት ፡ ርትዕት ፡ ወይንግረነ ፡ ፍኖተ ፡
እንተ ፡ ታብጽሕ ፡ ኀበ ፡ እግዚአብሔር ፡ ወየሀበን ፡ ማነቴ
መ ፡ ቅዱሰ ። ወእሙ ፡ ዘንተ ፡ ገበርከ ፡ ለነ ፡ ትነሥአ ፡ ዓ

በየ ፡ አክሊለ ፡ ቡነብ ፡ ክርስቶስ ፡ በእንተ ፡ ገነቱ ፡ መድ
ኃኒት ፡ ለንጉሥ ፡ መሀይምን ፡ በእንተ ፡ ኃየሉ ፡ ለክርስ
ቶስ ፡ ንጉሠ ፡ ኵሉ ። ወበፍሥሐ ፡ ወበየ ፡ ነሥአ ፡ ለየ
እቲ ፡ መጽሐፍ ፡ ዬስጠንጢኖስ ፡ ንጉሥ ፡ ወአንባባ ፡ ወ
አንከረ ፡ ፈድፋደ ፡ በእንተ ፡ ዘከነ ፡ ወሰብሐ ፡ ለእግዚአ 5
ብሔር ፡ ወወባየ ፡ ጽሒቅ ፡ ጸሐፊ ፡ ነበ ፡ ቅዱስ ፡ ዮሐንስ ፡
ሊቀ ፡ ጳጳሳት ፡ ዘኤፌሶን ፡ እንዘ ፡ ይብል ፡ ቅድመ ፡ ኵሉ ፡
እስዕም ፡ እደዊክ ፡ ቅዱሳተ ፡ እለ ፡ ይእነክ ፡ ሥጋሁ ፡ ለ
ወልደ ፡ እግዚአብሔር ፡ በአማን ። ዓበየ ፡ ፍሥሐ ፡ ዘክ
ነ ፡ ለነ ፡ እምነበ ፡ እግዚአብሔር ፡ ናሁ ፡ ልአክነ ፡ ኃቤክ ፡ 10
እስመ ፡ ነአመር ፡ ከመ ፡ ትትፌሣሕ ፡ ወትወስክ ፡ ፈድፋ
ደ ፡ ወንፈቅድ ፡ ትጸር ፡ ጋግ ፡ ወትደለው ፡ በኵሉ ፡ ልብ
ክ ፡ እስመ ፡ ታአምር ፡ ከመ ፡ አየወድቅ ፡ ጋግክ ፡ እስመ ፡
ተገብር ፡ በእንተ ፡ ክር ስቶስ ፡ ዘጸመወ ፡ በእንተ ፡ ሰብእ ፡
ወተአዘዘ ፡ ለሊክ ፡ ወሐር ፡ ሀገረ ፡ ዲድያስ ፡ ከመ ፡ ትፈ 15
ውስ ፡ ሕሙማነ ፡ እለ ፡ ሀየ ፡ በስሙ ፡ ለክርስቶስ ፡ ወትክ
ልአሙ ፡ እምተቀንዮ ፡ ለአማልክት ፡ ርኵሳን ፡ ወታጠም
ቆሙ ፡ በስመ ፡ አብ ፡ ወወልድ ፡ ወመንፈስ ፡ ቅዱስ ። ወ
ግነቱ ፡ ይከውነክ ፡ ምክሐ ፡ ቡነብ ፡ ክርስቶስ ፡ ወመላእ
ክቲሁ ፡ ቅዱሳን ፡ ከመ ፡ ትድነነ ፡ ነቡረ ፡ በነየሉ ፡ ለክ 20
ርስቶስ ፡ አምላክነ ። ዘንተ ፡ መጽሐፈ ፡ ለእክ ፡ ንጉሥ ፡
ዬስጠንጢኖስ ፡ ለአባ ፡ ዮሐንስ ፡ ሊቀ ፡ ጳጳሳት ፡ ዘኤፌ
ሶን ። ወካልእት ፡ መልአክት ፡ ዘከሚቲዮስ ፡ ንጉሥ ።
ወሊቀ ፡ ጳጳሳት ፡ እንቢየ ፡ መጽሐፈ ፡ ተፈሥሐ ፡ ፈድፋ
ደ ፡ በእንተ ፡ ተመይጠቶሙ ፡ ለኵሉ ፡ አዳያም ። ወሰቤ 25
ሃ ፡ ነሥአ ፡ ምስሌሁ ፡ ዲያቆናተ ፡ ወቀሲሰ ፡ ወእናጕንስ
ጢስ ፡ ወሡለስተ ፡ መጻሕፍተ ፡ ጸሎት ፡ ወ፩ ወ፪ ፡ መ
ምህራን ፡ ወነሥአ ፡ ምስሌሁ ፡ በዘ ፡ ይትገበር ፡ ምስጢር ፡

ENCOMIUM OF SEVERUS.

መማእደ ፡ ዘወርቅ ፡ ወርባዕተ ፡ ጽዋንተ ፡ ብሩር ፡ ወሠለ
ስተ ፡ ጽዋንተ ፡ ወርቅ ፡ ወሰብን ፡ ዘሐሪር ፡ ወመክደን ፡
ዘዲባግ ፡ ወአርባዕተ ፡ ወንጌላተ ፡ ወመጽሐፈ ፡ ጸው ሎስ ፡
ወግብረ ፡ ሐዋርያት ፡ ወመጽሐፈ ፡ መዝሙር ፡ ፍጹመ ፡
ኵሎ ፡ ዘይትፈቀደ ፡ ለቤተ ፡ ክርስቲያን ፡ ወጸለየ ፡ ወሐ 5
ሩ ፡ በፍኖት ፡ እንዘ ፡ ይትፌሥሑ ። ወሰብ ፡ አልጸቁ ፡
ሀገረ ፡ ነገርዎ ፡ ለንጉሥ ፡ ምጽአቶሙ ፡ ለሊ.ቃን ፡ ጸጸሳት ፡
ወእለ ፡ ምስሌሁ ፡ ወተፈሥሑ ፡ ንጉሥ ፡ ወዮሐንስ ፡ ወ
ኵሎሙ ፡ ሕዝብ ፡ ወወዕኡ ፡ ይትራክብዎ ፡ ለሊ.ቀ ፡ ጸጸ
ሳት ፡ ወሰብ ፡ ቀርቡ ፡ ኀቤሁ ፡ ሰገዱ ፡ ሎቱ ፡ ንጉሥ ፡ ወ 10
ኵሎ ፡ ሕዝብ ፡ ወተባረኩ ፡ በኀቤሁ ፡ ወነገሮ ፡ ንጉሥ ፡
ለሊ.ቀ ፡ ጸጸሳት ፡ ኵሎ ፡ ዘከነ ፡ ወአርአዮ ፡ ዮሐንስሃ ፡ ወ
ይቤሎ ፡ በእንተ ፡ ዝንቱ ፡ ወአንዊሁ ፡ ተማህለነ ፡ እግዚ.
አብሔር ። ወከማሁ ፡ ሐሩ ፡ በወቢ.ይ ፡ አስተርክቦ ፡ ውስ
ተ ፡ ሀገር ፡ ወአስተብቍዖ ፡ ንጉሥ ፡ ለሊ.ቀ ፡ ጸጸሳት ፡ ከ 15
መ ፡ ይባእ ፡ ጽርሐ ፡ እስመ ፡ ዓዲሆሙ ፡ ኢ.ሐነጹ ፡ ቤተ ፡
ክርስቲያን ፡ በይእቲ ፡ ሀገር ። ወበሳኒታ ፡ ይቤሎ ፡ ሊ.ቀ ፡
ጸጸሳት ፡ ለንጉሥ ፡ ንሕንጽ ፡ ቤተ ፡ ክርስቲያን ፡ ወይቤ
ሎ ፡ ንጉሥ ፡ ሀሎ ፡ መካን ፡ ሐዲሳ ፡ ኀብ ፡ ይትሐነጽ ፡ ተ
ንሥእ ፡ ንርይ ፡ ለእመ ፡ ይደሉ ፡ ወንሬሲዮ ፡ ቤተ ፡ ክርስ 20
ቲያን ፡ ወሐሩ ፡ ኀብረ ፡ ወርእዩም ፡ ለውእቱ ፡ መካን ፡ ኀ
በ ፡ የሐንጹ ። ወሠምረ ፡ ሊ.ቀ ፡ ጸጸሳት ፡ ወእዘዘ ፡ ንጉሥ ፡
አዋደ ። ዘይሰብክ ፡ ውስተ ፡ ኵሎ ፡ ሀገር ፡ ከመ ፡ ይምጽ
ኡ ፡ ኵሎ ፡ ሰብአ ፡ ወይግበሩ ፡ ቤተ ፡ ክርስቲያን ፡ እመሂ ፡
ባዕል ፡ ወእመሂ ፡ መከውንን ፡ ወእመሂ ፡ ነዳይ ፡ ወንጉሥሂ ። 25
ይትገበር ፡ በእ ዬሁ ፡ ከመ ፡ ኵሎሙ ፡ ተስፈው ፡ ይንሣ
እ ፡ በረከተ ፡ እምነብ ፡ ክርስቶስ ፡ ወበፈቃደ ፡ እግዚአብ
ሔር ፡ ፈጸሙ ፡ ሕንጸት ፡ በ ፲ወ ፪ ፡ ዕለት ። ወሊ.ቀ ፡ ጸጸ

ሳት ፡ ቀደሳ ፡ ለይእቲ ፡ ቤተ ፡ ክርስቲያን ፡ በሰማ ፡ ለቅድ
ስት ፡ ድንግል ፡ ማርያም ፡ እሙ ፡ ለእግዚእን ። ወርኢዮ ፡
ብዙኀ ፡ ሕዝብ ፡ እለ ፡ ይጠመቁ ፡ ይቤ ፡ ንጉሥ ፡ በአይቴ ፡
ታጠቆሙ ፡ ለእሉ ፡ እምቅድመ ፡ ይትሐንጽ ፡ ምጥማቃ
ት ፡ ዘቤተ ፡ ክርስቲያን ። አውሥአ ፡ ጠቢብ ፡ ዮሐንስ ፡ 5
ወይቤሎሙ ፡ ለንጉሥ ፡ ወሊቀ ፡ ጳጳሳት ፡ ሀሎ ፡ ባሕር ፡
እንተ ፡ ምስራቅ ፡ ሀገር ፡ ወይመስለኒሃ ፡ ዘይደሉ ፡ ለዝን
ቱ ፡ ዓቢይ ፡ ክብር ። ወበጊዜሃ ፡ መጽአ ፡ ቃል ፡ እምሰማ
ይ ፡ ወሰምዑ ፡ ኩሎሙ ፡ ዘይብል ፡ ዝንቱ ፡ ዘነሥአ ፡ እ
ምነበ ፡ እግዚአብሔር ፡ ዮሐንስ ፡ ወልደ ፡ ላእክ ፡ ወንጉ 10
ሥ ፡ ወሊቀ ፡ ጳጳሳት ፡ ወኩሉ ፡ ሕዝብ ፡ ሰሚዖሙ ፡ እንከ
ሩ ፡ ወይቤሉ ፡ ይትጋባእ ፡ ኩሉ ፡ ሕዝብ ፡ ለቡራኬ ፡ ወጸ
ለየ ፡ ሊቀ ፡ ጳጳሳት ፡ ባዕሌሆሙ ፡ ፍጹመ ፡ ጥምቀተ ።
ወከነ ፡ ዐቢይ ፡ ተአምር ፡ በይእቲ ፡ ዕለት ፡ ሶበ ፡ ቀርበ ፡
ይኔትዎሙ ፡ ሰምዑ ፡ ኩሎሙ ፡ ሕዝብ ፡ ቃል ፡ እምያት ፡ 15
ዘይብል ፡ ቅዳሴ ፡ ምስለ ፡ ሊቀ ፡ ጳጳሳት ። ወፈጸሞ ፡ ጸ
ሎተ ፡ እዘዞሙ ፡ ለኩሉ ፡ ሕዝብ ፡ ይረዱ ፡ ውስተ ፡ ምጥ
ማቃት ፡ ወተወርዱ ፡ ኩሎሙ ፡ ውስተ ፡ ማይ ፡ | እንዘ
ይኬልሑ ፡ ወይብሉ ፡ ንጠመቅ ፡ በስመ ፡ አብ ፡ ወወልድ ፡
ወመንፈስ ፡ ቅዱስ ። ወተጠሚቆሙ ፡ ንጉሥ ፡ ወኩ 20
ሉ ፡ ሕዝብ ፡ ቦአ ፡ ሊቀ ፡ ጳጳሳት ፡ ውስተ ፡ ቤተ ፡ ክርስቲ
ያን ፡ ወሚዖ ፡ ለዮሐንስ ፡ ኤጲስ ፡ ቆጶስ ፡ ወለሡለስቴ ፡
አንዊሁ ፡ አሐዱ ፡ ቀሲስ ፡ ወክልኤ ፡ ዲያቆናተ ፡ ወቦቱ ፡
ንጉሥ ፡ ወልዶ ፡ ዘስሙ ፡ እግላስ ፡ ወረሰዮ ፡ ዲያቆን ፡
ወኩሉ ፡ ሕዝብ ፡ ይትፌሥሑ ፡ በእግዚአብሔር ። ወአ 25
ንዘ ፡ ሊቀ ፡ ጳጳሳት ፡ ይሡራዕ ፡ ቅዳሴ ። ወአንከሩ ፡ ንጉ
ሥ ፡ ወኩሉ ፡ ሕዝብ ፡ በዘርእዩ ፡ ወሰምዑ ፡ እስመ ፡ ኢር
እዩ ፡ ዘከመዝ ፡ ግብረ ፡ ወኢሰምዑ ፡ ዘከመዝ ፡ ነገረ ።

እስመ ፡ ገነተ፡ ፡ ቀዳሚሁ ፡ ዘተውህበ ፡ ቀርባነ ፡ በውእ
ቱ ፡ ብሔር ፡ ወተመጢዎሙ ፡ ኵሎሙ ፡ እምስጢር ፡ ቅ
ዱስ ፡ ወሀቦሙ ፡ ሊቀ ፡ ጳጳሳት ፡ ሰላመ ። ወለለ ፡ አሐዱ ፡
አሐዱ ፡ አተው ፡ ውስተ ፡ ማኅደሮሙ ፡ ወነበረ ፡ ሊቀ ፡
ጳጳሳት ፡ ኅቤሆሙ ፡ ወርኅ ፡ ፍጹመ ፡ እንዘ ፡ ይገሥጾሙ ፡   5
ወይሜህሮሙ ፡ ኵሎ ፡ ሥርዓተ ፡ ቤተ ፡ ክርስቲያን ። ወ
እምዝ ፡ አተወ ፡ ብሔረ ፡ በዓቢይ ፡ ፍሥሓ ። ወንጉሥ ፡
ከመ ፡ ቲዮስ ፡ ወኵሎሙ ፡ ሕዝብ ፡ ሰብሕዎ ፡ ለእግዚአብሔ
ር ፡ ወአክበርዎ ፡ ለቅዱስ ፡ ዮሐንስ ፡ ኤጲስ ፡ ቀጰስ ፡ ወለአነ
ዊሁ ፡ እስመ ፡ ይትወሰኩ ፡ ለትምህርተ ፡ እግዚአብሔር ። 10

Fol 168a. ወእምድኅረ ፡ ሐዳጥ ፡ መዋዕል ፡ ይቤሉ ፡ ቅዱስ ፡
ኤጲስ ፡ ቆጶስ ፡ ለንጉሥ ፡ ንሕንጽ ፡ ቤተ ፡ ክርስቲያን ፡
በስሙ ፡ ለሚካኤል ፡ ሊቀ ፡ መላእክት ፡ ወይቤሎ ፡ ንገ
ሥ ፡ አበ ፡ ግበር ፡ ፈቃደከ ፡ ናሁ ፡ ንሕነ ፡ ድልዋን ፡ ንስ
ማዕከ ፡ ወቅዱስ ፡ ኤጲስ ፡ ቆጶስ ፡ ዮሐንስ ፡ ሰረፈ ፡ ለቤተ ፡ 15
ክርስቲያን ፡ ወኵሎ ፡ ሰብአ ፡ ሀገር ፡ ይትራድእ ፡ ምስሌ
ሁ ፡ ወበዐቢይ ፡ ጽሂቅ ፡ ፈጸሙ ፡ በሰመንቱ ፡ አውራኅ ፡
ወቅዱስ ፡ ኤጲስ ፡ ቆጶስ ፡ ቀደሰ ፡ ለቤተ ፡ ክርስቲያን ፡ እ
ሙ ፡ ፲ወ፪ ፡ ለወርኅ ፡ ኃዳር ፡ በስሙ ፡ ለቅዱስ ፡ ሚካኤ
ል ፡ ሊቀ ፡ መላእክተ ፡ ወነበረ ፡ በዓሉ ፡ ለቅዱስ ፡ ሚካ 20
ኤል ፡ ምስለ ፡ ቅዳሴ ፡ ቤተ ፡ ክርሰቲያኑ ። ወእምድኅረ ፡
ቅደሴ ፡ ሐሩ ፡ ኤጲስ ፡ ቆጶስ ፡ ወንጉሥ ፡ ወኵሎ ፡ ሕዝብ ፡
ኅበ ፡ ቤተ ፡ ጀሮስ ፡ ጠዓት ፡ ወነሠትም ፡ ወአውሀየ ፡ መ
ንበር ፡ ለጀሮስ ፡ ወጋዜን ፡ ዘይንድር ፡ ውስተ ፡ ጣያቱ ፡
ከልሐ ፡ ወይቤ ፡ አጸመውከኒ ፡ ፈድፋደ ፡ አዮሐንስ ፡ ወ 25
አውዓእከኒ ፡ እማንደርየ ፡ ወአዘዘ ፡ ንጉሥ ፡ ይሕንጹ ፡
ዐባየ ፡ ቤተ ፡ ክርስቲያን ፡ ኅበ ፡ ውእቱ ፡ መካን ፡ ወረሰየ
ዋ ፡ በስመ ፡ ሐዋርያት ። ወቅዱስ ፡ ዮሐንስ ፡ ያጸንዖሙ ፡

ለኩሎሙ ፡ ውስተ ፡ ሀይማኖት ፡ ወያከብርዎ ፡ ኩሎሙ ።
ወሰሚያ ፡ ቄስጠንጢኖስ ፡ ንጉሥ ፡ በእንተ ፡ ኩሉ ፡ ኔሩ
ት ፡ ዘገብረ ፡ ዮሐንስ ፡ ወሰብሐ ፡ ለእግዚአብሔር ፡ ወለእ
ክ ፡ ኔቤሁ ፡ መጽሐፈ ፡ እንዘ ፡ ይስእሎ ፡ ከመ ፡ ይባርክ ፡
ላዕሌሁ ፡ ወላዕለ ፡ መንግሥቱ ፡ ወሰመዮ ፡ ባቲ ፡ ዳንኤል ፡ 5
ሐዲስ ፡ ነገሩ ፡ አማልክት ። ወብሔረ ፡ አብድያኖስ ፡ ይ
ሁቡ ፡ ምሕረተ ፡ ኩሎ ፡ ዕለተ ፡ በኩሉ ፡ መዋዕሊሁ ፡ ለቅ
ዱስ ፡ ዮሐንስ ፡ በእንተ ፡ ብዝኅ ፡ ተአምር ፡ ዘገብረ ፡ እግ
ዚአብሔር ፡ በእዴዊሁ ።

ርእዩኬ ፡ አፍቁራንየ ፡ ንየሉ ፡ ለእግዚአብሔር ፡ ወ 10
ሃህሎ ፡ ለቅዱስ ፡ ሚካኤል ፡ ሊቀ ፡ መላእክት ፡ ይትረከ
ብ ፡ ስእለቱ ፡ ለሚካኤል ፡ በእንተ ፡ ፍሬ ፡ ኩሉ ፡ ዘርእ ፡
ገራውህ ። ወበስእለቱ ፡ ለሚካኤል ፡ ዕፀው ፡ ይሁቡ ፡ ፍ
ሬሆሙ ፡ ይትረከብ ፡ ሰእለቱ ፡ ለሚካኤል ፡ ላዕለ ፡ አሕማ
ር ፡ ሰብ ፡ ይነግዱ ። ወያዐርፉ ፡ ይትረከብ ፡ ስእለቱ ፡ ለሚ 15
ካኤል ፡ ለእለ ፡ ይዓይሉ ፡ ውስተ ፡ እድባር ፡ ከመ ፡ ያጽን
ዖሙ ፡ ለፍልስቶሙ ፡ ይትረከብ ፡ ስእለቱ ፡ ለሚካኤል ፡
ነበ ፡ ይትጋብኡ ፡ መነኮሳት ፡ የሃብ ፡ ሰላመ ፡ ማእከሎሙ ።
ይትረከብ ፡ ስእለቱ ፡ ለሚካኤል ፡ ላዕለ ፡ ጸሎቾሙ ፡ ለኢ
ጺስ ፡ ቀጸሳት ፡ ወቀሳውስት ፡ ወዲያቆናት ፡ ዲበ ፡ ማእድ ፡ 20
ይትረከብ ፡ ጸሎቱ ፡ ለሚካኤል ፡ ዘይረድአሙ ፡ ለግፉዓን
ወለእለ ፡ ውስተ ፡ መዋቅሕት ። ይትረከብ ፡ ጸሎቱ ፡ ለ
ሚካኤል ፡ ዘይረድእሙ ፡ ለእለ ፡ ውስተ ፡ መንሱት ። ወ
ያጸንዖሙ ፡ ለሕያዋን ፡ በመንዳቤሆሙ ፡ ወይስእሎ ፡ ለእ
ግዚአብሔር ፡ በእንተ ፡ ምውታን ፡ ከመ ፡ ይምሐርሙ ። 25
ለመኑ ፡ እምጻድቃን ፡ ዘኢመጽአ ፡ ኔቤሁ ፡ ሚካኤል ፡
ወዘኢረድኦ ፡ በኩሉ ፡ ምንዳቤሁ ። ወመኑ ፡ እመሰማዕ
ት ፡ ዘኢመጽአ ፡ ኔቤሁ ፡ ሊቀ ፡ መላእክት ፡ ወኢረድአ

ሙ ፡ በኵሉ ፡ ምንዳቤሆሙ ፡ ወሐዘኖሙ ፡ ወሥቃዮሙ ፡፡
ናሁኬ ፡ ፍቁራኂየ ፡ እአምርን ፡ ፍቅሮ ፡ ለእግዚአብሔር ፡
ላዕለ ፡ ሰብእ ፡ ወአእለቱ ፡ ለሚካኤል ፡ ሊቀ ፡ መላእክት ፡
እስመ ፡ ይተነብል ፡ ለኵሉ ፡ ሰብእ ፡ ወይስአል ፡ በእንቲአ
ሆሙ ፡ ቅድመ ፡ እግዚአብሔር ፡ አብ ፡ ከመ ፡ ይምሐር ፡ 5
ሙ ፡ ለኵሎሙ ፡ ወይስርሓሙ ፡ ወለነኂ ፡ ይምሐረን ፡ በእ
ንቲአሁ ፡ ከመ ፡ ይምጽእን ፡ ፈድፋዶ ፡ ወይስአል ፡ በእን
ቲአን ፡ ቅድመ ፡ እግዚአብሔር ፡፡ ወንፋቀር ፡ በበይናቲነ ፡
በፍቅረ ፡ እግዚአብሔር ፡ ወነሀሉ ፡ ኵልነ ፡ በአሐዱ ፡ ና
ቅር ፡፡ ወኢንደይ ፡ ውስተ ፡ አፉነ ፡ ሕብለ ፡ እስመ ፡ እኩ 10
ይ ፡ መዝገብ ፡ ይእቲ ፡ ሕብል ፡ ወጽይእት ፡ ነጢአት ፡
ግሙት ፡ ወምንንት ፡ በቅድመ ፡ እግዚአብሔር ፡ ወመላ
እክቲሁ ፡ ወሞት ፡ ወንዴት ፡ ለነፍስ ፡፡ ወቅንአት ፡ ፍቁ
ራ ፡ ለሰይጣን ፡ ወጽልእ ፡ ለእግዚአብሔር ፡ ወመለእክ
ቲሁ ፡ ወታጸልአሙ ፡ ለክርስቲያን ፡ ወዓርኩ ፡ ለሐኑል ፡፡ 15
ወይእዜኒ ፡ አንዋነ ፡ ንግድፍ ፡ እምኔነ ፡ ፍኖተ ፡ ርኩሰ ፡
ወንሐር ፡ በፍኖት ፡ ሠናይ ፡ ወምሕዋር ፡ ርቱዕ ፡ ወ ንሐ
ር ፡ ዘእንበለ ፡ ናጢአት ፡ ወዘእንበለ ፡ ነውር ፡፡ ኢኮን ፡ እ
ውስበ ፡ ንጹሕ ፡ ዘያረኵሶ ፡ ለሰብእ ፡ እምአመ ፡ ኮነ ፡ ርእ
ዩ ፡ ሙሴ ፡ አመ ፡ ተናገረ ፡ ምስለ ፡ እግዚአብሔር ፡ ዒዪ 20
ወ ፬ ፡ ቃለ ፡ ወቦቱ ፡ ብእሲተ ፡ ወውሉደ ፡ ወኢኮኖ ፡ ዕቅ
ፍተ ፡ ለበአቱ ፡ ውስተ ፡ ሠናይ ፡ ወባሕቱ ፡ ኢያጽንዐ ፡
ቃሎ ፡ ፈድፋዶ ፡፡ ዳእሙ ፡ ዝንቱ ፡ ይአክል ፡ ስምዐ ፡ ዘ
ብሉይ ፡ ወዘሐዲስ ፡ ዳእሙ ፡ ንፈጽም ፡ ነገረ ፡ ወንቅረብ ፡
ንግበር ፡ በዓለ ፡ ዮም ፡ ለቅዱስ ፡ ሚካኤል ፡ ሊቀ ፡ መላ 25
እክት ፡፡ እስመ ፡ ዝንቱ ፡ በዓል ፡ ኢይፈቅድ ፡ ባዕለ ፡ ዘይ
በልዕ ፡ ወይስቲ ፡ ወይትፌሣሕ ፡ ባሕቲቱ ፡ ወይድጉሙ ፡
ለነዳያን ፡ ወምስኪናን ፡ ር፧ብኂሆሙ ፡ ወጽሙአኂሆሙ ፡፡

ዝንቱ ፡ በዓል ፡ ኢይፈቅድ ፡ ባዕለ ፡ ዘይለብስ ፡ አልባሰ ፡
ክብር ፡ ወነዳይሰ ፡ ዕራቁ ፡ ይቴርር ፡ በእስሐቲያ ። ዝንቱ ፡
በዓል ፡ ኢይፈቅድ ፡ ሰብእ ፡ እለ ፡ ይዴለው ፡ ለአብያተ ፡
ስርግው ፡ ወነዳየሰ ፡ ይስክብ ፡ አፍአ ፡ በቆር ። ዝንቱ ፡
በዓል ፡ ኢይፈቅድ ፡ ዘይበልዕ ፡ በፍሥሓ ፡ እንዘ ፡ ይኄኑ 5
ስ ፡ ነዳይ ፡ በውስተ ፡ መዋቅሕት ። ዝንቱ ፡ በዓል ፡ ኢይ
ፈቅድ ፡ ዘይረንቅ ፡ ባሕቲቱ ፡ እንዘ ፡ ይደዊ ፡ ነዳይ ፡ ወ
ኢይረክብ ፡ ዘይኔውጾ ፡ እሉ ፡ ትእዛዝ ፡ ጽሑፍ ፡ ውስተ ፡
ወንጌል ። ወይእዜኒ ፡ እንዋን ፡ ንስእሎ ፡ ለሚካኤል ፡
ሊቀ ፡ መላእክት ፡ በርቱዕ ፡ ልብ ፡ ከመ ፡ ይንሣእ ፡ ለነ ፡ 10
ኂጋ ፡ በቅድመ ፡ እግዚአብሔር ። ወዓዲ ፡ እብለክሙ ፡
ከመ ፡ ይቀውም ፡ ዓለም ፡ በእለቱ ፡ ለሚካኤል ፡ ወቅ
ድስት ፡ ድንግል ፡ ማርያም ፡ እሙ ፡ ለእግዚእነ ። ወይእ
ዜኒ ፡ ንስብሐሙ ፡ በስብሐት ፡ ዘይደሉ ፡ ለዝንቱ ፡ በዓል ፡
እስመ ፡ ንሬኢ ፡ ከመ ፡ ቀርበ ፡ ጊዜሁ ፡ ከመ ፡ ይቅረቡ ፡ 15
ወይፈጽሙ ፡ ምስጢረ ፡ ቅዳስ ፡ ወንሰብሐ ፡ ለዘ ፡ ይደል
ም ፡ ዠሎ ፡ ስብሐት ፡ እግዚእነ ፡ ወአምላክነ ፡ ወመድኃኒ
ነ ፡ ኢየሱስ ፡ ክርስቶስ ፡ ዘሎቱ ፡ ይደሉ ፡ ዠሎ ፡ ስብሐት ፡
ወዠሎ ፡ ክብር ፡ ወዠሎ ፡ ሰጊድ ፡ ወለአብ ፡ ምስሌሁ ፡ ወ
መንፈስ ፡ ቅዱስ ፡ ማሕየዊ ፡ ዘዕሩይ ፡ ምስሌሁ ፡ ይእዜኒ ፡ 20
ወዘልፈኒ ፡ ወለዓለመ ፡ ዓለም ፡ አሜን ።

ስብሐት ፡ ለእግዚአብሔር ፡ ለዓለም ።

COPTIC FORMS
OF GREEK AND OTHER WORDS WHICH OCCUR IN THE THREE ENCOMIUMS ON SAINT MICHAEL.

Coptic.	Greek etc.	Passages.
ⲀⲂⲂⲀ	אַבָּא, Ἀββᾶ	1.4; 63.2; 83.3; 125.16.
ⲀⲄⲀⲐⲞⲤ	ἀγαθός	19.11; 30.4; 35.23; 36.18; 42.14; 56.15; 81.20; 104.14; 107.22; 109.5; 114.24; 121.8; 135.5; ⲘⲈⲦⲀⲄⲀⲐⲞⲤ 11.17; 30.9; 81.22;
ⲀⲄⲀⲐⲞⲚ	ἀγαθόν	11.8; 19.28; 25.17; 31.26; 32.17; 47.19; 49.12; 52.12; 94.21; 107.8; 116.22.
ⲀⲄⲀⲠⲎ	ἀγάπη	1.11; 9.21; 22.27; 24.25; 25.10; 26.3; 28.13; 29.23; 45.10; 49.27; 51.10; 54.11; 56.2; 96.7; 97.17; 102.28; 103.11; 115.23; 116.21; 117.1; 118.14; 120.10; 128.3.
ⲀⲄⲀⲠⲎⲦⲞⲤ	ἀγαπητός	39.17.
ⲀⲄⲄⲈⲖⲞⲤ	ἄγγελος	1.6; 7.15; 9.8; 11.5; 14.2; 19.10; 94.2; &c.
ⲀⲄⲄⲈⲖⲒ	ἀγγέλαι	116.4; 121.4; 122.3.
ⲀⲄⲄⲈⲖⲒⲔⲎ	ἀγγελική	113.18.
ⲀⲄⲒⲀ	ἅγια	60.24; 63.8; 64.24.
ⲀⲄⲒⲀⲌⲒⲚ	ἁγίζω	68.2; 84.21; 87.2.

COPTIC FORMS OF GREEK &c. WORDS.

Coptic.	Greek etc.	Passages.
ⲀⲄⲒⲀⲤⲘⲞⲤ	ἁγιασμός	85.12; 98.7.
ⲀⲄⲒⲞⲤ	ἅγιος	61.3; 73.7; 82.12; 87.15; 93.3; 130.21; &c.
ⲀⲄⲒⲞⲦⲀⲦⲞⲤ	ἁγιοτατος	1.2.
ⲀⲄⲰⲚ	ἀγων	19.27; 132.27.
ⲀⲄⲰⲚⲒⲌⲈⲤⲐⲈ	ἀγωνίζομαι	54.3.
ⲀⲆⲀⲘⲎⲚⲦⲒⲚⲞⲚ	ἀδαμάντινον	115.24; 130.3.
ⲀⲎⲢ	ἀήρ	112.16; 129.21; 130.1.
ⲀⲔⲦⲒⲚ	ἀκτίν (ἀκτίς)	116.3.
ⲀⲖⲎⲐⲒⲚⲞⲚ	ἀληθινόν	2.11.
ⲀⲖⲎⲐⲰⲤ	ἀληθῶς	60.24; 70.13; 71.2; 81.6; 126.10; 132.6.
ⲀⲖⲖⲀ	ἀλλά	3.20; 4.9; 5.25; 6 3; 7.13; 10.10; 20.5; 21.27; 22.7; 24.17; 25.13; 30.24; 32.28; 33.4; 34.25; 40.16; 42.18; 43.23; 46.3; 59.7; 64.7; 65.7; 66.9; 67.19; 69.12; 70.15; 73.7; 77.10; 80.6; 89.22; 90.13; 94 8; 95.6; 97.22; 98.26; 104.3; 107.9; 115.12; 119.10; 123.11; 130.2; 133.3.
ⲀⲖⲖⲞⲞⲢⲒⲞⲄⲚ	ἀλλότριον (?)	50.4.
ⲀⲘⲎⲚ	אָמֵן	1.23; 25.6; 31.11; 42.15; 50.13; 61.21; 63.21; 91.5; 93.18.
ⲀⲚⲀⲄⲔⲀⲌⲒⲚ	ἀναγκάζω	3.18; 4.8; 70.25; 74.10.
ⲀⲚⲀⲄⲔⲎ	ἀνάγκη	1.22; 8.12; 19.23; 46.11; 68.25; 69.26; 88.17; 110.8; 123.17.
ⲀⲚⲀⲄⲚⲰⲤⲦⲎⲤ	ἀναγνώστης	83.8.
ⲀⲚⲀⲤⲦⲀⲤⲒⲤ	ἀνάστασις	64.5.
ⲀⲚⲀⲦⲞⲖⲎ	ἀνατολή	108.2.
ⲀⲚⲀⲪⲞⲢⲀ	ἀναφορά	42.1.

COPTIC FORMS OF GREEK &c. WORDS.

Coptic.	Greek etc.	Passages.
ⲁⲛⲁⲭⲱⲣⲓⲛ	ἀναχωρέω	86.11.
ⲁⲛⲉⲭⲉⲥⲑⲉ	ἀνέχω	105.23.
ⲁⲛⲟⲙⲓⲁ	ἀνομία	106.1.
ⲁⲛⲧⲓⲗⲟⲅⲓⲁ	ἀντιλογία	75.13.
ⲁⲝⲓⲱⲙⲁ	ἀξίωμα	59.3; 123.20.
ⲁⲡⲁⲛⲧⲁⲛ	ἀπαντάω	63.10; 77.3; 83.21; 127.9; 130.12.
ⲁⲡⲁⲝ ⲁⲡⲗⲱⲥ	ἅπαξ ἁπλῶς	15.5; 21.23.
ⲁⲡⲁⲣⲭⲏ	ἀπαρχή	114.18.
ⲁⲡⲁⲣⲭⲟⲥ	ἄπαρχος	103.23.
ⲁⲡⲗⲱⲥ	ἁπλῶς	7.26; 15.5; 21.23; 83.16; 88.16; 97.1; 112.11; 114.20.
ⲁⲡⲟⲕⲣⲓⲥⲓⲥ	ἀπόκρισις	41.11.
ⲁⲡⲟⲗⲟⲅⲓⲁ	ἀπολογία	123.1.
ⲁⲡⲟ|ⲥ|ⲧⲁⲍⲉⲥⲑⲉ	ἀποστατέω	69.9.
ⲁⲡⲟⲥⲧⲏⲛⲁ	ἀπόστημα	131.7.
ⲁⲡⲟⲥⲧⲟⲗⲟⲥ	ἀπόστολος	1.5; 5.20; 7.9; 18.12; 49.24; 55.25; 61.6; 83.15; 85.5; 87.14; 108.26; 109.17; 133.17.
ⲁⲡⲟⲅⲟⲏⲕⲏ	ἀποθήκη	73.11.
ⲁⲣⲉⲧⲏ	ἀρετή	1.4; 5.8; 8.28; 39.2; 51.19.
ⲁⲣⲓⲥⲧⲟⲛ	ἄριστον	8.2; 11.9; 13.4; 16.11; 20.24; 22.9; 94.11; ⲁⲣⲁⲥⲧⲟⲛ 94.22.
ⲁⲣⲕⲟⲥ	ἀργός	23.17; ⲙⲉⲧⲁⲣⲕⲟⲥ 5.5; 26.23.
ⲁⲣⲭⲉⲟⲥ	ἀρχαῖος	41.22; 100.9; 105.19.
ⲁⲣⲭⲏ	ἀρχή	2.1; 5.12; 25.27; 58.7; 132.21.
ⲁⲣⲭⲏⲁⲅⲅⲉⲗⲟⲥ	ἀρχιάγγελος	7.15; &c.
ⲁⲣⲭⲏⲅⲟⲩⲥ	ἀρχηγός	2.15; 10.17.
ⲁⲣⲭⲏⲇⲓⲁⲕⲱⲛ	ἀρχιδιάκονος	19.6.
ⲁⲣⲭⲏⲉⲡⲓⲥⲕⲟ-ⲡⲟⲥ	ἀρχιεπίσκο-πος	1.6; 63.2; 82.12; 83.4; 84.2; 85.5; 86.9; 133.5.

Coptic.	Greek etc.	Passages.
ⲁⲣⲭⲏⲡⲣⲟⲫⲏ-ⲧⲏⲥ	ἀρχιπροφή-της	55.3.
(ⲁⲣⲭⲏⲣⲉϥⲣⲱⲓⲥ		75.24; 76.4).
ⲁⲣⲭⲏⲥⲧⲣⲁⲧⲏ-ⲅⲟⲥ		20.22; 65.11.
ⲁⲣⲭⲏⲥⲧⲣⲁⲧⲓ-ⲕⲟⲥ		94.13; 132.9.
ⲁⲣⲭⲏⲥⲧⲣⲁⲧ︤ⲅ︥-ⲅⲟⲥ	ἀρχιστρά-τηγος	47.26.
ⲁⲣⲭⲏⲥⲧⲣⲁⲧⲓ-ⲕⲟⲩⲥ		80.3.
ⲁⲣⲭⲏⲥⲧⲣⲁⲧⲩ-ⲅⲟⲩⲥ		4.16; 6.20; 20.26; 21.15; 22.26; 23.3; 58.4.
ⲁⲣⲭⲏⲥⲧⲣⲁⲧⲩ-ⲗⲁⲧⲏⲥ	ἀρχιστρατη-λάτης	94.17.
ⲁⲣⲭⲱⲛ	ἄρχων	4.15; 5.27; 7.18; 8.18; 9.1; 14.20; 36.10; 37.2; 38.4; 39.2; 40.1; 41.28; 42.4; 43.2; 44.9; 45.2; 46.6; 47.6; 57.3; 59.6; 72.15; 74.4; 75.15; 76.9; 84.15; 94.18.
ⲁⲥⲕⲓⲧⲏⲥ	ἀσκητής	88.5.
ⲁⲥⲕⲩⲥⲓⲥ	ἄσκησις	5.21; 88.6.
ⲁⲥⲡⲁⲍⲉⲥⲑⲉ	ἀσπάζομαι	71.8; 82.14; 109.8; 122.25; 128.5.
ⲁⲥⲡⲁⲥⲙⲟⲥ	ἀσπασμός	103.24.
ⲁⲥⲱⲙⲁⲧⲟⲥ	ἀσώματος	4.11.
ⲁⲩⲗⲏ	αὐλή	7.21; 20.24; 21.13; 22.13; ⲁⲩⲗ-ⲓⲟⲩ 22.24; 25.26; 52.22; 118.22.
ⲁⲩⲧⲟⲕⲣⲁⲧⲱⲣ	αὐτοκράτωρ	81.18.
ⲃⲁⲡⲧⲓⲥⲧⲏⲥ	βαπτιστής	61.4.
ⲃⲁⲥⲁⲛⲓⲍⲓⲛ	βασανίζω	74.16.

COPTIC FORMS OF GREEK &c. WORDS. 221

Coptic.	Greek etc.	Passages.
ⲂⲀⲤⲀⲚⲞⲤ	βάσανος	19.26; 88.24.
ⲂⲀⲤⲒⲖⲒⲔⲞⲚ	βασιλικόν	63.13; 123.20; 134.18.
ⲂⲎⲖⲖⲞⲚ	βῆλον	66.22.
ⲂⲎⲘⲀ	βῆμα	127.3.
ⲂⲒⲀ	βία	ⲰⲂⲒⲀ 111.14; 113.9.
ⲂⲒⲞⲤ	βίος	30.11; 50.20; 76.24; 113.14.
ⲂⲒⲦⲎⲤ	πίθος (?)	41.13.
ⲂⲞⲎⲐⲒⲀ	βοήθεια	100.20; 101.7; 103.16; 108.13.
ⲂⲞⲎⲐⲒⲚ	βοηθέω	29.20; 31.6; 52.18; 68.26; 69.25; 88.16; 110.8; 111.7; 114.2; 120.28; 123.16.
ⲂⲞⲎⲐⲞⲤ	βοηθός	11.26; 17.22; 26.4; 65.28; 73.24; 88.13; 107.20; 114.14; 119.25.
ⲂⲞⲨⲖⲎ	βουλή	99.15; 100.18.
ⲄⲀⲘⲞⲤ	γάμος	89.18; 120.8.
ⲄⲀⲢ	γάρ	65.18; 74.16; 77.23; 81.19; 86.6; 88.19; 89.18; 90.3; 94.10; 95.26; 96.26; 98.14; 104.7; 107.27; 116.23; 118.6; 121.18; 122.5; 124.2; 125.7; 134.28; 135.1.
ⲄⲈⲚⲚⲎ	καινή	89.25.
ⲄⲈⲚⲞⲤ	γένος	8.9; 12.24; 13.17; 45.11; 55.17; 60.6; 65.17; 82.22; 90.14; 100.14; 101.20; 103.26; 119.12.
ⲄⲢⲀⲪⲎ	γραφή	1.18; 4.5; 95.11; 118.14.
ⲆⲀⲌⲒⲤ	τάξις	8.19; 24.12; 58.26.
ⲆⲈ	δέ	5.23; 32.12; 35.23; 43.1; 46.23; 51.18; 52.18; 56.1; 68.6; 70.25; 76.21; 77.2; 79.23; 82.13; 96.17; 109.22; 110.14; 114.2; 122.13; 123.5; 124.10; 127.4; 128.7; 129.3.

COPTIC FORMS OF GREEK &c. WORDS.

Coptic.	Greek etc.	Passages.
ⲆⲈⲘⲰⲚ	δαίμων	73.5; 87.9; 101.27; 117.17; 122.17.
ⲆⲎⲘⲞⲤⲒⲞⲚ	δεμόσιον	76.27.
ⲆⲒⲀⲂⲞⲖⲞⲤ	διάβολος	63.7; 69.17; 73.26; 74.12; 77.16; 78.6; 89.12; 100.18; 101.19; 102.12; 103.12; 104.22; 105.25; 106.17; 107.12; 108.14; 109.3; 110.17; 114.1C, 115.5; 117.12; 118.11; 120.17; 121.7; 122.27; 123.18; 134.11.
ⲆⲒⲀⲆⲒⲔⲒⲀ	διαδικέω	56.20.
ⲆⲒⲀⲐⲎⲔⲎ	διαθήκη	54 22.
ⲆⲒⲀⲔⲞⲚ } ⲆⲒⲀⲔⲰⲚ }	διάκων	83.8. 4.13; 85.24; 126 19.
ⲆⲒⲀⲔⲰⲚⲞⲤ	διάκονος	85.26.
ⲆⲒⲀⲔⲰⲚⲒⲚ	διακονέω	25.24; 27.4; 42.28; 45.24; 48.12; 52.13; 124.20; 125.28.
ⲆⲒⲀⲖⲞⲄⲞⲤ	διάλογος	63.15.
ⲆⲒⲔⲀⲤⲦⲎⲣⲒⲞⲚ	δικαστήριον	88.14.
ⲆⲒⲔⲈⲞⲤ	δίκαιος	44.28; 54.6: 80.5; 88.19; 104.2.
ⲆⲒⲞⲒⲔⲒⲦⲎⲤ	διοικητής	74 8.
ⲆⲒⲠⲖⲞⲄⲚ	διπλόον	87.5.
ⲆⲒⲠⲚⲞⲚ	δεῖπνον	6.26; 11.6; 94.22.
ⲆⲰⲢⲈⲀ	δωρεά	45.28; 51.7; 132.28.
ⲆⲰⲢⲞⲚ	δῶρον	23 26; 24.4; 25.8: 26.8; 28.13; 29.7; 30.8; 31.25; 32.14; 33.8; 34.3; 42.18; 45.18; 48.9; 52.14: 54.4; 59.14; 107.23; 134.17.
ⲈⲄⲔⲰⲘⲒⲞⲚ } ⲈⲚⲔⲰⲘⲒⲞⲚ }	ἐγκώμιον	58.10; 93.5; ⲈⲨⲈⲄⲔⲰⲘⲒⲞⲚ 5.11. 93.1.
ⲈⲐⲚⲞⲤ	ἔθνος	5.28; 64.22; ⲘⲈⲦⲈⲐⲚⲞⲤ 66.10.

COPTIC FORMS OF GREEK &c. WORDS. 223

Coptic.	Greek etc.	Passages.
ЄΚΚΛΗΣΙΑ	ἐκκλησία	22.19; 26.21; 34.15; 35.5; 42.7; 53.20; 83.17; 84.3; 85.21; 86.14; 87.6; 125.15; 127.6; 129.15.
ЄΛΑΧΙΣΤΟΝ	ἐλάχιστον	126.33.
ЄΛΕΥΘЄΡΟΣ	ἐλεύθερος	39.16.
ЄΛЄΦΑΝΤΙΝΟΝ	ἐλεφάντινον	126.18.
ЄΝЄΡΓΙΑ	ἐνέργεια	110.18.
ЄΝЄΡΓΙΝ	ἐνεργέω	87.25.
ЄΝΙѠΧΟΣ	ἡνίοχος	132.26.
ЄΝΟΧΟΣ	ἔνοχος	108.23.
ЄΝΤΟΛΗ	ἐντολή	90.13; 105.1; 111.24; ΝΤΟΛΗ 11.26; 108.15; 121.19.
ЄΞЄΡΗΖΙΝ	ἐξηγέομαι	133.10.
ЄΞЄΡΗΣΙΣ	ἐξήγησις	133.10.
ЄΞѠΡΙΖΙΝ	ἐξορίζω	93.3; 134.1.
ЄΠΑ	ἄπα	93.1.
ЄΠΑΓΓЄΛΙΑ	ἐπαγγελία	15.19.
ЄΠΙ ΔЄ ЄΠΙ ΔΗ	ἐπὶ δέ	107.27. 67.26; 86.4; 102.22; 103.2; 108.20; 111.9; 114.22; 117.3; 120.16; 122.2; 124.18; 127.11.
ЄΠΙΒΟΥΛΗ	ἐπιβουλή	99.15; 110.14.
ЄΠΙΘΡΟΠΟΣ	ἐπίτροπος	48.5.
ЄΠΙΘΥΜΙΑ	ἐπιθυμία	18.2.
ЄΠΙΣΚΟΠΟΣ	ἐπίσκοπος	68.1; 69.1; 71.10; 72.8; 81.11; 82.1; 85.22; 86.18; 87.1; 88.9; 93.2; 125.16; 126.2; 127.4; 128.1; 129.15.
ЄΠΙΣΤΟΛΗ	ἐπιστολή	83.4; 87.20; 109.18.
ЄΠΙΣΤΟΛΗ ΚΑΘΟΛΙΚΟΝ		83.15.
ЄΠΙΤΙΜΑΝ	ἐπιτιμάω	119.29; 120.1; 121.13.

Coptic.	Greek etc.	Passages.
ερλΔριον	ἀρητήριον	42.10.
ερετιν	ἐρωτάω	5.2; 6.9; 11.16; 23.15; 29.5; 99.17; 101.7; 108.13; 115.1; 120.18.
ερμενιλ	ἑρμηνεία	49.14.
ερογψαλτης	ἱεροψάλτης	93.21.
ετημλ	αἴτημα	1.16; 24.1; 113.25.
ετι Δε	ἔτι δέ	75.3; 123.17.
εγλγγελιον	εὐαγγέλιον	53.5; 65.3; 73.16; 83.14; 90.15; 121.6.
εγγενης	εὐγενής	103.10.
εγκελλλ		41.7.
εγκεριλ	εὐκαιρία	77.3.
εγσεβης	εὐσεβής	26.5; 28.20; 31.23; 34.4; 35.17; 36.3; 95.25; 106.23; 101.8; 119.6.
εγχη	εὐχή	13.8; 85.15.
εφ οcον	ἐφ' ὅσον	106.10.
εχμλλωσιλ	αἰχμαλωσία	134.16.
εχμλλωτεγιν	αἰχμαλωτίζω	134.12.
εχμλλωτος	αἰχμάλωτος	134.9.
εων	αἰών	25.26; 47.28.
ζωγρλφιλ	ζωγραφία	112.28; 121.27.
ζωγρλφιν	ζωγραφέω	99.21; 111.4.
ζωγρλφος ζωκρλφος	ζωγράφος	99.4; 121.28. 98 1.
θλλλσσλ	θάλασσα	3.3.
θλνεcθε	θανατόω	118 10.
θλριν	θαρσέω	100.23; 113.12; 123 12; θλρπι (sic) 99.14.
θεοΔοκος	θεοτόκος	84.22; 90.21.
θεοcεβης	θεοσεβής	34.16.

COPTIC FORMS OF GREEK &c. WORDS.

Coptic.	Greek etc.	Passages.
ⲑⲉⲱⲣⲓⲁ	θεωρία	127.17.
ⲑⲗⲓⲯⲓⲥ	θλῖψις	24.21; 65 21; 88.24.
ⲑⲣⲓⲧⲟⲛ	τρίτον (?)	44.26; 45.13.
ⲑⲣⲟⲛⲟⲥ	θρόνος	7.16; 44.5; 53 9; 61.12; 126.18; 132.12.
ⲑⲩⲥⲓⲁ	θυσία	24.5; 26.20; 31.20; 49.4; 54.15; 59.11; 115.23; 118.21; 126.11.
ⲑⲩⲥⲓⲁⲥⲧⲏⲣⲓⲟⲛ	θυσιαστήριον	83.10; 129.18.
ⲓⲇⲱⲗⲟⲛ	εἴδωλον	80.13; 81.21; 82.25; 87.10; 134.5.
ⲓⲧⲉ	εἴτε	25.11; 64.9; 84 15; 114.17.
ⲕⲁⲍⲟⲫⲩⲗⲁ-ⲅⲓⲱⲛ	γαζοφυλάκιον	52.6; ⲕⲁⲍⲱⲫⲩⲗⲁⲅⲓⲟⲛ 52.2.
ⲕⲁⲑⲁⲣⲟⲥ	καθαρός	20.15.
ⲕⲁⲑⲏⲕⲓⲛ	καθηγοῦμαι	71.21; 72.8; 86.13; ⲕⲁⲑⲏⲣⲓⲛ 81.12.
ⲕⲁⲑⲟⲗⲓⲕⲟⲛ	καθολικόν	83.16.
ⲕⲁⲓ ⲅⲁⲣ	καὶ γάρ	98.15.
ⲕⲁⲗⲓⲛ	καλέω	77.22.
ⲕⲁⲗⲟⲥ	καλός	24.7; ⲕⲁⲗⲟⲩ 33.9.
ⲕⲁⲗⲱⲥ	καλῶς	4.2; 5.24; 22.14; 32.3; 33.22; 36.23; 39.20; 40.3; 43.6; 71.1; 114.21.
ⲕⲁⲛ	καὶ ἄν	8.6; 107.11; 122.10.
ⲕⲁⲡⲛⲟⲥ	καπνός	107.18.
ⲕⲁⲣⲡⲟⲥ	καρπός	88.2; 131.2.
ⲕⲁⲧⲁ	κατά	1.13; 7.25; 8.20; 10.21; 19.4; 23.24; 24.2; 26.19; 28.10; 31.21; 40.14; 42.3; 46.8; 47.12; 54.7; 65.3; 68.7; 71.7; 74.22; 77.3; 93.20; 96.8; 99.10; 103.11; 107.27; 114.21; 116.12; 117.2;

Coptic.	Greek etc.	Passages.
		121.24; 129.19; 130.27; 131.3; 133.16.
ΚΑΤΑΛΙΚΟС	κατάδικος	78.22.
ΚΑΤΑΚΙΟΝ	κατάγειον	76.11.
ΚΑΤΑΚΛΥϹΜΟϹ	κατακλυσμός	121.1.
ΚΑΤΑΛΑΛΙΑ	καταλαλιά	10.8; 89.7; 112.19.
ΚΑΤΑΠΕΤΑϹΜΑ	καταπέτασμα	113.18; 132.16.
ΚΑΤΑΡΑΚΤΗϹ	καταρράκτης	13.18; 128.14.
ΚΑΤΑΦΡΟΝΙΝ	καταφρονέω	97.13.
ΚΕ ΓΑΡ	καὶ γάρ	68.19; 80.4; 82.5; 99.26; 105.3; 109.20; 118.16; 127.23.
ΚΕ ΠΕΡ	καὶ πέρ	117.13.
ΚΕΛΕΥΙΝ	κελεύω	76.3; 79.17.
ΚΕΦΑΛΕΟΝ	κεφάλαιον	126.22.
ΚΛΗΡΙΚΟϹ	κληρικός	67.1.
ΚΛΗΡΟΝΟΜΙΑ	κληρονομία	26.12; 129.8.
ΚΛΗΡΟΝΟΜΙΝ	κληρονομέω	47.9; 107.23; 116.22; 117.27; 125.11.
ΚΟΙΤⲰΝ }	κοιτών	41.19; 103.1; 104.24; 105.13; 106.5; 124.25; 125.3; 107.3; 111.2; 114.5; 126.16.
ΚⲰΙΤⲰΝ }		101.2; 102.24.
ΚΟΙΝΟΜΙΝ	οἰκονομέω	4.1; 13.22.
ΚΟΙΝⲰΝΙ	κοινωνέω	75.20; ΚⲰΙΝⲰΝΙΝ 106.28.
ΚΟΛΑϹΙϹ	κόλασις	75.19; 88.16.
ΚΟΛΙΝ	κωλύω	132.17; ΚⲰΛΙΝ 113.6.
ΚΟΛΛΑΡΙΟΝ	collarium	78.16.
ΚΟΛΥΜΒΗΟΡΑ	κολυμβήθρα	84.26; ΚΟΛΥΜΒΗΤΡΑ 85.10.
ΚΟΡΥΜΦΕΟϹ	κορυφαῖος	61.6.
ΚΟϹΜΟϹ	κόσμος	3.8; 6.12; 9.16; 10.11; 12.22;

COPTIC FORMS OF GREEK &c. WORDS.

Coptic.	Greek etc.	Passages.
		13.15; 24.21; 25.25; 26.16; 48.28; 51.17; 55.25; 90.19; 97.6; 106.25; 107.6; 121.11; 128.25.
ΚΟⲤⲘⲒΚΟΝ	κοσμικόν	108.18.
ΚΟⲤⲘⲎⲤⲒⲤ	κόσμησις	26.15; 104.10; 106.21; 121.28.
ⲕⲟⲩⲗⲁⲧⲱⲣ	curator	104.16; 106 5; 107.3; 108.5; 109.25.
ⲕⲣⲁⲛⲓⲟⲛ	κρανίον	131.22.
ⲕⲣⲓⲥⲓⲥ	κρίσις	97.1; 118.19.
ⲕⲣⲓⲧⲏⲥ	κριτής	15.25.
ⲕⲩⲃⲱⲧⲟⲥ	κιβωτός	2.21; 3.11; 13.16; 54.19; 58.11.
ⲕⲩⲑⲁⲣⲁ	κιθάρα	16.11; 94.1.
ⲕⲩⲣⲓ	κύριος	39.19; 43.7; 45.21; 103.23.
ⲕⲩⲣⲓⲁⲕⲏ	κυριακή	18.21; 63.8; 64.25.
ⲕⲩⲣⲓⲝ	κήρυξ	84.12.
ⲗⲁⲕⲕⲟⲥ	λάκκος	18.7.
ⲗⲁⲙⲡⲁⲥ	λαμπάς	115.22.
ⲗⲁⲟⲥ	λαός	15.17; 17.4; 26.26; 33.9; 55.11; 60.21; 61.15; 95.26; 111.18; 114.19.
ⲗⲉⲡⲧⲟⲛ	λεπτόν	52.5.
ⲗⲟⲅⲓⲥⲙⲟⲥ	λογισμός	107.10.
ⲗⲟⲅⲟⲥ	λόγος	2.6; 5.13; 60.23; 61.13; 63 1; 95.7; 96.14; 97.12; 132.22.
ⲗⲟⲅⲭⲏ	λόγχη	89.8.
ⲗⲟⲓⲡⲟⲛ	λοιπόν	73.9; 74.2; 81.28; 80.10; 89.25; 90.16; 97.4; 100.5; 103.19; 104.15; 115.26; 113.25; 117.19; 120.7; 135.2.
ⲗⲩⲙⲏⲛ	λιμήν	3.1; 98.2.

29*

COPTIC FORMS OF GREEK &c. WORDS.

Coptic.	Greek etc.	Passages.
ⲗⲩⲙⲛⲏ	λυμνη	3.1; 84.28; 85.8; 100.11; 111.3; 112.14.
ⲗⲩⲭⲛⲓⲕⲟⲛ	λυχνικόν	66.26.
ⲙⲁⲑⲏⲧⲏⲥ	μαθητής	65.8; 109.6.
ⲙⲁⲕⲁⲣⲓⲁ	μακαρία	28.21; 32.2; 129.2.
ⲙⲁⲕⲁⲣⲓⲥⲙⲟⲥ	μακαρισμός	52.7; 115.21.
ⲙⲁⲕⲁⲣⲓⲟⲥ	μακάριος	93.8; 103.5; 104.17; 105.20; 106.27; 110.11; 115.20; 116.20; 117.23; 124.20; 126.27; 127.1; 130.16.
ⲙⲁⲗⲓⲥⲧⲁ	μάλιστα	4.7; 21.25; 34.15; 39.28; 122.18.
ⲙⲁⲗⲗⲟⲛ	μᾶλλον	117.15; 133.6.
ⲙⲁⲡⲡⲁ	μάππα	83.12.
ⲙⲁⲣⲅⲁⲣⲓⲧⲏⲥ	μαργαρίτης	115.11.
ⲙⲁⲣⲧⲩⲣⲓⲁ	μαρτυρία	19.27.
ⲙⲁⲣⲧⲩⲣⲟⲥ	μάρτυρος	19.20; 61.4; 65.21; 88.22.
ⲙⲁⲭⲉⲣⲁ	μάχαιρα	14.15.
ⲙⲉⲁⲣⲓⲧⲏⲥ	μετρητής	41.14.
ⲙⲉⲗⲉⲧⲁⲛ	μελετάω	133.27.
ⲙⲉⲛ	μέν	119.1.
ⲙⲉⲣⲟⲥ	μέρος	34.22; 113.28.
ⲙⲉⲥⲓⲧⲏⲥ	μεσίτης	8.18.
ⲙⲉⲧⲁⲛⲟⲓⲁ	μετάνοια	54.12.
ⲙⲉⲧⲣⲟⲛ	μέτρον	134.25.
ⲙⲏⲡⲟⲧⲉ	μήποτε	2.18; 3.12; 20.11; 21.22; 25.12; 29.22; 30.16; 32.13; 46.13.
ⲙⲏⲡⲱⲥ	μήπως	3.10; 69.6; 116.26; 121.13.
ⲙⲏⲧⲉ	μήτε	31.24.
ⲙⲟⲛⲁⲭⲏ	μοναχή	120.20; ⲙⲟⲩⲛⲁⲭⲏ 101.26; 102.5; 103.13; 106.17; 107.25.
ⲙⲟⲩⲛⲁⲭⲟⲥ	μοναχός	88.7.

COPTIC FORMS OF GREEK &c. WORDS. 229

Coptic.	Greek etc.	Passages.
ⲙⲟⲩⲛⲁⲥⲧⲏⲣⲓⲟⲛ	μοναστήριον	133.21.
ⲙⲟⲛⲟⲛ	μόνον	106.20.
ⲙⲟⲣⲫⲏ	μορφή	110.3; 112.27.
ⲙⲟⲩⲥⲓⲕⲟⲛ	μουσικόν	94.1.
ⲙⲩⲥⲧⲏⲣⲓⲟⲛ	μυστήριον	26.27; 33.27; 42.20; 72.5; 86.9; 90.24.
ⲛⲏⲥⲟⲥ	νῆσος	14.25; 93.2; 95.25; 96.25; 125.20; 129.24; 130.11; 133.3; 134.2.
ⲛⲟⲏⲙⲁ	νόημα	95.11.
ⲛⲟⲙⲓⲥⲙⲁ	νόμισμα	67.25.
ⲛⲟⲙⲟⲥ	νόμος	108.21.
ⲛⲟⲩⲥ	νόος	95.13.
ⲛⲩⲙⲫⲓⲛ	νυμφιάω	59.21.
ⲟⲓⲕⲟⲛⲟⲙⲓⲁ	οἰκονομία	66.23.
ⲟⲓⲕⲟⲛⲟⲙⲓⲛ	οἰκονομέω	132.7.
ⲟⲓⲕⲟⲛⲟⲙⲟⲥ	οἰκονόμος	28.25; 34.1.
ⲟⲓⲕⲟⲩⲙⲉⲛⲏ	οἰκουμένη	115.24; 133.6.
ⲟⲗⲟⲥⲓⲣⲓⲕⲟⲛ	ὁλοσηρικόν	85.13.
ⲟⲙⲟⲗⲟⲅⲓⲛ	ὁμολογέω	108.4; 124.7.
ⲟⲙⲟⲟⲩⲥⲓⲟⲥ	ὁμοούσιος	10.25; 61.19; 91.3.
ⲟⲣⲑⲓⲛⲟⲛ		67.2.
ⲟⲣⲑⲟⲇⲟⲝⲟⲥ	ὀρθόδοξος	xi.8
ⲟⲣⲫⲁⲛⲟⲥ	ὀρφανός	23.4; 27.2; 72.22; 90.2.
ⲟⲩⲇⲉ	οὐδέ	4.3; 10.6; 13.20; 32.26; 37.5; 42.17; 46.27; 86.5; 105.22; 108.18; 118.14; 122.3.
ⲟⲩⲛ	οὖν	1.17.
ⲡⲁⲑⲟⲥ	πάθος	118.12.
ⲡⲁⲗⲉⲁ	παλαιά	89.24.

COPTIC FORMS OF GREEK &c. WORDS.

Coptic.	Greek etc.	Passages.
ⲡⲁⲗⲓⲛ	πάλιν	23.22; 53.28; 119.7.
ⲡⲁⲗⲁⲧⲓⲟⲛ	παλάτιον	134.8; ⲡⲁⲗⲗⲁⲧⲓⲟⲛ 6.20; 84.2; 104.8; 106.22; 134.22; ⲡⲁⲗⲗⲁⲇⲓⲟⲛ 11.11.
ⲡⲁⲛⲧⲟⲕⲣⲁⲧⲱⲣ	παντοκράτωρ	100.15; 105.17; 115.27; 132.12.
ⲡⲁⲛⲧⲱⲥ	πάντως	64.10.
ⲡⲁⲣⲁ	παρά	101.18; 104.2; 131.24.
ⲡⲁⲣⲁⲃⲁⲥⲓⲥ	παράβασις	54.13; 69.11.
ⲡⲁⲣⲁⲃⲉⲛⲓⲛ	παραβιάζομαι	11.25; 106.26; 108.24; ⲡⲁⲣⲁⲃⲁⲛⲓⲛ 111.23.
ⲡⲁⲣⲁⲃⲟⲗⲏ	παραβολή	93.19.
ⲡⲁⲣⲁⲇⲓⲥⲟⲥ	παράδεισος	11.25; 111.25.
ⲡⲁⲣⲁⲑⲏⲕⲏ	παραθήκη	98.5; 100.17.
ⲡⲁⲣⲁⲛⲟⲙⲓⲁ	παρανομία	112.3.
ⲡⲁⲣⲁⲛⲟⲙⲟⲥ	παράνομος	18.17.
ⲡⲁⲣⲑⲉⲛⲟⲥ	παρθένος	55.21; 60.24; 84.21; 90.20; 95.1; 96.10; 101.28; 102.5.
ⲡⲁⲣⲟⲩⲥⲓⲁ	παρουσία	63.4; 83.19; 126.5.
ⲡⲁⲣⲣⲏⲥⲓⲁ	παρρησία	8.16; 21.1; 24.22; 60.7.
ⲡⲁⲧⲣⲓⲁⲣⲭⲏⲥ	πατριάρχης	5.27; 13.26; 14.20; 61.4; 63.1.
ⲡⲁⲧⲣⲓⲕⲓⲟⲥ	πατρίκιος	75.9; 76.17.
ⲡⲉⲇⲁⲗⲟⲛ	πέταλον	99.7.
ⲡⲉⲗⲁⲅⲟⲥ	πέλαγος	2.19; 58.8; 119.5.
ⲡⲓⲣⲁⲍⲓⲛ	πειράω	121.8; 124.9.
ⲡⲓⲣⲁⲥⲙⲟⲥ	πειρασμός	77.19.
ⲡⲓⲥⲧⲉⲩⲓⲛ	πιστεύω	59.25; 115.25.
ⲡⲓⲥⲧⲟⲥ	πιστός	31.22; 36.18; 39.7; 68.12.
ⲡⲗⲁⲧⲓⲁ	πλατεῖα	77.26.
ⲡⲗⲏⲛ	πλήν	9.21; 24.8; 33.24; 51.26; 53.26; 57.12; 58.22; 68.4; 73.18; 97.23; 100.3; 120.13.

Coptic.	Greek etc.	Passages.
πληροφορικ	πληροφορέω	97.24.
πολεμος	πόλεμος	48.1.
πολις	πόλις	66.13; 67.6; 68.20; 69.4; 70.7; 72.15; 73.8; 74.5; 78.2; 80.2; 80.28; 83.21; 84.3; 85.1; 87.8; 123.6; 125.17; 133.25.
ποΝΗρια	πονηρία	78.10.
πορΝια	πορνεία	22 21; 89.12; 112.18.
ποτΗριοΝ	ποτήριον	2.8; 83.11.
πραΓΜατια	πραγματεία	66.8.
πραΓΜατεγ-της	πραγματευ-τής	63.12; 66.5; 67.13; 68.14; 69.14; 71.25; 72.10.
πραξις	πρᾶξις	72.25; 83.15.
πρεπι	πρέπω	20.10; 26.25; 40.27; 90.22; 91.1.
πρεcβεγιΝ	πρεσβεύω	6.19; 30.2; 57.21; 60.11; ρεqερ-πρεcβεγιΝ 4.21; 56.4; 59.17.
πρεcβεγτΗc	πρεσβευτής	88.27.
πρεcβια	πρεσβεία	60.25.
πρεcβγτεροc	πρεσβύτερος	83.8; 85.23; 88.10; 126.19; 127.15.
πρετα	praeda	74.6; 75.15; 76.8.
προδοΜαρτγ-ροc	προτομάρτυ-ρος	19.6.
προδροΜοc	πρόδρομος	61.4.
προΝοια	πρόνοια	
προκοπτιΝ	προκόπτω	86.19.
προcεγχΗ	προσευχή	16.6; 22.20; 49.20; 108.3.
προcεγχΗcθΗ	προσεύχο-μαι	16.3.

Coptic.	Greek etc.	Passages.
ⲡⲣⲟⲥⲕⲩⲛⲏⲥⲓⲥ	προσκύνησις	61.17; 91.1.
ⲡⲣⲟⲥⲕⲩⲛⲓⲛ	προσκυνέω	102.6.
ⲡⲣⲟⲥⲧⲁⲧⲏⲥ	προστάτης	29.28; 30.1; 31.3; 32.12; 39.7; 57.11.
ⲡⲣⲟⲥⲫⲉⲣⲓⲛ	προσφέρω	86.2.
ⲡⲣⲟⲥⲫⲟⲣⲁ	προσφορά	34.22; 35.4; 40.8; 41.6; 85.28; 86.7; 96.10; 97.13; 114.18; 116.24; 118.15; 120.10
ⲡⲣⲟⲫⲏⲧⲉⲩⲓⲛ	πρόφημι	133.17.
ⲡⲣⲟⲫⲏⲧⲏⲥ	προφήτης	7.7; 17.7; 18.1; 25 1; 61.6; 64.19; 94.5; 118.20; 132.20.
ⲡⲣⲟⲫⲏⲧⲓⲁ	προφητεία	18 1.
ⲡⲣⲟⲉⲩⲣⲉⲥⲓⲥ	προαίρεσις	33.23; 34.8; 39 13; 44.2; 51.24.
ⲡⲱⲥ	πῶς	13.5; 20.19.
ⲣⲱⲙⲉⲟⲥ	Ῥωμαῖος	78.25; 81.9; 118.9.
ⲥⲁⲗⲡⲓⲅⲅⲟⲥ	σάλπιγγος	128.20.
ⲥⲉⲣⲕⲓⲛⲟⲛ	σάρκινον	4.10; 94.28.
ⲥⲁⲣⲝ	σαρξ	3.28; 10.1; 16.10; 19.4; 55.20; 58.23; 56.28; 82.15; 93.22; 94.15; 109.14; 133.13.
ⲥⲉⲣⲁⲫⲓⲙ	שְׂרָפִים	7.16; 34.28.
ⲥⲕⲁⲛⲇⲁⲗⲟⲛ	σκάνδαλον	9.22; 25.14; 69.8.
ⲥⲕⲉⲡⲁⲥⲙⲁ	σκέπασμα	83.13.
ⲥⲕⲉⲡⲏ	σκέπη	37.15.
ⲥⲕⲉⲩⲟⲥ	σκεῦος	40.25; 56.22; 74.10.
ⲥⲟⲫⲟⲥ	σοφός	16.22; 33.18; 84.26; 98.15; 99.4.
ⲥⲡⲟⲇⲁⲍⲓⲛ	σπουδάζω	20.7; ⲥⲡⲟⲧⲁⲍⲓⲛ 52.10.
ⲥⲡⲟⲩⲇⲏ	σπουδή	2.5; 26.23; 35.10; 42.23; 59.15; 60.12; 82.8; 86.27.
ⲥⲧⲁⲩⲣⲟⲥ	σταυρός	95.7; 111.22; 113.3; 115.13; 121.23; 122.2; 123.22; 128.23.

COPTIC FORMS OF GREEK &c. WORDS.

Coptic.	Greek etc.	Passages.
ctaypoфwpoc	σταυροφόρος	61.11.
ctaypwnin	σταυρόω	18.18; 65.6.
ctефаnoc	στέφανος	19.5.
ctефаnoy	στεφανόω	66.21.
ctoλн	στολή	9.4; 20.11; 22.18; 42.6; 52.27; 112.28; 128.28; 129.3.
ctoλizin	στολίζω	134 14.
ctpateyма	στράτευμα	107.15; 118.7.
ctpatyλatнc	στρατηλάτης	36.28; 78.24; 95.27; 96.4; 98.28; 100.1; 101.9; 102.4; 104.1; 106.27; 117.24; 124.21; 127.2.
ctyλλoc	στῦλος	130.3.
cyrrеннc	συγγενής	19.4; 43.26; 46.2; 103.25; 106.13; cynrеннc 5.15.
cyмbaλon	σύμβαλον	94.1.
cyммеnin } cyмnни	συμμένω	83.18. 104.12.
cyмфonia	συμφωνία	32.4.
cyмψеλion	συμψέλλιον	126.18.
cynareсθе	συνάγω	64.17.
cynaξic	σύναξις	72.4; 87.7; 125.24; 129.15.
cynндеcic	συναίτησις	26.17; 35.11.
cynнθia	συνήθεια	31.21; 42.5; 48.24; 129.19.
cynθнкн	συνθήκη	106.26.
cynкλнтiкн	συγκλητική	93.12; 95.23; 96.19; 101.11; 102.3; 103.10; 104.4; 105.26; 109.3; 110.1; 113.9; 114.18; 121.5; 124.16; 128.18; 129.2.
cynxwpнcic	συγχώρησις	21.3; 134.2.
cynxwpin	συγχωρέω	124.3.
cфparizin	σφραγίζω	18.7; 19.1; 110.15; 131.27.

COPTIC FORMS OF GREEK &c. WORDS.

Coptic.	Greek etc.	Passages.
сфрагіс	σφραγίς	18.8; 45.8; 82.4; 122.12.
схнма	σχῆμα	101.26; 102.13; 108.16.
сωма	σῶμα	2.7; 4.23; 10.1; 20.12; 22.1; 23.6; 34.15; 45.25; 53.23; 72.6; 78.4; 89.11; 93.9; 97.25; 98.6; 99.15; 103.9; 104.18; 105.11; 106.7; 107.21; 110.12; 118.1; 127.21; 128.6; 129.6; ατсω-ματос 61.1.
сωтнр	σωτήρ	2.10; 10.22; 30.3; 31.7; 34.28; 51.28; 56.8; 64.5; 90.27; 109.5; 121.8.
тагма	τάγμα	7.14; 9.8; 20.1; 24.11.
талепωрос	ταλαίπωρος	97.18; 127.3.
таπанн	δαπάνη	41.11; 43.1.
теліос	τέλειος	67.19.
термнс		85.21; 37.21; 38.16; 46.6.
тімн	τιμή	126.15.
толман	τολμάω	5.26; 6.4; 21.6; 80.2; 81.17; 123.28; 133.28.
тоπос	τόπος	63.17; 67.1; 69.27; 71.20; 72.11; 87.2; 95.26; 114.19; 129.15; 130.25; 131.11.
тоте	τότε	3.3; 27.6; 76.18.
траπнza	τράπεζα	10.19; 23.1; 35.6; 42.4; 83.11; 88.10.
тріас	τριάς	93.15.
трісмакаріос	τρισμακάριος	96.24.
троxос	τροχός	128.21.
тупос	τύπος	86.6; 123.22.
фанос	φανός	66.21; 101.4; 131.26.

COPTIC FORMS OF GREEK &c. WORDS.

Coptic.	Greek etc.	Passages.
ϥιλονοΜοc	φιλόνομος	67.2.
ϥιλοπονοc	φιλόπονος	72.16; 83.9.
ϥορῑ	φορέω	90.3; 94.19; 102.13; 108.19; 110.3; 120.14; 121.18; 123.20; 128.23; ϥωρῑ 9.2.
ϥγλακτηριον	φυλακτήριον	133.27.
ϥγciaλoroc	φυσιολόγος	119.8.
ϥγcic	φύσις	46.28; 133.25; 134.3.
χαλινογc	χαλινός	119.4.
χαλκων		131.7.
χαΜοc	χημός	36.16.
χαρακτηρ	χαρακτήρ	99.5; 100.7; 100.28; 121.25; 124.24; 125.1.
χαριζεcθε	χαρίζομαι	113.20.
χαριc	χάρις	54.26.
χαρτηc	χάρτης	17.27.
χερε	χαῖρε	8.7; 36.17; 115.19.
χερετε	χαιρετίζω	81.19.
χερετιcΜοc	χαιρετισμός	8.12.
χερογβιΜ	כְּרֻבִים	7.16; 34.29.
χηρα	χήρα	23.4; 27.3; 52.4; 72.21; 90.2; 99.27.
χιΜων	χειμών	69.20.
χιων	χιών	65.10.
χοΓκη	κόγχη	129.22.
χολη	χολή	100.2.
χρηΜα	χρῆμα	26.13; 46.21; 47.9; 52.1; 106.20; 118.8; 126.25.
χρια	χρεία	38.3; 39.1; 43.16; 89.28; 90.3; 103.9; 107.7; 114.17; 133.12.

30*

Coptic.	Greek etc.	Passages.
ⲭⲣⲏⲥⲧⲓⲁⲛⲟⲥ	Χριστιανός	67.6; 68.4; 69.13; 70.1; 71.9; 75.18; 89.14.
ⲭⲩⲣⲟⲇⲟⲛⲓⲛ	χειροτονέω	85.21.
ⲭⲱⲣⲁ	χώρα	24.10; 27.15; 66.13; 68.15; 72.17; 74.14; 79.27; 81.12; 83.7; 86.8; 87.22; 133.26; ⲣⲉⲙ︦ⲛ︦-ⲭⲱⲣⲁ 66.6.
ⲭⲱⲣⲓⲥ	χωρίς	8.18; 15.9; 26.23; 30.15.
ⲭⲱⲣⲟⲥ	χωρός	7.11; 8.19; 19.19; 60.28; 61.10; 65.14.
ⲯⲁⲗⲓⲛ	ψάλλω	16.17; 129.7; ⲣⲉϥⲉⲣⲯⲁⲗⲓⲛ 64.20.
ⲯⲁⲗⲙⲟⲥ	ψαλμός	105.7.
ⲯⲁⲗⲛⲱⲇⲟⲥ	ψαλμῳδός	63.22; 83.9.
ⲯⲁⲗⲛⲱⲇⲓⲁ	ψαλμῳδία	16.16.
ⲯⲁⲗⲧⲏⲣⲓⲟⲛ	ψαλτήριον	83.14.
ⲯⲩⲭⲏ	ψυχή	3.4; 4.22; 20.8; 21.10; 27.5; 32.6; 33.21; 43.23; 55.21; 71.15; 79.25; 80.21; 86.23; 89.11; 97.3; 98.14; 116.21; 127.3; 129.1; 134.20.
ϩⲁⲣⲁ	ἄρα	5.9; 131.4.
ϩⲁⲣⲙⲁ	ἅρμα	128.22.
ϩⲉⲗⲗⲏⲛⲟⲥ	Ἕλλην	66.9.
ϩⲉⲗⲡⲓⲥ	ἐλπίς	9.9; 27.23; 29.23; 32.1; 48.28; 98.12; 99.25; 100.21; 118.2.
ϩⲉⲝⲓⲥ	ἕξις	24.21.
ϩⲉⲣⲉⲥⲓⲥ	αἵρεσις	27.20.
ϩⲉⲣⲉⲧⲓⲕⲟⲥ	αἱρετικός	119.2.
ϩⲏⲅⲏⲙⲱⲛ	ἡγεμών	24.6; 75.13; 76.2; 78.13.
ϩⲓⲕⲱⲛ	εἰκών	2.13; 7.28; 11.14; 42.12; 100.15;

COPTIC FORMS OF GREEK &c. WORDS.

Coptic.	Greek etc.	Passages.
		101.3; 102.24; 111.3; 113.5; 114.4; 121.25; 122.25; 123.3; 124.1; 126.16; 128.4; 129.4; 130.14; 131.1; 132.1.
ϩⲓⲛⲁ	ἵνα	3.4; 4.6; 5.6; 7.24; 21.14; 24.1; 25.19; 29.21; 35.7; 40.23; 45.23; 56.17; 80.14; 126.28; 127.19.
ϩⲓⲣⲏⲛⲏ	εἰρήνη	1.23; 3.14; 4.27; 16.26; 22.23; 27.10; 35.16; 36.22; 39.16; 42.21; 50.10; 52.22; 57.9; 58.19; 63.20; 86.10; 93.17; 109.9; 114.20; 125.11; 132.4.
ϩⲓⲣⲏⲛⲓⲕⲟⲛ	εἰρηνικόν	88.8; 122.11.
ϩⲟⲗⲱⲥ	ὅλος	24.17; 25.13; 29.15; 31.6; 47.20; 52.5; 53.4; 103.14; 109.27; 123.28; ϩⲱⲗⲟϩ 6.4.
ϩⲟⲡⲗⲟⲛ	ὅπλον	122.20.
ϩⲟⲥⲟⲛ	ὅσος	64.18; ⲉϥ ⲟϩⲟⲛ 106.10.
ϩⲩⲇⲟⲛⲏ	ἡδονή	80.13.
ϩⲩⲗⲓⲕⲟⲛ	ὑλικόν	95.4.
ϩⲩⲙⲛⲟⲥ	ὕμνος	66.27.
ϩⲩⲡⲁⲣⲭⲟⲛⲧⲁ	ὑπάρχοντα	73.10; 117.3; 125.22.
ϩⲩⲥⲟⲛ	ἴσος	10.5.
ϩⲱⲥ	ὡς	76.23; 82.20; 123.5; 130.19; 131.18.

LIST OF PROPER NAMES.

Ⲁⲁⲣⲱⲛ	7.4; 15.23; 112.8.
Ⲁⲃⲃⲁⲕⲟⲩⲙ	18.11.
Ⲁⲃⲇⲉⲛⲁⲅⲱ	61.9.
Ⲁⲃⲉⲗ	49.10; 54.15; 126.11.
Ⲁⲃⲏⲗ	12.3.
Ⲁⲃⲣⲁⲁⲙ	5.27; 7.3; 13.26; 49.11; 54.21.
Ⲁⲇⲁⲙ	7.2; 8.1; 11.16; 13.7; 54.11; 55.18; 60.6; 111.23.
Ⲁⲍⲁⲣⲓⲁⲥ	7.6; 19.12.
Ⲁⲙⲉⲛⲧ︤, 𓇋𓏺𓂋𓏏𓈇 *Amentet*,	53.17; 55.23.
Ⲁⲛⲁⲛⲓⲁⲥ	7.6; 19.12.
Ⲁⲛⲑⲩⲙⲟⲥ	125.16; 127.12.
Ⲁⲛⲛⲁ	15.24.
Ⲁⲛⲧⲓⲟⲭⲓⲁ	63.2.
Ⲁⲣⲓⲥⲧⲁⲣⲭⲟⲥ	93.10; 95.24; 96.4; 101.9; 102.4; 103.5; 106.27; 117.23; 124.21; 127.2; 129.13.
Ⲁⲫⲱⲫ, 𓂝𓉐𓊪𓊪 *Apep*,	14.22; 111.28.
Ⲁⲭⲁⲃ	112.6.
Ⲃⲁⲃⲩⲗⲱⲛ	
Ⲃⲁⲣⲁⲭ	7.4.
Ⲅⲁⲃⲣⲓⲏⲗ	14.3.
Ⲅⲉⲱⲛ, גיחון,	28.6.
Ⲅⲉⲇⲉⲱⲛ	7.4; 15.20; 112.2.

LIST OF PROPER NAMES.

ΔΑΝΙΗΛ	18.1; 87.21.
ΔΑΝΙΗΛ, son of Ketsôn,	72.4.
ΛΑΝΙΗΛ, son of Kesanthos,	79.19.
ΛΑΟΥΒΙΔ, Tobit,	117.9.
ΛΑΥΙΔ	7.5; 16.9; 50.27; 55.9; 63.22; 64.20; 93.21; 105.6; 132.20; 133.16.
ΔωροθΕΟC	26.4; 36.17; 37.1; 38.4; 39.10; 40.1; 41.2; 42.25; 43.4; 44.6; 45.2; 46.24; 47.17; 49.14; 50.1; 51.8.
ΕλΙCΑΒΕΤ	19.3.
ΕλΙCΕΟC	7.7.
ΕΝΤΙΑC	82.23; 87.22.
ΕΝΤΙΚΗ	66.6; 68.16.
ΕΝωΧ	7.2; 12.21; 54.17.
ΕρκλΑΔΙΟC	130.9.
ΕΥΑ	11.26; 54.12; 111.23.
ΕΥΔΟΖΙΑ	130.9.
ΕΥCΤΑΘΙΟC	93.1.
ΕΥΦΗΜΙΑ	93.11; 95.23; 96.18; 100.16; 101.11; 102.3; 104.4; 105.14; 106.15; 108.1; 109.3; 110.1; 111.14; 113.8; 114.8; 121.5; 122.4; 124.16; 128.18; 129.2.
ΕΦΕCΟC	82.13; 83.4; 85.26.
ΖΑΧΑΡΙΑC	7.8; 18.26.
ΖΕΥC	87.9.
ΖωΒΟΙΝ	112.3.
ΗλΙΑC	7.6.
ΗλλΑρΙΧΟC	103.23; ΗλλΑρΙΧΟC 118.5.
ΗCΑΥ	14.25; 54.27.

LIST OF PROPER NAMES.

Ⲏⲥⲁⲓⲁⲥ	7.5; ⲏⲥⲓⲁⲓⲥ 17.6.
Ⲏⲥⲟⲩ	15.4; 55.5.
Ⲑⲉⲇⲱⲓⲙ	112.2.
Ⲑⲉⲟⲇⲟⲥⲓⲟⲥ	1.5.
Ⲑⲉⲟⲡⲓⲥⲑⲉ	26.5; 36.25; 39.15; 40.2; 41.27; 42.26; 43.4; 45.2; 46.24; 47.17; 49.15; 50.7; 51.8.
Ⲓⲁⲕⲱⲃ	7.3; 14.21; 54.26.
Ⲓⲉⲍⲁⲃⲉⲗ	112.6.
Ⲓⲉⲍⲉⲕⲓⲁⲥ	16.28; 55.15.
Ⲓⲉⲍⲉⲕⲓⲏⲗ	7.5; 17.23.
Ⲓⲉⲣⲉⲙⲓⲁⲥ	7.6; 17.15.
Ⲓⲉⲫⲑⲁⲓⲉ	7.5; 15.23.
Ⲓⲏⲥⲟⲩ	7.4.
Ⲓⲗⲏⲙ, Jerusalem,	50.5.
Ⲓⲟⲣⲇⲁⲛⲏⲥ	71.20.
Ⲓⲟⲩⲇⲁ	17.19.
Ⲓⲟⲩⲇⲁⲓ	18.17; 111.18.
Ⲓⲥⲁⲁⲕ	7.3; 14.4; 54.24.
Ⲓⲥⲗ, Israel,	15.1; 112.8.
Ⲓⲱⲁⲛⲛⲏⲥ, the Baptist.	5.15; 7.8; 18.26; 19.2; 61.4.
Ⲓⲱⲁⲛⲛⲏⲥ, Bishop of Ephesus,	82.12; 83.3.
Ⲓⲱⲁⲛⲛⲏⲥ Chrysostom	93.4; 96.6; 97.4; 125.19; 127.14; 130.17; 133.5.
Ⲓⲱⲁⲛⲛⲏⲥ, son of Ketsôn,	72.2; 73.11; 77.2; 80.27; 81.3; 83.20; 86.17; 87.1.
Ⲓⲱⲁⲛⲛⲏⲥ, the Patriarch,	xi.6.
Ⲓⲱⲃ	117.3.
Ⲓⲱⲥⲏⲫ, son of Jacob,	7.3; 15.2; 54.28.
Ⲓⲱⲥⲏⲫ, son of Ketsôn,	72.3.
Ⲕⲁⲓⲛ	12.15.
Ⲕⲁⲗⲱⲛⲓⲁ	66.14; 70.12; 71.6.

LIST OF PROPER NAMES.

Κεсανθос	78.14; 79.3; 80.1; 81.14; 83.5; 86.16.
Κετcων	66.5; 71.25.
Κορνηλιοс	96.3.
Κωcταντινος	81.9; 82.9; 87.17; 83.3.
Κωcταντινογπολιс	125.19; 130.9; 133.2.
Λαβαν	14.26.
Μαδιαμ	15.23.
Μαθογсαλα	7.2; 13.1.
Μαμρη	14.5.
Μαναccη	17.11.
Μαριαμ	84.22; 90.21; 95.1; 96.11; 103.18.
Μαρια	18.20; 19.4; 60.24.
Ματθεος	63.11; 65.3.
Μαθεος, son of Κetson	9.72; 71.26.
Μελοχ	xi.17.
Μελχιcεδεκ	126.13.
Μεсιαс	111.19.
Μηχαηλ	xi.18.
Νιсαηλ	7.6; 19.12.
Μιсακ	61.9.
Μωγсηс	7.3; 15.13; 55.3; 89.19.
Ναβοχοδονοсορ	19.15.
Μαγη	15.14; 55.6.
Νωε	7.2; 13.10; 49.10; 54.19.
Οννογριοс	95.25; 103.25; 106.23; 118.6; 119.6; 130.10.
Παγλος	5.21; 32.16; 33.26; 98.15; 118.25.
Πετρος	49.24.
Ρακοϯ, *Raqeṭit*,	1.7.

Ⲣⲁⲥ ⲉⲗ ⲃⲁⲗⲓⲝ راس الخليج xi.18.
Ⲣⲏ.   66.10; 68.24; 70.14.
Ⲣⲱⲙⲏ   130.10.
Ⲥⲁⲇⲁⲛⲁⲥ   10.16.
Ⲥⲁⲗⲏⲙ   126.13.
Ⲥⲁⲙⲯⲱⲛ   7.4; 16.8.
Ⲥⲉⲇⲣⲁⲕ   61.9.
Ⲥⲉⲛⲁⲅⲱⲣ, سنيور،   26.2.
Ⲥⲉⲩⲏⲣⲟⲥ   63.2.
Ⲥⲏⲑ   7.2.
Ⲥⲟⲗⲟⲙⲱⲛ   7.5; 16.21; 55.12; 119.8.
Ⲥⲧⲉⲫⲁⲛⲟⲥ   7.10; 61.10.
Ⲥⲧⲉⲫⲁⲛⲟⲥ, son of Ketsón.   72.3.
Ⲥⲩⲗⲱⲛ   74.15.
Ⲥⲩⲗⲱⲙ   75.28; 76.8.
Ⲥⲩⲙⲉⲱⲛ   7.10.
Ⲥⲩⲣⲓⲟⲥ   17.3.
Ⲥⲱⲇⲱⲙⲁ   112.2.
Ⲧⲣⲁⲕⲏ   93.2; 129.24.
ⲫⲓⲗⲓⲡⲡⲟⲓⲥ   66.13.
Ⲭⲏⲙⲓ   15.17; 27.16; 28.2.
Ⲭⲟⲗⲇⲟⲅⲟⲙⲟⲣ   133.1.
Ⲭⲣⲏⲥⲟⲥⲧⲟⲙⲟⲥ   93.4; 125.18; 127.14; 130.17; 133.11.
Ϩⲓⲣⲏⲛⲏ, Irene.   72.1.

www.ingramcontent.com/pod-product-compliance
Lightning Source LLC
Chambersburg PA
CBHW032033220426
43664CB00006B/464